房地产企业CEO、CFO和
财务人员的必备工具书

房地产企业财税操作技巧

［第4版］

Finance & Tax Technology for Real Estate

刘玉章/著

机械工业出版社
CHINA MACHINE PRESS

根据税务总局的安排，建筑业、房地产业的“营改增”将在2015年完成。房地产企业面临的问题是如何执行“营改增”政策，如何做好“营改增”准备。近年来，不断深化的财税制度改革和严格的税收征管对房地产企业的财税操作提出新的、更高的要求。本书针对房地产企业面临的问题而写，内容实用、可操作性强，将房地产开发经营业务流程与会计核算、纳税操作实务融为一体，按照投资决策、前期准备、开发建设、竣工销售四阶段，结合房地产企业涉及的诸税种讲解财税操作实务和纳税筹划技巧，是房地产企业财务总监和财务人员的必备工具书，也是税务人员的参考书，还可以作为房地产企业财会专业的培训教材。

图书在版编目（CIP）数据

房地产企业财税操作技巧/刘玉章著. —4版. —北京：机械工业出版社，2015.1

ISBN 978-7-111-49038-8

Ⅰ.①房…　Ⅱ.①刘…　Ⅲ.①房地产企业—财务管理—中国 ②房地产企业—税收管理—中国　Ⅳ.①F299.233.3 ②F812.423

中国版本图书馆CIP数据核字（2014）第306815号

机械工业出版社（北京市百万庄大街22号　邮政编码100037）
责任编辑：任淑杰　　责任校对：舒　莹
责任印制：乔　宇
北京铭成印刷有限公司印刷
2015年1月第4版·第1次印刷
180mm×250mm·39.75印张·2插页·795千字
标准书号：ISBN 978-7-111-49038-8
定价：88.00元

凡购本书，如有缺页、倒页、脱页，由本社发行部调换

电话服务
社服务中心：（010）88361066
销售一部：（010）68326294
销售二部：（010）88379649
读者购书热线：（010）88379203

网络服务
教材网：http://www.cmpedu.com
机工官网：http://www.cmpbook.com
机工官博：http://weibo.com/cmp1952
封面无防伪标均为盗版

第4版前言

本书第3版于2011年8月出版，自出版以来，得到了广大读者的喜爱，共印7次，销量过万册。近三年正是我国改革创新的关键时期，财税制度改革不断推进，新的税收法规相继出台。现在，《企业产品成本核算制度（试行）》已经在除金融保险业以外的大中型企业范围内施行，《企业会计准则》已经开始修订并实施，“营改增”试点已经在交通运输等“3＋7”行业完成，2015年试点将推进到建筑业和房地产开发企业。财税制度的改革已经使得本书第3版的部分内容显得相对落后。

《国务院关于坚决遏制部分城市房价过快上涨的通知》中“税务部门要严格按照税法和有关政策规定，认真做好土地增值税的征收管理工作”的要求发出之后，各地税务机关已经开始全面彻底地对房地产企业土地增值税进行清算。国家税务总局《关于加强企业所得税后续管理的指导意见》已经把房地产开发企业列为今后常态化监管的重点。严格的税收监管对房地产企业压力很大。

为适应财税制度改革和房地产企业税收监管的新形势，作者完成了《房地产企业财税操作技巧　第4版》的编写，奉献给广大读者。本书有下列新意：

（1）根据财政部《企业产品成本核算制度（试行）》（以下简称《核算制度》）对房地产开发产品成本核算的新规定，重新编写了第四章“开发产品成本的会计核算”。分析了《核算制度》与《房地产开发经营业务企业所得税处理办法》对成本核算要求的差异，改进了已售开发产品成本结转的操作方法，增加了开发产品成本核算的实际案例，对读者更具实用性。

（2）根据新修订的《企业会计准则第2号——长期股权投资》重新编写了第七章“长期股权投资的会计核算”，分析长期股权投资的初始计量、后续计量、股权转让等业务的财税差异，给出合理的调整方法，使企业依法纳税、不漏税或误交税，降低企业的涉税风险。

（3）随着“营改增”试点的推进，营业税的征收范围在缩小，现在只对五个行业七个税目征收营业税。但是，房地产行业试行“营改增”之后，还需要保留一个较长的过渡期，对“营改增”之前的开发项目过渡期内仍然要征收营业税。本书根据新税收文件对营业税章节进行了增补，以适应“营改增”过渡期的需要。

（4）根据“营改增”方案的统一部署，房地产开发企业和建筑施工企业的“营改增”将在2015年完成。为了使房地产企业提前做好“营改增”的准备，第十章“增值税的纳税操作技巧”写得更加详细，介绍了“营改增”试点实施办法，分析了“营改增”对房地产企业的影响，讲解房地产企业如何做好“营改增”的准备工作。

（5）在土地增值税一章，增加了“房地产开发企业土地增值税清算”一节。使读者进一步了解如何确定土地增值税的清算项目、清算条件、清算单位，如何计算销售收入总额和扣除项目金额，以便正确计算“增值额”，依法进行土地增值税的清算管理。

（6）房地产开发企业是资金密集型企业，需要筹集大量资金，在当前大的经济环境中如何筹集资金，是房地产企业十分关心的问题。本书根据国家财税政策，介绍了房地产企业怎样运用增资扩股、合作开发、售后回购、融资性售后回租、混合性投资等方法为企业筹集资金。

（7）本书编辑期间，恰逢国家税务总局发布了《中华人民共和国企业所得税年度纳税申报表（A类，2014年版）》的公告（国家税务总局公告2014年第63号），对于与房地产企业纳税相关的报表，介绍了填报方法及所得税会计的处理。

作者在多年的房地产企业财税知识讲学和指导企业进行纳税筹划实践中，不断总结、修改本书，力争使其切合房地产企业的财税操作实务，但由于知识所限书中难免有疏漏之处。如果读者发现本书有不当之处，欢迎提供给作者，以便第5版更正，作者在此表示衷心感谢！

刘玉章

2014年12月30日于北京

目 录

下篇 纳税操作技巧

上篇

会计核算实务

第一章

房地产企业会计核算

第一节　会计基本假设与会计基础

一、会计机构的设置

会计工作是一项复杂细致的综合性工作，会计工作的质量对企业加强经济管理、提高经济效益有着直接的影响。为完成会计工作任务，更好地发挥会计在企业管理中的作用，就必须把会计工作组织好。科学有效地组织会计工作，是做好会计工作的前提。会计组织工作的主要内容，是根据企业的实际情况设置会计机构，配备会计人员，明确职责权限，制定会计工作规章制度，不断提高会计业务操作的技术水平。

我国会计法规定，各单位应当根据会计业务的需要，设置会计机构。会计机构是由专职的会计人员组成，负责组织和从事会计工作的职能部门。由于会计工作与财务管理有着密切的联系，所以大多数的房地产开发企业把会计与财务合在一起，近些年由于税收征管的加强，房地产开发企业的纳税业务也由财务会计部门负责，设置财务会计机构，统一办理财务、会计和纳税工作。单独设置财务会计机构，有利于加强财务会计工作，依法办理纳税事项，更好地发挥财务会计机构的职能作用。规模较大的企业可以设置总会计师，建立总会计师责任制；规模较小的企业如果不需要设置财务会计机构，也应当配备专职财务会计人员，或者指定专人负责办理财务会计和纳税工作。

为了加强财会人员的责任感和自觉遵守有关规章制度，不断提高业务水平和工作效率，应当建立会计工作岗位责任制，规定每一个财会工作岗位的职责范围、工作标准、质量要求，对会计工作进行合理、明确的分工，做到事事有人管，人人有专责。

房地产开发企业财会部门应当根据《企业会计准则》、《企业财务通则》及国家有关规定和本企业的具体情况，制定本企业的会计核算办法和财务管理办法，用以规范企业财务会计工作，保证财务会计工作的顺利进行，依法履行纳税义务。

二、会计基本假设

会计基本假设是企业会计确认、计量和报告的前提，是对会计核算所处时间、空间环境等所作的合理设定。会计基本假设包括会计主体、持续经营、会计分期和货币计量。

（一）会计主体

会计主体是指企业会计确认、计量和报告的空间范围。为了向财务报告使用者反映企业财务状况、经营成果和现金流量，提供与其决策有用的信息，会计核算和财务报告的编制应当集中于反映特定对象的活动，并将其与其他经济实体区别开来，才能实现财务报告的目标。

在会计主体假设下，企业应当对其本身发生的交易或者事项进行会计确认、计量和报告，反映企业本身所从事的各项生产经营活动。明确界定会计主体是开展会计确认、计量和报告工作的重要前提。

明确会计主体，才能划定会计所要处理的各项交易或事项的范围。在会计工作中，只有那些影响企业本身经济利益的各项交易或事项才能加以确认、计量和报告，那些不影响企业本身经济利益的各项交易或事项则不能加以确认、计量和报告。会计工作中通常所讲的资产、负债的确认，收入的实现，费用的发生等，都是针对特定会计主体而言的。

明确会计主体，才能将会计主体的交易或者事项与会计主体所有者的交易或者事项以及其他会计主体的交易或者事项区分开来。例如，企业所有者的经济交易或者事项是属于企业所有者主体所发生的，不应纳入企业会计核算的范围，但是企业所有者投入到企业的资本或者企业向所有者分配的利润，则属于企业主体所发生的交易或者事项，应当纳入企业会计核算的范围。

会计主体不同于法律主体。一般来说，法律主体必然是一个会计主体。例如，一个房地产公司作为一个法律主体，应当建立财务会计系统，独立反映其财务状况、经营成果和现金流量。但是，会计主体不一定是法律主体。例如，在企业集团的情况下，一家房地产母公司拥有若干个房地产子公司，母、子公司虽然是不同的法律主体，但是母公司对于子公司拥有控制权，为了全面反映企业集团的财务状况、经营成果和现金流量，就有必要将企业集团作为一个会计主体，编制合并财务报表。

（二）持续经营

持续经营是指在可以预见的将来，企业将会按当前的规模和状态继续经营下去，不会停业，也不会大规模削减业务。在持续经营的前提下，会计确认、计量和报告应当以企业持续、正常的生产经营活动为前提。

企业是否持续经营，在会计原则、会计方法的选择上有很大差别。一般情况下，应当假定企业将会按照当前的规模和状态继续经营下去。明确这个基本假设，意味着会计主体将按照既定用途使用资产，按照既定的合约条件清偿债务，会计人员就可以在此基础上选择会计原则和会计方法。如果判断出企业会持续经营，就可以假定企业的固定资产会在持续经营的生产经营过程中长期发挥作用，并服务于生产经营过程，固定资产就可以根据历史成本进行记录，并采用折旧的方法，将历史成本分摊到各个会计期间或相关产品的成本中。如果判断出企业不会持续经营，固定资产就不应采用历史成本进行记录并按期计提折旧。

如果一个企业在不能持续经营时还假定企业能够持续经营，并仍按持续经营基本假设选择会计确认、计量和报告原则与方法，就不能客观地反映企业的财务状况、经营成果和现金流量，会误导会计信息使用者的经济决策。

（三）会计分期

会计分期是指将一个企业持续经营的生产经营活动划分为一个个连续的、长短相同的期间。会计分期的目的，在于通过会计期间的划分，将持续经营的生产经营活动划分成连续、相等的期间，据以结算盈亏，按期编报财务报告，从而及时向财务报告使用者提供有关企业财务状况、经营成果和现金流量的信息。

在会计分期假设下，企业应当划分会计期间，分期结算账目和编制财务报告。会计期间通常分为年度和中期。中期是指短于一个完整的会计年度的报告期间。

根据持续经营假设，一个企业将按当前的规模和状态持续经营下去。但是，无论是企业的生产经营决策还是投资者、债权人等的决策都需要及时的信息，都需要将企业持续的生产经营活动划分为一个个连续的、相同的期间，分期确认、计量和报告企业的财务状况、经营成果和现金流量。明确会计分期假设意义重大，由于会计分期，才产生了当期与以前期间、以后期间的差别，才使不同类型的会计主体有了记账的基准，进而出现了折旧、摊销等会计处理方法。

（四）货币计量

货币计量是指会计主体在财务会计确认、计量和报告时以货币进行计量，反映会计主体的生产经营活动。

在会计的确认、计量和报告过程中之所以选择货币为基础进行计量，是由货币的本身属性决定的。货币是商品的一般等价物，是衡量一般商品价值的共同尺度，具有价值尺度、流通手段、贮藏手段和支付手段等特点。其他计量单位，如重量、长度、容积，台、件等，只能从一个侧面反映企业的生产经营情况，无法在量上进行汇总和比较，不便于会计计量和经营管理，只有选择货币尺度进行计量，才能充分反映企业的生产经营情况。所以，会计基本准则规定，会计确认、计量和报告选择货币作为计量单位。

在有些情况下，统一采用货币计量也有缺陷，某些影响企业财务状况和经营成果的因素，如企业经营战略、研发能力、市场竞争力等，往往难以用货币来计量，但这些信息对于使用者决策来讲也很重要，为此，企业可以在财务报告中补充披露有关非财务信息来弥补上述缺陷。

三、会计基础

企业会计的确认、计量和报告应当以权责发生制为基础。权责发生制要求，凡是当期已经实现的收入和已经发生或应当负担的费用，无论款项是否收付，都应当作为当期的收入和费用，计入利润表；凡是不属于当期的收入和费用，即使款项已在当期收付，也不应当作为当期的收入和费用。

在实务中，企业交易或者事项的发生时间与相关货币收支时间有时并不完全一致。例如，款项已经收到，但销售并未实现；或者款项已经支付，但并不是为本期生产经营活动而发生的。为了更加真实、公允地反映特定会计期间的财务状况和经营成果，会计基本准则明确规定，企业在会计确认、计量和报告中应当以权责发生制为基础。

收付实现制是与权责发生制相对应的一种会计基础，它是以收到或支付现金作为确认收入和费用的依据。目前，我国的行政单位会计采用收付实现制，事业单位会计除经营业务可以采用权责发生制外，其他大部分业务采用收付实现制。

第二节 会计信息的质量要求

会计信息质量要求是对企业财务报告中所提供会计信息质量的基本要求，是使财务报告中所提供会计信息对投资者决策有用的基本特征，它主要包括可靠性、相关性、可理解性、可比性、实质重于形式、重要性、谨慎性和及时性等。

一、可靠性

可靠性要求企业应当以实际发生的交易或者事项为依据进行确认、计量和报告，如实反映符合确认和计量要求的各项会计要素及其他相关信息，保证会计信息真实可靠、内容完整。

会计信息要有用，必须以可靠为基础，如果财务报告所提供的会计信息是不可靠的，就会给投资者的决策产生误导甚至损失。为了贯彻可靠性要求，企业应当做到：

（1）以实际发生的交易或者事项为依据进行确认、计量，将符合会计要素定义及其确认条件的资产、负债、所有者权益、收入、费用和利润等如实反映在财务报表中，不得根据虚构的、没有发生的或者尚未发生的交易或者事项进行确认、计量和报告。

（2）在符合重要性和成本效益原则的前提下，保证会计信息的完整性，其中包括应当编报的报表及其附注内容等应当保持完整，不能随意遗漏或者减少应予披露的信息，与使用者决策相关的有用信息都应当充分披露。

（3）在财务报告中的会计信息应当是中立的、无偏的。如果企业在财务报告中为了达到事先设定的结果或效果，通过选择或列示有关会计信息以影响决策和判断的，这样的财务报告信息就不是中立的。

二、相关性

相关性要求企业提供的会计信息应当与投资者等财务报告使用者的经济决策需要相关，有助于投资者等财务报告使用者对企业过去、现在或者未来的情况做出评价或者预测。

会计信息是否有用，是否具有价值，关键是看其与使用者的决策需要是否相关，是否有助于决策或者提高决策水平。相关的会计信息应当能够有助于使用者评价企业过去的决策，证实或者修正过去的有关预测，因而具有反馈价值。相关的会计信息还应当具有预测价值，有助于使用者根据财务报告所提供的会计信息预测企业未来的财务状况、经营成果和现金流量。例如，区分收入和利得、费用和损失，区分流动资产和非流动资产、流动负债和非流动负债以及适度引入公允价值等，都可以提高会计信息的预测价值，进而提升会计信息的相关性。

会计信息质量的相关性要求，需要企业在确认、计量和报告会计信息的过程中，充分考虑使用者的决策模式和信息需要。但是，相关性是以可靠性为基础的，两者之间并不矛盾，不应将两者对立起来。也就是说，会计信息在可靠性前提下，尽可能地做到相关性，以满足投资者等财务报告使用者的决策需要。

三、可理解性

可理解性要求企业提供的会计信息应当清晰明了，便于投资者等财务报告使用者理解和使用。

企业编制财务报告、提供会计信息的目的在于使用，而要让使用者有效使用会计信息，应当能让其了解会计信息的内涵，弄懂会计信息的内容，这就要求财务报告所提供的会计信息应当清晰明了，易于理解。只有这样，才能提高会计信息的有用性，实现财务报告的目标，满足向投资者等财务报告使用者提供决策有用信息的要求。

会计信息毕竟是一种专业性较强的信息产品，在强调会计信息的可理解性要求的同时，还应假定使用者具有一定的有关企业经营活动和会计方面的知识，并且愿意付出努力去研究这些信息。对于某些复杂的信息，如交易本身较为复杂或者会计处理较为复杂，但其对使用者的经济决策相关，企业就应当在财务报告中予以充分披露。

四、可比性

可比性要求企业提供的会计信息应当相互可比。主要包括两层含义：

（一）同一企业不同时期可比

为了便于投资者等财务报告使用者了解企业财务状况、经营成果和现金流量的变化趋势，比较企业在不同时期的财务报告信息，全面、客观地评价过去、预测未来，从而作出决策。会计信息质量的可比性要求同一企业不同时期发生的相同或者相似的交易或者事项，应当采用一致的会计政策，不得随意变更。但是，满足会计信息可比性要求，并非表明企业不得变更会计政策，如果按照规定或者在会计政策变更后可以提供更可靠、更相关的会计信息的，可以变更会计政策。有关会计政策变更的情况，应当在附注中予以说明。

（二）不同企业相同会计期间可比

为了便于投资者等财务报告使用者评价不同企业的财务状况、经营成果和现金流量及其变动情况，会计信息质量的可比性要求不同企业同一会计期间发生的相同或者相似的交易或者事项，应当采用规定的会计政策，确保会计信息口径一致、相互可比，以使不同企业按照一致的确认、计量和报告要求提供有关会计信息。

五、实质重于形式

实质重于形式要求企业不仅仅以交易或者事项的法律形式为依据，还应当按照交易或者事项的经济实质进行会计确认、计量和报告。

企业发生的交易或事项在多数情况下，其经济实质和法律形式是一致的。但在有些情况下，会出现不一致。例如，以融资租赁方式租入的资产，虽然从法律形式来讲企业并不拥有其所有权，但是由于租赁合同中规定的租赁期相当长，接近于该资产的使用寿命，租赁期结束时承租企业有优先购买该资产的选择权，在租赁期内承租企业有权支配资产并从中受益等。因此，从其经济实质来看，企业能够控制融资租入资产所创造的未来经济利益，在会计确认、计量和报告上就应当将以融资租赁方式租入的资产视为企业的资产，列入企业的资产负债表。

又如，企业按照销售合同销售商品但又签订了售后回购协议，虽然从法律形式上实现了收入，但如果企业没有将商品所有权的主要风险和报酬转移给购货方，没有满足收入确认的各项条件，即使签订了商品销售合同或者已将商品交付给购货方，也不应当确认销售收入。

六、重要性

重要性要求企业提供的会计信息应当反映与企业财务状况、经营成果和现金流量有关的所有重要交易或事项。

在实务中，如果某会计信息省略或者错报会影响投资者等财务报告使用者据此作出决策，那么该信息就具有重要性。重要性的应用需要依赖职业判断，企业应当根据其所处环境和实际情况，从项目的性质和金额大小两方面加以判断。

例如，我国上市公司要求对外提供季度财务报告，考虑到季度财务报告披露的时间较短，从成本效益原则考虑，季度财务报告没有必要像年度财务报告那样披露详细的附注信息。因此，《中期财务报告准则》规定，公司季度财务报告附注应当以年初至本中期末为基础编制，披露自上年度资产负债表日之后发生的、有助于理解企业财务状况、经营成果和现金流量变化情况的重要交易或者事项。这种附注披露，就体现了会计信息质量的重要性要求。

七、谨慎性

谨慎性要求企业对交易或者事项进行会计确认、计量和报告应当保持应有的谨慎，不应高估资产或者收益、低估负债或者费用。

在市场经济环境下，企业的生产经营活动面临着许多风险和不确定性，如应收款项的可收回性、固定资产的使用寿命、无形资产的使用寿命、售出存货可能发生的退货或者返修等。会计信息质量的谨慎性要求，需要企业在面临不确定性因素的情况下做出职业判断时，应当保持应有的谨慎，充分估计到各种风险和损失，既不高估资产或者收益，也不低估负债或者费用。例如，要求企业对可能发生的资产减值损失计提资产减值准备，对售出商品可能发生的保修义务等确认预计负债等，就体现了会计信息质量的谨慎性要求。

谨慎性的应用也不允许企业设置秘密准备，如果企业故意低估资产或者收益，或者故意高估负债或者费用，将不符合会计信息的可靠性和相关性要求，损害会计信息质量，扭曲企业实际的财务状况和经营成果，从而对使用者的决策产生误导，这是不符合会计准则要求的。

八、及时性

及时性要求企业对于已经发生的交易或者事项，应当及时进行确认、计量和报告，不得提前或者延后。

会计信息的价值在于帮助所有者或者其他方面作出经济决策，具有时效性。即使是可靠、相关的会计信息，如果不及时提供，就失去了时效性，对于使用者的效用就大大降低，甚至不再具有实际意义。在会计确认、计量和报告过程中贯彻及时性，一是要求及时收集会计信息，即在经济交易或者事项发生后，及时收集整理各种原始单据或者凭证；二是要求及时处理会计信息，即按照会计准则的规定，及时对经济交易或者事项进行确认或者计量，并编制财务报告；三是要求及时传递会计信息，即按照国家规定的有关时限，及时地将编制的财务报告传递给财务报告使用者，便于其及时使用和决策。

在实务中，为了及时提供会计信息，可能需要在有关交易或者事项的信息全部获得时进行会计处理，这样就满足了会计信息的及时性要求，但可能会影响会计信息的可靠性；反之，如果企业等到与交易或者事项有关的全部信息获得之后再进行会计处理，这样的信息披露可能会由于时效问题，对于投资者等财务报告使用者决策的有用性将大大降低，这就需要在及时性和可靠性之间作相应选择，以最好的满足投资者等财务报告使用者的经济决策需要为判断标准。

第三节　会计要素及其确认与计量原则

会计要素是根据交易或者事项的经济特征所确定的财务会计对象的基本分类。会计要素按照其性质分为资产、负债、所有者权益、收入、费用和利润，其中，资产、负债和所有者权益要素侧重反映企业的财务状况，收入、费用和利润要素侧重反映企业的经营成果。会计要素的界定和分类可以使财务会计系统更加科学严密，为投资者等财务报告使用者提供更加有用的信息。

一、资产的定义及其确认条件

（一）资产的定义

资产是指企业过去的交易或者事项形成的，由企业拥有或者控制的，预期会给企业带来经济利益的资源。根据资产的定义，资产具有以下几个方面的特征：

1. 资产预期会给企业带来经济利益

资产预期会给企业带来经济利益，是指资产直接或者间接导致现金和现金等价物流入企业的潜力。这种潜力可以来自企业日常的生产经营活动，也可以是非日常活动；带来的经济利益可以是现金或者现金等价物，或者是可以转化为现金或者现金等价物的形式，或者是可以减少现金或者现金等价物流出的形式。

资产预期能否会为企业带来经济利益是资产的重要特征。例如，企业采购的原材料、购置的固定资产等可以用于生产经营过程，制造商品或者提供劳务，对外出售后收回货款，货款即为企业所获得的经济利益。如果某一项目预期不能给企业带来经济利益，那么就不能将其确认为企业的资产。前期已经确认为资产的项目，如果不能再为企业带来经济利益的，也不能再确认为企业的资产。

2. 资产作为资源由企业拥有或者控制

资产作为一项资源，应当由企业拥有或者控制，具体是指企业享有某项资源的所有权，或者虽然不享有某项资源的所有权，但该资源能被企业所控制。

企业享有资产的所有权，通常表明企业能够排他性地从资产中获取经济利益，通常在判断资产是否存在时，所有权是考虑的首要因素。在有些情况下，资产虽然不为企业所拥有，即企业并不享有其所有权，但企业控制了这些资产，同样表明企业能够从资产中获取经济利益，符合会计对资产的定义。如果企业既不拥有也不控制资产所能带来的经济利益，就不能将其作为企业的资产予以确认。

3. 资产是由企业过去的交易或者事项形成的

资产应当由企业过去的交易或者事项所形成，过去的交易或者事项包括购买、生产、建造行为或者其他交易或事项。换句话说，只有过去的交易或者事项才能产生资产，企业预期在未来发生的交易或者事项不形成资产。例如，企业有购买某存货的意愿或者计划，但是购买行为尚未发生，就不符合资产的定义，不能因此而确认存货资产。

（二）资产的确认条件

将一项资源确认为资产，需要符合资产的定义，同时还应满足以下两个条件：

1. 与该资源有关的经济利益很可能流入企业

从资产的定义可以看到，能否带来经济利益是资产的一个本质特征，但在现实生活中，由于经济环境瞬息万变，与资源有关的经济利益能否流入企业或者能够流入多少实际上带有不确定性。因此，资产的确认还应与经济利益流入的不确定性程度的判断结合起来，如果根据编制财务报表时所取得的证据，与资源有关的经济利益很可能流入企业，那么就应当将其作为资产予以确认；反之不能确认为资产。例如，某企业赊销一批商品给某一客户，从而形成了对该客户的应收账款，由于企业最终收到款项与销售实现之间有时间差，而且收款又在未来期间，因此带有一定的不确定性，如果企业在销售时判断未来很可能收到款项或者能够确定收到款项，企业就应当将该应收账款确认为一项资产；如果企业判断在通常情况下很可能部分或者全部无法收回，表明该部分或者全部应收账款已经不符合资产的确认条件，应当计提坏账准备，减少资产的价值。

2. 该资源的成本或者价值能够可靠地计量

财务会计系统是一个确认、计量和报告的系统，其中计量起着枢纽作用，可计量性是所有会计要素确认的重要前提，资产的确认也是如此。只有当有关资源的成本或者价值能够可靠地计量时，资产才能予以确认。在实务中，企业取得的许多资产都是发生了实际成本的，如企业购买或者生产的存货，企业购置的厂房或者设备等，对于这些资产，只要实际发生的购买成本或者生产成本能够可靠计量，就视为符合了资产确认的可计量条件。在某些情况下，企业取得的资产没有发生实际成本或者发生的实际成本很小，如企业持有的某些衍生金融工具形成的资产，对于这些资产，尽管它们没有实际成本或者发生的实际成本很小，但是如果其公允价值能够可靠计量的话，也被认为符合了资产可计量性的确认条件。

二、负债的定义及其确认条件

（一）负债的定义

负债是指企业过去的交易或者事项形成的，预期会导致经济利益流出企业的现时义务。根据负债的定义，负债具有以下几个方面的特征：

1. 负债是企业承担的现时义务

负债必须是企业承担的现时义务，它是负债的一个基本特征。其中，现时义务是指企业在现行条件下已承担的义务。未来发生的交易或者事项形成的义务，不属于现时义务，不应当确认为负债。

这里所指的义务可以是法定义务，也可以是推定义务。其中法定义务是指具有约束力的合同或者法律法规规定的义务，通常在法律意义上需要强制执行。例如，企业购买原材料形成应付账款，企业向银行借入款项形成借款，企业按照税法规定应当缴纳的税款等，均属于企业承担的法定义务，需要依法予以偿还。推定义务是指根据企业多年来的习惯做法、公开的承诺或者公开宣布的政策而导致企业将承担的责任，这些责任也使有关各方形成了企业将履行义务解脱责任的合理预期。例如，某企业多年来制定一项销售政策，对于售出商品提供一定期限内的售后保修服务，预期将为售出商品提供的保修服务就属于推定义务，应当将其确认为一项负债。

2. 负债预期会导致经济利益流出企业

预期会导致经济利益流出企业也是负债的一个本质特征，只有企业在履行义务时会导致经济利益流出企业，才符合负债的定义，如果不会导致企业经济利益流出，就不符合负债的定义。在履行现时义务清偿负债时，导致经济利益流出企业的形式多种多样，如用现金偿还或以实物资产形式偿还，以提供劳务形式偿还，部分转移资产、部分提供劳务形式偿还，将负债转为资本等。

3. 负债是由企业过去的交易或者事项形成的

负债应当由企业过去的交易或者事项所形成。换句话说，只有过去的交易或者事项才形成负债，企业将在未来实现的承诺、签订的合同等交易或者事项，不形成负债。

（二）负债的确认条件

将一项现时义务确认为负债，需要符合负债的定义，还需要同时满足以下两个条件：

1. 与该义务有关的经济利益很可能流出企业

从负债的定义可以看到，预期会导致经济利益流出企业是负债的一个本质特征。在实务中，履行义务所需流出的经济利益带有不确定性，尤其是与推定义务相关的经济利益通常需要依赖于大量的估计。因此，负债的确认应当与经济利益流出的不确定性程度的判断结合起来，如果有确凿证据表明，与现时义务有关的经济利益很可能流出企业，就应当将其作为负债予以确认；反之，如果企业承担了现时义务，但是会导致企业经济利益流出的可能性很小，就不符合负债的确认条件，不应将其作为负债予以确认。

2. 未来流出的经济利益的金额能够可靠地计量

负债的确认在考虑经济利益流出企业的同时，对于未来流出的经济利益的金额应当能够可靠计量。对于与法定义务有关的经济利益流出金额，通常可以根据合同或者法律规定的金额予以确定，考虑到经济利益流出的金额通常发生在未来期间，有时未来期间较长，有关金额的计量需要考虑货币时间价值等因素的影响。对于与推定义务有关的经济利益流出金额，企业应当根据履行相关义务所需支出的最佳估计数进行估计，并综合考虑有关货币时间价值、风险等因素的影响。

三、所有者权益的定义及其确认条件

（一）所有者权益的定义

所有者权益是指企业资产扣除负债后，由所有者享有的剩余权益。公司的所有者权益又称为股东权益。所有者权益是所有者对企业资产的剩余索取权，它是企业资产中扣除债权人权益后应由所有者享有的部分，既可反映所有者投入资本的保值增值情况，又体现了保护债权人权益的理念。

（二）所有者权益的来源

所有者权益的来源包括所有者投入的资本、直接计入所有者权益的利得和损失、留存收益等，通常由股本（或实收资本）、资本公积（含股本溢价或资本溢价、其他资本公积）、盈余公积和未分配利润构成。商业银行等金融企业在税后利润中提取的一般风险准备，也构成所有者权益。

所有者投入的资本是指所有者所有投入企业的资本部分，它既包括构成企业注册资本或者股本部分的金额，也包括投入资本超过注册资本或者股本部分的金额，即资本溢价或者股本溢价，这部分投入资本在我国企业会计准则体系中被计入了资本公积，并在资产负债表中的“资本公积”项目下反映。

直接计入所有者权益的利得和损失，是指不应计入当期损益、会导致所有者权益发生增减变动的、与所有者投入资本或者向所有者分配利润无关的利得或者损失。其中，利得是指由企业非日常活动所形成的、会导致所有者权益增加的、与所有者投入资本无关的经济利益的流入；损失是指由企业非日常活动所发生的、会导致所有者权益减少的、与向所有者分配利润无关的经济利益的流出。直接计入所有者权益的利得和损失主要包括可供出售金融资产的公允价值变动额、现金流量套期中套期工具公允价值变动额（有效套期部分）等。

留存收益是企业历年实现的净利润留存于企业的部分，主要包括累计计提的盈余公积和未分配利润。

（三）所有者权益的确认条件

所有者权益体现的是所有者在企业中的剩余权益，因此，所有者权益的确认主要依赖于其他会计要素，尤其是资产和负债的确认。所有者权益金额的确定主要取决于资产和负债的计量。例如，企业接受投资者投入的资产，在该资产符合企业资产确认条件时，就相应的符合了所有者权益的确认条件；当该资产的价值能够可靠计量时，所有者权益的金额也就可以确定。

四、收入的定义及其确认条件

（一）收入的定义

收入是指企业在日常活动中形成的、会导致所有者权益增加的、与所有者投入资本无关的经济利益的总流入。根据收入的定义，收入具有以下几方面的特征：

1. 收入是企业在日常活动中形成的

日常活动是指企业为完成其经营目标所从事的经常性活动以及与之相关的活动。例如，房地产企业建造并销售开发产品、商业企业销售商品、保险公司签发保单、咨询公司提供咨询服务、软件企业为客户开发软件、安装公司提供安装服务、商业银行对外贷款、租赁公司出租资产等，均属于企业的日常活动。明确界定日常活动是为了将收入与利得相区分，因为企业非日常活动所形成的经济利益的流入不能确认为收入，而应当计入利得。

2. 收入是与所有者投入资本无关的经济利益的总流入

收入会导致经济利益的流入，从而导致资产的增加。例如，企业销售商品，收到现金或者在未来有权收到现金，才表明该交易符合收入的定义。但是在实务中，经济利益的流入有时是所有者投入资本的增加所导致的，所有者投入资本的增加不应当确认为收入，应当将其直接确认为所有者权益。

3. 收入会导致所有者权益的增加

与收入相关的经济利益的流入会导致所有者权益的增加，不会导致所有者权益增加的经济利益的流入不符合收入的定义，不应确认为收入。例如，企业向银行借入款项，尽管也导致了企业经济利益的流入，但该流入并不导致所有者权益的增加，反而使企业承担了一项现时义务。企业对于因借入款项所导致的经济利益的增加，不应将其确认为收入，应当确认为负债。

（二）收入的确认条件

企业收入的来源渠道多种多样，不同收入来源的特征有所不同，其收入确认条件也往往存在差别，如销售商品、提供劳务、让渡资产使用权等。一般而言，收入只有在经济利益很可能流入从而导致企业资产增加或者负债减少、且经济利益的流入额能够可靠计量时才能予以确认。收入的确认至少应当符合以下条件：一是与收入相关的经济利益很可能流入企业；二是经济利益流入企业的结果会导致资产的增加或者负债的减少；三是经济利益的流入额能够可靠计量。

五、费用的定义及其确认条件

（一）费用的定义

费用是指企业在日常活动中发生的、会导致所有者权益减少的、与向所有者分配利润无关的经济利益的总流出。根据费用的定义，费用具有以下几方面的特征：

1. 费用是企业在日常活动中形成的

费用必须是企业在其日常活动中所形成的，这些日常活动的界定与收入定义中涉及的日常活动的界定相一致。因日常活动所产生的费用通常包括销售成本（营业成本）、职工薪酬、折旧费、无形资产摊销费等。将费用界定为日常活动所形成的，目的是为了将其与损失相区分，企业非日常活动所形成的经济利益的流出不能确认为费用，而应计入损失。

2. 费用是与向所有者分配利润无关的经济利益的总流出

费用的发生会导致经济利益的流出，从而导致资产的减少或者负债的增加（最终也会导致资产的减少）。其表现形式包括现金或者现金等价物的流出，存货、固定资产和无形资产等的流出或者消耗等。鉴于企业向所有者分配利润也会导致经济利益的流出，而该经济利益的流出显然属于所有者权益的抵减项目，不应确认为费用，应当将其排除在费用的定义之外。

3. 费用会导致所有者权益的减少

与费用相关的经济利益的流出会导致所有者权益的减少，不会导致所有者权益减少的经济利益的流出不符合费用的定义，不应确认为费用。

（二）费用的确认条件

费用的确认除了应当符合定义外，也应当满足严格的条件，即费用只有在经济利益很可能流出从而导致企业资产减少或者负债增加、且经济利益的流出额能够可靠计量时才能予以确认。因此，费用的确认至少应当符合以下条件：①与费用相关的经济利益应当很可能流出企业；②经济利益流出企业的结果会导致资产的减少或者负债的增加；③经济利益的流出额能够可靠计量。

六、利润的定义及其确认条件

（一）利润的定义

利润是指企业在一定会计期间的经营成果。通常情况下，如果企业实现了利润，表明企业的所有者权益将增加，业绩得到了提升；反之，如果企业发生了亏损（利润为负数），表明企业的所有者权益将减少，业绩下滑了。因此，利润往往是评价企业管理层业绩的一项重要指标，也是投资者等财务报告使用者进行决策时的重要参考。

（二）利润的来源构成

利润包括收入减去费用后的净额、直接计入当期利润的利得和损失等。其中收入减去费用后的净额反映的是企业日常活动的业绩，直接计入当期利润的利得和损失反映的是企业非日常活动的业绩。直接计入当期利润的利得和损失，是指应当计入当期损益、最终会引起所有者权益发生增减变动的、与所有者投入资本或者向所有者分配利润无关的利得或损失。企业应当严格区分收入和利得、费用和损失之间的区别，以便更加全面地反映企业的经营业绩。

（三）利润的确认条件

利润反映的是收入减去费用、利得减去损失后的净额的概念，因此，利润的确认主要依赖于收入和费用以及利得和损失的确认，其金额的确定也主要取决于收入和费用、利得和损失金额的计量。

七、会计要素计量属性及其应用原则

（一）会计要素计量属性

会计计量是为了将符合确认条件的会计要素登记入账并列报于财务报表而确定其金额的过程。企业应当按照规定的会计计量属性进行计量，确定相关金额。计量属性是指所计量的某一要素的特性方面，如桌子的长度、铁矿的重量、楼房的高度等。从会计角度，计量属性反映的是会计要素金额的确定基础，主要包括历史成本、重置成本、可变现净值、现值和公允价值等。

1. 历史成本

历史成本又称为实际成本，就是取得或制造某项财产物资时所实际支付的现金或者其他等价物。在历史成本计量下，资产按照其购置时支付的现金或者现金等价物的金额，或者按照购置资产时所付出的对价的公允价值计量。负债按照其因承担现时义务而实际收到的款项或者资产的金额，或者承担现时义务的合同金额，或者在日常活动中为偿还负债预期需要支付的现金或者现金等价物的金额计量。

2. 重置成本

重置成本又称现行成本，是指按照当前市场条件，重新取得同样一项资产所需支付的现金或现金等价物金额。在重置成本计量下，资产按照现在购买相同或者相似资产所需支付的现金或者现金等价物的金额计量。负债按照现在偿付该项债务所需支付的现金或者现金等价物的金额计量。

3. 可变现净值

可变现净值是指在正常生产经营过程中，以预计售价减去进一步加工成本和销售所必需的预计税金、费用后的净值。在可变现净值计量下，资产按照其正常对外销售所能收到现金或者现金等价物的金额扣减该资产至完工时估计将要发生的成本、估计的销售费用以及相关税费后的金额计量。

4. 现值

现值是指对未来现金流量以恰当的折现率进行折现后的价值，是考虑货币时间价值因素等的一种计量属性。在现值计量下，资产按照预计从其持续使用和最终处置中所产生的未来净现金流入量的折现金额计量。负债按照预计期限内需要偿还的未来净现金流出量的折现金额计量。

5. 公允价值

公允价值是指在公平交易中，熟悉情况的交易双方自愿进行资产交换或者债务清偿的金额。在公允价值计量下，资产和负债按照在公平交易中，熟悉情况的交易双方自愿进行资产交换或者债务清偿的金额计量。

（二）各种计量属性之间的关系

在各种会计要素计量属性中，历史成本通常反映的是资产或者负债过去的价值，而重置成本、可变现净值、现值以及公允价值通常反映的是资产或者负债的现时成本或者现时价值，是与历史成本相对应的计量属性。当然这种关系也并不是绝对的。比如，有些资产或者负债的历史成本是根据交易时有关资产或者负债的公允价值确定的，在非货币性资产交换中，如果交换具有商业实质，且换入、换出资产的公允价值能够可靠计量的，换入资产入账成本的确定应当以换出资产的公允价值为基础，除非有确凿证据表明换入资产的公允价值更加可靠；在非同一控制下的企业合并交易中，合并成本也是以购买方在购买日为取得对被购买方的控制权而付出的资产、发生或承担的负债等的公允价值确定的。再比如，在应用公允价值时，当相关资产或者负债不存在活跃市场的报价或者不存在同类或者类似资产的活跃市场报价时，需要采用估值技术来确定相关资产或者负债的公允价值，而在采用估值技术估计相关资产或者负债的公允价值时，现值往往是比较普遍采用的一种估值方法，在这种情况下，公允价值就是以现值为基础确定的。另外，公允价值相对于历史成本而言，具有很强的时间概念，也就是说，当前环境下某项资产或负债的历史成本可能是过去环境下该项资产或负债的公允价值，而当前环境下某项资产或负债的公允价值也许就是未来环境下该项资产或负债的历史成本。

（三）计量属性的应用原则

企业在对会计要素进行计量时，一般应当采用历史成本。采用重置成本、可变现净值、现值、公允价值计量的，应当保证所确定的会计要素金额能够取得并可靠计量。

在企业会计准则体系建设中适度、谨慎地引入公允价值这一计量属性，是因为随着我国资本市场的发展，股权分置改革的基本完成，越来越多的股票、债券、基金等金融产品在交易所挂牌上市，使得这类金融资产的交易已经形成了较为活跃的市场，因此，我国已经具备了引入公允价值条件。在这种情况下，引入公允价值，更能反映企业的现实情况，对投资者等财务报告使用者的决策更加有用，而且也只有如此，才能实现我国会计准则与国际财务报告准则的趋同。

在引用公允价值过程中，我国充分考虑了国际财务报告准则中公允价值应用的三个级次：①存在活跃市场的资产或负债，活跃市场中的报价应当用于确定其公允价值；②不存在活跃市场的，参考熟悉情况并自愿交易的各方最近进行的市场交易中使用的价格或参照实质上相同的其他资产或负债的当前公允价值；③不存在活跃市场，且不满足上述两个条件的，应当采用估值技术等确定资产或负债的公允价值。

值得一提的是，我国引入公允价值是适度、谨慎和有条件的。原因是考虑到我国尚属新兴的市场经济国家，如果不加限制地引入公允价值，有可能出现公允价值计量不可靠，甚至借此人为操纵利润的现象。因此，在投资性房地产和生物资产等具体准则中规定，只有在公允价值能够取得并可靠计量的情况下，才能采用公允价值。

第四节　会计科目与财务报告

一、会计科目

会计科目作为会计要素的构成及其变化情况，是会计信息记录、生成、归类、传输的重要手段，为此会计科目的设置应当努力做到科学、合理、适用。首先，会计科目的设置应当与企业会计准则的要求相一致；其次，会计科目的设置要满足企业内部管理和外部信息需要；再次，鉴于不同企业、不同业务的特点，对会计科目的设置应有所区别，为此，企业应结合自身特点，设置符合规定和企业需要的会计科目。

具体会计科目在设置时，一般应从会计要素出发，将会计科目分为资产、负债、所有者权益、成本、损益类和共同类等。我国《企业会计准则——应用指南》提供了会计科目设置的指引，供企业选用。企业在不违反会计准则中确认、计量和报告规定的前提下，可以根据本单位的实际情况自行增设、分拆、合并会计科目；企业不存在的交易或者事项，可不设置相关会计科目；会计科目编号供企业填制会计凭证、登记会计账簿、查阅会计账目、采用会计软件系统参考，企业可结合实际情况自行确定会计科目编号。

根据上述原则，本书结合房地产开发企业的业务特点，选择了以下会计科目作为房地产开发企业的会计科目，如表1-1所示。

表1-1 房地产开发企业会计科目

顺序号	科目编号	会计科目名称
		一、资产类
1	1001	库存现金
2	1002	银行存款
3	1012	其他货币资金
4	1122	应收账款
5	1123	预付账款
6	1132	应收利息
7	1221	其他应收款
8	1231	坏账准备
9	1403	原材料
10	1405	开发产品
11	1406	售出（发出）开发产品
12	1411	周转材料
13	1471	存货跌价准备
14	1511	长期股权投资
15	1512	长期股权减值准备
16	1521	投资性房地产
17	1531	长期应付款
18	1532	未实现融资收益
19	1601	固定资产
20	1602	累计折旧
21	1603	固定资产减值准备

（续）

顺序号	科目编号	会计科目名称
		一、资产类
22	1604	在建工程
23	1605	工程物资
24	1606	固定资产清理
25	1701	无形资产
26	1702	累计摊销
27	1703	无形资产减值准备
28	1801	长期待摊费用
29	1811	递延所得税资产
30	1901	待处理财产损溢
		二、负债类
31	2001	短期借款
32	2201	应付票据
33	2202	应付账款
34	2203	预收账款
35	2211	应付职工薪酬
36	2221	应交税费
37	2231	应付利息
38	2232	应付股利
39	2241	其他应付款
40	2501	长期借款
41	2701	长期应付款
42	2702	未确认融资费用
43	2711	专项应付款
44	2801	预计负债
45	2401	递延收益
46	2901	递延所得税负债
		三、所有者权益类
47	4001	实收资本（或股本）
48	4002	资本公积
49	4101	盈余公积

（续）

顺序号	科目编号	会计科目名称
		三、所有者权益类
50	4103	本年利润
51	4104	利润分配
		四、成本类
52	5001	开发成本
53	5101	开发间接费
54	5201	劳务成本
55	5401	工程施工
		五、损益类
56	6001	主营业务收入
57	6051	其他业务收入
58	6111	投资收益
59	6301	营业外收入
60	6401	主营业务成本
61	6402	其他业务成本
62	6403	营业税金及附加
63	6601	销售费用
64	6602	管理费用
65	6603	财务费用
66	6701	资产减值损失
67	6711	营业外支出
68	6801	所得税
69	6901	以前年度损益调整

二、财务报告

（一）财务报告及其编制

财务报告是企业对外提供的反映企业某一特定日期的财务状况和某一会计期间的经营成果、现金流量等会计信息的文件。

根据财务报告的定义，财务报告具有以下几层含义：①财务报告应当是对外报告，其服务对象主要是投资者、债权人等外部使用者，专门为了内部管理需要的、特定目的的报告不属于财务报告的范畴；②财务报告应当综合反映企业的生产经营状况，包括某一时点的财务状况和某一时期的经营成果与现金流量等信息，以勾画出企业财务的整体和全貌；③财务报告必须形成一个系统的文件，不应是零星的或者不完整的信息。

财务报告是指企业财务会计确认与计量的最终结果体现，投资者等使用者主要是通过财务报告来了解企业当前的财务状况、经营成果和现金流量等情况，从而预测未来的发展趋势。因此，财务报告是向投资者等财务报告使用者提供决策有用信息的媒介和渠道，是沟通投资者、债权人等使用者与企业管理层之间信息的桥梁和纽带。

我国会计法、公司法、证券法等出于保护投资者、债权人等利益的需要，也规定企业应当定期编报财务报告。

（二）财务报告的构成

财务报告包括财务报表和其他应当在财务报告中披露的相关信息和资料。其中，财务报表由报表本身及其附注两部分构成，附注是财务报表的有机组成部分，而报表至少应当包括资产负债表、利润表和现金流量表等报表。考虑到小企业规模较小，外部信息需求相对较低。因此，小企业编制的报表可以不包括现金流量表。全面执行企业会计准则体系的企业所编制的财务报表，还应当包括所有者权益（股东权益）变动表。

（1）资产负债表是反映企业在某一特定日期的财务状况的会计报表。企业编制资产负债表的目的是通过如实反映企业的资产、负债和所有者权益金额及其结构情况，来帮助使用者评价企业资产的质量以及短期偿债能力、长期偿债能力和利润分配能力等。

（2）利润表是反映企业在一定会计期间的经营成果的会计报表。企业编制利润表的目的是通过如实反映企业实现的收入、发生的费用、应当计入当期利润的利得和损失以及其他综合收益等金额及其结构情况，来帮助使用者分析评价企业的盈利能力及其构成与质量。

（3）现金流量表是反映企业在一定会计期间的现金和现金等价物流入和流出的会计报表。企业编制现金流量表的目的是通过如实反映企业各项活动的现金流入和流出情况，来帮助使用者评价企业的现金流和资金周转情况。

（4）附注是对在会计报表中列示项目所作的进一步说明，以及对未能在这些报表中列示项目的说明等。企业编制附注是通过对财务报表本身作补充说明，以更加全面、系统地反映企业财务状况、经营成果和现金流量的全貌，从而向使用者提供更为有用的信息，来帮助使用者作出更加科学合理的决策。

财务报表是财务报告的核心内容，但是除了财务报表之外，财务报告还应当包括其他相关信息，具体可以根据有关法律法规的规定和外部使用者的信息需求而定。如企业可以在财务报告中披露其承担的社会责任、对社区的贡献、可持续发展能力等信息，这些信息对于使用者的决策也是相关的，尽管属于非财务信息，无法包括在财务报表中，但是如果有规定或者使用者有需求的，企业应当在财务报告中予以披露，有时企业也可以自愿在财务报告中披露相关信息。

第二章

房地产企业初设阶段的会计核算

第一节　房地产企业设立阶段的会计核算

一、房地产开发企业的资质管理

房地产开发企业是指依法设立、具有企业法人资格的经济实体。为了加强房地产开发企业资质管理，规范房地产开发企业经营行为，建设部于2000年以建设部令第77号文件发布了《房地产开发企业资质管理规定》。该规定要求，房地产开发企业应当按照本规定申请核定企业资质等级，未取得房地产开发资质等级证书（以下简称资质证书）的企业，不得从事房地产开发经营业务。房地产开发企业按照企业条件分为四个资质等级，具体条件如表2-1所示：

表2-1　房地产开发企业资质等级表

条　件	一级	二级	三级	四级
注册资金	≥5 000万元	≥2 000万元	≥800万元	≥100万元
累计经营年限	≥5年	≥3年	≥2年	≥1年
累计竣工房屋建筑面积	≥30万 m^2（近3年）	≥15万 m^2（近3年）	≥5万 m^2（全部年限）	—
建筑工程质量合格率	100%（连续5年）	100%（连续3年）	100%（连续2年）	100%（已竣工项目）
上一年房屋建筑施工面积	≥15万 m^2	≥10万 m^2	—	—
专业管理人员	≥40人（其中，中级职称人员≥20人，会计≥4人）	≥20人（其中，中级职称人员≥10人，会计≥3人）	≥10人（其中，中级职称人员≥5人，会计≥2人）	有职称人员≥5人，会计≥2人
业务负责人职称	中级以上职称	中级以上职称	工程技术、财务负责人具有中级以上职称；统计负责人具有初级以上职称	工程技术负责人具有中级以上职称，财务负责人具有初级以上职称，配有专业统计人员

新设立的房地产开发企业应当自领取《法人营业执照》之日起30日内，持营业执照复印件、企业章程、验资证明、企业法定代表人的身份证明、专业技术人员的资格证书和劳动合同等文件到房地产开发主管部门备案。房地产开发主管部门应当在收到备案申请后30日内向符合条件的企业核发《暂定资质证书》。《暂定资质证书》有效期1年。房地产开发主管部门可以视企业经营情况延长《暂定资质证书》有效期，但延长期限不得超过2年。房地产开发企业应当在《暂定资质证书》有效期满前1个月内向房地产开发主管部门申请核定资质等级。房地产开发主管部门应当根据其开发经营业绩核定相应的资质等级。

二、外商投资房地产企业的管理

《建设部 商务部 发展改革委 人民银行 工商总局 外汇局关于规范房地产市场外资准入和管理的意见》（建住房［2006］171号文件）规定，境外机构和个人在境内投资购买非自用房地产，应当遵循商业存在的原则，按照外商投资房地产的有关规定，申请设立外商投资企业，经有关部门批准并办理有关登记后方可按照核准的经营范围从事相关业务。外商投资设立房地产企业，投资总额超过1 000万美元（含1 000万美元）的，注册资本不得低于投资总额的50%；投资总额低于1 000万美元的，注册资本金仍按现行规定执行。设立外商投资房地产企业，由商务主管部门和工商行政管理机关依法批准设立和办理注册登记手续，颁发一年期《外商投资企业批准证书》和《营业执照》，到税务机关办理税务登记。

企业取得土地使用权并付清土地出让金后，凭上述证照到土地管理部门申请办理《国有土地使用证》，根据《国有土地使用证》到商务主管部门换发正式的《外商投资企业批准证书》，再到工商管理部门换发与《外商投资企业批准证书》经营期限一致的《营业执照》，到税务机关进行税务登记。

外商投资房地产企业的股份和项目转让，以及境外投资者并购境内房地产企业，由商务主管等部门严格按照有关法律法规和政策规定进行审批。投资者应提交履行《国有土地使用权出让合同》《建设用地规划许可证》《建设工程规划许可证》等的保证函，《国有土地使用证》，建设（房地产）主管部门的变更备案证明，以及税务机关出具的相关纳税证明材料。境外投资者通过股权转让等其他方式并购的境内房地产企业，收购合资企业中方股权的，需妥善安置职工，处理银行债务，并以自有资金一次性支付全部转让金。对有不良记录的境外投资者，不允许其在境内进行上述活动。

三、实收资本的会计核算

按照我国有关法律规定，投资者设立企业首先必须投入资本。企业应当设置“实收资本”科目，核算企业接受投资者投入的实收资本，股份有限公司应将该科目改为“股本”。投资者可以用现金投资，也可以用现金以外的其他有形资产投资，符合国家规定比例的，还可以用无形资产投资。企业收到投资时，一般应做以下会计处理：收到投资人投入的现金，应在实际收到或者存入企业开户银行时，按实际收到的金额，借记“银行存款”科目，以实物资产投资的，应在办妥实物产权转移手续时，借记有关资产科目，以无形资产投资的，应按照合同、协议或公司章程规定移交有关凭证时，借记“无形资产”科目，按投入资本在注册资本或股本中所占份额，贷记“实收资本”或“股本”科目，按其差额，贷记“资本公积——资本溢价”或“资本公积——股本溢价”等科目。

[例2-1]　甲、乙、丙共同出资设立A房地产有限责任公司，公司注册资本为2 000万元，甲、乙、丙持股比例分别为50%、30%和20%。2011年1月5日，A公司如期收到各投资人一次性交足的款项。根据上述资料，A公司应做以下账务处理：

借：银行存款	20 000 000	
贷：实收资本——甲		10 000 000
——乙		6 000 000
——丙		4 000 000

按照《中华人民共和国公司法》的规定，有限责任公司的股东可以用货币出资，也可以用实物、知识产权、土地使用权等可以用货币估价并可以依法转让的非货币财产作价出资；但是，法律、行政法规规定不得作为出资的财产除外。对作为出资的非货币财产应当评估作价，核实财产，不得高估或者低估作价。法律、行政法规对评估作价有规定的，从其规定。全体股东的货币出资金额不得低于有限责任公司注册资本的30%。

初建有限责任公司时，各投资者按照合同、协议或公司章程投入企业的资本，应全部计入“实收资本”科目，注册资本为在公司登记机关登记的全体股东认交的出资额。在企业增资时，如有新投资者介入，新介入的投资者缴纳的出资额大于其按约定比例计算的其在注册资本中所占的份额部分，不计入“实收资本”科目，而作为资本公积，计入“资本公积”科目。

股份有限公司是指全部资本由等额股份构成并通过发行股票筹集资本、股东以其认购的股份为限对公司承担责任、公司以其全部财产对公司债务承担责任的企业法人。股份有限公司的设立有两种方式，即发起式和募集式。发起式设立的特点是指公司的股份全部由发起人认购，不向发起人之外的任何人募集股份；募集式设立的特点是指公司股份除发起人认购外，还可以采用向其他法人或自然人发行股票的方式进行募集。公司设立方式不同，筹集资本的风险也不同。发起式设立公司，其所需资本由发起人一次交足，一般不会发生设立公司失败的情况，因此，其筹资风险小。社会募集股份，其筹资对象广泛，在资本市场不景气或股票的发行价格不恰当的情况下，有发行失败（股票未被全部认购）的可能，因此，其筹资风险大。按照有关规定，发行失败损失由发起人负担，包括承担筹建费用、公司筹建过程中的债务和对认股人已缴纳的股款支付银行同期存款利息等责任。

股份有限公司与其他企业相比较，最显著的特点就是将企业的全部资本划分为等额股份，并通过发行股票的方式来筹集资本。股东以其所认购股份对公司承担有限责任，股份是很重要的指标。股票的面值与股份总数的乘积为股本，股本应等于企业的注册资本，所以，股本也是很重要的指标。为了直观地反映这一指标，在会计处理上，股份有限公司应设置“股本”科目。

“股本”科目核算股东投入股份有限公司的股本，企业应将核定的股本总额、股份总数、每股面值在股本账户中作备查记录。为提供企业股份的构成情况，企业可在“股本”科目下按股东单位或姓名设置明细账。企业的股本应在核定的股本总额范围内通过发行股票取得。但值得注意的是，企业发行股票取得的收入与股本总额往往不一致，公司发行股票取得的收入大于股本总额的，称为溢价发行；小于股本总额的，称为折价发行；等于股本总额的，为面值发行。我国不允许企业折价发行股票。在采用溢价发行股票的情况下，企业应将相当于股票面值的部分计入“股本”科目，其余部分在扣除发行手续费、佣金等发行费用后计入“资本公积——股本溢价”科目。

四、实收资本增减变动的会计核算

《中华人民共和国公司登记管理条例》规定，公司增加注册资本的，有限责任公司股东认缴新增资本的出资和股份有限公司的股东认购新股，应当分别依照《公司法》设立有限责任公司缴纳出资和设立股份有限公司缴纳股款的有关规定执行。公司法定公积金转增为注册资本的，验资证明应当载明留存的该项公积金不少于转增前公司注册资本的25%。公司减少注册资本的，应当自公告之日起45日后申请变更登记，并提交公司在报纸上登载公司减少注册资本公告的有关证明和公司债务清偿或者债务担保情况的说明。公司减资后的注册资本不得低于法定的最低限额。公司变更实收资本的，应当提交依法设立的验资机构出具的验资证明，并应当按照公司章程载明的出资时间、出资方式缴纳出资。公司应当自足额缴纳出资或者股款之日起30日内申请变更登记。

（一）实收资本增加的会计核算

1. 企业增加资本的一般途径

企业增加资本的途径一般有三条：一是将资本公积转为实收资本或者股本。会计上借记“资本公积——资本溢价”或“资本公积——股本溢价”科目，贷记“实收资本”或“股本”科目。二是将盈余公积转为实收资本。会计上借记“盈余公积”科目，贷记“实收资本”或“股本”科目。这里要注意的是，资本公积和盈余公积均属所有者权益，转为实收资本或者股本时，企业如为独资企业的，核算比较简单，直接结转即可，如为股份有限公司或有限责任公司的，应按原投资者所持股份同比例增加各股东的股权。三是所有者（包括原企业所有者和新投资者）追加投入新的资本。企业接受投资者投入的资本，借记“银行存款”、“固定资产”、“无形资产”、“长期股权投资”等科目，贷记“实收资本”或“股本”等科目。

［例2-2］　A房地产有限责任公司由甲、乙两个自然人共同投资设立，原注册资本为2 000万元，甲、乙出资分别为1 500万元和500万元，为了扩大经营规模，经批

准，A公司按照原出资比例将资本公积1 000万元转增资本。

根据上述资料，A公司应做以下账务处理：

借：资本公积　　10 000 000

　贷：实收资本——甲　　7 500 000

　　　　　　——乙　　2 500 000

2. 股份有限公司发放股票股利

股份有限公司采用发放股票股利实现增资的，在发放股票股利时，按照股东原来持有的股数分配，如股东所持股份按比例分配的股利不足一股时，应采用恰当的方法处理。例如，股东会决议按股票面额的10%发放股票股利时（假定新股发行价格及面额与原股相同），对于所持股票不足10股的股东，将会发生不能领取一股的情况。在这种情况下，有两种方法可供选择，一是将不足一股的股票股利改为现金股利，用现金支付；二是由股东相互转让，凑为整股。股东大会批准的利润分配方案中分配的股票股利，应在办理增资手续后，借记“利润分配”科目，贷记“股本”科目。

3. 可转换公司债券持有人行使转换权利

可转换公司债券持有人行使转换权利，将其持有的债券转换为股票，按可转换公司债券的余额，借记“应付债券——可转换公司债券（面值、利息调整）”科目，按其权益成分的金额，借记“资本公积——其他资本公积”科目，按股票面值和转换的股数计算的股票面值总额，贷记“股本”科目，按其差额，贷记“资本公积——股本溢价”科目。

4. 企业将重组债务转为资本

企业将重组债务转为资本的，应按重组债务的账面余额，借记“应付账款”等科目，按债权人因放弃债权而享有本企业股份的面值总额，贷记“实收资本”或“股本”科目，按股份的公允价值总额与相应的实收资本或股本之间的差额，贷记或借记“资本公积——资本溢价”或“资本公积——股本溢价”科目，按重组债务的账面余额与债权人因放弃债权而享有股份公允价值的差额，贷记“营业外收入——债务重组利得”科目。

5. 以权益结算的股份支付的行权

以权益结算的股份支付换取职工或其他方提供服务的，应在行权日，根据实际行权情况确定的金额，借记“资本公积——其他资本公积”科目，按计入实收资本或股本的金额，贷记“实收资本”或“股本”科目。

（二）实收资本减少的会计核算

企业实收资本减少的原因大体有两种，一是因为资本过剩；二是企业发生重大亏损而需要减少实收资本。企业因资本过剩而减资，一般要发还股款。有限责任公司和一般企业发还投资的会计处理比较简单，按法定程序报经批准减少注册资本的，借记“实收资本”科目，贷记“库存现金”、“银行存款”等科目。

股份有限公司由于采用的是发行股票的方式筹集股本，发还股款时，则要回购发行的股票，发行股票的价格与股票面值可能不同，回购股票的价格也可能与发行价格不同，会计处理较为复杂。股份有限公司因减少注册资本而回购本公司股份的，应按实际支付的金额，借记“库存股”科目，贷记“银行存款”等科目。注销库存股时，应按股票面值和注销股数计算的股票面值总额，借记“股本”科目，按注销库存股的账面余额，贷记“库存股”科目，按其差额，冲减股票发行时原计入资本公积的溢价部分，借记“资本公积——股本溢价”科目，回购价格超过上述冲减“股本”及“资本公积——股本溢价”的部分，应依次借记“盈余公积”、“利润分配——未分配利润”等科目；如回购价格低于回购股份所对应的股本，所注销库存股的账面余额与所冲减股本的差额作为增加股本溢价处理，按回购股份所对应的股本面值，借记“股本”科目，按注销库存股的账面余额，贷记“库存股”科目，按其差额，贷记“资本公积——股本溢价”科目。

［例2-3］ B股份有限公司截至2010年12月31日共发行股票30 000 000股，股票面值为1元，资本公积（股本溢价）6 000 000元，盈余公积4 000 000元。经股东大会批准，B公司以现金回购本公司股票3 000 000股并注销。假定B公司按照每股4元回购股票，不考虑其他因素，B公司的账务处理如下：

库存股的成本 = 3 000 000 × 4 = 12 000 000（元）

借：库存股	12 000 000	
贷：银行存款		12 000 000
借：股本	3 000 000	
资本公积——股本溢价	6 000 000	
盈余公积	3 000 000	
贷：库存股		12 000 000

［例2-4］ 沿用［例2-3］，假定B公司以每股0.90元回购股票，其他条件不变。B公司的账务处理如下：

库存股的成本 = 3 000 000 × 0.90 = 2 700 000（元）

借：库存股	2 700 000	
贷：银行存款		2 700 000
借：股本	3 000 000	
贷：库存股		2 700 000
资本公积——股本溢价		300 000

由于B公司以低于面值的价格回购股票，股本与库存股成本的差额300 000元应作增加资本公积处理。

五、主要涉税事项提示

（1）房地产企业取得《营业执照》、《房地产开发资质等级证书》等权利、许可证照应当按每件贴花5元。

（2）按照“实收资本”（或“股本”）和“资本公积”科目合计金额的0.5‰贴花，两科目金额增加的，按增加金额的0.5‰贴花；两个科目金额减少不退税。

（3）将盈余公积转为实收资本，属于先分配再投资，如果涉及个人股东的，应当代扣代缴20%的个人所得税。

第二节 开发准备阶段的会计核算

一、开发准备阶段的主要工作内容

（一）投资决策分析——项目可行性研究

投资决策分析是整个开发过程中最基本、最关键的工作，目的就是通过一系列的调查研究与分析，为房地产企业选择一个最佳的、可行的项目开发方案，或者为舍弃项目提供依据。这一阶段的主要工作内容是项目的选择和项目可行性研究。

项目选择是指开发商根据各个渠道获得的多种信息，形成一个开发项目的初步设想，包括项目的选址、筹资、配套建设，然后根据这一设想，进一步进行市场的综合分析，并通过与城市规划部门、土地管理部门及其他开发商、投资商的接触，使项目设想具体化。

项目的可行性研究即在项目选择之后，对该项目作进一步的分析，主要包括市场研究、项目的财务评价及经济社会评价等。这里的市场研究已经不再是泛泛的市场估计，而是一系列与项目类型有关的专项调查研究，这也是影响项目成败的关键所在。通过项目的可行性研究，可以让开发商对项目的预期收益水平有个估算，也可以对开发中的关键因素有所掌握，从而在若干个开发方案中选择最理想的方案。通过可行性研究，若开发商认为该项目预期收益水平不可接受，或者虽有收益但风险过大，或根本没有收益，即可以放弃这一项目，避免损失。

（二）获取土地使用权

目前，我国的土地使用制度仍处在从无偿、无限期使用到有偿、有限期使用的过渡阶段，这个阶段存在着土地配置的双轨制，即行政划拨和市场机制并存。行政划拨只适用于国家进行经济、文化、国防建设以及兴办社会公共事业需要使用土地的情况；而开发商进行房地产开发和经营是为了获取利润，属于经济行为，获取土地使用权的途径只能是有偿取得。

1. 土地使用权出让

土地使用权出让是指国家以土地所有者的身份将土地使用权在一定年限内让与土地使用者，并由土地使用者向国家支付土地出让金的行为。出让金是指为获取土地使用权而支付的费用。

（1）土地使用权出让主体。土地使用权出让应当由市、县人民政府统一组织，有计划、有步骤地进行。

（2）土地使用权出让年限。我国《城镇国有土地使用权出让和转让暂行条例》按土地用途，对土地使用权出让的最高年限作出明确规定：

1）居住用地70年。

2）工业用地50年。

3）教育、科技、文化、卫生、体育用地50年。

4）商业、旅游、娱乐用地40年。

5）综合或者其他用地50年。

进行土地使用权出让时，每幅土地的实际使用年限，在最高年限内由出让方确定，或由出让、受让方共同商定。

（3）土地使用权出让方式：

1）协议出让土地使用权，协议出让是指出让方和受让方通过协商的方式有偿出让土地使用权。这种方式主要适用于工业项目、市政公益事业项目、非盈利项目和政府为调整经济结构、实施产业政策而需要给予扶持、优惠的项目。

2）招标出让土地使用权，招标出让是指在规定时期内由符合条件的单位或个人（受让方）以书面投标形式，竞标某块土地的使用权，土地招标小组（出让方代表）择优而取，不一定是出价最高者中标。这种方式主要适用于一些大型或关键性的发展计划与招标项目。现在推行的一个有效竞标办法是以“限房价、竞地价”方式供应中低价位普通商品住房用地。各地在供应土地时，一旦房价“封顶”，开发商拿地时自然会思量市场风险，一般不会再疯狂加价，就可以达到控制地价，从而达到控制房价的效果。

3）拍卖出让土地使用权。拍卖出让是指在指定的时间、地点，利用公开场合由土地管理部门（或委托拍卖行）代表政府就某块土地的使用权公开叫价出让，由高价者获得土地使用权。这种形式主要适用于房地产业、金融业、商业、旅游业和娱乐业用地。

4）挂牌出让土地使用权，挂牌出让是指出让人发布挂牌公告，按公告规定将拟出让地的交易条件在指定的土地交易场所挂牌公布，接受竞买人的报价申请，并更新挂牌价格，根据挂牌期限截止时的出价结果确认土地使用者的行为。这种出让方式是最近政府主管部门在出让土地时正在尝试的运作模式，比较市场化和透明化。

2. 土地使用权转让

土地使用权转让是指土地使用者将土地使用权再转移的行为，包括出售、交换和赠与。换言之就是原土地受让方对已经获得的土地使用权按规定投入一定的资金进行开发，通过有偿出售、交换和无偿赠与等方式，把土地使用权连同地上附着物转让给新的受让者。新的受让者则承袭原受让者与当地政府建立的土地使用权让、受双方的经济关系及相应的权利义务，受让者取得的土地使用权的使用年限为原土地使用权出让合同约定的使用年限减去原土地使用者已经使用年限后的剩余年限。

（1）土地使用权转让的条件：

1）必须是出让的土地使用权才能转让，通过出让取得的土地使用权是一种具有独立意义的“物权性使用权”，包括所有权中一定程度的占有、使用、收益和处分权能。相反，划拨的土地使用权是一种“债权性使用权”，原则上不允许转让、出租、抵押，但是，通过划拨取得土地使用权的单位和个人与土地管理部门签订出让合同并补交土地出让金后，可以转让、出租、抵押。

2）必须依照土地使用权出让合同的期限和条件对土地进行投资开发、利用。

3）土地使用权转让应当签订转让合同。

4）土地使用权转让必须办理过户登记。

（2）土地使用权转让的原则：

1）随之转移原则，是指土地使用权转让时，土地使用权出让合同和登记文件中所载明的权利义务随土地使用权转让而转移。

2）房地产一致原则，是指土地使用权与地上建筑物产权相一致的原则。

3）效益不可损原则，是指无论是土地使用权的转让，还是地上建筑物、其他附着物的转让，都不得损害土地及其他建筑物的经济效益。

（3）土地使用权转让的方式：

1）以出售方式转让土地使用权。

2）以交换方式转让土地使用权。

3）以赠与方式转让土地使用权。赠与合同主要适用于公民之间或者公民与法人之间。

3. 土地使用权出租

土地使用权出租是指土地使用者作为出租人将土地使用权随同地上建筑物、其他附着物租赁给承租人使用，由承租人向出租人支付租金的行为。

（1）土地使用权出租的条件：

1）出租的土地使用权是国家有偿出让的具有物权性质的土地使用权，而通过行政划拨取得的土地使用权，不属于独立的财产权利，不得任意出租。

2）按照土地使用权出让合同规定的条款已经对土地进行了投资开发和利用。

3）出租人与承租人应当签订租赁合同。

4）出租人与承租人应当按照规定办理登记。

（2）土地使用权出租的内容。出租人收取租金的权利和将土地使用权、地上建筑物等交付承租人使用需要履行的义务，承租人取得土地使用权、地上建筑物的权利和缴纳租金履行的义务，构成了土地使用权出租的内容。

4. 土地使用权抵押

土地使用权抵押是指土地使用者将其依法取得的土地使用权作为清偿债务的担保的法律行为。具体来讲，就是债权人对享有的土地使用权的债务人或第三人的土地不转移占有，继续由债务人或第三人使用、受益，而在债务不履行时，处分债务人或第三人提供的土地使用权（担保物），并从处分抵押物所得价款中优先受偿。债权人的权利称为抵押权。

设定抵押权，其内容仅限于就抵押物的变卖价值优先受偿而不是取得抵押的土地使用权。抵押人到期未能履行债务或者在抵押合同期间宣告解散、破产的，抵押权人有权依照国家法律、法规和抵押合同的规定处分抵押的土地使用权，最普通的做法是拍卖，有时当事人也可以约定其他处分方法。处分抵押的土地使用权所得抵押权人有优先受偿权。

5. 土地使用权的终止

土地使用权的终止是指土地使用者停止使用土地使用权。

（1）土地使用权终止的条件：

1）土地使用年限期满。

2）在特殊情况下，国家根据社会公共利益需要依法收回土地使用权，土地使用权因此而终止。

3）自然原因造成土地灭失，土地使用权终止。

（2）土地使用权终止后的注销登记。土地使用权终止后，应当通过一定的程序注销土地使用证。

6. 划拨土地使用权

土地使用权划拨是指县级以上人民政府依法批准，在土地使用者缴纳补偿、安置等费用后将该幅土地交付其使用，或者将土地使用权无偿交付给土地使用者使用的行为。以划拨方式取得土地使用权的，除法律、行政法规另有规定外，没有使用期限的限制。下列建设用地的土地使用权，确属必需的，可以由县以上人民政府依法批准划拨：

（1）国家机关用地和军事用地。

（2）城市基础建设用地和公益事业用地。

（3）国家重点扶持的能源、交通、水利等项目用地。

（4）法律、行政法规规定的其他用地。

（三）合作建房和补地价

1. 合作建房

合作建房是指房地产开发公司与拥有土地使用权的单位合作，单位提供土地使用权、房地产公司提供资金的方式联合开发土地和房产。

常见的合作建房形式有两种：第一种形式是一方提供土地使用权，另一方提供建设资金，房产建成后按比例分配房产，这种合作形式对拥有土地使用权的单位来讲，实际是以地换房；第二种形式是持有土地使用权的一方以土地折价入股，另一方投入资金，成立合营企业，以合营企业名义开发建设，最后，双方按持股比例分配合营企业的净利润，这对持有土地使用权的一方来讲，实际是以地换钱。

合作建房的两种形式都存在着划拨土地使用权的转让问题，《中华人民共和国城市房地产管理法》规定，以划拨方式取得土地使用权的，转让房地产时，应当按照国务院规定，报有批准权的人民政府审批。有批准权的人民政府准予转让的，应当由受让方办理土地使用权出让手续，并依照国家有关规定缴纳土地使用权出让金。

以划拨方式取得土地使用权的，转让房地产报批时，有批准权的人民政府按照国务院规定决定可以不办理土地使用权出让手续的，转让方应当按照国务院规定将转让房地产所获收益中的土地收益部分上缴国家或者作其他处理。

2. 补地价

补地价包括三层含义：其一，在土地使用权有偿出让体系中的土地使用者，如果，土地使用者需要改变土地使用权出让合同约定的土地用途、容积率、建筑高度等城市规划限制条件，必须取得出让方和市、县人民政府城市规划行政主管部门的同意，签订土地使用权出让合同变更协议或者重新签订土地使用权出让合同，相应调整土地使用权出让金。如果调整的出让金高于原出让金的，超过的部分称为“补地价”。其二，土地使用者延长土地使用年限，包括出让土地使用权期满后续期。其三，原属行政划拨无偿取得的土地使用权，如果土地使用权和地上建筑物转让、出租或抵押，应向当地县以上人民政府补交土地出让金，或者以转让、出租、抵押所获收益抵交，补缴的出让金称为“补地价”。

（1）补地价的程序：

1）向土地管理部门提出申请，详细说明改变土地使用性质或划拨土地使用权转让的原因。

2）经审核批准后与土地管理部门签订土地使用权出让合同。

3）补交土地出让金。

4）在规定的时间内向房地产登记管理部门办理土地使用权变更手续。

（2）补交地价的确定。一般由政府根据类似地块的出价制定一定的标准，再按实际情况与原土地使用权人协商确定补地价的金额。

（四）闲置土地的处理

中华人民共和国国土资源部令第53号《闲置土地处理办法》对闲置土地的处置做了如下规定，自2012年7月1日起施行。

闲置土地，是指土地使用者依法取得土地使用权后，未经原批准用地的人民政府同意，超过规定的期限未动工开发建设的建设用地。

1. 闲置土地的范围

（1）闲置土地，是指国有建设用地使用权人超过国有建设用地使用权有偿使用合同或者划拨决定书约定、规定的动工开发日期满一年未动工开发的国有建设用地。

（2）已动工开发但开发建设用地面积占应动工开发建设用地总面积不足三分之一或者已投资额占总投资额不足百分之二十五，中止开发建设满一年的国有建设用地，也可以认定为闲置土地。

2. 闲置土地的处置方式

（1）属于政府、政府有关部门的行为造成动工开发延迟的。

具有下列情况之一的，属于政府、政府有关部门的行为造成动工开发延迟的，国有建设用地使用权人应当向市、县国土资源主管部门提供土地闲置原因说明材料，由国土资源主管部门审核确认。

1）因未按照国有建设用地使用权有偿使用合同或者划拨决定书约定、规定的期限、条件将土地交付给国有建设用地使用权人，致使项目不具备动工开发条件的。

2）因土地利用总体规划、城乡规划依法修改，造成国有建设用地使用权人不能按照国有建设用地使用权有偿使用合同或者划拨决定书约定、规定的用途、规划和建设条件开发的。

3）因国家出台相关政策，需要对约定、规定的规划和建设条件进行修改的。

4）因处置土地上相关群众信访事项等无法动工开发的。

5）因军事管制、文物保护等无法动工开发的。

6）政府、政府有关部门的其他行为。

因自然灾害等不可抗力导致土地闲置的，依照上述规定办理。

国有建设用地使用权人提供土地闲置原因说明材料，经市、县国土资源主管部门审核属实的，市、县国土资源主管部门应当与国有建设用地使用权人协商，选择下列方式处置：

1）延长动工开发期限。签订补充协议，重新约定动工开发、竣工期限和违约责任。从补充协议约定的动工开发日起，延长动工开发期限最长不得超过一年。

2）调整土地用途、规划条件。按照新用途或者新规划条件重新办理相关用地手续，并按照新用途或者新规划条件核算、收缴或者退还土地价款。改变用途后的土地利用必须符合土地利用总体规划和城乡规划。

3）由政府安排临时使用。待原项目具备开发建设条件，国有建设用地使用权人重新开发建设。从安排临时使用之日起，临时使用期限最长不得超过两年。

4）协议有偿收回国有建设用地使用权。

5）置换土地。对已缴清土地价款、落实项目资金，且因规划依法修改造成闲置的，可以为国有建设用地使用权人置换其他价值相当、用途相同的国有建设用地进行开发建设。涉及出让土地的，应当重新签订土地出让合同，并在合同中注明为置换土地。

6）市、县国土资源主管部门还可以根据实际情况规定其他处置方式。

除前上述第4）项规定外，动工开发时间按照新约定、规定的时间重新起算。

（2）除属于政府、政府有关部门的行为造成动工开发延迟的情形外，闲置土地按照下列方式处理：

1）未动工开发满一年的，由市、县国土资源主管部门报经本级人民政府批准后，向国有建设用地使用权人下达《征缴土地闲置费决定书》，按照土地出让或者划拨价款的百分之二十征缴土地闲置费。土地闲置费不得列入生产成本。

2）未动工开发满两年的，由市、县国土资源主管部门按照《中华人民共和国土地管理法》第三十七条和《中华人民共和国城市房地产管理法》第二十六条的规定，报经有批准权的人民政府批准后，向国有建设用地使用权人下达《收回国有建设用地使用权决定书》，无偿收回国有建设用地使用权。闲置土地设有抵押权的，同时抄送相关土地抵押权人。

二、开发准备阶段的主要会计核算

（一）项目可行性研究费用的会计核算

《财政部关于印发〈企业会计准则解释第1号〉的通知》（财会［2007］14号文件）第三条第（三）项规定，企业（建造承包商）为订立合同发生的差旅费、投标费等，能够单独区分和可靠计量且合同很可能订立的，应当予以归集，待取得合同时计入合同成本；未满足上述条件的，应当计入当期损益。

根据上述文件的规定，房地产企业在项目开始之前发生的差旅费、考察调查研究费、咨询费、评估论证费等可以先在“长期待摊费用——可行性研究费用”科目核算，待取得房地产开发经营项目时，将“长期待摊费用——可行性研究费用”的金额转入“开发成本——前期工程费”科目。如果，没有取得该项目，则将“长期待摊费用——可行性研究费用”科目的余额直接转入到当期的“管理费用”科目。

（二）取得土地使用权成本的会计核算

《企业会计准则第6号——无形资产》应用指南第六条规定，企业取得的土地使用权通常应确认为无形资产，但改变土地使用权用途，用于赚取租金或资本增值的，应当将其转为投资性房地产。

自行开发建造厂房等建筑物，相关的土地使用权与建筑物应当分别进行处理。外购土地及建筑物支付的价款应当在建筑物与土地使用权之间进行分配；难以合理分配的，应当全部作为固定资产。

房地产开发企业取得土地用于建造对外出售的房屋建筑物，相关的土地使用权账面价值应当计入所建造的房屋建筑物成本。

1. 行政划拨取得的土地使用权

企业以划拨方式取得的土地使用权，如果没有支付费用，不入账核算，但应另设备查簿登记管理。如果企业向国家缴纳了补偿、安置等费用，土地用于房地产开发的，计入开发成本；自用的，计入地上建筑物的价值。

2. 以缴纳土地出让金方式取得的土地

房地产开发企业通过招标、拍卖、挂牌方式取得土地使用权的，在投标、竞买时预存的保证金，借记“其他应收款——存出保证金”科目，取得土地使用权而支付的土地出让金，借记“开发成本——土地征用及拆迁补偿费”科目，贷记“其他应收款——存出保证金”、“应付账款”、“银行存款”等科目。

［**例2-5**］　2011年1月16日，甲房地产公司为建造保障性住房参加当地政府组织的土地招标，当地推广“限房价、竞地价”方式供应中低价位普通商品住房用地，甲公司预付保证金200万元。2月1日，土地管理部门宣布甲公司中标，取得土地使用权，土地出让金2 600万元，当日甲公司以银行存款补交2 400万元。在办理《国有土地使用证》时另支付印花税1.3万元，契税78万元，过户手续费1万元。

账务处理如下：

（1）预付保证金200万元。

借：其他应收款——存出保证金	2 000 000	
贷：银行存款		2 000 000

（2）取得土地使用权，土地出让金总额2 600万元，根据《企业会计准则第6号——无形资产》应用指南第六条的规定，企业（房地产开发）取得土地用于建造对外出售的房屋建筑物，相关的土地使用权账面价值应当计入所建造的房屋建筑物的成本，而不需要通过“无形资产——土地使用权”科目核算。

借：开发成本——土地征用及拆迁补偿费	26 000 000	
贷：其他应收款——存出保证金		2 000 000
银行存款		24 000 000

（3）办证中支付契税78万元，过户手续费1万元计入土地成本。

借：开发成本——土地征用及拆迁补偿费	790 000	
贷：银行存款		790 000

（4）支付印花税1.3万元，根据会计准则规定计入管理费用。

借：管理费用——税费	13 000	
贷：银行存款		13 000

土地成本 = 2 600 + 78 + 1 = 2 679（万元）

3. 投资者投入的土地使用权

房地产开发企业接收投资者投入的土地使用权，应当先按照土地使用权的公允价值借记“无形资产——土地使用权”科目，贷记“实收资本（或股本）”科目，在对土地进行开发时，再将土地使用权的价值从无形资产科目转作“开发成本——土地征用及拆迁补偿费”。

4. 支付的土地闲置费和无偿收回土地使用权的会计核算

《财政部关于企业房地产开发与交易若干财务处理问题的通知》（财基字［1995］938号文件）曾经规定，以出让方式取得土地使用权的企业，因超过出让合同约定的动工开发日期，按规定缴纳的土地闲置费，或因满2年未动工开发，被政府有关部门无偿收回土地使用权而造成的损失，企业可计入当期管理费用，财政部令第48号文件已经将该文件废止。房地产企业取得土地使用权之后没有按合同规定开工，原因是多方面的，不完全是管理不善造成的，一律将土地闲置费计入管理费用不一定妥当。国家税务总局《房地产开发经营业务企业所得税处理办法》（国税发［2009］31号文件）规定，土地闲置费计入“开发成本——土地征用及拆迁补偿费”，为了减少会计核算与税收的差异，作者认为，土地闲置费应当计入“开发成本——土地征用及拆迁补偿费”。

企业取得土地使用权满2年未动工开发的，无偿收回土地使用权对企业来讲是一笔资产损失，财政部令第41号《企业财务通则》第三十四条规定，企业的资产损失的处理应当按照国家有关规定的权限和程序进行，现在，《财政部 国家税务总局关于企业资产损失税前扣除政策的通知》（财税［2009］57号文件）已经有规定，企业可以遵照执行。

第三章

房地产企业负债的会计核算

房地产企业是资金密集型企业，所占用的资金量大，且占用周期较长。国家有关政策规定，保障性住房和普通商品住房项目的最低资本金比例为20%，其他房地产开发项目的最低资本金比例为30%。这样看来房地产企业在房地产开发过程中所使用的大量资金多数靠融资取得，《企业财务通则》第二十一条规定，企业依法以借款、发行债券、融资租赁等方式筹集债务资金的，应当明确筹资目的，根据资金成本、债务风险和合理的资金需求，进行必要的资本结构决策，并签订书面合同。企业筹集资金用于固定资产投资项目的，应当遵守国家产业政策、行业规划、自有资本比例及其他规定。企业筹集资金，应当按规定核算和使用，并诚信履行合同，依法接受监督。

房地产企业负债的种类包括借款、发行债券、融资租赁和商业信誉等。

第一节　流动负债的会计核算

一、流动负债的概念

负债是指企业过去的交易或者事项形成的，预期会导致经济利益流出企业的现时义务。现时义务是指企业在现行条件下已承担的义务，未来发生的交易或事项形成的义务不属于现时义务，不应当确认为负债。房地产企业的负债按照承担经济业务期限的长短分为流动负债和长期负债。流动负债是指企业向银行或其他机构借入的期限在1年以下（含1年）的各种债务，包括短期借款、应付票据、应付账款、预收账款、应付职工薪酬、应交税费、其他应付款等。

二、短期借款的核算

根据《企业会计准则》规定，短期借款是指企业借入的期限在1年以下（含1年）的各种借款。短期借款可按借款种类、贷款人和币种进行明细核算。

一般情况下，房地产企业应当把偿还期限在1年以内的借款在“短期借款”科目核算，但是，由于开发产品生产周期较长，对于借款期限超过1年的流动资金借款，如果属于在经营周期内偿还的借款，仍可以考虑将其作为“短期借款”核算。

企业借入的短期借款，应在银行将贷款转入企业的存款账户时，借记“银行存款”

科目，贷记“短期借款”科目。本科目只反映借款本金，所发生的应付利息不在本科目核算。银行借款发生的利息支出，应当根据借款的用途进行核算，为建造开发产品而借入资金所发生的借款费用，在房地产开发完成之前发生的，应当计入有关房地产的开发成本，开发完成后发生的借款费用，计入当期的“财务费用”。短期借款利息如果是按季度结算或者是到期后还本付息的，可以将每月应付担的利息费用按月预提计入当期成本或费用。

短期借款到期偿还时，借记“短期借款”科目，贷记“银行存款”科目。

［**例3-1**］ 宏林房地产公司2011年3月1日向银行借款300万元，用于项目开发，期限1年，年利率6.12%，到期一次还本付息。账务处理如下：

（1）3月1日银行借款已经划入企业存款账户时：

借：银行存款	3 000 000	
贷：短期借款		3 000 000

（2）每月末预提利息：

借：开发成本——借款费用	15 300	
贷：应付利息		15 300

（3）2012年2月28日到期还本付息：

借：应付利息	168 300	
开发成本——借款费用	15 300	
短期借款	3 000 000	
贷：银行存款		3 183 600

三、应付票据

应付票据是由出票人出票，委托付款人在指定日期无条件支付特定的金额给收款人或者持票人的票据。企业应设置“应付票据”科目进行核算。应付票据按是否带息分为带息应付票据和不带息应付票据两种。

（一）带息应付票据的处理

由于我国商业汇票期限较短，在期末，通常对尚未支付的应付票据计提利息，计入当期财务费用；票据到期支付票款时，尚未计提的利息部分直接计入当期财务费用。

（二）不带息应付票据的处理

不带息应付票据，其面值就是票据到期时的应付金额。

［**例3-2**］ 某房地产企业采购开发项目用电梯采用商业汇票方式结算货款，根据有关发票账单，购入电梯的实际成本为15万元，电梯已经验收入库。企业开出三个月承兑的不带息商业汇票，并用银行存款支付运杂费0.5万元。该企业采用实际成本进行材料的日常核算，根据上述资料，企业应做以下会计分录：

借：原材料——电梯	155 000	

贷：应付票据　　150 000

　　银行存款　　5 000

开出并承兑的商业承兑汇票如果不能如期支付的，应在票据到期时，将“应付票据”账面价值转入“应付账款”科目，待协商后再行处理。如果重新签发新的票据以清偿原应付票据的，再从“应付账款”科目转入“应付票据”科目。银行承兑汇票如果票据到期，企业无力支付到期票款时，承兑银行除凭票向持票人无条件付款外，对出票人尚未支付的汇票金额转作逾期贷款处理。企业无力支付到期银行承兑汇票，在接到银行转来的“××号汇票无款支付转入逾期贷款户”等有关凭证时，借记“应付票据”科目，贷记“短期借款”科目。对计收的利息，按短期借款利息的处理办法处理。

四、应付及预收款项

（一）应付账款

应付账款指因购买材料、商品或接受劳务供应等而发生的债务，以及因出包工程应付给工程承包单位的工程款等。这是买卖双方由于取得物资或服务与支付货款在时间上不一致而产生的负债。

应付账款入账时间的确定，一般应以与所购买物资所有权有关的风险和报酬已经转移或劳务已经接受为标志。但在实际工作中，一般是区别下列情况处理：在物资和发票账单同时到达的情况下，应付账款一般待物资验收入库后，才按发票账单登记入账，这主要是为了确认所购入的物资是否在质量、数量和品种上都与合同上订明的条件相符，以免因先入账而在验收入库时发现购入物资错、漏、破损等问题再行调账。在会计期末仍未完成验收的，则应先按合理估计金额将物资和应付债务入账，事后发现问题再行更正。在物资和发票账单未同时到达的情况下，由于应付账款需根据发票账单登记入账，有时货物已到，发票账单要间隔较长时间才能到达，由于这笔负债已经成立，应作为一项负债反映。为在资产负债表上客观反映企业所拥有的资产和承担的债务，在实际工作中采用在月份终了将所购物资和应付债务估计入账，待下月初再用红字予以冲回的办法。因购买商品等而产生的应付款项，应设置“应付账款”科目进行核算，用以反映这部分负债的价值。房地产企业因出包工程应付给工程承包单位的工程款等也在本科目核算。

应付账款一般按应付金额入账，而不按到期应付金额的现值入账。如果购入的资产在形成一笔应付账款时是带有现金折扣的，应付账款入账金额的确定按发票上记载的应付金额的总值（不扣除折扣）记账。在这种方法下，应按发票上记载的全部应付金额，借记有关科目，贷记“应付账款”科目；获得的现金折扣在实际发生时冲减当期的财务费用。

（二）预收账款

预收账款是指房地产企业按照合同规定预收购房单位或个人的购房定金，以及受托代建开发建设项目按双方合同规定预收委托单位的开发建设资金。它属于房地产企业的流动负债，也是房地产企业的一种筹资方式。

为核算房地产企业各项预收款项的增减变动情况，应设置“预收账款”科目进行总分类核算，并按“预收购房款”和“预收代建工程款”等预收账款的种类设置明细账进行明细核算。“预收账款”的贷方反映按合同或协议向购房单位或个人预收的购房定金，向委托单位预收的开发建设资金。借方反映结转销售的开发产品销售价款或代建工程结算价款，以及退还多收的购房定金或代建工程款。期末贷方余额，反映尚未结清的预收款项。

对于预收款项不多的房地产企业，也可以不设置“预收账款”科目，发生的预收账款并入“应收账款”科目核算。

[例3-3] 2010年3月1日，甲房地产公司向商贸公司预售商业用房一幢，根据双方协议预收购房定金1 200万元，已转入本公司存款账户。当年12月1日商业用房已交付商贸公司使用，销售价格2 500万元，甲房地产公司已经开具发票，通知商贸公司付款。

(1) 收到预收款1 200万元时：

借：银行存款	12 000 000	
贷：预收账款——商贸公司		12 000 000

(2) 12月1日，房产交付并开具发票时：

借：应收账款——商贸公司	13 000 000	
预收账款——商贸公司	12 000 000	
贷：主营业务收入		25 000 000

五、应付职工薪酬

（一）职工薪酬的内容

职工薪酬是指企业为获得职工提供的服务而给予各种形式的报酬以及其他相关支出。这里所称“职工”比较宽泛，包括三类人员：一是与企业订立劳动合同的所有人员，含全职、兼职和临时职工；二是未与企业订立劳动合同，但由企业正式任命的企业治理层和管理层人员，如董事会成员、监事会成员等，尽管有些董事会、监事会成员不是本企业员工，未与企业订立劳动合同，但对其发放的津贴、补贴等仍属于职工薪酬；三是在企业的计划和控制下，虽未与企业订立劳动合同或未由其正式任命，但为其提供与职工类似服务的人员，如通过中介机构签订用工合同，为企业提供与本企业职工类似服务的人员。

职工薪酬核算企业因职工提供服务而支付的或放弃的对价，企业需要全面综合考虑职工薪酬的内容，以确保其准确性。职工薪酬主要包括以下内容：

(1) 职工工资、奖金、津贴和补贴。

(2) 职工福利费。

(3) 医疗保险费、养老保险费、失业保险费、工伤保险费和生育保险费等社会保险费。

(4) 住房公积金。

(5) 工会经费和职工教育经费。

(6) 非货币性福利。

(7) 因解除与职工的劳动关系给予的补偿。

(8) 其他与获得职工提供的服务相关的支出。

(二) 职工薪酬的确认和计量

企业应当在职工为其提供服务的会计期间，将应付的职工薪酬确认为负债，除因解除与职工的劳动关系给予的补偿外，应当根据职工提供服务的受益对象，分别下列情况处理：

(1) 应由生产产品、提供劳务负担的职工薪酬，计入产品成本或劳务成本。

(2) 应由在建工程、无形资产负担的职工薪酬，计入建造固定资产或无形资产成本。

(3) 除直接生产人员、直接提供劳务人员、符合准则规定条件的建造固定资产人员、开发无形资产人员以外的职工，包括公司总部管理人员、董事会成员、监事会成员等人员相关的职工薪酬，因难以确定直接对应的受益对象，均应当在发生时计入当期损益。

1. 货币性职工薪酬的计量

对于货币性薪酬，企业一般应当根据职工提供服务情况和职工货币薪酬的标准，计算应计入职工薪酬的金额，按照受益对象计入相关成本或当期费用，借记“开发成本”、“管理费用”等科目，贷记“应付职工薪酬”科目，发放时，借记“应付职工薪酬”科目，贷记“银行存款”等科目。

2. 非货币性职工薪酬的计量

企业向职工提供的非货币性职工薪酬，应当分别情况处理：

(1) 以自产产品或外购商品发放给职工作为福利。企业以其生产的产品作为非货币性福利提供给职工的，应当按照该产品的公允价值和相关税费，计量应计入成本费用的职工薪酬金额。相关收入及其成本的确认计量和相关税费的处理，与正常商品销售相同。以外购商品作为非货币性福利提供给职工的，应当按照该商品的公允价值和相关税费，计量应计入成本费用的职工薪酬金额。

(2) 企业将拥有的房屋等资产无偿提供给职工使用的，应当根据受益对象，将住房每期应计提的折旧计入相关资产成本或费用，同时确认应付职工薪酬。租赁住房等资产供职工无偿使用的，应当根据受益对象，将每期应付的租金计入相关资产成本或费用，并确认应付职工薪酬。难以认定受益对象的，直接计入当期损益，并确认应付职工薪酬。

（三）辞退福利（解除劳动关系补偿）的确认和计量

1. 辞退福利的含义

辞退福利包括两方面的内容：一是在职工劳动合同尚未到期前，不论职工本人是否愿意，企业决定解除与职工的劳动关系而给予的补偿；二是在职工劳动合同尚未到期前，为鼓励职工自愿接受裁减而给予的补偿，职工有权利选择继续在职或接受补偿离职。

2. 辞退福利的确认

企业在职工劳动合同到期之前解除与职工的劳动关系，或者为鼓励职工自愿接受裁减而提出给予补偿的建议，同时满足下列条件的，应当确认因解除与职工的劳动关系给予补偿而产生的预计负债，同时计入当期管理费用。

（1）企业已经制订正式的解除劳动关系计划或提出自愿裁减建议，并即将实施。该计划或建议应当包括拟解除劳动关系或裁减的职工所在部门、职位及数量；根据有关规定按工作类别或职位确定的解除劳动关系或裁减补偿金额，拟解除劳动关系或裁减的时间。

（2）企业不能单方面撤回解除劳动关系计划或裁减建议。如果企业能够单方面撤回解除劳动关系计划或裁减建议，则表明未来经济利益流出不是很可能，因而不符合负债确认条件。

六、应交税费

企业在一定时期内取得的营业收入和实现的利润或发生特定经营行为，要按照规定向国家缴纳各种税金，这些应交的税金，应按照权责发生制的原则确认。这些应交的税金在尚未缴纳之前，形成企业的一项负债。

（一）增值税

增值税是就货物或应税劳务的增值部分征收的一种税。《增值税暂行条例实施细则》第二十九条规定，非企业性单位、不经常发生应税行为的企业可选择按小规模纳税人纳税。房地产企业增值税涉税事项纳税人身份应选择小规模纳税人。小规模纳税人的特点有三个：一是小规模纳税人销售货物或者提供应税劳务，一般情况下，只能开具普通发票，不能开具增值税专用发票；二是小规模纳税人销售货物或者应税劳务，实行按照销售额和征收率计算应纳税额的简易办法，并不得抵扣进项税额。应纳税额计算公式为：应纳税额 = 销售额 × 征收率，小规模纳税人增值税征收率为3%；三是小规模纳税人的销售额不包括其应纳税额。采用销售额和应纳税额合并定价方法的，按照公式“销售额 = 含税销售额 ÷ （1 + 征收率）”还原为不含税销售额计算。

房地产企业销售自己使用过的固定资产和除固定资产以外的物品，计算应缴纳的增值税时，应当设置“应交税费——应交增值税”科目核算。该科目的贷方发生额反映应交增值税额，借方发生额反映已交增值税额，期末贷方余额反映应交未交的增值税额。

（二）营业税

营业税是对提供劳务、转让无形资产或者销售不动产的单位和个人征收的一种税。营业税按照营业额和规定的税率计算应纳税额，其公式为：应纳税额 = 营业额 × 税率。这里的营业额是指企业提供应税劳务、转让无形资产或者销售不动产向对方收取的全部价款和价外费用。价外费用包括收取的手续费、补贴、基金、集资费、返还利润、奖励费、违约金、滞纳金、延期付款利息、赔偿金、代收款项、代垫款项、罚息及其他各种性质的价外收费，但不包括代为收取的政府性基金或者行政事业性收费。

1. 科目设置

企业按规定应交的营业税，在“应交税费”科目下设置“应交营业税”明细科目，“应交营业税”明细科目的借方发生额，反映企业已缴纳的营业税；其贷方发生额，反映企业应交的营业税；期末借方余额，反映企业预交或多交的营业税；期末贷方余额，反映尚未缴纳的营业税。

2. 销售开发产品收入营业税的会计处理

房地产企业经营开发产品所取得的收入，应当向开发产品所在地主管税务机关申报缴纳营业税。按规定应交的营业税，通过“营业税金及附加”和“应交税费——应交营业税”科目核算。

［**例3-4**］　某房地产公司于2011年4月16日开盘，对外销售新建成的住宅，当月取得预售收入1 200万元，计提5%的营业税60万元，5月9日通过网上银行缴纳税款。

（1）4月30日计提营业税时：

借：应交税费——预售营业税	600 000	
贷：应交税费——应交营业税		600 000

（2）5月9日缴纳税款时：

借：应交税费——应交营业税	600 000	
贷：银行存款		600 000

3. 其他业务收入营业税的会计处理

房地产企业经营房地产以外的其他业务所取得的收入，包括出租房产和土地使用权取得的收入，按规定应交的营业税，通过“营业税金及附加”和“应交税费——应交营业税”科目核算。

（三）其他应交税费

1. 资源税

资源税是国家对在我国境内开采矿产品或者生产盐的单位和个人征收的税种。资源税按照应税产品的课税数量和规定的单位税额计算，公式为：

$$应纳税额 = 课税数量 \times 单位税额$$

这里的“课税数量”为：开采或者生产应税产品销售的，以销售数量为课税数量；

开采或者生产应税产品自用的，以自用数量为课税数量。

2014年9月21日，国务院决定对《中华人民共和国资源税暂行条例》作出修改，在现有资源税从量定额计征基础上增加从价定率的计征办法。提高部分资源税负水平；扩大征税范围；统一油气税费制度。

（1）科目设置。企业按规定应交的资源税，在“应交税费”科目下设置“应交资源税”明细科目核算。“应交资源税”明细科目的借方发生额，反映企业已交的或按规定允许抵扣的资源税；贷方发生额，反映应交的资源税；期末借方余额，反映多交或尚未抵扣的资源税；期末贷方余额，反映尚未缴纳的资源税。

（2）销售产品或自产自用产品相关的资源税的会计处理。在会计核算时，企业按规定计算出销售应税产品应缴纳的资源税，借记“营业税金及附加”科目，贷记“应交税费——应交资源税”科目；企业计算出自产自用的应税产品应缴纳的资源税，借记“开发成本”等科目，贷记“应交税费——应交资源税”科目。

2. 土地增值税

我国从1994年起开征土地增值税，转让国有土地使用权、地上建筑物及其附着物并取得收入的单位和个人，均应就增值额缴纳土地增值税。土地增值税按照转让房地产所取得的增值额和规定的税率计算征收。

在会计处理时，企业缴纳的土地增值税通过“应交税费——应交土地增值税”科目核算。房地产企业应由当期收入负担的土地增值税，借记“营业税金及附加”科目，贷记“应交税费——应交土地增值税”科目。房地产企业在项目全部竣工决算前转让房地产取得的收入，按税法规定预交的土地增值税，借记“应交税费——应交土地增值税”科目，贷记“银行存款”等科目；待该项房地产销售收入实现时，再按上述销售业务的会计处理方法进行处理。待项目全部竣工、办理土地增值税的清算，多退少补，收到退回多交的土地增值税，借记“银行存款”等科目，贷记“应交税费——应交土地增值税”科目，补交的土地增值税作相反的会计分录。

3. 房产税、土地使用税、车船税和印花税

房产税是国家对在城市、县城、建制镇和工矿区征收的由产权所有人缴纳的一种税。房产税依照房产原值一次减除10%～30%后的余额计算缴纳。没有房产原值作为依据的，由房产所在地税务机关参考同类房产核定；房产出租的，以房产租金收入作为房产税的计税依据。

城镇土地使用税是国家为了合理利用城镇土地，调节土地级差收入，提高土地使用效益，加强土地管理而开征的一种税，以纳税人实际占用的土地面积为计税依据，依照规定税额计算征收。

车船税由拥有并且使用车船的单位和个人缴纳。车船税按照适用税额计算缴纳、企业按规定计算应交的房产税、土地使用税、车船税时，借记“管理费用”科目，贷记“应交税费——应交房产税（或土地使用税、车船税）”科目；上交时，借记“应交税费——应交房产税（或土地使用税、车船税）”科目，贷记“银行存款”科目。

由于房产税、土地使用税、车船税实行按年或半年征收，也可以在实际缴纳时，借记“管理费用”科目，贷记“银行存款”科目。房地产企业取得土地使用权之后应交的土地使用税也应当照此办法处理，而不得计入“开发成本”科目。

印花税是对书立、领受购销合同等凭证行为征收的税款，实行由纳税人根据规定自行计算应纳税额，购买并一次贴足印花税票的缴纳方法。应纳税凭证包括：购销、加工承揽、建设工程承包、财产租赁、货物运输、仓储保管、借款、财产保险、技术合同或者具有合同性质的凭证；产权转移书据；营业账簿；权利、许可证照等。纳税人根据应纳税凭证的性质，分别按比例税率或者按件定额计算应纳税额。由于企业缴纳的印花税，是由纳税人根据规定自行计算应纳税额以购买并一次贴足印花税票的方法缴纳的税款。即一般情况下，企业需要预先购买印花税票，待发生应税行为时，再根据凭证的性质和规定的比例税率或者按件计算应纳税额，将已购买的印花税票粘贴在应纳税凭证上，并在每枚税票的骑缝处盖戳注销或者划销，办理完税手续。企业缴纳的印花税不需要通过“应交税费”科目核算，于购买印花税票时，直接借记“管理费用”科目，贷记“银行存款”科目。

4. 城市维护建设税

为了加强城市的维护建设，扩大和稳定城市维护建设资金的来源，国家开征了城市维护建设税。在会计核算时，企业按规定计算出的城市维护建设税，借记“营业税金及附加”等科目，贷记“应交税费——应交城市维护建设税”科目；实际上交时，借记“应交税费——应交城市维护建设税”科目，贷记“银行存款”科目。

5. 企业所得税

企业的生产、经营所得和其他所得，依照《企业所得税法》及其实施条例的规定需要缴纳所得税。企业应缴纳的所得税，在“应交税费”科目下设置“应交所得税”明细科目核算；当期应计入损益的所得税，作为一项费用，在净收益前扣除。企业按照一定方法计算，计入损益的所得税，借记“所得税费用”等科目，贷记“应交税费——应交所得税”科目。有关所得税的会计处理详见本书第十八章“企业所得税”章节。

6. 耕地占用税

耕地占用税是国家为了利用土地资源，加强土地管理，保护农用耕地而征收的一种税。耕地占用税以实际占用的耕地面积计税，按照规定税额一次征收。企业缴纳的耕地占用税，不需要通过“应交税费”科目核算。房地产企业按规定计算缴纳耕地占用税时，借记“开发成本”科目，贷记“银行存款”等科目。

七、应付股利

应付股利是指企业经股东大会或类似机构审议批准分配的现金股利或利润。企业股东大会或类似机构审议批准的利润分配方案、宣告分派的现金股利或利润，在实际支付前，形成企业的负债。企业董事会或类似机构通过的利润分配方案中拟分配的现金股利或利润，不应确认负债，但应在附注中披露。

企业经股东大会或类似机构审议批准的利润分配方案，按应支付的现金股利或利润，借记“利润分配”科目，贷记“应付股利”；实际支付现金股利或利润时，借记“应付股利”，贷记“银行存款”等科目。

八、其他应付款

其他应付款是指企业除应付票据、应付账款、预收账款、应付职工薪酬、应付利息、应付股利、应交税费、长期应付款等以外的其他各项应付、暂收的款项。

企业采用售后回购方式融入资金的，应按实际收到的金额，借记“银行存款”科目，贷记“其他应付款”等科目。回购价格与原销售价格之间的差额，应在售后回购期间内按期计提利息费用，借记“财务费用”科目，贷记“其他应付款”。按照合同约定购回该项商品时，应按实际支付的金额，借记“其他应付款”科目，贷记“银行存款”科目。

企业发生的其他各种应付、暂收款项，借记“管理费用”等科目，贷记“其他应付款”科目；支付的其他各种应付、暂收款项，借记“其他应付款”，贷记“银行存款”等科目。

第二节 非流动负债的会计核算

长期负债是指偿还期在一年以上或超过一年的经营周期以上的债务，是除了投资人投入的资本金以外的，企业向债权人筹集、可供企业长期使用的资金。房地产企业的长期负债包括长期借款、发行企业债券和长期应付款三类。

一、长期借款的核算

房地产企业的长期借款，是指房地产企业向银行或其他金融机构借入的期限在1年以上（不含1年）的各项借款。

房地产企业借入各种长期借款时，按实际收到的款项，借记“银行存款”科目，贷记“长期借款——本金”科目；按借贷双方之间的差额，借记“长期借款——利息调整”科目。

在资产负债表日，企业应按长期借款的摊余成本和实际利率计算确定的长期借款的利息费用，借记“开发成本”、“财务费用”等科目，按借款本金和合同利率计算确定的应付未付利息，贷记“应付利息”科目，按其差额，贷记“长期借款——利息调整”科目。

企业归还长期借款，按归还的长期借款本金，借记“长期借款——本金”科目，按转销的利息调整金额，贷记“长期借款——利息调整”科目，按实际归还的款项，贷记“银行存款”科目，按借贷双方之间的差额，借记“开发成本”、“财务费用”等科目。

（一）长期借款的程序

房地产企业需要向银行或其他金融企业举借长期借款，首先需要提出借款申请，说明借款原因、借款用途、借款金额、使用时间、使用计划、还款期限和还款计划等，借款申请经银行审查同意后，即可与贷款银行签订借款合同，借款合同要规定借款项目名称、用途、借款金额、借款利率、借款期限、用款计划、还款期限、还款计划，还要列明还款资金来源与还款方式、保证条件和违约责任及双方商定的其他条件。通过签订借款合同，明确借款企业与贷款银行的经济责任。贷款银行要保证在合同规定的借款总额内，按照年度用款需要供应资金。借款企业应保证按照借款合同规定的用途使用借款，保证按期发挥借入资金的经济效益，按期归还借款本息。

借款合同签订后，借款企业在核定的借款指标内，按照银行对借款的管理办法根据用款计划支用借款。贷款银行如对长期借款采用分次转存支用的方法，则在按照合同分次取得借款时，先存在存款户，再从存款户中支用。贷款银行如对长期借款采用指标管理的方法，借款企业应按规定用途，支一笔借一笔。在这种情况下，借款企业支用长期借款时，应根据银行核定的年度借款指标，按照订货合同、工程进度、工程建设支出的需要，向银行支用借款。为便于经办银行对支用借款进行监督，借款企业应将设备订货合同副本、工程进度计划等抄送给经办银行。

借款应坚持有借有还的原则。借款到期，借款企业应按照合同规定按期偿还借款本息，如不能按期归还，经办银行可按照合同规定，从借款企业的存款账户中扣还借款本息和罚息。借款企业如因暂时困难，需要延期归还借款时，应向经办银行提出延期归还申请，经审查同意后，办理展期手续，按展期计划还款。如借款逾期，银行可以加收逾期利息。

（二）借款费用的确认

借款费用是企业因借入资金所付出的代价，它包括借款利息、折价或者溢价的摊销、辅助费用以及因外币借款而发生的汇兑差额等。企业发生的借款费用，可直接归属于符合资本化条件的资产的购建或者生产的，应当予以资本化，计入相关资产成本；其他借款费用，应当在发生时根据其发生额确认为费用，计入当期损益。符合资本化条件的资产是指需要经过相当长时间的购建或者生产活动才能达到预定可使用或者可销售状态的固定资产、投资性房地产和存货等资产。企业符合资本化条件的存货，主要包括房地产开发企业开发的用于对外出售的房地产开发产品、企业制造的用于对外出售的大型机械设备等，这类存货通常需要经过相当长时间的建造或者生产过程，才能达到预定可销售状态。其中，“相当长时间”应当是指为资产的购建或者生产所必需的时间，通常为1年以上（含1年）。

建造合同成本、确认为无形资产的开发支出等在符合条件的情况下，也可以认定为符合资本化条件的资产。

1. 借款费用开始资本化的时点

借款费用同时满足下列条件的，才能开始资本化：

(1) 资产支出已经发生，资产支出包括为购建或者生产符合资本化条件的资产而以支付现金、转移非现金资产或者承担带息债务形式发生的支出。

(2) 借款费用已经发生。

(3) 为使资产达到预定可使用或者可销售状态所必要的购建或者生产活动已经开始。

2. 借款费用暂停资本化的条件

符合资本化条件的资产在购建或者生产过程中发生非正常中断、且中断时间连续超过3个月的，应当暂停借款费用的资本化。在中断期间发生的借款费用应当确认为费用，计入当期损益，直至资产的购建或者生产活动重新开始。如果中断是所购建或者生产的符合资本化条件的资产达到预定可使用或者可销售状态必要的程序，借款费用的资本化应当继续进行。

3. 借款费用停止资本化的时点

购建或者生产符合资本化条件的资产达到预定可使用或者可销售状态时，借款费用应当停止资本化。达到预定可使用或者可销售状态，可从以下几个方面进行判断：

(1) 符合资本化条件的资产的实体建造（包括安装）或者生产工作已经全部完成或者实质上已经完成。

(2) 所购建或者生产的符合资本化条件的资产与设计要求、合同规定或者生产要求相符或者基本相符，即使有极个别与设计、合同或者生产要求不相符的地方，也不影响其正常使用或者销售。

(3) 继续发生在所购建或生产的符合资本化条件的资产上的支出金额很少或者几乎不再发生。

（三）借款利息资本化金额的确定

在借款费用资本化期间内，每一会计期间的利息（包括折价或溢价的摊销，下同）资本化金额，应当按照下列规定确定：

(1) 为购建或者生产符合资本化条件的资产而借入专门借款的，应当以专门借款当期实际发生的利息费用，减去将尚未动用的借款资金存入银行取得的利息收入或进行暂时性投资取得的投资收益后的金额确定。

(2) 为购建或者生产符合资本化条件的资产而占用了一般借款的，企业应当根据累计资产支出超过专门借款部分的资产支出加权平均数乘以所占用一般借款的资本化率，计算确定一般借款应予资本化的利息金额。资本化率应当根据一般借款加权平均利率计算确定。

(3) 每一会计期间的利息资本化金额，不应当超过当期相关借款实际发生的利息金额。

［例3-5］ A公司于2011年1月1日正式动工开发甲住宅小区，工期预计为1年零6个月，工程采用出包方式，分别于2011年1月1日、2011年7月1日和2012年1月1日支付工程进度款。A公司为开发该小区从银行借入两笔一般借款，具体如下：

（1）向F银行长期借款20 000万元，期限为2010年12月1日～2013年12月1日，年利率为6%，按年支付利息。

（2）2011年7月1日向G银行长期借款30 000万元，期限为5年，年利率为8%，按年支付利息。

假定这两笔一般借款除了用于甲小区开发之外，没有用于其他符合资本化条件的资产的购建或者生产活动。

A公司建造甲住宅小区的支出金额如表3-1所示：

表3-1　A公司建造甲住宅小区的支出金额

（单位：万元）

日　期	每期资产支用金额	累计资产支用金额
2011年1月1日	15 000	15 000
2011年7月1日	25 000	40 000
2012年1月1日	5 000	45 000
总　计	45 000	—

鉴于A公司开发甲小区没有取得专门借款，而占用了一般借款，因此，公司应当首先计算所占用一般借款的加权平均利率作为资本化率，然后计算建造甲小区的累计资产支出加权平均数，将其与资本化率相乘，计算求得当期应予资本化的借款利息金额。具体如下：

（1）计算所占用一般借款资本化率：

一般借款资本化率（年）=(20 000×6%+30 000×8%)÷(20 000+30 000)=7.20%

（2）计算累计资产支出加权平均数：

2011年累计资产支出加权平均数=15 000×360/360+25 000×180/360=27 500（万元）

2012年累计资产支出加权平均数=(40 000+5000)×180/360=22 500（万元）

（3）计算每期利息资本化金额：

2011年为开发甲小区的利息资本化金额=27 500×7.20%=1 980（万元）

2011年实际发生的一般借款利息费用=20 000×6%+30 000×8%×180/360=2 400（万元）

计入2011年当期损益=2 400－1 980=420（万元）

2012年为开发甲小区的利息资本化金额=22 500×7.20%=1 620（万元）

2012年1月1日～2012年6月30日实际发生的一般借款利息费用=（20 000×6%+30 000×8%）×180/360=1 800（万元）

计入2012年当期损益=1 800－1 620=180（万元）

上述计算的利息资本化金额没有超过两笔一般借款实际发生的利息费用，可以资本化。

(4) 根据上述计算结果，账务处理如下：

2011 年 12 月 31 日：

借：开发成本 19 800 000

财务费用 4 200 000

贷：应付利息 24 000 000

2012 年 6 月 30 日：

借：开发成本 16 200 000

财务费用 1 800 000

贷：应付利息 18 000 000

二、应付债券

(一) 一般公司债券

1. 公司债券的发行

企业发行的超过1年期以上的债券，构成了企业的长期负债。公司债券的发行方式有三种，即面值发行、溢价发行和折价发行。假设其他条件不变，债券的票面利率高于同期银行存款利率时，可按超过债券票面价值的价格发行，称为溢价发行。溢价是企业以后各期多付利息而事先得到的补偿；如果债券的票面利率低于同期银行存款利率，可按低于债券面值的价格发行，称为折价发行。折价是企业以后各期少付利息而预先给投资者的补偿。如果债券的票面利率与同期银行存款利率相同，可按票面价格发行，称为面值发行。溢价或折价是发行债券企业在债券存续期内对利息费用的一种调整。

无论是按面值发行，还是溢价发行或折价发行，均按债券面值计入“应付债券”科目的“面值”明细科目，实际收到的款项与面值之间的差额，计入“应付债券”科目的“利息调整”明细科目。企业发行债券时，按实际收到的款项，借记“银行存款”、“库存现金”等科目，按债券票面价值，贷记“应付债券——面值”科目，按实际收到的款项与票面价值之间的差额，贷记或借记“应付债券——利息调整”科目。

2. 利息调整的摊销

利息调整应在债券存续期间内采用实际利率法进行摊销。实际利率法是指按照应付债券的实际利率计算其摊余成本及各期利息费用的方法；实际利率是指将应付债券在债券存续期间的未来现金流量，折现为该债券当前账面价值所使用的利率。

资产负债表日，对于分期付息、一次还本的债券，企业按应付债券的摊余成本和实际利率计算确定的债券利息费用，借记“开发成本”、“财务费用”等科目，按票面利率计算确定的应付未付利息，贷记“应付利息”科目，按其差额，借记或贷记“应付债券——利息调整”科目。

[**例3-6**] 2010 年 12 月 31 日，甲公司经批准发行 5 年期一次还本、分期付息的公司债券 50 000 000 元，债券利息在每年的 12 月 31 日支付，票面利率为年利率 6%。

假定债券发行时的市场利率为5%。

已知（P/F，5%，5）=0.783 5；（P/A，5%，5）=4.329 5。

甲公司该批债券溢价发行，实际发行价格为：

50 000 000 ×0.783 5 +50 000 000 ×6% ×4.329 5 =52 163 500（元）

甲公司根据上述资料，采用实际利率法和摊余成本计算确定的利息费用，如表3-2所示：

表3-2 利息费用一览表

（单位：元）

付息日期	支付利息	利息费用	摊销的利息调整	应付债券摊余成本
2007年12月31日				52 163 500.00
2008年12月31日	3 000 000	2 608 175.00	391 825.00	51 771 675.00
2009年12月31日	3 000 000	2 588 583.75	411 416.25	51 360 258.75
2010年12月31日	3 000 000	2 568 012.94	431 987.06	50 928 271.69
2011年12月31日	3 000 000	2 546 413.59	453 586.41	50 474 685.28
2012年12月31日	3 000 000	2 525 314.72*	474 685.28	50 000 000.00

注："*"为尾数调整。

根据表的资料，甲公司的账务处理如下：

（1）2010年12月31日发行债券时：

借：银行存款 52 163 500

贷：应付债券——面值 50 000 000

——利息调整 2 163 500

（2）2011年12月31日计算利息费用时：

借：财务费用等 2 608 175

应付债券——利息调整 391 825

贷：应付利息 3 000 000

2012年、2013年、2014年确认利息费用的会计处理同2011年。

（3）2015年12月31日归还债券本金及最后一期利息费用时：

借：财务费用等 2 525 314.72

应付债券——面值 50 000 000.00

——利息调整 474 685.28

贷：银行存款 53 000 000.00

对于一次还本付息的债券，应于资产负债表日按摊余成本和实际利率计算确定的债券利息费用，借记"开发成本"、"财务费用"等科目，按票面利率计算确定的应付未付利息，贷记"应付债券——应计利息"科目，按其差额，借记或贷记"应付债券——利息调整"科目。

3. 债券的偿还

企业发行的债券通常分为到期一次还本付息或一次还本、分期付息两种。采用一次还本付息方式的，企业应予债券到期支付债券本息时，借记“应付债券——面值、应计利息”科目，贷记“银行存款”科目。采用一次还本、分期付息方式的，在每期支付利息时，借记“应付利息”科目，贷记“银行存款”科目；债券到期偿还本金并支付最后一期利息时，借记“应付债券——面值”、“开发成本”、“财务费用”等科目，贷记“银行存款”科目，按借贷双方之间的差额，借记或贷记“应付债券——利息调整”科目。

（二）可转换公司债券

我国发行可转换公司债券采取记名式无纸化发行方式。企业发行的可转换公司债券在“应付债券”科目下设置“可转换公司债券”明细科目核算。

企业发行的可转换公司债券，应当在初始确认时将其包含的负债成分和权益成分进行分拆，将负债成分确认为应付债券，将权益成分确认为资本公积。在进行分拆时，应当先对负债成分的未来现金流量进行折现确定负债成分的初始确认金额，再按发行价格总额扣除负债成分初始确认金额后的金额确定权益成分的初始确认金额。发行可转换公司债券发生的交易费用，应当在负债成分和权益成分之间按照各自的相对公允价值进行分摊。企业应按实际收到的款项，借记“银行存款”等科目，按可转换公司债券包含的负债成分面值，贷记“应付债券——可转换公司债券（面值）”科目，按权益成分的公允价值，贷记“资本公积——其他资本公积”科目，按借贷双方之间的差额，借记或贷记“应付债券——可转换公司债券（利息调整）”科目。

企业发行附有赎回选择权的可转换公司债券，其在赎回日可能支付的利息补偿金，即债券约定赎回期届满日应当支付的利息减去应付债券票面利息的差额，应当在债券发行日至债券约定赎回届满日期间计提应付利息，计提的应付利息，分别计入相关资产成本或财务费用。

三、长期应付款

长期应付款是指企业除长期借款和应付债券以外的其他各种长期应付款项，包括应付融资租入固定资产的租赁费、以分期付款方式购入固定资产发生的应付款项等。

（一）应付融资租入固定资产的租赁费

企业采用融资租赁方式租入的固定资产，应在租赁期开始日，将租赁开始日租赁资产公允价值与最低租赁付款额现值两者中较低者，加上初始直接费用，作为租入资产的入账价值，借记“固定资产”等科目，按最低租赁付款额，贷记“长期应付款”科目，按发生的初始直接费用，贷记“银行存款”等科目，按其差额，借记“未确认融资费用”科目。

企业在计算最低租赁付款额的现值时，能够取得出租人租赁内含利率的，应当采用租赁内含利率作为折现率；否则，应当采用租赁合同规定的利率作为折现率。企业无法取得出租人的租赁内含利率且租赁合同没有规定利率的，采用同期银行贷款利率作为折现率。租赁内含利率是指在租赁开始日，使最低租赁收款额的现值与未担保余值的现值之和等于租赁资产公允价值与出租人的初始直接费用之和的折现率。

未确认融资费用应当在租赁期内各个期间进行分摊。企业应当采用实际利率法计算确认当期的融资费用。

（二）具有融资性质的延期付款购买资产

企业购买资产有可能延期支付有关价款。如果延期支付的购买价款超过正常信用条件，实质上具有融资性质的，所购资产的成本应当以延期支付购买价款的现值为基础确定。实际支付的价款与购买价款的现值之间的差额，应当在信用期间内采用实际利率法进行摊销，计入相关资产成本或当期损益。具体来说，企业购入资产超过正常信用条件延期付款实质上具有融资性质时，应按购买价款的现值，借记“固定资产”、“在建工程”等科目，按应支付的价款总额，贷记“长期应付款”科目，按其差额，借记“未确认融资费用”科目。

第四章

开发产品成本的会计核算

第一节　开发产品的分类

2006年2月，财政部一揽子推出《企业会计准则—基本准则》和38项具体会计准则，《企业会计准则第1号——存货》对存货确认的条件、存货成本核算方法、信息披露做出原则规定。2013年8月，财政部印发了《企业产品成本核算制度（试行）》（财会［2013］17号，以下简称《成本核算制度》），自2014年1月1日起在除金融保险业以外的所有大中型企业范围内施行。

国家税务总局经过多年的调研和探索，于2009年3月6日，印发了《房地产开发经营业务企业所得税处理办法》（国税发［2009］31号，以下简称31号文件），该文件第四章“计税成本的核算”提纲挈领式地规定了房地产开发产品成本核算的基本原则和基本方法，为房地产开发企业的成本核算指明了方向。

为方简税收征纳双方的核算手续，我国新制定的税收法规尽量的与企业会计准则趋同，财政部门新出台的财务会计制度也尽量的缩小与税法的差异。《成本核算制度》规定：房地产企业一般按照开发项目、综合开发期数并兼顾产品类型等确定成本核算对象。税务机关对土地增值税清算的要求是：土地增值税以国家有关部门审批的房地产开发项目为单位进行清算；对于分期开发的项目，以分期项目为单位清算；对不同类型房地产应当分别计算增值额、增值率，缴纳土地增值税。从上述文件可以看到对于房地产开发产品的成本核算财政部门的规定与税务机关的要求是趋同的。

为此，在开发产品的成本核算方面，作者依据31号文件的原则规定，借鉴《成本核算制度》的成本核算方法，编写了一套房地产开发企业的成本核算方法，在近几年的土地增值税清算和企业所得税汇算清缴中推荐给房地产开发企业试用。不但房地产开发企业认为可行，税务机关也予以认可。在此，推荐给广大读者，供大家参考。

一、开发产品成本对象确定的原则

开发产品成本，是指房地产开发企业在开发、建造开发产品（包括固定资产）过程中所发生的按照国家财务与税收法规的规定进行核算与计量的应归入某项成本对象的各项费用。简单地讲，开发产品成本就是开发费用的对象化。

开发产品成本对象是指为归集和分配开发产品开发、建造过程中的各项耗费而确定的承担费用的开发项目。简单地讲，开发产品成本对象就是承担开发成本的具体项目（或开发产品）。成本对象的确定原则如下：

（1）可否销售原则。在房地产企业建造的开发产品中，有些是可以直接对外销售的，有些是不能直接对外销售的。开发产品能够直接对外经营销售的，应作为独立的成本核算对象进行成本核算；不能直接对外经营销售的开发产品，房地产企业也投入了成本费用，可先作为过渡性成本对象进行归集，然后再将其相关成本费用分摊计入能够对外经营销售的成本对象中，如图 4-1 所示。

可否销售原则
- 可售开发产品——→独立成本对象
- 不可售开发产品——→过渡性成本对象

图 4-1　可否销售原则应用

房地产开发企业自用的房产、经营性房产或无偿赠与地方政府公用事业单位以外其他单位的房产，应当视同可售开发产品进行分类。

（2）功能区分原则。开发项目某组成部分相对独立，且具有不同使用功能时，可以作为独立的成本对象进行核算。

根据该项成本对象确定原则，无论是在一栋综合楼内，或者一个开发小区内若干栋楼，都可以按照房屋的使用功能不同和房屋组成部分相对独立划分为商铺、普通标准住宅、非普通标准住宅、车库等房产类型。因为房屋的功能不同，其结构、装修程度、造价、售价也可能不同，分别作为成本核算对象有利于配比原则的实施。

（3）定价差异原则。开发产品因其产品类型或功能不同等原因而导致其预期售价存在较大差异的，应分别作为成本对象进行核算。

在房产销售中往往会出现因房屋的类型或功能不同形成的价格差异。例如，1～2 层为商铺，售价会高一些，3 层以上为住宅，售价相对较低。房地产开发企业可以根据房屋预期售价的不同，划分为不同的成本核算对象，分别核算成本，而不能对整栋楼平均计算开发成本，如商铺售价高，其造价也应当高一些，住宅售价略低，其成本也较低，从而达到售价与成本相配比的目的。

（4）成本差异原则，开发产品因建筑上存在明显差异可能导致其建造成本出现较大差异的，要分别作为成本对象进行核算。

房屋因功能不同，在结构、装修等方面存在明显差异，这就带来成本的差异，预期售价也必定存在差异，对于这类房屋也可以分类确定为成本核算对象。

实际上，上述两项原则体现了收入、成本配比原则。简言之，售价较高的产品成本也必然较高，此项原则应当体现在开发产品成本核算之中。

（5）分类归集原则。对同一开发地点、竣工时间相近、产品结构类型没有明显差异的群体开发的项目，可作为一个成本对象进行核算。

该项成本对象确定原则主要适用于同一个开发小区有若干栋房屋结构类型相似，由同一个施工单位建设，开、竣工时间相近的情况，可以将整个开发小区统一划分成若干个成本核算对象，而不必把每栋房屋作为成本核算对象。

（6）权益区分原则。开发项目属于受托代建的或多方合作开发的，应结合上述原则分别划分成本对象进行核算。

房地产开发企业除自建自售的房地产外，可能与其他企事业单位合作开发，也可能受托为国家机关、其他企业事业单位代建房屋，由于房地产的权属不同，应当分别确定为成本核算对象。

31号文件要求："成本对象由房地产企业在开工之前合理确定，并报主管税务机关备案。成本对象一经确定，不能随意更改或相互混淆，如确需改变成本对象的，应征得主管税务机关同意"。因此，房地产企业在确定成本核算对象时，应当领导负责，作为全公司的工作，谨慎对待，符合设计和规划的要求。

最近几年，国家加强了对土地增值税的清算力度，土地增值税的有关法规要求按照房产类型对土地增值税进行清算。房地产企业正确划分成本核算对象，也为土地增值税的分类清算打下基础。

为减少行政审批项目，减轻微观主体负担，提高政府管理效能，2014年1月28日，国务院发布《关于取消和下放一批行政审批项目的决定》（国发［2014］5号），取消了上述"房地产开发企业开发产品成本对象事先备案"审批事项。为贯彻国务院文件精神，做好行政审批项目取消的落实和衔接工作，税务总局针对开发产品成本对象制定了专门的管理措施，印发了《关于房地产开发企业成本对象管理问题的公告》（国家税务总局公告2014年第35号），公告规定："房地产开发企业应依据计税成本对象确定原则确定已完工开发产品的成本对象，并就确定原则、依据，共同成本分配原则、方法，以及开发项目基本情况、开发计划等出具专项报告，在开发产品完工当年企业所得税年度纳税申报时，随同《企业所得税年度纳税申报表》一并报送主管税务机关。房地产开发企业将已确定的成本对象报送主管税务机关后，不得随意调整或相互混淆。如确需调整成本对象的，应就调整的原因、依据和调整前后成本变化情况等出具专项报告，在调整当年企业所得税年度纳税申报时报送主管税务机关。"

二、开发产品成本对象划分的方法

31号文件要求："成本对象由房地产企业在开工之前合理确定，并报主管税务机关备案。成本对象一经确定，不能随意更改或相互混淆，如确需改变成本对象的，应征得主管税务机关同意"。因此，房地产开发企业划分成本对象不单纯是财会部门的工作，应当作为全公司的一项重要工作，在公司主要负责人的领导下，由财会部、工程部牵头，各业务部门参加，按照设计图纸的标注，根据成本对象划分的六项原则，统一认识，合理划分，划分之后作为全公司各业务部门正确归集成本的依据。

（1）财会部与工程部共同提出成本对象划分的草案，交公司讨论决定。开发项目的设计图纸经过审查批准之后，由房地产开发企业的财会部、工程部根据设计总说明书中的《经济技术指标表》中汇总计算的各类房产的套数、建筑面积，按照31号文件所规定的开发产品划分类别的六条标准，初步对小区内的房产进行分类，编制《××区开发项目成本对象分类情况表》（草案），如表4-1所示。

表4-1　××区开发项目成本对象分类情况表

2012年　月　日

	成本核算对象	建筑面积 m^2	可售面积 m^2	成本对象确定原则　是（√）否（×）				
				可否销售原则	功能区分原则	定价差异原则	成本差异原则	分类归集原则
可售面积	商铺			√	√	√	√	√
	普通标准住宅			√	√	√	√	√
	非普通标准住宅			√	√	√	√	√
	联排别墅			√	√	√	√	√
	地上车库			√	√	√	√	√
不可售面积	会所			√	√	√		
	物业管理用房			√	√	√		
	幼儿园			√	√	√		
	人防工程			√	√	√		
				√	√	√		
合计								

说明：地下人防工程面积　　　　m^2，地上配套设施　　　　m^2

（2）将《××小区开发项目成本对象分类情况表》（草案）报总经理办公室，由公司总经理主持召开公司各部门负责人参加的会议，讨论确认开发项目成本对象划分情况。

（3）由财会部、工程部根据会议讨论情况进行归纳总结，整理确定正式的《××小区开发项目成本对象分类情况表》。

（4）将《××小区开发项目成本对象分类情况表》报公司总经理批准之后，由财会部代表公司上报主管税务机关备案，并抄送各业务部门备查。

第二节　开发成本的会计核算

房地产开发产品的成本核算涉及房地产公司的各个部门，绝对不是财会部一个部门的工作，而是全公司的工作，为搞好开发产品的成本核算应当做到公司领导重视，各业务部门支持配合，财会部门精细化操作。

一、搞好成本核算的要点

(1) 在公司开展税收法制教育，各项交易必须取得相应的发票或其他法定凭证。要求从事对外交易和事项的职工，应当把取得发票与完成工作任务等同对待。办完公司交办事项之后，如果属于支付了款项的，必须在取得相应合法票据后才算完成工作任务，否则按未完成工作任务对待。

(2) 在公司工作制度中应作出规定，工程部、预算造价部根据工程进度及时与施工企业进行工程结算，取得已完工程的发票。工程竣工验收后限期与施工企业进行工程决算，经过对工程决算审核确认后，要求施工企业必须及时提供发票，将此项规定写入工程出包合同中。

(3) 财会人员应当严格审核各种原始凭证，必须是合法、真实、有效的原始凭证才能入账。

企业所得税法规定，企业实际发生的与取得收入有关的、合理的支出，包括成本、费用、税金、损失和其他支出，准予在计算应纳税所得额时扣除。在企业所得税应纳税所得额的计算中，计算扣除项目金额时，未取得合法凭据的支出金额不得扣除，合法有效的凭证是指：

1）支付给境内单位或者个人的款项，且该单位或者个人发生的行为属于营业税或者增值税征收范围的，以该单位或者个人开具的发票为合法有效凭证。

2）支付的行政事业性收费或者政府性基金，以开具的财政票据为合法有效凭证。

3）支付给境外单位或者个人的款项，以该单位或者个人的签收单据为合法有效凭证，税务机关对签收单据有疑义的，可以要求其提供境外公证机构的确认证明。

4）国家税务总局规定的其他合法有效凭证。

(4) 对原始凭证进行正确分类归集，按照31号文件所规定的各个成本项目的核算范围进行核算，不得混淆。

(5) 及时记账、结账、对账，保证会计核算资料的及时、准确、完整。近些年，由于施工企业对工程决算拖拉，导致房地产开发企业的开发成本久拖不决，这似乎已经成了习惯。《企业会计准则——基本准则》规定："企业对已经发生的交易或者事项，应当及时进行会计确认、计量和报告，不得提前或者拖延。"对于企业会计准则的此项规定必须引起房地产企业财会部门的高度重视，提高会计核算的及时性。当前，我国加快了"营业税改征增值税"的步伐，大约在2015年就要完成建筑业、销售不动产和转让土地使用权的"营改增"工作，由于营业税改征增值税之后应纳增值税额等于销项税额减去进项税额，到那时房地产公司再不与施工企业进行工程决算，不但要多交企业所得税，还会造成多交增值税、土地增值税等。众所周知，多交税是很难退税的。在此，提醒房地产开发企业的财会人员，要提高成本核算的及时性，开发项目竣工验收之后，尽快完成项目的成本核算，不可以再拖延了。

二、开发产品成本项目的核算内容

《成本核算制度》规定，房地产开发企业一般设置土地征用及拆迁补偿费、前期工程费、建筑安装工程费、基础设施建设费、公共配套设施费、开发间接费、借款费用等成本项目。具体核算内容如下：

（一）土地征用费及拆迁补偿费

土地征用费及拆迁补偿费是指为取得土地开发使用权（或开发权）而发生的各项费用，包括土地买价或出让金、大市政配套费、契税、耕地占用税、土地使用费、土地闲置费、农作物补偿费、危房补偿费、土地变更用途和超面积补交的地价及相关税费、拆迁补偿费用、安置及动迁费用、回迁房建造费用等。

多年来，没有一个文件把开发产品的“土地征用费及拆迁补偿费”规定得如此清晰、完整、具有可操作性，这是《成本核算制度》和31号文件的一大亮点，而且核算内容一致，两个文件均明确规定了大市政配套费、契税、土地使用费、土地闲置费、土地变更用途和超面积补交的地价款及相关税费、农作物补偿费、危房补偿费等项费用计入“土地征用费及拆迁补偿费”中。

应当注意的是，《国家税务总局关于土地增值税清算有关问题的通知》（国税函［2010］220号）第四条规定：“房地产开发企业逾期开发缴纳的土地闲置费不得扣除。”已经计入开发成本的土地闲置费，在土地增值税清算时应当予以剔除。

（二）前期工程费

前期工程费是指项目开发前期发生的政府许可规费，招标代理费，临时设施费以及水文地质勘察、测绘、规划、设计、可行性研究、咨询论证费，筹建、场地通平等前期费用。

《成本核算制度》对前期工程费的核算内容增加了“政府许可规费、招标代理费、临时设施费、咨询论证费”等内容，从会计核算的角度来讲核算范围更加扩展、明确，便于操作，只是与31号文件有所区别，需要税务机关予以确认，在企业所得税和土地增值税纳税中，上述费用可否税前扣除。

核算本费用项目关键是掌握“开发前期”发生的，对于“场地通平”中的道路、供水、供电、供气、排污、排洪、通信、照明等社区管网工程，如果属于临时性的则计入“前期工程费”，如果属于永久性的，应区分小区外或小区内的，小区外的计入“前期工程费”，小区内的则属于“基础设施建设费”，不可混淆。

（三）建筑安装工程费

建筑安装工程费是指开发项目开发过程中发生的各项主体建筑的建筑工程费、安装工程费及精装修费等。

《成本核算制度》与31号文件对建筑安装工程费的核算内容规定基本一致，根据购房人的现实需求，《成本核算制度》增加了精装修费用计入开发成本。建筑安装的施工方式有出包、自营、委托代建等。在出包方式中可以是包工包料或包工包料包设备，也可以由建设方提供材料或设备（俗称“甲供材料”），其费用均可以直接计入开发产品成本，税法中从来就没有规定，甲供材料、甲供设备不得计入开发成本。

（四）基础设施建设费

基础设施建设费是指开发项目在开发过程中发生的道路、供水、供电、供气、供暖、排污、排洪、消防、通信、照明、有线电视、宽带网络、智能化等社区管网工程费和环境卫生、园林绿化等园林、景观环境工程费用等。

《成本核算制度》比31号文件增加了有线电视、宽带网络、智能化等社区管网工程费，这是合理的，当前房地产开发企业发生的这些费用也是核算在“基础设施建设费”中，税务机关应予以认可。31号文件强调的是社区管网工程费和环境卫生、园林绿化等园林、景观环境工程费用应当是开发项目内的，与《成本核算制度》规定“开发过程中发生的”有所区别。如果当地政府根据城市规划，要求房地产开发企业建设一部分开发项目红线外的管网工程、环境卫生和绿化等工程，房地产企业也是核算在开发成本中的，这工程支出部分理应属于基础设施建设费，请税务机关予以确认。

（五）公共配套设施费

公共配套设施费是指开发项目内发生的、独立的、非营利性的且产权属于全体业主的，或无偿赠与地方政府、政府公共事业单位的公共配套设施费用等。公共配套设施费的核算应当掌握以下几点：

（1）属于非营利性且产权属于全体业主的（提示：配套设施的产权属于全体业主的，应当在房产销售合同中予以明确），或无偿赠与地方政府、公共事业单位的，可将其视为公共配套设施，其建造费用按公共配套设施费的有关规定，分配到可售面积中去。

（2）属于营利性的，或产权归开发企业所有的，或未明确产权归属的，或无偿赠与地方政府、公共事业单位以外其他单位的，应当单独核算其成本。除企业自用应按建造固定资产进行处理外，其他一律按建造开发产品进行处理。

需要注意的是“未明确产权归属”的房产，不是规划部门未予以明确，而是个别房地产企业老板装糊涂，想把本属于配套设施的房产据为己有，最后，不但房屋产权没得到，相关费用也没得到税前扣除。

（3）企业在开发区内建造的邮电通信、学校、医疗设施应单独核算成本，其中，由企业与国家有关业务管理部门、单位合资建设，完工后有偿移交的，国家有关业务管理部门、单位给予的经济补偿可直接抵扣该项目的建造成本，抵扣后的差额应调整当期应纳税所得额。

由于，城市建设在不断向周边扩大，当房地产开发项目扩大到郊区时有些配套设施一时跟不上，例如学校、医院等，特别是学校。再好的开发小区如果没有学校也不便于居住，于是，在城市规划中要求房地产企业建一所学校，部分资金政府给予补偿，差额部分房地产开发企业承担。在企业所得税应纳税所得额计算时，这部分差额可以扣除。

［**例 4-1**］　甲房地产公司开发的某新建小区地处郊区，城市配套设施一时没有配套，为提高小区的服务功能，规划建设一所小学校。土地由市政府无偿划拨，建设投资4000万元由甲公司筹集，在小学校交付时，市财政局同意用教育经费给予补偿3400万元，补偿款已存入银行，其余由甲公司自行解决。

（1）收到补偿款。

借：银行存款　　3 400 万

　贷：开发产品　　3 400 万

（2）抵扣后的差额应计入“营业外支出”，调整当期应纳税所得额，不需要做捐赠处理。

借：营业外支出等　　600 万

　贷：开发产品　　600 万

应当注意的是，调整当期应纳税所得额的600万元仍然属于无偿赠与地方政府、公共事业单位的公共配套设施支出，属于该项目的配套设施费，土地增值税清算时，应当作为配套设施费分配计入有关可售面积成本中，否则会形成多交土地增值税的现象。

但是，对于房地产开发企业建设小学校这样的有利于教育事业发展的好事，个别税务机关还提出，学校是建在小区外而不符合31号文件规定的“企业在开发区内建造的邮电通信、学校、医疗设施”，应当视同捐赠处理，征收税款。如遇到这种情况，房地产开发企业可以与当地政府协商，先把土地无偿划拨给房地产开发公司，成为开发项目的一个组成部分，学校建成之后，再无偿移交给教育主管部门，在这个过程中也是免税的。

（3）利用地下基础设施形成的停车场所，如果，设计规划中规定的是独立的、有产权的车库，则当作为开发产品核算；如果利用地下基础或人防工程建造的车库，则作为公共配套设施进行处理。

（六）开发间接费

《成本核算制度》规定，开发间接费指企业为直接组织和管理开发项目所发生的，且不能将其直接归属于成本核算对象的工程监理费、造价审核费、结算审核费、工程保险费等。为业主代扣代缴的公共维修基金等不得计入产品成本。

31号文件规定，开发间接费是指企业为直接组织和管理开发项目所发生的，且不能将其归属于特定成本对象的成本费用性支出，主要包括管理人员工资、职工福利费、折旧费、修理费、办公费、水电费、劳动保护费、工程管理费、周转房摊销以及项目营销设施建造费等。

从可操作性判断，31号文件规定得更加清楚，便于操作。本成本项目新增了工程管理费、项目营销设施建造费等。为了加强开发项目的管理，房地产开发公司一般应当设立“项目管理部”，配备适当的管理人员，其相关费用在“开发间接费”中核算，“开发间接费”属于直接成本，在计算土地增值税扣除项目金额时可以享受30%的加计扣除，降低土地增值税的税费。

“工程管理费”包括工程监理费、工程预决算的审查费、咨询费、工程质量鉴定费、工程竣工验收费用等。

“项目营销设施建造费”是指售房部、样板房的建设费用。无论是独立的售房部、样板房，还是利用商品房经过装饰后修建的售房部、样板房，以及自建营销房屋的装修费和租用营销房屋的装修费，其费用均应计入“开发间接费——项目营销设施建设费”中。

目前，各房地产开发企业项目营销设施的建造情况大体可以分为以下几种类型：

（1）项目规划内包括的房产（如商店、会所等），暂时作为售楼部或样板房使用，小区售完之后再对外出售或经营的房产。这类房产先在“开发成本”核算，包括装修费用，建成后转作“开发产品”，小区销售完毕以后可以对外出售，或者房地产开发企业用于对外经营。

（2）项目规划内包括的房产（如写字楼等），暂时用作售楼部或样板房，小区售完之后房地产开发企业自己使用的房产。这类房产先在“开发成本”核算，包括装修费用，建成后转作“开发产品”，开始作为售楼部或样板房使用时转为“固定资产”，次月开始计提折旧，折旧费用计入“开发间接费”科目中。

（3）项目规划内包括的房产（如会所、物业管理用房等），暂时用作售楼部或样板房，小区售完之后产权归全体业主的房产。这类房产先在“开发成本——建筑安装工程费”核算，包括装修费用，建成后转作“开发成本——公共配套设施费”，作为售楼部或样板房使用，小区竣工验收之后计算成本时，分别计入可售面积的成本中。

（4）将规划建造的商品房装修成售楼部或样板房。这种情况一般是把商品房一楼的商铺装修成售楼部，楼上装修几套房屋作为样板房，其全部装修费用计入开发成本。

（5）项目规划中不包含的临时建筑物作为售楼部和样板房。这种房产是在规划之外的临时建筑，全部建筑成本，包括装修费计入“开发间接费”。小区售完之后，该临时建筑需要拆除，其变价收入冲减“开发间接费”。

（6）经营租赁的营销设施租金和装修费的核算。经营租赁的营销设施，其租金按照租赁期限均匀计入“开发间接费”。装修费用先计入“长期待摊费用”，开始使用的次月起，按照合同约定的剩余租赁期限分期摊销，摊销费用计入“开发间接费”。

有的房地产开发公司提出，在装修样板房时，可否把为样板房购置的家用电器、家具计入装修费用？回答是：不可以。因为各个企业均有财务管理制度，制度中对固定资产、低值易耗品的标准均有规定，为样板房所购置的家用电器、家具等，属于固定资产的计入“固定资产”科目核算，属于低值易耗品的计入“低值易耗品”科目核算，固定资产的折旧，低值易耗品的摊销可以计入“销售费用”科目。

（七）借款费用

借款费用，是指符合资本化条件的借款费用。这是《成本核算制度》规定的成本项目。

《企业所得税法实施条例》第三十七条规定：企业为购置、建造固定资产、无形资产和经过12个月以上的建造才能达到预定可销售状态的存货发生借款的，在有关资产购置、建造期间发生的合理的借款费用，应当作为资本性支出计入有关资产的成本。31号文件第二十一条规定：企业为建造开发产品借入资金而发生的符合税收规定的借款费用，可按企业会计准则的规定进行归集和分配，其中属于财务费用性质的借款费用，可直接在税前扣除。《企业会计准则第17号——借款费用》规定，企业发生的借款费用，可直接归属于符合资本化条件的资产的购建或者生产的，应当予以资本化，计入相关资产成本。符合资本化条件的资产，是指需要经过相当长时间的购建或者生产活动才能达到预定可使用或者可销售状态的固定资产、投资性房地产和存货等资产。借款费用同时满足下列条件的，才能开始资本化：①资产支出已经发生，资产支出包括为购建或者生产符合资本化条件的资产而以支付现金、转移非现金资产或者承担带息债务形式发生的支出；②借款费用已经发生；③为使资产达到预定可使用或者可销售状态所必要的购建或者生产活动已经开始。根据《企业产品成本核算制度（试行）》的规定，房地产企业应当在"开发成本"中增加一个二级科目——"借款费用"，对开发产品建造期间发生的借款费用进行归集，分配计入有关开发产品的成本；待计算土地增值税扣除项目金额时，再按照《土地增值税清算管理规程》第二十七条的规定，将利息支出从房地产开发成本中剔除。开发产品成本核算税法与成本核算制度的差异见表4-2。

表4-2　开发产品成本核算税法与成本核算制度的差异

成本项目	国税发［2009］31号文件	成本核算制度	制度与税法差异
成本对象划分的原则	（1）可否销售原则 （2）功能区分原则 （3）定价差异原则 （4）成本差异原则 （5）分类归集原则 （6）权益区分原则	房地产企业一般按照开发项目、综合开发期数并兼顾产品类型等确定成本核算对象	
土地征用及拆迁补偿费	为取得土地开发使用权（或开发权）而发生的各项费用，主要包括土地买价或出让金、大市政配套费、契税、耕地占用税、土地使用费、土地闲置费、土地变更用途和超面积补交的地价及相关税费、拆迁补偿支出、安置及动迁支出、回迁房建造支出、农作物补偿费、危房补偿费等	为取得土地开发使用权（或开发权）而发生的各项费用，包括土地买价或出让金、大市政配套费、契税、耕地占用税、土地使用费、土地闲置费、农作物补偿费、危房补偿费、土地变更用途和超面积补交的地价及相关税费、拆迁补偿费用、安置及动迁费用、回迁房建造费用等	趋同

（续）

成本项目	国税发［2009］31号文件	成本核算制度	制度与税法差异
前期工程费	项目开发前期发生的水文地质勘察、测绘、规划、设计、可行性研究、筹建、场地通平等前期费用	项目开发前期发生的政府许可规费、招标代理费、临时设施费以及水文地质勘察、测绘、规划、设计、可行性研究、咨询论证费、筹建、场地通平等前期费用	《成本核算制度》增加政府许可规费、招标代理费、临时设施费、咨询论证费
建筑安装工程费	开发项目开发过程中发生的各项建筑安装费用，主要包括开发项目建筑工程费和开发项目安装工程费等	指开发项目开发过程中发生的各项主体建筑的建筑工程费、安装工程费及精装修费等	《成本核算制度》增加精装修费
基础设施建设费	开发项目在开发过程中所发生的各项基础设施支出，主要包括开发项目内道路、供水、供电、供气、排污、排洪、通信、照明等社区管网工程费和环境卫生、园林绿化等园林环境工程费	开发项目在开发过程中发生的道路、供水、供电、供气、供暖、排污、排洪、消防、通信、照明、有线电视、宽带网络、智能化等社区管网工程费和环境卫生、园林绿化等园林、景观环境工程费用等	《成本核算制度》增加供暖、消防、有线电视、宽带网络、智能化、景观
公共配套设施费	开发项目内发生的、独立的、非营利性的，且产权属于全体业主的，或无偿赠与地方政府、政府公共事业单位的公共配套设施支出	开发项目内发生的、独立的、非营利性的且产权属于全体业主的，或无偿赠与地方政府、政府公共事业单位的公共配套设施费用等	趋同
开发间接费	企业为直接组织和管理开发项目所发生的，且不能将其归属于特定成本对象的成本费用性支出。主要包括管理人员工资、职工福利费、折旧费、修理费、办公费、水电费、劳动保护费、工程管理费、周转房摊销以及项目营销设施建造费等	企业为直接组织和管理开发项目所发生的，且不能将其直接归属于成本核算对象的工程监理费、造价审核费、结算审核费、工程保险费等。为业主代扣代缴的公共维修基金等不得计入产品成本	《成本核算制度》将工程管理费具体化了
借款费用	借款费用按准则归集	符合资本化条件的借款费用	《成本核算制度》新增借款费用

三、成本项目的归集

开发成本中的七个成本项目除建筑安装工程费属于直接成本，可以直接计入开发成本之外，土地征用及拆迁补偿费、前期工程费、基础设施建设费、公共配套设施费属于共同成本，开发间接费、借款费用属于间接成本。共同成本、间接成本通过一定的方法分别计入开发产品成本。房地产开发企业正确归集各成本项目的实际发生额，具体方法介绍如下：

（1）土地征用及拆迁补偿费的核算。对于支付的土地出让金及各种税费应该取得合法凭证，及时入账。支付给企事业单位的拆迁补偿费必须取得发票才可以计入成本；对支付给个人的拆迁补偿款应当与拆迁（回迁）合同和签收花名册或签收凭证一一对应、金额相符后可以作为原始凭证计入成本。对于回迁户应当按照安置房的公允价值作为土地征用及拆迁补偿费计入开发成本；对偿还面积与拆迁建筑面积相等的部分，由当地税务机关按同类住宅房屋的成本价核定房价（不含土地成本）。委托施工企业拆除的建筑物应及时与施工企业进行拆迁工程决算、取得发票可以计入成本。

（2）前期工程费、基础设施建设费的核算。这两个成本项目由于涉及与勘察设计、市政工程、园林绿化、建筑安装等多个部门的工程决算，应当签订合同，及时进行工程决算、取得发票，据以入账。

（3）开发间接费，一般情况房地产开发企业应当设立直接组织和管理开发项目的项目管理部，项目管理部所发生的费用凭合法有效的凭证计入开发间接费，不得预提。

（4）借款费用，按借款合同规定的付息时间计算应付利息，计入开发成本。

（5）公共配套设施费的核算。该成本项目的核算分为以下两种情况：

1）公共配套设施工程能够单独与施工企业结算，取得《工程价款结算单》和建筑安装工程发票，其成本可以直接计入公共配套设施费中。但是，公共配套设施还要分配承担土地征用费及拆迁补偿费、前期工程费、基础设施建设费、开发间接费、借款费用和公共配套设施费，将这些共同成本和间接成本分配计入公共配套设施费，形成完整的公共配套设施的成本后，再根据公共配套设施的使用或转让情况进行会计处理。如果属于房地产企业自用的应当转作“固定资产”；如果属于对外出售的或经营的，应当转作“投资性房地产”；如果属于非营利性且产权属于全体业主的，或无偿赠与地方政府、公用事业单位的应作为公共配套设施费，分配计入有关可售面积的成本中。这种成本核算方法会计上称其为“交互分配”。

2）公共配套设施工程不能与施工企业单独结算，而是与其他房产统一结算，则将结算的工程款先计入“开发成本——建筑安装工程费”科目，待工程验收之后再由预算造价部计算公共配套设施的建筑安装成本，与其他开发产品一样，在《开发产品成本分配计算表》中进行成本分配计算，分配承担土地征用费及拆迁补偿费、前期工程费、基础设施建设费、开发间接费、借款费用和公共配套设施费等后形成不可售面积的实际成本，再作为配套设施费分配计入可售面积的成本中。

公共配套设施费的日常核算往往是后一种情况，这就形成房地产开发企业日常会计核算只核算土地征用费及拆迁补偿费、前期工程费、基础设施建设费、建筑安装工程费、开发间接费、借款费用六个成本项目，公共配套设施费是在《开发产品成本分配计算表》中计算的不可售面积的成本后，再作为配套设施费分配计入可售面积的成本。

（6）建筑安装工程费的核算。《成本核算制度》规定，房地产开发企业自行进行基础设施、建筑安装等工程建设的，可以比照建筑企业设置有关成本项目。

在开发项目的建设过程中，施工企业与房地产开发企业按照工程承包合同约定的工程价款结算方式与房地产开发企业进行工程价款的结算，编制《工程价款结算书》，经工程部、预算造价部审查确认之后，施工企业开具建筑安装工程发票，财会部凭此计入“开发成本——建筑安装工程费”科目。建筑安装工程费的最终工程决算有两个难点。①工程决算的滞后性，这是施工企业的工程决算比较拖拉所致。为防止工程久拖不决，房地产公司在工程承包合同中，应当加入涉税条款：“工程验收之后，施工企业（乙方）应在30天内提供工程决算书。工程决算书经房地产开发公司（甲方）审查同意之后，乙方应在10个工作日内提供建筑安装工程发票。否则，一切经济后果和法律后果由乙方承担”。②《工程价款结算书》和发票不是按开发产品的类别开具的，而是针对全部工程的，财会部无法按成本核算对象记账，只能综合性地计入“开发成本——建筑安装工程费”。同时，财会部也不应当要求工程部、预算造价部在每次工程结算取得发票时，按房产类别分配计算成本，只有待工程验收合格、取得工程决算发票之后，由工程部、预算造价部按事先确定的成本核算对象分类，计算各类房产的建筑安装工程成本，编制成《建筑安装工程成本计算表》（见表4－3），再由会计部门直接计入《开发产品成本分配计算表》中，来分配计算各类房产的成本。

工程部、预算造价部在计算各类房产的建筑安装工程成本时应当注意基础成本和地下人防工程成本的区别，基础工程是承载整个大楼的，其成本应当由整个大楼来承担，楼房的各个楼层的层高是不同的，在分配基础成本时，不应当简单地按建筑面积计算分配，应当考虑层高因素。

表4-3 建筑安装工程成本计算表

房产分类	建筑面积	建筑安装成本	说明
一、可售及经营面积			
1. 普通标准住宅			
2. 非普通标准住宅			
3. 联排住宅			
4. 地面车库			
5. 商铺			
二、不可售面积			
1. 人防工程			
2. 物业管理用房			
3. 幼儿园			
4. 会所			
总计			

正因为财会部日常核算只能取得土地征用费及拆迁补偿费、前期工程费、基础设施建设费、建筑安装工程费、开发间接费、借款费用六个成本项目的核算资料，工程竣工取得全部发票后，财会部根据会计核算资料编制《开发产品成本项目汇总表》，见表4-4。

表4-4　开发产品成本汇总表

开发成本分类	成本项目	金额/元
（一）共同成本	1. 土地征用及拆迁补偿费	
	2. 前期工程费	
	3. 基础设施建设费	
（二）直接成本	4. 建筑安装工程费	
	其中：公共配套设施费	
（三）间接成本	5. 开发间接费用	
	6. 借款费用	
总　计		

说明：1. 土地征用及拆迁补偿费包含土地闲置费　　　　　元。
2. 取自于会计核算数字。

第三节　土地开发成本的核算

一、土地开发成本对象的确定

（一）土地开发成本对象

土地开发成本是指为取得土地开发使用权（或开发权）和对土地进行一级开发使其达到商品性建设场地而发生的各项费用。土地开发也称建设场地开发，就其用途而言可分为两种，一种是为了有偿转让而开发的商品性建设用地，一般由各地的土地储备中心负责开发，土地储备中心实施一级开发项目的立项、规划、征地、拆迁和市政基础设施建设等前期工作的具体实施。另一种是为了兴建商品房、经营性房产而开发的自用建设用地。前者开发的建设用地是最终产品，其费用支出均构成商品性建设用地的开发成本；后者则属于房地产企业的中间产品，其费用支出应分摊计入有关商品房、经营性房产等开发产品的成本。

（1）对于一般的土地开发，可以每一独立的开发项目，即以地块作为成本核算对象。

（2）对于开发面积较大、工期较长、分期开发的土地，可以一定区域作为成本核算对象。

（二）土地开发成本项目的设置

企业开发的商品性建设用地，因其开发目的、设计要求不同，开发层次、程度和内容都不相同，有的只是进行场地的清理平整，如原有建筑物、障碍物的拆除和土地的平整；有的除场地平整外，还要进行地面道路的建设、地下各种管线的铺设等。因此，就各个具体的土地开发项目来说其开发内容是不完全相同的。企业应根据所开发土地的具体情况和有关会计制度的规定，设置土地开发的成本项目。一般来说，企业对土地成本的核算，可以设置以下成本项目：土地征用及拆迁补偿费、前期工程费、基础设施费、开发间接费。

其中，土地征用及拆迁补偿费主要包括土地买价或出让金、契税、耕地占用税、土地使用费、拆迁补偿支出、农作物补偿费等，对拆迁旧房收回的残值应当冲减有关成本；前期工程费是指土地开发项目开发前期发生的水文地质勘察、测绘、规划、设计、项目可行性研究、场地通平等前期费用；基础设施费是指土地开发过程中发生的各种基础设施费，包括道路、供水、供电、供气、排污、排洪、通信、照明等设施建设费用；开发间接费是指应由商品性土地开发成本负担的开发间接费。

二、土地开发成本的划分和结转

（一）土地开发成本的划分

（1）土地储备中心开发的商品性土地所发生的费用，直接计入“开发成本——土地开发成本”明细账的成本项目中。

（2）房地产企业开发的自用土地所发生的费用，能够分清成本对象的，直接计入该成本对象的“开发成本——房屋开发成本”中，不需要单独核算土地开发成本。由于房地产企业开发的土地一般都会进行房产开发，所以，土地开发成本直接在“开发成本”科目核算。

（3）企业开发的自用土地所发生的费用，如果涉及两个或两个以上成本核算对象的，应先归集土地开发所发生的费用，计入“开发成本——土地开发成本”明细账的成本项目中，待土地开发完成投入房产建设时，再按一定的办法将其分配计入有关房屋等建筑物的开发产品成本。为了简化核算手续，对需要分配计入土地成本的不能有偿转让的基础设施费、开发间接费，不通过“开发成本——土地开发成本”明细账户核算，而直接分配计入有关商品房、经营性房产的开发成本中。

（二）土地开发成本的结转

在“开发成本——土地开发成本”账户核算的土地开发成本，按月结算，完工后结转成本。对于已完工的土地开发项目的成本，应根据土地用途采取不同的方法加以结转。

（1）土地储备中心为有偿转让而开发的商品性土地，开发完成后，将其成本转入“开发产品”账户时，借记“开发产品——商品性土地”账户，贷记“开发成本——土地开发成本”账户。

（2）企业自用的建设场地，应在土地开发完成转入建筑施工时，将土地成本结转计入有关商品房、经营性房产的开发成本中。结转时，借记“开发成本——房屋开发成本”账户，贷记“开发成本——土地开发成本”账户。

（3）企业自用的建设场地，开发完成后近期暂不使用的，应将其实际成本转入开发产品账户，借记“开发产品——自用土地”账户，贷记“开发成本——土地开发成本”账户。待将来企业在进行开发建设时，再将土地开发成本自“开发产品”账户转入“开发成本”账户，即借记“开发成本——房屋开发成本”账户，贷记“开发产品——自用土地”账户。

［**例4-2**］　2010年3月，宏大房地产公司竞标取得A、B两块土地使用权，A块土地面积80 000平方米，B块土地面积70 000平方米。宏大公司准备在A块土地上建造10栋住宅楼，并为小区建一栋综合服务楼，将来作为居委会用房、托幼设施、会所等，产权归全体业主。B块土地开发完成之后准备将来有偿转让。2010年3月发生经济业务如下：

（1）3月12日，以银行存款支付土地出让金13 900万元。

（2）3月13日，缴纳契税4%，即556万元。

（3）3月18日，支付原住户拆迁补助费300万元。

（4）3月25日，支付地质勘探费5万元，支付土地规划设计费10万元。

（5）3月30日，为解决开发A块土地用水建造的水塔已经完工，支付工程费45万元。

（6）当月项目管理部发生费用6万元。

财务处理如下：

（1）支付土地出让金13 900万元，A块土地分摊7 413万元，B块土地分摊6 487万元。

借：开发成本——房屋开发成本	74 130 000	
开发成本——土地开发成本	64 870 000	
贷：银行存款		139 000 000

（2）支付契税4%，A块土地分摊296.53万元，B块土地分摊259.47万元。

借：开发成本——房屋开发成本	2 965 300	
开发成本——土地开发成本	2 594 700	
贷：银行存款		5 560 000

（3）支付拆迁补偿费300万元，A开土地分摊160万元，B块土地分摊140万元。

借：开发成本——房屋开发成本	1 600 000	
开发成本——土地开发成本	1 400 000	
贷：银行存款		3 000 000

（4）支付前期工程费15万元，A块土地分摊8万元，B块土地分摊7万元。

借：开发成本——房屋开发成本	80 000	
开发成本——土地开发成本	70 000	

贷：银行存款 150 000

(5) A块土地建造水塔支付45万元。

借：开发成本——房屋开发成本 450 000

贷：银行存款 450 000

(6) 分摊开发间接费：

A开土地 =（60 000 ÷ 148 160 000）× 79 225 300 = 32 084（元）

B块土地 =（6 000 ÷ 148 160 000）× 68 934 700 = 27 916（元）

借：开发成本——房屋开发成本 32 084

开发成本——土地开发成本 27 916

贷：开发间接费 60 000

B块土地成本 = 64 870 000 + 2 594 700 + 1 400 000 + 70 000 + 27 916

= 68 962 616（元）

借：开发产品——土地B 68 962 616

贷：开发成本——土地开发成本 68 962 616

A块土地成本 = 74 130 000 + 2 965 300 + 1 600 000 + 80 000 + 450 000 + 32 084

= 79 257 384（元）

A块土地的成本在接下来建造开发产品时，按照一定的方法，分配计入有关商品房、经营性房产的开发成本中。

第四节 配套设施开发成本的核算

一、配套设施的种类及成本归集原则

公共配套设施是指房地产企业在小区内建造的会所、物业管理场所、电站、热力站、水厂、文体场馆、幼儿园等配套设施，以及小区内建造的邮电通信、学校、医疗设施等。

房地产企业在开发房地产过程中建造的公共配套设施，按资金来源划分，大体可分为三类：

第一类，不能有偿转让的，其成本应由可售面积承担的公共配套设施。即属于非营利性且产权属于全体业主的，或无偿赠与地方政府、公用事业单位的，可将其视为公共配套设施，其建造费用按公共配套设施费分配到可售的开发产品成本中去。

第二类，能够有偿转让的配套设施。即属于营利性的，或产权归开发企业所有的，或未明确产权归属的，或无偿赠与地方政府、公用事业单位以外其他单位的，应当单独核算其成本，一律按开发产品进行成本核算。

第三类，本质上属于城市基础设施建设，但由于缺乏资金来源，而不得不摊入可售面积成本的配套设施费。例如房地产企业在开发区内建造的邮电通信、学校、医疗

等设施，按现行财政体制管理规定，城市建设中的大型公共配套设施，应由国家或地方财政投资兴建。近几年，由于城市发展较快，城市基础设施的投资体制无法保证与城市综合开发协调一致，城市基础设施的投资者往往拿不出足够资金来安排基础设施建设，有些虽能够提供投资的，也只是其中一少部分。因此，房地产企业不得不将一些不能有偿转让的大型配套设施费用计入开发产品成本中。

为了正确核算房地产企业在开发建设中的各种配套设施所发生的费用，合理计算房产开发成本和大型配套设施的开发成本，对公共配套设施费可按下列方法归集：

（1）对于不能有偿转让的、其成本应由可售面积承担的第一类配套设施，如果能够分清受益对象并能直接计入某个成本核算对象的，可以直接计入有关房产的开发成本，在“开发成本——房屋开发成本”科目中归集其发生的成本费用。如果有多个受益对象且不能直接计入每个成本对象的，应先在“开发成本——配套设施开发成本”科目中核算，完工后，按照一定的分配方法分配计入有关开发产品成本中。

（2）对于将来能够有偿转让的第二类配套设施，应先在“开发成本——配套设施开发成本”科目中核算，待开发完成时，转入“开发产品”科目，按可售开发产品处理。

（3）对于本属于城市基础设施建设有可能计入开发成本的第三类配套设施，如在开发区内建造的邮电通信、学校、医疗等设施，应先在“开发成本——配套设施开发成本”核算，待开发完成后分别开发投资回收情况按以下办法进行处理：

1）由房地产企业投资建设完工后，准备出售的，结转到“开发产品”进行核算；准备出租的，结转到“投资性房地产”进行核算；无偿赠与国家有关业务管理部门、单位的，依照公共配套设施费的核算方法按受益原则分配到可售的开发产品成本中去。

2）由房地产企业与国家有关业务管理部门、单位合资建设，完工后有偿移交的，国家有关业务管理部门、单位只给予部分经济补偿的，先在“开发成本——配套设施开发成本”核算，待开发完成时，转入“开发产品”科目，收到补偿款时，可直接抵扣“开发产品”的成本，抵扣后的差额部分计入当期损益。但是，房地产企业计入当期损益的这部分配套设施的开发成本，其本质仍然属于配套设施费，因此，在计算土地增值税扣除项目金额时，应当作为配套实施费用分配计入开发产品的成本中。

二、配套设施成本核算对象的确定和成本项目的设置

一般来讲，对于能够有偿转让的独立的配套设施，应以各个配套设施项目作为成本核算对象，以便正确计算各项设施的开发成本。对于这些配套设施的开发成本也应当设置七个成本项目，即土地征用及拆迁补偿费、前期工程费、基础设施费、配套设施费、建筑安装工程费、开发间接费和借款费用。

能够有偿转让的独立的配套设施，因为要使本配套设施投入运转，必须有其他配套设施为其提供服务，所以理应分配为本项目服务的有关设施的开发成本。

对于不能有偿转让、其成本由可售面积分摊的公共配套设施，如果工程规模较大，

可以单独作为一个成本核算对象；如果工程规模不大，且与其他配套设施建设地点较近、开竣工时间相差不多、由同一个施工单位施工的，也可以考虑将若干个配套设施作为一个成本核算对象，统一核算成本，待工程完工计算出总成本后，按照各个配套设施的预算成本或计划成本的比例，计算出各项配套设施的开发成本，再按照建筑面积法将各项配套设施的开发成本分配计入有关房产的开发成本。对于这些配套设施的开发成本，在核算时一般可以仅设置以下六个成本项目：土地征用及拆迁补偿费、前期工程费、基础设施费、建筑安装工程费、开发间接费和借款费用。

由于这些配套设施的建造费用需要由可对外销售的开发产品来承担，为了简化手续，对这些配套设施，在核算可售面积的成本时可以不设置配套设施费项目，而在《开发产品成本分配计算表中》分配计算"不可售面积"的成本，把其作为"配套设施费"分配计算到可售面积中去。

三、配套设施开发成本的核算

房地产企业发生的独立的配套设施费支出，应在"开发成本——配套设施开发成本"科目进行核算，并按成本核算对象和成本项目进行明细核算。对发生的土地征用及拆迁补偿费、前期工程费、基础设施费、建筑安装工程费等支出，可直接计入各个配套设施开发成本明细账的相应成本项目，借记"开发成本——配套设施开发成本"科目，贷记"银行存款"、"应付账款——应付工程款"等科目。对能有偿转让的大型配套设施应分配的其他配套设施的费用，应计入该配套设施开发成本明细账的"配套设施开发成本"项目，借记"开发成本——配套设施成本——××（可售项目）"账户，贷记"开发成本——配套设施开发成本——××（不可售项目）"账户。对能有偿转让的大型配套设施应分配的开发间接费，应计入各个配套设施开发成本明细账的"开发间接费"项目，借记"开发成本——配套设施开发成本——××（可售项目）"账户，贷记"开发间接费"账户。

对配套设施与房屋等开发产品不同步开发，或房产等开发产品已经开发完成开始出售或出租，而配套设施尚未全部完成的，可按配套设施的预算成本或计划成本，预提配套设施费，将其分配计入房产等开发成本明细账的"配套设施"项目，借记"开发成本——房屋开发成本"，贷记"其他应付款——预提费用"。由于开发小区的开发时间较长，有的需要几年，甚至更长时间，房地产企业在开发进度的安排上，往往是先建商品房，后建配套设施。这样，就存在商品房已经建成，或者已经开始销售，而会所、托幼设施等尚未完工的情况。房屋开发与配套设施建设上的时间差，使得那些已具备使用条件或开始出售的房产所应承担的配套设施费，无法按开发成本进行分配和结转，而只能以未完工的配套设施的预算成本或计划成本为基数，计算分配应由已建成的房产承担和分配的配套设施数额，用预提的方法计入已建成房屋的成本，待配套设施实际建成时，再对预提的配套设施费进行调整。开发产品预提配套设施费的计提，按下列公式计算：

某项开发产品预提的配套设施费 = 该项开发产品的建筑面积 × 小区每平方米建筑面积应承担的配套设施费

小区每平方米建筑面积应承担的配套设施费 = 该项配套设施预算成本 ÷ 应承担该配套设施的开发产品的建筑面积

公式中应承担该配套设施的开发产品的建筑面积包括开发的房产和能有偿转让的开发小区的大型配套设施建筑面积。

[例 4-3] 宏大房地产公司开发的 S 小区内有 A、B、C、D 四栋住宅楼，另外还建有一个商厦和一个托儿所，商厦准备出租，托儿所是小区的配套设施。由于，宏大公司先将住宅、商厦建成，已经开始销售、出租，但托儿所尚未完工。为了及时结转住宅、商厦的成本，应将托儿所的成本作为配套设施费计入开发产品的成本。已知住宅、商厦的建筑面积和托儿所的预算成本如下：

A 住宅楼建筑面积 8 000 平方米，B 住宅楼建筑面积 10 000 平方米，C 住宅楼建筑面积 6 000 平方米，D 住宅楼建筑面积 9 000 平方米；商厦建筑面积7 000平方米。托儿所的预算成本 320 万元。

$$\text{每平方米建筑面积应承担的配套设施费} = \frac{3\ 200\ 000}{8\ 000 + 10\ 000 + 6\ 000 + 9\ 000 + 7\ 000}$$

$$= 80\ (\text{元})$$

各项开发产品预提的配套设施费为：

A 住宅楼应预提配套设施费 = 80 × 8 000 = 640 000（元）

B 住宅楼应预提配套设施费 = 80 × 10 000 = 800 000（元）

C 住宅楼应预提配套设施费 = 80 × 6 000 = 480 000（元）

D 住宅楼应预提配套设施费 = 80 × 9 000 = 720 000（元）

商厦应预提配套设施费 = 80 × 7 000 = 560 000（元）

待托儿所完工后应及时结算实际成本，并按照实际成本对预提的配套设施费进行调整。

四、已完工配套设施成本的结转

已完成全部开发过程，并验收合格的配套设施，应按不同情况和用途结转其开发成本。

（1）对于将来准备出售或出租的大型配套设施，如会所等，应在完工验收后按照实际成本从“开发成本——配套设施开发成本”结转到“开发产品——会所”。待开始出租时，再从开发产品转作“投资性房地产”科目，若有偿转让的，作销售处理。

（2）对于非营利性的、不能有偿转让的配套设施，如小区内的托儿所等设施，在完工验收后，应及时与施工企业进行工程决算，将实际成本按照受益原则，分配计入有关房产的开发成本中。

（3）对于用预提方法将配套设施费计入开发产品成本的，在配套设施完工验收后，应及时与施工企业进行工程决算，取得发票，按照实际成本对原来预提的配套设施费进行调整。

第五节 房屋开发成本的核算

一、开发房屋的种类及成本核算对象

房产的开发是房地产企业的主要经营业务。房地产企业开发的房产按照经营的形式可为三类：一是为销售而开发的商品房；二是为经营租赁而开发的出租房；三是受托代其他单位开发的房产等工程。

这些房产虽然用途不同，但在开发过程中所发生费用的性质和用途基本相同，在成本核算上可以采用相同的方法。为了总括反映房产开发所发生的支出，又能分房产类型反映各类房产的开发成本，在会计核算时，除设置“开发成本”科目外，还应按照房产的类型，分别设置住宅、别墅、商业用房、车库、代建房等二级科目，并按各个成本对象和成本项目进行明细核算。

房地产企业在房屋开发工程中发生的各项支出，按成本核算对象和成本项目进行归集。房屋成本核算对象的确定应当执行本章第一节所述的六项原则。

二、房屋开发成本的核算

（一）土地征用及拆迁补偿费

房地产开发过程中取得的是净地，并且能分清成本核算对象的，可直接计入房屋开发对象的“土地征用及拆迁补偿费”成本项目。

房产开发过程中如果取得的土地尚未进行一级开发，地上有建筑物或其他需要清理的物体（俗称“毛地”），或无法具体划归某个成本核算对象的，应当先通过“开发成本——土地征用及拆迁补偿费”进行核算，归集土地开发过程中的成本费用，包括土地出让金、大市政配套费、契税、耕地占用税、土地使用费、土地闲置费、土地变更用途和超面积补交的地价及相关税费、拆迁补偿支出、安置及动迁支出、回迁房建造支出、农作物补偿费、危房补偿费等。待土地开发完成投入建设时，再按“占地面积法”将土地成本分配计入有关房屋开发成本对象中，借记“开发成本——房屋开发成本”，贷记“开发成本——土地征用及拆迁补偿费”。如果将原来计划转让的已经开发完成的商品性土地用于房屋开发，应在建设时，从“开发产品——土地”科目转入到“开发成本——房屋开发成本”科目。

“占地面积法”是按某一成本对象占地面积占全部成本对象占地总面积的比例进行土地成本分配的方法。

（二）前期工程费

房屋开发过程中，发生的水文地质勘察、测绘、规划、设计、可行性研究、筹建、

"场地通平"（含开工准备阶段的临时性的水通、电通、路通和场地平整）等项前期工程支出，如果能分清成本核算对象的，应直接计入有关房屋开发成本核算对象的"前期工程费"成本项目。应由两个或两个以上成本核算对象承担的前期工程费，也应当先在"开发成本——前期工程费"中进行归集，然后，按照"建筑面积法"将其分配计入有关房屋开发成本对象的"前期工程费"成本项目。

"建筑面积法"是按某一成本对象建筑面积占全部成本对象建筑总面积的比例进行费用分配的方法。

（三）基础设施费

房屋开发中发生的开发项目内的道路、供水、供电、供气、排污、排洪、通信、照明等社区管网工程费和环境卫生、园林绿化、园林环境工程等基础设施支出，一般可直接计入有关房屋开发成本对象的"基础设施费"项目中。如果需要在不同成本对象间进行分配的，则应当先在"开发成本——基础设施费"科目进行归集，然后，按照"建筑面积法"将其分配计入有关房屋开发成本对象中。

（四）建筑安装工程费

房地产开发过程中发生的建筑安装工程支出，应根据不同的施工方式，采用不同的核算方法。采用发包方式进行建筑施工的房屋开发项目，其建筑安装工程支出，应根据房地产企业承付的已完工程价款确定，直接计入有关房屋开发成本核算对象的"建筑安装工程费"项目。如果房地产企业对建筑安装工程采用招标方式发包，并将几个工程一并招标发包，则在工程完工结算工程价款时，按照各项工程的预算造价比例，计算实际建筑安装工程费。

［例4-4］　宏大房地产公司将A、B两栋住宅楼的建筑安装工程以招标形式出包给甲建筑施工公司，标价为1 000万元，A栋住宅的预算造价为720万元，B栋住宅楼的预算造价480万元。在工程完工结算工程价款时，按下列方法计算A、B楼的建筑安装工程费。

某项工程的实际建筑安装工程费＝工程标价×该项工程预算造价/各项工程预算造价合计

计算A、B住宅楼的建安工程费：

$$\text{A楼建安工程费} = 10\,000\,000 \times \frac{7\,200\,000}{12\,000\,000} = 6\,000\,000\ (\text{元})$$

$$\text{B楼建安工程费} = 10\,000\,000 \times \frac{4\,800\,000}{12\,000\,000} = 4\,000\,000\ (\text{元})$$

采用自营方式进行建筑安装施工的房屋开发项目，其发生的各项建筑安装工程支出，一般可直接计入有关房屋开发成本对象的"建筑安装工程费"成本项目，借记"开发成本"科目，贷记"应付职工薪酬"、"原材料"、"银行存款"等科目。如果房地产企业自行施工大型建筑安装工程，可设置"工程施工"、"施工间接费"等科目，用来核算和归集各项建筑安装工程的支出，工程竣工验收后将实际施工成本转入"开发成本——房屋开发成本”科目，计入有关成本核算对象的“建筑安装工程费”成本项目。

为了适应税收征管的要求，现在的成本核算对象不再以独立建筑物为成本核算对象，而是按不同的房产类别作为成本核算对象，在一栋楼内可能有几个成本核算对象，例如1~2层为商业用房，3~20层为住宅，地下是有产权的车库，这就要求工程管理部门分房产类别编制工程预算，其中要注意楼房基础和屋面造价不应按建筑面积平均分摊，而要考虑层高因素。在与施工企业进行工程决算时，也应提出这样的要求。如果施工企业不能按要求提供工程决算，可以按照施工企业提供的整栋楼房的工程决算价格，按各类房产的预算成本比例进行分摊，计算各类房产的建筑安装工程成本。

房地产企业提供的用于房屋开发的附属于房屋工程主体的各项设备，应在出库交付安装时，计入有关房屋开发成本对象的“建筑安装工程费”成本项目。借记“开发成本——房屋开发成本”科目，贷记“库存商品”科目。

（五）配套设施费

房屋开发应承担的配套设施费是指开发小区内不能有偿转让的公共配套设施。在具体会计核算时，应根据配套设施的建设情况，采用不同的核算方法。

（1）配套设施与商品房同步开发，发生的配套设施费支出，能够分清成本核算对象，并且可以直接计入有关成本核算对象的，会计核算时可以直接计入有关房屋开发成本核算对象的“配套设施费”成本项目。如果发生的配套设施支出，应由两个或两个以上成本核算对象分担的，应先在“开发成本——配套设施费”科目中进行归集，待配套设施完工时，再按受益原则，采用“建筑面积法”分配计入有关成本对象的“配套设施费”成本项目。

（2）配套设施与商品房开发不同步进行，即先建造商品房，后建造配套设施的，或商品房已经建造完成，已经开始出售或出租，配套设施尚未全部完工，为保证收入和成本的配比，在计算完工房屋的开发成本时，对应承担的配套设施费可采用预提的办法，即根据配套设施的预算成本（或计划成本），按照“建筑面积法”，计算完工商品房应承担的配套设施费，计入有关商品房成本对象的“配套设施费”成本项目。待配套设施完工时，再按照实际成本对预提数额进行调整。

（六）开发间接费

房地产企业内部为管理开发项目而设立的项目管理部门所发生的开发间接费用，应当在“开发间接费”科目进行归集，期末，按照“直接成本法”分配计入有关开发产品的成本。由房屋开发成本承担的开发间接费，由“开发间接费”科目的贷方转入到“开发成本——房屋开发成本”科目的借方，计入有关房屋开发成本核算对象的“开发间接费”成本项目中。

“直接成本法”是指按期内某一成本对象的直接开发成本占期内全部成本对象直接开发成本的比例分配费用的方法。

（七）借款费用

房地产企业为开发房地产而发生的借款费用，先在“开发成本——借款费用”科目核算，待开发产品竣工后，采用直接成本法分配计入有关房产的成本。

三、已完工开发产品成本的结转

房地产企业对已经完成开发过程的商品房、出租房、代建房等，应在竣工验收之后将其开发成本结转至“开发产品”科目。根据房屋开发成本明细账所记录的房屋及建筑物实际成本，借记“开发产品”科目，贷记“开发成本——房屋开发成本”科目。“开发产品”科目应根据房产类别分别设置住宅、商业用房、别墅、车库等明细科目，按各类房产分别进行明细核算。

如果开发的是出租房，可以直接转入“投资性房地产”科目，借记“投资性房地产”科目，贷记“开发成本——房屋开发成本”科目。

第六节　开发间接费的核算

一、开发间接费的构成

开发间接费是指房地产企业内部为管理开发项目而设立的项目管理部门，为直接组织和管理开发项目所发生的，且不能将其直接归属于特定成本对象的成本费用性支出。由于这些费用往往是为管理多个成本核算对象而发生的，因此无法将其直接计入某个开发产品的成本，而先在“开发间接费”科目归集，工程竣工后，按照合理的方法分配计入有关的开发产品成本中。

（1）管理人员工资薪金：是指房地产企业支付给在项目管理部门任职或者受雇的员工的所有现金形式或者非现金形式的劳动报酬，包括基本工资、奖金、津贴、补贴、年终加薪、加班工资，以及与员工任职或者受雇有关的其他支出。

（2）职工福利费：项目管理部门发生的职工福利费支出，在不超过工资薪金总额14%的部分据实列支。

（3）折旧费：项目管理部门使用的属于固定资产的房屋、设备、仪器等按规定提取的折旧费用。

（4）修理费：项目管理部门使用的固定资产、低值易耗品等所发生的修理费用。

（5）办公费：项目管理部门在履行项目管理工作中发生的文具、纸张、印刷、邮电、书刊杂志、会议、差旅交通、集体取暖费用等支出。

（6）水电费：项目管理部门使用的水费、电费等。

（7）劳动保护费：项目管理部门职工的劳动保护用品购置、摊销、修理费，职工防暑降温费、清洁用品购置费，以及工地职工洗澡、饮水的燃料费、水费等。

（8）工程管理费：委托专职的工程管理机构进行工程管理、质量管理、工程预决算的审核鉴证等发生的费用。

（9）借款费用：房地产企业为开发房地产而借入资金，开发时间超过12个月，在开发期间发生的借款费用，应计入“开发间接费”。

（10）项目营销设施建造费：是指房地产企业为销售房产而建造的销售部、样板房所发生的费用以及租赁营销设施的租金和装修费的摊销。

二、开发间接费的归集

开发间接费按照企业内部不同的项目管理部门和费用项目进行明细核算。

房地产企业发生开发间接费用，借记“开发间接费”科目，贷记“应付职工薪酬”、“累计折旧”、“银行存款”、“长期待摊费用”等科目。

房地产企业应当根据项目管理工作的需要，合理配置项目管理人员，正确划分企业“管理费用”与“开发间接费”的界限，不得混淆。

三、开发间接费的分配

工程项目竣工后，企业对能够直接计入成本核算对象或能够分清成本核算对象的开发间接费用，直接计入成本核算对象。对几个开发项目的共同费用或不能分清负担对象的开发间接费，企业可以根据开发项目的经营特点，按照受益原则和配比原则将开发间接费分配至各成本对象中。

开发间接费账户所归集的费用应于项目竣工时分配计入开发成本项目。如果，企业的项目管理部门只负责一个开发项目的建设，则可以将开发间接费直接结转到该开发项目的成本中。如果，该项目管理部门负责两个或两个以上的开发项目的建设，则按照一定的标准分配计入开发项目的开发成本，并结转到相应的开发成本明细账。按照采用的分配标准不同，开发间接费的分配方法有直接成本法和预算造价法。

为正确核算开发产品的成本，对于能够有偿转让的配套设施和不能有偿转让的配套设施（产权归全体业主的配套设施），除人防工程之外，均应当分配承担开发间接费。对于能够有偿转让的配套设施分配承担开发间接费计算其完全成本后，从开发成本科目转作“开发产品”科目；对于不能有有偿转让的配套设施分配承担开发间接费计算其完全成本后，作为配套设施费按照一定的方法分配计入可售的开发产品成本中。

（一）直接成本法

直接成本法是将实际发生的开发间接费按本期内某一成本对象的直接开发成本占期内全部成本对象直接开发成本的比例进行分配的方法。计算公式如下：

$$\text{分配率}=\frac{\text{本期实际发生的开发间接费}}{\text{本期各成本对象直接费用总和}}$$

［**例4-5**］ 宏大房地产公司甲项目管理部2011年5月份发生开发间接费102 000元。该项目部管理着五个成本核算对象，本月直接成本为5 100 000元，其中：A住宅房1 500 000元，B住宅房800 000元，C住宅房1 350 000元，D商业用房850 000元，

E楼为不能出售的配套设施，本月直接成本600 000元。

分配率 = 102 000 ÷（1 500 000 + 800 000 + 1 350 000 + 850 000 + 600 000） = 0.02

开发间接费分配表见表4-5。

表4-5　开发间接费分配表　（单位：元）

成本核算对象	直接成本	分配率	分配开发间接费
A住宅房	1 500 000	0.02	30 000
B住宅房	800 000	0.02	16 000
C住宅房	1 350 000	0.02	27 000
D商业用房	850 000	0.02	17 000
E配套设施	600 000	0.02	12 000
合　计	5 100 000		102 000

（二）预算造价法

预算造价法是指按本期内某一成本对象预算造价占期内全部成本对象预算造价的比例分配开发间接费用的方法。计算公式如下：

$$分配率 = \frac{本期实际发生的开发间接费}{本期全部成本对象预算造价总额}$$

某成本对象应承担的开发间接费 = 本期实际发生的开发间接费 × 分配率

第七节　借款费用的核算

房地产开发企业是资金密集型企业，资金是房地产开发企业生存和发展的生命源泉，资金需求量较大，来源多元化。无论是土地使用权的取得，还是自购建材、设备，以及向建筑施工企业支付工程款等，都需要大量资金。企业除了利用权益性资金解决部分资金来源外，通常会采取借款方式筹措房地产开发经营所需资金。《房地产开发经营业务企业所得税处理办法》规定，企业为建造开发产品借入资金而发生的符合税收规定的借款费用，可按企业会计准则的规定进行归集和分配，其中属于财务费用性质的借款费用，可直接在税前扣除。

《企业会计准则第17号——借款费用》（以下简称《借款费用准则》）规范了借款费用的确认、计量和相关信息的披露要求，有助于如实反映企业资金成本，评估企业的财务状况和经营成果。借款费用是企业因借入资金所付出的代价，它包括借款利息、折价或者溢价的摊销、辅助费用以及因外币借款而发生的汇兑差额等。

一、借款费用的确认

借款费用准则规定，借款费用确认的基本原则是企业发生的借款费用，可直接归属于符合资本化条件的资产的购建或者生产的，应当予以资本化，计入相关资产成本；其他借款费用，应当在发生时根据其发生额确认为费用，计入当期损益。符合资本化条件的资产是指需要经过相当长时间的购建或者生产活动才能达到预定可使用或者可销售状态的固定资产、投资性房地产和存货等资产。其中，“相当长时间”应当是指为资产的购建或者生产所必需的时间，通常为一年以上（含一年）。

税法与准则趋同，《企业所得税法实施条例》规定，企业为购置、建造固定资产、无形资产和经过12个月以上的建造才能达到预定可销售状态的存货发生借款的，在有关资产购置、建造期间发生的合理的借款费用，应当作为资本性支出计入有关资产的成本。

（一）借款费用开始资本化的时点

借款费用允许开始资本化必须同时满足三个条件，即资产支出已经发生、借款费用已经发生、为使资产达到预定可使用或者可销售状态所必要的购建或者生产活动已经开始。

（1）资产支出已经发生。资产支出包括支付现金、转移非现金资产和承担带息债务形式所发生的支出。支付现金，是指用货币资金支付符合资本化条件的资产的购建或者生产支出。转移非现金资产，是指企业将自己的非现金资产直接用于符合资本化条件的资产的购建或者生产。承担带息债务，是指企业为了购建或者生产符合资本化条件的资产所需用物资等而承担的带息应付款项（如带息应付票据）。

例如，房地产开发企业为取得土地使用权，已经支付了土地出让金，取得了《国有土地使用证》，并着手进行立项，搞规划设计等，支付了部分费用，这些支出均属于资产支出。

（2）借款费用已经发生。借款费用已经发生，是指企业已经发生了因购建或者生产符合资本化条件的资产而专门借入款项的借款费用或者所占用的一般借款的借款费用。

［例4-5］ 2014年5月10日，某房地产开发企业为支付土地出让金，向金融企业借款5 000万元，当日借款已经批准，并划入公司的存款账户，即应当确认借款费用已经发生。

（3）为使资产达到预定可使用或者可销售状态所必要的购建或者生产活动已经开始。它是指符合资本化条件的资产的实体建造或者生产工作已经开始。例如，某房地产开发企业取得的是“毛地”，取得《国有土地使用证》之后，已经开始与动迁户进行谈判，商讨动迁事项，说明房地产企业为建造房产的生产经营活动已经开始。

房地产企业只有在上述三个条件同时满足的情况下，有关借款费用才可开始资本化，只要其中有一个条件没有满足，借款费用就不能开始资本化。

（二）借款费用暂停资本化的时间

符合资本化条件的资产在购建或者生产过程中发生非正常中断且中断时间连续超

过3个月的，应当暂停借款费用的资本化。中断的原因必须是非正常中断，属于正常中断的，相关借款费用仍可资本化。

[例4-6] 甲房地产公司在北方某市开发住宅项目，遇上冰冻季节（通常为6个月），工程施工因冰冻而中断，待春季冰雪溶化后方能继续施工。

由于北方地区在施工期间出现较长时间的冰冻为正常情况，由此导致的施工中断是可预见的不可抗力因素导致的中断，属于正常中断。在正常中断期间所发生的借款费用可以继续资本化，计入相关资产的成本。

（三）借款费用停止资本化的时点

购建或者生产符合资本化条件的资产达到预定可使用或者可销售状态时，借款费用应当停止资本化。如果所购建或者生产的资产分别建造、分别完工的，企业应当区别情况界定借款费用停止资本化的时点。

二、借款费用的计量

（一）借款利息资本化金额的确定

（1）为购建或者生产符合资本化条件的资产而借入专门借款的，应当以专门借款当期实际发生的利息费用，减去将尚未运用的借款资金存入银行取得的利息收入或进行暂时性投资取得的投资收益后的金额确定。

（2）为购建或者生产符合资本化条件的资产而占用了一般借款的，企业应当根据累计资产支出超过专门借款部分的资产支出加权平均数乘以所占用一般借款的资本化率，计算确定一般借款应予资本化的利息金额。资本化率应当根据一般借款加权平均利率计算确定。

（3）每一会计期间的利息资本化金额，不应当超过当期相关借款实际发生的利息金额。

（二）借款辅助费用资本化金额的确定

辅助费用是指企业为了安排借款而发生的必要费用，包括借款手续费（如发行债券手续费）、佣金等。如果企业不发生这些费用，就无法取得借款，因此辅助费用是指企业借入款项所付出的一种代价，是指借款费用的有机组成部分。

国家税务总局公告2012年第15号规定，企业通过发行债券、取得贷款、吸收保户储金等方式融资而发生的合理的费用支出，符合资本化条件的，应计入相关资产成本；不符合资本化条件的，应作为财务费用，准予在企业所得税前据实扣除。

三、借款费用的核算

房地产企业发生借款费用，借记“开发成本——借款费用”科目，贷记“银行存款”等科目。

工程项目竣工后，企业对能够直接计入成本核算对象或能够分清成本核算对象的借款费用，直接计入成本核算对象。对几个开发项目的共同用款或不能分清负担对象的借款费用，可以根据开发项目的经营特点，按照受益原则和配比原则将借款费用分配至各成本对象中。

借款费用账户所归集的费用应于工程竣工后分配计入开发成本项目。如果，企业只负责一个开发项目的建设，则可以将借款费用直接结转到该开发项目的成本中。如果，企业有两个或两个以上的开发项目的建设，则应按照一定的标准分配计入各个开发项目的开发成本，并结转到相应的开发成本明细账中。借款费用应按直接成本法进行分配。

第八节 开发产品成本的分配计算

一、开发产品成本计算的一般程序

房地产开发企业的最终产品是不同类型的房屋。不同用途、不同类型、不同结构、不同价格的房产要经过一个复杂漫长的生产过程，它们都是从取得土地使用权开始，到装修完成、验收合格结束。房地产企业成本核算的核心是计算不同类型房产的成本，在成本核算方面采用的是类似于工业企业的制造成本法。制造成本法是工业企业以最终产品为核心，把成本划分为可以直接计入产品成本的人工费、材料费等直接成本，和不能直接计入产品成本的共同成本、间接成本，如辅助生产费用、制造费用。直接成本采取直接计入成本的方法，共同成本、间接成本采用一定的方法分配计入产品成本。

为正确核算房地产企业的产品成本，成本核算的一般程序如下：

（1）对当期实际发生的各项支出，按其性质、经济用途及发生的地点、时间进行整理、归类，并将其区分为应计入成本对象的成本费用和应在当期税前扣除的期间费用。同时还应对有关预提费用和待摊费用进行确认与计量。

（2）对应计入成本对象中的各项实际支出、预提费用、待摊费用等合理地划分为直接成本、间接成本和共同成本，并按规定将其合理地归集、分配至已完工成本对象、在建成本对象和未建成本对象。

1）直接成本采用直接计入法。如建筑安装工程费，由工程部、预算造价部按照开工前确定的成本核算对象分类，依据会计核算的“开发成本——建筑安装工程费”金额计算各类房产的建筑安装成本，编制《建筑安装工程成本计算表》，财会部将各类房产的建筑安装成本直接填在《开发产品成本分配计算表》中。

2）间接成本和共同成本按照两项原则、四个方法分别计入各类房产的成本中。两项原则是受益原则和配比原则，四个方法即占地面积法、建筑面积法、直接成本法和预算造价法。

（3）对当期已经竣工验收的房产，应及时取得全部原始凭证，尽快完成各类房产的成本核算工作，并从“开发成本”科目按房产类型转入“开发产品”科目中。

（4）对本期已完工成本对象区分开发产品和固定资产对其成本进行结转，属于房地产开发企业自用的转作“固定资产”科目；属于出租经营的转作“投资性房地产”科目；属于已经销售的，按照单位成本和已售面积分类转作“主营业务成本”科目；属于竣工待售的仍然留在“开发产品”科目进行核算。需要强调的是，对于已经售出的不同类型的房产，应按照单位成本分类结转成本，而不可以不分房产类别的综合结转成本。

（5）对本期未完工和尚未建造的成本对象应当负担的成本费用，仍然在“开发成本”科目核算，结转下一年度，并分别建立明细台账，待开发产品完工后再予结算。

二、共同成本与间接成本的分配方法

（一）一般分配原则和方法

税收对于会计核算具有一定的依附性，每个税种的征收都会依附一定的会计核算方法，《房地产开发经营业务企业所得税处理办法》（国税发［2009］31号）对房地产开发企业所得税的征收依附“制造成本法”，因此，开发产品应按“制造成本法”进行计量与核算。

应当计入开发产品成本中的费用属于直接成本和能够分清成本对象的间接成本，可直接计入成本对象。共同成本和不能分清负担对象的间接成本，应按受益的原则和配比的原则分配至各成本对象。所称受益原则就是哪个成本对象受益就由哪个成本对象承担成本费用。所称配比原则是指一个会计期间某个成本对象所取得的收入与为取得该收入所发生的成本费用相配比、确认时间相一致，以正确计算该会计期间取得的净损益。具体分配方法可从以下方法中选择：

1. 占地面积法

占地面积法是指按已动工开发成本对象占地面积占开发用地总面积的比例进行分配。占地面积又称“落地面积”或“基座面积”，是指按某一建筑物基底的占地面积 。

（1）一次性开发的，按某一成本对象占地面积占全部成本对象占地总面积的比例进行分配。

（2）分期开发的，首先按本期全部成本对象占地面积占开发用地总面积的比例进行分配，然后再按某一成本对象占地面积占期内全部成本对象占地总面积的比例进行分配。

期内全部成本对象应负担的占地面积为期内开发用地占地面积减除应由各期成本对象共同负担的占地面积。占地面积法适用于土地征用费及拆迁补偿费的分摊。

2. 建筑面积法

建筑面积法是指按已动工开发成本对象建筑面积占开发用地内总建筑面积的比例进行分配。

（1）一次性开发的，按某一成本对象建筑面积占全部成本对象建筑面积的比例进行分配。

（2）分期开发的，首先按期内成本对象建筑面积占开发用地计划建筑面积的比例进行分配，然后再按某一成本对象建筑面积占期内成本对象总建筑面积的比例进行分配。

建筑面积法适用于按受益原则分摊的费用，例如前期工程费、基础设施建设费、公共配套设施费，应当按建筑面积法进行分配。

3. 直接成本法

直接成本法是指按期内某一成本对象的直接开发成本占期内全部成本对象直接开发成本的比例进行分配。直接成本法适用于开发间接费、借款费用的分配。

4. 预算造价法

预算造价法是指按期内某一成本对象预算造价占期内全部成本对象预算造价的比例进行分配。

预算造价法适用于在同一个开发项目中各类房屋售价差异较大，各施工环节交叉进行，难于划分成本费用归属的情况下，进行成本费用的分配。

（二）必须遵循的成本分配方法

为了合理分配过渡性成本核算对象的成本费用，31号文件对土地征用费及拆迁补偿费、配套设施成本、借款费用的分配方法做了刚性规定，房地产企业在成本分配时必须遵守，其他成本项目的分配方法可以由企业自行确定。

（1）土地征用费及拆迁补偿费，一般应按占地面积法进行分配。如果确需结合其他方法进行分配的，应征得税务机关同意。

土地开发同时连接房地产开发的，属于一次性取得土地分期开发房地产的情况，其土地开发成本经税务机关同意后可先按土地整体预算成本进行分配，待土地整体开发完毕后进行调整。

（2）单独作为过渡性成本对象核算的公共配套设施开发成本，应按建筑面积法进行分配，体现了受益原则。

（3）借款费用属于不同成本对象共同负担的，应按直接成本法或按预算造价法进行分配。

根据上述原则，房地产企业开发商品房的成本核算对象可以划分为普通标准住宅、非普通标准住宅、联排住宅、别墅、商业用房、宾馆、剧场、餐厅、文体场馆、车库等。对其应承担的上述共同成本、间接成本必须按31号文件规定的分配方法进行分配，不得改变。

（4）其他成本项目的分配方法由企业自行确定，但是，成本分配方法一经确定不得随意改变，以保持成本核算方法的一致性。

三、开发产品成本的分配计算

各类房产的售价不同，开发成本也应该不同。房地产开发企业卖房时卖的是某类具体的房产，根据配比原则，应当相应的结转该类房产的成本，而不应结转综合成本。所以，计算企业所得税的应税所得额，应当按照不同房产类别核算成本，按照不同房产类别结转销售成本。

（一）开发产品成本核算中企业所得税与土地增值税的差异

《土地增值税清算管理规程》规定，土地增值税清算时，对不同类型房地产应当分别计算增值额、增值率，缴纳土地增值税。所以，土地增值税清算时也是要求按照不同类型的房产分别核算成本的，但是，土地增值税要求计算成本是为计算“增值额”服务的，企业所得税要求计算成本是为计算应纳税所得额服务的，成本核算目的不同就产生了土地增值税的成本与企业所得税的成本存在如下差异：

（1）土地增值税清算时要求把“土地征用费及拆迁补偿费”拆分为“取得土地使用权所支付的金额”和“土地征用及拆迁补偿费”。

（2）为防止重复计算扣除项目金额，土地增值税清算时要求把已经计入开发成本的利息支出剔除。

（3）31号文件规定把土地闲置费计入“土地征用费及拆迁补偿费”，国税函［2010］220号文件要求，已经计入开发成本的土地闲置费不得扣除。

（二）成本项目按成本核算方法进行分类

开发成本中的成本项目按照成本核算方法不同可以做如下分类：

（1）直接成本，即建筑安装成本，采用直接计入法计入各类房产的开发成本。

建筑安装成本由预算部门把财会部计算的建筑安装工程费总额按照开发产品分类，计算各类开发成品的建筑安装工程成本，编制《建筑安装工程成本计算表》，财会部将各类房产的建筑安装成本直接填在《开发产品成本分配计算表》中。

（2）共同成本，包括土地成本（土地征用费及拆迁补偿费）、前期工程成本、基础设施成本、公共配套设施成本。

按照“受益原则”和“配比原则”，采用占地面积法、建筑面积法、预算造价法分配计入各类房产的开发成本。

（3）间接成本，包括开发间接费、借款费用。

按照配比原则，采用直接成本法分配计入各类房产的开发成本。

（三）开发产品的成本分配计算方法

1. 开发产品成本核算前的准备工作

开发产品的成本核算是一项全公司的综合性工作，除了财会部准备七个成本项目的最终会计核算数据之外，工程部、预算造价部应当提供按房产类别计算的各类房产的实际占地面积，编制《各类房产占地面积计算表》，送交财会部作为分配土地成本的依据，如表4-6所示。由于人防工程不计算容积率，不承担土地成本，不计算占地面积。

表4-6　各类房产占地面积计算表

	成本核算对象	占地面积
可售、自用及经营性面积	商 铺	
	普通标准住宅	
	非普通标准住宅	
	联排住宅	
不可售面积	人防工程	
	物业管理用房	
	幼儿园	
	会所	
	合　计	

2. 按开发产品的建筑面积分配成本

将全部开发产品（包括可售的和不可售的）全部列于《开发产品成本分配计算表》上（见表4-7）。按照下列顺序和方法进行分配：

（1）土地征用费及拆迁补偿费的分配：按占地面积法分配土地成本，但是，人防工程不参加土地成本的分配，其原因有三：①人防工程不单独占用土地，不征收土地使用税。《财政部　国家税务总局关于房产税城镇土地使用税有关问题的通知》（财税［2009］128号）规定："对在城镇土地使用税征税范围内单独建造的地下建筑用地，按规定征收城镇土地使用税"。所称"单独建造的地下建筑"是指地上为广场或绿地、地下建设建筑物，如地下商场、地下车库等。这样的建筑物要征收土地使用税，原因是占用了土地，占用了土地理应承担土地成本。但是，开发小区内的人防工程是建在商品房地下的，不是单独建筑的地下建筑物，人防工程没有单独占用土地，规划部门不计算容积率，所以，人防工程不承担土地成本。②如果人防工程采用缴纳人防异地建设费的形式，所缴费用列入开发产品成本的"土地征用费及拆迁补偿费"项目，是不可能再分配承担其他成本的，房地产企业建在商品房地下的人防工程，同样不应承担除建筑安装工程费以外的其他费用。③根据《人民防空法》规定，人防工程产权属于国家，不计算容积率，不应当承担土地成本。

（2）前期工程费的分配：按建筑面积法分配前期工程费，人防工程不承担此项费用。

（3）基础设施建设费的分配：按建筑面积法分配基础设施建设费，人防工程不承担此项费用。

（4）建筑安装工程费：由预算部门依据会计核算的建筑安装工程费总额，按照公司已经确定的本项目开发产品分类，计算各类开发成品的建筑安装工程费，编制《建筑安装工程成本计算表》，总金额应与施工企业的工程决算总额相符。财会部采用直接计入法，计入各有关成本核算对象中，包括公共配套设施和人防工程。

（5）开发间接费的分配：将上述土地征用费及拆迁补偿费、前期工程费、基础设施费、建安工程费四个成本项目计算小计数，但是，小计数额不应包含"人防工程费"。按照直接成本法把开发间接费除以四个成本项目小计数计算分配率，再分别乘以各类成本对象的直接成本小计数，就可以把开发间接费分配到各个成本对象中，使可售的、不可售的开发产品（人防工程除外）全部承担开发间接费。

（6）借款费用的分配：分配方法与开发间接费相同。将土地征用费及拆迁补偿费、前期工程费、基础设施费、建安工程费四个成本项目计算小计数（不应包含“人防工程费”）。按照直接成本法把借款费用除以四个成本项目小计数计算分配率，再分别乘以各类成本对象的直接成本小计数，将借款费用分配计入除人防工程之外的各个成本对象中。

3. 公共配套设施费的分配

在《开发产品成本分配计算表》中“不可售面积”的成本合计数就是公共配套设施费，应当将其分配计入可售面积的成本中。

（1）根据《房地产开发业务企业所得税处理办法》（国税发［2009］31 号）文件的规定，计算所有非营利性的且产权属于全体业主的，或无偿赠与地方政府、政府公用事业单位的已确认为公共配套设施的费用，公共配套设施的开发产品成本合计，包括人防工程费建筑安装费用。

（2）分配对象包括：①可以销售的开发产品；②准备出租的开发产品；③房地产企业自用房产；④经营性的配套设施等。

（3）将公共配套设施费按建筑面积法进行分配。先计算全部分配对象的建筑总面积，将公共配套设施费除以建筑总面积，计算每平方米应承担的公共配套设施费，再乘以每类成本对象的建筑面积计算应承担的配套设施费。

4. 计算并结转各类房产的开发成本

按照《开发产品成本分配计算表》中的各类可售房产计算各类房产的总成本，并结转各类房产的成本。例如，结转普通标准住宅的成本。

借：开发成本—普通住宅—土地征用费及拆迁补偿费
　　开发成本—普通住宅—前期工程费
　　开发成本—普通住宅—基础设施建设费
　　开发成本—普通住宅—建筑安装工程费
　　开发成本—普通住宅—公共配套设施费
　　开发成本—普通住宅—开发间接费
　　开发成本—普通住宅—借款费用
借：开发成本—非普通住宅—
……各类房产。
　贷：开发成本——土地征用费及拆迁补偿费
　　　开发成本——前期工程费
　　　开发成本——基础设施建设费
　　　开发成本——建筑安装工程费
　　　开发成本——开发间接费
　　　开发成本——借款费用

于是，就把日常按各个成本项目核算的开发成本结转到各类房产的开发成本中。最后，再把各类房产的开发成本结转到“开发产品”中，把“开发成本”科目结平。例如：

借：开发产品——普通标准住宅
　　贷：开发成本——普通标准住宅

表 4-7 开发产品成本分配计算表

序号	成本项目	应分配费用	分配方法	计算基数	分配率	可售面积				不可售面积					总计
						普通住宅		非普通住宅		物业用房		人防工程		合计	
						基数	分配额	基数	分配额	基数	分配额	基数	分配额		
1	土地征用及拆迁补偿费														
2	前期工程费														
3	基础设施建设费														
4	建筑安装工程费														
	其中:公共配套设施费														
	小　计														
5	开发间接费														
6	借款费用														
	不可售面积合计														
7	公共配套设施费														
	总　计														

5. 开发产品单位成本

为了按实际成本计算已转让房产的销售成本，应按照不同房产类别分别计算单位面积成本（见表4-8）。

表4-8　开发产品单位成本明细表（企业所得税专用）

开发项目：　　　　房产类型：　　　可售面积：　　　m^2

行　　次	成本项目	总成本/元	单位成本/元
1	土地征用及拆迁补偿费		
2	前期工程费		
3	基础设施建设费		
4	建筑安装工程费		
5	公共配套设施费		
6	开发间接费		
7	借款费用		
	合　　计		

6. 各类房产的建筑安装成本

如果，房地产企业不能按房产类别计算开发产品的建筑安装成本，还可以采用层高系数分配法来计算各类房产的建筑安装工程成本。具体计算方法和步骤如下：

（1）计算层高系数。在纳税人同一项目（包含不同类型房产）中，选取住宅层高为基数，设定为1。其他类型房产层高低于住宅的，以1为系数；其他类型房产层高于住宅层高的，按其他类型房产层高与住宅层高之比，计算出各类型房产的层高系数。

某类型房产层高系数＝该类型房产层高÷住宅层高

（2）计算总层高系数面积：

某类房产层高系数面积＝该类房产层高系数×该类型房产建筑面积

总层高系数面积＝∑（各类型房产层高系数×该类型房产建筑面积）

（3）将建筑安装工程总成本在不同类型房产中分摊。在计算建筑安装工程总成本时，应包括基础成本，扣除地下人防工程、商铺、车库、储藏室等地下工程的成本。因为基础是承载整个大楼的，其成本应由大楼来承担。

不同类型房产应分摊的建筑安装成本＝建筑安装工程总成本÷总层高系数面积×该类房产层高系数面积＝建筑安装总成本÷总层高系数面积×不同类型房产层高系数×该类型房产建筑面积

（4）除建筑安装成本以外的其他成本项目的分配计算方法仍然执行《房地产开发经营业务企业所得税处理办法》（国税发［2009］31号）的规定，即本节上述成本分配计算方法。

7. 开发产品成本计算程序小结

如果，把上述开发成本的分配计算总结一下，开发产品的成本核算程序框图如图4-2所示。

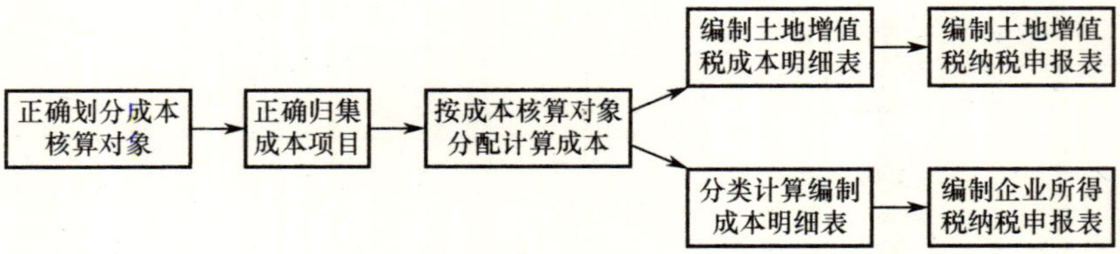

图4-2 开发产品成本计算程序示意图

说明：1. 会计的日常核算只需归集除“配套设施建设费”以外的六个成本项目。

2. 在计算土地增值税的纳税额时，应当剔除“开发成本”中的利息支出和土地闲置费。

3. 计算土地增值税时需要计算《开发产品成本明细表》作为《土地增值税纳税申报表》的过渡用表；计算企业所得税的主营业务成本时只按照房产类别计算单位成本。

四、房地产开发项目成本分配计算实例

2009年3月，甲房地产开发公司在山西省某市通过竞标取得了该市M-16地段的土地使用权，面积174 102.00m²（约合261.15亩），支付土地出让金102 600 000元，支付契税3 078 000元，办理土地过户手续支付手续费29 514.32元。经过当地市发改委批准进行《湖滨御苑》项目的房地产开发建设。市规划局批准建设商住两用房208 900m²，项目容积率为1.20。经过勘察设计，该项目于2010年1月取得了《建设工程施工许可证》，公司财会部与工程部共同对项目的开发产品进行了分类，编制了《湖滨御苑项目开发产品分类表》（见表4-9），并经过公司办公会议讨论通过，将《湖滨御苑项目开发产品分类表》上报给主管地方税务局备案。

经过一段时间的施工，2011年1月开发项目房屋的主体完工，取得预售许可证，开始房产预售。该省人民政府规定普通标准住宅的条件是：

（1）住宅小区建筑容积率在1.0以上。

（2）单套建筑面积在144平方米以下（含144平方米）。

（3）实际成交价格低于同级别土地上住房平均交易价格1.2倍以下。

省级地方税务局规定，本省土地增值税预征率按不同项目分别确定：

（1）普通标准住宅1.5%。

（2）除普通标准住宅以外的其他住宅3%。

（3）除上述（1）、（2）项以外的其他房地产项目4%。

甲公司在预售房过程中，按当地规定足额预交了土地增值税。

表 4-9 湖滨御苑项目开发产品分类表 2010 年 1 月 21 日

	成本核算对象	建筑面积(m^2)	可售面积(m^2)	成本对象确定原则 是(√)否(×)				
				可否销售原则	功能区分原则	定价差异原则	成本差异原则	分类归集原则
可售(经营、自用)面积	普通标准住宅	10 293.30	10 293.30	√	√	√	√	√
	非普通标准住宅	140 485.84	140 485.84	√	√	√	√	√
	联排住宅(叠拼)	45 488.90	45 488.90	√	√	√	√	√
	幼儿园	3 525.00	3 525.00	√	√	√	√	√
	商铺	5 722.28	5 722.28	√	√	√	√	√
	办公室	1 110.00	1 110.00	√	√	√	√	√
不可售面积	会所	2 253.33		√	√			
	北门卫	44.00		√	√			
	人防工程	19 895.00		√	√			
合 计		228 817.65	206 625.32					
建筑面积(不含人防)		208 922.65m^2	—	—	—	—	—	

说明:1. 湖滨御苑占地总面积 174 102.00m^2,容积率 1.20。

2. 地下人防工程面积 19 895 ㎡,地上配套设施 6 237.33m^2。

2013年7月初开发项目已经竣工，接受了市住房和城乡建设委员会组织的工程验收，随后，甲房地产开发公司按照建设部《房屋建筑工程和市政基础设施工程竣工验收备案管理暂行办法》（建设部令第78号）的规定，向市住房和城乡建设委员会提交了下列文件：

（1）工程竣工验收备案表。

（2）工程竣工验收报告。

（3）法律、行政法规规定应当由规划、公安消防、环保等部门出具的认可文件或者准许使用文件。

（4）施工单位签署的工程质量保修书。

（5）法规、规章规定必须提供的其他文件。

对商品住宅还提交了《住宅质量保证书》和《住宅使用说明书》。

截止到2013年12月31日，该开发项目的商品住宅除联排住宅还剩1 525. 11m^2之外，其他均已售出。办公室留作本公司自用，公司已经迁入新办公室。幼儿园出租给个人经营，已经签订了5年的租赁合同，于2013年12月1日把房产交付承租人使用。

工程验收之后，甲公司积极与施工企业以及有关部门进行工程决算，取得了全部发票，2013年到12月31日，各项成本核算的会计数据如《湖滨御苑项目开发成本会计核算资料表》所示（见表4-10）。

表4-10 湖滨御苑项目开发成本会计核算资料表

开发产品分类	成本项目	金额/元
（一）共同成本	1. 土地征用及拆迁补偿费	135 078 172. 13
	2. 前期工程费	21 817 758. 04
	3. 基础设施建设费	84 285 265. 66
（二）直接成本	4. 建筑安装工程费	511 210 499. 74
（三）间接成本	5. 开发间接费	14 878 733. 58
	6. 借款费用	29 352 781. 42
总计		796 623 210. 57

按照公司办公会议的决定，工程部、预算造价部根据财会部提供的“建筑安装工程费”数据，计算了各类房产的建筑安装成本，提供了“各类房产占地面积及建筑安装成本表”，见表4-11；销售部提供了“房产销售收入分类汇总表”，见表4-12。

表 4-11　各类房产占地面积及建筑安装成本表（预算部提供）

	成本核算对象	占地面积	建筑安装成本
可售面积	普通标准住宅	491.79	22 618 168.06
	非普通标准住宅	10 816.97	303 249 272.65
	联排住宅（叠拼）	13 089.00	78 914 175.71
	幼儿园	1 203.00	6 315 594.17
	商铺	2 964.00	14 745 365.49
	办公室	359.73	3 097 294.33
不可售面积	会所	730.27	6 287 591.21
	北门卫	44.00	1 107，312.47
	人防工程		74 875 725.66
	合计	29 698.76	511 210 499.74

表 4-12　房产销售收入分类汇总表（销售部提供）

自 2011 年 1 月 1 日至 2013 年 12 月 31 日

房产类别	已售面积（m^2）	平均单价/元	收入总额/元
普通标准住宅	10 293.30	4 237.63	43 619 220.23
非普通住宅	140 485.84	4 423.92	621 498 725.60
联排住宅	43 963.79	7 461.39	328 030 884.00
商铺	5 722.28	28 236.00	161 574 306.18
总　　计	200 465.21	5 760.22	1 154 723 136.01

（一）开发产品成本的分配计算

根据上述资料，财会部按照《房地产开发经营业务企业所得税处理办法》（国税发［2009］31 号）文件规定的计税成本核算的基本方法分配计算各类开发产品的成本见表 4-13《湖滨御苑项目开发产品成本分配计算表》。成本分配计算顺序如下：

（1）分配“土地征用费及拆迁补偿费”135 078 172.13 元，按占地面积法分配，各类房产的占地面积为 29 698.76m^2（不含人防工程，人防工程不承担土地成本），分配率为 4 548.28 元/m^2，再分别乘以各类房产的占地面积，计算出各类房产应分摊的“取得土地使用权支付的金额”。此行“总计”栏数额为 135 078 172.13 元，与待分配“取得土地使用权支付的金额”一致，说明数字分配正确。

表 4-13 湖滨御苑项

序号	成本项目	分配费用/元	分配方法	计算基数	分配率	可售面积						
						普通标准住宅		非普通标准住宅		联排住宅(叠拼)		幼儿
						基数	分配额	基数	分配额	基数	分配额	基数
1	土地征用及拆迁补偿费	135 078 172.13	占地面积法	29 698.76	4 548.28	491.79	2 236 796.90	10 816.97	49 198 570.43	13 089.00	59 532 391.08	1 203.00
2	前期工程费	21 817 758.04	建筑面积法	208 922.65	104.43	10 293.30	1 074 927.63	140 485.84	14 670 913.21	45 488.90	4 750 398.36	3 525.00
3	基础设施费	84 285 265.66	建筑面积法	208 922.65	403.43	10 293.30	4 152 606.36	140 485.84	56 675 934.11	45 488.90	18 351 500.05	3 525.00
4	建筑安装工程费	511 210 499.74	直接计入法				22 618 168.06		303 249 272.64		78 914 175.71	
	小计(含人防工程)						30 082 498.95		423 794 690.39		161 548 465.20	
5	开发间接费	14 878 733.58	直接成本法	677 515 969.91（不含人防工程）	0.021 96	30 082 498.95	660 633.12	423 794 690.39	9 306 833.45	161 548 465.20	3 547 719.43	13 577 369.99
6	借款费用	29 352 781.42	直接成本法	677 515 969.91（不含人防工程）	0.043 32	30 082 498.95	1 303 297.72	423 794 690.39	18 360 530.92	161 548 465.20	6 998 944.67	13 577 369.99
	不可售面积合计											
7	配套设施费	87 747 791.27	建筑面积法	206 625.32	424.67		4 371 266.50	140 485.84	59 660 268.96	45 488.90	19 317 818.85	3 525.00
	总计	796 623 210.57				10 293.30	36 417 696.28	140 485.84	511 122 323.72	45 488.90	191 412 948.16	3 525.00

目开发产品成本分配计算表

	不可售面积											
园	商铺		办公室		会所		北门卫		人防工程		合计	总计
分配额	基数	分配额	基数	分配额	基数	分配额	基数	分配额	基数	分配额		
5 471 576.63	2 964.00	13 481 091.54	359.73	1 636 151.50	730.27	3 321 469.88	44.00	200 124.17	0.00	0.00	3 521 594.04	135 078 172.13
368 115.17	5 722.28	597 576.76	1 110.00	115 917.12	2 253.33	235 314.88	44.00	4 594.91		0.00	239 909.79	21 817 758.04
1 422 084.02	5 722.28	2 308 528.49	1 110.00	447 805.18	2 253.33	909 056.62	44.00	17 750.84		0.00	926 807.45	84 285 265.66
6 315 594.17		14 745 365.49		3 097 294.33		6 287 591.21		1 107 312.47		74 875 725.66	82 270 629.34	511 210 499.74
13 577 369.99		31 132 562.28		5 297 168.13		10 753 432.59		1 329 782.38		74 875 725.66	86 958 940.63	752 391 695.57
298 168.72	31 132 562.28	683 693.26	5 297 168.13	116 329.59	10 753 432.59	236 153.04	1 329 782.38	29 202.97	0.00		265 356.01	14 878 733.58
588 227.57	31 132 562.28	1 348 790.78	5 297 168.13	229 495.13	10 753 432.59	465 882.98	1 329 782.38	57 611.65			523 494.62	29 352 781.42
						11 455 468.61		1 416 597.00		74 875 725.66	87 747 791.27	
1 496 965.45	5 722.28	2 430 086.65	1 110.00	471 384.86								87 747 791.27
15 960 731.72	5 722.28	35 595 132.97	1 110.00	6 114 377.72								796 623 210.57

（2）分配“前期工程费”21 817 758.04元，按建筑面积法分配（不含人防工程，人防工程不承担前期工程费），各类房产的建筑面积（含可售面积和不可售面积）为208 922.65m^2，分配率为104.43元/m^2，再分别乘以各类房产的建筑面积，计算出各类房产应分摊的“前期工程费”。此行“总计”栏数额为21 817 758.04元与待分配“前期工程费”数额一致，说明数字分配正确。

（3）分配“基础设施建设费”84 285 265.66元，按建筑面积法分配（不含人防工程，人防工程不承担基础设施费），各类房产的建筑面积（含可售面积和不可售面积）为208 922.65m^2，分配率为403.43元/m^2，再分别乘以各类房产的建筑面积，计算出各类房产应分摊的“基础设施建设费”。此行“总计”栏数额为84 285 265.66元与待分配“基础设施建设费”一致，说明数字分配正确。

（4）采取“直接计入法”，把预算造价部编制的“各类房产占地面积及建安成本表”中的建筑安装成本填入相应的各类房产的建筑安装成本中，包括人防工程，此行“总计”栏数额为511 210 499.74元，说明预算造价部计算的数字正确无误。

（5）分配“开发间接费”14 878 733.58元。开发间接费按照“直接成本法”分配，先计算以上5个成本项目的直接成本小计数，但是，不包括人防工程，人防工程不承担开发间接费。不含人防工程5个成本项目的小计数为677 515 969.91元（752 391 695.57－74 875 725.66），分配率为2.196%，分别乘以各类房产的直接成本，计算各类房产应承担的开发间接费。此行“总计”栏数额为14 878 733.58元与待分配的“开发间接费”数额一致，说明数字分配正确。

（6）分配“借款费用”29 352 781.42元。开发间接费按照“直接成本法”分配，先计算以上5个成本项目的直接成本小计数，但是，不包括人防工程，人防工程不承担借款费用。不含人防工程5个成本项目的小计数为677 515 969.91元（即752 391 695.57－74 875 725.66），分配率为4.332%，分别乘以各类房产的直接成本，计算各类房产应承担的开发间接费。此行“总计”栏数额为29 352 781.42元与待分配的“借款费用”数额一致，说明数字分配正确。

（7）计算不可售面积的成本合计数额（含人防工程成本）为87 747 791.27元，即是“公共配套设施费用”。根据国税发［2009］31号文件的规定，计算所有属于配套设施的开发产品的总成本（含人防工程，不含经营性配套设施），作为“公共配套设施费”进行分配。分配对象包括：①可以销售的开发产品；②准备出租的开发产品；③房地产企业自用的开发产品；④经营性配套设施等。

公共配套设施费按照可售面积206 625.32m^2进行分配，分配率为424.67元/m^2，分别乘以各类可售房产的面积，计算各类可售房产应承担的公共配套设施费，此行“总计”栏数额为87 747 791.27元与待分配的“公共配套设施费”金额一致，说明数字分配正确。

（8）不可售房产的成本已经作为公共设施配套费分配殆尽，这时不可售面积的合计数额为零。

（9）各类可售房产的总成本为796 623 210.57元，与“湖滨御苑项目开发成本会计核算资料表”总计数一致，说明成本分配正确无误。

（二）各类房产开发成本的结转

通过《开发成本分配表》已经把七个成本项目分配计算到各类房产中，应当结转各类房产的“开发成本”。

1. 结转普通标准住宅的开发成本

借：开发成本—普通标准住宅—土地征用及拆迁补偿费	2 236 796.90
开发成本—普通标准住宅—前期工程费	1 074 927.63
开发成本—普通标准住宅—基础设施建设费	4 152 606.36
开发成本—普通标准住宅—建筑安装工程费	22 618 168.06
开发成本—普通标准住宅—公共配套设施费	4 371 266.50
开发成本—普通标准住宅—开发间接费	660 633.12
开发成本—普通标准住宅—借款费用	1 303 297.72

2. 结转非普通标准住宅的开发成本

借：开发成本—非普通标准住宅—土地征用及拆迁补偿费	49 198 570.43
开发成本—非普通标准住宅—前期工程费	14 670 913.21
开发成本—非普通标准住宅—基础设施建设费	56 675 934.11
开发成本—非普通标准住宅—建筑安装工程费	303 249 272.64
开发成本—非普通标准住宅—公共配套设施费	59 660 268.96
开发成本—非普通标准住宅—开发间接费	9 306 833.45
开发成本—非普通标准住宅—借款费用	18 360 530.92

3. 结转联排住宅的开发成本

借：开发成本—联排住宅—土地征用及拆迁补偿费	59 532 391.08
开发成本—联排住宅—前期工程费	4 750 398.36
开发成本—联排住宅—基础设施建设费	18 351 500.05
开发成本—联排住宅—建筑安装工程费	78 914 175.71
开发成本—联排住宅—公共配套设施费	19 317 818.85
开发成本—联排住宅—开发间接费	3 547 719.43
开发成本—联排住宅—借款费用	6 998 944.67

4. 结转幼儿园的开发成本

借：开发成本—幼儿园—土地征用及拆迁补偿费	5 471 576.63
开发成本—幼儿园—前期工程费	368 115.17
开发成本—幼儿园—基础设施建设费	1 422 084.02

开发成本—幼儿园—建筑安装工程费	6 315 594.17
开发成本—幼儿园—公共配套设施费	1 496 965.45
开发成本—幼儿园—开发间接费	298 168.72
开发成本—幼儿园—借款费用	588 227.57

5. 结转商铺的开发成本

借：开发成本—商铺—土地征用及拆迁补偿费	13 481 091.54
开发成本—商铺—前期工程费	597 576.76
开发成本—商铺—基础设施建设费	2 308 528.49
开发成本—商铺—建筑安装工程费	14 745 365.49
开发成本—商铺—公共配套设施费	2 430 086.65
开发成本—商铺—开发间接费	683 693.26
开发成本—商铺—借款费用	1 348 790.78

6. 结转办公室的开发成本

借：开发成本—办公室—土地征用及拆迁补偿费	1 636 151.50
开发成本—办公室—前期工程费	115 917.12
开发成本—办公室—基础设施建设费	447 805.18
开发成本—办公室—建筑安装工程费	3 097 294.33
开发成本—办公室—公共配套设施费	471 384.86
开发成本—办公室—开发间接费	116 329.59
开发成本—办公室—借款费用	229 495.13

7. 统一结转开发成本，将按成本项目核算的“开发成本”科目结平

贷：开发成本—土地征用及拆迁补偿费	135 078 172.13
开发成本—前期工程费	21 817 758.04
开发成本—基础设施建设费	84 285 265.66
开发成本—建筑安装工程费	511 210 499.74
开发成本—开发间接费	14 878 733.58
开发成本—借款费用	29 352 781.42

注：这个记账凭证是多借多贷，有42个借方，6个贷方。

（三）开发产品单位成本的计算

根据配比原则，在计算企业所得税的应纳税所得额时，不同类别的房产销售收入应与该类房产的成本相抵减计算毛利，因此，作为过渡性报表，需要计算各类房产的《开发产品成本明细表》（企业所得税专用）。

以普通标准住宅为例，在《湖滨御苑开发产品成本分配计算表》中可以看到，普通标准住宅的总成本为36 417 696.28元，可售面积为10 293.3m^2，据此编制普通标准住宅的《开发产品成本明细表》(企业所得税专用)，见表4-14。

表4-14　开发产品成本明细表

(企业所得税专用)

清算项目：湖滨御苑　　房产类别：普通标准住宅　　可售面积：10 293.3m^2

行　次	项　目	总成本/元	单位成本/元
1	1. 土地征用及拆迁补偿费	2 236 796.90	217.31
2	2. 前期工程费	1 074 927.63	104.43
3	3. 建筑安装工程费	22 618 168.06	2 197.37
4	4. 基础设施费	4 152 606.36	403.43
5	5. 公共配套设施费	4 371 266.50	424.67
6	6. 开发间接费	660 633.12	64.18
7	7. 借款费用	1 303 297.72	126.62
8	合　计	36 417 696.28	3 538.00

同样办法，编制非普通标准住宅的《开发产品成本明细表》(表4-15)，联排住宅的《开发产品成本明细表》(表4-16)，幼儿园的《开发产品成本明细表》(表4-17)，商铺的《开发产品成本明细表》(表4-18)，办公室的《开发产品成本明细表》(表4-19)。

表4-15　开发产品成本明细表

(企业所得税专用)

清算项目：湖滨御苑 房产类别：非普通标准住宅 可售面积：140 485.84m^2

行次	项　目	总成本/元	单位成本/元
1	1. 土地征用及拆迁补偿费	49 198 570.43	350.20
2	2. 前期工程费	14 670 913.21	104.43
3	3. 建筑安装工程费	303 249 272.64	2 158.58
4	4. 基础设施费	56 675 934.11	403.43
5	5. 公共配套设施费	59 660 268.96	424.67
6	6. 开发间接费	9 306 833.45	66.25
7	7. 借款费用	18 360 530.92	130.69
8	合　计	511 122 323.72	3 638.25

表 4-16　开发产品成本明细表

（企业所得税专用）

清算项目：湖滨御苑　　房产类别：联排住宅　　可售面积：45 488.9m^2

行　次	项　目	总成本/元	单位成本/元
1	1. 土地征用及拆迁补偿费	59 532 391.08	1 308.72
2	2. 前期工程费	4 750 398.36	104.43
3	3. 建筑安装工程费	78 914 175.71	1 734.80
4	4. 基础设施费	18 351 500.05	403.43
5	5. 公共配套设施费	19 317 818.85	424.67
6	6. 开发间接费	3 547 719.43	77.99
7	7. 借款费用	6 998 944.67	153.86
8	合　计	191 412 948.16	4 207.90

表 4-17　开发产品成本明细表

（企业所得税专用）

清算项目：湖滨御苑　　房产类别：幼儿园　　建筑面积：3 525m^2

行　次	项　目	总成本	单位成本
1	1. 土地征用及拆迁补偿费	5 471 576.63	1 552.22
2	2. 前期工程费	368 115.17	104.43
3	3. 建筑安装工程费	6 315 594.17	1 791.66
4	4. 基础设施费	1 422 084.02	403.43
5	5. 公共配套设施费	1 496 965.45	424.67
6	6. 开发间接费	298 168.72	84.59
7	7. 借款费用	588 227.57	166.87
8	合　计	15 960 731.72	4 527.87

表 4-18　开发产品成本明细表

（企业所得税专用）

清算项目：湖滨御苑　　房产类别：商铺　　建筑面积：5 722.28m^2

行　次	项　目	总成本	单位成本
1	1. 土地征用及拆迁补偿费	13 481 091.54	2 355.90
2	2. 前期工程费	597 576.76	104.43
3	3. 建筑安装工程费	14 745 365.49	2 576.83
4	4. 基础设施费	2 308 528.49	403.43
5	5. 公共配套设施费	2 430 086.65	424.67
6	6. 开发间接费	683 693.26	119.48
7	7. 借款费用	1 348 790.78	235.71
8	合　计	35 595 132.97	6 220.45

表4-19　开发产品成本明细表

（企业所得税专用）

清算项目：湖滨御苑　　　房产类别：办公室　　　建筑面积：1 110m^2

行　次	项　目	总成本	单位成本
1	1. 土地征用及拆迁补偿费	1 636 151.50	1 474.01
2	2. 前期工程费	115 917.12	104.43
3	3. 建筑安装工程费	3 097 294.33	2 790.36
4	4. 基础设施费	447 805.18	403.43
5	5. 公共配套设施费	471 384.86	424.67
6	6. 开发间接费	116 329.59	104.80
7	7. 借款费用	229 495.13	206.75
7	合　计	6 114 377.72	5 508.45

（四）结转开发产品

将验收合格的开发产品从开发成本科目结转到“开发产品”科目。

1. 结转普通标准住宅

借：开发产品——普通标准住宅　　36 417 696.28

　贷：开发成本——普通标准住宅　　36 417 696.28

2. 结转非普通标准住宅

借：开发产品——非普通标准住宅　　511 122 323.72

　贷：开发成本——非普通标准住宅　　511 122 323.72

3. 结转联排住宅

借：开发产品——联排住宅　　191 412 948.16

　贷：开发成本——联排住宅　　191 412 948.16

4. 结转幼儿园

借：开发产品——幼儿园　　15 960 731.72

　贷：开发成本——幼儿园　　15 960 731.72

5. 结转商铺

借：开发产品——商铺　　35 595 132.97

　贷：开发成本——商铺　　35 595 132.97

6. 结转办公室

借：开发产品——办公室　　6 114 377.72

　贷：开发成本——办公室　　6 114 377.72

（五）计算已售房产的销售成本

2013 年末汇算清缴时，把“预收账款”科目余额结转“主营业务收入”，同时，按销售部提供的《房产销售收入分类汇总表》计算已售房产的实际成本，见表4-20。

表 4-20 已售房产销售成本计算表

自2011年1月1日至2013年12月31日

房产类别	已售面积（m^2）	单位成本（元/m^2）	销售成本/元
普通标准住宅	10 293.30	3 538.00	36 417 696.28
非普通住宅	140 485.84	3 638.25	511 122 323.72
联排住宅	43 963.79	4 207.90	184 995 430.89
商铺	5 722.28	6 220.45	35 595 132.97
总　　计	200 465.21	3 832.06	768 130 583.86

会计处理如下：

借：主营业务成本　　768 130 583.86

　贷：开发产品——普通标准住宅　　36 417 696.2

　　开发产品——非普通标准住宅　　511 122 323.72

　　开发产品——联排住宅　　184 995 430.89

　　开发产品——商铺　　35 595 132.97

根据房地产企业所得税征收管理的规定，开发产品完工后，企业应及时结算其计税成本并计算此前销售收入的实际毛利额，同时将其实际毛利额与其对应的预计毛利额之间的差额，计入当年度企业本项目与其他项目合并计算的应纳税所得额。在年度纳税申报时，企业须出具对该项开发产品实际毛利额与预计毛利额之间差异调整情况的报告以及税务机关需要的其他相关资料。

（六）结转自用房产和商业地产的成本

（1）将自用的办公室成本6 114 377.72元转作“固定资产——办公室”科目。

借：固定资产——办公室　　6 114 377.72

　贷：开发产品——办公室　　6 114 377.72

（2）将已经出租的幼儿园的成本15 960 731.72元转作“投资性房地产——幼儿园”科目。

借：投资性房地产——幼儿园　　15 960 731.72

　贷：开发产品——幼儿园　　15 960 731.72

第九节　BOT项目的会计核算

为了加快城市建设进程，提高居民的生活水平，政府就某个基础设施项目与非政府部门的投资者签订特许权协议，授予投资者承担该项目的融资、建设、经营和维护的权力。在协议规定的特许期内，投资者通过向基础设施的使用者收取费用，回收项目投资、经营和维护成本，并获取合理回报；同时，政府部门拥有对这一基础设施项目的监督权，特许经营期届满后，投资者将该基础设施项目无偿地移交给政府部门。

这种建设投资模式称为 BOT（建设—运营—移交）项目，这是为了缓解公共基础设施项目建设与投资资金紧张的矛盾而发展起来的一种投资模式。BOT 是对 Build-Own-Transfer（建设—拥有—转让）和 Build-Operate-Transfer（建设—经营—转让）形式的简称，现在通常指后一种含义。

由于房地产企业所从事的房地产开发属于重要的城市建设，当地政府在安排 BOT 项目时，往往优先考虑房地产企业，由房地产企业统一按照城市规划实施开发建设。房地产企业承接该项目之后，一般设立非独立核算的项目管理部，如果项目比较大，也可以设立独立的有法人资格的 BOT 项目公司。

一、项目管理部的会计核算

（一）初始计量

房地产企业承建的 BOT 项目应当在“开发成本——BOT 项目成本”科目核算。由于 BOT 项目的所有权归当地政府，不涉及土地征用的问题，所以可以设置如下几个成本项目：拆迁补偿费、前期工程费、基础设施费、建筑安装工程费、开发间接费。拆迁补偿费主要核算项目建设中发生的拆迁补偿支出、动迁及安置支出、回迁房建造支出、农作物补偿费、危房补偿费等。前期工程费、基础设施费、开发间接费成本项目核算内容与房地产开发成本项目核算内容相同。

建筑安装工程主要有两种建设方式：一种是将 BOT 项目出包，另一种方式是房地产企业自营。

1. 出包方式的核算

采用出包方式进行建筑安装工程施工的 BOT 项目，其建筑安装支出，应根据企业承付的已完工程价款确定，直接计入 BOT 项目的“建筑安装工程费”成本项目，并计入“开发成本——BOT 项目成本”科目的借方和“应付账款——应付工程款”等科目的贷方。

2. 自营方式的核算

采用自营方式进行建筑施工的 BOT 项目，其发生的各项建筑安装支出，一般可以直接计入“开发成本——BOT 开发成本”科目的借方，计入“原材料”、“应付职工薪酬”、“银行存款”等科目的贷方。如果，房地产企业自行施工大型的 BOT 项目，还可以设置“工程施工”、“施工间接费”等科目，用以核算和归集 BOT 项目的各项建筑安装支出，月末，将施工实际成本转入到“开发成本——BOT项目成本”科目，并计入 BOT 项目的“建筑安装工程费”成本项目中。

房地产企业用于 BOT 项目的各项设备，即附属于 BOT 项目主体的各项设备，应当在出库交付安装时，计入 BOT 项目的“建筑安装工程费”成本项目，借记“开发成本——BOT 项目成本”科目，贷记“库存商品”等科目。

3. 已完工 BOT 项目成本的结转

房地产企业承建 BOT 项目时已经和当地政府签订了《特许权使用协议》，取得了特许权使用权，根据企业会计准则的规定，特许权属于无形资产。

房地产企业承建的BOT项目建成后达到预定可使用状态时，可以从“开发成本——BOT开发成本”科目转入到“无形资产——BOT特许权”科目。

需要注意的是，在开发成本结转时需要考虑合同规定的移交范围来确定应计入无形资产的成本范围。如果属于合同规定的移交范围之内的设施及其不可分割、或分割后无独立价值的附属物品，均应计入无形资产成本。如果不属于移交范围，能与移交设施分离，且分离后具有独立价值的设施可计入“固定资产”或“周转材料”等科目核算，在经营期间内计提的固定资产折旧费用、低值易耗品摊销费应计入经营期间的成本。

（二）后续计量

房地产企业所承建的BOT项目，对于房地产公司来讲不属于主要经营业务，相应的收入和成本费用应计入“其他业务收入”和“其他业务成本”科目核算。

BOT项目的经济形态属于无形资产，而其实物形态则属于固定资产。BOT项目在运营期间可能会发生更新改造支出、修理费用等支出。对后续支出的处理原则是：符合无形资产确认条件的，应当计入无形资产成本，同时将被替换的部分的账面价值扣除；不符合无形资产确认条件的，应当计入当期损益。

BOT项目在运行期间进行更新改造可能一些设备被拆除使用新的设备替换，这些设备可分为两类：一类是不属于BOT项目必备设备或附属设备，而属于与营运有关的设备，也就是不属于未来移交范围内的设备。对此类设备的增减变化应视同企业自有资产的增减，按自有资产进行会计处理，通过“固定资产”或“周转材料”科目核算；另一类是属于BOT项目必备设备或其附属设备，未来属于移交范围之内的设施。此类设备的增减和维修，主要有以下两种情况：一种是BOT设施中有些设备的使用寿命短于特许权经营期，这类设备的替换应当按照设备的账面价值扣减“无形资产”的账面价值，增加的新设备应当按照取得时的价值增加“无形资产”的账面价值，然后按照剩余的使用期限进行摊销；另一种是对原有设备维护修理或增加部分设备以维持该项目的持续经营，这些支出涉及该项资产的价值以及最终无偿移交，房地产公司关注的是投资的收回，所以，这些支出如果金额不大则一次计入当期损益；如果支出金额较大，可列入“长期待摊费用”，在剩余的特许权经营期内进行摊销。

（三）BOT项目的摊销

BOT项目摊销时应考虑实际情况和投入资金的全部收回。摊销年限应以特许权经营期为限，一般“无形资产”的摊销期限应当等于特许权经营期限。该项BOT项目的“累计摊销”科目的合计数应当等于“无形资产”科目的账面价值，使BOT项目移交后“无形资产”科目结转成零。

（四）BOT项目的移交

由于房地产企业在BOT项目开始经营时，已经将BOT项目的开发成本全部转入

"无形资产"科目，并按经营期分期摊销，所以在该项目经营权到期向政府移交时，应将"无形资产"的账面价值与"累计摊销"合计数对冲，使科目结转为零。但是，万一当地政府由于特殊原因需要提前收回该项基础设施，房地产企业应将"无形资产"账面价值与"累计摊销"科目的差额一次转入到"其他业务成本"科目，使"无形资产"科目结转为零。

二、BOT 项目公司的会计核算

（一）初始计量

如果，房地产企业承建的 BOT 项目较大，而且经营期限较长，可以由房地产企业出资成立有法人资格的 BOT 项目公司。

在建设期间，项目公司可设置"工程物资"和"在建工程"科目对项目建设期间的成本费用进行核算。"工程物资"科目核算项目公司为 BOT 项目建设准备的各种物资的实际成本，包括为工程准备的材料、尚未交付安装的需要安装设备的实际成本，为项目建设准备的工具、器具的实际成本，以及预付的大型设备款项等。

"在建工程"科目核算进行 BOT 项目建设发生的实际支出，包括需要安装设备的价值。该科目可设置"建筑工程"、"安装工程"、"在安装设备"和"其他支出"等明细科目进行明细核算。项目公司发生的拆迁补偿费、工程管理费、可行性研究费、临时设施费、监理费、公证费等，借记"在建工程"科目，贷记"银行存款"等科目。项目公司将工程发包，应当合理计算发包工程进度和合同规定的结算进度款，借记"在建工程"科目，贷记"银行存款"、"预付工程款"等科目。将设备交付承包商建造安装时，借记"在建工程——在安装设备"科目，贷记"工程物资"科目。工程竣工时，按合同规定补付的工程款，借记"在建工程"科目，贷记"银行存款"科目。

如果项目公司对工程建设采取自营形式，在建工程领用的工程物资、原材料或库存商品等，借记"在建工程"科目，贷记"工程物资"、"原材料"、"库存商品"等科目。工程应承担的职工薪酬，借记"在建工程"科目，贷记"应付职工薪酬"科目。

项目工程竣工验收时，借记"无形资产——BOT 特许权"科目，贷记"在建工程"科目。

（二）后续计量

BOT 项目经营期间的收入是项目公司的主要收入来源，项目的建造成本结转"无形资产"后的摊销费用是主要经营费用，应当通过"主营业务收入"、"主营业务成本"科目进行核算。BOT 项目在运营期间发生的更新改造支出、修理费用支出等的核算同项目管理部，此处不再赘述。

（三）BOT 项目的摊销与移交

BOT 项目公司对项目的摊销与移交的会计核算与房地产公司基本相同。所不同的是，BOT 项目特许经营期满时，房地产公司向政府移交的并不是项目的全部资产，仅仅是特许经营合同所约定的BOT项目的有关设施，这些设施的价值在经营期间已经摊销完毕，其账面净值为零。项目公司对BOT项目的初始投资在经营期间已经收回，经营成果表现为净利润。当项目公司将BOT项目移交给政府时，只是依法办理交接手续，并不影响BOT项目公司的总资产和净资产。

第十节 代建工程的核算

房地产开发企业受托进行开发的工程有三类，一是受托代建工程，二是定向开发工程，三是BT项目工程。

一、受托代建工程的核算

受托代建工程应当符合下列条件：

（1）建设单位已经取得土地使用权，并经当地发改委批准立项，取得了《国有土地使用证》《建设用地规划许可证》《建设工程规划许可证》。

（2）房地产开发企业只是受托代建，负责工程的组织管理。

（3）房地产开发企业不得垫付资金。

（4）建筑施工企业与建设单位进行工程结算，工程结算需经过房地产开发企业代为审查，建筑施工企业将建筑业发票直接开给建设单位，由房地产开发企业转交给建设单位。

（5）在房地产开发过程中，房地产开发企业提供了代理服务，应向建设单位收取代建手续费，开具服务业发票。

代建工程的业务操作程序如图4-3所示。

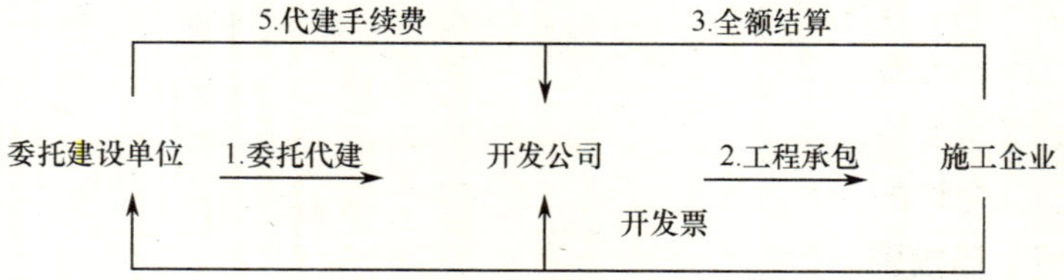

图4-3 代建房业务操作程序示意图

由于房地产开发企业在受托代建过程中提供的是代理服务，根据会计主体假设，建设工程的成本核算应当由建设单位负责，房地产企业在代建过程中收到的工程款要转付给建筑施工企业，款项收付通过“其他应付款”科目核算。

对房地产企业而言，受托代建是提供建筑安装管理劳务，属于营业税的服务业税目。房地产企业受托代建工程发生的成本费用应当通过“劳务成本”科目核算。代建工程所发生的成本费用应当借记“劳务成本”科目，贷记“应付职工薪酬”、“原材料”、“银行存款”等科目。工程完工，按合同与委托单位结算代建手续费，借记“应收账款”科目，贷记“其他业务收入”科目；同时，结转劳务成本，借记“其他业务支出”科目，贷记“劳务成本”科目。

二、定向开发工程成本的核算

定向开发工程是指委托方指定开发地点、总体要求，具体开发事项全部由房地产企业负责，建设完工之后将开发产品移交给委托方。

房地产企业发生的各项代建工程支出和代建工程应分配承担的开发间接费，应计入“开发成本——代建工程开发”的借方和“银行存款”、“应付账款”、“应付职工薪酬”、“开发间接费”等科目的贷方。

完成全部开发过程并验收合格的代建工程，应将其实际开发成本自“开发成本——代建工程开发”的贷方，转入“开发成品—代建工程”的借方，在将代建工程移交委托单位，办妥工程价款结算手续后，借记“主营业务成本”科目，贷记“开发产品——代建工程”科目。将应向委托方收取的工程款，借记“银行存款”、“应收账款”等科目，贷记“主营业务收入”科目。

三、BT 项目成本的核算

BT 是英文 Build（建设）和 Transfer（移交）缩写形式，意即“建设——移交”，是政府利用非政府资金来进行非经营性基础设施建设项目的一种融资模式。BT 模式是 BOT 模式的一种变换形式，指一个项目的运作通过项目公司总承包，融资、建设验收合格后移交给政府，政府向投资方支付项目总投资加上合理回报的过程。目前采用 BT 模式筹集建设资金成了政府融资的一种新模式。

政府根据当地社会和经济发展需要对项目进行立项，完成项目建议书、可行性研究、取得土地使用权、完成筹划报批等前期工作，将项目融资和建设的特许权转让给投资方，政府与投资方签订 BT 投资合同。银行或其他金融机构根据项目未来的收益情况和对投资方的经济实力评价等为项目提供融资贷款。项目竣工后，按 BT 合同规定，投资方将完工验收合格的项目移交给政府，政府按约定总价（或计量总价加上合理回报）按比例分期偿还投资方的融资和建设费用。政府在 BT 投资全过程中行使监管权，保证 BT 投资项目的顺利融资、建设、移交。投资方是否具有与项目规模相适应的实力，是 BT 项目能否顺利建设和移交的关键。

实施 BT 模式的依据是，《中华人民共和国政府采购法》第二条“政府采购是指各级国家机关、事业单位和团体组织，使用财政性资金采购依法制定的集中采购目录以内的或者采购限额标准以上的货物、工程和服务的行为”。《建设部关于培育发展工程总承包和工程项目管理企业的指导意见》（建市［2003］30 号）第四章第七条“鼓励有投融资能力的工程总承包企业，对具备条件的工程项目，根据业主的要求按照建设—转让（BT）、建设—经营—转让（BOT）、建设—拥有—经营（BOO）、建设—拥有—经营—转让（BOOT）等方式组织实施”。

房地产公司承建的BT项目，在“开发成本——BT开发成本”科目核算，工程验收之后，转作“开发产品——BT开发产品”。

房地产开发企业在将BT项目移交政府主管部门时，借记“银行存款”、“应收账款”等科目，贷记“主营业务收入”科目；同时，结转成本，借记“主营业务成本”，贷记“开发产品——BT开发产品”。

但是，政府给予房地产企业的补偿，往往不是现金，一般会无偿划拨一块土地使用权，这种补偿的计算，可以按照土地的评估价值来确定，也可以按照《房地产开发经营业务企业所得税处理办法》（国税发［2009］31号）第七条视同销售确认收入（或利润）的方法和顺序来确定：

（1）按本企业近期或本年度最近月份同类开发产品市场销售价格确定。

（2）由主管税务机关参照当地同类开发产品市场公允价值确定。

（3）按开发产品的成本利润率确定。开发产品的成本利润率不得低于15%，具体比例由主管税务机关确定。

应当注意的是，有个别房地产开发企业在向政府移交BT项目时，由于政府没有支付款项，便不确认收入，不开发票，取得的土地使用权也无成本，这就会产生税收风险和经营风险。一方面承担了BT项目没有依法纳税，会产生涉税风险；另一方面，取得的土地无成本，以后进行房地产开发，会造成土地成本无法抵扣而多交税。正确的作法是，在签订BT项目合同时，明确价格，在工程移交时，房地产企业给政府开具发票，确认收入，依法纳税；政府给房地产企业开具土地出让金票据，房地产企业据以核算土地成本。

第五章

固定资产的会计核算

第一节　固定资产的确认和初始计量

一、固定资产的定义和确认条件

（一）固定资产的定义

固定资产，是指同时具有下列特征的有形资产：①为生产商品、提供劳务、出租或经营管理而持有的；②使用寿命超过一个会计年度。

从固定资产的定义看，固定资产具有以下三个特征：

1. 为生产商品、提供劳务、出租或经营管理而持有

企业持有固定资产的目的是为了生产商品、提供劳务、出租或经营管理，即企业持有的固定资产是企业的劳动工具或手段，而不是用于出售的产品。其中“出租”的固定资产，是指企业以经营租赁方式出租的机器设备类固定资产，不包括以经营租赁方式出租的建筑物，后者属于企业的投资性房地产，不属于固定资产。

2. 使用寿命超过一个会计年度

固定资产的使用寿命是指企业使用固定资产的预计期间，或者该固定资产所能生产产品或提供劳务的数量。通常情况下，固定资产的使用寿命是指使用固定资产的预计期间，比如自用房屋、建筑物的使用寿命表现为企业对该建筑物的预计使用年限。对于某些机器设备或运输设备等固定资产，其使用寿命表现为以该固定资产所能生产产品或提供劳务的数量，例如，汽车或飞机等，按其预计行驶或飞行里程估计使用寿命。

固定资产使用寿命超过一个会计年度，意味着固定资产属于非流动资产，随着使用和磨损，通过计提折旧方式逐渐减少账面价值。对固定资产计提折旧和减值准备，均属于固定资产后续计量。

3. 固定资产是有形资产

固定资产具有实物特征，这一特征将固定资产与无形资产区别开来。有些无形资产可能同时符合固定资产的其他特征，如无形资产为生产商品、提供劳务而持有，使用寿命超过一个会计年度，但是，由于其没有实物形态，所以，不属于固定资产。

（二）固定资产的确认条件

固定资产同时满足以下两个条件的，才能予以确认：

1. 与该固定资产有关的经济利益很可能流入企业

资产最重要的特征是预期会给企业带来经济利益。企业在确认固定资产时，需要判断与该项固定资产有关的经济利益是否很可能流入企业。如果与该项固定资产有关的经济利益很可能流入企业，并同时满足固定资产确认的其他条件，那么，企业应将其确认为固定资产；否则，不应将其确认为固定资产。

通常情况下，取得固定资产的所有权是判断与固定资产所有权相关的风险和报酬转移到企业的一个重要标志，而不是唯一标志。在有些情况下，某项固定资产的所有权虽然不属于企业，但是，企业能够控制与该项固定资产有关的经济利益流入企业，这就意味着与该固定资产所有权相关的风险和报酬实质上已转移到企业，在这种情况下，企业应将该项固定资产予以确认，如融资租入的固定资产。

固定资产的各组成部分，如果各自具有不同使用寿命或者以不同方式为企业提供经济利益，从而适用不同折旧率或折旧方法的，该各组成部分实际上是以独立的方式为企业提供经济利益，企业应当分别将各组成部分确认为单项固定资产。例如，房屋中的中央空调，如果其与房屋具有不同的使用寿命，适用不同折旧率或折旧方法，则企业应当将其确认为单项固定资产。

2. 该固定资产的成本能够可靠地计量

成本能够可靠地计量是资产确认的一项基本条件。企业在确定固定资产成本时必须取得确凿证据，但是，有时需要根据所获得的最新资料，对固定资产的成本进行合理的估计。比如，企业对于已达到预定可使用状态但尚未办理竣工决算的固定资产，需要根据工程预算、工程造价或者工程实际发生的成本等资料，按估计价值确定其成本，办理竣工决算后，再按照实际成本调整原来的暂估价值。

二、固定资产的初始计量

固定资产的初始计量是指确定固定资产的取得成本。固定资产应当按照成本进行初始计量，成本包括企业为购建某项固定资产达到预定可使用状态前所发生的一切合理的、必要的支出。

1. 外购固定资产的成本

企业外购固定资产的成本，包括购买价款、相关税费、使固定资产达到预定可使用状态前所发生的可归属于该项资产的运输费、装卸费、安装费和专业人员服务费等。

外购固定资产是否达到预定可使用状态，需要根据具体情况进行分析判断。企业购入的固定资产分为不需要安装的固定资产和需要安装的固定资产两种情形。前者的取得成本为企业实际支付的购买价款、包装费、运杂费、保险费、专业人员服务费和相关税费（不含可抵扣的增值税进项税额）等，其账务处理为：按应计入固定资产成本的金额，借记“固定资产”科目，贷记“银行存款”、“其他应付款”、“应付票据”

等科目；后者的取得成本是在前者取得成本的基础上，加上安装调试成本等，其账务处理为：按计入固定资产成本的金额，先计入“在建工程”科目，安装完毕交付使用时再转入“固定资产”科目。

在实务中，企业可能以一笔款项同时购入多项没有单独标价的资产。如果这些资产均符合固定资产的定义，并满足固定资产的确认条件，则应将各项资产单独确认为固定资产，并按各项固定资产公允价值的比例对总成本进行分配，分别确定各项固定资产的成本。如果以一笔款项购入的多项资产中还包括固定资产以外的其他资产，也应按类似的方法予以处理。

2. 自行建造固定资产

企业自行建造固定资产的成本，由建造该项资产达到预定可使用状态前所发生的必要支出构成，包括工程物资成本、人工成本、缴纳的相关税费、应予资本化的借款费用以及应分摊的间接费用等。

企业自行建造固定资产包括自营建造和出包建造两种方式。无论采用何种方式，所建工程都应当按照实际发生的支出确定其工程成本并单独核算。

（1）自营方式建造固定资产。企业以自营方式建造固定资产，其成本应当按照直接材料、直接人工、直接机械施工费等计量。

企业为建造固定资产准备的各种物资应当按照实际支付的买价、运输费、保险费等相关税费作为实际成本，并按照各种专项物资的种类进行明细核算。

建造固定资产领用工程物资、原材料或库存商品，按其实际成本转入所建工程成本。自营方式建造固定资产应负担的职工薪酬、辅助生产部门为之提供的水、电、运输等劳务，以及其他必要支出等也计入所建工程项目的成本。符合资本化条件，计入所建造固定资产成本的借款费用按照企业会计准则的有关规定计入固定资产成本。

所建造的固定资产已达到预定可使用状态，但尚未办理竣工结算的，应当自达到预定可使用状态之日起，根据工程预算造价或者工程实际成本等，按暂估价值转入固定资产，并按有关计提固定资产折旧的规定计提折旧，待办理竣工决算手续后再调整原来的暂估价值，不调整累计折旧。

企业自营方式建造固定资产，发生的工程成本应通过“在建工程”科目核算，工程完工达到预定可使用状态时，从“在建工程”科目转入“固定资产”科目。

（2）出包方式建造固定资产。企业以出包方式建造固定资产，其成本由建造该项固定资产达到预定可使用状态前所发生的必要支出构成，包括发生的建筑工程支出、安装工程支出以及需分摊计入各固定资产价值的待摊支出。建筑工程、安装工程支出，如人工费、材料费、机械使用费等，由建造承包商核算。对于发包企业而言，建筑工程支出、安装工程支出是构成在建工程成本的重要内容，发包企业按照合同规定的结算方式和工程进度定期与建造承包商办理工程价款结算，结算的工程价款计入在建工程成本。待摊支出是指在建设期间发生的，不能直接计入某项固定资产价值，而应由所建造固定资产共同负担的相关费用，包括为建造工程发生的管理费、可行性研究费、临时设施费、公证费、监理费、应负担的税费、符合资本化条件的借款费用、建设期间发生的工程物资盘亏、报废及毁损净损失以及负荷联合试车费等。企业为建造固定资产通过出让方式取得土地使用权而支付的土地出让金不计入在建工程成本，应确认为无形资产（土地使用权）。

在出包方式下，“在建工程”科目主要是企业与建造承包商办理工程价款的结算科目，企业支付给建造承包商的工程价款，作为工程成本通过“在建工程”科目核算。企业按合理估计的工程进度和合同规定结算的进度款，借记“在建工程——建筑工程——××工程”、“在建工程——安装工程——××工程”科目，贷记“银行存款”、“预付账款”等科目。工程完成时，按合同规定补付的工程款，借记“在建工程”科目，贷记“银行存款”等科目。企业将需安装设备运抵现场安装时，借记“在建工程——安装设备——××设备”科目，贷记“工程物资——××设备”科目；企业为建造固定资产发生的待摊支出，借记“在建工程——待摊支出”科目，贷记“银行存款”、“应付职工薪酬”、“长期借款”等科目。

在建工程达到预定可使用状态时，首先计算分配待摊支出，待摊支出的分配率可按下列公式计算：

$$待摊支出分配率 = \frac{累计发生的待摊支出}{建筑工程支出 + 安装工程支出 + 在安装设备支出}$$

某项工程应付分配的待摊支出 =（××工程的建筑工程支出 + 安装工程支出 + 在建工程支出）×待摊支出分配率

其次，计算确定已完工的固定资产成本：

房屋、建筑物等固定资产成本 = 建筑工程支出 + 应分摊的待摊支出

需要安装设备的成本 = 设备成本 + 为设备安装发生的基础、支座等建筑工程支出 + 安装工程支出 + 应分摊的待摊支出

最后，进行相应的账务处理，借记“固定资产”科目，贷记“在建工程——建筑工程”、“在建工程——安装工程——××工程”、“在建工程——待摊支出”等科目。

3. 其他方式取得的固定资产

（1）投资者投入固定资产的成本。投资者投入固定资产的成本，应当按照投资合同或协议约定的价值确定，但合同或协议约定价值不公允的除外。在投资合同或协议约定价值不公允的情况下，按照该项固定资产的公允价值作入账价值。

（2）通过非货币性资产交换、债务重组、企业合并等方式取得的固定资产的成本。企业通过非货币性资产交换、债务重组、企业合并等方式取得的固定资产，其成本应当分别按照有关《企业会计准则》的规定确定。但是，其后续计量和披露应当执行固定资产准则的规定。

（3）盘盈固定资产的成本。盘盈的固定资产，作为前期差错处理，在按管理权限报经批准处理前，应先通过“以前年度损益调整”科目核算。

第二节　固定资产的后续计量

一、固定资产折旧

（一）固定资产折旧的定义

折旧是指在固定资产的使用寿命内，按照确定的方法对应计折旧额进行的系统分摊。应计折旧额，是指应当计提折旧的固定资产的原价扣除其预计净残值后的金额。如果已对固定资产计提减值准备，还应当扣除已计提的固定资产减值准备累计金额。

（二）影响固定资产折旧的因素

影响固定资产折旧的因素主要有以下几个方面：

（1）固定资产原价，指固定资产的成本。

（2）预计净残值，指假定固定资产预计使用寿命已满并处于使用寿命终了时的预期状态，企业目前从该项资产处置中获得的扣除预计处置费用后的金额。

（3）固定资产减值准备，指固定资产已计提的固定资产减值准备累计金额。固定资产计提减值准备后，应当在剩余使用寿命内根据调整后的固定资产账面价值（固定资产账面余额扣减累计折旧和累计减值准备后的金额）和预计净残值重新计算确定折旧率和折旧额。

（4）固定资产的使用寿命，指企业使用固定资产的预计期间，或者该固定资产所能生产产品或提供劳务的数量。企业确定固定资产使用寿命时，应当考虑下列因素：

1）该项资产预计生产能力或实物产量。

2）该项资产预计有形损耗，指固定资产在使用过程中，由于正常使用和自然力的作用而引起的使用价值和价值的损失，如设备使用中发生磨损、房屋建筑物受到自然侵蚀等。

3）该项资产预计无形损耗，指由于科学技术的进步和劳动生产率的提高而带来的固定资产价值上的损失，如因新技术的出现而使现有的资产技术水平相对陈旧、市场需求变化使其所生产的产品过时等。

4）法律或者类似规定对该项资产使用的限制。某些固定资产的使用寿命可能受法律或类似规定的约束。如对于融资租赁的固定资产，根据《企业会计准则第21号——租赁》规定，能够合理确定租赁期届满时将会取得租赁资产所有权的，应当在租赁资产使用寿命内计提折旧；如果无法合理确定租赁期届满时能够取得租赁资产所有权的，应当在租赁期与租赁资产使用寿命两者中较短的期间内计提折旧。

（三）固定资产折旧范围

企业应当对所有的固定资产计提折旧，但是，已提足折旧仍继续使用的固定资产和单独计价入账的土地除外。在确定计提折旧的范围时还应注意以下几点：

（1）固定资产应当按月计提折旧，并根据用途计入相关资产的成本或者当期损益。固定资产应自达到预定可使用状态时开始计提折旧，终止确认时或划分为持有待售非流动资产时停止计提折旧。为了简化核算，当月增加的固定资产，当月不计提折旧，从下月起计提折旧；当月减少的固定资产，当月仍计提折旧，从下月起不计提折旧。

（2）固定资产提足折旧后，不论能否继续使用，均不再计提折旧，提前报废的固定资产也不再补提折旧。所谓提足折旧是指已经提足该项固定资产的应计折旧额。

（3）已达到预定可使用状态但尚未办理竣工决算的固定资产，应当按照估计价值确定其成本，并计提折旧；待办理竣工决算后再按实际成本调整原来的暂估价值，但不需要调整原已计提的折旧额。

（四）固定资产折旧方法

企业应当根据与固定资产有关的经济利益的预期实现方式，合理选择折旧方法。可选用的折旧方法包括年限平均法、工作量法、双倍余额递减法和年数总和法等。固定资产的折旧方法一经确定，不得随意变更。

1. 年限平均法

年限平均法又称直线法，是指将固定资产的应计折旧额均衡地分摊到固定资产预计使用寿命内的一种方法。采用这种方法计算的每期折旧额均相等。计算公式如下：

$$年折旧率 = \frac{1 - 预计净残值率}{预计使用寿命} \times 100\%$$

$$月折旧率 = 年折旧率 \div 12$$

$$月折旧额 = 固定资产原价 \times 月折旧率$$

2. 工作量法

工作量法是根据实际工作量计算每期应提折旧额的一种方法。计算公式如下：

单位工作量折旧额 = 固定资产原价 ×（1 − 预计净残值率）/预计总工作量

某项固定资产月折旧额 = 该项固定资产当月工作量 × 单位工作量折旧额

3. 双倍余额递减法

双倍余额递减法是指在不考虑固定资产预计净残值的情况下，根据每期期初固定资产原价减去累计折旧后的金额（固定资产净值）和双倍的直线法折旧率计算固定资产折旧的一种方法。计算公式如下：

$$年折旧率 = 2 \div 预计使用寿命（年）\times 100\%$$

$$月折旧率 = 年折旧率 \div 12$$

$$月折旧额 = 固定资产净值 \times 月折旧率$$

由于每年年初固定资产净值没有扣除预计净残值，因此，在应用这种方法计算折旧额时必须注意不能使固定资产的净值降低到其预计净残值以下，即采用双倍余额递减法计提折旧的固定资产，通常在其折旧年限到期前两年内，将固定资产净值扣除预计净残值后的余额平均摊销。

［例5-1］　甲公司某项设备原价为120万元，预计使用寿命为5年，预计净残值

率为1%。假设甲公司没有对该机器设备计提减值准备。甲公司按双倍余额递减法计提折旧，每年折旧额计算如下：

年折旧率 =2/5 ×100% =40%

第一年应提的折旧额 =120 ×40% =48（万元）

第二年应提的折旧额 =（120 -48）×40% =28.8（万元）

第三年应提的折旧额 =（120 -48 -28.8）×40% =17.28（万元）

从第四年起改按年限平均法（直线法）计提折旧：

第四、第五年应提折旧额 =（120 -48 -28.8 -17.28 -120 ×1%）÷2 =12.36（万元）

4. 年数总和法

年数总和法又称年限合计法，是将固定资产的原价减去预计净残值的余额乘以一个以固定资产尚可使用寿命为分子、以预计使用寿命逐年数字之和为分母的逐年递减的分数计算每年的折旧额。计算公式如下：

年折旧率 = 尚可使用寿命/预计使用寿命的年数总和 ×100%

月折旧率 = 年折旧率 ÷12

月折旧额 =（固定资产原价 - 预计净残值）× 月折旧率

[例5-2]　沿用［例5-1］的资料，采用年数总和法计算的各年折旧额如表5-1所示。

表5-1　年折旧额的计算

（金额单位：元）

年　份	尚可使用寿命	原价 - 预计净残值	年折旧率	每年折旧额	累计折旧
第1年	5	1 188 000	5/15	396 000	396 000
第2年	4	1 188 000	4/15	316 800	712 800
第3年	3	1 188 000	3/15	237 600	950 400
第4年	2	1 188 000	2/15	158 400	1 108 800
第5年	1	1 188 000	1/15	79 200	1 188 000

双倍余额递减法和年数总和法都属于加速折旧法，其特点是在固定资产使用的早期多提折旧，后期少提折旧，其递减的速度逐年加快，从而相对加快折旧的速度，目的是使固定资产成本在估计使用寿命内加快得到补偿。

（五）固定资产折旧的会计处理

固定资产应当按月计提折旧，计提的折旧应通过“累计折旧”科目核算，并根据用途计入相关资产的成本或者当期损益。

（1）项目管理部门所使用的固定资产，其折旧应计入开发间接费。

（2）管理部门所使用的固定资产，其计提的折旧应计入管理费用。

（3）销售部门所使用的固定资产，其计提的折旧应计入销售费用。

（4）自行建造固定资产过程中使用的固定资产，其计提的折旧应计入在建工程成本。

（5）经营租出的固定资产，其计提的折旧额应计入其他业务成本。

（6）未使用的固定资产，其计提的折旧应计入管理费用。

［例5-3］　甲房地产公司2011年1月固定资产计提折旧情况如下：

A项目管理部所用房产计提折旧7.6万元，机器设备计提折旧9万元。

公司管理部门房屋建筑物计提折旧13万元，运输工具计提折旧4.8元。

销售部门房屋建筑物计提折旧6.4万元，运输工具计提折旧5.26万元。

此外，本月A项目管理部新购置一台设备，原价为122万元，预计使用寿命10年，预计净残值1%，按年限平均法计提折旧。

［案例分析］

本例中，新购置的设备本月不提折旧，应从2011年2月开始计提折旧。甲公司2011年1月计提折旧的账务处理如下：

借：开发间接费——A项目部	166 000	
管理费用	178 000	
销售费用	116 600	
贷：累计折旧		460 600

（六）固定资产使用寿命、预计净残值和折旧方法的复核

由于固定资产的使用寿命长于一年，属于企业的非流动资产，企业至少应当于每年年度终了，对固定资产的使用寿命、预计净残值和折旧方法进行复核。

在固定资产使用过程中，其所处的经济环境、技术环境以及其他环境有可能对固定资产使用寿命和预计净残值产生较大影响。例如，固定资产使用强度比正常情况大大加强，致使固定资产实际使用寿命大大缩短；替代该项固定资产的新产品的出现致使其实际使用寿命缩短，预计净残值减少等。为真实反映固定资产为企业提供经济利益的期间及每期实际的资产消耗，企业至少应当于每年年度终了，对固定资产使用寿命和预计净残值进行复核。如有确凿证据表明，固定资产使用寿命预计数与原先估计数有差异，应当调整固定资产使用寿命；如果固定资产净残值预计数与原先估计数有差异，应当调整预计净残值。

固定资产使用过程中所处经济环境、技术环境以及其他环境的变化也可能致使与固定资产有关的经济利益的预期实现方式发生重大改变。如果固定资产给企业带来经济利益的方式发生重大变化，企业需相应改变固定资产折旧方法。例如，某企业以前年度采用年限平均法计提固定资产折旧，在此次年度复核中发现，与该固定资产相关的技术发生很大变化，年限平均法已很难反映该项固定资产给企业带来经济利益的方式，因此，决定变年限平均法为加速折旧法。

企业应当根据《企业会计准则第4号——固定资产》的规定，结合企业的实际情况，制定《固定资产管理办法》，内容包括固定资产目录、分类方法、每类或每项固定资产的使用寿命、预计净残值、折旧方法等，并编制成册，根据企业的管理权限，经

股东大会或董事会，或经理（厂长）会议或类似机构批准，按照法律、行政法规等的规定报送有关各方备案，同时备置于企业所在地，以供投资者等有关各方查阅。企业已经确定并对外报送，或备置于企业所在地的《固定资产管理办法》，一经确定不得随意变更，如需变更，仍然应按照上述程序，经批准后报送有关各方备案。

固定资产使用寿命、预计净残值和折旧方法的改变应作为会计估计变更，按照《企业会计准则第28号——会计政策、会计估计变更和差错更正》处理。

二、固定资产的后续支出

固定资产的后续支出，是指固定资产使用过程中发生的更新改造支出、修理费用等。

后续支出的处理原则为：符合固定资产确认条件的，应当计入固定资产成本，同时将被替换部分的账面价值扣除；不符合固定资产确认条件的，应当计入当期损益。

（一）资本化的后续支出

固定资产发生的可资本化的后续支出，通过“在建工程”科目核算。

固定资产发生可资本化的后续支出时，企业一般应将该固定资产的原价、已计提的累计折旧和减值准备转销，将固定资产的账面价值转入在建工程，并在此基础上重新确定固定资产原价。因已转入在建工程，因此停止计提折旧。在固定资产发生的后续支出完工并达到预定可使用状态时，再从在建工程转为固定资产，并按重新确定的固定资产原价、使用寿命、预计净残值和折旧方法计提折旧。

[例5-4]　甲房地产公司固定资产更新改造的资料如下：

(1) 2002年12月30日，该公司自行建成了一栋写字楼，建造成本为1 400 000元；采用年限平均法计提折旧；预计净残值率为5%，预计使用寿命为20年。

(2) 2008年1月1日，由于经营规模扩大，甲公司决定对现有写字楼进行改扩建，加固基础，增加建筑面积，扩大企业规模，假设该写字楼未发生减值。

(3) 2008年1月1日~6月30日，经过6个月的改扩建，完成了对写字楼的改扩建工程，达到预定可使用状态，共发生支出400 000元，全部以银行存款支付。

(4) 在改扩建过程中，对基础进行加固，该写字楼预计使用寿命将延长2年，即为22年。假定改扩建后的写字楼的预计净残值率为改扩建后固定资产账面价值的1%；折旧方法仍为年限平均法。

(5) 为简化计算过程，整个过程不考虑其他相关税费；公司按年度计提固定资产折旧。

[案例分析]

能够为企业带来更多的经济利益，改扩建的支出金额也能可靠计量，因此该后续支出符合固定资产的确认条件，应计入固定资产的成本。有关的账务处理如下：

(1) 改扩建前写字楼折旧情况：

年折旧额＝1 400 000×（1－5%）÷20＝66 500（元）

2003～2007年计提折旧的账务处理：

借：管理费用 66 500

贷：累计折旧 66 500

5年累计折旧额＝66 500×5＝332 500（元）

写字楼账面余额＝1 400 000－332 500＝1 067 500（元）

（2）2008年1月1日，写字楼转入改扩建：

借：在建工程——写字楼 1 067 500

累计折旧 332 500

贷：固定资产——写字楼 1 400 000

（3）2008年1月1日～6月30日，发生改扩建工程支出：

借：在建工程——写字楼 400 000

贷：银行存款 400 000

（4）2008年6月30日，写字楼改扩建达到预定可使用状态，固定资产的入账价值＝1 067 500＋400 000＝1 467 500（元）

借：固定资产——写字楼 1 467 500

贷：在建工程——写字楼 1 467 500

（5）2008年6月30日，转为固定资产后，按重新确定的使用寿命、预计净残值和折旧方法计提折旧：

应计折旧额＝1 467 500×（1－1%）＝1 452 825（元）

月折旧额＝1 452 825÷（16×12＋6）＝7 337.50（元）

年折旧额＝7 337.50×12＝88 050（元）

2008年应计提的折旧额＝7 337.50×6＝44 025（元）

账务处理：

借：管理费用 44 025

贷：累计折旧 44 025

企业发生的某些固定资产后续支出可能涉及替换原固定资产的某组成部分，当发生的后续支出符合固定资产确认条件时，应将其计入固定资产成本，同时将被替换部分的账面价值扣除。这样可以避免将替换部分的成本和被替换部分的成本同时计入固定资产成本，导致固定资产成本高计。

企业对固定资产进行定期检查发生的大修理费用，符合资本化条件的，可以计入固定资产成本，不符合资本化条件的，应当费用化，计入当期损益。固定资产在定期大修理间隔期间，照提折旧。

（二）费用化的后续支出

与固定资产有关的修理费用等后续支出，不符合固定资产确认条件的，应当根据不同情况分别在发生时计入当期管理费用或销售费用。

一般情况下，固定资产投入使用之后，由于固定资产磨损、各组成部分耐用程度不同，导致固定资产的局部损坏，为了维护固定资产的正常运转和使用，充分发挥其使用效能，企业将对固定资产进行必要的维护。固定资产的日常修理费用在发生时应直接计入当期损益。房地产企业项目管理部门和行政管理部门等发生的固定资产修理费用等后续支出计入管理费用；企业专设销售机构的，其发生的与专设销售机构相关的固定资产修理费用等后续支出，计入销售费用。企业固定资产更新改造支出不满足固定资产确认条件的，在发生时应直接计入当期损益。

第三节　固定资产的处置

一、固定资产终止确认的条件

固定资产满足下列条件之一的，应当予以终止确认：

（一）该固定资产处于处置状态

固定资产处置包括固定资产的出售、转让、报废或毁损、对外投资、非货币性资产交换、债务重组等。处于处置状态的固定资产不再用于生产商品、提供劳务、出租或经营管理，因此不再符合固定资产的定义，应予终止确认。

（二）该固定资产预期通过使用或处置不能产生经济利益

固定资产的确认条件之一是“与该固定资产有关的经济利益很可能流入企业”，如果一项固定资产预期通过使用或处置不能产生经济利益，那么，它就不再符合固定资产的定义和确认条件，应予终止确认。

二、固定资产处置的账务处理

企业出售、转让、报废固定资产或发生固定资产毁损，应当将处置收入扣除账面价值和相关税费后的金额计入当期损益。固定资产处置一般通过“固定资产清理”科目进行核算。

企业因出售、转让、报废或毁损、对外投资、非货币性资产交换、债务重组等处置固定资产，其会计处理一般经过以下几个步骤：

第一，固定资产转入清理。固定资产转入清理时，按固定资产账面价值，借记“固定资产清理”科目，按已计提的累计折旧，借记“累计折旧”科目，按已计提的减值准备，借记“固定资产减值准备”科目，按固定资产账面余额，贷记“固定资产”科目。

第二，发生的清理费用。固定资产清理过程中发生的有关费用以及应支付的相关税费，借记“固定资产清理”科目，贷记“银行存款”、“应交税费”等科目。

第三，出售收入和残料等的处理。企业收回出售固定资产的价款、残料价值和变价收入等，应冲减清理支出。按实际收到的出售价款以及残料变价收入等，借记“银行存款”、“原材料”等科目，贷记“固定资产清理”、“应交税费——应交增值税”等科目。

第四，保险赔偿的处理。企业计算或收到的应由保险公司或过失人赔偿的损失，应冲减清理支出，借记“其他应收款”、“银行存款”等科目，贷记“固定资产清理”科目。

第五，清理净损益的处理。固定资产清理完成后的净损失，属于生产经营期间正常的处理损失，借记“营业外支出——处置非流动资产损失”科目，贷记“固定资产清理”科目；属于生产经营期间由于自然灾害等非正常原因造成的，借记“营业外支出——非常损失”科目，贷记“固定资产清理”科目。固定资产清理完成后的净收益，借记“固定资产清理”科目，贷记“营业外收入”科目。

三、持有待售的固定资产

同时满足下列条件的非流动资产（包括固定资产）应当划分为持有待售：一是企业已经就处置该非流动资产作出决议；二是企业已经与受让方签订了不可撤销的转让协议；三是该项转让将在一年内完成。持有待售的非流动资产包括单项资产和处置组，处置组是指作为整体出售或其他方式一并处置的一组资产。处置组通常是一组资产组、一个资产组或某个资产组中的一部分，如果处置组是一个资产组，并且按照《企业会计准则第8号——资产减值》的规定将企业合并中取得的商誉分摊至该资产组，或者该资产组是这种资产组中的一项经营，则该处置组应当包括企业合并中取得的商誉。

企业对于持有待售的固定资产，应当调整该项固定资产的预计净残值，使该项固定资产的预计净残值能够反映其公允价值减去处置费用后的金额，但不得超过符合持有待售条件时该项固定资产的原账面价值，原账面价值高于预计净残值的差额，应作为资产减值损失计入当期损益。企业应当在报表附注中披露持有待售的固定资产名称、账面价值、公允价值、预计处置费用和预计处置时间等。持有待售的固定资产不计提折旧，按照账面价值与公允价值减去处置费用后的净额孰低进行计量。

某项资产或处置组被划归为持有待售，但后来不再满足持有待售的固定资产的确认条件，企业应当停止将其划归为持有待售，并按照下列两项金额中较低者计量：

（1）该资产或处置组被划归为持有待售之前的账面价值，按照其假定在没有被划归为持有待售的情况下原确认的折旧、摊销或减值进行调整后的金额。

（2）决定不再出售之日的可收回金额。

符合持有待售条件的无形资产等其他非流动资产，比照上述原则处理。这里所指的其他非流动资产不包括递延所得税资产、《企业会计准则第22号——金融工具确认和计量》规范的金融资产、以公允价值计量的投资性房地产和生物资产、保险合同中产生的合同权利等。

四、固定资产盘亏的会计处理

固定资产是一种价值较高、使用期限较长的有形资产，因此，对于管理规范的企业而言，盘盈、盘亏的固定资产较为少见。企业应当健全制度，加强管理，定期或者至少于每年年末对固定资产进行清查盘点，以保证固定资产核算的真实性和完整性。如果清查中发现固定资产损益的情况应及时查明原因，在期末结账前处理完毕。

固定资产盘亏造成的损失，应当计入当期损益。企业在财产清查中盘亏的固定资产，按盘亏固定资产的账面价值借记“待处理财产损溢——待处理固定资产损溢”科目，按已计提的累计折旧，借记“累计折旧”科目，按已计提的减值准备，借记“固定资产减值准备”科目，按固定资产原价，贷记“固定资产”科目。按管理权限报经批准后处理时，按可收回的保险赔偿或过失人赔偿，借记“其他应收款”科目，按应计入营业外支出的金额，借记“营业外支出——盘亏损失”科目，贷记“待处理财产损溢——待处理固定资产损溢”科目。

[例5-5]　甲房地产公司2010年年末对固定资产进行盘点时，发现丢失一台混凝土搅拌机。该设备原价80 000元，已计提折旧20 000元，并已计提减值准备10 000元。经查，混凝土搅拌机丢失的原因在于保管员管理不善。经批准，由保管员赔偿5 000元。有关账务处理如下：

(1) 发现混凝土搅拌机丢失时：

借：待处理财产损溢——待处理固定资产损溢	50 000	
累计折旧	20 000	
固定资产减值准备	10 000	
贷：固定资产——混凝土搅拌机		80 000

(2) 报经批准后：

借：其他应收款——××	5 000	
营业外支出——盘亏损失	45 000	
贷：待处理财产损溢——待处理固定资产损溢		50 000

第六章

投资性房地产的会计核算

第一节 投资性房地产的特征与范围

一、投资性房地产的定义及特征

房地产是土地和房屋及其权属的总称。在我国，土地归国家或集体所有，企业只能取得土地使用权。因此，房地产中的土地是指土地使用权。房屋是指土地上的房屋等建筑物及构筑物。随着我国社会主义市场经济的发展和完善，房地产市场日益活跃，房地产企业持有的房地产，除了用作自身管理、生产经营活动场所和对外销售之外，出现了将房地产用于赚取租金或增值收益的活动，甚至作为个别房地产企业的主营业务，即所谓的商业地产。就某些房地产企业而言，投资性房地产属于日常经常性活动，形成的租金收入或转让增值收益确认为企业的主营业务收入，但对于大部分企业而言，是与经营性活动相关的其他经营活动，形成的租金收入或转让增值收益构成企业的其他业务收入。投资性房地产的确认、计量和披露适用《企业会计准则第 3 号——投资性房地产》（以下简称投资性房地产准则）的规定，房地产租金收入的确认、计量和披露适用《企业会计准则第 21 号——租赁》的规定。

投资性房地产，是指为赚取租金或资本增值，或者两者兼有而持有的房地产。投资性房地产主要有以下特征：

（一）投资性房地产是一种经营性活动

投资性房地产的主要形式是出租建筑物、出租土地使用权，这实质上属于一种让渡资产使用权行为。房地产租金就是让渡资产使用权取得的使用费收入，是企业为完成其经营目标所从事的经营性活动以及与之相关的其他活动形成的经济利益总流入。投资性房地产的另一种形式是持有并准备增值后转让的土地使用权，尽管其增值收益通常与市场供求、经济发展等因素相关，但目的是为了增值后转让以赚取增值收益，也是企业为完成其经营目标所从事的经营性活动以及与之相关的其他活动形成的经济利益总流入。

根据税法的规定，房地产出租、国有土地使用权增值后转让均属于一种经营活动，其取得的房地产租金收入或国有土地使用权转让收益应当缴纳营业税等。在我国会计实务中，持有并准备增值后转让的土地使用权很少。

（二）投资性房地产在用途、状态、目的等方面区别于作为生产经营场所的房地产和用于销售的房地产

房地产企业持有的房地产除了用作生产经营活动场所和对外销售之外，出现了将房地产用于赚取租金或增值收益的活动，甚至是个别企业的主营业务。这就需要将投资性房地产单独作为一项资产核算和反映，与自用的厂房、办公楼等房地产和作为存货（已竣工商品房）的房地产加以区别，从而更加清晰地反映企业所持有房地产的构成情况和盈利能力。企业在首次执行投资性房地产准则时，应当根据投资性房地产的定义对企业资产进行重新分类，凡是符合投资性房地产定义和确认条件的建筑物和土地使用权，应当归为投资性房地产。

（三）投资性房地产有两种后续计量模式

企业通常采用成本模式对投资性房地产进行后续计量，只有在满足特定条件的情况下，即有确凿证据表明其所有投资性房地产的公允价值能够持续可靠取得的，才可以采用公允价值模式进行后续计量。也就是说，投资性房地产准则适当引入公允价值模式，在满足特定条件的情况下，可以对投资性房地产采用公允价值模式进行后续计量。但是，同一企业只能采用一种模式对所有投资性房地产进行后续计量，不得同时采用两种计量模式进行后续计量。

二、投资性房地产的范围

投资性房地产的范围包括已出租的土地使用权、持有并准备增值后转让的土地使用权、已出租的建筑物。

（一）已出租的土地使用权

已出租的土地使用权，是指房地产企业通过出让或转让方式取得的、以经营租赁方式出租的土地使用权。企业取得的土地使用权通常包括在一级市场上以缴纳土地出让金的方式取得土地使用权，也包括在二级市场上接受其他单位转让的土地使用权。例如，甲公司与乙公司签署了土地使用权租赁协议，甲公司以年租金 720 万元租赁使用乙公司拥有的 40 万平方米土地的使用权。那么，自租赁协议约定的租赁期开始日起，这项土地使用权属于乙公司的投资性房地产。

对于以经营租赁方式租入土地使用权再转租给其他单位的，不能确认为投资性房地产。

（二）持有并准备增值后转让的土地使用权

持有并准备增值后转让的土地使用权，是指企业取得的、准备增值后转让的土地使用权。这类土地使用权很可能给企业带来资本增值收益，符合投资性房地产的定义。例如，企业发生转产或厂址搬迁，部分土地使用权停止自用，企业管理当局（董事会或类似机构）作出书面决议明确继续持有这部分土地使用权，待其增值后转让以赚取增值收益。

房地产企业取得土地使用权后，应当按照国有土地有偿使用合同或建设用地批准书规定的期限动工开发建设。根据2012年6月1日国土资源部令第53号颁布的《闲置土地处理办法》的规定，土地使用者依法取得土地使用权后，未经批准用地的人民政府同意，超过规定的期限未动工开发建设的建设用地属于闲置土地。具有下列条件之一的可以认定为闲置土地：

（1）国有建设用地使用权人超过国有建设用地使用权有偿使用合同或者划拨决定书约定、规定的动工开发日期满一年未动工开发的国有建设用地。

（2）已动工开发但开发建设用地面积占应动工开发建设用地总面积不足三分之一或者已投资额占总投资额不足百分之二十五，中止开发建设满一年的国有建设用地，也可以认定为闲置土地。

（3）属于政府、政府有关部门的行为造成动工开发延迟的，市、县国土资源主管部门应当与国有建设用地使用权人协商，签订补充协议，重新约定动工开发、竣工期限和违约责任。从补充协议约定的动工开发日期起，延长动工开发期限最长不得超过一年。

按照上述规定认定的闲置土地，不属于持有并准备增值后转让的土地使用权，不属于投资性房地产。

（三）已出租的建筑物

已出租的建筑物是指企业拥有产权的、以经营租赁方式出租的建筑物，包括自行建造或开发活动完成后用于出租的建筑物。企业在判断和确认已出租的建筑物时，应当把握以下要点：

（1）用于出租的建筑物是指企业拥有产权的建筑物。企业以经营租赁方式租入再转租的建筑物不属于投资性房地产。例如，甲企业与乙房地产公司签订了一项经营租赁合同，乙房地产公司将其持有产权的一栋办公楼出租给甲企业，为期5年。甲企业一开始将该办公楼改装后用于自行经营餐馆。两年后，由于连续亏损，甲企业将餐馆转租给丙公司，以赚取租金差价。这种情况下，对于甲企业而言，该栋楼不属于投资性房地产。对于乙房地产公司而言，则属于其投资性房地产。

（2）已出租的建筑物是企业已经与其他方签订了租赁协议，约定以经营租赁方式出租的建筑物。一般应自租赁协议规定的租赁期开始日起，经营租出的建筑物才属于已出租的建筑物。通常情况下，对企业持有以备经营出租的空置建筑物，如董事会或类似机构作出书面决议，明确表明将其用于经营出租且持有意图短期内不再发生变化的，即使尚未签订租赁协议，也应视为投资性房地产。这里的空置建筑物，是指企业新购入、自行建造或开发完工但尚未使用的建筑物，以及不再用于日常生产经营活动且经整理后达到可经营出租状态的建筑物。例如，甲企业在当地房地产交易中心通过竞拍取得一块土地的使用权。甲企业按照合同规定对这块土地进行了开发，并在这块土地上建造了一栋商场，拟用于整体出租，但尚未开发完工。本例中，该尚未开发完工的商场不属于“空置建筑物”；不属于投资性房地产。

（3）企业将建筑物出租，按租赁协议向承租人提供的相关辅助服务在整个协议中不重大的，应当将该建筑物确认为投资性房地产。例如，企业将写字楼出租，同时向承租人提供维护、保安等日常辅助服务，企业应当将其确认为投资性房地产。再如，甲房地产公司新建了一栋写字楼，共十二层。其中一层经营出租给某家大型超市，二～五层经营出租给乙公司，六～十二层经营出租给丙公司。甲房地产公司同时为该写字楼提供保安、维修等物业管理服务。本例中，甲房地产公司将写字楼出租，同时提供的物业服务不重大。对于甲房地产公司而言，这栋写字楼属于甲房地产公司的投资性房地产。

此外，下列项目不属于投资性房地产：

（1）自用房地产。自用房地产是指为生产商品、提供劳务或者经营管理而持有的房地产。如企业生产经营用的厂房和办公楼属于固定资产；企业生产经营用的土地使用权属于无形资产。自用房地产的特征在于服务于企业自身的生产经营活动，其价值将随着房地产的使用而逐渐转移到企业的产品或服务中去，通过销售商品或提供服务为企业带来经济利益，在产生现金流量的过程中与企业持有的其他资产密切相关。例如，企业出租给本企业职工居住的宿舍，虽然也收取租金，但间接为企业自身的生产经营服务，因此具有自用房地产的性质。又如，企业拥有并自行经营的旅馆饭店。旅馆饭店的经营者在向顾客提供住宿服务的同时，还提供餐饮、娱乐等其他服务，其经营目的主要是通过向客户提供服务取得服务收入，因此，企业自行经营的旅馆饭店是企业的经营场所，应当属于自用房地产。

（2）作为存货的房地产。作为存货的房地产通常是指房地产开发企业在正常经营过程中销售的或为销售而正在开发的商品房和土地。这部分房地产属于房地产开发企业的存货，其生产、销售构成企业的主营业务活动，产生的现金流量也与企业的其他资产密切相关。因此，具有存货性质的房地产不属于投资性房地产。

从事房地产经营开发的企业依法取得的、用于开发后出售的土地使用权，属于房地产开发企业的存货，即使房地产开发企业决定待增值后再转让其开发的土地，也不得将其确认为投资性房地产。

在实务中，存在某项房地产部分自用或作为存货出售、部分用于赚取租金或资本增值的情形。如某项投资性房地产不同用途的部分能够单独计量和出售的，应当分别确认为固定资产、无形资产、存货和投资性房地产。例如，甲房地产开发公司建造了一栋商住两用楼盘，一层出租给一家大型超市，已签订经营租赁合同；其余楼层均为普通住宅，正在公开销售中。这种情况下，如果一层商铺能够单独计量和出售，应当确认为甲企业的投资性房地产，其余楼层为甲企业的存货，即开发产品。

第二节 投资性房地产的确认和初始计量

一、投资性房地产的确认和初始计量

投资性房地产只有在符合定义的前提下，同时满足下列条件的，才能予以确认：

（1）与该投资性房地产有关的经济利益很可能流入企业。

（2）该投资性房地产的成本能够可靠地计量。

对已出租的土地使用权、已出租的建筑物，其作为投资性房地产的确认时点一般为租赁期开始日，即土地使用权、建筑物进入出租状态、开始赚取租金的日期。但对企业持有以备经营出租的空置建筑物，董事会或类似机构作出书面决议，明确表明将其用于经营出租且持有意图，短期内不再发生变化的，即使尚未签订租赁协议，也应视为投资性房地产。这里的“空置建筑物”是指企业新购入、自行建造或开发完工但尚未使用的建筑物，以及不再用于日常生产经营活动且经整理后达到可经营出租状态的建筑物。对持有并准备增值后转让的土地使用权，其作为投资性房地产的确认时点为企业将自用土地使用权停止自用，准备增值后转让的日期。投资性房地产应当按照成本进行初始计量。

（一）外购投资性房地产的确认和初始计量

在采用成本模式计量下，外购的土地使用权和建筑物，按照取得时的实际成本进行初始计量，借记“投资性房地产”科目，贷记“银行存款”等科目。取得时的实际成本包括购买价款、相关税费和可直接归属于该资产的其他支出。企业购入的房地产，部分用于出租（或资本增值）、部分自用，用于出租（或资本增值）的部分应当予以单独确认的，应按照不同部分的公允价值占公允价值总额的比例将成本在不同部分之间进行分配。

在采用公允价值模式计量下，外购的投资性房地产应当按照取得时的实际成本进行初始计量，其实际成本的确定与采用成本模式计量的投资性房地产一致。企业应当在“投资性房地产”科目下设置“成本”和“公允价值变动”两个明细科目，按照外购的土地使用权和建筑物发生的实际成本，计入“投资性房地产——成本”科目。

（二）自行建造投资性房地产的确认和初始计量

自行建造投资性房地产，其成本由建造该项资产达到预定可使用状态前发生的必要支出构成，包括土地开发费、建筑成本、安装成本、应予以资本化的借款费用、支付的其他费用和分摊的间接费用等。建造过程中发生的非正常性损失，直接计入当期损益，不计入建造成本。采用成本模式计量的，应按照确定的成本，借记“投资性房地产”科目，贷记“在建工程”或“开发成本”科目。采用公允价值模式计量的，应按照确定的成本，借记“投资性房地产——成本”科目，贷记“在建工程”或“开发成本”科目。

［例6-1］ 2010年1月，甲房地产公司通过拍卖取得一项土地使用权，支付土地出让金等1 200万元，经过一年的开发建设在这块土地上建造两栋同样规模的写字楼，开发成本2 000万元。甲公司准备将一栋自用，另一栋已经与乙公司签订了出租协议，写字楼完工验收后即起租。2011年3月，写字楼已经验收并交付使用。甲公司采用成本模式计量。

甲企业的账务处理如下：

写字楼开发成本＝1 200＋2 000＝3 200（万元）

出租写字楼的成本＝3 200÷2＝1 600（万元）

借：投资性房地产——写字楼　　16 000 000

　贷：开发成本　　16 000 000

自用写字楼的账务处理：

借：固定资产——写字楼　　16 000 000

　贷：开发成本　　16 000 000

（三）非投资性房地产转换为投资性房地产的确认和初始计量

非投资性房地产转换为投资性房地产，实质上是因房地产用途发生改变而对房地产进行的重新分类。转换日通常为租赁期开始日。

二、与投资性房地产有关的后续支出

（一）资本化的后续支出

与投资性房地产有关的后续支出，满足投资性房地产确认条件的，应当计入投资性房地产成本。例如，企业为了提高投资性房地产的使用效能，往往需要对投资性房地产进行改建、扩建而使其更加坚固耐用，或者通过装修而改善其室内装潢，改扩建或装修支出满足确认条件的，应当将其资本化。企业对某项投资性房地产进行改扩建等再开发且将来仍作为投资性房地产的，在再开发期间应继续将其作为投资性房地产，再开发期间不计提折旧或摊销。

［例6-2］ 2011年3月，甲房地产公司与乙企业的一项宾馆经营租赁合同即将到期。该宾馆按照成本模式进行计量，原价为2 000万元，已计提折旧800万元。为了提高宾馆的租金收入，甲企业决定在租赁期满后对宾馆进行装修，并与丙企业签订了经营租赁合同，约定自装修完工时将宾馆出租给丙企业。3月31日，与乙企业的租赁合同到期，宾馆随即进入装修工程。11月30日，宾馆装修工程完工，共支出费用300万元，以银行存款支付，即日按照租赁合同出租给丙企业。

［案例分析］

本例中，宾馆装修支出属于资本化的后续支出，应当计入投资性房地产的成本。

甲公司的账务处理如下：

（1）2011 年 3 月 31 日，投资性房地产转入装修工程。

借：投资性房地产——宾馆（在建） 12 000 000
　　投资性房地产累计折旧 8 000 000
　贷：投资性房地产——宾馆 20 000 000

（2）2011 年 4 月 1 日～11 月 30 日。

借：投资性房地产——宾馆（在建） 3 000 000
　贷：银行存款等 3 000 000

（3）2011 年 12 月 1 日，装修工程完工。

借：投资性房地产——宾馆 15 000 000
　贷：投资性房地产——宾馆（在建） 15 000 000

（二）费用化的后续支出

与投资性房地产有关的后续支出，不满足投资性房地产确认条件的，应当在发生时计入当期损益。例如，企业对投资性房地产进行日常维护发生一些支出。企业在发生投资性房地产费用化的后续支出时，借记“其他业务成本”等科目，贷记“银行存款”等科目。

[例 6-3]　2012 年 1 月，甲房地产公司派公司工程部对宾馆的排水管道进行检修，领用零配件金额 2 000 元，发生人工费 6 000 元。

[案例分析]

在本例中，日常维修支出属于费用化的后续支出，应当计入当期损溢。

甲企业的账务处理如下：

借：其他业务成本 8 000
　贷：原材料 2 000
　　　应付职工薪酬 6 000

第三节　投资性房地产的后续计量

投资性房地产后续计量，通常采用成本模式，只有满足特定条件的情况下才可以采用公允价值模式。但是，同一企业只能采用一种模式对所有投资性房地产进行后续计量，不得同时采用两种计量模式。

一、采用成本模式进行后续计量的投资性房地产

采用成本模式进行后续计量的投资性房地产，应当按照《企业会计准则第 4 号——固定资产》或《企业会计准则第 6 号——无形资产》的有关规定，按期（月）计提折旧或摊销，借记“其他业务成本”等科目，贷记“投资性房地产累计折旧（摊销）”科目。取得的租金收入，借记“银行存款”等科目，贷记“其他业务收入”等科目。

投资性房地产存在减值迹象的，还应当适用资产减值的有关规定。经减值测试后确定发生减值的，应当计提减值准备，借记“资产减值损失”科目，贷记“投资性房地产减值准备”科目。如果已经计提减值准备的投资性房地产的价值又得以恢复，不得转回。

[例6-4]　2011年1月1日起，甲房地产公司把一栋办公楼出租给乙企业使用，甲公司已确认为投资性房地产，采用成本模式进行后续计量。假设这栋办公楼的成本为2 000万元，按照直线法计提折旧，使用寿命为20年，净残值率为1%。按照租赁合同约定，乙企业每月支付甲公司租金10万元。由于宏观调控的影响，在年末进行减值测试时，发现这栋办公楼发生减值，经测试，其可收回金额为1 200万元，此时办公楼的账面价值为1 500万元，以前未计提减值准备。

[案例分析]

甲公司的账务处理如下：

(1) 1～12月每月计提折旧。

月折旧额＝2 000×（1－1%）÷20÷12＝8.25（万元）

借：其他业务成本	82 500	
贷：投资性房地产累计折旧		82 500

(2) 1～12月确认租金。

借：银行存款（或其他应收款）	100 000	
贷：其他业务收入		100 000

(3) 12月31日计提减值准备。

借：资产减值损失	3 000 000	
贷：投资性房地产减值准备		3 000 000

二、采用公允价值模式进行后续计量的投资性房地产

企业存在确凿证据表明其投资性房地产的公允价值能够持续可靠取得的，可以对投资性房地产采用公允价值模式进行后续计量。企业选择公允价值模式，就应当对其所有投资性房地产采用公允价值模式进行后续计量，不得对一部分投资性房地产采用成本模式进行后续计量，对另一部分投资性房地产采用公允价值模式进行后续计量。在极少数情况下，有采用公允价值对投资性房地产进行后续计量的企业。当企业首次取得某项投资性房地产（或某项现有房地产在完成建造或开发活动或改变用途后首次成为投资性房地产）时，该投资性房地产公允价值不能持续可靠取得的，应当对该投资性房地产采用成本模式计量直至处置，并假设无残值。但是，采用成本模式对投资性房地产进行后续计量的企业，即使有证据表明，企业首次取得某项投资性房地产时，该投资性房地产公允价值能够持续可靠取得，该企业仍应对该项投资性房地产采用成本模式进行后续计量。

采用公允价值模式计量的投资性房地产，应当同时满足下列条件：

（1）投资性房地产所在地有活跃的房地产交易市场。所在地，通常指投资性房地产所在的城市。对于大中型城市，应当为投资性房地产所在的城区。

（2）企业能够从活跃的房地产交易市场上取得同类或类似房地产的市场价格及其他相关信息，从而对投资性房地产的公允价值作出合理的估计。

投资性房地产的公允价值是指在公平交易中，熟悉情况的当事人之间自愿进行房地产交换的价格。确定投资性房地产的公允价值时，应当参照在活跃市场上同类或类似房地产的现行市场价格（市场公开报价）；无法取得同类或类似房地产现行市场价格的，应当参照活跃市场上同类或类似房地产的最近交易价格，并考虑交易情况、交易日期、所在区域等因素，从而对投资性房地产的公允价值作出合理的估计；也可以基于预计未来获得的租金收益和相关现金流量的现值计量。"同类或类似"的房地产，对建筑物而言，是指所处地理位置和地理环境相同、性质相同、结构类型相同或相近、新旧程度相同或相近、可使用状况相同或相近的建筑物；对土地使用权而言，是指同一位置区域、所处地理环境相同或相近、可使用状况相同或相近的土地。

投资性房地产采用公允价值模式进行后续计量的，不计提折旧或摊销，应当以资产负债表日的公允价值计量。资产负债表日，投资性房地产的公允价值高于其账面余额的差额，借记"投资性房地产——公允价值变动"科目，贷记"公允价值变动损益"科目；公允价值低于其账面余额的差额作相反的会计分录。

[例6-5] 2010年9月，甲房地产公司与乙公司签订租赁协议，约定将甲公司开发的一栋精装修的写字楼于开发完成时开始租赁给乙公司使用，租赁期为10年。当年10月1日，该写字楼开发完成并开始起租，写字楼的造价为8 000万元。2010年12月31日，该写字楼的公允价值为9 000万元。假设甲公司采用公允价值计量模式。

[案例分析]

甲企业的账务处理如下：

（1）2010年10月1日，甲公司开发完成写字楼并出租。

借：投资性房地产——成本	80 000 000	
贷：开发成本		80 000 000

（2）2010年12月31日，按照公允价值为基础调整其账面价值；公允价值与原账面价值之间的差额计入当期损益。

借：投资性房地产——公允价值变动	10 000 000	
贷：公允价值变动损益		10 000 000

三、投资性房地产后续计量模式的变更

为保证会计信息的可比性，企业对投资性房地产的计量模式一经确定，不得随意变更。只有在房地产市场比较成熟、能够满足采用公允价值模式条件的情况下，才允许企业对投资性房地产从成本模式计量变更为公允价值模式计量。

成本模式转为公允价值模式的，应当作为会计政策变更处理，并按计量模式变更

时公允价值与账面价值的差额调整期初留存收益。已采用公允价值模式计量的投资性房地产，不得从公允价值模式转为成本模式。

［例 6-6］　2008 年 1 月，甲企业将一栋写字楼对外出租，采用成本模式进行后续计量。2010 年 1 月 1 日，假设甲企业持有的投资性房地产满足采用公允价值模式条件，甲企业决定采用公允价值模式计量对该写字楼进行后续计量。2010 年 1 月 1 日，该写字楼的原价为 9 000 万元，已计提折旧 900 万元，账面价值为 8 100 万元，公允价值为 9 600万元。甲企业按净利润的 10% 计提盈余公积。假定除上述对外出租的写字楼外，甲企业无其他的投资性房地产。

［案例分析］

（1）2010 年 1 月 1 日，由于会计政策的变化，对投资性房地产的计量从成本模式变成公允价值模式，增加额 =9 600 − 8 100 = 1 500（万元），应当调整期初留存收益，留存收益的 10% 计提盈余公积 150 万元，其余形成净利润 1 350 万元。

（2）直接注销成本模式计量的“投资性房地产”的账面价值 9 000 万元，改按公允价值模式计量，甲企业的账务处理如下：

借：投资性房地产——成本	96 000 000	
投资性房地产累计折旧	9 000 000	
贷：投资性房地产		90 000 000
利润分配——未分配利润		13 500 000
盈余公积		1 500 000

第四节　投资性房地产的转换和处置

一、投资性房地产的转换

（一）投资性房地产转换形式和转换日

1. 房地产转换形式

房地产形式的转换，是因房地产用途发生改变而对房地产进行的重新分类。这里所说的房地产转换形式是针对房地产用途发生改变而言，而不是后续计量模式的转变。企业必须有确凿证据表明房地产用途发生改变，才能将投资性房地产转换为非投资性房地产或者将非投资性房地产转换为投资性房地产，例如自用的办公楼改为出租等。企业有确凿证据表明房地产用途发生改变，满足下列条件之一的，应当将投资性房地产转换为其他资产或者将其他资产转换为投资性房地产：

（1）投资性房地产开始自用，相应的由投资性房地产转换为固定资产或无形资产。投资性房地产开始自用是指企业将原来用于赚取租金或资本增值的房地产改为用于生产商品、提供劳务或者经营管理。例如，企业将出租的厂房收回，并用于生产本企业的产品。又如，从事房地产开发的企业将出租的开发产品收回，作为企业的固定资产使用。

（2）作为存货的房地产，改为出租。通常指房地产开发企业将其持有的开发产品以经营租赁的方式出租，相应的由存货转换为投资性房地产。

（3）自用土地使用权停止自用，用于赚取租金或资本增值，相应的由无形资产转换为投资性房地产。

（4）自用建筑物停止自用，改为出租，相应的由固定资产转换为投资性房地产。

（5）房地产企业将用于经营出租的房地产重新开发用于对外销售，从投资性房地产转为存货。

2. 投资性房地产转换日的确定

转换日的确定关系到资产的确认时点和入账价值，因此非常重要。转换日是指房地产的用途发生改变、状态相应发生改变的日期。转换日的确定标准主要包括：

（1）投资性房地产开始自用，是指投资性房地产转为自用房地产。其转换日是指房地产达到自用状态，企业开始将房地产用于生产商品、提供劳务或者经营管理的日期。

（2）投资性房地产转换为存货，转换日为租赁期届满、企业董事会或类似机构作出书面决议明确表明将其重新开发用于对外销售的日期。

（3）作为存货的房地产改为出租，或者自用建筑物或土地使用权停止自用改为出租，转换日通常为租赁期开始日。租赁期开始日是指承租人有权行使其使用租赁资产权利的日期。

（二）投资性房地产转换为非投资性房地产

1. 采用成本模式进行后续计量的投资性房地产转换为自用房地产

企业将投资性房地产转换为自用房地产，应当按该项投资性房地产在转换日的账面余额、累计折旧或摊销、减值准备等，分别转入“固定资产”、“累计折旧”、“固定资产减值准备”等科目；按投资性房地产的账面余额，借记“固定资产”或“无形资产”科目，贷记“投资性房地产”科目；按已计提的折旧或摊销，借记“投资性房地产累计折旧（或摊销）”科目，贷记“累计折旧”或“累计摊销”科目；原已计提减值准备的，借记“投资性房地产减值准备”科目，贷记“固定资产减值准备”或“无形资产减值准备”科目。

[例6-7] 2011年2月1日，甲房地产公司将出租在外的写字楼收回，开始用于本企业办公。该项房地产账面价值为3 765万元，其中，原价5 000万元，累计已提折旧1 235万元。假设甲企业采用成本计量模式。

[案例分析]

甲公司的账务处理如下：

借：固定资产	50 000 000	
投资性房地产累计折旧	12 350 000	
贷：投资性房地产		50 000 000

累计折旧　　12 350 000

2. 采用公允价值模式进行后续计量的投资性房地产转为自用房地产

企业将采用公允价值模式计量的投资性房地产转换为自用房地产时，应当以其转换当日的公允价值作为自用房地产的账面价值，公允价值与原账面价值的差额计入当期损益。

转换日，按该项投资性房地产的公允价值，借记“固定资产”或“无形资产”科目，按该项投资性房地产的成本，贷记“投资性房地产——成本”科目，按该项投资性房地产的累计公允价值变动，贷记或借记“投资性房地产——公允价值变动”科目，按其差额，贷记或借记“公允价值变动损益”科目。

［例6-8］　2010年10月15日，甲企业因租赁期满，将出租的写字楼收回，开始作为办公楼用于本企业的行政管理。2010年10月15日，该写字楼的公允价值为4 800万元。该项房地产在转换前采用公允价值模式计量，原账面价值为4 750万元，其中，成本为4 500万元，公允价值变动为增值250万元。

［案例分析］

2010年10月15日，办公楼公允价值4 800万元，较原成本4 500万元增值300万元，应当贷记“公允价值变动损益”300万元。注销“投资性房地产——公允价值变动”250万元，相应的应当借记“公允价值变动损益”250万元，借贷相抵应贷记“公允价值变动损益”50万元。甲企业的账务处理如下：

借：固定资产　　48 000 000

　贷：投资性房地产——成本　　45 000 000

　　　　　　　　——公允价值变动　　2 500 000

　　　公允价值变动损益　　500 000

3. 采用成本模式进行后续计量的投资性房地产转换为存货

房地产开发企业将用于经营出租的房地产重新开发用于对外销售的，从投资性房地产转换为“开发产品”。在这种情况下，转换日为租赁期届满、企业董事会或类似机构作出书面决议，明确表明将其重新开发用于对外销售的日期。

企业将投资性房地产转换为存货时，应当按照该项房地产在转换日的账面价值，借记“开发产品”科目，按照已计提的折旧或摊销，借记“投资性房地产累计折旧（或摊销）”科目，原已计提减值准备的，借记“投资性房地产减值准备”科目，按其账面余额，贷记“投资性房地产”科目。

4. 采用公允价值模式进行后续计量的投资性房地产转换为存货

企业将采用公允价值模式计量的投资性房地产转换为存货时，应当以其转换当日的公允价值作为存货的账面价值，公允价值与原账面价值的差额计入当期损益。

转换日，按该项投资性房地产的公允价值，借记“开发产品”等科目，按该项投资性房地产的成本，贷记“投资性房地产——成本”科目；按该项投资性房地产的累计公允价值变动，贷记或借记“投资性房地产——公允价值变动”科目；按其差额，贷记或借记“公允价值变动损益”科目。

［例6-9］ 甲房地产开发企业将其开发的部分写字楼用于对外经营租赁。2011年3月15日，因租赁期满，甲企业将出租的写字楼收回，董事会作出书面决议，将该写字楼重新开发用于对外销售，即由投资性房地产转换为存货，当日的公允价值为5 800万元。该项房地产在转换前采用公允价值模式计量，原账面价值为5 600万元，其中，成本为5 000万元，公允价值增值为600万元。

甲企业的账务处理如下：

借：开发产品 58 000 000

贷：投资性房地产——成本 50 000 000

——公允价值变动 6 000 000

公允价值变动损益 2 000 000

（三）非投资性房地产转换为投资性房地产

1. 非投资性房地产转换为采用成本模式进行后续计量的投资性房地产

（1）作为存货的房地产转换为投资性房地产。作为存货的房地产转换为投资性房地产，通常指房地产开发企业将其持有的开发产品以经营租赁的方式出租，存货相应的转换为投资性房地产。在这种情况下，转换日通常为房地产的租赁期开始日。租赁期开始日是指承租人有权行使其使用租赁资产权利的日期。一般而言，对于企业自行建造或开发完成但尚未使用的建筑物，如果企业董事会或类似机构正式作出书面决议，明确表明其自行建造或开发产品用于经营出租、持有意图短期内不再发生变化的，应视为存货转换为投资性房地产，转换日为企业董事会或类似机构作出书面决议的日期。

企业将作为存货的房地产转换为采用成本模式计量的投资性房地产，应当按该项存货在转换日的账面价值，借记“投资性房地产”科目，原已计提跌价准备的，借记“存货跌价准备”科目，按其账面余额，贷记“开发产品”等科目。

［例6-10］ 2011年3月5日，甲房地产企业与乙企业签订了租赁协议，将其开发的一栋写字楼出租给乙企业使用，租赁期开始日为2011年4月15日。2011年4月15日，该写字楼的账面余额4 500万元，未计提存货跌价准备。假设甲企业采用成本模式对其投资性房地产进行后续计量。

甲企业的账务处理如下：

借：投资性房地产——写字楼 45 000 000

贷：开发产品 45 000 000

（2）自用房地产转换为投资性房地产。企业将原本用于日常生产商品、提供劳务或者经营管理的房地产改用于出租，通常应于租赁期开始日，按照固定资产或无形资产的账面价值，将固定资产或无形资产相应的转换为投资性房地产。对不再用于日常生产经营活动且经整理后达到可经营出租状况的房地产，如果企业董事会或类似机构正式作出书面决议，明确表明其自用房地产用于经营出租且持有意图短期内不再发生变化的，应视为自用房地产转换为投资性房地产，转换日为企业董事会或类似机构正式作出书面决议的日期。

企业将自用土地使用权或建筑物转换为以成本模式计量的投资性房地产时，应当按该项建筑物或土地使用权在转换日的原价、累计折旧、减值准备等，分别转入“投资性房地产”、“投资性房地产累计折旧（摊销）”、“投资性房地产减值准备”科目，按其账面余额，借记“投资性房地产”科目，贷记“固定资产”或“无形资产”科目，按已计提的折旧或摊销，借记“累计摊销”或“累计折旧”科目，贷记“投资性房地产累计折旧（或摊销）”科目，原已计提减值准备的，借记“固定资产减值准备”或“无形资产减值准备”科目，贷记“投资性房地产减值准备”科目。

[例 6-11]　甲企业拥有一栋办公楼，用于本企业总部办公。2011 年 3 月 15 日，甲企业与乙企业签订了经营租赁协议，将该栋办公楼整体出租给乙企业使用，租赁期开始日为 2011 年 4 月 15 日，为期 5 年。2011 年 4 月 15 日，该栋办公楼的账面余额为 4 500 万元，已计提折旧 300 万元。办公楼所占土地账面价值 1 500 万元，累计摊销 200 万元，甲企业采用成本计量模式。

甲企业的账务处理如下：

借：投资性房地产——写字楼	45 000 000	
累计折旧	3 000 000	
贷：固定资产		45 000 000
投资性房地产累计折旧		3 000 000
借：投资性房地产——土地	15 000 000	
累计摊销	2 000 000	
贷：无形资产——土地		15 000 000
投资性房地产累计摊销		2 000 000

2. 非投资性房地产转换为采用公允价值进行后续计量的投资性房地产

（1）作为存货的房地产转换为投资性房地产。企业将作为存货的房地产转换为采用公允价值模式计量的投资性房地产，应当按该项房地产在转换日的公允价值入账，借记“投资性房地产——成本”科目，原已计提跌价准备的，借记“存货跌价准备”科目；按其账面余额，贷记“开发产品”等科目。同时，转换日的公允价值小于账面价值的，按其差额，借记“公允价值变动损益”科目；转换日的公允价值大于账面价值的，按其差额，贷记“资本公积——其他资本公积”科目。当该项投资性房地产处置时，因转换计入资本公积的部分应转入当期损益。

[例 6-12]　2011 年 3 月 15 日，甲房地产开发企业与乙企业签订了租赁协议，将其开发的一栋写字楼出租给乙企业。租赁期开始日为 2011 年 4 月 15 日。租赁开始日，该写字楼的账面余额为 4 500 万元，公允价值为 4 700 万元。预计 2011 年 12 月 31 日，该项投资性房地产的公允价值为 4 800 万元。

甲企业的账务处理如下：

（1）2011年4月15日：

借：投资性房地产——成本	47 000 000	
贷：开发产品		45 000 000
资本公积——其他资本公积		2 000 000

（2）2011年12月31日：

借：投资性房地产——公允价值变动	1 000 000	
贷：公允价值变动损益		1 000 000

（2）自用房地产转换为投资性房地产。企业将自用房地产转换为采用公允价值模式计量的投资性房地产，应当按该项土地使用权或建筑物在转换日的公允价值，借记“投资性房地产——成本”科目，按已计提的累计摊销或累计折旧，借记“累计摊销”或“累计折旧”科目；原已计提减值准备的，借记“无形资产减值准备”、“固定资产减值准备”科目；按其账面余额，贷记“固定资产”或“无形资产”科目。同时，转换日的公允价值小于账面价值的，按其差额，借记“公允价值变动损益”科目；转换日的公允价值大于账面价值的，按其差额，贷记“资本公积——其他资本公积”科目。当该项投资性房地产处置时，因转换计入资本公积的部分应转入当期损益。

[例6-13] 2010年6月，甲公司打算搬迁至新建办公楼，由于原办公楼处于商业繁华地段，甲公司准备将其出租，以赚取租金收入。2010年10月31日，甲公司完成了搬迁工作，原办公楼停止自用，并与乙企业签订了租赁协议，将其原办公楼租赁给乙企业使用，租赁期开始日为2010年11月1日，租赁期限为3年。2010年10月31日，该办公楼原价为50 000万元，已提折旧14 250万元，公允价值为35 000万元。假设甲企业对投资性房地产采用公允价值模式计量。

甲企业的账务处理如下：

借：投资性房地产——成本	350 000 000	
公允价值变动损益	7 500 000	
累计折旧	142 500 000	
贷：固定资产		500 000 000

二、投资性房地产的处置

当投资性房地产被处置，或者永久退出使用且预计不能从其处置中取得经济利益时，应当终止确认该项投资性房地产。

企业可以通过对外出售或转让的方式处置投资性房地产取得收益。对于那些由于使用而不断磨损直到最终报废，或者由于遭受自然灾害等非正常原因发生毁损的投资性房地产应当及时进行清理。此外，企业因其他原因，如非货币性交易等而减少投资性房地产也属于投资性房地产的处置。企业出售、转让、报废投资性房地产或者发生投资性房地产毁损，应当将处置收入扣除其账面价值和相关税费后的金额计入当期损益。

（一）采用成本模式计量的投资性房地产的处置

处置采用成本模式进行后续计量的投资性房地产时，应当按实际收到的金额，借记“银行存款”等科目，贷记“其他业务收入”科目；按该项投资性房地产的账面价值，借记“其他业务成本”科目，按其账面余额，贷记“投资性房地产”科目，按照已计提的折旧或摊销，借记“投资性房地产累计折旧（或摊销）”科目，原已计提减值准备的，借记“投资性房地产减值准备”科目。

［例 6-14］　2008 年 1 月 1 日，甲房地产公司对一栋新建的写字楼采用先出租后出售的营销模式，该栋写字楼的成本为 28 000 万元，出租的写字楼确认为投资性房地产，采用成本模式计量。租赁期为 3 年，租赁期届满后，甲公司将该栋写字楼出售给乙公司，合同价款为 30 000 万元，2011 年 1 月 1 日，乙公司已用银行存款付清房款。写字楼折旧年限 20 年，不留净残值。假设不考虑相关税费。

［案例分析］

在出售时，写字楼已提折旧 $=28\ 000\div 20\times 3=4\ 200$（万元）

甲企业的账务处理如下：

借：银行存款	300 000 000	
贷：其他业务收入		300 000 000
借：其他业务成本	238 000 000	
投资性房地产累计折旧	42 000 000	
贷：投资性房地产——写字楼		280 000 000

（二）采用公允价值模式计量的投资性房地产的处置

处置采用公允价值模式计量的投资性房地产，应当按实际收到的金额，借记“银行存款”等科目，贷记“其他业务收入”科目；按该项投资性房地产的账面余额，借记“其他业务成本”科目，按其成本，贷记“投资性房地产——成本”科目，按其累计公允价值变动，贷记或借记“投资性房地产——公允价值变动”科目。同时结转投资性房地产累计公允价值变动。若存在原转换日计入资本公积的金额，也一并结转。

［例 6-15］　2010 年 6 月，甲房地产开发公司与乙企业签订了租赁协议，将其新开发的一栋写字楼出租给乙企业使用，租赁期开始日为 2010 年 7 月 1 日，租期一年。出租开始日，该写字楼的账面价值为 45 000 万元，公允价值为 47 000 万元。2010 年 12 月 31 日，该投资性房地产的公允价值为 48 000 万元。2011 年 6 月 30 日租赁期届满，企业收回该项投资性房地产，并以 55 000 万元出售，出售款项已收讫。甲企业采用公允价值模式计量，不考虑相关税费。

甲企业的账务处理如下：

（1）2010 年 7 月 1 日，开发产品转换为投资性房地产。

借：投资性房地产——成本	470 000 000	
贷：开发产品		450 000 000

资本公积——其他资本公积 20 000 000

(2) 2010年12月31日，公允价值变动。

借：投资性房地产——公允价值变动 10 000 000

贷：公允价值变动损益 10 000 000

(3) 2011年6月30日，出售投资性房地产。

借：银行存款 550 000 000

公允价值变动损益 10 000 000

资本公积——其他资本公积 20 000 000

其他业务成本 450 000 000

贷：投资性房地产——成本 470 000 000

——公允价值变动 10 000 000

其他业务收入 550 000 000

第七章

长期股权投资的会计核算

长期股权投资，是指投资方对被投资单位实施控制、重大影响的权益性投资，以及时其合营企业的权益性投资。

第一节　长期股权投资的初始计量

一、长期股权投资初始计量原则

长期股权投资在取得时，应按初始投资成本入账。长期股权投资的初始投资成本，应分别企业合并和非企业合并两种情况确定。

长期股权投资包括以下内容：

（1）投资方能够对被投资单位实施控制的，被投资单位为其子公司。投资方属于《企业会计准则第 33 号——合并财务报表》规定的投资性主体且子公司不纳入合并财务报表的情况除外。《企业会计准则第 33 号——合并财务报表》（2014）规定，控制，是指投资方拥有对被投资方的权力，通过参与被投资方的相关活动而享有可变回报，并且有能力运用对被投资方的权力影响其回报金额。所称相关活动，是指对被投资方的回报产生重大影响的活动。被投资方的相关活动应当根据具体情况进行判断，通常包括商品或劳务的销售和购买、金融资产的管理、资产的购买和处置、研究与开发活动以及融资活动等。

（2）投资方能够对被投资单位施加重大影响的，被投资单位为其联营企业。重大影响，是指投资方对被投资单位的财务和经营政策有参与决策的权力，但并不能够控制或者与其他方一起共同控制这些政策的制定。在确定能否对被投资单位施加重大影响时，应当考虑投资方和其他方持有的被投资单位当期可转换公司债券、当期可执行认股权证等潜在表决权因素。

（3）投资企业与其他合营方一同对被投资单位实施共同控制的权益性投资，即对合营企业投资。应当按照《企业会计准则第 40 号——合营安排》的有关规定进行判断。《企业会计准则第 40 号》规定，合营安排，是指一项由两个或两个以上的参与方共同控制的安排。合营安排具有下列特征：①各参与方均受到该安排的约束；②两个或两个以上的参与方对该安排实施共同控制。任何一个参与方都不能够单独控制该安排，对该安排具有共同控制的任何一个参与方均能够阻止其他参与方或参与方组合单独控制该安排。合营安排不要求所有参与方都对该安排实施共同控制。合营安排参与方既包括对合营安排享有共同控制的参与方（合营方），也包括对合营安排不享有共同控制的参与方。

二、企业合并形成的长期股权投资

企业合并形成的长期股权投资，初始投资成本的确定应区分企业合并的类型，分为同一控制下控股合并与非同一控制下控股合并两种情况确定长期股权投资的初始投资成本。

（一）同一控制下企业合并形成的长期股权投资

对于同一控制下的企业合并，从能够对参与合并各方在合并前及合并后均实施最终控制的一方来看，最终控制方在企业合并前及合并后能够控制的资产并没有发生变化。合并方对被合并方的长期股权投资，其成本代表是在被合并方账面所有者权益中享有的份额。

（1）合并方以支付现金、转让非现金资产或承担债务方式作为合并对价的，应当在合并日按照被合并方所有者权益在最终控制方合并财务报表中的账面价值的份额作为长期股权投资的初始投资成本。长期股权投资初始投资成本与支付的现金、转让的非现金资产以及所承担债务账面价值之间的差额，应当调整资本公积；资本公积不足冲减的，调整留存收益。

合并发生的审计、法律服务、评估咨询等中介费用以及其他相关费用，应当于发生时计入当期管理费用。

具体进行会计处理时，合并方在合并日按取得被合并方所有者权益账面价值的份额，借记“长期股权投资”科目，按应享有被投资单位已宣告但尚未发放的现金股利或利润，借记“应收股利”科目，按支付的合并对价的账面价值，贷记有关资产或借记有关负债科目，如为贷方差额，贷记“资本公积——资本溢价或股本溢价”科目；如为借方差额，应借记“资本公积——资本溢价或股本溢价”科目，资本公积（资本溢价或股本溢价）不足冲减的，借记“盈余公积”、“利润分配——未分配利润”科目。

（2）合并方以发行权益性证券作为合并对价的，应当在合并日按照被合并方所有者权益在最终控制方合并财务报表中的账面价值的份额作为长期股权投资的初始投资成本。按照发行股份的面值总额作为股本，长期股权投资初始投资成本与所发行股份面值总额之间的差额，应当调整资本公积；资本公积不足冲减的，调整留存收益。

具体进行会计处理时，在合并日应按取得被合并方所有者权益账面价值的份额，借记“长期股权投资”科目，按应享有被投资单位已宣告但尚未发放的现金股利或利润，借记“应收股利”科目，按发行权益性证券的面值，贷记“股本”科目，如为贷方差额，贷记“资本公积——资本溢价或股本溢价”科目；如为借方差额，应借记

"资本公积——资本溢价或股本溢价"科目，资本公积（资本溢价或股本溢价）不足冲减的，借记"盈余公积"、"利润分配——未分配利润"科目。

上述在按照合并日应享有被合并方账面所有者权益的份额确定长期股权投资的初始投资成本时，对于被合并方账面所有者权益，应当在考虑以下几个因素的基础上计算确定形成长期股权投资的初始投资成本：

1）被合并方与合并方的会计政策、会计期间是否一致。如果合并前合并方与被合并方的会计政策、会计期间不同的，应首先按照合并方的会计政策、会计期间对被合并方资产、负债的账面价值进行调整，在此基础上计算确定被合并方的账面所有者权益，并计算确定长期股权投资的初始投资成本。

2）被合并方账面所有者权益是指被合并方的所有者权益相对于最终控制方而言的账面价值。例如，甲公司为某一集团母公司，分别控制乙公司和丙公司。2011 年 1 月 1 日，甲公司从本集团外部购入丁公司 80% 股权（属于非同一控制下的企业合并）并能够控制丁公司的财务和经营政策，购买日，丁公司可辨认资产、负债的公允价值为 5 000万元，账面价值为 3 500 万元。2013 年 1 月 1 日，乙公司购入甲公司所持有的丁公司的 80% 的股权，形成同一控制下的企业合并。2011 年 1 月 1 日至 2012 年 12 月 31 日，丁公司按照购买日公允价值净资产计算实现的净利润为 1 200 万元；按照购买日账面价值净资产计算实现的净利润为 1 500 万元，无其他所有者权益变动因素。2013 年 1 月 1 日为合并日，丁公司的所有者权益相对于甲公司而言的账面价值为：自 2011 年 1 月 1 日丁公司净资产公允价值 5 000 万元持续计算至 2012 年 12 月 31 日的账面价值 6 200万元（5 000 + 1 200）。乙公司购入丁公司股权的初始投资成本为 4 960 万元（6 200 × 80%）。

3）形成同一控制下控股合并的长期股权投资，如果子公司按照改制时确定的资产、负债经评估确认的价值调整资产、负债账面价值的，合并方应当按照取得子公司经评估确认的净资产的份额作为长期股权投资的初始投资成本。

4）如果被合并方本身编制合并财务报表的，被合并方的账面所有者权益的价值以其合并财务报表为基础确定。

（3）通过多次交换交易，分步取得股权最终形成控股合并的，在个别财务报表中应当以持股比例计算的合并日应享有被合并方账面所有者权益份额作为该项投资的初始投资成本。初始投资成本与其原长期股权投资账面价值加上合并日为取得新的股份所支付对价的公允价值之和的差额，调整资本公积（资本溢价或股本溢价），资本公积不足冲减的，冲减留存收益。

［例 7-1］　2010 年 6 月 30 日，A 公司向同一集团内 C 公司的原股东定向增发 1 500万股普通股（每股面值为 1 元，市价为 4.4 元），取得 C 公司 100% 的股权，并于当日起能够对 C 公司实施控制。合并后 C 公司仍维持其独立法人资格继续经营。两公司在企业合并前采用的会计政策相同。合并日，C 公司的账面所有者权益总额为 6 600 万元。

[案例分析]

C公司在合并后维持其法人资格继续经营，合并日A公司在其账簿及个别财务报表中应确认对C公司的长期股权投资，账务处理为：

借：长期股权投资——C公司　　66 000 000

　贷：股本　　15 000 000

　　　资本公积——股本溢价　　51 000 000

三、企业合并以外其他方式取得的长期股权投资

除企业合并形成的长期股权投资以外，其他方式取得的长期股权投资，应当按照下列规定确定其初始投资成本：

（一）以支付现金取得的长期股权投资

以支付现金取得的长期股权投资，应当按照实际支付的购买价款作为初始投资成本。初始投资成本包括与取得长期股权投资直接相关的费用、税金及其他必要支出。但所支付价款中包含的被投资单位已宣告但尚未发放的现金股利或利润应作为应收项目核算，不构成取得长期股权投资的成本。

[例7-2]　甲公司于2011年3月1日，自公开市场中买入乙公司30%的股份，实际支付价款9 000万元。另外，在购买过程中支付手续费等相关费用300万元。甲公司取得该部分股权后，能够对乙公司的生产经营决策施加重大影响。

[案例分析]

甲公司应当按照实际支付的购买价款和相关费用作为取得长期股权投资的成本，其账务处理为：

借：长期股权投资　　93 000 000

　贷：银行存款　　93 000 000

（二）以发行权益性证券取得的长期股权投资

以发行权益性证券取得的长期股权投资，应当按照发行权益性证券的公允价值作为初始投资成本。与发行权益性证券直接相关的费用，包括支付给有关证券承销机构等的手续费、佣金等与权益性证券发行直接相关的费用，不构成取得长期股权投资的成本。该部分费用应从权益性证券的溢价发行收入中扣除，权益性证券的溢价收入不足冲减的，应冲减盈余公积和未分配利润。

[例7-3]　2011年3月5日，A公司通过增发9 000万股普通股（每股面值1元）取得B公司20%的股权，该9 000万股股份的公允价值为15 600万元。为增发该部分股份，A公司向证券承销机构等支付佣金和手续费300万元。假定A公司取得该部分股权后，能够对B公司的财务和生产经营决策施加重大影响。

[案例分析]

A公司应当以所发行股份的公允价值作为取得长期股权投资的成本，账务处理为：

借：长期股权投资　　156 000 000
　贷：股本　　90 000 000
　　　资本公积——股本溢价　　66 000 000

发行证券过程中支付的佣金和手续费，应冲减证券的溢价发行收入，账务处理为：

借：资本公积——股本溢价　　3 000 000
　贷：银行存款　　3 000 000

（三）投资者投入的长期股权投资

投资者投入的长期股权投资，应当按照投资合同或协议约定的价值作为初始投资成本，但合同或协议约定的价值不公允的除外。

投资者投入的长期股权投资，是指投资者以其持有的对第三方的投资作为出资投入企业，接受投资的企业原则上应当按照投资各方在投资合同或协议中约定的价值作为取得投资的初始投资成本。

[例7-4]　A公司设立时，其主要出资方之一甲公司以其持有的对B公司的长期股权投资作为出资投入A公司。投资各方在投资合同中约定，作为出资的该项长期股权投资作价6 000万元。该作价是按照B公司股票的市价经考虑相关调整因素后确定的。A公司注册资本为24 000万元。甲公司出资占A公司注册资本的20%。取得该项投资后，甲公司根据其持股比例，能够派人参与A公司的财务和生产经营决策。

A公司的账务处理如下：

借：长期股权投资——B公司　　60 000 000
　贷：实收资本　　48 000 000
　　　资本公积——资本溢价　　12 000 000

（四）通过债务重组取得的长期股权投资

债务重组，是指在债务人发生财务困难的情况下，债权人按照其与债务人达成的协议或者法院的裁定作出让步的事项。以债务转为资本方式进行债务重组的，应分别以下情况处理：

（1）债务人为股份有限公司时，债务人应将债权人因放弃债权而享有股份的面值总额确认为股本；股份的公允价值总额与股本之间的差额确认为资本公积。重组债务的账面价值与股份的公允价值总额之间的差额确认为债务重组利得，计入当期损益。债务人为其他企业时，债务人应将债权人因放弃债权而享有的股权份额确认为实收资本；股权的公允价值与实收资本之间的差额确认为资本公积。重组债务的账面价值与股权的公允价值之间的差额作为债务重组利得，计入当期损益。

（2）债权人将债权转为股权的，债权人应将重组债权的账面余额与因放弃债权而享有的股权的公允价值之间的差额，先冲减已提取的减值准备，减值准备不足冲减的部分，或未提取减值准备的，将该差额确认为债务重组损失。同时，债权人应将因放弃债权而享有的股权按公允价值计量。发生的相关税费，分别按照长期股权投资或者金融工具确认和计量的规定进行处理。

［例7-5］ 2011年7月1日，甲公司应收乙公司账款的账面余额为600万元，由于乙公司发生财务困难，无法偿付应付账款。经双方协商同意，采取将乙公司所欠债务转为乙公司股本的方式进行债务重组，假定乙公司普通股的面值为1元，乙公司以200万股抵偿该项债务，股票每股市价为2.5元。甲公司对该项应收账款计提了坏账准备6万元。股票登记手续已办理完毕，甲公司对其作为长期股权投资处理。

［案例分析］

（1）债务人乙公司的账务处理：

1）计算应计入资本公积的金额。

股票的公允价值	2.50×2 000 000＝5 000 000	
减：股票的面值总额		2 000 000
应计入资本公积		3 000 000

2）计算应确认的债务重组利得。

债务账面价值	6 000 000	
减：股票的公允价值		5 000 000
债务重组利得		1 000 000

3）应作会计分录如下：

借：应付账款	6 000 000	
贷：股本		2 000 000
资本公积——股本溢价		3 000 000
营业外收入——债务重组利得		1 000 000

（2）债权人甲公司的账务处理：

1）计算债务重组损失。

应收账款账面余额	6 000 000	
减：取得股权的公允价值		5 000 000
差额		1 000 000
减：已计提坏账准备		60 000
本期债务重组损失		940 000

2）应作会计分录如下：

借：长期股权投资	5 000 000	
营业外支出——债务重组损失	940 000	
坏账准备	60 000	
贷：应收账款		6 000 000

（五）通过非货币性资产交换取得的长期股权投资

非货币性资产交换是一种非经常性的特殊交易行为，是指交易双方主要以存货、固定资产、无形资产和长期股权投资等非货币性资产进行的交换。非货币性资产交换同时满足下列两个条件的，应当以公允价值和应支付的相关税费作为换入资产的成本，公允价值与换出资产账面价值的差额计入当期损益：①该项交换具有商业实质；②换入资产或换出资产的公允价值能够可靠地计量。

换出资产为固定资产、无形资产的，换出资产公允价值和换出资产账面价值的差额，计入营业外收入或营业外支出。

[例7-6] 乙企业有一宗土地，准备对甲房地产公司投资，土地的账面原值为2 000万元，已经累计摊销200万元，经过评估机构评估，公允价值为3 000万元；占甲公司股份的20%，即3 000万股。甲公司股份的面值1元。假设交易中没有发生相关税费。

[案例分析]

甲房地产公司的账务处理如下：

借：无形资产——土地使用权	30 000 000	
贷：实收资本		30 000 000

乙企业的账务处理如下：

借：长期股权投资	30 000 000	
累计摊销	2 000 000	
贷：无形资产——土地使用权		20 000 000
营业外收入		12 000 000

四、投资成本中包含的已宣告但尚未发放的现金股利或利润的处理

企业无论以何种方式取得长期股权投资，取得投资时，对于投资成本中包含的应享有被投资单位已经宣告但尚未发放的现金股利或利润应作为应收项目单独核算，不构成取得长期股权投资的初始投资成本。即企业在支付对价取得长期股权投资时，对于实际支付的价款中包含的对方已经宣告但尚未发放的现金股利或利润，应作为预付款，构成企业的一项债权，其与取得的对被投资单位的长期股权投资应作为两项金融资产。

[例7-7] 沿用［例7-2］的资料，假定甲公司取得该项投资时，乙公司已经宣告但尚未发放现金股利，甲公司按其持股比例计算确定可分得30万元。则甲公司在确认该长期股权投资时，应将包含的现金股利部分单独核算，相应的账务处理为：

借：长期股权投资	92 700 000	
应收股利	300 000	
贷：银行存款		93 000 000

第二节 长期股权投资的后续计量

长期股权投资在持有期间，根据投资企业对被投资单位的影响程度及是否存在活跃市场、公允价值能否可靠计量等进行划分，应当分别采用成本法及权益法进行核算。

一、长期股权投资的成本法

（一）成本法的定义及其适用范围

成本法，是指投资按成本计价的方法。长期股权投资的成本法适用于投资方能够对被投资单位实施控制的长期股权投资。

控制，是指投资方拥有对被投资方的权利，通过参与被投资方的相关活动而享有可变回报，并且有能力运用对被投资方的权利影响其回报金额。控制的定义包含三项基本要素，在判断投资方是否能够控制被投资方时，如果投资方具备以下所有的要素，则投资方能够控制被投资方：

（1）拥有对被投资方的权利。

（2）通过参与被投资方的相关活动而享有可变回报。

（3）有能力运用被投资方的权力影响其回报金额。

具体来说，投资方在判断其是否控制被投资方时，应考虑所有的事实和情况，当投资方同时具备上述三个要素时，投资方才控制被投资方。如果事实和情况表明上述控制三要素中的一个或多个发生变化，则投资方要重新判断其是否控制被投资方。

投资企业对被投资单位是否具有实质控制权，可以通过以下一种或几种情形进行判定：

（1）通过与其他投资者的协议，投资企业拥有被投资单位50%以上表决权资本的控制权。例如，A公司拥有B公司40%的表决权资本，C公司拥有B公司30%的表决权资本。A公司与C公司达成协议，C公司在B公司的权益由A公司代表。在这种情况下，A公司实质上拥有B公司70%表决权资本的控制权，表明A公司实质上控制B公司。

（2）根据章程或协议，投资企业有权控制被投资单位的财务和经营政策。例如，A公司拥有B公司45%的表决权资本，同时根据协议，B公司的生产经营决策由A公司控制。

（3）有权任免被投资单位董事会等类似权力机构的多数成员。这种情况是指，虽然投资企业仅拥有被投资单位50%或以下表决权资本，但根据章程或协议有权任免被投资单位董事会的多数董事，能够达到实质上控制的目的。

（4）在被投资单位董事会或类似权力机构会议上有半数以上投票权。这种情况是指，虽然投资企业仅拥有被投资单位50%或以下表决权资本，但能够控制被投资单位董事会等类似权力机构的会议，从而能够控制其财务和经营政策。

投资企业能够对被投资单位实施控制的，被投资单位为其子公司，投资企业应当将子公司纳入合并财务报表的合并范围。投资企业在其个别财务报表中对子公司的长期股权投资，应当采用成本法核算，编制合并财务报表时按照权益法进行调整。

（二）成本法的核算

采用成本法核算的长期股权投资，核算方法如下：

（1）采用成本法核算的长期股权投资应当按照初始投资成本计价。追加或收回投资应当调整长期股权投资的成本。

（2）被投资单位宣告分派的现金股利或利润，应当确认为当期投资收益。除取得投资时实际支付的价款或对价中包含的已宣告但未发放的现金股利或利润外，投资企业应当按照享有被投资单位宣告发放的现金股利或利润确认投资收益，不管利润分配是属于对取得投资前还是取得投资后被投资单位实现利润的分配。

投资企业在确认自被投资单位分得的现金股利或利润后，应当考虑有关长期股权投资是否发生减值。在判断该类长期股权投资是否存在减值迹象时应当关注长期股权投资的账面价值是否大于享有被投资单位净资产（包括相关商誉）账面价值的份额等情况。出现类似情况时，企业应当按照《企业会计准则第 8 号——资产减值》的规定对长期股权投资进行减值测试，可收回金额低于长期股权投资账面价值的，应当计提减值准备。

[例 7-8]　2012 年 6 月 20 日，甲公司以 1 500 万元购入乙公司 80% 的股权。甲公司取得该部分股权后，能够控制乙公司的财务和生产经营决策。2012 年 9 月 30 日，乙公司宣告分配现金股利，甲公司按持股比例确认可分回 100 万元。

[案例分析]

甲公司对乙公司的长期股权投资应进行如下账务处理：

（1）投资时。

借：长期股权投资	15 000 000	
贷：银行存款		15 000 000

（2）乙公司宣布分配现金股利时。

借：应收股利	1 000 000	
贷：投资收益		1 000 000

二、长期股权投资的权益法

（一）权益法的定义及其适用范围

权益法是指长期股权投资以初始投资成本计量后，在投资持有期间根据投资企业享有被投资单位所有者权益的份额的变动对投资的账面价值进行调整的方法。

投资企业对被投资单位具有共同控制或重大影响的长期股权投资，即对合营企业投资及联营企业投资，应当采用权益法核算。

（二）权益法的核算

1. 初始投资成本的调整

投资企业取得对联营企业或合营企业的投资以后，对于取得投资时投资成本与应享有被投资单位可辨认净资产公允价值份额之间的差额，应区别情况分别处理。

（1）长期股权投资的初始投资成本大于投资时应享有被投资单位可辨认净资产公允价值份额的，不调整长期股权投资的初始投资成本。

初始投资成本大于取得投资时应享有被投资单位可辨认净资产公允价值份额的，该部分差额从本质上是投资企业在取得投资过程中通过购买作价体现出的与所取得股权份额相对应的商誉及被投资单位不符合确认条件的资产价值。初始投资成本大于投资时应享有被投资单位可辨认净资产公允价值的份额时，两者之间的差额不要求对长期股权投资的成本进行调整。

（2）长期股权投资的初始投资成本小于投资时应享有被投资单位可辨认净资产公允价值份额的，其差额应当计入当期损益，同时调整长期股权投资的成本。

初始投资成本小于取得投资时应享有被投资单位可辨认净资产公允价值份额的，两者之间的差额体现为双方在交易作价过程中转让方的让步，该部分经济利益流入应作为收益处理，计入取得投资当期的营业外收入，同时调整增加长期股权投资的账面价值。

［例7-9］　A企业于2011年1月取得B公司30%的股权，支付价款9 000万元。取得投资时被投资单位净资产账面价值为22 500万元（假定被投资单位各项可辨认资产、负债的公允价值与其账面价值相同）。在B公司的生产经营决策过程中，所有股东均按持股比例行使表决权。A企业在取得B公司的股权后，派人参与了B公司的生产经营决策。因能够对B公司施加重大影响，A企业对该投资应当采用权益法核算。取得投资时，A企业应进行以下账务处理：

借：长期股权投资——成本	90 000 000	
贷：银行存款		90 000 000

长期股权投资的初始投资成本9 000万元大于取得投资时应享有被投资单位可辨认净资产公允价值的份额6 750（22 500×30%）万元，两者之间的差额不调整长期股权投资的账面价值。

如果本例中取得投资时被投资单位可辨认净资产的公允价值为36 000万元，A企业按持股比例30%计算确定应享有10 800万元，则初始投资成本与应享有被投资单位可辨认净资产公允价值份额之间的差额1 800万元应计入取得投资当期的营业外收入，账务处理如下：

借：长期股权投资——成本	108 000 000	
贷：银行存款		90 000 000
营业外收入		18 000 000

2. 投资损益的确认

投资方取得长期股权投资后，应当按照应享有或应分担的被投资单位实现的净损益和其他综合收益的份额，分别确认投资收益和其他综合收益，同时调整长期股权投资的账面价值。投资方计算确认应享有或应分担被投资单位的净损益时，与联营企业、合营企业之间发生的未实现内部交易损益按照应享有的比例计算归属于投资方的部分，应当予以抵销，在此基础上确认投资收益。

在确认应享有或应分担被投资单位的净利润或净亏损时，在被投资单位账面净利润的基础上，应考虑以下因素的影响进行适当调整：

（1）被投资单位采用的会计政策及会计期间与投资企业不一致的，应按投资企业的会计政策及会计期间对被投资单位的财务报表进行调整。

（2）以取得投资时被投资单位固定资产、无形资产的公允价值为基础计提的折旧额或摊销额，以及以投资企业取得投资时的公允价值为基础计算确定的资产减值准备金额等对被投资单位净利润的影响。

被投资单位个别利润表中的净利润是以其持有的资产、负债账面价值为基础持续计算的，而投资企业在取得投资时，是以被投资单位有关资产、负债的公允价值为基础确定投资成本，长期股权投资的投资收益所代表的是被投资单位资产、负债在公允价值计量的情况下在未来期间通过经营产生的损益中归属于投资企业的部分。取得投资时有关资产、负债的公允价值与其账面价值不同的，未来期间，在计算归属于投资企业应享有的净利润或应承担的净亏损时，应以投资时被投资单位有关资产对投资企业的成本即取得投资时的公允价值为基础计算确定，从而产生了需要对被投资单位账面净利润进行调整的情况。

针对上述事项在对被投资单位实现的净利润进行调整时，应考虑重要性原则，不具重要性的项目可不予调整。符合下列条件之一的，投资企业可以以被投资单位的账面净利润为基础，计算确认投资损益，同时应在会计报表附注中说明不能按照准则规定进行核算的原因：①投资企业无法合理确定取得投资时被投资单位各项可辨认资产等的公允价值；②投资时被投资单位可辨认资产的公允价值与其账面价值相比，两者之间的差额不具重要性；③其他原因导致无法取得被投资单位的有关资料，不能按照准则中规定的原则对被投资单位的净损益进行调整的。

[例 7-10]　沿用［例 7-9］的资料，假定长期股权投资的成本大于取得投资时被投资单位可辨认净资产公允价值份额的情况下，取得投资当年被投资单位实现净利润 2 400万元。投资企业与被投资单位均以公历年度作为会计年度，两者之间采用的会计政策相同。由于投资时被投资单位各项资产、负债的账面价值与其公允价值相同，且假定投资企业与被投资单位未发生任何内部交易，不需要对被投资单位实现的净损益进行调整，投资企业应确认的投资收益为 720（2 400 × 30%）万元。

[例 7-11]　甲公司于 2011 年 1 月 10 日购入乙公司 30% 的股份，购买价款为 3 300万元，并自取得投资之日起派人参与乙公司的财务和生产经营决策。取得投资当日，乙公司可辨认净资产公允价值为 9 000 万元，除表 7-3 所列项目外，乙公司其他资产、负债的公允价值与账面价值相同。

表7-3 取得投资当日乙公司的账面情况

（单位：万元）

项目	账面原价	已提折旧或摊销	公允价值	乙公司预计使用年限	甲公司取得投资后剩余使用年限
存货	750		1 050		
固定资产	1 800	360	2 400	20	16
无形资产	1 050	210	1 200	10	8
合计	3 600	570	4 650		

假定乙公司于2011年实现净利润900万元，其中，在甲公司取得投资时的账面存货有80%对外出售。甲公司与乙公司的会计年度及采用的会计政策相同。固定资产、无形资产均按直线法提取折旧或摊销，预计净残值均为0。假定甲、乙公司间未发生任何内部交易。

甲公司在确定其应享有的投资收益时，应在乙公司实现净利润的基础上，根据取得投资时乙公司有关资产的账面价值与其公允价值差额的影响进行调整（假定不考虑所得税影响）。

存货账面价值与公允价值的差额应调减的利润 =（1 050－750）×80%＝240（万元）

固定资产公允价值与账面价值的差额应调整增加的折旧额 ＝2 400÷16－1 800÷20＝60（万元）

无形资产公允价值与账面价值的差额调整增加的摊销额 ＝1 200÷8－1 050÷10＝45（万元）

调整后的净利润＝900－240－60－45＝555（万元）

甲公司应享有份额＝555×30%＝166.50（万元）

确认投资收益的账务处理如下：

借：长期股权投资——损益调整　　1 665 000

　贷：投资收益　　1 665 000

（3）在确认投资收益时，除考虑公允价值的调整外，对于投资企业与其联营企业及合营企业之间发生的未实现内部交易损益应予抵销。即投资企业与联营企业及合营企业之间发生的未实现内部交易损益按照持股比例计算归属于投资企业的部分应当予以抵销，在此基础上确认投资损益。投资企业与被投资单位发生的内部交易损失，按照《企业会计准则第8号——资产减值》等规定属于资产减值损失的，应当全额确认。投资企业对于纳入其合并范围的子公司与其联营企业及合营企业之间发生的内部交易损益，也应当按照上述原则进行抵销，在此基础上确认投资损益。

应当注意的是，该未实现内部交易损益的抵销既包括顺流交易也包括逆流交易。其中，顺流交易是指投资企业向其联营企业或合营企业出售资产，逆流交易是指联营企业或合营企业向投资企业出售资产。当该未实现内部交易损益体现在投资企业或其联营企业、合营企业持有的资产账面价值中时，相关的损益在计算确认投资损益时应予抵销。

（1）对于联营企业或合营企业向投资企业出售资产的逆流交易，在该交易存在未实现内部交易损益的情况下（有关资产未对外部独立第三方出售），投资企业在采用权益法计算确认应享有联营企业或合营企业的投资损益时，应抵销该未实现内部交易损益的影响。当投资企业自其联营企业或合营企业购买资产时，在将该资产出售给外部独立的第三方之前，不应确认联营企业或合营企业因该交易产生的损益中本企业应享有的部分。

因逆流交易产生的未实现内部交易损益，在未对外部独立第三方出售之前，体现在投资企业持有资产的账面价值当中。投资企业对外编制合并财务报表的，应在合并财务报表中对长期股权投资及包含未实现内部交易损益的资产账面价值进行调整，抵销有关资产账面价值中包含的未实现内部交易损益，并相应调整对联营企业或合营企业的长期股权投资。

［例 7-12］　甲企业于 2013 年 1 月取得乙公司 20% 有表决权的股份，能够对乙公司施加重大影响。假定甲企业取得该项投资时，乙公司各项可辨认资产、负债的公允价值与其账面价值相同。2013 年 8 月，乙公司将其成本为 600 万元的某商品以 1 000 万元的价格出售给甲企业，甲企业将取得的商品作为存货。至 2013 年资产负债表日，甲企业仍未出售该存货。乙公司 2013 年实现净利润为 2 800 万元。假定不考虑所得税因素。

［案例分析］

甲企业在按照权益法确认应享有乙公司 2013 年净收益时，应进行以下账务处理：

借：长期股权投资——损益调整　（28 000 000 × 20%）　　5 600 000

　贷：投资收益　　5 600 000

进行上述处理后，投资企业有子公司，需要编制合并报表的，在合并财务报表中，因该未实现内部交易损益体现在投资企业持有存货的账面价值中，应在合并财务报表中进行以下调整：

借：长期股权投资——损益调整　　800 000

　贷：存货　　800 000

假设在 2014 年，甲企业将该商品以 1 000 万元的价格向外部独立第三方出售，因该部分内部交易损益已经实现，甲企业在确认应享有乙公司 2014 年净收益时，应考虑将原未确认的该部分内部交易损益计入投资损益，即应在考虑其他因素计算确定的投资损益基础上调整增加 80 万元。

（2）对于投资企业向联营企业或合营企业出售资产的顺流交易，在该交易存在未实现内部交易损益的情况下（即有关资产未向外部独立第三方出售），投资企业在采用权益法计算确认应享有联营企业或合营企业的投资损益时，应抵销该未实现内部交易损益的影响，同时调整对联营企业或合营企业长期股权投资的账面价值。当投资企业向联营企业或合营企业出售资产，同时有关资产由联营企业或合营企业持有时，投资方因出售资产应确认的损益仅限于与联营企业或合营企业其他投资者交易的部分。即在顺流交易中，投资方投出资产或出售资产给其联营企业或合营企业产生的损益中，按照持股比例计算确定归属于本企业的部分不予确认。

[例7-13] 甲企业持有乙公司20%有表决权的股份，能够对乙公司的财务和生产经营决策施加重大影响。2013年，甲企业将其账面价值为600万元的商品以1 000万元的价格出售给乙公司。至2013年资产负债表日，该批商品尚未对外部第三方出售。假定甲企业取得该项投资时，乙公司各项可辨认资产、负债的公允价值与其账面价值相同，两者在以前期间未发生过内部交易。乙公司2013年净利润为2 000万元。假定不考虑所得税因素。

[案例分析]

甲企业在该项交易中实现利润400万元，其中80万元（400×20%）是针对本企业持有的对联营企业的权益份额，在采用权益法计算确认投资损益时应予抵消，即甲企业应当进行的账务处理为：

借：长期股权投资——损益调整

[（2000－400） ×20%] 3 200 000

贷：投资收益 3 200 000

甲企业如需要编制合并财务报表，在合并财务报表中对该未实现内部交易应在个别报表已确认投资收益的基础上进行以下调整：

借：营业收入 （1 000万元×20%） 2 000 000

贷：营业成本 （600万元×20%） 1 200 000

投资收益 800 000

应当说明的是，投资企业与其联营企业及合营企业之间发生的无论是顺流交易还是逆流交易产生的未实现内部交易损失属于所转让资产发生减值损失的，有关的未实现内部交易损失不应予以抵消。

（3）合营方向合营企业投出非货币性资产产生损益的处理。合营方向合营企业投出或出售非货币性资产的相关损益，应当按照以下原则处理：

符合下列情况之一的，合营方不应确认该类交易的损益：与投出非货币性资产所有权有关的重大风险和报酬没有转移给合营企业；投出非货币性资产的损益无法可靠计量；投出非货币性资产交易不具有商业实质。

合营方转移了与投出非货币性资产所有权有关的重大风险和报酬并且投出资产留给合营企业使用的，应在该项交易中确认属于合营企业其他合营方的利得和损失。交易表明投出或出售非货币性资产发生减值损失的，合营方应当全额确认该部分损失。

在投出非货币性资产的过程中，合营方除了取得合营企业的长期股权投资外还取得了其他货币性或非货币性资产的，应当确认该项交易中与所取得其他货币性、非货币性资产相关的损益。

[**例7-14**]　甲公司、乙公司和丙公司共同出资设立丁公司，注册资本为5 000万元，甲公司持有丁公司注册资本的38%，乙公司和丙公司各持丁公司有注册资本的31%，丁公司为甲、乙、丙公司的合营企业。甲公司以其固定资产（机器）出资，该机器的原价为1 600万元，累计折旧400万元，公允价值为1 900万元，未提减值准备；乙公司和丙公司以现金出资，各投资1 550万元。假定甲公司需要编制合并财务报表。不考虑所得税因素。甲公司的账务处理如下：

[**案例分析**]

甲公司在个别财务报表中，对丁公司投资长期股权投资成本为1 900万元，投出机器的账面价值与其公允价值之间的差额为700万元，确认为损益（利得）。

借：长期股权投资——丁公司（成本）　19 000 000

　贷：固定资产清理　19 000 000

借：固定资产清理　12 000 000

　　累计折旧　4 000 000

　贷：固定资产　16 000 000

借：固定资产清理　7 000 000

　贷：营业外收入　7 000 000

甲公司在合并财务报表中，对于上述投资产生的利得，仅能够确认归属于乙、丙公司的利得部分，需要抵消归属于甲公司的利得部分（700×38%）=266万元在合并财务报表中做如下抵消分录：

借：营业外收入　2 660 000

　贷：长期股权投资——丁公司　2 660 000

3. 取得现金股利或利润的处理

按照权益法核算的长期股权投资，投资方按照被投资单位宣告分派的利润或现金股利计算应享有的部分，相应减少长期股权投资的账面价值。在被投资单位宣告分派现金股利或利润时，借记“应收股利”科目，贷记“长期股权投资（损益调整）”科目；自被投资单位取得的现金股利或利润超过已确认损益调整的部分应视同投资成本的收回，冲减长期股权投资的账面价值。

4. 超额亏损的确认

按照权益法核算的长期股权投资，投资方确认被投资单位发生的净亏损，应当以长期股权投资的账面价值以及其他实质上构成对被投资单位净投资的长期权益减记至零为限，投资方负有承担额外损失义务的除外。被投资单位以后实现净利润的，投资方在其收益分享额弥补未确认的亏损分担额后，恢复确认收益分享额。

这里所讲的“其他实质上构成对被投资单位净投资的长期权益”通常是指长期应收项目。比如，企业对被投资单位的长期债权，该债权没有明确的清收计划，且在可预见的未来期间不准备收回的，实质上构成对被投资单位的净投资，但不包括投资企业与被投资单位之间因销售商品、提供劳务等日常活动所产生的长期债权。

投资企业在确认应分担被投资单位发生的亏损时，具体应按照以下顺序处理：

首先，减记长期股权投资的账面价值。

其次，在长期股权投资的账面价值减记至零的情况下，对于未确认的投资损失，考虑除长期股权投资以外，账面上是否有其他实质上构成对被投资单位净投资的长期权益项目，如果有，则应以其他长期权益的账面价值为限，继续确认投资损失，冲减长期应收项目等的账面价值。

最后，经过上述处理，按照投资合同或协议约定，投资企业仍需要承担额外损失弥补等义务的，应按预计将承担的义务金额确认预计负债，计入当期投资损失。

企业在实务操作过程中，在发生投资损失时，应借记“投资收益”科目，贷记“长期股权投资——损益调整”科目。在长期股权投资的账面价值减记至零以后，考虑其他实质上构成对被投资单位净投资的长期权益，继续确认的投资损失，应借记“投资收益”科目，贷记“长期应收款”等科目；因投资合同或协议约定导致投资企业需要承担额外义务的，按照“或有事项准则”的规定，对于符合确认条件的义务，应确认为当期损失，同时确认预计负债，借记“投资收益”科目，贷记“预计负债”科目。除上述情况仍未确认的应分担被投资单位的损失之外，应在账外备查登记。

确认了有关的投资损失以后，被投资单位以后实现净利润的，投资方在其收益分享额弥补未确认的亏损分担额后，恢复确认收益分享额。在确认了有关的投资损失以后，被投资单位于以后期间实现盈利的，应按以上相反顺序分别减记账外备查登记的金额、已确认的预计负债、恢复其他长期权益及长期股权投资的账面价值，同时确认投资收益。即应当按顺序分别借记“预计负债”、“长期应收款”、“长期股权投资”等科目，贷记“投资收益”科目。

[例7-15] 甲企业持有乙企业40%的股权，能够对乙企业施加重大影响。2010年12月31日，该项长期股权投资的账面价值为6 000万元。乙企业2011年由于一项主营业务市场条件发生变化，当年度亏损9 000万元。假定甲企业在取得该投资时，乙企业各项可辨认资产、负债的公允价值与其账面价值相等，双方所采用的会计政策及会计期间也相同。则甲企业当年度应确认的投资损失为3 600万元。确认上述投资损失后，长期股权投资的账面价值变为2 400万元。

[案例分析]

如果乙企业当年度的亏损额为18 000万元，则甲企业按其持股比例确认应分担的损失为7 200万元，但长期股权投资的账面价值仅为6 000万元，如果没有其他实质上构成对被投资单位净投资的长期权益项目，则甲企业应确认的投资损失仅为6 000万元，超额损失在账外进行备查登记；在确认了6 000万元的投资损失，长期股权投资的账面价值减记至零以后，如果甲企业账上仍有应收乙企业的长期应收款2 400万元，该款项从目前情况看，没有明确的清偿计划（并非产生于商品购销等日常活动），则在长期应收款的账面价值大于1 200万元的情况下，应以长期应收款的账面价值为限进一步确认投资损失1 200万元。甲企业应进行的账务处理为：

借：投资收益　　60 000 000
　贷：长期股权投资——损益调整　　60 000 000
借：投资收益　　12 000 000
　贷：长期应收款　　12 000 000

5. 被投资单位除净损益以外所有者权益的其他变动

投资方对于被投资单位除净损益、其他综合收益和利润分配以外所有者权益的其他变动，应当调整长期股权投资的账面价值并计入所有者权益。

采用权益法核算时，投资企业对于被投资单位除净损益以外所有者权益的其他变动，在持股比例不变的情况下，应按照持股比例与被投资单位除净损益以外所有者权益的其他变动中归属于本企业的部分，相应调整长期股权投资的账面价值，同时增加或减少资本公积。

[例7-16]　A企业持有B企业30%的股份，能够对B企业施加重大影响。当期B企业因持有的可供出售金融资产公允价值的变动计入资本公积的金额为1 800万元，除该事项外，B企业当期实现的净损益为9 600万元。假定A企业与B企业适用的会计政策、会计期间相同，投资时B企业有关资产、负债的公允价值与其账面价值亦相同，双方当期及以前期间未发生任何内部交易。

[案例分析]

A企业在确认应享有被投资单位所有者权益的变动时，应进行的账务处理为：

借：长期股权投资——损益调整　　28 800 000
　　　　　　　　——其他权益变动　　5 400 000
　贷：投资收益　　28 800 000
　　　资本公积——其他资本公积　　5 400 000

6. 股票股利的处理

被投资单位分派的股票股利，投资企业不做账务处理，但应于除权日在备查登记簿中注明所增加的股数，以反映股份的变化情况。

7. 有关会计政策

投资方在确认应享有被投资单位净损益的份额时，应当以取得投资时被投资单位可辨认净资产的公允价值为基础，对被投资单位的净利润进行调整后确认。

被投资单位采用的会计政策及会计期间与投资方不一致的，应当按照投资方的会计政策及会计期间对被投资单位的财务报表进行调整，并据以确认投资收益和其他综合收益等。

三、长期股权投资的减值

长期股权投资在按照规定进行核算确定其账面价值的基础上，如果存在减值迹象的，应当按照相关准则的规定计提减值准备。其中，对子公司、联营企业及合营企业的投资，应当按照《企业会计准则第8号——资产减值》的规定确定其可收回金额及应予计提的减值准备；企业持有的对被投资单位不具有共同控制或重大影响、在活跃市场中没有报价、公允价值不能可靠计量的长期股权投资，应当按照《企业会计准则第22号——金融工具确认和计量》的规定确定其可收回金额及应予计提的减值准备，上述有关长期股权投资的减值准备在提取以后，均不允许转回。

第三节 长期股权投资核算方法的转换及处置

一、长期股权投资核算方法的转换

长期股权投资在持有期间，因各方面情况的变化，可能导致其核算需要由一种方法转换为另外一种方法。

（一）成本法转换为权益法

长期股权投资的核算由成本法转为权益法时，应以成本法下长期股权投资的账面价值作为按照权益法核算的初始投资成本，并在此基础上比较该初始投资成本与应享有被投资单位可辨认净资产公允价值的份额，确定是否需要对长期股权投资的账面价值进行调整。

（1）原持有的对被投资单位不具有控制、共同控制或重大影响、在活跃市场中没有报价、公允价值不能可靠计量的长期股权投资，因追加投资导致持股比例上升，能够对被投资单位施加重大影响或是实施共同控制的。在自成本法转为权益法时，应区分原持有的长期股权投资以及新增长期股权投资两部分分别处理：

1）原持有长期股权投资的账面余额与按照原持股比例计算确定应享有原取得投资时被投资单位可辨认净资产公允价值份额之间的差额，属于通过投资作价体现的商誉部分，不调整长期股权投资的账面价值。属于原取得投资时因投资成本小于应享有被投资单位可辨认净资产公允价值份额的差额，一方面应调整长期股权投资的账面价值；另一方面应同时调整留存收益。

2）对于新取得的股权部分，应比较新增投资的成本与取得该部分投资时应享有被投资单位可辨认净资产公允价值的份额，其中，投资成本大于投资时应享有被投资单位可辨认净资产公允价值份额的，不调整长期股权投资的成本；对于投资成本小于应享有被投资单位可辨认净资产公允价值份额的，应调整增加长期股权投资的成本，同时计入取得当期的营业外收入。

上述与原持股比例相对应的商誉或是应计入留存收益的金额与新取得投资过程中体现的商誉与计入当期损益的金额应综合考虑，在此基础上确定与整体投资相关的商誉或是因投资成本小于应享有被投资单位可辨认净资产公允价值份额应计入留存收益或是损益的金额。

3）对于原取得投资后至新取得投资的交易日之间被投资单位可辨认净资产公允价值的变动相对于原持股比例的部分，属于在此期间被投资单位实现的净损益中应享有份额的，应调整长期股权投资的账面价值，同时对于原取得投资时至新增投资当期期初按照原持股比例应享有被投资单位实现的净损益，应调整留存收益，对于新增投资当期期初至新增投资交易日之间应享有被投资单位的净损益，应计入当期损益；属于其他原因导致的被投资单位可辨认净资产公允价值变动中应享有的份额，在调整长期股权投资账面价值的同时，应当计入“资本公积——其他资本公积”。

［**例 7-17**］　A 公司于 2010 年 2 月取得 B 公司 10% 的股权，成本为 900 万元，取得时 B 公司可辨认净资产公允价值总额为 8 400 万元（假定公允价值与账面价值相同）。因对被投资单位不具有重大影响且无法可靠确定该项投资的公允价值，A 公司对其采用成本法核算。本例中 A 公司按照净利润的 10% 提取盈余公积。

2011 年 1 月 1 日，A 公司又以 1 800 万元取得 B 公司 12% 的股权，当日 B 公司可辨认净资产公允价值总额为 12 000 万元。取得该部分股权后，按照 B 公司章程的规定，A 公司能够派人参与 B 公司的财务和生产经营决策，对该项长期股权投资转为采用权益法核算。假定 A 公司在取得对 B 公司 10% 的股权后，双方未发生任何内部交易。B 公司通过生产经营活动实现的净利润为 900 万元。未派发现金股利或利润。除所实现净利润外，未发生其他计入资本公积的交易或事项。

（1）2011 年 1 月 1 日，A 公司应确认对 B 公司的长期股权投资，账务处理为

借：长期股权投资　　　　18 000 000

　贷：银行存款　　　　18 000 000

（2）对长期股权投资账面价值的调整。确认该部分长期股权投资后，A 公司对 B 公司投资的账面价值为 2 700 万元，其中与原持有比例相对应的部分为 900 万元，新增股权的成本为 1 800 万元。

1）对于原 10% 股权的成本 900 万元与原投资时应享有被投资单位可辨认净资产公允价值份额 840（8 400 × 10%）万元之间的差额 60 万元，属于原投资时体现的商誉，该部分差额不调整长期股权投资的账面价值。

对于被投资单位可辨认净资产在原投资时至新增投资交易日之间公允价值的变动（12 000 − 8 400）万元相对于原持股比例的部分 360 万元，其中，属于投资后被投资单位实现净利润部分 90（900 × 10%）万元，应调整增加长期股权投资的账面余额，同时调整留存收益；除实现净损益外其他原因导致的可辨认净资产公允价值的变动 270 万元，应当调整增加长期股权投资的账面余额，同时计入“资本公积——其他资本公积”科目。账务处理为

借：长期股权投　　　　3 600 000

　贷：资本公积——其他资本公积　　　　2 700 000

　　　盈余公积　　　　90 000

　　　利润分配——未分配利润　　　　810 000

2）对于新取得的股权，其成本为 1 800 万元，取得该投资时按照持股比例计算确定应享有被投资单位可辨认净资产公允价值的份额 1 440（12 000 × 12%）万元之间的差额为投资作价中体现出的商誉，该部分商誉不要求调整长期股权投资的成本。

（2）因处置投资导致对被投资单位的影响能力由控制转为具有重大影响或是与其他投资方一起实施共同控制的情况下，在投资企业的个别财务报表中，首先应按处置或收回投资的比例结转应终止确认的长期股权投资成本。

在此基础上，应当比较剩余的长期股权投资成本与按照剩余持股比例计算原投资时应享有被投资单位可辨认净资产公允价值的份额，属于投资作价中体现的商誉部分，不调整长期股权投资的账面价值；属于投资成本小于应享有被投资单位可辨认净资产公允价值份额的，在调整长期股权投资成本的同时，应调整留存收益。

对于原取得投资后至转变为权益法核算之间被投资单位实现的净损益中应享有的份额，应调整长期股权投资的账面价值，同时对于原取得投资时至处置投资当期期初被投资单位实现的净损益（扣除已发放及已宣告发放的现金股利及利润）中应享有的份额，调整留存收益，对于处置投资当期期初至处置投资之日被投资单位实现的净损益中享有的份额，调整当期损益；其他原因导致被投资单位所有者权益变动中应享有的份额，在调整长期股权投资账面价值的同时，应当计入“资本公积——其他资本公积”。

在合并财务报表中，对于剩余股权，应当按照其在丧失控制权日的公允价值进行重新计量。处置股权取得的对价与剩余股权公允价值之和，减去按原持股比例计算应享有原有子公司自购买日开始持续计算的净资产份额之间的差额，计入丧失控制权当期的投资收益。与原有子公司股权投资相关的其他综合收益，应当在丧失控制权时转为当期投资收益。企业应当在附注中披露处置后的剩余股权在丧失控制权日的公允价值、按照公允价值重新计量产生的相关利得或损失的金额。

[例7-18] 2012年1月1日，甲公司支付600万元取得乙公司100%的股权，投资当时乙公司可辨认净资产的公允价值为500万元，有商誉100万元。2012年1月1日至2013年12月31日，乙公司的净资产增加了75万元，其中按购买日公允价值计算实现净利润50万元，持有可供出售金融资产的公允价值升值25万元。

2014年1月8日，甲公司转让乙公司60%的股权，收取现金480万元存入银行，转让后甲公司对乙公司的持股比例为40%，能对其施加重大影响。2014年1月8日，即甲公司丧失对乙公司的控制权日，乙公司剩余40%股权的公允价值为320万元。假设甲、乙公司提取盈余公积的比例均为10%，乙公司未分配现金股利，并不考虑其他因素。

[案例分析]

甲公司在其个别和合并财务报表中的处理分别如下：

（1）甲公司个别财务报表的处理。

1）确认部分股权处置收益：

借：银行存款	4 800 000	
贷：长期股权投资 （600万元×60%）		3 600 000
投资收益		1 200 000

2）对剩余股权改按权益法核算：

借：长期股权投资　300 000

　贷：盈余公积　（50 万元 ×40% ×10%）　20 000

　　利润分配　（50 万元 ×40% ×90%）　180 000

　　资本公积　（25 万元 ×40%）　100 000

经上述调整后，在个别财务报表中，剩余股权的账面价值为 270 万元（600 × 40% +30）。

（2）甲公司合并财务报表的处理：

合并财务报表中应确认的投资收益为［480 +320］ -675 +25 =150（万元）。由于个别财务报表中已经确认了 120 万元的投资收益，在合并财务报表中做如下调整：

1）对剩余股权按丧失股权日的公允价值重新计量的调整：

借：长期股权投资　3 200 000

　贷：长期股权投资　（675 万元 ×40%）　2 700 000

　　投资收益　500 000

2）对个别财务报表中的部分处置收益的归属期间进行调整：

借：投资收益　（50 万元 ×60%）　300 000

　贷：未分配利润　300 000

3）从资本公积中转出与剩余股权相对应的原计入其他综合收益 10 万元，重分类转入投资收益：

借：资本公积　100 000

　贷：投资收益　（25 万元 ×40%）　100 000

（二）权益法转换为成本法

因追加投资原因导致原持有的对联营企业或合营企业的投资转变为对子公司投资的，长期股权投资账面价值的调整应当按照本章第一节的有关规定处理。除此之外，因收回投资等原因导致长期股权投资的核算由权益法转换为成本法的，应以转换时长期股权投资的账面价值作为按照成本法核算的基础。

［例 7-19］　甲公司持有乙公司 30% 的有表决权股份，因能够对乙公司的生产经营决策施加重大影响，甲公司对该项投资采用权益法核算。2010 年 10 月，甲公司将该项投资中的 50% 对外出售，出售以后，无法再对乙公司施加重大影响，且该项投资不存在活跃市场，公允价值无法可靠计量，甲公司对该项投资转为采用成本法核算。出售时，该项长期股权投资的账面价值为 4 800 万元，其中投资成本 3 900 万元，损益调整为 900 万元，出售取得价款 2 700 万元。

甲公司确认处置损益应进行以下账务处理：

借：银行存款　27 000 000

　贷：长期股权投资　24 000 000

　　投资收益　3 000 000

二、长期股权投资的处置

处置长期股权投资，其账面价值与实际取得价款之间的差额，应当计入当期损益。

采用权益法核算的长期股权投资，在处置该项投资时，采用与被投资单位直接处置相关资产或负债相同的基础，按相应比例对原计入其他综合收益的部分进行会计处理。

[例7-20]　A企业原持有B企业40%的股权，2010年12月20日，A企业决定出售10%的B企业股权，出售时A企业账面上对B企业长期股权投资的构成为：投资成本1 800万元，损益调整480万元，其他权益变动300万元。出售取得价款705万元。

（1）A企业确认处置损益的账务处理为

借：银行存款	7 050 000	
贷：长期股权投资		6 450 000
投资收益		600 000

（2）除应将实际取得价款与出售长期股权投资的账面价值进行结转，确认出售损益以外，还应将原计入资本公积的部分按比例转入当期损益。

借：资本公积——其他资本公积	750 000	
贷：投资收益		750 000

第八章

收入、费用和利润的会计核算

第一节　收入的会计核算

一、收入的定义及其分类

收入是指企业在日常活动中形成的、会导致所有者权益增加的、与所有者投入资本无关的经济利益的总流入。其中，日常活动是指企业为完成其经营目标所从事的经常性活动以及与之相关的其他活动。

收入可以有不同的分类。按照企业从事日常活动的性质，可将收入分为销售商品收入、提供劳务收入、让渡资产使用权收入、建造合同收入等。其中，销售商品收入是指企业通过销售商品实现的收入，如房地产企业建造并销售开发产品、商业企业销售商品等实现的收入；提供劳务收入是指企业通过提供劳务实现的收入，如建筑施工企业提供的建筑安装劳务、软件开发企业为客户开发软件、设计院提供设计服务等实现的收入；让渡资产使用权收入是指企业通过让渡资产使用权实现的收入，如商业银行对外贷款、房地产企业出租房屋等实现的收入。建造合同收入是指企业承担建造合同所形成的收入。按照企业从事日常活动在企业的重要性，可将收入分为主营业务收入、其他业务收入等。其中，主营业务收入是指企业为完成其经营目标从事的经常性活动实现的收入。如房地产企业建造并销售开发产品、商业企业销售商品、保险公司签发保单、咨询公司提供咨询服务、软件开发企业为客户开发软件、安装公司提供安装服务、商业银行对外贷款、租赁公司出租资产等实现的收入。这些活动形成的经济利益的总流入构成收入，属于企业的主营业务收入，根据其性质的不同，分别通过“主营业务收入”、“利息收入”、“保费收入”等科目进行核算；其他业务收入是指与企业为完成其经营目标所从事的经常性活动相关的活动实现的收入。如工业企业对外出售不需用的原材料、对外转让无形资产使用权等实现的收入。这些活动形成的经济利益的总流入也构成收入，属于企业的其他业务收入，分别通过“其他业务收入”科目核算。

二、销售商品收入

（一）销售商品收入的确认和计量

商品包括企业为销售而生产的产品和为转售而购进的商品，如工业企业生产的产品、房地产企业建造的开发产品、商业企业购进的商品等，企业销售的其他存货，如原材料、包装物等，也视同企业的商品。

销售商品收入同时满足下列条件的，才能予以确认：

1. 企业已将商品所有权上的主要风险和报酬转移给购货方

这是指与商品所有权有关的主要风险和报酬同时转移给了购货方。其中，与商品所有权有关的风险是指商品可能发生减值或毁损等形成的损失；与商品所有权有关的报酬是指商品价值增值或通过使用商品等形成的经济利益。

判断企业是否已将商品所有权上的主要风险和报酬转移给购货方，应当关注交易的实质，而不是形式，并结合所有权凭证的转移或实物的交付进行判断。如果与商品所有权有关的任何损失均不需要销货方承担，与商品所有权有关的任何经济利益也不归销货方所有，就意味着商品所有权上的主要风险和报酬转移给了购货方。

（1）通常情况下，转移商品所有权凭证并交付实物后，商品所有权上的所有风险和报酬也随之转移，如商品房的销售。

（2）某些情况下，转移商品所有权凭证或交付实物后，商品所有权上的主要风险和报酬随之转移，企业只保留商品所有权上的次要风险和报酬，如采用交款提货方式销售商品。在这种情形下，应当视同商品所有权上的所有风险和报酬已经转移给购货方。

（3）某些情况下，转移商品所有权凭证或交付实物后，商品所有权上的主要风险和报酬并未随之转移。

1）企业销售的商品在质量、品种、规格等方面不符合合同或协议要求，又未根据正常的保证条款予以弥补，因而仍负有责任。

2）企业销售商品的收入是否能够取得，取决于购买方是否已将商品销售出去，如采用支付手续费方式委托代销商品等。

支付手续费方式委托代销商品是指委托方和受托方签订合同或协议，委托方根据代销商品金额或数量向受托方支付手续费的销售方式。在这种方式下，委托方发出商品时，商品所有权上的主要风险和报酬并未转移给受托方，委托方在发出商品时通常不应确认销售商品收入，通常可在收到受托方开出的代销清单时确认销售商品收入；受托方应在商品销售后，按合同或协议约定的方法计算确定的手续费确认收入。

3）企业尚未完成售出商品的安装或检验工作，且安装或检验工作是销售合同或协议的重要组成部分。

［例8-1］ 甲公司向乙公司销售一部电梯，电梯已经运抵乙公司，发票账单已经交付，同时收到部分货款。合同约定，甲公司应负责该电梯的安装工作，在安装工作

结束并经乙公司验收合格后，乙公司应立即支付剩余货款。

［案例分析］

根据本例的资料，电梯安装调试工作通常是电梯销售合同的重要组成部分，在安装过程中可能会发生一些不确定因素，影响电梯销售收入的实现。因此，电梯实物的交付并不表明商品所有权上的主要风险和报酬随之转移，不能确认收入。

需要说明的是，在需要安装或检验的销售中，如果安装程序比较简单或检验是为了最终确定合同或协议价格而必须进行的程序，企业可以在发出商品时确认收入。

4）销售合同或协议中规定了买方由于特定原因有权退货的条款，且企业又不能确定退货的可能性。

2. 企业既没有保留通常与所有权相联系的继续管理权，也没有对已售出的商品实施有效的控制

通常情况下，企业售出商品后不再保留与商品所有权相联系的继续管理权，也不再对售出商品实施有效控制，商品所有权上的主要风险和报酬已经转移给购货方，通常应在发出商品时确认收入。

［例 8-2］　甲公司属于房地产开发商。甲公司先将住宅小区整体销售给乙公司，然后接受乙公司委托代售住宅小区商品房并管理住宅小区物业。

［案例分析］

甲公司接受乙公司委托代售住宅小区商品房并管理住宅小区物业，是与住宅小区销售无关的另一项提供劳务的交易。甲公司虽然仍对住宅小区进行管理，但这种管理与住宅小区的所有权无关，因此，甲公司应确认销售。

3. 收入的金额能够可靠地计量

收入的金额能够可靠地计量，是指收入的金额能够合理地估计。如果收入的金额不能够合理地估计，则无法确认收入。通常情况下，企业在销售商品时，商品销售价格已经确定，企业应当按照从购货方已收或应收的合同或协议价款确定收入金额。如果销售商品涉及现金折扣、商业折扣、销售折让等因素，还应当在考虑这些因素后确定销售商品收入金额。如果企业从购货方应收的合同或协议价款延期收取具有融资性质的，企业应按应收的合同或协议价款的公允价值确定销售商品收入金额。

有时，由于销售商品过程中某些不确定因素的影响，也有可能存在商品销售价格发生变动的情况，如附有销售退回条件的商品销售。如果企业不能合理估计退货的可能性，就不能够合理地估计收入的金额，不应在发出商品时确认收入，而应当在售出商品退货期满、销售商品收入金额能够可靠计量时确认收入。

企业从购货方已收或应收的合同协议价款不公允的，企业应按公允的交易价格确定收入金额，不公允的价款不应确定为收入金额。

4. 相关的经济利益很可能流入企业

相关的经济利益很可能流入企业，是指销售商品价款收回的可能性大于不能收回的可能性，即销售商品价款收回的可能性超过 50%。企业在确定销售商品价款收回的可能性时，应当结合以前和买方交往的直接经验、政府的有关政策以及其他方面取得的信息等因素进行综合分析。企业销售的商品符合合同或协议要求，已将发票账单交付买方，买方承诺付款，通常表明满足收入确认条件的经济利益很可能流入企业。如果企业根据以前与买方交往的直接经验判断买方信誉较差，或销售时得知买方在另一项交易中发生了巨额亏损，资金周转十分困难，或在出口商品时不能肯定进口企业所在国政府是否允许将款项汇出等，就可能会出现与销售商品相关的经济利益不能流入企业的情况，不应确认收入。如果企业判断销售商品收入满足确认条件确认了一笔应收债权，以后由于购货方资金周转困难无法收回该债权时，不应调整原确认的收入，而应对该债权计提坏账准备、确认坏账损失。

5. 相关的已发生或将发生的成本能够可靠地计量

通常情况下，销售商品相关的已发生或将发生的成本能够合理地估计，如开发产品的成本等。如果开发产品是本企业建造的，其开发成本能够可靠计量；如果是外购的，购买成本能够可靠计量。有时，销售开发产品相关的已发生或将发生的成本不能够合理地估计，此时房地产企业暂不应确认收入，已收到的价款应确认为负债。

（二）销售商品收入的会计处理

1. 通常情况下销售商品收入的处理

确认销售商品收入时，企业应按已收或应收的合同或协议价款，加上应收取的增值税额，借记“银行存款”、“应收账款”、“应收票据”等科目，按确定的收入金额，贷记“主营业务收入”、“其他业务收入”等科目，按应收取的增值税额，贷记“应交税费——应交增值税（销项税额）”科目；同时在资产负债表日，按应缴纳的营业税、城市维护建设税、教育费附加等税费金额，借记“营业税金及附加”科目，贷记“应交税费——应交营业税（及应交城市维护建设税、教育费附加等）”科目。

如果售出商品不符合收入确认条件，则不应确认收入，已经发出的商品，应当通过“发出商品”科目进行核算。

2. 销售商品涉及现金折扣、商业折扣、销售折让的处理

企业销售商品有时也会遇到现金折扣、商业折扣、销售折让等问题，应当分别不同情况进行处理。

（1）现金折扣是指债权人为鼓励债务人在规定的期限内付款而向债务人提供的债务扣除。企业销售商品涉及现金折扣的，应当按照扣除现金折扣前的金额确定销售商品收入金额。现金折扣在实际发生时计入财务费用。

［例8-3］ 2009年4月5日，甲房地产企业将一套商业用房以200万元赊销给乙企业，双方约定：赊销期为半年，如果，乙企业一个月之内付款，可以折扣5%，如果3个月内付款，可以折扣2%，6个月之内付款可以折扣1%，超过6个月不予折扣。乙企业于6月20日付款，甲企业应当怎样处理折扣？

①4月1日销售实现时，按销售总价确认收入。

借：应收账款——乙公司　　　　2 000 000

　　贷：主营业务收入　　　　2 000 000

② 乙公司在6月20日付清货款，则按销售总价200万元的2%享受现金折扣4万元，实际付款196万元。

借：银行存款　　　　1 960 000
　　财务费用　　　　40 000
　　贷：应收账款——乙公司　　　　2 000 000

(2) 商业折扣是指企业为促进商品销售而在商品标价上给予的价格扣除。企业销售商品涉及商业折扣的，应当按照扣除商业折扣后的金额确定销售商品收入金额。

[例8-4]　2011年3月，甲房地产公司开发的A小区开盘销售，由于受国家宏观调控的影响，购房人持币观望，一套房也没有销售出去。于是，公司提出让利措施，如果在4月10日之前购房，可以折扣2%。由于这一促销手段，4月5日出售住宅10套，销售收入1 100万元，由于让利措施，商业折扣2%，折扣额22万元，实收金额1 078万元。

借：现金　　　　10 780 000
　　贷：主营业务收入　　　　10 780 000

(3) 销售折让是指企业因售出商品的质量不合格等原因而在售价上给予的减让。对于销售折让，企业应分别不同情况进行处理：①已确认收入的售出商品发生销售折让的，通常应当在发生时冲减当期销售商品收入；②已确认收入的销售折让属于资产负债表日后事项的，应当按照有关资产负债表日后事项的相关规定进行处理。

[例8-5]　2011年4月18日，某开发企业售出一套住宅，建筑面积150平方米，售价90万元，房款已收讫，发票已经开具，营业税税款已经缴纳。由于房屋层高不符合设计要求，5月10日，买房人要求退房。后经协商，开发公司按5%打折，于2011年7月退还房款4.5万元，应如何计算销售收入？

① 销售实现时：

借：现金　　　　900 000
　　贷：主营业务收入　　　　900 000

② 发生销售折让时：

借：主营业务收入　　　　45 000
　　贷：现金　　　　45 000

3. 销售退回的处理

销售退回是指企业售出的商品由于质量、品种不符合要求等原因而发生的退货。对于销售退回，企业应分别不同情况进行会计处理。

(1) 对于未确认收入的售出商品发生销售退回的，企业应按已计入“发出商品”科目的商品成本金额，借记“库存商品”科目，贷记“发出商品”科目。

(2) 对于已确认收入的售出商品发生退回的，企业应在发生时冲减当期销售收入，同时冲减当期销售成本。如该项销售退回已发生现金折扣的，应同时调整相关财务费用的金额；如该项销售退回允许扣减增值税额的，应同时调整“应交税费——应交增值税（销项税额）”科目的相应金额。

（3）已确认收入的售出商品发生的销售退回属于资产负债表日后事项的，应当按照有关资产负债表日后事项的相关规定进行会计处理。

［例8-6］ 2011年3月1日，甲房地产公司将新建成的一套写字间出售给乙公司，开具了销售不动产发票，金额320万元，开发成本263万元。双方约定的现金折扣条件为：2/10，1/20，n/30。乙公司于3月16日付款。5月11日该写字间因质量问题被退回。甲公司的账务处理如下：

（1）3月1日销售实现时，按销售总额确认收入：

借：应收账款——乙公司	3 200 000	
贷：主营业务收入		3 200 000
借：主营业务成本	2 630 000	
贷：开发产品		2 630 000

（2）3月16日收到房款，按1%销售现金折扣3.2万元。

借：银行存款	3 168 000	
财务费用	32 000	
贷：应收账款——乙公司		3 200 000

（3）5月11日发生退房。

借：主营业务收入	3 200 000	
贷：财务费用		32 000
银行存款		3 168 000
借：开发产品	2 630 000	
贷：主营业务成本		2 630 000

4. 特殊销售商品业务的处理

企业会计实务中，可能遇到一些特殊的销售商品业务。在将销售商品收入和计量原则运用于特殊销售商品收入的会计处理时，应结合这些特殊销售商品交易的形式，并注重交易的实质。

（1）委托代销商品。代销商品分别以下情况处理：

1）视同买断方式。视同买断方式代销商品，是指委托方和受托方签订合同或协议，委托方按合同或协议收取代销的货款，实际售价由受托方自定，实际售价与合同或协议价之间的差额归受托方所有。如果委托方和受托方之间的协议明确标明，受托方在取得代销商品后，无论是否能够卖出、是否获利，均与委托方无关，那么，委托方和受托方之间的代销商品交易，与委托方直接销售商品给受托方没有实质区别，在符合销售商品收入确认条件时，委托方应确认相关销售商品收入。如果委托方和受托方之间的协议明确标明，将来受托方没有将商品售出时可以将商品退回给委托方，或受托方因代销商品出现亏损时可以要求委托方补偿，那么，委托方在交付商品时通常不确认收入，受托方也不作购进商品处理，受托方将商品销售后，按实际售价确认销售收入，并向委托方开具代销清单，委托方收到代销清单时，再确认本企业的销售收入。

[例 8-7] 2011 年 2 月，甲房地产公司将新建成的住宅小区委托乙房产经纪公司代销，代销合同约定，小区可售面积 104 500 平方米，甲公司按每平方米均价 4 600 元与乙公司结算，对外售价由乙公司根据市场情况自定，差额归乙公司所有，每月月末由乙公司向甲公司开具代销清单结算。3 月，乙公司卖出住宅 38 套，面积 3 534 平方米，销售收入 19 430 000 元。乙公司按照合同约定，向甲公司开出代销清单，结算价格 16 256 400 元。已知每平方米的成本价 4 200 元，会计处理如下：

(1) 甲公司 2 月将小区委托乙公司代销：

借：委托代销开发产品　　438 900 000

　贷：开发产品　　438 900 000

(2) 3 月月末，收到代销清单确认收入并结转成本：

借：应收账款——乙公司　　16 256 400

　贷：主营业务收入　　16 256 400

借：主营业务成本　　14 842 800

　贷：委托代销开发产品　　14 842 800

2）收取手续费方式。在这种方式下，委托方在发出商品时通常不应确认销售商品收入，而应在收到受托方开出的代销清单时确认销售商品收入；受托方应在商品销售后，按合同或协议约定的方法计算确定的手续费确认收入。

[例 8-8] 2011 年 3 月，A 房地产公司委托 B 房产销售公司代销住宅100 000平方米，委托代销协议规定按每平方米均价 5 000 元对外销售，每月末由 B 公司向甲公司开具代销清单结算，B 公司按销售收入的 1% 计提代销佣金。4 月，B 公司销售房产 4 500 平方米，销售收入 22 500 000 元，B 公司计提手续费 225 000 元，已经向 A 公司开具了发票。已知每平方米的成本价 4 400 元，A 公司的会计处理如下：

(1) A 公司 3 月将小区委托乙公司代销：

借：委托代销开发产品　　440 000 000

　贷：开发产品　　440 000 000

(2) 4 月月末，收到代销清单确认收入并结转成本：

借：应收账款——B 公司　　22 500 000

　贷：主营业务收入　　22 500 000

借：主营业务成本　　19 800 000

　贷：委托代销开发产品　　19 800 000

(3) 计提 B 公司的佣金：

借：销售费用　　225 000

　贷：应收账款——B 公司　　225 000

（2）预收款销售商品。预收款销售商品是指购买方在商品尚未收到前按合同或协议约定分期付款，销售方在收到最后一笔款项时才交货的销售方式。在这种方式下，销售方直到收到最后一笔款项才将商品交付购货方，表明商品所有权上的主要风险和报酬只有在收到最后一笔款项时才转移给购货方，企业通常应在发出商品时确认收入，在此之前预收的货款应确认为负债。

［例8-9］ 2011年3月5日，甲公司与乙公司签订售房协议，采用预收款方式向乙公司销售一套住宅。该住宅面积120平方米，实际成本为700 000元。协议约定，该住宅销售价格为1 000 000元；乙公司应在协议签订时预付60%的房款，剩余房款于两个月后支付。甲公司的账务处理如下：

（1）收到60%货款时：

借：银行存款	600 000	
贷：预收账款——乙公司		600 000

（2）收到剩余货款确认收入时：

借：预收账款——乙公司	600 000	
银行存款	400 000	
贷：主营业务收入		1 000 000
借：主营业务成本	700 000	
贷：开发产品		700 000

（3）具有融资性质的分期收款销售商品。企业销售商品，有时会采取分期收款的方式，如分期收款发出商品，即商品已经交付，货款分期收回。如果延期收取的货款具有融资性质，其实质是企业向购货方提供免息的信贷，在符合收入确认条件时，企业应当按照应收的合同或协议价款的公允价值确定收入金额。应收的合同或协议价款的公允价值，通常应当按照其未来现金流量现值或商品现销价格计算确定。应收的合同或协议价款与其公允价值之间的差额，应当在合同或协议期间内，按照应收款项的摊余成本和实际利率计算确定的金额进行摊销，作为财务费用的抵减处理。其中，实际利率是指具有类似信用等级的企业发行类似工具的现时利率，或者将应收的合同或协议价款折现为商品现销价格时的折现率等。在实务中，基于重要性要求，应收的合同或协议价款与其公允价值之间的差额，按照应收款项的摊余成本和实际利率进行摊销与采用直线法进行摊销结果相差不大的，也可以采用直线法进行摊销。

［例8-10］ 2008年1月1日，甲房地产公司采用分期收款方式向乙公司销售一栋写字楼，合同约定的销售价格为2 000万元，分5次于每年12月31日等额收取。该写字楼成本为1 400万元。在现销方式下，该写字楼的销售价格为1 600万元。

［案例分析］

根据本例的资料，甲公司应当确认的销售收入金额为1 600万元。

根据下列公式：

未来五年收款额的现值＝现销方式下应收款项金额

可以得出：

$400\times(P/A, r, 5)=1\ 600$（万元）

可在多次测试的基础上，用插值法计算折现率。

当 $r=7\%$ 时，$400\times4.1002=1\ 640.08>1\ 600$

当 $r=8\%$ 时，$400\times3.9927=1\ 597.08<1\ 600$

因此，$7\%<r<8\%$。用插值法计算如下：

现值	利率
1 640.08	7%
1 600	r
1 597.08	8%

$$\frac{1\ 640.08-1600}{1\ 640.08-1\ 597.08}=\frac{7\%-r}{7\%-8\%}$$

得出，$r=7.93\%$

每期计入财务费用的金额见表 8-1。

表 8-1　财务费用和已收本金计算表

（单位：万元）

年　份 (t)	未收本金 ($A_t=A_{t-1}-D_{t-1}$)	财务费用 ($B=A\times7.93\%$)	收现总额 (C)	已收本金 ($D=C-B$)
2008 年 1 月 1 日	1 600			
2008 年 12 月 31 日	1 600	126.88	400	273.12
2009 年 12 月 31 日	1 326.88	105.22	400	294.78
2010 年 12 月 31 日	1 032.10	81.85	400	318.15
2011 年 12 月 31 日	713.95	56.62	400	343.38
2012 年 12 月 31 日	370.57	29.43 *	400	370.57
总　额		400	2 000	1 600

注："*"为尾数调整。

根据表 8-1 的计算结果，甲公司各期的会计分录如下：

1）2008 年 1 月 1 日销售实现时：

借：长期应收款	20 000 000	
贷：主营业务收入		16 000 000
未实现融资收益		4 000 000
借：主营业务成本	14 000 000	
贷：开发产品		14 000 000

2）2008 年 12 月 31 日收取房款时：

借：银行存款	4 000 000	
贷：长期应收款		4 000 000

借：未实现融资收益　　1 268 800
　贷：财务费用　　1 268 800

3）2009 年 12 月 31 日收取房款时：

借：银行存款　　4 000 000
　贷：长期应收款　　4 000 000

借：未实现融资收益　　1 052 200
　贷：财务费用　　1 052 200

4）2010 年 12 月 31 日收取房款时：

借：银行存款　　4 000 000
　贷：长期应收款　　4 000 000

借：未实现融资收益　　818 500
　贷：财务费用　　818 500

5）2011 年 12 月 31 日收取房款时：

借：银行存款　　4 000 000
　贷：长期应收款　　4 000 000

借：未实现融资收益　　566 200
　贷：财务费用　　566 200

6）2012 年 12 月 31 日收取房款时：

借：银行存款　　4 000 000
　贷：长期应收款　　4 000 000

借：未实现融资收益　　294 300
　贷：财务费用　　294 300

（4）附有销售退回条件的商品销售。附有销售退回条件的商品销售是指购买方依照有关协议有权退货的销售方式。在这种销售方式下，企业根据以往经验能够合理估计退货可能性确认与退货相关负债的，通常应在发出商品时确认收入；企业不能合理估计退货可能性的，通常应在售出商品退货期满时确认收入。

（5）售后回购。售后回购是指销售商品的同时，销售方同意日后再将同样或类似的商品购回的销售方式。在这种方式下，销售方应根据合同或协议条款判断企业是否已将商品所有权上的主要风险和报酬转移给购货方，以确定是否确认销售商品收入。在大多数情况下，回购价格固定或等于原售价加合理回报，售后回购交易属于融资交易，商品所有权上的主要风险和报酬没有转移，收到的款项应确认为负债；回购价格大于原售价的差额，企业应在回购期间按期计提利息，计入财务费用。

［**例 8-11**］　甲房地产开发公司由于资金紧张，与乙公司约定，2010 年 3 月 1 日将一栋新建成的公寓楼售给乙公司，售价 5 000 万元，成本价 4 000 万元。双方合同约定，10 个月之后，甲公司以 5 400 万元购回该公寓楼。在回购期内，该楼仍然由甲公司负责管理，售楼款已经收到。2011 年 1 月 1 日，甲公司购回公寓楼。

[案例分析]

1）此笔售后回购交易纯属融资交易，商品所有权上的主要风险和报酬并没有转移，收到的款项应确认为负债。

借：银行存款　　50 000 000

　贷：其他应付款　　50 000 000

借：交付（发出）开发产品　　40 000 000

　贷：开发产品　　40 000 000

2）回购价格大于售价的差额应在回购期间每月末计提利息[(4 000 000 ÷ 10) = 400 000(元)]，计入当期财务费用。

借：财务费用　　400 000

　贷：其他应付款　　400 000

3）2011 年 1 月 1 日回购公寓楼，款项已付，开发产品已收回。

借：其他应付款　　54 000 000

　贷：银行存款　　5 400 000

借：开发产品　　40 000 000

　贷：交付（发出）开发产品　　40 000 000

(6) 售后租回。售后租回是指在销售商品的同时，销售方同意在日后再将同样的商品租回的销售方式。在这种方式下，销售方应根据合同或协议条款判断销售商品是否满足收入确认条件。通常情况下，售后租回属于融资交易，企业不应确认收入，售价与资产账面价值之间的差额应当分别不同情况进行处理。

第一，如果售后租回交易认定为融资租赁，售价与资产账面价值之间的差额应当予以递延，并按照该项租赁资产的折旧进度进行分摊，作为折旧费用的调整。

第二，如果售后租回交易认定为经营租赁，应当分别情况处理：①有确凿证据表明售后租回交易是按照公允价值达成的，售价与资产账面价值的差额应当计入当期损益；②售后租回交易如果不是按照公允价值达成的，售价低于公允价值的差额应计入当期损益，但若该损失将由低于市价的未来租赁付款额补偿时，有关损失应予以递延（递延收益），并按与确认租金费用相一致的方法在租赁期内进行分摊；如果售价大于公允价值，其大于公允价值的部分应计入递延收益，并在租赁期内分摊。

[例 8-12]　甲房地产开发公司把一栋新建的写字楼出售给乙公司，售价10 000万元，成本价 8 000 万元，同时，合同约定甲房地产公司将写字楼售后以融资租赁形式租回，作为公司办公用房，租赁期 10 年，年租金 1 200 万元。租赁期结束，甲公司以价款1 000万元购得该写字楼。双方约定，在甲房地产公司收到售楼款时，即办理产权过户手续。房地产公司采用直线折旧法，折旧年限 10 年，净残值为零。

1）房地产公司售楼时的会计处理：

借：银行存款　　100 000 000

　贷：开发产品　　80 000 000

递延收益——未实现售后租回损益 20 000 000

2）最低租赁付款额 = 1 200 × 10 + 1 000 = 13 000（万元），租赁开始日的会计处理：

借：固定资产——融资租入固定资产 100 000 000
　　未确认融资费用 30 000 000
　贷：长期应付款 130 000 000

3）每年计提折旧时的会计处理：

借：管理费用等科目 8 000 000
　　递延收益——未实现售后租回损益 2 000 000
　贷：累计折旧 10 000 000

4）分摊未确认融资费用：

借：财务费用——利息支出 3 000 000
　贷：未确认融资费用 3 000 000

5）每年支付租金：

借：长期应付款 12 000 000
　贷：银行存款 12 000 000

6）租赁期满，支付行使购买权的款项（购买价款）：

借：长期应付款 10 000 000
　贷：银行存款 10 000 000

并把融资租赁固定资产转做自有固定资产。

（7）以旧换新销售。以旧换新销售是指销售方在销售商品的同时回收与所售商品相同的旧商品。在这种销售方式下，销售的商品应当按照销售商品收入确认条件确认收入，回收的商品作为购进商品处理。

三、提供劳务收入

企业提供劳务时，劳务收入能否收回有两种可能，一是提供劳务交易的结果能够可靠估计的，二是提供劳务交易结果不能够可靠估计的，对两种结果应采取不同的会计核算方法。

（一）提供劳务交易结果能够可靠估计

企业在资产负债表日提供劳务交易的结果能够可靠估计的，应当采用完工百分比法确认提供劳务收入。

1. 提供劳务交易结果能够可靠估计的条件

提供劳务交易的结果能够可靠估计，是指同时满足下列条件：

（1）收入的金额能够可靠地计量，是指提供劳务收入的总额能够合理的估计。通常情况下，企业应当按照从接受劳务方已收或应收的合同或协议价款确定提供劳务收入总额。随着劳务的不断提供，可能会根据实际情况增加或减少已收或应收的合同或协议价款，此时，企业应及时调整提供劳务收入总额。

（2）相关的经济利益很可能流入企业，是指提供劳务收入总额收回的可能性大于不能收回的可能性。

企业在确定提供劳务收入总额能否收回时，应当结合接受劳务方的信誉、以前的经验以及双方就结算方式和期限达成的合同或协议条款等因素，综合进行判断。企业在确定提供劳务收入总额收回的可能性时，应当进行定性分析。如果确定提供劳务收入总额收回的可能性大于不能收回的可能性，即可认为提供劳务收入总额很可能流入企业。通常情况下，企业提供的劳务符合合同或协议要求，接受劳务方承诺付款，就表明提供劳务收入总额收回的可能性大于不能收回的可能性。如果企业判断提供劳务收入总额不是很可能流入企业，应当提供确凿证据。

（3）交易的完工进度能够可靠地确定，是指交易的完工进度能够合理地估计。企业确定提供劳务交易的完工进度，可以选用下列方法：

1）已完工作的测量。这是一种比较专业的测量方法，由专业测量师对已经提供的劳务进行测量，并按一定方法计算确定提供劳务交易的完工程度。

2）已经提供的劳务占应提供劳务总量的比例。这种方法主要以劳务量为标准确定提供劳务交易的完工程度。

3）已经发生的成本占估计总成本的比例。这种方法主要以成本为标准确定提供劳务交易的完工程度。只有反映已提供劳务的成本才能包括在已经发生的成本中，只有反映已提供或将提供劳务的成本才能包括在估计总成本中。

在实务中，如果特定时期内提供劳务交易的数量不能确定，则该期间的收入应当采用直线法确认，除非有证据表明采用其他方法能更好的反映完工进度。当某项作业相比其他作业都重要得多时，应当在该重要作业完成之后确认收入。

（4）交易中已发生和将发生的成本能够可靠地计量，是指交易中已经发生和将要发生的成本能够合理地估计。企业应当建立完善的内部成本核算制度和有效的内部财务预算及报告制度，准确地提供每期发生的成本，并对完成剩余劳务将要发生的成本作出科学、合理的估计。同时应随着劳务的不断提供或外部情况的不断变化，随时对将要发生的成本进行修订。

2. 完工百分比法的具体应用

完工百分比法是指按照提供劳务交易的完工进度确认收入和费用的方法。在这种方法下，确认的提供劳务收入金额能够提供各个会计期间关于提供劳务交易及其业绩的有用信息。

企业应当在资产负债表日按照提供劳务收入总额乘以完工进度扣除以前会计期间累计已确认提供劳务收入后的金额，确认当期提供劳务收入；同时，按照提供劳务估计总成本乘以完工进度扣除以前会计期间累计已确认劳务成本后的金额，结转当期劳务成本。用公式表示如下：

本期确认的收入 = 劳务总收入 × 本期末止劳务的完工进度 − 以前期间已确认的

收入

本期确认的成本 = 劳务总成本 × 本期末止劳务的完工进度 − 以前期间已确认的成本

在采用完工百分比法确认提供劳务收入的情况下，企业应按计算确定的提供劳务收入金额，借记“应收账款”、“银行存款”等科目，贷记“主营业务收入”科目。结转提供劳务成本时，借记“主营业务成本”科目，贷记“劳务成本”科目。

[例 8-13] A 公司于 2010 年 12 月 1 日接受一项安装业务，安装期限为 4 个月，合同总金额 800 000 元。至 2010 年年末，已收到预收款 600 000 元，实际发生成本 350 000元，包括人工费和原材料，估计还会发生安装费 150 000 元。A 公司采用按“已发生的成本占总成本的比例”确认完工进度的方法。

[案例分析]

(1) 计算。

已经发生的成本占总成本的比例 = 350 000 ÷ (350 000 + 150 000) = 70%

截至 2009 年年末应确认的收入 = 800 000 × 70% = 560 000 (元)

截至 2009 年年末应确认的成本 = (350 000 + 150 000) × 70% = 350 000 (元)

(2) 账务处理：

1) 收到预收款时：

借：银行存款	600 000	
贷：预收账款		600 000

2) 实际发生劳务成本：

借：劳务成本	350 000	
贷：应付职工薪酬等科目		350 000

3) 2010 年 12 月 31 日确认劳务收入并结转成本。

借：预收账款	560 000	
贷：主营业务收入		560 000
借：主营业务成本	350 000	
贷：劳务成本		350 000

(二) 提供劳务交易结果不能可靠估计

企业在资产负债表日提供劳务交易结果不能够可靠估计的，即不能同时满足上述四个条件时，企业不能采用完工百分比法确认提供劳务收入。此时，企业应正确预计已经发生的劳务成本能够得到补偿或不能得到补偿，分别进行会计处理。

(1) 已经发生的劳务成本预计能够得到补偿的，应按已收或预计能够收回的金额确认提供劳务收入，并结转已经发生的劳务成本。

(2) 已经发生的劳务成本预计全部不能得到补偿的，应将已经发生的劳务成本计入当期损益，不确认提供劳务收入。

[例 8-14] B 机械施工公司 2010 年 11 月与 D 公司签订一项大型土石方开挖工程，合同总金额 2 000 万元，合同规定按施工进度结算，不预付工程款，截至 2010 年

年末工程已经完成30%，B公司的施工成本为530万元。

[案例分析]

按以下三种情况分析收入的可能性：

(1) 如果提供劳务交易的结果能够可靠估计，应当采用完工百分比法确认提供劳务收入：2 000×30% =600（万元）

借：应收账款——D公司	6 000 000	
贷：主营业务收入		6 000 000
借：主营业务成本	5 300 000	
贷：劳务成本		530 000

(2) 如果劳务交易结果不能可靠估计，但是，已经发生的劳务成本预计能够得到补偿的，可分为两种情况确认收入，其一是发生的成本全部能得到补偿的：即按530万元确认收入，按相同金额结转成本，毛利为零；其二是发生的成本只能得到部分补偿，假设只能得到补偿300万元，则按300万元确认收入，按全部成本530万元结转成本，亏损230万元。

(3) 如果已经发生的劳务成本预计全部不能得到补偿的，例如，接收劳务单位遭受特大损失，无力支付，则将全部成本结转损益。

借：营业外支出	5 300 000	
贷：劳务成本		5 300 000

(三) 同时销售商品和提供劳务交易

企业与其他企业签订的合同或协议，有时既包括销售商品又包括提供劳务，如销售电梯的同时负责安装工作、销售软件后继续提供技术支持、设计产品同时负责生产等。此时，如果销售商品部分和提供劳务部分能够区分且能够单独计量的，企业应当分别核算销售商品部分和提供劳务部分，将销售商品的部分作为销售商品处理，将提供劳务的部分作为提供劳务处理；如果销售商品部分和提供劳务部分不能够区分，或虽能区分但不能够单独计量的，企业应当将销售商品部分和提供劳务部分全部作为销售商品部分进行会计处理。

(四) BOT方式收入的确认

企业以BOT方式参与公共基础设施建设业务，应当同时满足下列条件：

(1) 合同授予方为政府及其有关部门或政府授权进行招标的企业。

(2) 合同投资方为按照有关程序取得该特许经营权合同的企业（合同投资方）。合同投资方按照规定设立项目公司（以下简称项目公司）进行项目建设和运营。项目单位除取得建造有关基础设施的权利以外，在基础设施建造完成以后的一定期间内负责提供后续经营服务。

(3) 特许经营权合同中对所建造基础设施的质量标准、工期、开始经营后提供服务的对象、收费标准及后续调整作出约定，同时在合同期满，合同投资方负有将有关基础设施移交给合同授予方的义务，并对基础设施在移交时的性能、状态等作出规定。

在某些情况下，合同投资方为了服务协议目的建造或从第三方购买的基础设施，或合同授予方基于服务协议目的提供给合同投资方经营的现有基础设施，也应比照BOT业务的原则处理。

（1）与BOT业务相关收入的确认：

1）建造期间，项目公司对于所提供的建造服务应当按照《企业会计准则第15号——建造合同》确认相关的收入和费用。基础设施建成后，项目公司应当按照《企业会计准则第14号——收入》确认与后续经营服务相关的收入和费用。

建造合同收入应当按照收取或应收对价的公允价值计量，并视以下情况在确认收入的同时，分别确认金融资产或无形资产：①合同规定基础设施建成后的一定期间内，项目公司可以无条件地自合同授予方收取确定金额的货币资金或其他金融资产，或在项目公司提供经营服务的收费低于某一限定金额的情况下，合同授予方按照合同规定负责将有关差价补偿给项目公司的，应当在确认收入的同时确认金融资产，所形成金融资产按照《企业会计准则第22号——金融工具确认和计量》的规定进行处理。项目公司应根据已收取或应收取对价的公允价值，借记“银行存款”、“应收账款”等科目，贷记“工程结算”科目。②合同规定项目公司在有关基础设施建成后，从事经营的一定期间内有权利向获取服务的对象收取费用，但收费金额不确定的，该权利不构成一项无条件收取现金的权利，项目公司应当在确认收入的同时确认无形资产。建造过程中如发生借款利息，应当按照《企业会计准则第17号——借款费用》的规定进行处理。项目公司应根据应收取对价的公允价值，借记“无形资产”科目，贷记“工程结算”科目。

2）项目公司未提供实际建造服务，将基础设施建造发包给其他方的，不应确认建造服务收入，应当按照建造过程中支付的工程价款等考虑合同规定，分别确认为金融资产或无形资产。

（2）按照合同规定，企业为使有关基础设施保持一定的服务能力或在移交给合同授予方之前保持一定的使用状态，预计将发生的支出，应当按照《企业会计准则第13号——或有事项》的规定处理。

（3）按照特许经营权合同规定，项目公司应提供不止一项服务（如既提供基础设施建造服务又提供建成后经营服务）的，各项服务能够单独区分时，其收取或应收的对价应当按照各项服务的相对公允价值比例分配给所提供的各项服务。

（4）BOT业务所建造基础设施不应确认为项目公司的固定资产。

（5）在BOT业务中，授予方可能向项目公司提供除基础设施以外的其他资产。如果该资产构成授予方应付合同价款的一部分，不应作为政府补助处理。项目公司自授予方取得资产时，应以其公允价值确认，未提供与获取该资产相关的服务前应确认为一项负债。

（五）授予客户奖励积分

在某种情况下，企业在销售产品或提供劳务的同时会授予客户奖励积分，如航空公司给予客户的路程积累等，客户在满足一定条件后将奖励积分兑换为企业或第三方提供的免费或折扣后的商品或服务。企业对该交易事项应当分别以下情况进行处理：

（1）在销售产品或提供劳务的同时，应当将销售取得的货款或应收货款在本次商品销售或劳务提供产生的收入与奖励积分的公允价值之间进行分配，将取得的货款或应收货款扣除，奖励积分公允价值的部分确认为收入、奖励积分的公允价值确认为递延收益。奖励积分的公允价值为单独销售可取得的金额。如果奖励积分公允价值不能够直接观察到，授予企业可以参考被兑换奖励物品的公允价值或利用其他估值技术估计奖励积分的公允价值。

（2）获得奖励积分的客户满足条件时有权利取得授予企业的商品或服务，在客户兑换奖励积分时，授予企业应将原计入递延收益的与所兑换积分相关的部分确认为收入，确认为收入的金额应当以备兑换用于换取奖励的积分数额占预期将兑换用于换取奖励的积分总数的比例为基础计算确定。获得奖励积分的客户满足条件时有权利取得第三方提供的商品或劳务的，如果授予企业代表第三方归集对价，授予企业应在第三方有义务提供奖励且有权接受因提供奖励的计价时，将原计入递延收益的金额与应支付给第三方的价款之间的差额确认为收入；如果授予企业自身归集对价，应在履行奖励义务时按分配至奖励积分的对价确认收入。企业因提供奖励积分而发生的不可避免的成本超过已收和应收对价时，应按《企业会计准则第 13 号——或有事项》有关亏损合同的规定处理。

（六）其他特殊劳务收入

下列提供劳务满足收入确认条件的，应按规定确认收入：

（1）安装费，在资产负债表日根据安装的完工进度确认为收入。安装工作为商品销售附带条件的，安装费通常应在确认商品销售实现时确认为收入。

（2）宣传媒介的收费，在相关的广告或商业行为开始出现于公众面前时确认为收入。广告的制作费，通常应在资产负债表日根据广告的完工进度确认为收入。

（3）为特定客户开发软件的收费，在资产负债表日根据开发的完工进度确认为收入。

（4）在商品售价内可区分的服务费，在提供服务的期间内分期确认为收入。

（5）艺术表演、招待宴会和其他特殊活动的收费，在相关活动发生时确认为收入。收费涉及几项活动的，预收的款项应合理分配给每项活动，分别确认为收入。

（6）申请入会费和会员费只允许取得会籍，所有其他服务或商品都要另行收费的，通常应在款项收回不存在重大不确定性时确认为收入。申请入会费和会员费能使会员在会员期内得到各种服务或出版物，或者以低于非会员的价格销售商品或提供服务的，通常应在整个受益期内分期确认为收入。

（7）属于提供设备和其他有形资产的特许权费，通常应在交付资产或转移资产所有权时确认为收入；属于提供初始及后续服务的特许权费，通常应在提供服务时确认为收入。

［例8-15］ 甲公司与乙公司签订协议，甲公司允许乙公司经营其连锁店。协议约定，甲公司共向乙公司收取特许权费600 000元，其中提供家具、柜台等收费200 000元，这些家具、柜台的成本为180 000元；提供初始服务，如帮助选址、培训人员、融资、广告等收费300 000元，共发生成本200 000元（其中，140 000元为人员薪酬，60 000元为支付的广告费用）；提供后续服务收费100 000元，发生成本50 000元（均为人员薪酬）。协议签订当日，乙公司一次性付清所有款项。假定不考虑其他因素，甲公司的账务处理如下：

（1）收到款项时：

借：银行存款	600 000	
贷：预收账款——乙公司		600 000

（2）确认家具、柜台的特许权费收入并结转成本时：

借：预收账款——乙公司	200 000	
贷：主营业务收入		200 000
借：主营业务成本	180 000	
贷：库存商品		180 000

（3）提供初始服务时：

借：劳务成本	200 000	
贷：应付职工薪酬		140 000
银行存款		60 000
借：预收账款——乙公司	300 000	
贷：主营业务收入		300 000
借：主营业务成本	200 000	
贷：劳务成本		200 000

（4）提供后续服务时：

借：劳务成本	50 000	
贷：应付职工薪酬		50 000
借：预收账款——乙公司	100 000	
贷：主营业务收入		100 000
借：主营业务成本	50 000	
贷：劳务成本		50 000

（8）长期为客户提供重复劳务收取的劳务费，通常应在相关劳务活动发生时确认为收入。

［例8-16］ 2010年9月，甲物业管理公司与某住宅小区业主委员会签订合同，

2010 年 10 月 1 日 ~2011 年 9 月 30 日，为该住宅小区所有住户提供维修、清洁、绿化、保安及代收水电费等劳务，年度物业管理费用 600 万元，合同签订后 10 日内交费。2010 年 10 月 6 日全年物业费已经收讫，并开具了发票。

[案例分析]

甲公司收到物业费，当月确认的收入 = 600 ÷ 12 = 50（万元），其余递延，在每月提供物业服务时确认收入的账务处理如下：

借：银行存款	6 000 000	
贷：主营业务收入		500 000
递延收益		5 500 000

四、让渡资产使用权收入

（一）让渡资产使用权收入的确认

让渡资产使用权收入主要包括：

（1）利息收入，主要是指金融企业对外贷款形成的利息收入，以及同业之间发生往来形成的利息收入等。

（2）使用费收入，主要是指企业转让无形资产（如商标权、专利权、专营权、软件、版权）等资产的使用权形成的使用费收入。

企业对外出租资收取的租金、进行债权投资收取的利息、进行股权投资取得的现金股利，也构成让渡资产所有权收入。

让渡资产使用权收入同时满足下列条件的，才能予以确认：

1. 相关的经济利益很可能流入企业

相关的经济利益很可能流入企业，是指让渡资产使用权收入金额收回的可能性大于不能收回的可能性。企业在确定让渡资产使用权收入金额能否收回时，应当根据对方企业的信誉和生产经营情况、双方就结算方式和期限等达成的合同或协议条款等因素综合进行判断，如果企业估计让渡资产使用权收入金额收回的可能性不大，就不应确认收入。

2. 收入的金额能够可靠地计量

收入的金额能够可靠地计量，是指让渡资产使用权收入的金额能够合理地估计。如果让渡资产使用权收入的金额不能够合理地估计，则不应确认收入。

（二）让渡资产使用权收入的计量

1. 利息收入

企业应在资产负债表日，按照他人使用本企业货币资金的时间和实际利率计算确定利息收入金额。按计算确定的利息收入金额，借记“应收利息”、“银行存款”等科目，贷记“利息收入”、“其他业务收入”等科目。

2. 使用费收入

使用费收入应当按照有关合同或协议约定的收费时间和方法计算确定。不同的使用费收入，收费时间和方法各不相同。有一次性收取一笔固定金额的，如一次收取10年的场地使用费；有在合同或协议规定的有效期内分期等额收取的，如合同或协议规定在使用期内每期收取一笔固定金额；也有分期不等额收取的，如合同或协议规定按资产使用方每期销售额的百分比收取使用费等。如果合同或协议规定一次性收取使用费，且不提供后续服务的，应当视同销售该项资产一次性确认收入；提供后续服务的，应在合同或协议规定的有效期内分期确认收入；如果合同或协议规定分期收取使用费的，通常应按合同或协议规定的收款时间和金额或规定的收费方法计算确定的金额分期确认收入。

[例8-17] 丙公司向丁公司转让其商品的商标使用权，约定丁公司每年年末按年销售收入的10%支付使用费，使用期10年。第一年，丁公司实现销售收入1 000 000元；第二年，丁公司实现销售收入1 500 000元。假定丙公司均于每年年末收到使用费，不考虑其他因素，丙公司的账务处理如下：

（1）第一年年末确认使用费收入（1 000 000×10%）时：

借：银行存款	100 000	
贷：其他业务收入		100 000

（2）第二年年末确认使用费收入（1 500 000×10%）时：

借：银行存款	150 000	
贷：其他业务收入		150 000

五、建造合同收入

（一）建造合同概述

建筑安装企业和生产飞机、船舶、大型机械设备等产品的工业制造企业，其生产活动、经营方式不同于一般工商企业，有其特殊性：①这类企业所建造或生产的产品通常体积巨大，如建造的房屋、道路、桥梁、水坝等，或生产的飞机、船舶、大型机械设备等；②建造或生产产品的周期比较长，往往跨越一个或几个会计期间；③所建造或生产的产品的价值比较大。因此，在现实经济生活中，这类企业在开始建造或生产产品之前，通常与产品的需求方（客户）签订建造合同。

建造合同是指为建造一项或数项在设计、技术、功能、最终用途等方面密切相关的资产而订立的合同。客户称为甲方，建造承包商称为乙方。

建造合同分为固定造价合同和成本加成合同。

固定造价合同是指按照固定的合同价或固定单价确定工程价款的建造合同。例如，建造一座办公楼，合同规定总造价为3 000万元；建造一条公路，合同规定每公里单价为400万元等。

成本加成合同是指以合同约定或其他方式议定的成本为基础，加上该成本的一定比例或定额费用确定工程价款的建造合同。例如，建造一艘船舶，合同总价款以建造该船舶的实际成本为基础，加收3%计取；建造一段地铁，合同总价款以建造该段地铁的实际成本为基础，每公里加收600万元。

（二）合同的分立与合并

企业通常应当按照单项建造合同进行会计处理。但是，在某些情况下，为了反映一项或一组合同的实质，需要将单项合同进行分立或将数项合同进行合并。

1. 合同分立

有的资产建造虽然形式上只签订了一项合同，但其中各项资产，在商务谈判、设计施工、价款结算等方面都是可以相互分离的，实质上是多项合同，在会计上应当作为不同的核算对象。

一项包括建造数项资产的建造合同，同时满足下列三项条件的，每项资产应当分立为单项合同：①每项资产均有独立的建造计划；②与客户就每项资产单独进行谈判，双方能够接受或拒绝与每项资产有关的合同条款；③每项资产的收入和成本可以单独辨认。

[例8-18] 某建筑公司与客户签订一项合同，为客户建造一栋宿舍楼和一座食堂。在签订合同时，建筑公司与客户分别就所建宿舍楼和食堂进行谈判，并达成一致意见：宿舍楼的工程造价为500万元，食堂的工程造价为200万元。宿舍楼和食堂均有独立的施工图预算，宿舍楼的预计总成本为450万元，食堂的预计总成本为170万元。

[案例分析]

由于宿舍楼和食堂均有独立的施工图预算，因此符合条件①；由于在签订合同时，建筑公司与客户分别就所建宿舍楼和食堂进行谈判，并达成一致意见，因此符合条件②；由于宿舍楼和食堂均有单独的造价和预算成本，因此符合条件③。建筑公司应将建造宿舍楼和食堂分立为两个单项合同进行会计处理。

如果不同时满足上述三个条件，则不能将合同分立，而应将其作为一个合同进行会计处理。假如没有明确宿舍楼和食堂各自的工程造价，而是以700万元的总金额签订了该项合同，也未作出各自的预算成本。这时，不符合条件③，则建筑公司不能将该项合同分立为两个单项合同进行会计处理。

2. 合同合并

有的资产建造虽然形式上签订了多项合同，但各项资产在设计、技术、功能、最终用途上是密不可分的，实质上是一项合同，在会计上应当作为一个核算对象。

一组合同无论对应单个客户还是多个客户，同时满足下列三项条件的，应当合并为单项合同：①该组合同按一揽子交易签订；②该组合同密切相关，每项合同实际上已构成一项综合利润率工程的组成部分；③该组合同同时或依次履行。

[例8-19] 为建造一个冶炼厂，某建造承包商与客户一揽子签订了三项合同，分别建造一个选矿车间、一个冶炼车间和一个工业污水处理系统。根据合同规定，这三个工程将由该建造承包商同时施工，并根据整个项目的施工进度办理价款结算。

[案例分析]

由于这三项合同是一揽子签订的，表明符合条件①；对客户而言，只有这三项合同全部完工交付使用时，该冶炼厂才能投料生产，发挥效益；对建造承包商而言，这三项合同的各自完工进度，直接关系到整个建设项目的完工进度和价款结算，并且建造承包商对工程施工人员和工程用料实行统一管理。因此，该组合同密切相关，已构成一项综合利润率工程项目，表明符合条件②；该组合同同时履行，表明符合条件③。因此，该建造承包商应将该组合同合并为一个合同进行会计处理。

3. 追加资产的建造

有时，建造合同在执行中，客户可能会提出追加建造资产的要求，从而与建造承包商协商变更原合同内容或者另行签订建造追加资产的合同。根据不同情况，建造追加资产的合同可能与原合同合并为一项合同进行会计核算，也可能作为单项合同单独核算。

追加资产的建造，满足下列条件之一的，应当作为单项合同：①该追加资产在设计、技术或功能上与原合同包括的一项或数项资产存在重大差异；②议定该追加资产的造价时，不需要考虑原合同价款。

[例8-20] 某建筑商与客户签订了一项建造合同。合同规定，建筑商为客户设计并建造一栋教学楼，教学楼的工程造价（含设计费用）为600万元，预计总成本为550万元。合同履行一段时间后，客户决定追加建造一座地上车库，并与该建筑商协商一致，变更了原合同内容。

[案例分析]

由于该地上车库在设计、技术和功能上与原合同包括的教学楼存在重大差异，表明符合条件①，因此该追加资产的建造应当作为单项合同。

（三）合同收入与合同成本

1. 合同收入的组成

合同收入包括两部分内容：①合同规定的初始收入，即建造承包商与客户签订的合同中最初商定的合同总金额，它构成了合同收入的基本内容；②因合同变更、索赔、奖励等形成的收入。

合同变更是指客户为改变合同规定的作业内容而提出的调整。合同变更条款同时满足下列条件的，才能构成合同收入：①客户能够认可因变更而增加的收入；②该收入能够可靠地计量。例如，某建筑承包商与客户签订了一项建造图书馆的合同，建设期三年。第二年，客户要求将原设计中采用的铝合金门窗改为采用塑钢门窗，并同意增加合同造价50万元。本例中，建造承包商可在第二年将因合同变更而增加的收入50万元确定为合同收入的组成部分；假如建造承包商认为此项变更应增加造价50万元，但双方最终只达成增加造价40万元的协议，则只能将40万元确定为合同收入的组成部分。

索赔款是指因客户或第三方的原因造成的、向客户或第三方收取的、用于补偿不包括在合同造价中成本的款项。索赔款同时满足下列条件的，才能构成合同收入：①根据谈判情况，预计对方能够同意该项索赔；②对方同意接受的金额能够可靠地计量。例如，某建筑承包商与客户签订了一项建造水电站的合同。合同规定的建设期是2006年1月至2009年12月；同时规定，发电机由客户采购，于2008年10月交付建筑承包商进行安装。该项合同在执行过程中，客户于2009年1月才将发电机交付建筑承包商。建筑承包商因客户交货延期，要求客户支付延误工期款150万元。本例中，假如客户不同意支付延误工期款，则不能将150万元计入合同总收入；假如客户只同意支付延误工期款100万元，则只能将100万元确认为合同收入的组成部分。

奖励款是指工程达到或超过规定的标准，客户同意支付的额外款项。奖励款同时满足下列条件的，才能构成合同收入：①根据合同目前完成情况，足以判断工程进度和工程质量能够达到或超过规定的标准；②奖励金额能够可靠地计量。例如，某建筑承包商与客户签订一项建造大桥的合同，合同规定的建设期为2007年10月25日至2009年10月25日。2009年7月，主体工程已基本完工，工程质量符合设计要求，有望提前三个月竣工，客户同意向建筑承包商支付提前竣工奖100万元。本例中，假如该项合同的主体工程虽于2009年7月基本完工，但是，经过工程监理人员认定，工程质量未达到设计要求，还需进一步施工，则不能认定奖励款构成合同收入。

2. 合同成本的组成

合同成本是指为建造某项合同而发生的相关费用，合同成本包括从合同签订开始至合同完成止所发生的、与执行合同有关的直接费用和间接费用。这里所说的“直接费用”是指为完成合同所发生的、可以直接计入合同成本核算对象的各项费用支出；“间接费用”是指为完成合同所发生的、不宜直接归属于合同成本核算对象而应分配计入有关合同成本核算对象的各项费用支出。在实务中，间接费用的分配方法主要有人工费用比例法、直接费用比例法等。与合同有关的零星收益，即在合同执行过程中取得的、非经常性的零星收益，如完成合同后处置残余物资取得的收益，不应计入合同收入而应冲减合同成本。

（1）直接费用的组成。合同的直接费用包括四项内容：耗用的材料费用、耗用的人工费用、耗用的机械使用费和其他直接费用。

耗用的材料费用主要包括施工生产过程中耗用的构成工程实体或有助于形成工程实体的原材料、辅助材料、构配件、零件、半成品的成本和周转材料的摊销及租赁费用。周转材料是指企业在施工过程中能多次使用并可基本保持原来的实物形态而逐渐转移其价值的材料，如施工中使用的模板、挡板和脚手架等。

耗用的人工费用主要包括从事工程建造的人员的工资、奖金、津贴补贴、职工福利费等职工薪酬。

耗用的机械使用费主要包括施工生产过程中使用自有施工机械所发生的机械使用费、租用外单位施工机械支付的租赁费和施工机械的安装、拆卸和进出场费。

其他直接费用是指在施工过程中发生的除上述三项直接费用以外的其他可以直接计入合同成本核算对象的费用，主要包括有关的设计和技术援助费用、施工现场材料的二次搬运费、生产工具和用具使用费、检验试验费、工程定位复测费、工程点交费用、场地清理费用等。

（2）间接费用的组成。间接费用主要包括临时设施摊销费用和企业下属的施工、生产单位组织和管理施工生产活动所发生的费用，如管理人员薪酬、劳动保护费、固定资产折旧费及修理费、物料消耗、取暖费、水电费、办公费、差旅费、财产保险费、工程保修费、排污费等。这里所说的“施工单位”是指建筑安装企业的施工队、项目经理部等；“生产单位”是指船舶、飞机、大型机械设备等制造企业的生产车间。这些单位可能同时组织实施几项合同，其发生的费用应由这几项合同的成本共同负担。

（3）因订立合同而发生的费用。建造承包商为订立合同而发生的差旅费、投标费等，能够单独区分和可靠计量且合同很可能订立的，应当予以归集，待取得合同时计入合同成本；未满足上述条件的，应当计入当期损益。

（4）不计入合同成本的各项费用。下列各项费用属于期间费用，应在发生时计入当期损益，不计入建造合同成本：①企业行政管理部门为组织和管理生产经营活动所发生的管理费用。这里所述的“企业行政管理部门”包括建筑安装公司的总公司以及船舶、飞机、大型机械设备制造企业等企业总部；②船舶等制造企业的销售费用；③企业为建造合同借入款项所发生的、不符合借款费用准则规定的资本化条件的借款费用，如企业在建造合同完成后发生的利息净支出、汇兑净损失、金融机构手续费以及筹资发生的其他财务费用。

（四）合同收入与合同费用的确认

合同收入与合同费用确认的基本原则是：①如果建造合同的结果能够可靠估计，企业应根据完工百分比法在资产负债表日确认合同收入和合同费用；②如果建造合同的结果不能可靠估计，应分两种情况进行处理：合同成本能够收回的，合同收入根据能够收回的实际合同成本金额予以确认，合同成本在其发生的当期确认为合同费用；合同成本不可能收回的，应在发生时立即确认为合同费用，不确认合同收入。

合同预计总成本超过合同总收入的，应当将预计损失确认为当期费用。

1. 结果能够可靠估计的建造合同

建造合同的结果能够可靠估计的，企业应根据完工百分比法在资产负债表日确认合同收入和合同费用。完工百分比法是根据合同完工进度确认合同收入和费用的方法，运用这种方法确认合同收入和费用，能为报表使用者提供有关合同进度及本期业绩的有用信息。

（1）建造合同的结果能够可靠估计的认定标准。固定造价合同的结果能够可靠估计的认定标准为同时具备以下四个条件：①合同总收入能够可靠地计量；②与合同相关的经济利益很可能流入企业；③实际发生的合同成本能够清楚地区分和可靠地计量；④合同完工进度和为完成合同尚需发生的成本能够可靠地确定。

成本加成合同的结果能够可靠估计的认定标准为同时具备以下两个条件：①与合同相关的经济利益很可能流入企业；②实际发生的合同成本能够清楚地区分和可靠地计量。

（2）完工进度的确定。确定合同完工进度有以下三种方法：

1）根据累计实际发生的合同成本占合同预计总成本的比例确定。该方法是确定合同完工进度比较常用的方法。计算公式如下：

合同完工进度 = 累计实际发生的合同成本 ÷ 合同预计总成本 × 100%

累计实际发生的合同成本是指形成工程完工进度的工程实体和工作量所耗用的直接成本和间接成本，不包括与合同未来活动相关的合同成本（如施工中尚未安装、使用或耗用的材料成本），以及在分包工程的工作量完成之前预付给分包单位的款项（根据分包工程进度支付的分包工程进度款，应构成累计实际发生的合同成本）。

[例8-21] 某建筑公司承建A工程，工期2年，A工程的预计总成本为2 000万元。第一年，该建筑公司的“工程施工——A工程”账户的实际发生额为1 200万元，其中，人工费400万元，材料费500万元，机械作业费250万元，其他直接费和工程间接费50万元。经盘点，A工程领用的材料中有一批虽已运到施工现场但尚未使用，尚未使用的材料成本为100万元。

根据上述资料计算第一年的完工进度。

[案例分析]

第一年合同完工进度 = （1 200 - 100） ÷ 2 000 × 100% = 55%

2）根据已经完成的合同工作量占合同预计总工作量的比例确定。该方法适用于合同工作量容易确定的建造合同，如道路工程、土石方挖掘、砌筑工程等。计算公式如下：

合同完工进度 = 已经完成的合同工作量 ÷ 合同预计总工作量 × 100%

3）根据实际测定的完工进度确定。该方法是在无法根据上述两种方法确定合同完工进度时所采用的一种特殊的技术测量方法，适用于一些特殊的建造合同，如水下施工工程等。需要注意的是，这种技术测量并不是由建造承包商自行随意测定，而应由专业人员现场进行科学测定。

（3）完工百分比法的运用。确定建造合同的完工进度后，就可以根据完工百分比法确认和计量当期的合同收入和费用。当期确认的合同收入和费用可用下列公式计算：

当期确认的合同收入 = 合同总收入 × 完工进度 - 以前会计期间累计已确认的收入

当期确认的合同费用 = 合同预计总成本 × 完工进度 - 以前会计期间累计已确认的费用

当期确认的合同毛利 = 当期确认的合同收入 - 当期确认的合同费用

上述公式中的“完工进度”是指累计完工进度。

对于当期完成的建造合同，应当按照实际合同总收入扣除以前会计期间累计已确认收入后的金额，确认为当期合同收入；同时，按照累计实际发生的合同成本扣除以前会计期间累计已确认费用后的金额，确认为当期合同费用。

[例8-22] 某建筑企业签订了一项总金额为2 700 000元的固定造价合同，合同完工进度按照累计实际发生的合同成本占合同预计总成本的比例确定。工程已于2008

年2月开工，预计2010年9月完工。最初预计的工程总成本为2 500 000元，到2009年底，由于材料价格上涨等因素调整了预计总成本，预计工程总成本已为3 000 000元。该建筑企业于2010年7月提前两个月完成了建造合同，工程质量优良，客户同意支付奖励款300 000元。建造该工程的其他有关资料如表8-2所示。

表8-2 建造该工程的其他资料

（单位：元）

项　　目	2008年	2009年	2010年
累计实际发生成本/元	800 000	2 100 000	2 950 000
预计完成合同尚需发生成本/元	1 700 000	900 000	—
结算合同价款/元	1 000 000	1 100 000	900 000
实际收到价款/元	800 000	900 000	1 300 000

该建筑企业对本项建造合同的有关账务处理如下（为简化起见，会计分录以汇总数反映，有关纳税业务的会计分录略）：

（1）2008年账务处理如下：

登记实际发生的合同成本：

借：工程施工——合同成本　　800 000

　贷：原材料、应付职工薪酬、机械作业等　　800 000

登记已结算的合同价款：

借：应收账款　　1 000 000

　贷：工程结算　　1 000 000

登记实际收到的合同价款：

借：银行存款　　800 000

　贷：应收账款　　800 000

确认计量当年的合同收入和费用，并登记入账：

2008年的完工进度＝800 000÷（800 000 ＋1 700 000）×100%＝32%

2008年确认的合同收入＝2 700 000×32%＝864 000（元）

2008年确认的合同费用＝（800 000 ＋1 700 000）×32%

＝800 000（元）

2008年确认的合同毛利＝864 000－800 000＝64 000（元）

借：主营业务成本　　800 000

　　工程施工——合同毛利　　64 000

　贷：主营业务收入　　864 000

（2）2009年的账务处理如下：

登记实际发生的合同成本：

借：工程施工——合同成本　　1 300 000
　贷：原材料、应付职工薪酬、机械作业等　　1 300 000

登记结算的合同价款：

借：应收账款　　1 100 000
　贷：工程结算　　1 100 000

登记实际收到的合同价款：

借：银行存款　　900 000
　贷：应收账款　　900 000

确认计量当年的合同收入和费用，并登记入账：

2009 年的完工进度 = 2 100 000 ÷（2 100 000 + 900 000）× 100% = 70%

2009 年确认的合同收入 = 2 700 000 × 70% − 864 000 = 1 026 000（元）

2009 年确认的合同费用 =（2 100 000 + 900 000）× 70% − 800 000
= 1 300 000（元）

2009 年确认的合同毛利 = 1 026 000 − 1 300 000 = −274 000（元）

2009 年确认的合同预计损失 =(2 100 000 + 900 000 − 2 700 000) × (1 − 70%)
= 90 000（元）

注：在 2009 年年底，由于该合同预计总成本（3 000 000 元）大于合同总收入（2 700 000元），预计发生损失总额为 300 000 元，由于已在“工程施工——合同毛利”中反映了 210 000（64 000 − 274 000）元的亏损，因此应将剩余的、为完成工程将发生的预计损失 90 000 元确认为当期费用。

借：主营业务成本　　1 300 000
　贷：主营业务收入　　1 026 000
　　工程施工——合同毛利　　274 000

借：资产减值损失　　90 000
　贷：存货跌价准备　　90 000

（3）2010 年的账务处理如下：

登记实际发生的合同成本：

借：工程施工——合同成本　　850 000
　贷：原材料、应付职工薪酬、机械作业等　　850 000

登记结算的合同价款：

借：应收账款　　900 000
　贷：工程结算　　900 000

登记实际收到的合同价款：

借：银行存款　　1 300 000
　贷：应收账款　　1 300 000

确认计量当年的合同收入和费用，并登记入账：

2010年确认的合同收入 = (2 700 000 + 300 000) − (864 000 + 1 026 000)
= 1 110 000（元）

2010年确认的合同费用 = 2 950 000 − 800 000 − 1 300 000 = 850 000（元）

2010年确认的合同毛利 = 1 110 000 − 850 000 = 260 000（元）

借：主营业务成本 850 000
　　工程施工——合同毛利 260 000
　贷：主营业务收入 1 110 000

2010年工程全部完工，应将“存货跌价准备”科目相关余额冲减“主营业务成本”，同时将“工程施工”科目的余额与“工程结算”科目的余额相对冲：

借：存货跌价准备 90 000
　贷：主营业务成本 90 000

借：工程结算 3 000 000
　贷：工程施工——合同成本 2 950 000
　　　　　　——合同毛利 50 000

2. 结果不能可靠估计的建造合同

如果建造合同的结果不能可靠估计，则不能采用完工百分比法确认和计量合同收入和费用，而应区别以下两种情况进行会计处理：

（1）合同成本能够收回的，合同收入根据能够收回的实际合同成本予以确认，合同成本在其发生的当期确认为合同费用。

（2）合同成本不可能收回的，应在发生时立即确认为合同费用，不确认合同收入。

［例8-23］ 某建筑公司与客户签订了一项总金额为120万元的建造合同。第一年实际发生工程成本50万元，双方均能履行合同规定的义务，但建筑公司在年末时对该项工程的完工进度无法可靠确定。

［案例分析］

该公司不能采用完工百分比法确认收入。由于客户能够履行合同，当年发生的成本均能收回，所以公司可按当年发生的成本金额确认为当年的收入，按相同金额确认费用，当年不确认利润。其账务处理如下：

借：主营业务成本 500 000
　贷：主营业务收入 500 000

如果该公司当年与客户只办理价款结算30万元，其余款项可能收不回来。在这种情况下，该公司只能将30万元确认为当年的收入，50万元确认为当年的费用。其账务处理如下：

借：主营业务成本 500 000
　贷：主营业务收入 300 000
　　　工程施工——合同毛利 200 000

如果建造合同的结果不能可靠估计的不确定因素不复存在，就不应再按照上述规定确认合同收入和费用，而应转为按照完工百分比法确认合同收入和费用。

3. 合同预计损失的处理

建造承包商正在建造的资产，类似于工业企业的在产品，性质上属于建造承包商的存货，期末应当对其进行减值测试。如果建造合同的预计总成本超过合同总收入，则形成合同预计损失，应提取损失准备，并确认为当期费用。合同完工时，将已提取的损失准备冲减合同费用。

[**例8-24**] 某建筑公司签订了一项总金额为120万元的固定造价合同，最初预计总成本为100万元。第一年实际发生成本70万元。年末，预计为完成合同尚需发生成本55万元。该合同的结果能够可靠估计。该公司在年末应进行以下账务处理：

第一年合同完工进度 = 70 ÷ (70 + 55) × 100% = 56%

第一年确认的合同收入 = 120 × 56% = 67.2（万元）

第一年确认的合同费用 = (70 + 55) × 56% = 70（万元）

第一年确认的合同毛利 = 67.2 − 70 = −2.8（万元）

第一年预计的合同损失 = [(70 + 55) − 120] × (1 − 56%) = 2.2（万元）

账务处理如下：

借：主营业务成本	700 000	
贷：主营业务收入		672 000
工程施工——合同毛利		28 000
借：资产减值损失	22 000	
贷：存货跌价准备		22 000

（五）房地产建造协议收入的确认

企业自行建造或通过分包商建造房地产，应当根据房地产建造协议条款和实际情况，判断确认收入应适用的会计准则。房地产购买方在建造工程开始前能够规定房地产设计的主要结构要素，或者能够在建造过程中决定主要结构变动的，房地产建造协议符合建造合同定义，企业应当遵循建造合同准则确认收入。房地产购买方影响房地产设计的能力有限的（如仅能对基本设计方案做微小变动），企业应当遵循收入准则中有关商品销售收入的原则确认收入。

第二节 费用的会计核算

一、费用的确认

费用是指企业在日常活动中发生的、会导致所有者权益减少的、与向所有者分配利润无关的经济利益的总流出。

费用有狭义和广义之分。广义的费用是指企业各种日常活动发生的所有耗费，狭义的费用是指与本期营业收入相配比的那部分耗费。费用应按照权责发生制和配比原则确认，凡应属于本期发生的费用，不论其款项是否支付，均确认为本期费用；反之，不属于本期发生的费用，即使其款项已在本期支付，也不确认为本期费用。

在确认费用时，首先应当划分生产费用与非生产费用的界限。生产费用是指与企业日常生产经营活动有关的费用，如生产产品所发生的原材料费用、人工费用等；非生产费用是指不属于生产费用的费用，如用于购建固定资产所发生的费用，不属于生产费用；其次，应当分清生产费用与产品成本的界限。生产费用与一定的期间相联系，而与生产的产品无关；产品成本与一定品种和数量的产品相联系，而不论发生在哪一期；再次，应当分清生产费用与期间费用的界限。生产费用应当计入产品成本，而期间费用直接计入当期损益。

在确认费用时，对于确认为期间费用的费用，必须进一步划分为管理费用、销售费用和财务费用。对于确认为生产费用的费用，必须根据该费用发生的实际情况分别不同的费用性质将其确认为不同产品所负担的费用；对于几种产品共同发生的费用，必须按受益原则，采用一定方法和程序将其分配计入相关产品的生产成本。

二、期间费用

期间费用是企业当期发生的费用中的重要组成部分，是指本期发生的、不能直接或间接归入某种产品成本的、直接计入损益的各项费用，包括管理费用、销售费用和财务费用。

（一）管理费用

管理费用是指企业为组织和管理企业生产经营所发生的管理费用，包括企业在筹建期间内发生的开办费、董事会和行政管理部门在企业的经营管理中发生的或者应由企业统一负担的公司经费（包括行政管理部门职工工资及福利费、物料消耗、低值易耗品摊销、办公费和差旅费等）、工会经费、董事会费（包括董事会成员津贴、会议费和差旅费等）、聘请中介机构费、咨询费（含顾问费）、诉讼费、业务招待费、房产税、车船税、土地使用税、印花税、技术转让费、矿产资源补偿费、研究费用、排污费以及企业生产车间（部门）和行政管理部门等发生的固定资产修理费用等。

企业发生的管理费用，在“管理费用”科目核算，并在“管理费用”科目中按费用项目设置明细账，进行明细核算。期末，“管理费用”科目的余额结转到“本年利润”科目后无余额。

（二）销售费用

销售费用是指企业在销售商品和材料、提供劳务的过程中发生的各种费用，包括企业在销售商品过程中发生的保险费、包装费、广告费和业务宣传费（含展览费）、商品维修费、预计产品质量保证损失、运输费、装卸费等以及为销售本企业商品而专设的销售机构（含销售网点、售后服务网点等）的职工薪酬、业务费、折旧费、固定资产修理费用等费用。

企业发生的销售费用，在“销售费用”科目核算，并在“销售费用”科目中按费用项目设置明细账，进行明细核算。期末，“销售费用”科目的余额结转到“本年利润”科目后无余额。

金融企业应将“销售费用”科目改为“业务及管理费”科目，核算金融企业在业务经营和管理过程中所发生的各项费用，包括折旧费、业务宣传费、业务招待费、电子设备运转费、钞币运送费、安全防范费、邮电费、劳动保护费、外事费、印刷费、低值易耗品摊销、职工工资及福利费、差旅费、水电费、职工教育经费、工会经费、会议费、诉讼费、公证费、咨询费、无形资产摊销、长期待摊费用摊销、取暖降温费、聘请中介机构费、技术转让费、绿化费、董事会费、财产保险费、劳动保险费、待业保险费、住房公积金、物业管理费、研究费用、提取保险保障基金等。

（三）财务费用

财务费用是指企业为筹集生产经营所需资金等而发生的筹资费用，包括利息支出（减利息收入）、汇兑损益以及相关的手续费、企业发生的现金折扣或收到的现金折扣等。

企业发生的财务费用，在“财务费用”科目核算，并在“财务费用”科目中按费用项目设置明细账，进行明细核算。期末，“财务费用”科目的余额结转到“本年利润”科目后无余额。

第三节　利润的会计核算

一、利润的构成

企业作为独立的经济实体，应当以自己的经营收入抵补其成本费用，并且实现盈利。企业盈利的大小在很大程度上反映企业生产经营的经济效益，表明企业在每一会计期间的最终经营成果。

利润是指企业在一定会计期间的经营成果。利润包括收入减去费用后的净额、直接计入当期利润的利得和损失等。

直接计入当期的利得和损失，是指应当计入当期损益、会导致所有者权益发生增减变动的、与所有者投入资本或者向所有者分配利润无关的利得或者损失。

（一）营业利润

营业利润＝营业收入－营业成本－营业税金及附加－销售费用－管理费用－财务费用－资产减值损失＋公允价值变动收益（－公允价值变动损失）＋投资收益（－投资损失）

其中，营业收入是指企业经营业务所实现的收入总额，包括主营业务收入和其他业务收入。营业成本是指企业经营业务所发生的实际成本总额，包括主营业务成本和其他业务成本。资产减值损失是指企业计提各项资产减值准备所形成的损失。公允价值变动收益（或损失）是指企业交易性金融资产等公允价值变动形成的应计入当期损益的利得（或损失）。投资收益（或损失）是指企业以各种方式对外投资所取得的收益（或发生的损失）。

（二）利润总额

利润总额 = 营业利润 + 营业外收入 - 营业外支出

营业外收入（或支出）是指企业发生的与日常活动无直接关系的各项利得（或损失）。

（三）净利润

净利润 = 利润总额 - 所得税费用

其中，所得税费用是指企业确认的应从当期利润总额中扣除的所得税费用。

二、营业外收支的会计处理

营业外收支是指企业发生的与日常活动无直接关系的各项收支。营业外收支虽然与企业生产经营活动没有多大的关系，但从企业主体来考虑，同样会带来收入或形成企业的支出，它也是增加或减少利润的因素，对企业的利润总额及净利润产生较大的影响。

（一）营业外收入

营业外收入是指企业发生的与日常活动无直接关系的各项利得。营业外收入并不是由企业经营资金耗费所产生的，不需要企业付出代价，实际上是一种纯收入，不可能也不需要与有关费用进行配比。因此，在会计处理上，应当严格区分营业外收入与营业收入的界限。营业外收入主要包括非流动资产处置利得、非货币性资产交换利得、债务重组利得、政府补助、盘盈利得、捐赠利得等。

非流动资产处置利得包括固定资产处置利得和无形资产出售利得。固定资产处置利得指企业出售固定资产所取得价款或报废固定资产的残料价值和变价收入等，扣除固定资产的账面价值、清理费用、处置相关税费后的净收益；无形资产出售利得指企业出售无形资产所取得价款扣除出售无形资产的账面价值、缴纳相关税费后的净收益。

非货币性资产交换利得指在非货币性资产交换中换出资产为固定资产、无形资产的，换入资产公允价值大于换出资产账面价值的差额，扣除相关费用后计入营业外收入的金额。

债务重组利得指重组债务的账面价值超过清偿债务的现金、非现金资产的公允价值、所转股份的公允价值，或者重组后债务账面价值之间的差额。

盘盈利得指企业对于现金等资产清查盘点中盘盈的资产，报经批准后计入营业外收入的金额。

政府补助指企业从政府无偿取得货币性资产或非货币性资产形成的利得。

捐赠利得指企业接受捐赠产生的利得。企业接受的捐赠和债务豁免，按照会计准则规定符合确认条件的，通常应当确认为当期收益。但是，企业接受控股股东（或控制股东的子公司）或非控股股东（或非控股股东的子公司）直接或间接代为偿债、债务豁免或捐赠，经济实质表明属于控股股东或非控股股东对企业的资本性投入，应当将相关利得计入所有者权益（资本公积）。

企业发生破产重整，其非控股股东因执行人民法院批准的破产重整计划，通过让渡所持有的该企业部分股份向企业债权人偿债的，企业应将非控股股东所让渡股份按照其在让渡之日的公允价值计入所有者权益（资本公积），减少所豁免债务的账面价值，并将让渡股份公允价值与被豁免的债务账面价值之间的差额计入当期损益。控股股东按照破产重整计划让渡了所持有的部分该企业股权向债权人偿债的，该企业也按此原则处理。

企业应当通过“营业外收入”科目，核算营业外收入的取得和结转情况。该科目可按营业外收入项目进行明细核算。期末，应将该科目的余额转入“本年利润”科目，结转后该科目无余额。

（二）营业外支出

营业外支出是指企业发生的与日常活动无直接关系的各项损失。营业外支出主要包括非流动资产处置损失、非货币性资产交换损失、债务重组损失、公益性捐赠支出、非常损失、盘亏损失等。

非流动资产处置损失包括固定资产处置损失和无形资产出售损失。固定资产处置损失，指企业出售固定资产所取得价款或报废固定资产的残料价值和变价收入等，不足抵补处置固定资产的账面价值、清理费用、处置相关税费后的净损失；无形资产出售损失，指企业出售无形资产所取得价款，不足抵补出售无形资产的账面价值、出售相关税费后的净损失。

非货币性资产交换损失指在非货币性资产交换中换出资产为固定资产、无形资产的，换入资产公允价值小于换出资产账面价值的差额，扣除相关费用后计入营业外支出的金额。

债务重组损失指重组债权的账面余额超过受让资产的公允价值、所转股份的公允价值，或者重组后债权的账面价值之间的差额。

公益性捐赠支出指企业对外进行公益性捐赠发生的支出。

非常损失指企业对于因客观因素（如自然灾害等）造成的损失，在扣除保险公司赔偿后计入营业外支出的净损失。

企业应通过“营业外支出”科目，核算营业外支出的发生及结转情况。该科目可按营业外支出项目进行明细核算。期末，应将该科目的余额转入“本年利润”科目，结转后该科目无余额。

需要注意的是，营业外收入和营业外支出应当分别核算。在具体核算时，不得以营业外支出直接冲减营业外收入，也不得以营业外收入冲减营业外支出，即企业在会计核算时，应当区别营业外收入和营业外支出进行核算。

三、本年利润的会计处理

企业应设置“本年利润”科目，核算企业当期实现的净利润（或发生的净亏损）。

企业期（月）末结转利润时，应将各损益类科目的余额转入本科目，结平各损益类科目。结转后本科目的贷方余额为当期实现的净利润；借方余额为当期发生的净亏损。

年度终了，应将本年收入利得和费用、损失相抵后结出的本年实现的净利润，转入“利润分配”科目，借记本科目，贷记“利润分配——未分配利润”科目；如为净亏损作相反的会计分录。结转后本科目应无余额。

下篇

纳税操作技巧

第九章

营业税的纳税操作技巧

第一节 纳税义务人与扣缴义务人

一、营业税的纳税义务人

（一）纳税人的一般规定

在中华人民共和国境内提供劳务、转让无形资产或者销售不动产的单位和个人，为营业税的纳税人。

（1）在中华人民共和国境内是指税收行政管辖权的区域。具体情况为：

1）提供或者接受条例规定劳务的单位或者个人在境内。

2）所转让的无形资产（不含土地使用权）的接受单位或者个人在境内。

3）所转让或者出租土地使用权的土地在境内。

4）所销售或者出租的不动产在境内。

（2）应税劳务是指属于建筑业、金融保险业（不含有形动产融资租赁服务）、文化体育业（不包括文化创意服务）、娱乐业、服务业（不包括“营改增”中的应税服务，即研发和技术服务、物流辅助服务、鉴证咨询服务、广播影视服务和以及有形动产经营租赁服务）税目征收范围的劳务。加工和修理修配劳务属于增值税的征税范围，因此，不属于营业税的应税劳务。单位和个体经营者聘用的员工为本单位或雇主提供的劳务，也不属于营业税的应税劳务。

上述保险劳务：一是指境内保险机构为境内标的物提供的保险，不包括境内保险机构为出口货物提供的保险；二是指境外保险机构以在境内的物品为标的物所提供的保险。

（3）提供应税劳务、转让无形资产或者销售不动产是指单位或个人有偿提供应税劳务、有偿转让无形资产或者有偿销售不动产的行为。有偿是指通过提供、转让或销售行为取得货币、货物或其他经济利益。

单位是指企业、行政单位、事业单位、军事单位、社会团体及其他单位；个人是指个体工商户和其他有经营行为的个人。

（4）对中华人民共和国境内（以下简称境内）单位或者个人在中华人民共和国境

外（以下简称境外）提供建筑业、文化体育业（除播映）劳务暂免征收营业税。对境外单位或者个人在境外向境内单位或者个人提供的文化体育业（除播映），娱乐业，服务业中的旅店业、饮食业、仓储业，以及其他服务业中的沐浴、理发、洗染、裱画、誊写、镌刻、复印、打包劳务，不征收营业税。

（二）纳税义务人的特殊规定

（1）单位以承包、承租、挂靠方式经营的，承包人、承租人、挂靠人（以下统称承包人）发生应税行为，承包人以发包人、出租人、被挂靠人（以下统称发包人）名义对外经营并由发包人承担相关法律责任的，以发包人为纳税人；否则以承包人为纳税人。

（2）建筑安装业务实行分包的，分包者为纳税人。

（3）金融保险业纳税人包括：

1）银行，包括中国人民银行、商业银行、政策性银行。

2）信用合作社。

3）证券公司。

4）金融租赁公司、证券基金管理公司、财务公司、信托投资公司、证券投资基金。

5）保险公司。

6）其他经中国人民银行、中国证监会、中国保监会批准成立且经营金融保险业务的机构等。

二、扣缴义务人

在现实生活中，为了加强税源控制，减少税收流失，《营业税暂行条例》和实施细则规定了扣缴义务人。营业税的扣缴义务人有以下两种情形：

（1）境外的单位或者个人在境内提供应税劳务、转让无形资产或者销售不动产，在境内未设有经营机构的，以其境内代理人为扣缴义务人；在境内没有代理人的，以受让方或者购买方为扣缴义务人。

（2）国务院财政、税务主管部门规定的其他扣缴义务人。

第二节 营业税的税目和税率

一、营业税的税目

营业税的税目按照行业、类别的不同分别设置，现行营业税共设置了7个税目。

（一）建筑业

建筑业是指建筑安装工程作业等，包括建筑、安装、修缮、装饰和其他工程作业等项内容。

（1）建筑是指新建、改建、扩建。各种建筑物、构筑物的工程作业，包括与建筑物相连的各种设备或支柱、操作平台的安装或装设的工程作业，以及各种窑炉和金属结构工程作业在内。但自建自用建筑物，其自建行为不是建筑业税目的征税范围。出租或投资入股的自建建筑物，也不是建筑业的征税范围。

（2）安装是指生产设备、动力设备、起重设备、运输设备、传动设备、医疗实验设备及其他各种设备的装配、安置工程作业，包括与设备相连的工作台、梯子、栏杆的装设工程作业和被安装设备的绝缘、防腐、保温、油漆等工程作业。

（3）修缮是指对建筑物、构筑物进行修补、加固、养护、改善，使之恢复原来的使用价值或延长其使用期限的工程作业。

（4）装饰是指对建筑物、构筑物进行修饰，使之美观或具有特定用途的工程作业。

（5）其他工程作业是指除建筑、安装、修缮、装饰工程作业以外的各种工程作业，如代办电信工程、水利工程、道路修建、疏浚、钻井（打井）、拆除建筑物、平整土地、搭脚手架、爆破等工程作业。

（6）纳税人提供的矿山爆破、穿孔、表面附着物（包括岩层、土层、砂层等）剥离和清理劳务，以及矿井、巷道，属于营业税应税劳务，应当缴纳营业税。

（二）金融保险业

金融保险业，是指经营金融、保险的业务。

（1）金融，是指经营货币资金融通活动的业务，包括贷款、金融商品转让、金融经纪业、邮政储蓄业务和其他金融业务（有形动产租赁已实行“营改增”）。

1）贷款，是指将资金有偿贷与他人使用的业务（包括以贴现、押汇方式）。以货币资金投资但收取固定利润或保底利息的行为，也属于这里所称的贷款业务。按资金来源不同，贷款分为一般贷款业务和转贷业务。

2）金融商品转让，是指转让外汇、有价证券或非货物期货的所有权的行为，包括股票转让、债券转让、外汇转让、其他金融商品转让。

3）金融经纪业务和其他金融业务，是指受托代他人经营金融活动的中间业务，如委托业务、代理业务、金融咨询业务等。

（2）保险，是指将通过契约形式集中起来的资金，用以补偿被保险人的经济利益的业务。

（3）对我国境内外资金融机构从事离岸银行业务，属于在我国境内提供应税劳务的，征收营业税。离岸银行业务是指银行吸收非居民企业资金，服务于非居民企业的金融活动，包括外汇存款、外汇贷款、同业外汇拆借、国际结算、发行大额可转让存款证、外汇担保、咨询、鉴证业务以及国家外汇管理局批准的其他业务。

（三）文化体育业

文化体育业是指经营文化、体育活动的业务，包括文化业和体育业。

（1）文化业，是指经营文化活动的业务，包括表演、经营游览场所和各种展览、培训活动，举办文学、艺术、科技讲座、演讲、报告会，图书馆的图书和资料的借阅的业务等。

（2）体育业，是指举办各种体育比赛和为体育比赛或体育活动提供场所的业务。

（四）娱乐业

娱乐业是指为娱乐活动提供场所和服务的业务，包括经营歌厅、舞厅、卡拉OK歌舞厅、音乐茶座、台球、高尔夫球、保龄球场、网吧、游艺场等娱乐场所，以及娱乐场所为顾客进行娱乐活动提供服务的业务。娱乐场所为顾客提供的饮食服务及其他各种服务也按娱乐业征税。

（五）服务业

（1）服务业是指利用设备、工具、场所、信息或技能为社会提供服务的业务，包括代理业、旅店业、饮食业、旅游业、租赁业和其他服务业（仓储业、广告业和有形动产租赁，已实行“营改增”）。

（2）自2002年1月1日起，福利彩票机构发行销售福利彩票取得的收入不征收营业税。对福利彩票机构以外的代销单位销售福利彩票取得的手续费收入应按规定征收营业税。

（3）对社保基金投资管理人、社保基金托管人从事社保基金管理活动取得的收入，依照税法的规定征收营业税。

（4）单位和个人在旅游景点经营索道取得的收入按“服务业”税目中的“旅游业”项目征收营业税。

（5）交通部门有偿转让高速公路收费权行为，属于营业税征收范围，应按“服务业”税目中的“租赁业”项目征收营业税。

（6）酒店产权式经营业主（以下简称业主）在约定的时间内提供房产使用权与酒店进行合作经营，如房产产权并未归属新的经济实体，业主按照约定取得的固定收入和分红收入均应视为租金收入，根据有关税收法律、行政法规的规定，应按照“服务业——租赁业”征收营业税，按照财产租赁所得项目征收个人所得税。

（7）单位和个人受托种植植物、饲养动物的行为，应按照营业税“服务业”税目征收营业税。

（六）转让无形资产

转让无形资产是指转让无形资产的所有权或使用权的行为，包括转让土地使用权、转让自然资源使用权。（注：转让商标权、转让专利权、转让非专利技术、出租电影复制、转让著作权和转让商誉，已实行“营改增”）。

自2003年1月1日起，以无形资产投资入股，参与接受投资方的利润分配、共同承担投资风险的行为，不征收营业税，在投资后转让其股权的也不征收营业税。

（七）销售不动产

销售不动产是指有偿转让不动产所有权的行为，包括销售建筑物或构筑物和销售其他土地附着物。销售其他土地附着物，是指有偿转让其他土地附着物的所有权的行为。其他土地附着物是指建筑物或构筑物以外的其他附着于土地的不动产。在销售不动产时连同不动产所占土地的使用权一并转让的行为，比照销售不动产征收营业税。

自2003年1月1日起，以不动产投资入股，参与接受投资方利润分配、共同承担投资风险的行为，不征营业税。在投资后转让其股权的也不征收营业税。单位或者个人将不动产或者土地使用权无偿赠送其他单位或者个人，视同发生应税行为按规定征收营业税。单位或者个人自己新建（以下简称自建）建筑物后销售，其所发生的自建行为视同发生应税行为按规定征收营业税。

二、营业税的税率

营业税按照行业、类别的不同分别采用不同的比例税率，具体规定为：

（1）建筑业、文化体育业，税率为3%。

（2）服务业、销售不动产、转让无形资产，税率为5%。

（3）金融保险业税率为5%。

（4）娱乐业执行5%～20%的幅度税率，具体适用的税率，由各省、自治区、直辖市人民政府根据当地的实际情况在税法规定的幅度内决定。营业税税目税率见表9-1。

表9-1　营业税税目税率表

税　目	税　率
一、建筑业	3%
二、金融保险业	5%
三、文化体育业	3%
四、娱乐业	5%～20%
五、服务业	5%
六、转让无形资产	5%
七、销售不动产	5%

第三节　营业税的计税依据

一、计税依据的一般规定

营业税的计税依据是营业额，营业额为纳税人提供应税劳务、转让无形资产或者销售不动产向对方收取的全部价款和价外费用。

价外费用包括收取的手续费、补贴、基金、集资费、返还利润、奖励费、违约金、滞纳金、延期付款利息、赔偿金、代收款项、代垫款项、罚息及其他各种性质的价外收费，但不包括同时符合以下条件代为收取的政府性基金或者行政事业性收费：

（1）由国务院或者财政部批准设立的政府性基金，由国务院或者省级人民政府及其财政、价格主管部门批准设立的行政事业性收费。

（2）收取时开具省级以上财政部门印制的财政票据。

（3）所收款项全额上缴财政。

二、计税依据的具体规定

（一）建筑业

（1）纳税人将建筑工程分包给其他单位的，以其取得的全部价款和价外费用扣除其支付给其他单位的分包款后的余额为营业额。

（2）除提供建筑业劳务的同时销售自产货物的混合销售行为外，纳税人提供建筑业劳务（不含装饰劳务）的，其营业额应当包括工程所用原材料、设备及其他物资和动力价款在内，但不包括建设方提供的设备的价款。

（3）自建行为和单位或者个人将不动产或者土地使用权无偿赠送其他单位或者个人，由主管税务机关按照本节“计税依据具体规定”的第（十）条规定的顺序核定营业额。

自建行为是指纳税人自己建造房屋的行为。纳税人自建自用的房屋不纳税；如纳税人（不包括个人自建自用住房销售）将自建的房屋对外销售，其自建行为应按建筑业征收营业税，再按销售不动产征收营业税。

（4）纳税人采用清包工形式提供的装饰劳务，按照其向客户实际收取的人工费、管理费和辅助材料费等收入（不含客户自行采购的材料价款和设备价款）确认计税营业额。清包工形式提供的装饰劳务是指工程所需的主要原材料和设备由客户自行采购，纳税人只向客户收取人工费、管理费及辅助材料费等费用的装饰劳务。纳税人采用清包工形式提供的装饰劳务，按照其向客户实际收取的人工费、管理费和辅助材料费等收入（不含客户自行采购的材料价款和设备价款）确认计税营业额。需要说明的是，上述规定见《财政部　国家税务总局关于纳税人以清包工形式提供装饰劳务征收营业税问题的通知》（财税［2006］114号文件），该文件虽然已经废止，但是，该文件所规定的内容已经包括在《营业税暂行条例实施细则》第十六条中，此种装饰劳务承包方式和征税方法仍然适用。

（5）《国家税务总局关于政府收回土地使用权及纳税人代垫拆迁补偿费有关营业税问题的通知》（国税函［2009］520号文件）规定，纳税人受托进行建筑物拆除、平整土地并代委托方向原土地使用权人支付拆迁补偿费的过程中，其提供建筑物拆除、平整土地劳务取得的收入应按照“建筑业”税目缴纳营业税；其代委托方向原土地使用权人支付拆迁补偿费的行为属于“服务业——代理业”行为，应以提供代理劳务取得的全部收入减去其代委托方支付的拆迁补偿费后的余额为营业额计算缴纳营业税。

（二）金融保险业

（1）一般贷款业务的营业额为贷款利息收入，包括各种加息、罚息等。

（2）外汇、有价证券、期货等金融商品买卖业务，以卖出价减去买入价后的余额为营业额，即：营业额＝卖出价－买入价。卖出价是指卖出原价，不得扣除卖出过程中支付的各种费用和税金。买入价是指购进原价，不包括购进过程中支付的各种费用和税金，但买入价应依照财务会计制度规定，以股票、债券的购入价减去股票、债券持有期间取得的股票、债券红利收入。

（3）金融经纪业务和其他金融业务（中间业务）营业额为手续费（佣金）类的全部收入。

金融企业从事受托收款业务，如代收电话费、水电煤气费、信息费、学杂费、寻呼费、社保统筹费、交通违章罚款、税款等，以全部收入减去支付给委托方价款后的余额为营业额。

（4）保险业务营业额包括：

1）办理初保业务。

2）储金业务。

3）保险企业已征收过营业税的应收未收保费，凡在财务会计制度规定的核算期限内未收回的，允许从营业额中减除。在会计核算期限以后收回的已冲减的应收未收保费，再并入当期营业额中。

4）保险企业开展无赔偿奖励业务的，以向投保人实际收取的保费作为营业额。

5）境内的保险人将其承保的以境内标的物为保险标的的保险业务向境外再保险人办理分保的，以全部保费收入减去分保保费后的余额为营业额。境外再保险人应就其分保收入承担营业税纳税义务，并由境内保险人扣缴境外再保险人应缴纳的营业税税款。

（三）文化体育业

单位和个人进行演出，以全部票价收入或者包场收入减去付给提供演出场所的单位、演出公司或者经纪人的费用后的余额为营业额。

（四）娱乐业

娱乐业的营业额为经营娱乐业收取的全部价款和价外费用，包括门票收费、台位费、点歌费、烟酒、饮料、茶水、鲜花、小吃等收费及经营娱乐业的其他各项收费。

（五）服务业

（1）代理业以纳税人从事代理业务向委托方实际收取的报酬为营业额。

（2）电脑福利彩票投注点代销福利彩票取得的任何形式的手续费收入，应照章征收营业税。

（3）对拍卖行向委托方收取的手续费应征收营业税。

（4）纳税人从事旅游业务的，以其取得的全部价款和价外费用扣除替旅游者支付给其他单位或者个人的住宿费、餐费、交通费、旅游景点门票和支付给其他接团旅游企业的旅游费后的余额作为营业额。

旅游企业组织旅游团到中华人民共和国境外旅游，在境外改由其他旅游企业接团的，以全程旅游费减去付给该接团企业的旅游费后的余额作为营业额。

（5）对单位和个人在旅游景区经营旅游游船、观光电梯、观光电车、景区环保客运车所取得的收入应按“服务业——旅游业”征收营业税。单位和个人在旅游景区兼有不同税目应税行为并采取“一票制”收费方式的，应当分别核算不同税目的营业额；未分别核算或核算不清的，从高适用税率。

（6）从事物业管理的单位，以与物业管理有关的全部收入减去代业主支付的水、电、燃气以及代承租者支付的水、电、燃气、房屋租金的价款后的余额作为营业额。

（六）销售不动产或转让土地使用权

（1）单位和个人销售或转让其购置的不动产或受让的土地使用权，以全部收入减去不动产或土地使用权的购置或受让原价后的余额作为营业额。

（2）单位和个人销售或转让抵债所得的不动产、土地使用权的，以全部收入减去抵债时该项不动产或土地使用权作价后的余额作为营业额。

上述税法规定，可归纳为以下公式：

计税营业额 = 全部收入 - 购置(受让) 原价或抵债作价

（3）《财政部　国家税务总局关于调整个人住房转让营业税政策的通知》（财税［2011］12号文件）规定，从2011年1月28日起，个人将购买不足5年的住房对外销售的，全额征收营业税；个人将购买超过5年（含5年）的非普通住房对外销售的，按照其销售收入减去购买房屋的价款后的差额征收营业税；个人将购买超过5年（含5年）的普通住房对外销售的，免征营业税。

（4）自2011年9月1日起，纳税人转让土地使用权或者销售不动产的同时一并销售的附着于土地或者不动产上的固定资产中，凡属于增值税应税货物的，应按照《财政部　国家税务总局关于部分货物适用增值税低税率和简易办法征收增值税政策的通知》（财税［2009］9号）第二条有关规定，计算缴纳增值税；凡属于不动产的，应按照《中华人民共和国营业税暂行条例》“销售不动产”税目计算缴纳营业税。纳税人应分别核算增值税应税货物和不动产的销售额，未分别核算或核算不清的，由主管税务机关核定其增值税应税货物的销售额和不动产的销售额。

（七）核定营业额的规定

对于纳税人提供劳务、转让无形资产或销售不动产价格明显偏低并无正当理由的，税务机关按下列顺序核定其营业额：

（1）按纳税人最近时期发生同类应税行为的平均价格核定。

（2）按其他纳税人最近时期发生同类应税行为的平均价格核定。

（3）按下列公式核定：

营业额 = 营业成本或者工程成本 ×（1 + 成本利润率）÷（1 - 营业税税率）

公式中的成本利润率，由各省、自治区、直辖市税务机关确定。

（八）以人民币以外的货币结算营业额的折算

纳税人以人民币以外的货币结算营业额的，应当折合成人民币计算。其营业额的人民币折合率可以选择营业额发生的当天或者当月1日的人民币汇率中间价。

纳税人应当在事先确定采用何种折合率，确定后1年内不得变更。

（九）营业额的其他规定

（1）纳税人依据营业额计算缴纳营业税后因发生退款减除营业额的，应当退还已缴纳营业税税款或者从纳税人以后的应缴纳营业税税额中减除。

（2）纳税人发生应税行为，如果将价款与折扣额在同一张发票上注明的，以折扣后的价款作为营业额；如果将折扣额另开发票的，不论其在财务上如何处理，均不得从营业额中扣除。

（3）单位和个人因财务会计核算办法改变，将已缴纳过营业税的预收性质的价款逐期转为营业收入时，允许从营业额中减除。

（4）劳务企业接受用工单位的委托，为其安排劳动力，凡用工单位将其应支付给劳动力的工资和为劳动力上交的社会保险（包括养老保险金、医疗保险、失业保险、工伤保险等）以及住房公积金统一交给劳务企业代为发放或办理的，以劳务企业从用工单位收取的全部价款减去代收转付给劳动力的工资和为劳动力办理社会保险及住房公积金后的余额作为营业额。

（5）单位和个人提供应税劳务、转让无形资产和销售不动产时，因受让方违约而从受让方取得的赔偿金收入，应并入营业额中征收营业税。

（6）通信线路工程和输送管道工程所使用的电缆、光缆和构成管道工程主体的防腐管段、管件（弯头、三通、冷弯管、绝缘接头）、清管器、收发球筒、机泵、加热炉、金属容器等物品均属于设备，其价值不包括在工程的计税营业额中。

其他建筑安装工程的计税营业额也不应包括设备价值，具体设备名单可由省级地方税务机关根据各自实际情况列举。

（7）自2004年12月1日起，营业税纳税人购置税控收款机，经主管税务机关审核批准后，可凭购进税控收款机取得的增值税专用发票，按照发票上注明的增值税税额，抵免当期应纳营业税税额，或者按照购进税控收款机取得的普通发票上注明的价款，依下列公式计算可抵免税额：

$$可抵免税额 = 价款 \div (1 + 17\%) \times 17\%$$

当期应纳税额不足抵免的，未抵免部分可在下期继续抵免（财税［2004］167号文件）。

（8）关于营业额扣除项目凭证管理问题。计税营业额扣除有关项目必须取得合法有效凭证，取得的凭证不符合法律、行政法规或者国务院税务主管部门有关规定的，该项目金额不得扣除。

符合国务院税务主管部门有关规定的凭证（以下统称合法有效凭证）包括

1）支付给境内单位或者个人的款项，且该单位或者个人发生的行为属于营业税或者增值税征收范围的，以该单位或者个人开具的发票为合法有效凭证。

2）支付的行政事业性收费或者政府性基金，以开具的财政票据为合法有效凭证。

3）支付给境外单位或者个人的款项，以该单位或者个人的签收单据为合法有效凭证，税务机关对签收单据有疑义的，可以要求其提供境外公证机构的确认证明。

4）国家税务总局规定的其他合法有效凭证。

《国家税务总局关于销售未取得发票的抵债不动产和土地使用权征收营业税问题的批复》（国税函［2005］77号文件）规定，营业税扣除项目的合法有效凭证，包括法院判决书、裁定书、调解书，以及可由人民法院执行的仲裁裁决书、公证债权文书。

第四节 应纳税额的计算

一、应纳税额的计算

营业税税款的计算比较简单。纳税人提供应税劳务、转让无形资产或者销售不动产，按照营业额和规定的适用税率计算应纳税额，计算公式为

$$应纳税额 = 营业额 \times 税率$$

［例9-1］ 某房地产公司2012年2月通过拍卖取得一宗土地使用权，支付土地出让金1 600万元。2014年3月因资金紧张，将土地使用权转让，转让收入2 400万元，计算应缴纳的营业税。

［案例分析］

《财政部 国家税务总局关于营业税若干政策问题的通知》（财税［2003］16号）第三条（二十）项规定："单位和个人销售或转让其购置的不动产或受让的土地使用权，以全部收入减去不动产或土地使用权的购置或受让原价后的余额为营业额。"因此，该项业务以差额计算缴纳营业税。

$$应纳税额 = (2\,400 - 1\,600) \times 5\% = 40(万元)$$

［例9-2］ 某建筑安装公司2012年新建一座办公楼自用，建筑安装成本为1 500万元。2014年6月将办公楼对外销售，销售价款2 000万元。已知本省税务机关规定建筑安装工程的成本利润率为10%，计算营业税应纳税额。

［案例分析］

《营业税暂行条例实施细则》第五条规定："单位或者个人自己新建（以下简称自建）建筑物后销售，其所发生的自建行为"应当视同发生应税行为缴纳营业税。建筑安装公司自建建筑物后销售，其自建行为应当视同提供建筑劳务缴纳营业税；销售不

动产也应当缴纳营业税，所以，应当交两道营业税。

$$\text{建筑安装应纳税额} = 1\,500 \times (1 + 10\%) \div (1 - 3\%) \times 3\% = 51.03(\text{万元})$$

$$\text{销售不动产应纳税额} = 2\,000 \times 5\% = 100(\text{万元})$$

$$\text{营业税应纳税额} = 51.03 + 100 = 151.03(\text{万元})$$

二、几种特殊经营行为的税务处理

营业税属于流转税的税种，与增值税一样在商品生产、流通过程中发挥作用。尽管税法已经明确划分了营业税和增值税的征收范围，但是，在实际经营活动中是很难分清的。纳税人可以同时从事多项应税活动。例如，宾馆附设餐厅、娱乐厅、健身房等适用不同税率的应税项目；建筑施工企业既销售自己生产的产品，又从事建筑安装劳务；客运站兼营商店等适用不同税种的经济活动。正确处理不同经营活动的税收问题是维护税法严肃性的需要，也是保护纳税人合法利益的客观要求。

（一）兼营不同税目的应税行为

《营业税暂行条例》规定，纳税人兼营不同税目的应当缴纳营业税的劳务（以下简称应税劳务）、转让无形资产或者销售不动产，应当分别核算不同税目的营业额、转让额、销售额（以下统称营业额）；未分别核算营业额的，从高适用税率计算应纳税额。

营业额是指从事交通运输业、建筑业、金融保险业、邮电通信业、文化体育业、娱乐业和服务业取得的营业收入；转让额是指转让无形资产取得的收入；销售额是指销售不动产取得的收入。

（二）兼营应税劳务与货物或非应税劳务行为

纳税人兼营应税行为和货物或者非应税劳务的，应当分别核算应税行为的营业额和货物或者非应税劳务的销售额，其应税行为营业额缴纳营业税，货物或者非应税劳务销售额不缴纳营业税；未分别核算的，由主管税务机关核定其应税行为的营业额。

纳税人兼营的应税劳务是否应当一并征收增值税，由国家税务总局所属征收机关确定。纳税人兼营免税、减税项目的，应当单独核算免税、减税项目的营业额；未单独核算营业额的，不得免税、减税。

（三）混合销售行为

一项销售行为如果既涉及缴纳营业税的应税劳务又涉及缴纳增值税的货物销售，为混合销售行为。除下面（四）中的2特殊形式的混合销售之外，从事货物的生产、批发或者零售的企业、企业性单位和个体工商户的混合销售行为，视为销售货物，不缴纳营业税；其他单位和个人的混合销售行为，视为提供应税劳务，缴纳营业税。

以上所称“货物”，是指有形动产，包括电力、热力、气体在内。所称“从事货物的生产、批发或者零售的企业、企业性单位和个体工商户”，包括以从事货物的生产、批发或者零售为主，并兼营应税劳务的企业、企业性单位和个体工商户在内。

（四）营业税与增值税征税范围的划分

营业税与增值税都是流转税，营业税主要对各种劳务征收，同时对销售不动产和转让无形资产也征收营业税。增值税主要对各种货物征收，同时对加工、修理修配劳务也征收增值税。两个税种性质相同，但各自的征收领域不同，理论上是可以划分清楚的。但在实际操作上存在一些具体区别的问题，对此，国家作了一些具体规定。

1. 建筑业务征税问题

基本建设单位和从事建筑安装业务的企业附设的工厂、车间生产的水泥预制构件、其他构件或建筑材料，用于本单位或本企业的建筑工程的，应在移送使用时征收增值税。但对其在建筑现场制造的预制构件，凡直接用于本单位或本企业建筑工程的，征收营业税，不征收增值税。

2. 特殊形式的混合销售

《营业税暂行条例实施细则》第七条规定：纳税人的下列混合销售行为，应当分别核算应税劳务的营业额和货物的销售额，其应税劳务的营业额缴纳营业税，货物销售额不缴纳营业税；未分别核算的，由主管税务机关核定其应税劳务的营业额：

1）提供建筑业劳务的同时销售自产货物的行为。

2）财政部 国家税务总局规定的其他情形。

《国家税务总局关于纳税人销售自产货物并同时提供建筑业劳务有关税收问题的公告》（国家税务总局公告2011年第23号）规定："自2011年5月1日起，纳税人销售自产货物同时提供建筑业劳务，须向建筑业劳务发生地主管地方税务机关提供其机构所在地主管国家税务机关出具的本纳税人属于从事货物生产的单位或个人的证明。建筑业劳务发生地主管地方税务机关根据纳税人持有的证明，按本公告有关规定计算征收营业税"。

三、关于营业税的其他有关问题

（一）销售不动产征税的其他有关问题

1. 以不动产作抵押向金融机构贷款的征税问题

以不动产作抵押向银行贷款，一般有以下两种情况：

一种是抵押期间，不动产仍归借款人使用，如果借款人到期无力归还贷款，则不动产归银行所有。这种抵押贷款行为，在不动产未收归银行所有以前，不动产的所有权并未发生转移，因而也就未产生销售不动产这一应税行为。贷款期满后，因借款人无力偿还欠款，不动产收归银行所有，此时不动产所有权发生了转移，应对借款人按"销售不动产"税目征收营业税。

另一种是借款人取得贷款后就将不动产交与银行使用，以不动产租金抵偿贷款利息，那么对借款人来说，此阶段发生了不动产租赁行为，对借款人的应付借款利息按"服务业"税目征收营业税。如果借款人到期无力归还贷款，以不动产抵偿欠款，则借款人还应按“销售不动产”纳税。

2. 关于个人从事房地产经营业务征收营业税问题

国税函［1996］718号文件规定，个人以各位购房户代表的身份与提供土地使用权的单位或个人（以下简称“土地出让人”）签订联合建房协议，由个人出资并负责雇请施工队建房，房屋建成后，再由个人将分得的房屋销售给各购房户。这实际上是个人先通过合作建房的方式取得房屋，再将房屋销售给各购房户。因此对个人应按“销售不动产”税目征收营业税，其营业额为个人向各购房户收取的全部价款和价外费用。个人与土地出让人的关系，属于一方提供土地使用权，另一方提供资金合作建房的行为。对其双方应按“合作建房的征税”的有关规定征收营业税。

3. 外商投资企业从事城市住宅小区建设征收营业税问题

国税函发［1995］549号文件规定，对外商投资企业从事城市住宅小区建设，应当按照《中华人民共和国营业税暂行条例》的有关规定，就其取得的营业额计征营业税；对偿还面积与拆迁建筑面积相等的部分，由当地税务机关按同类住宅房屋的成本价核定计征营业税；对最终转让时未作价结算的住宅区配套公共设施（如居委会用房、车棚、托儿所等），凡转让收入已包含在住宅房屋转让价格中并已征收营业税的，不再征收营业税。

4. 中外合作开发房地产征收营业税问题

（1）关于中外双方合作建房的征税问题。中方将获得的土地与外方合作，办理土地使用权转移后不论是按建成的商品房分配面积，还是按商品房销售后的收入进行分配，均不符合现行政策关于“以无形资产投资入股、参与接受投资方的利润分配、共同承担投资风险的行为，不征营业税”的规定，因此，应按“转让无形资产”税目征收营业税；其营业额为实际取得的全部收入，包括价外收费；其纳税义务发生时间为取得收入的当天。同时，对销售商品房也应征税。如果采取分房（包括分面积）各自销房的，则对中外双方各自销售商品房收入按“销售不动产”征收营业税；如果采取统一售房再分配销售收入的，则就统一的销售商品房收入按“销售不动产”征收营业税；如果采取对中方支付固定利润方式的，则对外方销售商品房的全部收入按“销售不动产”征收营业税。

（2）关于中方取得的前期工程开发费征税问题。外方提前支付给中方的前期工程的开发费用，视为中方以预收款方式取得的营业收入，按转让土地使用权计算征收营业税。对该项已税的开发费用，在中外双方分配收入时如数从中方应得收入中扣除的，可直接冲减中方当期的营业收入。

（3）对中方定期获取的固定利润视为转让土地使用权所取得的收入，计算征收营业税。

5. 房地产境外代销、包销征收营业税问题

自2000年1月1日起，从事房地产业务的外商投资企业与境外企业签订房地产代销、包销合同或协议，委托境外企业在境外销售其位于我国境内房地产的，应按境外企业向购房人销售的价格，作为外商投资企业房地产销售收入，计算缴纳营业税和企业所得税。

6. 以还本方式销售建筑物的征税问题

对以还本方式销售建筑物的行为，应按向购买者收取的全部价款和价外费用征收营业税，不得减掉所谓的“还本”支出。

7. 关于企业自建住房销售给本单位职工的征税问题

国税函［2005］334号文件规定，纳税人自建住房销售给本单位职工，属于销售不动产行为，应照章征收营业税。

8. 关于“购房回租”、“售后回购”的征税问题

《关于房地产开发企业从事购房回租等经营活动征收营业税问题的批复》（国税函［1999］144号文件）规定，房地产开发公司采用“购房回租”、“售后回购”等形式，进行促销经营活动（与购房者签订“商品房买卖合同书”，将商品房卖给购房者，同时，根据合同约定的期限，在一定时期后，又将该商品房购回），根据《营业税暂行条例》及其实施细则的规定，对房地产开发公司和购房者，均应按“销售不动产”税目征收营业税。

9. 对偿还面积与拆迁建筑面积相等部分的征税问题

国税函发［1995］549号文件规定，外商投资企业（以下称拆迁人）根据当地政府城市规划和建设部门的要求，通过各种方式对规划区内原住户的房屋进行拆迁并最终安置（或偿还）住户。在具体办理“安置”或“偿还”时，当地政府规定，根据被拆房屋的所有权性质不同，分别实行产权调换。按质作价互找差价；或作价补偿；或产权调换、作价补偿相结合等方法，拆迁人与被拆迁人通过《房屋拆迁补偿安置协议》明确拆迁安置事宜。对外商投资企业从事城市住宅小区建设，应当按照《中华人民共和国营业税暂行条例》的有关规定，就其取得的营业额计征营业税；对偿还面积与拆迁建筑面积相等的部分，由当地税务机关按同类住宅房屋的成本价核定计征营业税，对最终转让时未作价结算的住宅区配套公共设施（如居委会用房、车棚、托儿所等），凡转让收入已包含在住宅房屋转让价格中并已征收营业税的，不再征收营业税。

（二）对建筑业征税的其他有关问题

1. 代办电信工程的征税问题

对代办电信工程征税时无论施工单位是谁，一律按建筑业税目征收营业税。

2. 疏浚工程的征税问题

对疏浚工程按建筑业税目征收营业税。

3. 打井工程的征税问题

对打井业务无论是工业性用水还是民用性用水，一律按建筑业税目征收营业税。同时，对打井（钻井）勘探作业也按建筑业税目征税。

4. 建筑业的修缮与增值税“修理与修配”的划分问题

凡是对建筑物、构筑物等不动产的大修、中修属于建筑业；对货物的修理、修配属于工业范畴。在具体工作中如果修理（修缮）的对象是建筑物、构筑物等不动产，应征收营业税，如对铁路进行大修；对货物进行修理，则应征收增值税。

5. 自建行为的征税问题

（1）自建自售建筑物。营业税暂行条例实施细则规定，单位或者个人自己新建（以下简称自建）建筑物后销售，其所发生的自建行为视同提供应税劳务，征收建筑业营业税。因此，对自建自售建筑物，除了按销售不动产征收营业税外，还应征收一道“建筑业”营业税。

（2）自建自用建筑物。现行税法规定，自建自用建筑物，其自建行为不是建筑业税目的征税范围，不征收营业税。这里需要特别说明的是，自建建筑物自用，仅限于施工单位自建建筑物后的自用。对附属于企业、行政事业单位的内部施工单位，承担其所隶属单位的建筑安装工程，应视具体情况确定是否征收营业税。首先要看此类施工队伍是否属于独立核算单位。如果属于独立核算单位，无论是承担其所隶属单位（以下简称本单位）的建筑安装工程业务，还是承担其他单位的建筑安装工程业务，均应当征收营业税。如果属于非独立核算单位，承担其他单位的建筑安装工程业务应当征收营业税，而承担本单位的建筑安装工程业务是否应当缴纳营业税，则要看其与本单位之间是否结算工程价款。《营业税暂行条例实施细则》第十条规定，负有营业税纳税义务的单位为发生应税行为并收取货币、货物或者其他经济利益的单位，但不包括单位依法不需要办理税务登记的内设机构。根据这一规定，内部施工队伍为本单位承担建筑安装业务，凡同本单位结算工程价款的，无论是否编制工程预（概）算，也无论工程价款中是否包括营业税税金，均应当征收营业税；凡不与本单位结算工程价款的，不征收营业税。

（3）出租或投资入股的自建建筑物。出租或投资入股的自建建筑物，所有权并没有发生转移，不属于出售，它实质上也是一种自用行为——用于自我经营，所以，对此类行为，应与自建自用行为一样，视具体情况确定其是否属于建筑业的征税范围。

6. 工程承包公司的征税问题

工程承包公司对工程的承包有两种形式：

第一种形式，由工程承包公司同建设单位签订承包合同，然后将设计、采购等项工作分别转包给其他单位，工程承包公司负责各环节的协调与组织工作。工程承包公司有的自身没有施工力量，或者自身虽有施工力量但不参与该项工程的施工，将所有设计、采购、施工等项业务全部转包给其他单位，自身只从事协调或组织工作；有的自身有一定的施工力量且参与了该项工程的施工，但仍将其中的大部分施工任务转包给其他单位。对于这种形式，即工程承包公司作为工程总承包人同建设单位签订合同，无论其是否具备施工力量，是否参与工程施工业务，对其取得的全部收入，按建筑业税目征收营业税，而不按服务业税目征收营业税。工程承包公司的计税营业额是总承包金额与分包金额之间的差额。

第二种形式，工程合同由施工单位同建设单位签订，工程承包公司负责设计及对建设单位承担保证，并向建设单位按工程总额的一定比例收取管理费。对于这种形式，即工程承包公司不作为工程总承包人，不与建设单位签订工程总承包合同，而仅作为建设单位与施工企业的中介人，无论工程承包公司是否具备施工力量，一律按“服务业”税目中的“代理服务”项目征收营业税。

7. 设计单位的征税问题

设计单位进行工程承包时主要负责勘探设计、设备采购、施工招标发包、项目管理、质量监督和试车考核等，一般不管辖施工队伍，不直接从事施工作业。按营业税有关规定，对设计单位承包的建筑安装工程，无论是否参与施工，都一律按“建筑业”征税，同时扣缴分包人应纳的“建筑业”营业税。如果设计单位不作为工程总承包人，不与建设者签订工程承包合同，只是负责某项设计任务，则按“服务业——其他服务”项目征税，此时设计单位应确定为“服务业”纳税人。

8. 绿化工程的征税问题

绿化工程往往与建筑工程相关，或本身就是某个建筑工程的一个组成部分，故对绿化工程应按“建筑业——其他工程作业”征收营业税。

9. 关于对公路部门所属单位从事公路施工业务征收营业税问题

（1）省、地（市）、县各级公路部门所属独立核算的工程施工单位，从事公路工程施工业务一律按规定征收营业税。

（2）县公路段及所属养路队（道班）以非招标议标方式从事公路工程施工业务应征收营业税。

（3）县公路段及所属养路队（道班）通过招标、议标方式，按上级主管部门下达计划进行公路改善工程，其工程项目列入省主管部门当年“公路改善工程计划项目表”，以及利用养路工程费对公路的大中修、小修保养业务，可暂不计征营业税。但将上述工程项目转包其他单位或个人进行施工的，以及跨地市的上述工程项目，则应征收营业税。

（4）公路部门及所属单位从事公路施工业务缴纳营业税的地点、计税依据及其他征管问题，应按现行税收法规有关规定执行。

第五节 营业税的优惠政策

一、起征点的规定

对于经营营业税应税项目的个人，营业税规定了起征点。营业额达到或超过起征点即照章全额计算纳税，纳税人营业额未达到国务院财政、税务主管部门规定的营业税起征点的，免征营业税。营业税起征点是指纳税人营业额合计达到起征点，营业税起征点的适用范围限于个人。营业税起征点的幅度规定如下：

（1）按期纳税的，为月营业额1 000~5 000元。

（2）按次纳税的，为每次（日）营业额100元。

省、自治区、直辖市财政厅（局）、税务局应当在规定的幅度内，根据实际情况确定本地区适用的起征点，并报财政部　国家税务总局备案。

国家税务总局公告2014年第57号规定，自2014年10月1日起至2015年12月31日，营业税纳税人，月营业额不超过3万元（含3万元，下同）的，按照规定免征营业税。

二、税收优惠的规定

（一）根据《营业税暂行条例》的规定，下列项目免征营业税

（1）托儿所、幼儿园、养老院、残疾人福利机构提供的育养服务，婚姻介绍，殡葬服务。

（2）残疾人员个人提供的劳务，是指残疾人员本人为社会提供的劳务。

（3）医院、诊所和其他医疗机构提供的医疗服务。

（4）学校和其他教育机构提供的教育劳务，学生勤工俭学提供的劳务。所称学校和其他教育机构，是指普通学校以及经地、市级以上人民政府或者同级政府的教育行政部门批准成立、国家承认其学员学历的各类学校。

（5）农业机耕、排灌、病虫害防治、植物保护、农牧保险以及相关技术培训业务，家禽、牲畜、水生动物的配种和疾病防治。

（6）纪念馆、博物馆、文化馆、文物保护单位管理机构、美术馆、展览馆、书画院、图书馆举办文化活动的门票收入，宗教场所举办文化、宗教活动的门票收入。

（7）境内保险机构为出口货物提供的保险产品，包括出口货物保险和出口信用保险。

除上述规定外，营业税的免税、减税项目由国务院规定。任何地区、部门均不得规定免税、减税项目。

（二）根据国家的有关规定，下列项目减征或免征营业税

（1）对单位和个人（包括外商投资企业、外商投资设立的研究开发中心、外国企业和外籍个人）从事技术转让、技术开发业务和与之相关的技术咨询、技术服务业务取得的收入，免征营业税。免征营业税的技术开发、技术转让业务，是指自然科学领域的技术开发和技术转让业务。

国税函［2004］825号文件取消了免税项目由省级税务主管税务机关审核的规定。取消技术转让技术开发业务免征营业税审核手续后，单位和个人（不包括外资企业、外籍个人）的技术转让、技术开发的书面合同仍应到省级科技主管部进行认定，并将认定后的合同及有关证明材料文件报主管地方税务局备查。

（2）将土地使用权转让给农业生产者用于农业生产，免征营业税。

（3）工会疗养院（所）可视为“其他医疗机构”，免征营业税。

（4）对住房公积金管理中心用住房公积金在指定的委托银行发放个人住房贷款取

得的收入，免征营业税。

（5）对按政府规定价格出租的公有住房和廉租住房，包括企业和自收自支事业单位向职工出租的单位自有住房；房管部门向居民出租的公有住房；落实私房政策中带户发还产权并以政府规定租金标准向居民出租的私有住房等，暂免征收房产税、营业税。

对个人出租住房，不区分用途，在3%税率的基础上再减半征收营业税。

（6）企业集团或集团内的核心企业（以下简称企业集团）委托企业集团所属财务公司代理统借统还贷款业务，从财务公司取得的用于归还金融机构的利息不征收营业税；财务公司承担此项统借统还委托贷款业务，从贷款企业收取贷款利息不代扣代缴营业税。

以上所称“企业集团委托企业集团所属财务公司代理统借统还贷款业务”，是指企业集团从金融机构取得统借统还贷款后，由集团所属财务公司与企业集团或集团内下属企业签订统借统还贷款合同并分拨借款，按支付给金融机构的借款利率向企业集团或集团内下属企业收取用于归还金融机构借款的利息，再转付企业集团，由企业集团统一归还金融机构的业务。

（7）对纳入全国试点范围的非营利性中小企业信用担保、再担保机构，可由地方政府确定，对其从事担保业务收入，3年内免征营业税。“纳入全国试点范围的非营利性中小企业信用担保、再担保机构”是指经国家经贸委审核批准，纳入全国中小企业信用担保体系，并按地市级以上人民政府规定的标准收取担保业务收入的单位。“从事担保业务收入”是指上述所称单位从事中小企业信用担保或再担保取得的担保业务收入，不包括信用评级、咨询、培训等收入。

（8）国家税务总局公告2011年第51号规定：根据《中华人民共和国营业税暂行条例》及其实施细则的有关规定，自2011年10月1日起，纳税人在资产重组过程中，通过合并、分立、出售、置换等方式，将全部或者部分实物资产以及与其相关联的债权、债务和劳动力一并转让给其他单位和个人的行为，不属于营业税征收范围，其中涉及的不动产、土地使用权转让，不征收营业税。

（9）对社保基金理事会、社保基金投资管理人运用社保基金买卖证券投资基金、股票、债券的差价收入，暂免征收营业税。

（10）自2004年8月1日起，对军队空余房产租赁收入暂免征收营业税、房产税；此前已征税款不予退还，未征税款不再补征。暂免征收营业税、房产税的军队空余房产，在出租时必须悬挂《军队房地产租赁许可证》，以备查验。

（11）住房专项维修基金是属全体业主共同所有的一项代管基金，专项用于物业保修期满后物业共用部位、共用设施设备的维修和更新、改造。鉴于住房专项维修基金资金所有权及使用的特殊性，对房地产主管部门或其指定机构、公积金管理中心、开发企业以及物业管理单位代收的住房专项维修基金，不计征营业税。

（12）《财政部 国家税务总局关于延长下岗失业人员再就业有关税收政策的通知》（财税［2009］23号文件）规定：

1）对持《再就业优惠证》人员从事个体经营的，3年内按每户每年8 000元为限额依次扣减其当年实际应缴纳的营业税、城市维护建设税、教育费附加和个人所得税。

2）对符合条件的企业在新增加的岗位中，当年新招用持《再就业优惠证》人员，与其签订1年以上期限劳动合同并缴纳社会保险费的，3年内按实际招用人数予以定额依次扣减营业税、城市维护建设税、教育费附加和企业所得税。定额标准为每人每年4 000元，可上下浮动20%。由各省、自治区、直辖市人民政府根据本地区实际情况在此幅度内确定具体定额标准，并报财政部和国家税务总局备案。

3）上述税收优惠政策的审批期限为2009年1月1日至2009年12月31日。具体操作办法继续按照《财政部　国家税务总局关于下岗失业人员再就业有关税收政策问题的通知》（财税［2005］186号文件）和《国家税务总局劳动和社会保障部关于下岗失业人员再就业有关税收政策具体实施意见的通知》（国税发［2006］8号文件）的相关规定执行。

（13）对从事个体经营的军队转业干部，经主管税务机关批准，自领取税务登记证之日起，3年内免征营业税和个人所得税。“个体经营”是指雇工7人（含7人）以下的个体经营行为，军队转业干部、城镇退役士兵、随军家属从事个体经营凡雇工8人（含8人）以上的，无论其领取的营业执照是否注明为个体工商业户，军队转业干部和随军家属均按照新开办的企业、城镇退役士兵按照新办的服务型企业的规定享受有关营业税优惠政策。

（14）单位和个人提供的垃圾处置劳务不属于营业税应税劳务，对其处置垃圾取得的垃圾处置费，不征收营业税。

根据《中华人民共和国营业税暂行条例》的规定，单位和个人处置危险废物以及医疗废物、放射性废物业务属于垃圾处置劳务的范畴，不属于营业税应税劳务，对其取得的处置费收入不征收营业税（国税函［2009］587号文件）。

（15）按照现行营业税政策的有关规定，公司从事金融资产处置业务时，出售、转让股权不征收营业税；出售、转让债权或将其持有的债权转为股权不征收营业税；销售、转让不动产或土地使用权，按照《财政部　国家税务总局关于营业税若干政策问题的通知》（财税［2003］16号文件）第三条第二十款及第四条的有关规定，征收营业税。

（16）对世行贷款粮食流通项目（以下简称世行项目）及在其基础上改建、扩建和配套增建的项目，对其建设期内涉及的建筑业劳务收入免征营业税。“世行贷款粮食流通项目”仅指《世行贷款粮食流通项目一览表》所列明的项目。

世行项目单位在招标后应及时向世行项目所在地的地方税务局提出免税申请，并提供以下资料：①本项目的具体承包商；②各承包商的具体承包金额（附承包合同的复印件）；③税务机关需要的其他材料。

（17）《国家税务总局关于加强房地产交易个人无偿赠与不动产税收管理有关问题通知》（国税发［2006］144号文件）规定，个人向他人无偿赠与不动产，包括继承、遗产处分及其他无偿赠与不动产三种情况，在办理营业税免税申请手续时，纳税人应区分不同情况向税务机关提交以下相关证明材料：

1）属于继承不动产的，继承人应当提交公证机关出具的“继承权公证书”、房产所有权证和《个人无偿赠与不动产登记表》。

2）属于遗嘱人处分不动产的，遗嘱继承人或者受遗赠人须提交公证机关出具的“遗嘱公证书”和“遗嘱继承权公证书”或“接受遗赠公证书”、房产所有权证以及《个人无偿赠与不动产登记表》。

3）属于其他情况无偿赠与不动产的，受赠人应当提交房产所有人“赠与公证书”和受赠人“接受赠与公证书”，或持双方共同办理“赠与合同公证书”，以及房产所有权证和《个人无偿赠与不动产登记表》。

上述证明材料必须提交原件。税务机关应当认真审核上述材料，资料齐全并且填写正确规范的，在提交的《个人无偿赠与不动产登记表》上签字盖章后退提交人，将有关公证证书复印件留存，同时办理营业税免税手续。

（18）《国家税务总局关于土地使用者将土地使用权归还给土地所有者行为营业税问题的通知》（国税函［2008］277号文件）规定，纳税人将土地使用权归还给土地所有者时，只要出具县级（含）以上地方人民政府收回土地使用权的正式文件，无论支付征地补偿费的资金来源是否为政府财政资金，该行为均属于土地使用者将土地使用权归还给土地所有者的行为，按照《国家税务总局关于印发〈营业税税目注释（试行稿）〉的通知》（国税发［1993］149号文件）的规定，不征收营业税。关于县级以上（含）地方人民政府收回土地使用权的正式文件，包括县级以上（含）地方人民政府出具的收回土地使用权文件，以及土地管理部门报经县级以上（含）地方人民政府同意后由该土地管理部门出具的收回土地使用权文件（见国税函［2009］520号文件）。

（19）个人住房转让的税收优惠。为了控制房价的过快上涨，《财政部　国家税务总局关于调整个人住房转让营业税政策的通知》（财税［2011］12号文件）规定，个人将购买不足5年的住房对外销售的，全额征收营业税；个人将购买超过5年（含5年）的非普通住房对外销售的，按照其销售收入减去购买房屋的价款后的差额征收营业税；个人将购买超过5年（含5年）的普通住房对外销售的，免征营业税。

（20）《财政部　国家税务总局关于个人金融商品买卖等营业税若干免税政策的通知》（财税［2009］111号文件）规定，对个人（包括个体工商户及其他个人，下同）从事外汇、有价证券、非货物期货和其他金融商品买卖业务取得的收入暂免征收营业税。

个人无偿赠与不动产、土地使用权，属于下列情形之一的，暂免征收营业税：

1）离婚财产分割。

2）无偿赠与配偶、父母、子女、祖父母、外祖父母、孙子女、外孙子女、兄弟姐妹。

3）无偿赠与对其承担直接抚养或者赡养义务的抚养人或者赡养人。

4）房屋产权所有人死亡，依法取得房屋产权的法定继承人、遗嘱继承人或者受遗赠人。

属于上述规定情形的个人，在办理免税手续时，应根据情况提交以下相关资料：

1）《国家税务总局关于加强房地产交易个人无偿赠与不动产税收管理有关问题的通知》（国税发［2006］144号文件）第一条规定的相关证明材料。

2）赠与双方当事人的有效身份证件。

3）证明赠与人和受赠人亲属关系的人民法院判决书（原件）、由公证机构出具的公证书（原件）。

4）证明赠与人和受赠人抚养关系或者赡养关系的人民法院判决书（原件）、由公证机构出具的公证书（原件）、由乡镇人民政府或街道办事处出具的证明材料（原件）。

税务机关应当认真审核赠与双方提供的上述资料，资料齐全并且填写正确的，在提交的国税发［2006］144号文件所附《个人无偿赠与不动产登记表》上签字盖章后复印留存，原件退还提交人，同时办理营业税免税手续。

（21）为了进一步促进离岸服务外包产业发展，《财政部　国家税务总局、商务部关于示范城市离岸服务外包业务免征营业税的通知》（财税［2010］64号文件）规定，自2010年7月1日起至2013年12月31日，对注册在北京、天津、大连、哈尔滨、大庆、上海、南京、苏州、无锡、杭州、合肥、南昌、厦门、济南、武汉、长沙、广州、深圳、重庆、成都、西安等21个中国服务外包示范城市的企业从事离岸服务外包业务取得的收入免征营业税。从事离岸服务外包业务取得的收入，是指本通知规定的企业根据境外单位与其签订的委托合同，由本企业或其直接转包的企业为境外提供本通知附件规定的信息技术外包服务（ITO）、技术性业务流程外包服务（BPO）或技术性知识流程外包服务（KPO），从上述境外单位取得的收入。

（22）融资性售后回租业务是指承租方以融资为目的将资产出售给经批准从事融资租赁业务的企业后，又将该项资产从该融资租赁企业租回的行为。融资性售后回租业务中承租方出售资产时，资产所有权以及与资产所有权有关的全部报酬和风险并未完全转移。《国家税务总局关于融资性售后回租业务中承租方出售资产行为有关税收问题的公告》（国务税务总局公告2010年第13号）规定，自2010年10月1日起，根据现行增值税和营业税有关规定，融资性售后回租业务中承租方出售资产的行为，不属于增值税和营业税征收范围，不征收增值税和营业税。

（23）对中华人民共和国境内（以下简称境内）的单位或者个人在中华人民共和国境外（以下简称境外）提供建筑业、文化体育业（除播映）劳务暂免征收营业税。

（24）符合条件的中小企业信用担保、再担保机构，对其从事担保业务的收入，3年内免征营业税。

（25）为鼓励企业运用合同能源管理机制，加大节能减排技术改造工作力度，自2011年1月1日起，对符合条件的节能服务公司实施合同能源管理项目，取得的营业税应税收入，暂免征收营业税。节能服务公司实施符合条件的合同能源管理项目，将项目中的增值税应税货物转让给用能企业，暂免征收增值税（见财税［2010］110号）。

（26）对个人（包括个体工商户及其他个人，下同）从事外汇、有价证券、非货物期货和其他金融商品买卖业务取得的收入暂免征收营业税（见财税［2009］111号）。

（27）境外单位或者个人在境外向境内单位或者个人提供的完全发生在境外的《中华人民共和国营业税暂行条例》（国务院令第540号，以下简称条例）规定的劳务，不属于条例第一条所称在境内提供条例规定的劳务，不征收营业税。上述劳务的具体范围由财政部　国家税务总局规定。根据上述原则，对境外单位或者个人在境外向境内单位或者个人提供的文化体育业（除播映），娱乐业，服务业中的旅店业、饮食业、仓储业，以及其他服务业中的沐浴、理发、洗染、裱画、誊写、镌刻、复印、打包劳务，不征收营业税（见财税［2009］111号）。

（28）自2011年10月1日至2014年9月30日，对家政服务企业由员工制家政服务员提供的家政服务取得的收入免征营业税。

所称家政服务企业，是指在企业营业执照的规定经营范围中包括家政服务内容的企业。家政服务，是指婴幼儿及小学生看护、老人和病人护理、孕妇和产妇护理、家庭保洁（不含产品售后服务）、家庭烹饪。

所称员工制家政服务员，是指同时符合下列三个条件的家政服务员：

1）依法与家政服务企业签订半年及半年以上的劳动合同或服务协议，且在该企业实际上岗工作。

2）家政服务企业为其按月足额缴纳了企业所在地人民政府根据国家政策规定的基本养老保险、基本医疗保险、工伤保险、失业保险等社会保险。对已享受新型农村养老保险和新型农村合作医疗等社会保险或者下岗职工原单位继续为其缴纳社会保险的家政服务员，如果本人书面提出不再缴纳企业所在地人民政府根据国家政策规定的相应的社会保险，并出具其所在乡镇或原单位开具的已缴纳相关保险的证明，可视同家政服务企业已为其按月足额缴纳了相应的社会保险。

3）家政服务企业通过金融机构向其实际支付不低于企业所在地适用的经省级人民政府批准的最低工资标准的工资。

家政服务企业依法与员工制家政服务员签订半年及半年以上的劳动合同或服务协议，应当在合同签订后三个月内到当地营业税主管税务机关进行备案，经过备案的企业方可申请本通知规定的营业税优惠政策。

家政服务企业凡弄虚作假骗取本通知规定的营业税优惠政策的，除根据现行规定进行处罚外，自发生上述违法违规行为年度起取消其享受本通知规定的营业税优惠政策的资格，3年内不得再次申请（见财税［2011］51号）。

（29）对中华人民共和国境内（以下简称境内）单位提供的下列劳务，自2012年1月1日起免征营业税：

1）标的物在境外的建设工程监理。

2）外派海员劳务。外派海员劳务，是指境内单位派出属于本单位员工的海员，为境外单位或个人在境外提供的船舶驾驶和船舶管理等劳务。

3）以对外劳务合作方式，向境外单位提供的完全发生在境外的人员管理劳务。对外劳务合作，是指境内单位与境外单位签订劳务合作合同，按照合同约定组织和协助中国公民赴境外工作的活动（见财税［2012］54号）。

（30）国家税务总局公告2013年第15号规定：自2013年5月1日起，纳税人（以下称投资方）与地方政府合作，投资政府土地改造项目（包括企业搬迁、危房拆除、土地平整等土地整理工作）。其中，土地拆迁、安置及补偿工作由地方政府指定其他纳税人进行，投资方负责按计划支付土地整理所需资金；同时，投资方作为建设方与规划设计单位、施工单位签订合同，协助地方政府完成土地规划设计、场地平整、地块周边绿化等工作，并直接向规划设计单位和施工单位支付设计费和工程款。当该地块符合国家土地出让条件时，地方政府将该地块进行挂牌出让，若成交价低于投资方投入的所有资金，亏损由投资方自行承担；若成交价超过投资方投入的所有资金，则所获收益归投资方。在上述过程中，投资方的行为属于投资行为，不属于营业税征税范围，其取得的投资收益不征收营业税；规划设计单位、施工单位提供规划设计劳务和建筑业劳务取得的收入，应照章征收营业税。

（31）对个人销售自建自用住房，免征营业税。对企业、行政事业单位按房改成本价、标准价出售住房的收入，免征营业税（见财税［2013］62号）。

第六节　营业税的征收管理

一、纳税义务发生时间

营业税纳税义务发生时间为纳税人提供应税劳务、转让无形资产或者销售不动产并收讫营业收入款项或者取得索取营业收入款项凭据的当天。营业税扣缴义务发生时间为纳税人营业税纳税义务发生的当天。

上述所称“收讫营业收入款项”，是指纳税人应税行为发生过程中或者完成后收取的款项；所称“取得索取营业收入款项凭据的当天”，为书面合同确定的付款日期的当天；未签订书面合同或者书面合同未确定付款日期的，为应税行为完成的当天。具体项目的纳税义务发生时间如下：

（1）纳税人转让土地使用权或者销售不动产，采取预收款方式的，其纳税义务发生时间为收到预收款的当天。

（2）纳税人提供建筑业或者租赁业劳务，采取预收款方式的，其纳税义务发生时间为收到预收款的当天。

（3）单位或者个人将不动产或者土地使用权无偿赠送其他单位或者个人的，其纳税义务发生时间为不动产所有权、土地使用权转移的当天。

（4）单位或者个人自己新建（以下简称自建）建筑物后销售，纳税义务发生时间为销售自建建筑物的纳税义务发生时间。

（5）营业税扣缴义务发生时间为纳税人营业税纳税义务发生的当天。

（6）建筑业纳税人及扣缴义务人应按照下列规定确定建筑业营业税的纳税义务发生时间和扣缴义务发生时间：

1）纳税义务发生时间：①纳税人提供建筑业应税劳务，施工单位与发包单位签订书面合同，如合同明确规定付款（包括提供原料、动力及其他物资，含预售工程款）日期的，按合同规定的付款日期为纳税义务发生时间；合同未明确付款（同上）日期的，其纳税义务发生时间为纳税人收讫营业收入款项或者取得索取营业收入款项凭据的当天；②纳税人提供建筑业应税劳务，施工单位与发包单位未签订书面合同的，其纳税义务发生时间为纳税人收讫预收款项、营业收入款项或者取得索取营业收入款项凭据的当天；③纳税人自建建筑物，其建筑业应税劳务的纳税义务发生时间为纳税人销售自建建筑物并收讫营业收入款项或取得索取营业收入款项凭据的当天；④纳税人将自建建筑物对外赠与，其建筑业应税劳务的纳税义务发生时间为该建筑物产权转移的当天。

2）扣缴义务发生时间。建设方为扣缴义务人的，其扣缴义务发生时间为扣缴义务人支付工程款的当天；总承包人为扣缴义务人的，其扣缴义务发生时间为扣缴义务人代纳税人收讫营业收入款项或者取得索取营业收入款项凭据的当天。

（7）租赁业务，纳税义务发生时间为取得租金收入或取得索取租金收入价款凭据的当天。

（8）金融商品转让业务，纳税义务发生时间为金融商品所有权转移之日。

（9）金融企业承办委托贷款业务营业税扣缴义务发生时间，为受托发放贷款的金融机构代委托人收讫贷款利息的当天。

（10）单位和个人提供应税劳务、转让专利权、非专利技术、商标权和商誉时，向对方收取的预收性质的价款（包括预收款、预付款、预存费用、预收定金等，下同），其营业税纳税义务发生时间以按照财务会计制度的规定，该项预收性质的价款被确认为收入的时间为准。

二、纳税期限

（1）营业税的纳税期限分别为5日、10日、15日、1个月或者1个季度。纳税人的具体纳税期限，由主管税务机关根据纳税人应纳税额的大小分别核定；不能按照固定期限纳税的，可以按次纳税。

纳税人以1个月或者1个季度为一个纳税期的，自期满之日起15日内申报纳税；以5日、10日或者15日为一个纳税期的，自期满之日起5日内预缴税款，于次月1日起15日内申报纳税并结清上月应纳税款。

（2）扣缴义务人解缴税款的期限，依照上述规定执行。

三、纳税地点

营业税的纳税地点原则上采取就地征收的方法，就是纳税人在经营行为发生地缴纳应纳税款。具体规定如下：

（1）纳税人提供应税劳务，应当向应税劳务发生地的主管税务机关申报纳税。

（2）纳税人转让土地使用权，应当向土地所在地的主管税务机关申报纳税。纳税人转让其他无形资产，应当向其机构所在地或者居住地的主管税务机关申报纳税。

（3）单位和个人出租土地使用权、不动产的营业税纳税地点为土地、不动产所在地；单位和个人出租其他物品、设备等动产的营业税纳税地点为出租单位机构所在地或个人居住地。

（4）纳税人销售不动产应当向不动产所在地的主管税务机关申报纳税。

（5）纳税人提供的应税劳务发生在外县（市），应当向应税劳务发生地的主管税务机关申报纳税；如果自应申报纳税之月起超过6个月没有申报纳税的，由其机构所在地或者居住地的主管税务机关补征税款。

（6）纳税人承包的工程跨省、自治区、直辖市的，向其机构所在地主管税务机关申报纳税。

（7）纳税人在本省、自治区、直辖市范围内发生应税行为，其纳税地点需要调整的，由省、自治区、直辖市人民政府所属税务机关确定。

（8）建筑业纳税人及扣缴义务人应按照下列规定确定建筑业营业税的纳税地点：

1）纳税人提供建筑业应税劳务，其营业税纳税地点为建筑业应税劳务的发生地。

2）纳税人从事跨省工程的，应向其机构所在地主管地方税务机关申报纳税。

3）纳税人在本省、自治区、直辖市和计划单列市范围内提供建筑业应税劳务的，其营业税纳税地点需要调整的，由省、自治区、直辖市和计划单列市税务机关确定。

4）扣缴义务人代扣代缴的建筑业营业税税款的解缴地点为该工程建筑业应税劳务发生地。

5）扣缴义务人代扣代缴跨省工程的，其建筑业营业税税款的解缴地点为被扣缴纳税人的机构所在地。

6）纳税人提供建筑业劳务，应按月就其本地和异地提供的建筑业应税劳务取得的全部收入向其机构所在地主管税务机关进行纳税申报，就其本地提供建筑业应税劳务取得的收入缴纳营业税；同时，自应申报之月（含当月）起6个月内向机构所在地主管税务机关提供其异地建筑业应税劳务收入的完税凭证，否则，应就其异地提供建筑业应税劳务取得的收入向其机构所在地主管税务机关缴纳营业税。

上述“本地提供的建筑业应税劳务”是指独立核算纳税人在其机构所在地主管税

务机关税收管辖范围内提供的建筑业应税劳务；上述“异地提供的建筑业应税劳务”是指独立核算纳税人在其机构所在地主管税务机关税收管辖范围以外提供的建筑业应税劳务。

（9）在中华人民共和国境内的单位提供的设计（包括在开展设计时进行的勘探、测量等业务，下同）、工程监理，调试和咨询等应税劳务的，其营业税纳税地点为单位机构所在地。

（10）在中华人民共和国境内的单位通过网络为其他单位和个人提供培训、信息和远程调试、检测等服务的其营业税纳税地点为单位机构所在地。

四、纳税申报

纳税人应当按照《营业税暂行条例》的有关规定及时办理纳税申报，如实填写《营业税纳税申报表》，如表9-2所示。

表9-2 营业税纳税申报表

填写日期： 年 月 日 纳税人识别号： （单位：元）

<table>
<tr><td colspan="2">纳税人名称</td><td colspan="5"></td><td colspan="4">税款所属日期</td><td></td></tr>
<tr><td rowspan="2">项目</td><td rowspan="2">经营项目</td><td colspan="5">营业额</td><td rowspan="2">税率</td><td colspan="4">本期</td></tr>
<tr><td>全部收入</td><td>不征税项目</td><td>减除项目</td><td>减免税项目</td><td>应税营业额</td><td>应纳税额</td><td>减免税额</td><td>已纳税额</td><td>应补（退）税额</td></tr>
<tr><td>1</td><td>2</td><td>3</td><td>4</td><td>5</td><td>6</td><td>7=3-4-5-6</td><td>8</td><td>9=7×8</td><td>10=6×8</td><td>11</td><td>12</td></tr>
<tr><td></td><td></td><td></td><td></td><td></td><td></td><td></td><td></td><td></td><td></td><td></td><td></td></tr>
<tr><td></td><td></td><td></td><td></td><td></td><td></td><td></td><td></td><td></td><td></td><td></td><td></td></tr>
<tr><td></td><td></td><td></td><td></td><td></td><td></td><td></td><td></td><td></td><td></td><td></td><td></td></tr>
<tr><td></td><td></td><td></td><td></td><td></td><td></td><td></td><td></td><td></td><td></td><td></td><td></td></tr>
<tr><td colspan="2">合计</td><td></td><td></td><td></td><td></td><td></td><td></td><td></td><td></td><td></td><td></td></tr>
<tr><td colspan="6">如纳税人填报，由纳税人填写以下各栏</td><td colspan="5">如委托代理人填报，由代理人填写以下各栏</td><td>备注</td></tr>
<tr><td colspan="2" rowspan="3">会计主管
（签章）</td><td colspan="2" rowspan="3">纳税人
（公章）</td><td colspan="3">代理人名称</td><td colspan="3"></td><td rowspan="3">代理人
（公章）</td><td rowspan="3"></td></tr>
<tr><td colspan="3">地址</td><td colspan="3"></td></tr>
<tr><td colspan="3">经办人</td><td></td><td>电话</td><td></td></tr>
<tr><td colspan="12">以下由税务机关填写</td></tr>
<tr><td colspan="4">收到申报表日期</td><td colspan="3"></td><td colspan="2">接收人</td><td colspan="3"></td></tr>
</table>

填表说明：

（1）本表适用于营业税纳税义务人填报。

（2）“全部收入”，系纳税人的全部收入。

（3）“不征税项目”，系指税法规定的不属于营业税征税范围的营业额。

（4）“减除项目”，系指税法规定允许从营业收入中扣除的项目的营业额。

（5）“减免税项目”，系指税法规定的减免税项目的营业额。

第七节 营业税的纳税操作技巧

一、商业折扣

商业折扣是指企业为促进商品销售而在商品价格上给予的价格扣除。商品销售涉及商业折扣的，应当按照扣除商业折扣后的金额确定销售商品收入金额。商业折扣的目的是为了促销，内容是对所售商品、开发产品的价格打折。

《营业税暂行条例实施细则》规定，纳税人发生应税行为，如果将价款与折扣额在同一张发票上注明的，以折扣后的价款为营业额；如果将折扣额另开发票的，不论其在财务上如何处理，均不得从营业额中扣除。会计处理上应以折扣后的价款确认为“主营业务收入”。

二、销售折让

企业因售出商品的质量不合格等原因而在售价上给的减让属于销售折让；企业已经确认销售收入的售出商品发生销售折让，应当在发生当期冲减当期销售商品收入。

《收入准则》规定，销售折让是指企业因售出商品的质量不合格等原因而在售价上给予的减让。企业已经确认销售商品收入的售出商品发生销售折让的，应当在发生时冲减当期销售商品收入。销售折让属于资产负债表日后事项的，适用《企业会计准则第 29 号——资产负债表日后事项》。

《营业税暂行条例实施细则》第十四条规定，纳税人的营业额计算缴纳营业税后因发生退款减除营业额的，应当退还已缴纳营业税税款或者从纳税人以后的应缴纳营业税税额中减除。

（1）发票处理。根据《发票管理办法实施细则》第二十七条规定，开具发票后，如发生销售折让的，必须在收回原发票并注明“作废”字样后重新开具销售发票或取得对方有效证明后开具红字发票。

（2）会计处理。如果在发生销售折让时，供货方发票记账联未作账务处理，应把发票联、记账联、存根联上注明“作废”字样，依次贴在存根联后，该套发票不做账务处理。按销售折让后的金额重新开具发票，确认营业额，进行账务处理。

如果发生销售折让时，供货方的发票记账联已做账务处理，也应在收回发票或取得对方的有效证明时，将全套发票注明“作废”字样，在存根联写清原记账联所在的凭证号码，再按销售折让后金额重新开具发票，按退款额做差额记账凭证，冲减营业额。

三、销售退回

企业因售出商品质量、品种不符合要求等原因而发生的退货属于销售退回。企业已经确认销售收入的售出商品发生销售退回，应当在发生当期冲减当期销售商品收入。

《营业税暂行条例实施细则》第十四条规定，纳税人的营业额计算缴纳营业税后因发生退款减除营业额的，应当退还已缴纳营业税税款或者从纳税人以后的应缴纳营业税税额中减除。发票的处理应按《发票管理办法实施细则》第二十七条规定，开具发票后，如发生销货退回需开红字发票的，必须收回原发票并注明“作废”字样或取得对方有效证明。

《收入准则》规定，销售退回是指企业售出的商品由于质量、品种不符合要求等原因而发生的退货。企业已经确认销售商品收入的售出商品发生销售退回的，应当在发生时冲减当期销售商品收入。销售退回属于资产负债表日后事项的，适用《企业会计准则第29号——资产负债表日后事项》。

对于销售退回，企业应分别不同情况进行会计处理：

（1）对于未确认收入的销售房地产发生销售退回的，将全套发票收回作废，不确认收入。

（2）对于已确认收入的售出房地产发生退回的，企业应在发生销售退回当期冲减“主营业务收入”，同时冲减当期“主营业务成本”。

（3）已确认收入的售出商品发生的销售退回属于资产负债表日后事项的，应当按照有关资产负债表日后事项的相关规定进行会计处理。

四、价外费用收入

《营业税暂行条例》规定，纳税人的营业额为纳税人提供应税劳务、转让无形资产或者销售不动产收取的全部价款和价外费用。

《营业税暂行条例实施细则》对于营业税价外收费的范围有所扩大，房地产开发企业应当引起重视。会计一般把价外费用收入计入“营业外收入”，价外费用无论会计账务如何处理，在纳税时应当全部作为应税营业额缴纳营业税。由于价外费用计算营业税的计税营业额，所以不应当强求“主营业务收入”科目的收入总额等于《营业税纳税申报表》的“应税营业额”。还应当注意，《营业税暂行条例》对价外费用的处理规定与《企业所得税法》不同，《房地产开发经营业务企业所得税处理办法》（国税发［2009］31号文件）规定，房地产开发企业代有关部门、单位和企业收取的各种基金、费用和附加等，凡纳入开发产品价内或由企业开具发票的，应按规定全部确认为销售收入；未纳入开发产品价内并由企业之外的其他收取部门、单位开具发票的，可作为代收代缴款项进行管理。房地产开发企业代有关部门、单位和企业收取的各种基金、费用和附加等，虽然计算企业所得税时不计算收入总额，但是，应计入“应税营业额”，缴纳营业税。

在日常会计实务中对于有些价外收费是否缴纳营业税，税企经常发生分歧，应当掌握以下几点：

1. 房地产企业代收的政府性基金、行政事业收费免税

在售房过程中，房地产企业代收的政府性基金、行政事业收费，不属于营业税的征税范围。例如代收的办证费（房屋交易手续费、产权登记费、他项权利登记费、权证工本费）、契税、住房专项维修基金、商品房购销合同印花税、房屋所有权证印花税、土地使用权证印花税等，不交营业税。

2. 代收的费用只有取得财政票据才不纳税

我国正在进行经济改革，有的代收费用原来交给财政，现在由于体制改革，原来的事业单位改制为企业，房地产企业代收的费用不能取得财政票据，而是企业开的发票，就应当缴纳营业税。例如：代收的天然气集资费、暖气集资费、有线电视初装费、网络宽带初装费等有些地区不再属于行政事业收费，而属于经营性收费，不能取得财政票据，不免税。

3. 区分应计入成本核算还是作为往来核算

根据《国家计委　财政部关于全面整顿住房建设收费取消部分收费项目的通知》（计价格［2001］585号文件）规定，取消与城市基础设施配套而收取的水、电、气、热、道路以及其他各种名目的专项配套费。主要包括开发项目内道路、供水、供电、供气、排污、排洪、通信、照明等社区管网工程费和环境卫生、园林绿化等园林环境工程费。上述费用在征地过程中，已经列入“大市政配套费”，开发企业将其列入“开发成本——土地征用及拆迁补偿费”，通过销售收入得到补偿，不再单独向购房人收取。

五、关于转让在建项目的税收政策和操作技巧

在建项目是指已经立项建设但尚未完工的房地产项目或其他建设项目。

《财政部　国家税务总局关于营业税若干政策问题的通知》（财税［2003］16号文件）规定，单位和个人转让在建项目时，不管是否办理立项人和土地使用人的更名手续，其实质是发生了转让不动产所有权或土地使用权的行为。对于转让在建项目行为应当征收营业税。

在上述规定中，把转让在建项目分为转让土地使用权和转让不动产所有权，具体规定为：

（1）转让已完成土地前期开发或正在进行土地前期开发，但尚未进行施工阶段的在建项目按“转让无形资产”税目中转让土地使用权项目征收营业税。

（2）转让已进入建筑物施工阶段的在建项目，按“销售不动产”税目征收营业税。

企业取得土地使用权之后进行土地前期开发是指进行旧建筑物拆除、场地平整等前期准备工作。如果，企业在前期开发阶段转让在建项目，应按“转让无形资产”税目中“转让土地使用权”项目征收营业税。按照常规，房地产开发项目破土动工即称为进入建筑施工阶段，已经破土动工的在建项目再转让，即按销售不动产征收营业税。

根据上述文件规定，企业转让土地使用权或者销售不动产，都要缴纳5%的营业

税。如果将销售不动产或转让土地使用权变为以不动产或土地使用权对外投资，则可以享受免交营业税的待遇。

［例9-3］　甲企业通过招拍挂取得一项土地使用权，支付土地出让金，缴纳有关登记、过户手续费共计6 400万元，并且，进行了土地的一级开发，包括旧建筑物拆除、场地平整、清运残土、建造围墙等，支出费用200万元；然后，开始打桩基础，支付建筑工程费用400万元。由于资金紧张无力继续开发，准备把土地使用权转让。经过评估机构评估，评估价值10 000万元，经过计算，应交营业税及附加较高，没有成交。后来经过政府有关部门统一规划，准备把这项土地使用权转让给A制药公司，经专家指导，准备对A制药公司投资，取得制药公司20%的股权。请计算比较两个土地使用权转让方案的纳税情况（只计算营业税及附加）。

［案例分析］

方案1：转让土地使用权应交营业税及附加：

（1）应交营业税＝10 000×5%＝500（万元）

（2）应交城市维护建设税＝500×7%＝35（万元）

（3）应交教育费附加＝500×3%＝15（万元）

（4）应交地方教育费附加＝500×2%＝10（万元）

纳税合计＝500＋35＋15＋10＝560（万元）

方案2：以土地使用权对A制药公司投资，取得制药公司20%的股权。根据《财政部　国家税务总局关于股权转让有关营业税问题的通知》（财税［2002］191号文件）规定：

（1）以无形资产、不动产投资入股，与接受投资方利润分配，共同承担投资风险的行为，不征收营业税。

（2）对股权转让不征收营业税。

因此，甲企业以土地使用权对A制药公司投资不征收营业税；待时机成熟，甲企业转让股权时，也不征收营业税。

六、购入“在建项目”接续开发的纳税技巧

［例9-4］　乙公司是一个房地产开发企业，现在开发的项目是一个烂尾楼，该公司购置后继续开发，建成后对外出售。烂尾楼购置价2 800万元，该公司又投入2 300万元开发建设费，完工之后，销售收入总额8 900万元。当地税务机关要求该公司按照销售额8 900万元，缴纳营业税及附加，纳税情况如下：

营业税＝8 900×5%＝445（万元）

城建税＝445×7%＝31.15（万元）

教育费附加＝445×3%＝13.35（万元）

地方教育费附加＝445×2%＝8.9（万元）

应纳税合计＝445＋31.35＋13.35＋8.9＝498.6（万元）

请问，这样缴纳营业税及附加对吗？

[案例分析]

《财政部　国家税务总局关于营业税若干政策问题的通知》（财税［2003］16号文件）规定：单位和个人销售或转让其购置的不动产或受让的土地使用权，以全部收入减去不动产或土地使用权的购置或受让原价后的余额为营业额。单位和个人销售或转让抵债所得的不动产、土地使用权的，以全部收入减去抵债时该项不动产或土地使用权作价后的余额为营业额。此项规定写成公式为：

销售不动产计税营业额 = 全部收入 - 购置原价

转让土地使用权计税营业额 = 全部收入 - 受让原价

转让抵债资产计税营业额 = 全部收入 - 抵债作价

应当注意的是，允许扣除不动产或土地使用权的购置或受让原价的是指税目相同的“项目”可以抵扣，而税目不同的项目则不能抵扣。例如，销售的是不动产，原来购置不动产的价款可以扣除；转让的是土地使用权，原来受让土地使用权的价款可以抵扣。但是，取得土地使用权之后进行建设开发，建成之后销售不动产，原来取得土地使用权的价款，由于税目不同则不能抵扣。

根据财税［2003］16号文件的规定，计算应交营业税及附加如下：

应纳营业税 =（8 900 - 2 800）×5% = 305（万元）

应纳城市维护建设税 = 305 ×7% = 21.35（万元）

应纳教育费附加 = 305 ×3% = 9.15（万元）

应纳地方教育费附加 = 305 ×2% = 6.1（万元）

应纳税合计 = 305 + 21.35 + 9.15 + 6.1 = 341.6（万元）

多纳税款 = 498.6 - 341.6 = 157（万元）

七、转让土地使用权的纳税技巧

［例9-5］　甲房地产开发企业通过拍卖取得同样大小的A、B两块土地的土地使用权，每块土地支付出让金2 000万元。甲企业分别对两块土地进行旧房拆除、场地通平等土地前期开发。A土地开发较快，开发后又做了少部分基础工作，B土地只进行了土地开发，没做基础。现在，由于情况变化，甲企业把两块土地全部转让，每块土地分别取得转让收入4 000万元，如何缴纳营业税？

[案例分析]

《财政部　国家税务总局关于营业税若干政策问题的通知》（财税［2003］16号）第二条（七）项规定：单位和个人转让在建项目时，不管是否办理立项人和土地使用人的更名手续，其实质是发生了转让不动产所有权或土地使用权的行为。对于转让在建项目行为应按以下办法征收营业税：①转让已完成土地前期开发或正在进行土地前期开发，但尚未进入施工阶段的在建项目，按“转让无形资产”税目中“转让土地使用权”项目征收营业税。②转让已进入建筑物施工阶段的在建项目，按“销售不动产”

税目征收营业税。在建项目是指立项建设但尚未完工的房地产项目或其他建设项目。

A 土地按销售不动产纳税：

应纳营业税 =4 000 ×5% =200（万元）

B 土地按转让土地使用权纳税：

应纳营业税 =（4 000 -2 000）×5% =100（万元）

另外，根据财税［2003］16 号文件第三条的规定，转让不动产或者土地使用权，税目相同可以差额纳税，税目不同不得差额纳税。A 土地已经做了部分基础工作，再转让属于销售不动产，取得土地使用权支付的金额不得扣除，所以，应缴纳营业税 200 万元。B 土地只进行了土地前期开发，但是没有做基础工作，转让的仍然是土地使用权，原来取得土地使用权支付支付的金额可以扣除，应缴纳营业税 100 万元。如此看来，何时转让土地使用权是大有学问的。

八、甲方供料的纳税技巧

《财政部　国家税务总局关于营业税若干政策问题的通知》（财税［2003］16 号文件）规定，通信线路工程和输送管道工程所使用的电缆、光缆和构成工程主体的防腐管段、管件（弯头、三通、绝缘接头）、清管器、收发球筒、机泵、加热炉、金属容器等物品均属于设备，其价值不包括在工程的计税营业额中。其他建筑安装工程的计税营业额，也不包括设备价款，具体设备名单可由省级地方税务机关根据各自实际情况列举。

《营业税暂行条例实施细则》第十六条规定，纳税人提供建筑业劳务（不含装饰劳务）的，其营业额应当包括工程所用原材料、设备及其他物资和动力价款在内，但不包括建设方提供的设备的价款。

［例 9-6］　甲房地产公司将一项开发工程出包给乙建筑施工公司，合同采取甲供钢材的承包方式，甲方运钢材到现场，乙方现场领用。根据当地建委规定，各项取费标准如下：材料价差 3%，临时设施费 2%，法定税金 4%，法定利润 3.5%，管理费 2.5%，计 15%。该工程决算：直接费 1 000 万元，其中钢材预算价格 100 万元；各项取费 150 万元，按照包工包料方式计算的工程结算价格为1 150万元。由于甲方供钢材，实际结算价款为 1 050 万元。乙公司开具发票 1 050 万元，请计算乙公司应交营业税税额；甲公司钢材采购费用 120 万元可否计入“开发成本”?

［案例分析］

《营业税暂行条例实施细则》第十六条规定的要点如下：

（1）建筑业的纳税人是建筑施工企业，而不是建设单位。

（2）建筑业营业税的计税营业额是建筑施工企业的营业收入而不是营业成本。营业收入就是建造产品的卖价，营业收入的计量是按照施工企业与建设单位对该项工程的工程决算价款来确定的。营业收入与实际成本是两个完全不同的概念。建筑安装工程计税营业额的计算如图 9-1 所示。

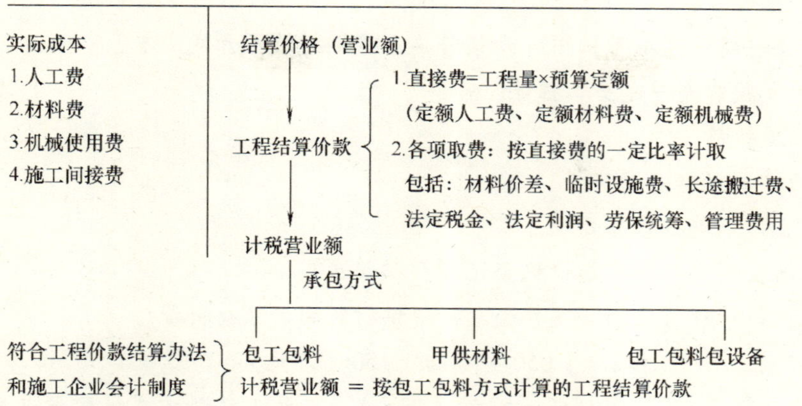

图 9-1　建筑安装工程计税营业额计算示意图

图9-1采用丁字账的形式，借方表示工程成本，贷方表示工程结算价款（即建筑施工企业的营业收入）。工程结算价款由两部分构成，一是直接费，按照工程量乘以预算定额求得；二是各项取费，按照直接费的一定比例计算求得，各项取费中包含了法定税金。本案例合同规定由甲方供应钢材，乙公司在计算工程结算价款时，先是按照包工包料的方式计算工程直接费1 000万元，计取各项取费150万元，总计1 150万元，包括法定税金，然后，倒扣定额钢材费用100万元作为甲企业供应钢材的价款，乙公司按照扣除定额钢材费的价格1 050万元与甲公司结算，钢材的价格风险由甲公司承担。

（3）《实施细则》第十六条用一个括号把建筑劳务划分为两类：括号外是非装饰性建筑劳务，括号内是装饰性建筑劳务。

（4）括号外的非装饰性建筑劳务甲供材料要计算征收营业税，括号内的装饰性建筑劳务甲供材料不征营业税，俗称“装饰劳务的清包工”。需要强调的是，这里讲的“材料费”是指定额材料费，“动力价款”是指定额机械费，而绝不是实际材料费和实际机械使用费。

（5）营业额不包括建设方提供的设备的价款，即甲供设备不征收营业税；如果建设单位委托建筑施工企业代购设备也在不征税之列。

探讨以下问题：

（1）乙公司可否按照1 050 + 120 = 1 170（万元）计税？不可以，这样计算就混淆了建筑施工企业的营业收入与施工成本，营业税只按营业收入征税。

（2）甲公司能否把钢材转给乙公司？不可以，这样就形成了货物转让的销售，甲公司要给乙公司开具增值税发票，缴纳增值税。

（3）甲公司账务处理：

1）购入钢材：

借：原材料——钢材　　1 200 000

贷：银行存款 1 200 000

2）乙公司现场领用时，甲方开领料单，将钢材计入开发成本：

借：开发成本——建安工程费 1 200 000

贷：原材料 1 200 000

（4）乙公司的账务处理：

1）乙公司不进行账务处理。

2）现场收到钢材按定额价格登记《施工记录》。

3）乙公司计税营业额 = 发票金额 + 甲供材料的定额材料费

= 1 050 + 100 = 1 150（万元）

应交营业税额 = 1 150 × 5% = 57.5（万元），与包工包料方式计税营业额一致，称为“公平税负”。

[例9-7] A企业新建一栋写字楼，楼内配电梯、中央空调等设备。设计概算为3 000万元，其中设备价款400万元。请问，在工程出包时，应当怎样签订合同对A企业有利？

[案例分析]

如果，由建筑施工企业提供设备，营业额包括施工方提供的设备的价款。建筑施工企业在计算工程结算价款时，设备要计提的税费：

包工包料包设备，乙方计提营业税 = 30 000 000 ÷（1 + 3%）× 3%

= 873 786（元）

如果，由A企业供应设备，或者是A企业委托乙方代购设备，则营业额不包括建设方提供的设备价款。

A企业提供设备，乙方计提的营业税 = [30 000 000 ÷（1 + 3%）- 4 000 000]

× 3% = 753 786（元）

节省营业税额 = 873 786 - 753 786 = 120 000（元）

九、装饰劳务清包工的纳税技巧

装饰劳务清包工是指工程所需的主要原材料和设备由客户自行采购，装饰工程公司只向客户收取人工费、管理费及辅助材料费等费用的装饰劳务。

《财政部　国家税务总局关于纳税人以清包工形式提供装饰劳务征收营业税问题的通知》（财税［2006］114号文件）曾经规定，纳税人采用清包工形式提供的装饰劳务，按照其向客户实际收取的人工费、管理费和辅助材料费等收入（不含客户自行采购的材料价款和设备价款）确认计税营业额。

前面已经解读过《实施细则》第十六条括号内规定的是装饰性建筑劳务甲方供料不征营业税，这样看来，《实施细则》第十六条已经包含了财税［2006］114号文件所规定的内容，因此，财税［2009］61 号文件已经将财税［2006］114 号文件废止。需要说明的是，财税［2009］61 号文件废止的是财税［2006］114 号文件，而不是装饰劳务清包工这种承包方式，这种承包方式已经规定在细则第十六条中，装饰劳务清包工仅对装饰公司向甲方收取的人工费、管理费和辅助材料费等收入确认营业额，征收营业税，甲方供料不征收营业税。

［例 9-8］　甲房地产开发公司正在开发 100 套别墅，准备精装修后出售，根据设计图纸计算，装修直接成本需要 1 980 万元。其中材料费占 60%，采取何种出包方式，可以减少对装修工程的营业税支出？

［案例分析］

如果包工包料，乙方计提营业税 = 1 980 × 3% = 59.4（万元）

如果清包工，乙方计提营业税 = 1 980 ×（1 − 60%）× 3% = 23.76（万元）

节省营业税额 = 59.4 − 23.76 = 35.64（万元）

讨论：有人提出，装饰劳务清包工的确可以节省税费，但是，如果甲方供料，装饰公司在施工过程中会随意浪费材料，材料浪费比节省的税费还要多，怎样解决？关于这个问题，要看工程出包合同如何签订，如果，在合同中明确规定："甲方按预算定额供料，超过定额的材料消耗由施工企业赔付"。试想，装饰公司还会随意浪费材料吗？

十、拆迁补偿中"拆一还一"的财税操作技巧

［例 9-9］　宏大房地产公司在开发"富康御苑小区"过程中，销售给拆迁户住宅 2 000 平方米，其中，属于按拆迁面积补偿的为 1 200 平方米，该小区平均每平方米售价 3 500 元，每平方米造价 2 300 元。请问宏大公司应如何计算对动迁户售房的营业税？

［案例分析］

（1）宏大房地产公司拆迁还建属于"以旧换新"的交易行为。税法规定，销售商品以旧换新的，销售商品应当按照销售商品收入确认条件确认收入，回收的商品作为购进商品处理。宏大房地产公司拆迁旧房属于购置旧品，其费用应当计入"开发成本——土地征用及拆迁费"中，销售住宅属于销售商品房的行为，应当依法缴纳营业税。

（2）国税函发［1995］549 号文件规定，对偿还面积与拆迁建筑面积相等的部分由当地税务机关按同类住宅房屋的成本价核定计征营业税。宏大房地产公司对于偿还面积与拆迁建筑面积相等的部分 1 200 平方米，应请主管税务机关核准后，按成本价计算拆迁补偿费并确认销售收入：2 300 × 1 200 = 2 760 000（元）；其余销售面积按市场价计算销售收入：3 500 × 800 = 2 800 000（元）。

十一、营业税的视同销售

《营业税暂行条例》规定，纳税人提供应税劳务、转让无形资产或者销售不动产，

应当征收营业税，是指有偿提供条例规定的劳务、有偿转让无形资产或者有偿转让不动产所有权的行为（简称应税行为）。所称“有偿”是指取得货币、货物或者其他经济利益。但是，单位或者个体工商户聘用的员工为本单位或者雇主提供条例规定的劳务，不包括在征税之内。

[例9-10] 某市甲房地产公司，由于业务发展的需要，2009年2月将一栋新建好的写字楼自用，写字楼成本价1 900万元。当地税务机关按照当地的规定，要求做视同销售处理，缴纳营业税。经评估机构评估，公允价格为2 800万元，缴纳营业税及附加154万元，请问，这样征税对吗？公司应当如何应对？

[案例分析]

《营业税暂行条例实施细则》第五条规定，纳税人有下列情形之一的，视同发生应税行为，征收营业税：①单位或者个人将不动产或者土地使用权无偿赠送其他单位或者个人；②单位或者个人自己新建（以下简称自建）建筑物后销售，其所发生的自建行为。

在上述规定的视同销售中并不包括自建自用，因此，不应当征收营业税，显然是税务机关征税有误。甲公司应当根据《税收征收管理法》第五十一条的规定，纳税人超过应纳税额缴纳的税款，税务机关发现后应当立即退还；纳税人自结算缴纳税款之日起三年内发现的，可以向税务机关要求退还多交的税款并加算银行同期存款利息，税务机关及时查实后应当立即退还。这个公司可以向主管税务机关申请退税。但是，为了密切税企之间的关系，作者建议该公司做了抵扣处理。

需要加以说明的是纳税人自建建筑物后销售应当如何纳税？《营业税问题解答（之一）的通知》（国税函发［1995］156号文件）规定，单位所属内部施工队伍承担其所隶属单位的建筑安装工程是否征收营业税？首先要看此类施工队伍是否属于独立核算单位。如果属于非独立核算单位，承担本单位的建筑安装工程业务是否应当缴纳营业税，则要看其与本单位之间是否结算工程价款。内部施工队伍为本单位承担建筑安装业务，凡同本单位结算工程价款的，不论是否编制工程概（预）算，也不论工程价款中是否包括营业税，均应当征收营业税；凡不与本单位结算工程价款的，不征收营业税。这样看，建筑施工企业自建建筑物自用，有可能自建行为没有征收建筑业营业税。如果，自用后再出售，首先应当补交一道3%的建筑业营业税；由于销售了不动产，还应当缴纳5%的销售不动产的营业税。

十二、利用兼营销售和混合销售的营业税纳税筹划

兼营是指纳税人从事两个或两个以上税目的应税项目，纳税人兼有不同税目的应税劳务、转让无形资产或者销售不动产，应当分别核算不同税目的营业额、转让额、销售额（统称营业额）；未分别核算营业额的，从高适用税率。就是说，哪个税目的税率高，混合在一起核算的营业额就按那个高税率计税。例如，餐厅既经营饮食服务业

又经营娱乐业，而娱乐业的税率最高可达20%，对于未分别核算的营业额，应按娱乐业适用的高税率征税。

一项销售行为如果既涉及征收增值税的货物销售又涉及征收营业税的劳务，为混合销售。纳税人销售自产货物并同时提供建筑业劳务的行为，应当分别核算货物的销售额和营业税应税劳务的营业额，并根据其销售货物的销售额计算缴纳增值税，营业税应税劳务的营业额缴纳营业税；未分别核算的，由主管税务机关核定其货物的销售额。从事货物的生产、批发或者零售的企业、企业性单位和个体工商户的混合销售行为，视为销售货物，应当缴纳增值税；其他单位和个人的混合销售行为，视为销售营业税的应税劳务，缴纳营业税。

在实际经济活动当中，纳税人从事营业税应税项目，并不仅仅局限在某单一应税项目上，往往会同时出现多项应税项目。例如，房地产开发企业在经营房地产业务的同时，还从事建筑安装、物业管理等项业务，对不同的经营行为应用不同的会计处理方法，分别核算，按所适用税目、税率纳税。这是贯彻执行营业税条例，正确处理营业税与增值税关系的一个要点。纳税人必须正确掌握税收政策，准确界定什么是兼营销售和混合销售，才能避免从高适用税率，以维护自身的税收利益。

十三、关于代建行为的纳税筹划

房地产开发企业开发并销售房屋按交易额的5%缴纳营业税，还要缴纳城市维护建设税、教育费附加、土地增值税等。如果建设单位采用委托代建的形式取得房产，就可以减轻税负。

代建行为应具备的条件：

（1）房地产开发企业只是受托承办。

（2）建房单位提供了自有土地使用权证书或以自己名义办理土地征用手续，并取得了相关的建设项目批准手续和基建计划。

（3）房地产企业不垫付资金。

（4）建筑施工企业将建筑业发票开具给委托建房单位，施工结束后，由房地产开发企业将发票转交给委托建房单位。

（5）房地产开发企业与建筑施工单位实行全额结算，并另向委托单位收取代建手续费。

［例9-11］　甲企业拟购建一栋写字楼，企业征地手续、立项审批都已经完成，正在与房地产开发公司洽谈购建方案，办公楼设计已经完成，工程概算总额3 000万元。

方案1：由房地产公司按设计进行开发，建完后把楼出售给甲企业，这样，房地产公司要按售价全额交5%的销售不动产营业税，房地产企业委托建筑施工企业施工，建筑施工企业还要交3%的营业税，这些税负最终都要转嫁到建设单位。在工程总概算中，假设毛利率为15%，那么工程直接费约为

$$3\ 000 \div (1 + 15\%) = 2\ 610(\text{万元})$$

房地产公司毛利 =（3 000 - 2 610 - 150 - 2 610 × 3%）= 162（万元）

其中，营业税150万元。

方案2：由房地产公司受托代建，建设单位支付房地产公司代建手续费200万元。

由于直接费不变，房地产开发公司实收手续费200万元，应交营业税10万元，房地产公司可获毛利190万元，较原方案多获利28万元。

甲企业节约 =3 000 -200 - （2 610 +2 610 ×3%） =112 （万元）

这样筹划，目的是减少一道不动产销售环节，节省营业税150万元。然后，房地产公司支付代建手续费应交营业税10万元，其余140万元，房地产公司多获利28万元，甲企业节省112万元。

代建房的业务操作程序如图9-2所示。

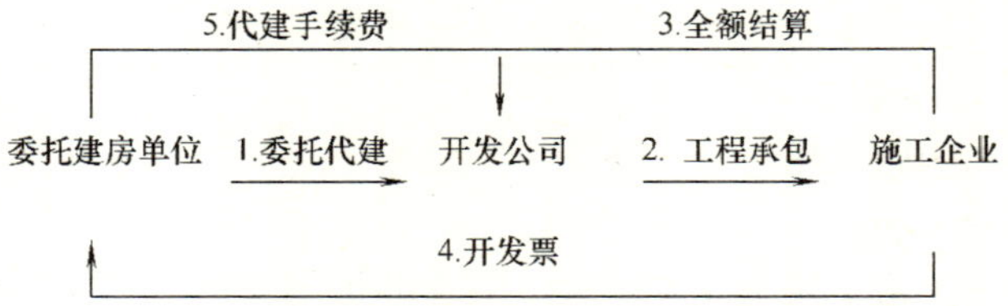

图9-2　代建房业务操作程序示意图

十四、纳税人受托对土地进行一级开发的纳税筹划

[例9-12]　4 甲房地产公司从市国土管理中心取得一项土地使用权，土地现状为毛地，市国土管理中心委托甲公司负责土地的一级开发，开发费用抵顶土地出让金。合同约定土地开发总金额7 000万元，其中：建筑物拆除、平整土地等劳务费3 000万元，受托甲公司向原土地使用权人支付拆迁补偿费4 000万元。由于，甲公司采用异地建房安置的方式，实际发生建房安置费用3 700万元，请计算甲公司应缴纳的营业税。

[案例分析]

《国家税务总局关于政府收回土地使用权及纳税人代垫拆迁补偿费有关营业税问题的通知》（国税函［2009］520号）第二条规定："纳税人受托进行建筑物拆除、平整土地并代委托方向原土地使用权人支付拆迁补偿费的过程中，其提供建筑物拆除、平整土地劳务取得的收入应按照"建筑业"税目缴纳营业税；其代委托方向原土地使用权人支付拆迁补偿费的行为属于"服务业——代理业"行为，应以提供代理劳务取得的全部收入减去其代委托方支付的拆迁补偿费后的余额为营业额计算缴纳营业税。"

建筑物拆除、平整土地缴纳建筑业营业税 =3 000 ×3% =90 （万元）

受托安置动迁户缴纳服务业营业税 = （4 000 -3 700） ×5% =15 （万元）

纳税合计 =90 +15 =105 （万元）

《国家税务总局公告2012年第15号》第三条规定：从事代理服务、主营业务收入为手续费、佣金的企业，其为取得该类收入而实际发生的营业成本（包括手续费及佣金支出），准予在企业所得税前据实扣除。

甲房地产开发公司的会计管理：土地一级开发收入作为“其他业务收入”；开发成本计入“其他业务成本”。

十五、投资政府土地改造项目所获收益不征营业税

［例 9-13］ 2010 年，县政府计划进行旧城改造，但是，苦于没有资金，因此，与 D 房地产开发公司协商，由 D 公司出资帮助县政府进行旧城改造中的土地开发。2010 年 7 月，县政府责成县土地管理中心代表县政府与 D 公司签订合作开发土地的合同。合同规定，本县 V 块土地上的企业搬迁、居民住房搬迁、旧建筑物拆除、土地平整、土地规划等土地整理工作所需要资金共计 10 000 万元，均由 D 公司出资。县土地管理中心组织企业和居民的搬迁，安排施工企业进行旧建筑物的拆除和土地平整，委托规划设计单位进行 V 地块的整体规划。土地开发完成后由土地管理中心对土地挂牌出让，每亩土地出让金保底价为 50 万元。如果，挂牌出让的实际价格低于保底价，D 公司必须受让全部土地。如果，土地出让价格高于保底价，其超出部分扣除开发成本后的收益返还 D 公司 60%。

2012 年 12 月末，V 块土地已经开发完成，开发成建设用地，并全部以高于每亩 50 万元的价格出让。D 公司按照与土地管理中心的合同约定，除收回全部投资外，还取得 60% 的收益，计人民币 3 600 万元。现在，本县地方税务局要求 D 公司取得的该笔收益交纳营业税。

县地方税务局征税计算如下：

营业税 = 3 600 × 5% = 180（万元）

城市建设维护税 = 180 × 5% = 9.0（万元）

教育费附加 = 180 × 3% = 5.4（万元）

地方教育费附加 = 180 × 2% = 3.6（万元）

应征税费合计 = 180 + 9.0 + 5.4 + 3.6 = 198（万元）

请问，D 公司取得的这笔收益是否需要交纳营业税？

［案例分析］

《国家税务总局关于纳税人投资政府土地改造项目有关营业税问题的公告》（国家税务总局公告 2013 年第 15 号，以下简称 15 号公告）规定：“一些纳税人（以下称投资方）与地方政府合作，投资政府土地改造项目（包括企业搬迁、危房拆除、土地平整等土地整理工作）。其中，土地拆迁、安置及补偿工作由地方政府指定其他纳税人进行，投资方负责按计划支付土地整理所需资金；同时，投资方作为建设方与规划设计单位、施工单位签订合同，协助地方政府完成土地规划设计、场地平整、地块周边绿化等工作，并直接向规划设计单位和施工单位支付设计费和工程款。当该地块符合国家土地出让条件时，地方政府将该地块进行挂牌出让，若成交价低于投资方投入的所有资金，亏损由投资方自行承担；若成交价超过投资方投入的所有资金，则所获收益

归投资方。

在上述过程中，投资方的行为属于投资行为，不属于营业税征税范围，其取得的投资收益不征收营业税；规划设计单位、施工单位提供规划设计劳务和建筑业劳务取得的收入，应照章征收营业税。

本公告自2013年5月1日起施行。本公告生效前，纳税人未缴纳税款的，按照本公告规定执行；纳税人已缴纳税款的，税务机关应按照本公告规定予以退税。“

D公司与地方政府合作，投资政府土地改造项目分析：

（1）县政府责成县土地管理中心代政府与D公司签订合作开发土地的合同，说明D公司与地方政府合作，投资政府土地改造项目。

（2）土地拆迁、安置及补偿工作由县土地管理中心指定其他纳税人进行，D公司负责按计划支付土地整理所需资金，符合15号公告的规定。

（3）县土地管理中心委托规划设计单位进行V地块的整体规划和开发，由D公司支付费用，与土地开发费用统一管理、统一支付，符合15号公告的规定。

（4）土地开发完成，由县土地管理中心挂牌出让，每亩土地出让金保底价为50万元，如果，挂牌出让的实际价格低于保底价，D公司必须受让全部土地，承担投资风险。符合15号公告“若成交价低于投资方投入的所有资金，亏损由投资方自行承担”的规定。

（5）合作开发合同规定：“如果，土地出让价格高于保底价，其超出部分扣除开发成本后的收益返还D公司60%。”低于15号公告“若成交价超过投资方投入的所有资金，则所获收益归投资方。”的规定。

结论：根据15号公告规定，D房地产开发公司投资政府土地改造项目取得的是投资收益，不属于营业税征税范围，不应当征收营业税及附加。如果已经误征，税务机关应按照15号公告规定予以退税。

第八节 营业税的会计核算

一、主营业务收入和其他业务收入应交营业税的会计处理

借：营业税金及附加

　贷：应交税费——应交营业税

二、非房地产企业处置非流动资产应交营业税的会计处理

（一）销售不动产应交的营业税的会计处理

借：固定资产清理

　贷：应交税费——应交营业税

（二）转让土地使用权应交营业税的会计处理

[**例9-14**] 甲企业是上市公司，自2007年开始已经执行新《企业会计准则》。2009年6月，将自用的一栋写字楼连同土地使用权一并转让。账面记载房产原价2 600万元，已提折旧1 200万元；土地使用权原价600万元，累计摊销140万元。经过评估机构评估，房产评估价1 900万元，土地使用权评估价800万元，房产、土地已经移交，款项存入银行。(为简化核算，只考虑营业税)

甲企业会计处理如下：

(1) 房产转让的会计处理：

借：固定资产清理	14 000 000	
累计折旧	12 000 000	
贷：固定资产——写字楼		26 000 000

计算房产转让应缴纳的营业税额 =1 900×5% =95（万元）

借：固定资产清理	950 000	
贷：应交税费——应交营业税		950 000
借：银行存款	19 000 000	
贷：固定资产清理		14 950 000
营业外收入		4 050 000

(2) 转让土地使用权的会计处理：

转让土地使用权应交营业税额 =800×5% =40（万元）

借：银行存款	8 000 000	
累计摊销	1 400 000	
贷：无形资产——土地使用权		6 000 000
应交税费——应交营业税		400 000
营业外收入		3 000 000

三、营业税缴纳的会计处理

借：应交税费——应交营业税

贷：银行存款或现金

四、营业税年终清算的会计处理

（一）冲回多计提的营业税的会计处理

借：应交税费——应交营业税

贷：营业税金及附加

也可用红字记相反方向会计处理。

（二）退回多缴或减免的营业税的会计处理

借：银行存款

　贷：营业税金及附加

（三）补计少计的营业税的会计处理

借：营业税金及附加

　贷：应交税费——应交营业税

（四）补缴少交的营业税的会计处理

借：应交税费——应交营业税

　贷：银行存款

五、房地产开发企业营业税的会计处理

房地产开发企业出售房屋及建筑物，按5%的税率（“销售不动产”税目）计算营业税。房地产开发企业以经营房地产为主营业务，房地产企业销售已完工开发产品取得的收入，借记“银行存款”或“应收账款”等科目，贷记“主营业务收入”；计算应缴纳营业税，借记“营业税金及附加”科目，贷记“应交税费——应交营业税”科目。

［例9-15］ 2011年3月，某房地产企业营业收入如下：销售已竣工的房产收入2 130万元，商铺出租收入156万元，物业管理收入64万元，收取建筑施工企业的违约金2.1万元。计算应缴纳的营业税。

［案例分析］

（1）确认收入时：

借：银行存款等	23 521 000	
贷：主营业务收入		21 300 000
其他业务收入		2 200 000
营业外收入		21 000

（2）月末计提应交营业税时：

本月应纳营业税额 = 23 521 000 × 5% = 1 176 050（元）

借：营业税金及附加	1 176 050	
贷：应交税费——应交营业税		1 176 050

（3）上交营业税款时：

借：应交税费——应交营业税	1 176 050	
贷：银行存款		1 176 050

房地产开发企业预售未完工开发产品取得的预售收入，借记“银行存款”科目，贷记“预收账款”科目；开发产品完工后，应及时结算实际成本，确认销售，借记“预收账款”，贷记“主营业务收入”科目。税法规定房地产企业销售开发产品，采

取预收款方式的，取得的预收款应当预缴营业税，借记“应交税费——预交营业税”科目，贷记“应交税费——应交营业税”科目；待结转销售时，借记“营业税金及附加”科目，贷记“应交税费——预交营业税”科目。

房地产企业缴纳营业税税款时，借记“应交税费——应交营业税”科目，贷记“银行存款”科目。

[例9-16]　某房地产公司采用预收款方式销售一栋写字楼，销售价1 000万元，3月份收到预收款20%，即200万元；9月末，写字楼建成交付使用，买方又支付楼款800万元，房地产公司开具销售不动产发票，确认销售收入。

[案例分析]

(1) 3月份收到预收款200万元时：

借：银行存款	2 000 000	
贷：预收账款		2 000 000

(2) 预提营业税并缴纳：

借：应交税费——预交营业税	100 000	
贷：应交税费——应交营业税		100 000
借：应交税费——应交营业税	100 000	
贷：银行存款		100 000

(3) 9月末收到余款800万元，按写字楼售价全额确认收入，开具发票，计提营业税并交纳营业税 $=1\ 000\times5\%=50$（万元）

借：营业税金及附加	500 000	
贷：应交税费——预交营业税		100 000
——应交营业税		400 000
借：应交税费——应交营业税	400 000	
贷：银行存款		400 000

[例9-17]　某房地产公司2009年7月，取得销售房产收入1 600万元，出租待售商铺取得租金收入40万元，2008年预售的房产在本月已经完工，本月将预收账款400万元转做销售收入。

[案例分析]

(1) 计算销售收入应交营业税：

应交营业税额 $=16\ 000\ 000\times5\%=800\ 000$（元）

借：营业税金及附加	800 000	
贷：应交税费——应交营业税		800 000

(2) 计算租金收入应交营业税：

租金收入应交营业税额 $=400\ 000\times5\%=20\ 000$（元）

借：营业税金及附加	20 000	
贷：应交税费——应交营业税		20 000

(3) 将2008年预收账款转做销售收入:

借: 预收账款 4 000 000

　贷: 主营业务收入 4 000 000

借: 营业税金及附加 200 000

　贷: 应交税费——预交营业税 200 000

(4) 缴纳本月营业税 = 800 000 + 20 000 = 820 000 (元)

借: 应交税费——应交营业税 820 000

　贷: 银行存款 820 000

《房地产开发经营业务企业所得税处理办法》(国税发［2009］31号) 第十二条规定:"企业发生的期间费用、已销开发产品计税成本、营业税金及附加、土地增值税准予当期按规定扣除。"因此, 企业所得税纳税申报时, 应当把计入"应交税费——预交营业税"科目的营业税金及附加填入纳税申报表, 在税前扣除。

六、特定业务营业税的会计处理

(一) 税务机关查补以前年度营业税问题的会计处理

(1) 计算应补交营业税款时:

借: 以前年度损益调整

　贷: 应交税费——应交营业税

(2) 补交营业税款时:

借: 应交税费——应交营业税

　贷: 银行存款

(3) 调整应交企业所得税和净利润:

借: 应交税费——应交所得税

　　利润分配

　贷: 以前年度损益调整

(二) 减免营业税的会计处理

(1) 法定直接减免的营业税 (国家未指定专门用途的) 不进行会计处理, 但是, 要将有关材料交主管税务机关备查。

(2) 法定直接减免的营业税 (国家有专门用途的), 在计提应交营业税的会计处理后, 将预提税冲回。

借: 应交税费——应交营业税

　贷: 递延收益

(3) 实行即征即退营业税的, 在实际收到退回的税款时:

借: 银行存款

　贷: 营业外收入

第十章

增值税的纳税操作技巧

增值税是以商品（含应税劳务和应税服务）在流转过程中产生的增值额为征收对象而征收的一种流转税。按照我国增值税法的规定，增值税是对在我国境内销售货物或者提供加工、修理修配劳务（以下简称“应税劳务”）、交通运输业、邮政业、电信业、部分现代服务业服务（以下简称“应税服务”）以及进口货物的单位和个人，就其货物销售或提供应税劳务、应税服务的增值额和货物进口金额为计税依据而课征的一种流转税。

2011 年年底，国务院决定在上海进行营业税改征增值税的试点工作。为了贯彻落实国务院关于首先在上海市交通运输业和部分现代服务业开展改革试点的决定，根据报经国务院同意的《营业税改征增值税试点方案》，财政部和国家税务总局以财税［2011］111 号文件印发了《交通运输业和部分现代服务业营业税改征增值税试点实施办法》《交通运输业和部分现代服务业营业税改征增值税试点有关事项的规定》和《交通运输业和部分现代服务业营业税改征增值税试点过渡政策的规定》等文件，自 2012 年 1 月 1 日在上海市施行。2012 年 7 月 31 日，《财政部　国家税务总局又印发了关于在北京等 8 省市开展交通运输业和部分现代服务业营业税改征增值税试点的通知》（财税［2012］71 号），扩大了营业税改征增值税的试点地区。

当前正在实行的“营改增”税收制度改革，是根据党的十七届五中全会精神，按照《中华人民共和国国民经济和社会发展第十二个五年规划纲要》确定的税制改革目标进行的，主要体现了以下精神：

一、指导思想和基本原则

（一）指导思想

建立健全有利于科学发展的税收制度，促进经济结构调整，支持现代服务业发展。

（二）基本原则

（1）统筹设计、分步实施。正确处理改革、发展、稳定的关系，统筹兼顾经济社会发展要求，结合全面推行改革需要和当前实际，科学设计，稳步推进。

（2）规范税制、合理负担。在保证增值税规范运行的前提下，根据财政承受能力和不同行业发展特点，合理设置税制要素，改革试点行业总体税负不增加或略有下降，基本消除重复征税。

（3）全面协调、平稳过渡。妥善处理试点前后增值税与营业税政策的衔接、试点纳税人与非试点纳税人税制的协调，建立健全适应第三产业发展的增值税管理体系，确保改革试点有序运行。

二、改革试点的主要内容

（一）改革试点的范围与时间

（1）试点地区。综合考虑服务业发展状况、财政承受能力、征管基础条件等因素，先期选择经济辐射效应明显、改革示范作用较强的地区开展试点。

（2）试点行业。试点地区先在交通运输业、部分现代服务业等生产性服务业开展试点，逐步推广至其他行业。条件成熟时，可选择部分行业在全国范围内进行全行业试点。

（3）试点时间。2012年1月1日开始试点，并根据情况及时完善方案，择机扩大试点范围。

（二）改革试点的主要税制安排

（1）税率。在现行增值税17%标准税率和13%低税率基础上，新增11%和6%两档低税率。租赁有形动产等适用17%税率，交通运输业、销售不动产、建筑业等适用11%税率，其他部分现代服务业适用6%税率。

（2）计税方式。交通运输业、建筑业、邮电通信业、现代服务业、文化体育业、销售不动产和转让无形资产，原则上适用增值税一般计税方法。金融保险业和生活性服务业，原则上适用增值税简易计税方法。

（3）计税依据。纳税人计税依据原则上为发生应税交易取得的全部收入。对一些存在大量代收转付或代垫资金的行业，其代收代垫金额可予以合理扣除。

（4）服务贸易进出口。服务贸易进口在国内环节征收增值税，出口实行零税率或免税制度。

（三）改革试点期间过渡性政策安排

（1）税收收入归属。试点期间保持现行财政体制基本稳定，原归属试点地区的营业税收入，改征增值税后收入仍归属试点地区，税款分别入库。因试点产生的财政减收，按现行财政体制由中央和地方分别负担。

（2）税收优惠政策过渡。国家给予试点行业的原营业税优惠政策可以延续，但对于通过改革能够解决重复征税问题的，予以取消。试点期间针对具体情况采取适当的过渡政策。

（3）跨地区税种协调。试点纳税人以机构所在地作为增值税纳税地点，其在异地缴纳的营业税，允许在计算缴纳增值税时抵减。非试点纳税人在试点地区从事经营活动的，继续按照现行营业税有关规定申报缴纳营业税。

（4）增值税抵扣政策的衔接。现有增值税纳税人向试点纳税人购买服务取得的增值税专用发票，可按现行规定抵扣进项税额。

三、组织实施

（1）财政部和国家税务总局根据本方案制定具体实施办法、相关政策和预算管理及缴库规定，做好政策宣传和解释工作。经国务院同意，选择确定试点地区和行业。

（2）营业税改征的增值税，由国家税务局负责征管。国家税务总局负责制定改革试点的征管办法，扩展增值税管理信息系统和税收征管信息系统，设计并统一印制货物运输业增值税专用发票，全面做好相关征管准备和实施工作。

2013 年 4 月 10 日，国务院总理李克强主持召开国务院常务会议，会议决定进一步扩大“营改增”试点，并逐步在全国推行，力争“十二五”期间全面完成“营改增”改革。通过实行“营改增”，激发企业活力，形成新的增长点，不断扩大就业，增加居民收入，促进经济持续健康发展。

2013 年 5 月 24 日，《财政部　国家税务总局发布了关于在全国开展交通运输业和部分现代服务业营业税改征增值税试点税收政策的通知》（财税［2013］37 号），制定了《交通运输业和部分现代服务业营业税改征增值税试点实施办法》，规定自 2013 年 8 月 1 日起，在全国范围内开展交通运输业和部分现代服务业“营改增”试点。至此，我国对交通运输业全行业、邮政业和 7 个现代服务业（包括研发和技术服务、信息技术服务、文化创意服务、物流辅助服务、有形动产租赁服务、鉴证咨询服务、广播影视服务，简称“2 +7 行业”）实现了营业税改征增值税。

2013 年 12 月 12 日，《财政部　国家税务总局又发布了关于将铁路运输和邮政业纳入营业税改征增值税试点的通知》（财税［2013］106 号，以下称“营改增”）。对原财税［2013］37 号文件进行了修订，该通知自 2014 年 1 月 1 日起执行，把全国“营改增”的试点扩大到铁路运输和邮政业。原《财政部　国家税务总局关于在全国开展交通运输业和部分现代服务业营业税改征增值税试点税收政策的通知》（财税［2013］37 号）自 2014 年 1 月 1 日起废止。

2014 年 4 月 29 日，《财政部　国家税务总局又下发了关于将电信业纳入营业税改征增值税试点的通知》（财税［2014］43 号），规定自 2014 年 6 月 1 日起，电信业纳入“营改增”试点。

根据财政部　国家税务总局对“营改增”的时间安排，建筑业和房地产业的“营改增”将安排在 2015 年完成。

第一节　征税范围及纳税义务人

根据《增值税暂行条例》和营业税改征增值税（以下简称“营改增”）的规定，在中华人民共和国境内（以下简称“境内”）销售货物或者提供应税劳务和应税服务以及进口货物的单位和个人，为增值税的纳税人，应当依照《增值税暂行条例》和“营改增”的规定缴纳增值税。在境内销售货物或者提供应税劳务和应税服务，是指销售货物的起运地或者所在地在境内以及提供的应税劳务和应税服务发生在境内。

一、增值税的征税范围

根据《增值税暂行条例》和“营改增”相关文件的规定，将增值税的征税范围分为一般规定和具体规定。

（一）征税范围的一般规定

现行增值税征税范围的一般规定包括：

1. 销售或者进口的货物

货物是指有形动产，包括电力、热力、气体在内。“销售货物”，是指有偿转让货物的所有权。

2. 提供的应税劳务

应税劳务是指纳税人提供的加工、修理修配劳务。加工是指受托加工货物，即委托方提供原料及主要材料，受托方按照委托方的要求制造货物并收取加工费的业务；修理修配是指受托对损伤和丧失功能的货物进行修复，使其恢复原状和功能的业务。

提供应税劳务，是指有偿提供加工、修理修配劳务。单位或者个体工商户聘用的员工为本单位或者雇主提供加工、修理修配劳务，不包括在内。所谓“有偿”，是指从购买方取得货币、货物或者其他经济利益。

3. 提供的应税服务

应税服务，是指陆路运输服务、水路运输服务、航空运输服务、管道运输服务、邮政普遍服务、邮政特殊服务、其他邮政服务、基础电信服务、增值电信服务、研发和技术服务、信息技术服务、文化创意服务、物流辅助服务、有形动产租赁服务、鉴证咨询服务、广播影视服务。

提供应税服务，是指有偿提供应税服务，但不包括非营业活动中提供的应税服务。

“有偿”，是指取得货币、货物或者其他经济利益。

非营业活动，是指：①非企业性单位按照法律和行政法规的规定，为履行国家行政管理和公共服务职能收取政府性基金或者行政事业性收费的活动；②单位或者个体工商户聘用的员工为本单位或者雇主提供应税服务；③单位或者个体工商户为员工提供应税服务；④财政部和国家税务总局规定的其他情形。

在境内提供应税服务，是指应税服务提供方或者接受方在境内。下列情形不属于在境内提供应税服务：①境外单位或者个人向境内单位或者个人提供完全在境外消费的应税服务；②境外单位或者个人向境内单位或者个人出租完全在境外使用的有形动产；③财政部和国家税务总局规定的其他情形。

单位和个体工商户的下列情形，视同提供应税服务：①向其他单位或者个人无偿提供交通运输业、邮政业、电信业和部分现代服务业服务，但以公益活动为目的或者以社会公众为对象的除外；②财政部和国家税务总局规定的其他情形。

附：应税服务范围注释

一、交通运输业

交通运输业，是指使用运输工具将货物或者旅客送达目的地，使其空间位置得到转移的业务活动，包括陆路运输服务、水路运输服务、航空运输服务和管道运输服务。

（一）陆路运输服务

陆路运输服务，是指通过陆路（地上或者地下）运送货物或者旅客的运输业务活动，包括铁路运输和其他陆路运输。

1. 铁路运输服务，是指通过铁路运送货物或者旅客的运输业务活动。

2. 其他陆路运输服务，是指铁路运输以外的陆路运输业务活动。包括公路运输、缆车运输、索道运输、地铁运输、城市轻轨运输等。

出租车公司向使用本公司自有出租车的出租车司机收取的管理费用，按陆路运输服务征收增值税。

（二）水路运输服务

水路运输服务，是指通过江、河、湖、川等天然、人工水道或者海洋航道运送货物或者旅客的运输业务活动。

远洋运输的程租、期租业务，属于水路运输服务。

程租业务，是指远洋运输企业为租船人完成某一特定航次的运输任务并收取租赁费的业务。

期租业务，是指远洋运输企业将配备有操作人员的船舶承租给他人使用一定期限，承租期内听候承租方调遣，不论是否经营，均按天数向承租方收取租赁费，发生的固定费用均由船东负担的业务。

（三）航空运输服务

航空运输服务，是指通过空中航线运送货物或者旅客的运输业务活动。

航空运输的湿租业务，属于航空运输服务。

湿租业务，是指航空运输企业将配备有机组人员的飞机承租给他人使用一定期限，承租期内听候承租方调遣，不论是否经营，均按一定标准向承租方收取租赁费，发生的固定费用均由承租方承担的业务。

航天运输服务，按照航空运输服务征收增值税。

航天运输服务，是指利用火箭等载体将卫星、空间探测器等空间飞行器发射到空间轨道的业务活动。

（四）管道运输服务

管道运输服务，是指通过管道设施输送气体、液体、固体物质的运输业务活动。

二、邮政业

邮政业，是指中国邮政集团公司及其所属邮政企业提供邮件寄递、邮政汇兑、机要通信和邮政代理等邮政基本服务的业务活动，包括邮政普遍服务、邮政特殊服务和其他邮政服务。

（一）邮政普遍服务

邮政普遍服务，是指函件、包裹等邮件寄递，以及邮票发行、报刊发行和邮政汇兑等业务活动。

函件，是指信函、印刷品、邮资封片卡、无名址函件和邮政小包等。

包裹，是指按照封装上的名址递送给特定个人或者单位的独立封装的物品，其重量不超过50千克，任何一边的尺寸不超过150厘米，长、宽、高合计不超过300厘米。

（二）邮政特殊服务

邮政特殊服务，是指义务兵平常信函、机要通信、盲人读物和革命烈士遗物的寄递等业务活动。

（三）其他邮政服务

其他邮政服务，是指邮册等邮品销售、邮政代理等业务活动。

三、电信业

电信业，是指利用有线、无线的电磁系统或者光电系统等各种通信网络资源，提供语音通话服务，传送、发射、接收或者应用图像、短信等电子数据和信息的业务活动，包括基础电信服务和增值电信服务。

（1）基础电信服务，是指利用固网、移动网、卫星、互联网，提供语音通话服务的业务活动，以及出租或者出售带宽、波长等网络元素的业务活动。

（2）增值电信服务，是指利用固网、移动网、卫星、互联网、有线电视网络，提供短信和彩信服务、电子数据和信息的传输及应用服务、互联网接入服务等业务活动。卫星电视信号落地转接服务，按照增值电信服务计算缴纳增值税。

四、部分现代服务业

部分现代服务业，是指围绕制造业、文化产业、现代物流产业等提供技术性、知识性服务的业务活动，包括研发和技术服务、信息技术服务、文化创意服务、物流辅助服务、有形动产租赁服务、鉴证咨询服务、广播影视服务。

（一）研发和技术服务

研发和技术服务，包括研发服务、技术转让服务、技术咨询服务、合同能源管理服务、工程勘察勘探服务。

（1）研发服务，是指就新技术、新产品、新工艺或者新材料及其系统进行研究与试验开发的业务活动。

（2）技术转让服务，是指转让专利或者非专利技术的所有权或者使用权的业务活动。

（3）技术咨询服务，是指对特定技术项目提供可行性论证、技术预测、技术测试、技术培训、专题技术调查、分析评价报告和专业知识咨询等业务活动。

（4）合同能源管理服务，是指节能服务公司与用能单位以契约形式约定节能目标，节能服务公司提供必要的服务，用能单位以节能效果支付节能服务公司投入及其合理报酬的业务活动。

（5）工程勘察勘探服务，是指在采矿、工程施工前后，对地形、地质构造、地下资源蕴藏情况进行实地调查的业务活动。

（二）信息技术服务

信息技术服务，是指利用计算机、通信网络等技术对信息进行生产、收集、处理、加工、存储、运输、检索和利用，并提供信息服务的业务活动，包括软件服务、电路设计及测试服务、信息系统服务和业务流程管理服务。

（1）软件服务，是指提供软件开发服务、软件咨询服务、软件维护服务、软件测试服务的业务行为。

（2）电路设计及测试服务，是指提供集成电路和电子电路产品设计、测试及相关技术支持服务的业务行为。

（3）信息系统服务，是指提供信息系统集成、网络管理、桌面管理与维护、信息系统应用、基础信息技术管理平台整合、信息技术基础设施管理、数据中心、托管中心、安全服务的业务行为，包括网站对非自有的网络游戏提供的网络运营服务。

（4）业务流程管理服务，是指依托计算机信息技术提供的人力资源管理、财务经济管理、审计管理、税务管理、金融支付服务、内部数据分析、内部数据挖掘、内部数据管理、内部数据使用、呼叫中心和电子商务平台等服务的业务活动。

（三）文化创意服务

文化创意服务，包括设计服务、商标和著作权转让服务、知识产权服务、广告服务和会议展览服务。

（1）设计服务，是指把计划、规划、设想通过视觉、文字等形式传递出来的业务活动。它包括工业设计、造型设计、服装设计、环境设计、平面设计、包装设计、动漫设计、网游设计、展示设计、网站设计、机械设计、工程设计、广告设计、创意策划、文印晒图等。

（2）商标和著作权转让服务，是指转让商标、商誉和著作权的业务活动。

（3）知识产权服务，是指处理知识产权事务的业务活动。它包括对专利、商标、著作权、软件、集成电路布图设计的代理、登记、鉴定、评估、认证、咨询、检索服务。

(4) 广告服务，是指利用图书、报纸、杂志、广播、电视、电影、幻灯、路牌、招贴、橱窗、霓虹灯、灯箱、互联网等各种形式为客户的商品、经营服务项目、文体节目或者通告、声明等委托事项进行宣传和提供相关服务的业务活动。它包括广告代理和广告的发布、播映、宣传、展示等。

(5) 会议展览服务，是指为商品流通、促销、展示、经贸洽谈、民间交流、企业沟通、国际往来等举办或者组织安排的各类展览和会议的业务活动。

(四) 物流辅助服务

物流辅助服务，包括航空服务、港口码头服务、货运客运场站服务、打捞救助服务、货物运输代理服务、代理报关服务、仓储服务、装卸搬运服务和收派服务。

(1) 航空服务，包括航空地面服务和通用航空服务。

航空地面服务，是指航空公司、飞机场、民航管理局、航站等向在境内航行或者在境内机场停留的境内外飞机或者其他飞行器提供的导航等劳务性地面服务的业务活动。它包括旅客安全检查服务、停机坪管理服务、机场候机厅管理服务、飞机清洗消毒服务、空中飞行管理服务、飞机起降服务、飞行通信服务、地面信号服务、飞机安全服务、飞机跑道管理服务、空中交通管理服务等。

通用航空服务，是指为专业工作提供飞行服务的业务活动，包括航空摄影、航空培训、航空测量、航空勘探、航空护林、航空吊挂播撒、航空降雨等。

(2) 港口码头服务，是指港务船舶调度服务、船舶通讯服务、航道管理服务、航道疏浚服务、灯塔管理服务、航标管理服务、船舶引航服务、理货服务、系解缆服务、停泊和移泊服务、海上船舶溢油清除服务、水上交通管理服务、船只专业清洗消毒检测服务和防止船只漏油服务等为船只提供服务的业务活动。

港口设施经营人收取的港口设施保安费按照“港口码头服务”征收增值税。

(3) 货运客运场站服务，是指货运客运场站提供的货物配载服务、运输组织服务、中转换乘服务、车辆调度服务、票务服务、货物打包整理、铁路线路使用服务、加挂铁路客车服务、铁路行包专列发送服务、铁路到达和中转服务、铁路车辆编解服务、车辆挂运服务、铁路接触网服务、铁路机车牵引服务、车辆停放服务等业务活动。

(4) 打捞救助服务，是指提供船舶人员救助、船舶财产救助、水上救助和沉船沉物打捞服务的业务活动。

(5) 货物运输代理服务，是指接受货物收货人、发货人、船舶所有人、船舶承租人或船舶经营人的委托，以委托人的名义或者以自己的名义，在不直接提供货物运输服务的情况下，为委托人办理货物运输、船舶进出港口、联系安排引航、靠泊、装卸等货物和船舶代理相关业务手续的业务活动。

(6) 代理报关服务，是指接受进出口货物的收、发货人委托，代为办理报关手续的业务活动。

(7) 仓储服务，是指利用仓库、货场或者其他场所代客储放、保管货物的业务活动。

(8) 装卸搬运服务，是指使用装卸搬运工具或人力、畜力将货物在运输工具之间、装卸现场之间或者运输工具与装卸现场之间进行装卸和搬运的业务活动。

(9) 收派服务，是指接受寄件人委托，在承诺的时限内完成函件和包裹的收件、分拣、派送服务的业务活动。

收件服务，是指从寄件人收取函件和包裹，并运送到服务提供方同城的集散中心的业务活动；分拣服务，是指服务提供方在其集散中心对函件和包裹进行归类、分发的业务活动；派送服务，是指服务提供方从其集散中心将函件和包裹送达同城的收件人的业务活动。

(五) 有形动产租赁服务

有形动产租赁，包括有形动产融资租赁和有形动产经营性租赁。

(1) 有形动产融资租赁，是指具有融资性质和所有权转移特点的有形动产租赁业务活动。即出租人根据承租人所要求的规格、型号、性能等条件购入有形动产租赁给承租人，合同期内设备所有权属于出租人，承租人只拥有使用权，合同期满付清租金后，承租人有权按照残值购入有形动产，以拥有其所有权。不论出租人是否将有形动产残值销售给承租人，均属于融资租赁。

(2) 有形动产经营性租赁，是指在约定时间内将物品、设备等有形动产转让他人使用且租赁物所有权不变更的业务活动。

远洋运输的光租业务、航空运输的干租业务，属于有形动产经营性租赁。

光租业务，是指远洋运输企业将船舶在约定的时间内出租给他人使用，不配备操作人员，不承担运输过程中发生的各项费用，只收取固定租赁费的业务活动。

干租业务，是指航空运输企业将飞机在约定的时间内出租给他人使用，不配备机组人员，不承担运输过程中发生的各项费用，只收取固定租赁费的业务活动。

(六) 鉴证咨询服务

鉴证咨询服务，包括认证服务、鉴证服务和咨询服务。

(1) 认证服务，是指具有专业资质的单位利用检测、检验、计量等技术，证明产品、服务、管理体系符合相关技术规范、相关技术规范的强制性要求或者标准的业务活动。

(2) 鉴证服务，是指具有专业资质的单位，为委托方的经济活动及有关资料进行鉴证，发表具有证明力的意见的业务活动。包括会计鉴证、税务鉴证、法律鉴证、工程造价鉴证、资产评估、环境评估、房地产土地评估、建筑图纸审核、医疗事故鉴定等。

(3) 咨询服务，是指提供和策划财务、税收、法律、内部管理、业务运作和流程管理等信息或者建议的业务活动。

代理记账、翻译服务按照“咨询服务”征收增值税。

（七）广播影视服务

广播影视服务，包括广播影视节目（作品）的制作服务、发行服务和播映（含放映，下同）服务。

（1）广播影视节目（作品）制作服务，是指进行专题（特别节目）、专栏、综艺、体育、动画片、广播剧、电视剧、电影等广播影视节目和作品制作的服务。具体包括与广播影视节目和作品相关的策划、采编、拍摄、录音、音视频文字图片素材制作、场景布置、后期的剪辑、翻译（编译）、字幕制作、片头、片尾、片花制作、特效制作、影片修复、编目和确权等业务活动。

（2）广播影视节目（作品）发行服务，是指以分账、买断、委托、代理等方式，向影院、电台、电视台、网站等单位和个人发行广播影视节目（作品）以及转让体育赛事等活动的报道及播映权的业务活动。

（3）广播影视节目（作品）播映服务，是指在影院、剧院、录像厅及其他场所播映广播影视节目（作品），以及通过电台、电视台、卫星通信、互联网、有线电视等无线或有线装置播映广播影视节目（作品）的业务活动。

（二）征税范围的具体规定

增值税的征税范围除了上述的一般规定以外，对于实务中某些特殊项目或行为是否属于增值税的征税范围，还需要作出具体确定。

1. 属于征税范围的特殊项目

（1）货物期货（包括商品期货和贵金属期货），应当征收增值税，在期货的实物交割环节纳税，其中：

交割时采取由期货交易所开具发票的，以期货交易所为纳税义务人，期货交易所缴纳的增值税按次计算，其进项税额为该货物交割时供货会员单位开具的增值税专用发票上注明的销项税额，期货交易所本身发生的各种进项税额不得抵扣。

交割时采取由供货的会员单位直接将发票开给购货会员单位的，以供货会员单位为纳税人。

根据《国务院关于推进上海加快发展现代服务业和先进制造业建设国际金融中心和国际航运中心的意见》（国发［2009］19号）有关精神，上海期货交易所将试点开展期货保税交割业务，自2010年12月1日开始执行。上海期货交易所的会员和客户通过上海期货交易所交易的期货保税交割标的物，仍按保税货物暂免征收增值税。

（2）银行销售金银的业务，应当征收增值税。

（3）典当业的死当物品销售业务和寄售业代委托人销售寄售物品的业务，均应征收增值税。

（4）集邮商品（如邮票、首日封、邮折等）的生产以及邮政部门与其他单位和个人销售的，均征收增值税。

（5）邮政部门发行报刊与其他单位和个人发行报刊，均征收增值税。

（6）电力公司向发电企业征收的过网费，应当征收增值税，不征收营业税。

（7）对从事热力、电力、燃气、自来水等公用事业的增值税纳税人收取的一次性费用，凡与货物的销售数量有直接关系的，征收增值税；凡是与货物的销售数量无直接关系的，不征收增值税。

（8）纳税人代有关行政管理部门收取的费用，凡同时符合下列条件代为收取的政府性基金或者行政事业性收费，不属于价外费用，不征收增值税。

1）由国务院或者财政部批准设立的政府性基金，由国务院或者省级人民政府及其财政、价格主管部门批准设立的行政事业性收费。

2）收取时开具省级以上财政部门印制的财政票据。

3）所收款项全额上缴财政。

（9）纳税人销售货物的同时代办保险等而向购买方收取的保险费，以及从事汽车销售的纳税人向购买方收取的代购买方缴纳的车辆购置税、车辆牌照费，不作为价外收费征收增值税。

（10）对增值税纳税人收取的会员费收入不征收增值税。

（11）各燃油电厂从政府财政专户取得的发电补贴不属于规定的价外费用，不计入应税销售额，不征收增值税。

（12）纳税人提供的矿产资源开采、挖掘、切割、破碎、分拣、洗选等劳务，属于增值税应税劳务，应当缴纳增值税。

（13）纳税人转让土地使用权或者销售不动产的同时一并销售附着于土地或者不动产上的固定资产中，凡属于增值税应税货物的，应按照《财政部　国家税务总局关于部分货物适用增值税低税率和简易办法征收增值税政策的通知》（财税［2009］9号）第二条有关规定，计算缴纳增值税；凡属于不动产的，应按照《营业税暂行条例》“销售不动产”税目计算缴纳营业税。

纳税人应分别核算增值税应税货物和不动产的销售额，未分别核算或核算不清的，由主管税务机关核定其增值税应税货物的销售额和不动产的销售额。

（14）纳税人提供建筑业劳务的同时销售自产货物的混合销售行为，应当分别核算货物的销售额和非增值税应税劳务的营业额，并根据其销售货物的销售额计算缴纳增值税，非增值税应税劳务的营业额不缴纳增值税；未分别核算的，由主管税务机关核定其货物的销售额。

（15）纳税人在资产重组过程中，通过合并、分立、出售、置换等方式，将全部或者部分实物资产以及与其相关联的债权、负债和劳动力一并转让给其他单位和个人，不属于增值税的征税范围，其中涉及的货物转让，不征收增值税。

（16）电梯属于增值税应税货物的范围，但安装运行之后，则与建筑物一道形成不动产。因此，对企业销售电梯（购进的）并负责安装及保养、维修取得的收入，一并征收增值税；企业销售自产的电梯并负责安装，属于纳税人销售货物的同时提供建筑业劳务，要分别计算增值税和营业税；对不从事电梯生产、销售，只从事电梯保养和维修的专业公司对安装运行后的电梯进行的保养、维修取得的收入，征收营业税。

（17）油气田企业从事原油、天然气生产，以及为生产原油、天然气提供的生产性劳务，应缴纳增值税。生产性劳务是指油气田企业为生产原油、天然气、地质普查、勘探开发到原油天然气销售的一系列生产过程所发生的劳务。

（18）按照增值税现行政策，纳税人取得的财政补贴，不属于增值税应税收入，不征收增值税。

（19）邮政储蓄业务按照金融保险业税目征收营业税。

（20）试点纳税人根据国家指令无偿提供的铁路运输服务、航空运输服务，属于"营改增"规定以公益活动为目的或者以社会公众为对象的免税活动，不征收增值税。

2. 属于征税范围的特殊行为

（1）视同销售货物行为。单位或个体工商户的下列行为，视同销售货物或视同提供应税服务：

1）将货物交付其他单位或者个人代销。

2）销售代销货物。

3）设有两个以上机构并实行统一核算的纳税人，将货物从一个机构移送其他机构用于销售，但相关机构设在同一县（市）的除外。

"用于销售"是指受货机构发生下列情形之一的经营行为：①向购货方开具发票；②向购货方收取货款。

受货机构的货物移送行为有上述两项情形之一的，应当向所在地税务机关缴纳增值税；未发生上述两项情形的，则应由总机构统一缴纳增值税。

如果受货机构只就部分货物向购买方开具发票或收取货款，则应当区别不同情况计算并分别向总机构所在地或分支机构所在地缴纳税款。

4）将自产或委托加工的货物用于非增值税应税项目。

5）将自产、委托加工或购买的货物作为投资，提供给其他单位或个体工商户。

6）将自产、委托加工或购买的货物分配给股东或投资者。

7）将自产、委托加工的货物用于集体福利或个人消费。

8）将自产、委托加工或购进的货物无偿赠送其他单位或个人。

9）单位和个体工商户向其他单位或者个人无偿提供交通运输业、邮政业、电信业和部分现代服务业服务，但以公益活动为目的或者以社会公众为对象的除外。

10）财政部和国家税务总局规定的其他情形。

上述十种行为应该确认为视同销售行为，均要征收增值税，其目的主要有三个：①保证增值税税款抵扣制度的实施，不致因发生上述行为不确认为销售，而造成各相关环节税款抵扣链条的中断，如前两种情况就是这种原因。如果不将其视同销售就会出现销售代销货物方仅有销项税额而无进项税额，而将货物交付其他单位或者个人代销方仅有进项税额而无销项税额的情况，就会出现增值税抵扣链条不完整。②避免因发生上述行为不确认销售，而造成货物、应税劳务和应税服务销售税收负担不平衡的矛盾，防止利用上述行为逃避纳税的现象。③体现增值税计税的配比原则。即购进货物、应税劳务和应税服务已经在购进环节实施了进项税额抵扣，这些购进货物、应税劳务和应税服务应该产生相应的销售额，同时就应该产生相应的销项税额，否则就会产生不配比情况。如上述第4）~第9）讲的几种情况就属于此种原因。

（2）混合销售行为，一项销售行为如果即涉及货物销售又涉及非增值税的应税劳务，为混合销售（见本章第五节“二、混合销售行为”）。

（3）兼营非增值税应税劳务行为。纳税人兼营非增值税应税项目的，应分别核算货物或者应税劳务的销售额和非增值税应税项目的营业额；未分别核算的，由主管税务机关核定货物或者应税劳务的销售额（详见本章第五节“三、兼营非增值税应税劳务”）。

（4）混合经营。试点纳税人兼有不同税率或者征收率的销售货物、提供应税劳务或者应税服务的，应当分别核算不同税率或征收率的销售额；未分别核算销售额的，按照有关方法适用税率或征收率（详见本章第六节“一、混业经营行为”）。

二、纳税义务人和扣缴义务人

（一）纳税义务人

根据《增值税暂行条例》和“营改增”文件的规定，凡在中华人民共和国境内销售货物或者进口货物、提供应税劳务和应税服务的单位和个人，都是增值税的纳税人。

单位，是指企业、行政单位、事业单位、军事单位、社会团体及其他单位。

个人，是指个体工商户和其他个人。

单位以承包、承租、挂靠方式经营的，承包人、承租人、挂靠人（以下统称承包人）以发包人、出租人、被挂靠人（以下统称发包人）名义对外经营并由发包人承担相关法律责任的，以该发包人为纳税人。否则，以承包人为纳税人。

（二）扣缴义务人

中华人民共和国境外的单位或者个人在境内提供应税劳务和应税服务，在境内未设有经营机构的，以其境内代理人为扣缴义务人；在境内没有代理人的，以购买方为扣缴义务人。

第二节　一般纳税人和小规模纳税人的认定及管理

增值税实行凭专用发票抵扣税款的制度，客观上要求纳税人具备健全的会计核算制度和能力。在实际经济生活中，我国增值税的纳税人众多，会计核算水平差异较大，大量的小企业和个人还不具备用发票抵扣税款的条件，为了既简化增值税的计算和征收，也有利于减少税收征收漏洞，将增值税纳税人按会计核算水平和经营规模分为一般纳税人和小规模纳税人两类纳税人，分别采用不同的增值税计税方法。

《增值税一般纳税人资格认定管理办法》于2009年12月15日经国家税务总局第2次局务会议审议通过，以国家税务总局令第22号公布，自2010年3月20日起施行。"营改增"试点之后，提供应税服务的纳税人按照国家税务总局《关于营业税改征增值税试点增值税一般纳税人资格认定有关事项的公告》（国家税务总局公告2013年第75号）执行。

一、一般纳税人的认定及管理

（一）一般纳税人的认定标准

一般纳税人是指年应征增值税销售额（以下简称"年应税销售额"），超过财政部国家税务总局规定的小规模纳税人标准的企业和企业性单位（以下简称"企业"）。

年应税销售额，是指纳税人在连续不超过12个月的经营期内累计应征增值税销售额，包括纳税申报销售额、稽查查补销售额、纳税评估调整销售额、税务机关代开发票销售额和免税销售额。其中稽查查补销售额和纳税评估调整销售额计入查补税款申报当月的销售额，不计入税款所属期销售额。经营期，是指纳税人存续期内的连续经营期间，含未取得销售收入的月份。

应税服务的年应征增值税销售额（以下称应税服务年销售额）超过财政部和国家税务总局规定标准的纳税人为一般纳税人，未超过规定标准的纳税人为小规模纳税人。

国家税务总局《关于营业税改征增值税试点增值税一般纳税人资格认定有关事项的公告》（国家税务总局公告2013年第75号）规定：营改增试点实施前（以下简称试点实施前）应税服务年销售额超过500万元的试点纳税人，应向国税主管税务机关（以下简称主管税务机关）申请办理增值税一般纳税人资格认定手续。试点纳税人试点实施前的应税服务年销售额按以下公式换算：

应税服务年销售额 = 连续不超过12个月应税服务营业额合计 ÷ （1 +3%）。

按照现行营业税规定差额征收营业税的试点纳税人，其应税服务营业额按未扣除之前的营业额计算。

纳税人兼有销售货物、提供加工修理修配劳务以及应税服务的，应税货物及劳务销售额与应税服务销售额分别计算，分别适用增值税一般纳税人资格认定标准。

兼有销售货物、提供加工修理修配劳务以及应税服务，且不经常发生应税行为的单位和个体工商户可选择按照小规模纳税人纳税。

未超过规定标准的纳税人会计核算健全，能够提供准确税务资料的，可以向主管税务机关申请一般纳税人资格认定，成为一般纳税人。会计核算健全，是指能够按照国家统一的会计制度规定设置账簿，根据合法、有效凭证核算。

试点实施前应税服务年销售额未超过500万元的试点纳税人，如符合相关规定条件，也可以向主管税务机关申请增值税一般纳税人资格认定。试点实施后，符合条件的试点纳税人应按照《增值税一般纳税人资格认定管理办法》（国家税务总局令第22号）及相关规定，办理增值税一般纳税人资格认定。按照营改增有关规定，在确定销售额时可以差额扣除的试点纳税人，其应税服务年销售额按未扣除之前的销售额计算。

（二）未超过规定标准的纳税人申请一般纳税人资格的条件

年应税销售额未超过财政部 国家税务总局规定的小规模纳税人标准以及新开业的纳税人，可以向主管税务机关申请一般纳税人资格认定。对提出申请并且同时符合下列条件的纳税人，主管税务机关应当为其办理一般纳税人资格认定：

（1）有固定的生产经营场所。

（2）能够按照国家统一的会计制度规定设置账簿，根据合法、有效凭证核算，能够提供准确税务资料。

（三）不需要办理一般纳税人资格认定的纳税人

（1）个体工商户以外的其他个人。其他个人是指自然人。

（2）选择按照小规模纳税人纳税的非企业性单位。非企业性单位，是指行政单位、事业单位、军事单位、社会团体和其他单位。

（3）选择按照小规模纳税人纳税的不经常发生应税行为的企业。不经常发生应税行为的企业，是指非增值税纳税人；不经常发生应税行为是指偶然发生增值税应税行为。

（4）应税服务年销售额超过规定标准的其他个人不属于一般纳税人；不经常提供应税服务的单位和个体工商户可选择按照小规模纳税人纳税。

（5）试点实施前已取得增值税一般纳税人资格并兼有应税服务的试点纳税人，不需要重新申请认定，由主管税务机关制作、送达《税务事项通知书》，告知纳税人。

（四）一般纳税人资格认定的所在地和权限

纳税人应当向其机构所在地主管税务机关申请一般纳税人资格认定。

一般纳税人资格认定的权限，在县（市、区）国家税务局或者同级别的税务分局（以下称认定机关）。

（五）一般纳税人资格认定程序

（1）纳税人按照下列程序办理一般纳税人资格认定：

1）纳税人应当在申报期结束后40日（工作日，下同）内向主管税务机关报送《增值税一般纳税人申请认定表》（以下简称申请表），申请一般纳税人资格认定。申报期是指纳税人年应税销售额超过小规模纳税人标准的月份（或季度）的所属申报期。

2）认定机关应当在主管税务机关受理申请之日起20日内完成一般纳税人资格认定，并由主管税务机关制作、送达《税务事项通知书》，告知纳税人。

3）纳税人未在规定期限内申请一般纳税人资格认定的，主管税务机关应当在规定期限结束后20日内制作并送达《税务事项通知书》，告知纳税人。《税务事项通知书》中需明确告知：其年应税销售额已超过小规模纳税人的标准，应在收到《税务事项通知书》后10日内向主管税务机关报送《增值税一般纳税人申请认定表》或《不认定增值税一般纳税人申请表》；逾期未报送的，按《中华人民共和国增值税暂行条例实施细则》第三十四条的规定，应按销售额依照增值税税率计算应纳税额，不得抵扣进项税额，也不得使用增值税专用发票。

个体工商户以外的其他个人、选择按照小规模纳税人纳税的非企业性单位和不经常发生纳税行为的企业，应当在收到《税务事项通知书》后10日内向主管税务机关报送《不认定增值税一般纳税人申请表》，经认定机关批准后不办理一般纳税人资格认定。认定机关应当在主管税务机关受理之日起20日内批准完毕，并由主管税务机关制作、送达《税务事项通知书》，告知纳税人。

（2）应税服务年销售额未超过财政部和国家税务总局规定的小规模纳税人标准以及新开业的试点纳税人，符合条件的，可以向主管税务机关申请一般纳税人资格认定。符合此规定的纳税人按照下列程序办理一般纳税人资格认定：

1）纳税人应当向主管税务机关填报申请表，并提供下列资料：①《税务登记证》副本；②财务负责人和办税人员的身份证明及其复印件；③会计人员的从业资格证明或者与中介机构签订的代理记账协议及其复印件；④经营场所产权证明或者租赁协议，或者其他可使用场地证明及其复印件；⑤国家税务总局规定的其他有关资料。

2）主管税务机关应当当场核对纳税人的申请资料，经核对一致且申请资料齐全、符合填列要求的当场受理，制作《文书受理回执单》，并将有关资料的原件退还纳税人。

对申请资料不齐全或者不符合填列要求的，应当当场一次性告知纳税人需要补正的全部内容。

3）主管税务机关受理纳税人申请以后，根据需要进行实地查验，并制作查验报告。

查验报告由纳税人法定代表人（负责人或者业主）、税务查验人员共同签字（签章）确认。

实地查验时，应当有两名或者两名以上税务机关工作人员同时到场。

实地查验的范围和方法由各省税务机关确定并报国家税务总局备案。

4）认定机关应当自主管税务机关受理申请之日起20日内完成一般纳税人资格认定，并由主管税务机关制作、送达《税务事项通知书》，告知纳税人。

5）除国家税务总局另有规定外，纳税人一经认定为一般纳税人后，不得转为小规模纳税人。

（六）一般纳税人纳税辅导期的管理

（1）主管税务机关可以在一定期限内对下列一般纳税人实行纳税辅导期管理：

1）按照《增值税一般纳税人资格认定管理办法》第四条的规定新认定为一般纳税人的小型商贸批发企业。

“小型商贸批发企业”，是指注册资金在80万元（含80万元）以下、职工人数在10人（含10人）以下的批发企业。

2）国家税务总局规定的其他一般纳税人。“其他一般纳税人”，是指具有下列情形之一的一般纳税人：①增值税偷税数额占应纳税额的10%以上并且偷税数额在10万元以上的；②骗取出口退税的；③虚开增值税扣税凭证的；④国家税务总局规定的其他情形。

（2）新认定为一般纳税人的小型商贸批发企业实行纳税辅导期管理的期限为3个月；其他一般纳税人实行纳税辅导期管理的期限为6个月。

对新办小型商贸批发企业，主管税务机关应在认定办法第九条第（四）款规定的《税务事项通知书》内告知纳税人对其实行纳税辅导期管理，纳税辅导期自主管税务机关制作《税务事项通知书》的当月起执行；对其他一般纳税人，主管税务机关应自稽查部门作出《税务稽查处理决定书》后40个工作日内，制作、送达《税务事项通知书》告知纳税人对其实行纳税辅导期管理，纳税辅导期自主管税务机关制作《税务事项通知书》的次月起执行。

（3）辅导期纳税人取得的增值税专用发票（以下简称专用发票）抵扣联、海关进口增值税专用缴款书以及运输费用结算单据应当在交叉稽核比对无误后，方可抵扣进项税额。

（4）主管税务机关对辅导期纳税人实行限量限额发售专用发票。

1）实行纳税辅导期管理的小型商贸批发企业，领购专用发票的最高开票限额不得超过10万元；其他一般纳税人专用发票最高开票限额应根据企业实际经营情况重新核定。

2）辅导期纳税人专用发票的领购实行按次限量控制，主管税务机关可根据纳税人的经营情况核定每次专用发票的供应数量，但每次发售专用发票数量不得超过25份。

辅导期纳税人领购的专用发票未使用完而再次领购的，主管税务机关发售专用发票的份数不得超过核定的每次领购专用发票份数与未使用完的专用发票份数的差额。

（5）辅导期纳税人一个月内多次领购专用发票的，应从当月第二次领购专用发票起，按照上一次已领购并开具的专用发票销售额的3%预缴增值税，未预缴增值税的，主管税务机关不得向其发售专用发票。

预缴增值税时，纳税人应提供已领购并开具的专用发票记账联，主管税务机关根据其提供的专用发票记账联计算应预缴的增值税。

（6）辅导期纳税人按上述规定预缴的增值税可在本期增值税应纳税额中抵减，抵减后预缴增值税仍有余额的，可抵减下期再次领购专用发票时应当预缴的增值税。

纳税辅导期结束后，纳税人因增购专用发票发生的预缴增值税有余额的，主管税务机关应在纳税辅导期结束后的第一个月内，一次性退还纳税人。

（7）辅导期纳税人应当在“应交税金”科目下增设“待抵扣进项税额”明细科目，核算尚未交叉稽核比对的专用发票抵扣联、海关进口增值税专用缴款书以及运输费用结算单据（以下简称增值税抵扣凭证）注明或者计算的进项税额。

辅导期纳税人取得增值税抵扣凭证后，借记“应交税金——待抵扣进项税额”明细科目，贷记相关科目。交叉稽核比对无误后，借记“应交税金——应交增值税（进项税额)”科目，贷记“应交税金——待抵扣进项税额”科目。经核实不得抵扣的进项税额，红字借记“应交税金——待抵扣进项税额”，红字贷记相关科目。

(8) 主管税务机关定期接收交叉稽核比对结果，通过《稽核结果导出工具》导出发票明细数据及《稽核结果通知书》并告知辅导期纳税人。辅导期纳税人根据交叉稽核比对结果相符的增值税抵扣凭证本期数据申报抵扣进项税额，未收到交叉稽核比对结果的增值税抵扣凭证留待下期抵扣。

(9) 纳税辅导期内，主管税务机关未发现纳税人存在偷税、逃避追缴欠税、骗取出口退税、抗税或其他需要立案查处的税收违法行为的，从期满的次月起不再实行纳税辅导期管理，主管税务机关应制作、送达《税务事项通知书》，告知纳税人；主管税务机关发现辅导期纳税人存在偷税、逃避追缴欠税、骗取出口退税、抗税或其他需要立案查处的税收违法行为的，从期满的次月起按照本规定重新实行纳税辅导期管理，主管税务机关应制作、送达《税务事项通知书》，告知纳税人。

(10) 试点纳税人取得增值税一般纳税人资格后，发生增值税偷税、骗取出口退税和虚开增值税扣税凭证等行为的，主管税务机关可以对其实行不少于6个月的纳税辅导期。

(七) 试点前发生业务的税务处理

(1) 试点纳税人在本地区试点实施之日前签订的尚未执行完毕的租赁合同，在合同到期日之前继续按照现行营业税政策规定缴纳营业税。

(2) 试点纳税人提供应税服务，按照国家有关营业税政策规定差额征收营业税的，因取得的全部价款和价外费用不足以抵减允许扣除项目金额，截至本地区试点实施之日尚未扣除的部分，不得在计算试点纳税人本地区试点实施之日后的销售额时予以抵减，应当向原主管地税务机关申请退还营业税。

试点纳税人按照上述第（1）点规定继续缴纳营业税的有形动产租赁服务，不适用本规定。

(3) 试点纳税人提供应税服务在本地区试点实施之日前已缴纳营业税，本地区试点实施之日（含）后因发生退款减除营业额的，应当向原主管地税机关申请退还已缴纳的营业税。

(4) 试点纳税人本地区试点实施之日前提供的应税服务，因税收检查等原因需要补缴税款的，应按照现行营业税政策规定补缴营业税。

二、小规模纳税人的认定与管理

(一) 小规模纳税人的认定标准

小规模纳税人是指年销售额在规定标准以下，并且会计核算不健全，不能按规定报送有关税务资料的增值税纳税人。所称会计核算不健全是指不能正确核算增值税的销项税额、进项税额和应纳税额。

根据《增值税暂行条例》及其实施细则和“营改增”相关文件的规定，小规模纳税人的认定标准是：

(1) 从事货物生产或者提供应税劳务的纳税人，以及以从事货物生产或者提供应税劳务为主，并兼营货物批发或者零售的纳税人，年应征增值税销售额（以下简称应税销售额）在50万元以下（含本数，下同）的；“从事货物生产或者提供应税劳务为主”是指纳税人的年货物生产或者提供应税劳务的销售额占年应税销售额的比重在50%以上。

(2) 除上述规定以外的纳税人，年应税销售额在80万元以下的。

(3) 年应税销售额超过小规模纳税人标准的其他个人按小规模纳税人纳税。

(4) 非企业性单位、不经常发生应税行为的企业可选择按小规模纳税人纳税。

(5)《营业税改征增值税试点实施办法》（财税［2013］106号附件1）第三条规定的应税服务年销售额标准为500万元（含本数），应税服务年销售额未超过500万元的纳税人为小规模纳税人。

(6) 旅店业和饮食业纳税人销售非现场消费的食品，属于不经常发生增值税应税行为，根据《增值税暂行条例实施细则》第二十九条的规定，可选择按小规模纳税人纳税。

(7) 兼有销售货物、提供加工修理修配劳务以及应税服务，且不经常发生应税行为的单位和个体工商户可选择按小规模纳税人纳税。

（二）小规模纳税人的管理

小规模纳税人会计核算健全，能够提供准确税务资料的，可以向主管税务机关申请一般纳税人资格认定，成为一般纳税人。会计核算健全，是指能够按照国家统一的会计制度规定设置账簿，根据合法、有效凭证核算。

除国家税务总局另有规定外，纳税人一经认定为一般纳税人后，不得转为小规模纳税人。

第三节　增值税的税率与征收率

我国增值税采用比例税率形式，按照一定的比例征税。为了发挥增值税的中性作用，原则上增值税的税率应该对不同行业、不同企业实行单一税率，称为基本税率。实践中为照顾一些特殊行业和产品也增设了低税率档次，对出口产品和劳务实行零税率。增值税的纳税人分成了两类，对两类不同的纳税人又采取了不同的税率和征收率。

一、基本税率

增值税一般纳税人销售或者进口货物，提供加工、修理修配劳务，除低税率适用范围和销售个别旧货适用征收率外，税率一律为17%，这即是通常所说的基本税率。

为公平税负，规范税制，促进资源节约和综合利用，自2009年1月1日起，将部分金属矿采选产品、非金属矿采选产品增值税税率由13%恢复到17%，如铜矿砂及其精矿（非黄金价值部分）、镍矿砂及其精矿（非黄金价值部分）、纯氯化钠、未焙烧的黄铁矿、石英、云母粉、天然硫酸钡（重晶石）等。

提供有形动产租赁服务，税率为17%。

二、低税率

1. 增值税一般纳税人销售或者进口下列货物，按低税率计征增值税，低税率为13%

（1）粮食、食用植物油、鲜奶。

（2）自来水、暖气、冷气、热水、煤气、石油液化气、天然气、沼气、居民用煤炭制品。

（3）图书、报纸、杂志。

（4）饲料、化肥、农药、农机、农膜。

（5）国务院及有关部门规定的其他货物。

1）农产品。农产品是指种植业、养殖业、林业、牧业、水产业生产的各种植物、动物的初级产品。具体征税范围继续按照《财政部　国家税务总局关于印发<农产品征税范围注释>的通知》（财税字［1995］52号）及现行规定执行。

2010年以后，国家税务总局对部分农产品的税率进行了明确规定：①干姜、姜黄的增值税适用税率为13%，自2010年10月1日起执行；②人工合成牛胚胎的生产过程属于农业生产，纳税人销售自产人工合成牛胚胎应免征增值税；③橄榄油按照食用植物油13%的税率征收增值税；④麦芽、复合胶人发不属于《财政部　国家税务总局关于印发<农产品征税范围注释>的通知》（财税字［1995］52号）规定的农业产品范围，应适用17%的增值税税率；⑤按照《食品安全国家标准——巴氏杀菌乳》（GB19645—2010）生产的巴氏杀菌乳和按照《食品安全国家标准——灭菌乳》（GB25190—2010）生产的灭菌乳，均属于初级农业产品，可依照《农产品征税范围注释》中的鲜奶按13%的税率征收增值税；按照《食品安全国家标准——调制乳》（GB25191—2010）生产的调制乳，不属于初级农业产品，应按照17%的税率征收增值税；⑥肉桂油、桉油、香茅油不属于《财政部　国家税务总局关于印发<农产品征税范围注释>的通知》（财税字［1995］52号）规定的农业产品范围，其增值税率适用为17%；⑦淀粉不属于农业产品的范围，应按照17%的税率征收增值税。

2）音像制品（自2007年1月1日起）。音像制品是指正式出版的录有内容的录音带、录像带、唱片、激光唱盘和激光视盘。

3）电子出版物（自2007年1月1日起）。电子出版物，是指以数字代码方式，使用计算机应用程序，将图文声像等内容信息编辑加工后存储在具有确定的物理形态的磁、光、电等介质上，通过内嵌在计算机、手机、电子阅读设备、电子显示设备、数字音/视频播放设备、电子游戏机、导航仪以及其他具有类似功能的设备上读取使用，具有交互功能，用以表达思想、普及知识和积累文化的大众传播媒体。

4）二甲醚（自2008年1月1日起）。二甲醚是指化学分子式为CH3OCH3，常温常压下为具有轻微醚香味，易燃、无毒、无腐蚀性的气体。

5）密集型烤房设备、频振式杀虫灯、自动虫情测报灯、粘虫板属于《国家税务总局关于印发〈增值税部分货物征税范围注释〉的通知》（国税发［1993］151号）规定的农机范围，应适用13%增值税税率。

6）食用盐。食用盐的具体范围是指符合《食用盐》（GB5461—2000）和《食用盐卫生标准》（GB2721—2003）两项国家标准的食用盐。

纳税人兼营不同税率的货物或者应税劳务，应当分别核算不同税率货物或者应税劳务的销售额；未分别核算销售额的，从高适用税率。

2. 提供交通运输业服务、邮政业服务、基础电信服务、建筑业、销售不动产和转让无形资产，税率为11%

3. 提供现代服务业服务（有形动产租赁服务除外）**、提供增值电信服务，税率为6%**

油气田企业提供的应税服务，适用“营改增”规定的增值税税率，不再适用《财政部　国家税务总局关于印发<油气田企业增值税管理办法>的通知》（财税［2009］8号）规定的增值税税率。

纳税人提供适用不同税率或者征收率的应税服务，应当分别核算适用不同税率或者征收率的销售额；未分别核算的，从高适用税率。

三、零税率

纳税人出口货物和财政部 国家税务总局规定的应税服务，税率为零；但是，国务院另有规定的除外。

根据“营改增”的规定，应税服务的零税率政策如下：

（1）中华人民共和国境内（以下称境内）的单位和个人提供的国际运输服务、向境外单位提供的研发服务和设计服务，适用增值税零税率。

1）国际运输服务，是指：① 在境内载运旅客或者货物出境；② 在境外载运旅客或者货物入境；③ 在境外载运旅客或者货物。

2）境内的单位和个人适用增值税零税率。

以水路运输方式提供国际运输服务的，应当取得《国际船舶运输经营许可证》。

以公路运输方式提供国际运输服务的，应当取得《道路运输经营许可证》和《国际汽车运输行车许可证》，且《道路运输经营许可证》的经营范围应当包括“国际运输”。

以航空运输方式提供国际运输服务的，应当取得《公共航空运输企业经营许可证》且其经营范围应当包括“国际航空客货邮运输业务”，或者持有《通用航空经营许可证》且其经营范围应当包括“公务飞行”。

3）航天运输服务参照国际运输服务，适用增值税零税率。

4）向境外单位提供的设计服务，不包括对境内不动产提供的设计服务。

（2）境内的单位和个人提供的往返香港、澳门、台湾的交通运输服务以及在香港、澳门、台湾提供的交通运输服务（以下称港澳台运输服务），适用增值税零税率，境内的单位和个人适用增值税零税率。

以公路运输方式提供至香港、澳门的交通运输服务的，应当取得《道路运输经营许可证》并具有持《道路运输证》的直通港澳运输车辆；以水路运输方式提供至台湾的交通运输服务的，应当取得《台湾海峡两岸间水路运输许可证》并具有持《台湾海峡两岸间船舶营运证》的船舶；以水路运输方式提供至香港、澳门的交通运输服务的，应当具有获得港澳线路运营许可的船舶；以航空运输方式提供上述交通运输服务的，应当取得《公共航空运输企业经营许可证》且其经营范围应当包括“国际、国内（含港澳）航空客货邮运输业务”，或者持有《通用航空经营许可证》且其经营范围应当包括“公务飞行”。

（3）自2013年8月1日起，境内的单位或个人提供程租服务，如果租赁的交通工具用于国际运输服务和港澳台运输服务，由出租方按规定申请适用增值税零税率。

自2013年8月1日起，境内的单位或个人向境内单位或个人提供期租、湿租服务，如果承租方利用租赁的交通工具向其他单位或个人提供国际运输服务和港澳台运输服务，由承租方按规定申请适用增值税零税率。境内的单位或个人向境外单位或个人提供期租、湿租服务，由出租方按规定申请适用增值税零税率。

（4）境内的单位和个人提供适用增值税零税率的应税服务，如果属于适用简易计税方法的，实行免征增值税办法。

如果属于适用增值税一般计税方法的，生产企业实行免抵退税办法，外贸企业外购研发服务和设计服务出口实行免退税办法，外贸企业自己开发的研发服务和设计服务出口，视同生产企业连同其出口货物统一实行免抵退税办法。应税服务退税率为其按照《试点实施办法》第十二条第（一）至（三）项规定适用的增值税税率。实行退（免）税办法的研发服务和设计服务，如果主管税务机关认定出口价格偏高的，有权按照核定的出口价格计算退（免）税，核定的出口价格低于外贸企业购进价格的，低于部分对应的进项税额不予退税，转入成本。

（5）境内的单位和个人提供适用增值税零税率应税服务的，可以放弃适用增值税零税率，选择免税或按规定缴纳增值税。放弃适用增值税零税率后，36个月内不得再申请适用增值税零税率。

（6）境内的单位和个人提供适用增值税零税率的应税服务，按月向主管退税的税务机关申报办理增值税免抵退税或免税手续。具体管理办法由国家税务总局商财政部另行制定。

税率为零不是简单地等同于免税。出口货物和应税服务免税仅指在出口环节不征收增值税，而零税率是指对出口货物和应税服务除了在出口环节不征收增值税外，还要对该产品和应税服务在出口前已经缴纳的增值税进行退税，使该出口产品和应税服务出口时完全不含增值税税款，从而，以无税产品和应税服务进入国际市场。当然，我国目前出于宏观调控的需要并非对全部出口产品和应税服务都完全实行零税率。我国根据经济形势的变化和调节出口产品和应税服务结构规定了出口退税率，对大部分出口产品和应税服务实行零税率。

四、征收率

（一）一般规定

考虑到小规模纳税人经营规模小，且会计核算不健全，难以按上述增值税税率计税和使用增值税专用发票抵扣进项税款，因此，实行按销售额与征收率计算应纳税额的简易办法。自 2009 年 1 月 1 日起，小规模纳税人增值税征收率由过去的 6% 和 4% 一律调整为 3%，不再设置工业和商业两档征收率。征收率的调整，由国务院决定。

根据“营改增”的规定，交通运输业、邮政业和部分现代服务业，营业税改征增值税中的小规模纳税人，适用 3% 的征收率。

之所以调整小规模纳税人的征收率，出于两个原因：一是为了平衡小规模纳税人与一般纳税人之间的税负水平，促进中小企业的发展和扩大就业，需要相应降低小规模纳税人的征收率；二是考虑到现实经济活动中小规模纳税人混业经营十分普遍，实际征管中难于明确划分工业和商业小规模纳税人。所以，对小规模纳税人不再区分工业和商业设置两档征收率，将小规模纳税人的征收率统一降低至 3%。

（二）国务院及其有关部门的规定

（1）下列按简易办法征收增值税的优惠政策继续执行，不得抵扣进项税额：

1）纳税人销售自己使用过的物品，按下列政策执行：

① 一般纳税人销售自己使用过的属于条例第十条规定不得抵扣（纳税人自用的应征消费税的摩托车、汽车、游艇除外）且未抵扣进项税额的固定资产，按简易办法依 4% 征收率减半征收增值税。

一般纳税人销售自己使用过的除固定资产以外的物品，应当按照适用税率征收增值税。

《财政部　国家税务总局关于简并增值税征收率政策的通知》（财税［2014］57 号）规定，自 2014 年 7 月 1 日起，把“按照 4% 征收率减半征收增值税”调整为“按照简易办法依照 3% 征收率减按 2% 征收增值税”。

② 小规模纳税人（除其他个人外，下同）销售自己使用过的固定资产，减按 2% 征收率征收增值税。小规模纳税人销售自己使用过的除固定资产以外的物品，应按 3% 的征收率征收增值税。

2）纳税人销售旧货，按照简易办法依照 4% 征收率减半征收增值税。所称旧货，是指进入二次流通的具有部分使用价值的货物（含旧汽车、旧摩托车和旧游艇），但不包括自己使用过的物品。

3）关于销售额和应纳税额

① 一般纳税人销售自己使用过的物品和旧货，适用按简易办法依4%征收率减半征收增值税政策的，按下列公式确定销售额和应纳税额：

销售额＝含税销售额/（1＋4%）

应纳税额＝销售额×4%/2

自2014年7月1日起，按下列公式确定销售额和应纳税额：

销售额＝含税销售额/（1＋3%）

应纳税额＝销售额×2%

② 小规模纳税人销售自己使用过的固定资产和旧货，按下列公式确定销售额和应纳税额：

销售额＝含税销售额/（1＋3%）

应纳税额＝销售额×2%

4）一般纳税人销售自产的下列货物，可选择按照简易办法依照6%征收率计算缴纳增值税：①县级及县级以下小型水力发电单位生产的电力。小型水力发电单位，是指各类投资主体建设的装机容量为5万千瓦以下（含5万千瓦）的小型水力发电单位。②建筑用和生产建筑材料所用的砂、土、石料。③以自己采掘的砂、土、石料或其他矿物连续生产的砖、瓦、石灰（不含黏土实心砖、瓦）。④用微生物、微生物代谢产物、动物毒素、人或动物的血液或组织制成的生物制品。⑤自来水。⑥商品混凝土（仅限于以水泥为原料生产的水泥混凝土）。⑦属于增值税一般纳税人的单采血浆站销售非临床用人体血液，可以按照简易办法依照6%征收率计算应纳税额，但不得对外开具增值税专用发票；也可以按照销项税额抵扣进项税额的办法依照增值税适用税率计算应纳税额（国税函［2009］456号）。

一般纳税人选择简易办法计算缴纳增值税后，36个月内不得变更。

自2014年7月1日起，“依照6%征收率”调整为“依照3%征收率”。

5）一般纳税人销售货物属于下列情形之一的，暂按简易办法依照4%征收率计算缴纳增值税：①寄售商店代销寄售物品（包括居民个人寄售的物品在内）；②典当业销售死当物品；③经国务院或国务院授权机关批准的免税商店零售的免税品。

自2014年7月1日起，“依照4%征收率”调整为“依照3%征收率”。

（2）对属于一般纳税人的自来水公司销售自来水按简易办法依照6%征收率征收增值税，不得抵扣其购进自来水取得增值税扣税凭证上注明的增值税税款。自2014年7月1日起，“依照6%征收率”调整为“依照3%征收率”。

第四节 应纳税额的计算

我国目前对一般纳税人采用的一般计税方法是国际上通行的购进扣除法，即先按当期销售额和适用税率计算出销项税额（这是对销售全额的征税），然后对当期购进项目向对方支付的税款进行抵扣，从而间接计算出对当期增值额部分的应纳税款。

增值税一般纳税人销售货物或者提供应税劳务和应税服务的应纳税额，应该等于当期销项税额减去当期进项税额后的余额。计算公式如下：

应纳税额 = 当期销项税额 − 当期进项税额

= 当期销售额 × 适用税率 − 当期进项税额

增值税一般纳税人当期应纳税额的多少，取决于当期销项税额和当期进项税额这两个因素。在分别确定销项税额和进行税额的情况下，就可以计算出应纳税额。

一、销项税额的计算

销项税额是指纳税人销售货物或者提供应税劳务和应税服务，按照销售额或提供应税劳务和应税服务收入与规定的税率计算并向购买方收取的增值税税额。销项税额计算公式为：

销项税额 = 销售额 × 适用税率

从销项税额的定义和公式中可以知道，它是由购买方在购买货物或者应税劳务和应税服务支付价款时，一并向销售方支付的税额。对于属于一般纳税人的销售方来说，在没有抵扣进行税额前，销售方收取的销项税额还不是其应纳增值税的税额。销项税额的计算取决于销售额和适用税率两个因素。在适用税率既定的前提下，销项税额的大小主要取决于销售额的大小。增值税适用税率是比较简单的，因而销项税额的计算关键是如何准确确定作为增值税计税依据的销售额。

（一）一般销售方式下的销售额

销售额是指纳税人销售货物或者提供应税劳务和应税服务向购买方（承受应税劳务和应税服务也视为购买方）收取的全部价款和价外费用。特别需要强调的是，尽管销项税额也是销售方向购买方收取的，但是增值税采取价外计税方式，用不含税价作为计税依据，因而销售额中不包含向购买方收取的销项税额。

所称价外费用，包括价外向购买方收取的手续费、补贴、基金、集资费、返还利润、奖励费、违约金、滞纳金、延期付款利息、赔偿金、代收款项、代垫款项、包装费、包装物租金、储备费、优质费、运输装卸费以及其他各种性质的价外收费。但下列项目不包括在内：

（1）受托加工应征消费税的消费品所代收代缴的消费税；

（2）同时符合以下条件的代垫运输费用：

1）承运部门的运输费用发票开具给购买方的。

2）纳税人将该项发票转交给购买方的。

（3）同时符合以下条件代为收取的政府性基金或者行政事业性收费：

1）由国务院或者财政部批准设立的政府性基金，由国务院或者省级人民政府及其财政、价格主管部门批准设立的行政事业性收费。

2）收取时开具省级以上财政部门印制的财政票据。

3）所收款项全额上缴财政。

（4）销售货物的同时代办保险等而向购买方收取的保险费，以及向购买方收取的代购买方缴纳的车辆购置税、车辆牌照费。

凡随同销售货物或者提供应税劳务和应税服务向购买方收取的价外费用，无论其会计如何核算，均应并入销售额计算应纳税额。税法规定各种性质的价外收费都要并入销售额计算征税，目的是防止以各种名目的收费减少销售额逃避纳税的现象发生。上述四项允许不计入价外费用是因为在满足了上述相关条件后可以确认销售方在其中仅仅是代为收取了有关费用，这些价外收费确实没有形成销售方的销售收入。

应当注意，根据国家税务总局规定：对增值税一般纳税人（包括纳税人自己或代其他部门）向购买方收取的价外费用和逾期包装物押金，应视为含税收入，在征收时换算成不含税收入并入销售额。

按会计制度规定，由于对价外收费一般都不在“产品销售收入”或“商品销售收入”科目中核算，而在“其他应付款”、“其他业务收入”、“营业外收入”等科目中核算。这样，企业在实务中时常会出现对价外收费虽在相应科目中进行会计核算，但却未核算其销项税额；有的企业则既不按会计核算要求进行收入核算，又不按规定核算销项税额，而是将发生的价外费用直接冲减有关费用科目。这些做法都是逃避纳税的错误行为，是要受到税务处罚的。因此，纳税人对价外收费按税法规定并入销售额计税必须予以高度重视，严格核查各项价外收费，保证做到正确计税和会计核算。

销售额以人民币计税。纳税人按人民币以外的货币结算销售额的，其销售额的人民币折合率可以选择销售额发生的当天或者当月1日的人民币汇率中间价。纳税人应在事先确定采用何种折合率，确定后12个月内不得变更。

（二）特殊销售方式下销售额的确定

在销售活动中，为了达到促销的目的，有多种销售方式。不同销售方式下，销售者取得的销售额会有所不同。对不同销售方式如何确定其计征增值税的销售额，既是纳税人关心的问题，也是税法必须分别予以明确规定的事情。税法对以下几种销售方式分别做了规定：

（1）采取折扣方式销售。折扣销售是指销货方在销售货物或提供应税劳务和应税服务时，因购货方购货数量较大等原因而给予购货方的价格优惠（如：购买5件，销售价格折扣10%；购买10件，折扣20%等）。根据税法规定，纳税人销售货物并向购买方开具增值税专用发票后，由于购货方在一定时期内累计购买货物达到一定数量，或者由于市场价格下降等原因，销货方给予购货方相应的价格优惠或补偿等折扣、折让行为，销货方可按现行《增值税专用发票使用规定》的有关规定开具红字增值税专用发票。

《国家税务总局关于印发〈增值税若干具体问题的规定〉的通知》（国税发［1993］154号）规定：“纳税人采取销售折扣方式销售货物，如果销售额和折扣额在同一张发票上分别注明的，可按折扣后的销售额征收增值税；如果将折扣额另开发票，不论其在财务上如何处理，均不得从销售额中减除折扣额。”纳税人采取折扣方式销售货物，销售额和折扣额在同一张发票上分别注明是指销售额和折扣额在同一张发票上的“金额”栏分别注明的，可按折扣后的销售额征收增值税。未在同一张发票“金额”栏注明折扣额，而仅在发票的“备注”栏注明折扣额的，折扣额不得从销售额中减除。

“营改增”也规定：纳税人提供应税服务，将价款和折扣额在同一张发票上分别注明的，以折扣后的价款为销售额；未在同一张发票上分别注明的，以价款为销售额，不得扣除折扣额。

（2）采取以旧换新方式销售。以旧换新是指纳税人在销售自己的货物时，有偿收回旧货物的行为。根据税法规定，采取以旧换新方式销售货物的，应按新货物的同期销售价格确定销售额，不得扣减旧货物的收购价格。之所以这样规定，既是因为销售货物与收购货物是两个不同的业务活动，销售额与收购额不能相互抵减，也是为了严格增值税的计算征收，防止出现销售额不实、减少纳税的现象。考虑到金银首饰以旧换新业务的特殊情况，对金银首饰以旧换新业务，可以按销售方实际收取的不含增值税的全部价款征收增值税。

（3）采取还本销售方式销售。还本销售是指纳税人在销售货物后，到一定期限由销售方一次或分次退还给购货方全部或部分价款。这种方式实际上是一种筹资，是以货物换取资金的使用价值，到期还本不付息的方法。税法规定，采取还本销售方式销售货物，其销售额就是货物的销售价格，不得从销售额中减除还本支出。

（4）采取以物易物方式销售。以物易物是一种较为特殊的购销活动，是指购销双方不是以货币结算，而是以同等价款的货物相互结算，实现货物购销的一种方式。在实务中，有的纳税人以为以物易物不是购销行为，销货方收到购货方抵顶货款的货物，认为自己不是购货；购货方发出抵顶货款的货物，认为自己不是销货。这两种认识都是错误的。正确的方法应当是，以物易物双方都应作购销处理，以各自发出的货物核算销售额并计算销项税额，以各自收到的货物按规定核算购货额并计算进项税额。应注意，在以物易物活动中，应分别开具合法的票据，如收到的货物不能取得相应的增值税专用发票或其他合法票据的，不能抵扣进项税额。

（5）包装物押金是否计入销售额。根据税法规定，纳税人为销售货物而出租出借包装物收取的押金，单独记账核算的，时间在 1 年以内，又未过期的，不并入销售额征税，但对因逾期未收回包装物不再退还的押金，应按所包装货物的适用税率计算销项税额。“逾期”是指按合同约定实际逾期或以一年为期限，对收取一年以上的押金，无论是否退还均并入销售额征税。

（6）销售已使用过的固定资产的税务处理。自 2009 年 1 月 1 日起，纳税人销售自己使用过的固定资产（以下简称已使用过的固定资产），应区分不同情形征收增值税：

1）销售自己使用过的 2009 年 1 月 1 日以后购进或者自制的固定资产，按照适用税率征收增值税。

2）2008年12月31日以前未纳入扩大增值税抵扣范围试点的纳税人，销售自己使用过的2008年12月31日以前购进或者自制的固定资产，按照4%征收率减半征收增值税。

3）2008年12月31日以前已纳入扩大增值税抵扣范围试点的纳税人，销售自己使用过的在本地区扩大增值税抵扣范围试点以前购进或者自制的固定资产，按照4%征收率减半征收增值税；销售自己使用过的在本地区扩大增值税抵扣范围试点以后购进或者自制的固定资产，按照适用税率征收增值税。

上述第2）、3）中“按照4%征收率减半征收增值税”自2014年7月1日起调整为“按照简易办法依照3%征收率减按2%征收增值税”。

4）对于纳税人发生《实施细则》第四条规定的固定资产视同销售行为，已使用过的固定资产无法确定销售额的，以固定资产净值为销售额。

“已使用过的固定资产”，是指纳税人根据财务会计制度已经计提折旧的固定资产。

5）实行“营改增”试点认定的一般纳税人，销售自己使用过的本地区试点实施之日（含）后购进或者自制的固定资产，按照适用税率征收增值税；销售自己使用过的本地区试点实施之日前购进或者自制的固定资产，按照现行旧货相关增值税政策执行。

（7）直销企业先将货物销售给直销员，直销员再将货物销售给消费者的，直销企业的销售额为其向直销员收取的全部价款和价外费用。直销员将货物销售给消费者时，应按照现行规定缴纳增值税。

直销企业通过直销员向消费者销售货物，直接向消费者收取货款，直销企业的销售额为其向消费者收取的全部价款和价外费用。

（8）融资租赁业务。

1）经中国人民银行、银监会或者商务部批准从事融资租赁业务的试点纳税人，提供有形动产融资性售后回租服务，以收取的全部价款和价外费用，扣除向承租方收取的有形动产价款本金，以及对外支付的借款利息（包括外汇借款和人民币借款利息）、发行债券利息后的余额为销售额。

融资性售后回租，是指承租方以融资为目的，将资产出售给从事融资租赁业务的企业后，又将该资产租回的业务活动。

试点纳税人提供融资性售后回租服务，向承租方收取的有形动产价款本金，不得开具增值税专用发票，可以开具普通发票。

2）经中国人民银行、银监会或者商务部批准从事融资租赁业务的纳税人，提供除融资性售后回租以外的有形动产融资租赁服务，以收取的全部价款和价外费用，扣除支付的借款利息（包括外汇借款和人民币借款利息）、发行债券利息、保险费、安装费和车辆购置税后的余额为销售额。

3）本规定自2013年8月1日起执行。商务部授权的省级商务主管部门和国家经济技术开发区批准的从事融资租赁业务的试点纳税人，2013 年 12 月 31 日前注册资本达到 1.7 亿元的，自 2013 年 8 月 1 日起，按照上述规定执行；2014 年 1 月 1 日以后注册资本达到 1.7 亿元的，从达到该标准的次月起，按照上述规定执行。

（9）注册在北京市、天津市、上海市、江苏省、浙江省（含宁波市）、安徽省、福建省（含厦门市）、湖北省、广东省（含深圳市）等 9 省市的试点纳税人提供应税服务（不含有形动产融资租赁服务），在 2013 年 8 月 1 日前按有关规定以扣除支付价款后的余额为销售额的，此前尚未抵减的部分，允许在 2014 年 6 月 30 日前继续抵减销售额，到期抵减不完的不得继续抵减。

上述尚未抵减的价款，仅限于凭 2013 年 8 月 1 日前开具的符合规定的凭证计算的部分。

（10）航空运输企业的销售额，不包括代收的机场建设费和代售其他航空运输企业客票而代收转付的价款。

（11）自本地区试点实施之日起，试点纳税人中的一般纳税人提供的客运场站服务，以其取得的全部价款和价外费用，扣除支付给承运方运费后的余额为销售额，其从承运方取得的增值税专用发票注明的增值税，不得抵扣。

（12）试点纳税人提供知识产权代理服务、货物运输代理服务和代理报关服务，以其取得的全部价款和价外费用，扣除向委托方收取并代为支付的政府性基金或者行政事业性收费后的余额为销售额。

向委托方收取的政府性基金或者行政事业性收费，不得开具增值税专用发票。

（13）试点纳税人中的一般纳税人提供国际货物运输代理服务，以其取得的全部价款和价外费用，扣除支付给国际运输企业的国际运输费用后的余额为销售额。

国际货物运输代理服务，是指接受货物收货人或其代理人、发货人或其代理人、运输工具所有人、运输工具承租人或运输工具经营人的委托，以委托人的名义或者以自己的名义，在不直接提供货物运输服务的情况下，直接为委托人办理货物的国际运输、从事国际运输的运输工具进出港口、联系安排引航、靠泊、装卸等货物和船舶代理相关业务手续的业务活动。

（14）试点纳税人从全部价款和价外费用中扣除价款，应当取得符合法律、行政法规和国家税务总局规定的有效凭证。否则，不得扣除。

上述凭证是指：

1）支付给境内单位或者个人的款项，以发票为合法有效凭证。

2）支付给境外单位或者个人的款项，以该单位或者个人的签收单据为合法有效凭证，税务机关对签收单据有疑义的，可以要求其提供境外公证机构的确认证明。

3）缴纳的税款，以完税凭证为合法有效凭证。

4）融资性售后回租服务中向承租方收取的有形动产价款本金，以承租方开具的发票为合法有效凭证。

5）扣除政府性基金或者行政事业性收费，以省级以上财政部门印制的财政票据为合法有效凭证。

6）国家税务总局规定的其他凭证。

（15）视同销售行为的销售额

本章第一节“征税范围”已经列明了10种视同销售行为，如将货物交付其他单位或者个人代销，将自产、委托加工或购买的货物无偿赠送他人，向其他单位或者个人无偿提供交通运输业、邮政业、电信业和部分现代服务业服务等。这10种视同销售行为中某些行为由于不是以资金形式来计量的，就会出现无销售额的现象。因此，税法规定，对视同销售征税而无销售额的按下列顺序确定其销售额：

1）按纳税人最近时期同类货物的平均销售价格确定。

2）按其他纳税人最近时期同类货物的平均销售价格确定。

3）按组成计税价格确定。组成计税价格的计算公式为

$$组成计税价格=成本\times（1+成本利润率）$$

属于应征消费税的货物，其组成计税价格中应加计消费税额。

公式中的成本是指：销售自产货物的为实际生产成本，销售外购货物的为实际采购成本。公式中的成本利润率由国家税务总局确定。

《营业税改征增值税试点实施办法》（财税［2013］106号）第四十条规定：纳税人提供应税服务的价格明显偏低或者偏高且不具有合理商业目的的，或者发生本办法第十一条所列视同提供应税服务而无销售额的，主管税务机关有权按照下列顺序确定销售额：

（1）按照纳税人最近时期提供同类应税服务的平均价格确定。

（2）按照其他纳税人最近时期提供同类应税服务的平均价格确定。

（3）按照组成计税价格确定。组成计税价格的公式为

组成计税价格=成本×（1+成本利润率）

成本利润率由国家税务总局确定。

（三）合并定价方法中销售额的换算

一般纳税人销售货物或者应税劳务和应税服务，采用销售额和销项税额合并定价方法的，按下列公式计算销售额：

$$销售额=含税销售额\div（1+税率）$$

公式中的税率为销售货物或者应税劳务和应税服务时按《增值税暂行条例》和《营业税改征增值税试点实施办法》中规定的适用税率。

［例10-1］ 2014年2月22日，幸福商场销售高档服装10套，每套售价6 500元，增值税税率为17%，购买方要求开具发票。商场按照规定开具了普通发票，含税价款76 050元，会计怎样计算销售额和销项税额？

$$销售额=76\ 050\div（1+17\%）=65\ 000元$$

$$销项税额=65\ 000\times17\%=11\ 050元$$

二、进项税额的计算

纳税人购进货物或者接受应税劳务和应税服务支付或者负担的增值税额，为进项税额。进项税额是与销项税额相对应的另一个概念。增值税的核心就是用纳税人收取的销项税额抵扣其支付的进项税额，其余额为纳税人实际应缴纳的增值税额。这样，进项税额作为可抵扣的部分，对于纳税人实际纳税多少就产生了举足轻重的作用。

然而，需要注意的是，并不是纳税人支付的所有进项税额都可以从销项税额中抵扣，当纳税人购进的货物或者接受的应税劳务不是用于增值税应税项目，而是用于非应税项目、免税项目或用于集体福利、个人消费等情况，其支付的进项税额就不能从销项税额中抵扣。税法对不能抵扣进项税额的项目作了严格的规定，如果违反税法规定，随意抵扣进项税额将以偷税论处。因此，严格把握哪些进项税额可以抵扣、哪些进项税额不能抵扣就十分重要，这些方面也是纳税人在缴纳增值税实务中差错出现最多的地方。

（一）准予从销项税额中抵扣的进项税额

根据《增值税暂行条例》的规定，准予从销项税额中抵扣的进项税额，限于下列增值税扣除凭证上注明的增值税税额和按规定的扣除率计算的进项税额。下列进项税额准予从销项税额中抵扣：

（1）从销售方或者提供方取得的增值税专用发票（含货物运输业增值税专用发票、税控机动车销售统一发票，下同）上注明的增值税额。

（2）从海关取得的海关进口增值税专用缴款书上注明的增值税额。

纳税人进口货物，凡已缴纳了进口环节增值税的，不论其是否已经支付货款，其取得的海关进口增值税专用缴款书均可作为增值税进项税额抵扣凭证，在《国家税务总局关于加强海关进口增值税专用缴款书和废旧物资发票管理有关问题的通知》（国税函［2004］128 号）中规定的期限内申报抵扣进项税额（见本节“三、应纳税额计算的相关规定”中的“时间限定”）。《国家税务总局关于调整增值税扣税凭证抵扣期限有关问题的通知》（国税函［2009］617 号）对相应扣税凭证抵扣期限进行了调整。

上述规定说明，纳税人在进行增值税账务处理时，每抵扣一笔进项税额，就要有一份记录该进项税额的法定扣税凭证与之相对应；没有从销售方或海关取得注明增值税税额的法定扣税凭证，就不能抵扣进项税额。

（3）购进农产品，除取得增值税专用发票或者海关进口增值税专用缴款书外，按照农产品收购发票或者销售发票上注明的农产品买价和 13% 的扣除率计算的进项税额。计算公式为

$$进项税额 = 买价 \times 扣除率$$

买价，是指纳税人购进农产品在农产品收购发票或者销售发票上注明的价款和按照规定缴纳的烟叶税。购进农产品，按照《农产品增值税进项税额核定扣除试点实施办法》抵扣进项税额的除外。

（4）接受境外单位或者个人提供的应税服务，从税务机关或者境内代理人取得的解缴税款的中华人民共和国税收缴款凭证（以下称税收缴款凭证）上注明的增值税额。

（5）自2010年10月1日起，项目运营方利用信托资金融资进行项目建设开发，在项目建设期内取得的增值税专用发票和其他抵扣凭证，允许其按现行增值税有关规定予以抵扣。该经营模式是指项目运营方与经批准成立的信托公司合作进行项目建设开发，信托公司负责筹集资金并设立信托计划，项目运营方负责项目建设与运营，项目建设完成后，项目资产归项目运营方所有。

（6）接受境外单位或者个人提供的应税服务，从税务机关或者境内代理人取得的解缴税款的中华人民共和国税收缴款凭证（以下称“税收缴款凭证”）上注明的增值税额。

（7）增值税一般纳税人（以下称“原纳税人”）在资产重组过程中，将全部资产、负债和劳动力一并转让给其他增值税一般纳税人（以下称“新纳税人”），并按程序办理注销税务登记的，其在办理注销登记前尚未抵扣的进项税额可结转至新纳税人处继续抵扣。

（二）“营改增”后原增值税纳税人进行税额的抵扣政策

根据《营业税改征增值税试点实施办法》的规定，原增值税纳税人（指按照《中华人民共和国增值税暂行条例》缴纳增值税的纳税人）有关进项税额抵扣的政策如下：

（1）原增值税一般纳税人接受试点纳税人提供的应税服务，取得的增值税专用发票上注明的增值税额为进项税额，准予从销项税额中抵扣。

（2）原增值税一般纳税人自用的应征消费税的摩托车、汽车、游艇，其进项税额准予从销项税额中抵扣。

（3）原增值税一般纳税人接受境外单位或者个人提供的应税服务，按照规定应当扣缴增值税的，准予从销项税额中抵扣的进项税额为从税务机关或者代理人取得的解缴税款的税收缴款凭证上注明的增值税额。

纳税人凭税收缴款凭证抵扣进项税额的，应当具备书面合同、付款证明和境外单位的对账单或者发票。资料不全的，其进项税额不得从销项税额中抵扣。

（4）原增值税一般纳税人购进货物或者接受加工修理修配劳务，用于《应税服务范围注释》所列项目的，不属于《增值税暂行条例》第十条所称的用于非增值税应税项目，其进项税额准予从销项税额中抵扣。

（三）不得从销项税额中抵扣的进项税额

按照《增值税暂行条例》和“营改增”的规定，下列项目的进项税额不得从销项税额中抵扣：

（1）用于非增值税应税项目、免征增值税项目、集体福利或者个人消费的购进货物或者应税劳务。

所称购进货物，不包括既用于增值税应税项目（不含免征增值税项目）也用于非增值税应税项目、免征增值税（以下简称免税）项目、集体福利或者个人消费的固定资产。

所称固定资产，是指使用期限超过12个月的机器、机械、运输工具以及其他与生产经营有关的设备、工具、器具等。

所称个人消费包括纳税人的交际应酬消费。

所称非增值税应税项目，是指提供非增值税应税劳务、转让无形资产、销售不动产和不动产在建工程。

所称不动产是指不能移动或者移动后会引起性质、形状改变的财产，包括建筑物、构筑物和其他土地附着物。建筑物是指供人们在其内生产、生活和其他活动的房屋或场所。

纳税人新建、改建、扩建、修缮、装饰不动产，均属于不动产在建工程。

（2）非正常损失的购进货物及相关的应税劳务。

非正常损失，是指因管理不善造成被盗、丢失、霉烂变质的损失，以及被执法部门依法没收或者强令自行销毁的货物。

（3）非正常损失的在产品、产成品所耗用的购进货物或者应税劳务。

（4）一般纳税人兼营免税项目或者非增值税应税劳务而无法划分不得抵扣的进项税额的，按下列公式计算不得抵扣的进项税额：

不得抵扣的进项税额 = 当月无法划分的全部进项税额 × 当月免税项目销售额、非增值税应税劳务营业额合计 ÷ 当月全部销售额、营业额合计。

（5）纳税人从海关取得的完税凭证上注明的增值税额准予从销项税额中抵扣。因此，纳税人进口货物取得的合法海关完税凭证，是计算增值税进项税额的唯一依据，其价格差额部分以及从境外供应商取得的退还或返还的资金，不作进项税额转出处理。

（6）原增值税一般纳税人接受试点纳税人提供的应税服务，下列项目的进项税额不得从销项税额中抵扣：

1）用于简易计税方法计税项目、非增值税应税项目、免征增值税项目、集体福利或者个人消费的购进货物、接受加工修理修配劳务或者应税服务。其中涉及的固定资产、专利技术、非专利技术、商誉、商标、著作权、有形动产租赁，仅指专用于上述项目的固定资产、专利技术、非专利技术、商誉、商标、著作权、有形动产租赁。

2）非正常损失的购进货物及相关的加工修理修配劳务或者交通运输业服务。

3）非正常损失的在产品、产成品所耗用的购进货物（不包括固定资产）、加工修理修配劳务或者交通运输业服务。

4）接受的旅客运输服务。

（7）有下列情形之一者，应当按照销售额和增值税税率计算应纳税额，不得抵扣进项税额，也不得使用增值税专用发票：

1）一般纳税人会计核算不健全，或者不能够提供准确税务资料的。

2）应当申请办理一般纳税人资格认定而未申请的。

三、应纳税额计算的相关规定

为了正确计算增值税的应纳税额，在实务操作中需要掌握以下几项重要规定：

（一）计算应纳税额的时间限定

1. 计算销项税额的时间限定

销项税额是增值税一般纳税人销售货物或提供应税劳务和应税服务按照实现的销售额计算的。纳税人在何时计算销项税额，《增值税暂行条例》及其细则和“营改增”文件都做了严格规定。如采取直接收款方式销售货物，不论货物是否发出，均为收到销售款或者取得索取销售款凭据的当天；采取托收承付和委托银行收款方式销售货物，为发出货物并办妥托收手续的当天；纳税人发生本章第一节视同销售货物中第（3）至第（9）项的，为移送和应税服务完成的当天，等等。以保证准时、准确记录和核算当期销项税额。

2. 防伪税控专用发票进行销售抵扣的时间限定

由于部分纳税人及税务机关反映90日申报抵扣期限较短，部分纳税人因扣税凭证逾期申报导致进项税额无法抵扣。《国家税务总局关于调整增值税扣税凭证抵扣期限有关问题的通知》（国税函［2009］617号）规定，增值税一般纳税人取得2010年1月1日以后开具的增值税专用发票、公路内河货物运输业统一发票和机动车销售统一发票，应在开具之日起180日内到税务机关办理认证，并在认证通过的次月申报期内，向主管税务机关申报抵扣进项税额。纳税人取得2009年12月31日以前开具的增值税扣税凭证，仍按原规定执行。

3. 海关完税凭证进项税额的抵扣时间

为了进一步加强海关进口增值税专用缴款书（以下简称海关缴款书）的增值税抵扣管理，税务总局、海关总署决定将前期在广东等地试行的海关缴款书“先比对后抵扣”管理办法，在全国范围推广实行。国家税务总局 海关总署联合下发的《关于实行海关进口增值税专用缴款书“先比对后抵扣”管理办法有关问题的公告》（国家税务总局 海关总署公告2013年第31号）规定：

（1）自2013年7月1日起，增值税一般纳税人（以下简称纳税人）进口货物取得的属于增值税扣税范围的海关缴款书，需经税务机关稽核比对相符后，其增值税额方能作为进项税额在销项税额中抵扣。

（2）纳税人进口货物取得的属于增值税扣税范围的海关缴款书，应按照《国家税务总局关于调整增值税扣税凭证抵扣期限有关问题的通知》（国税函［2009］617号）规定，自开具之日起180天内向主管税务机关报送《海关完税凭证抵扣清单》（电子数据），申请稽核比对，逾期未申请的其进项税额不予抵扣。

（3）税务机关通过稽核系统将纳税人申请稽核的海关缴款书数据，按日与进口增值税入库数据进行稽核比对，每个月为一个稽核期。海关缴款书开具当月申请稽核的，稽核期为申请稽核的当月、次月及第三个月。海关缴款书开具次月申请稽核的，稽核期为申请稽核的当月及次月。海关缴款书开具次月以后申请稽核的，稽核期为申请稽核的当月。

（4）稽核比对的结果分为相符、不符、滞留、缺联、重号五种。相符，是指纳税人申请稽核的海关缴款书，其号码与海关已核销的海关缴款书号码一致，并且比对的相关数据也均相同。不符，是指纳税人申请稽核的海关缴款书，其号码与海关已核销的海关缴款书号码一致，但比对的相关数据有一项或多项不同。滞留，是指纳税人申请稽核的海关缴款书，在规定的稽核期内系统中暂无相对应的海关已核销海关缴款书号码，留待下期继续比对。缺联，是指纳税人申请稽核的海关缴款书，在规定的稽核期结束时系统中仍无相对应的海关已核销海关缴款书号码。重号，是指两个或两个以上的纳税人申请稽核同一份海关缴款书，并且比对的相关数据与海关已核销海关缴款书数据相同。

（5）税务机关于每月纳税申报期内，向纳税人提供上月稽核比对结果，纳税人应向主管税务机关查询稽核比对结果信息。对稽核比对结果为相符的海关缴款书，纳税人应在税务机关提供稽核比对结果的当月纳税申报期内申报抵扣，逾期的其进项税额不予抵扣。

（6）稽核比对结果异常的处理。稽核比对结果异常，是指稽核比对结果为不符、缺联、重号、滞留。

1）对于稽核比对结果为不符、缺联的海关缴款书，纳税人应于产生稽核结果的180日内，持海关缴款书原件向主管税务机关申请数据修改或者核对，逾期的其进项税额不予抵扣。属于纳税人数据采集错误的，数据修改后再次进行稽核比对；不属于数据采集错误的，纳税人可向主管税务机关申请数据核对，主管税务机关会同海关进行核查。经核查，海关缴款书票面信息与纳税人实际进口货物业务一致的，纳税人应在收到主管税务机关书面通知的次月申报期内申报抵扣，逾期的其进项税额不予抵扣。

2）对于稽核比对结果为重号的海关缴款书，由主管税务机关进行核查。经核查，海关缴款书票面信息与纳税人实际进口货物业务一致的，纳税人应在收到税务机关书面通知的次月申报期内申报抵扣，逾期的其进项税额不予抵扣。

3）对于稽核比对结果为滞留的海关缴款书，可继续参与稽核比对，纳税人不需申请数据核对。

（7）纳税人应在“应交税金”科目下设“待抵扣进项税额”明细科目，用于核算已申请稽核但尚未取得稽核相符结果的海关缴款书进项税额。纳税人取得海关缴款书后，应借记“应交税金——待抵扣进项税额”明细科目，贷记相关科目；稽核比对相符以及核查后允许抵扣的，应借记“应交税金——应交增值税（进项税额）”专栏，贷记“应交税金——待抵扣进项税额”科目。经核查不得抵扣的进项税额，红字借记“应交税金——待抵扣进项税额”，红字贷记相关科目。

（8）增值税纳税申报表及税务机关“一窗式”比对项目的调整

1）自2013年7月1日起，纳税人已申请稽核但尚未取得稽核相符结果的海关缴款书进项税额填入《增值税纳税申报表》（一般纳税人适用）附表二“待抵扣进项税额”中的“海关进口增值税专用缴款书”栏。

2）自2013年8月1日起，海关缴款书“一窗式”比对项目调整为：核对《增值税纳税申报表》（一般纳税人适用）附表二第5栏税额是否等于或小于稽核系统比对相符和核查后允许抵扣的海关缴款书税额。

4. 未按期申报抵扣增值税扣税凭证抵扣管理办法

增值税一般纳税人取得的增值税扣税凭证已认证或已采集上报信息但未按照规定期限申报抵扣；实行纳税辅导期管理的增值税一般纳税人以及实行海关进口增值税专用缴款书“先比对后抵扣”管理办法的增值税一般纳税人，取得的增值税扣税凭证稽核比对结果相符但未按规定期限申报抵扣，属于发生真实交易且属于客观原因的，经主管税务机关审核，允许纳税人继续申报抵扣其进项税额。

所称增值税扣税凭证，包括增值税专用发票（含货物运输业增值税专用发票）、海关进口增值税专用缴款书和公路内河货物运输业统一发票。

增值税一般纳税人除客观原因以外的其他原因造成增值税扣税凭证未按期申报抵扣的，仍按照现行增值税扣税凭证申报抵扣有关规定执行。客观原因包括如下类型：

（1）因自然灾害、社会突发事件等不可抗力原因造成增值税扣税凭证未按期申报抵扣。

（2）有关司法、行政机关在办理业务或者检查中，扣押、封存纳税人账簿资料，导致纳税人未能按期办理申报手续。

（3）税务机关信息系统、网络故障，导致纳税人未能及时取得认证结果通知书或稽核结果通知书，未能及时办理申报抵扣。

（4）由于企业办税人员伤亡、突发危重疾病或者擅自离职，未能办理交接手续，导致未能按期申报抵扣。

（5）国家税务总局规定的其他情形。

（二）计算应纳税额时进项税额不足抵扣的处理

由于增值税实行购进扣税法，有时企业当期购进的货物很多，在计算应纳税额时会出现当期销项税额小于当期进项税额不足抵扣的情况。根据税法规定，当期进项税额不足抵扣的部分可以结转下期继续抵扣。

原增值税一般纳税人兼有应税服务的，截止到本地区试点实施之日前的增值税期末留抵税额，不得从应税服务的销项税额中抵扣。

（三）扣减发生期进项税额的规定

由于增值税实行以当期销项税额抵扣当期进项税额的“购进扣税法”，当期购进的货物或应税劳务如果事先并未确定将用于非生产经营项目，其进项税额会在当期销项税额中予以抵扣。但已抵扣进项税额的购进货物或接受应税劳务和应税服务如果事后改变用途，发生“营改增”和《增值税暂行条例》第十条第（一）至（五）项所列情况的，即用于集体福利或者个人消费的、购进货物发生非正常损失的、在产品、产成品发生非正常损失的将如何处理？根据《增值税暂行条例》及其细则和“营改增”文件的规定，应当将该项购进货物或接受应税劳务和应税服务的进项税额从当期的进项税额中扣减；无法确定该项进项税额的，按当期实际成本计算应扣减的进项税额。

这里需要注意的是，所称“从当期发生的进项税额中扣减”，是指已抵扣进项税额的购进货物或者接受应税劳务和应税服务是在哪一个时期发生上述情况的，就从这个发生期内纳税人的进项税额中扣减，而无须追溯到这些购进货物或接受应税劳务和应税服务抵扣进行税额的那个时期。另外，对无法准确确定该项进项税额的，“按当期实际成本计算应扣减的进项税额。”如已抵扣进项税额的购进货物或接受应税劳务和应税服务事后改变用途，用于简易计税办法计税项目、非增值税应税项目、免征增值税项目的，应按销售额比例划分作为进项税额转出处理。

（四）销售退回、或折让涉及到销项税额和进项税额的税务处理

一般纳税人销售货物或者应税劳务和应税服务，开具增值税专用发票后，发生销售货物退回或者折让、开票有误等情形，应按国家税务总局的规定开具红字增值税专用发票。未按规定开具红字增值税专用发票的，增值税额不得从销项税额中扣减。

纳税人在货物购销和应税服务活动中，因货物质量、规格、服务质量等原因常会发生销货退回或销售折让的情况。由于销货退回或折让不仅涉及销货价款或折让价款的退回，还涉及增值税的退回，这样，销货方和购货方应相应对当期的销项税额或进项税额进行调整。为此，《增值税暂行条例》及其《增值税暂行条例实施细则》规定，增值税一般纳税人因销售货物退回或者折让而退还给购买方的增值税额，应从发生销售货物退回或者折让当期的销项税额中扣减；因购进货物退出或者折让而收回的增值税额，应从发生购进货物退出或者折让当期的进项税额中扣减。

“营改增”文件规定：纳税人提供的适用一般计税方法计税的应税服务，因服务中止或者折让而退还给购买方的增值税额，应当从当期的销项税额中扣减；发生服务中止、购进货物退出、折让而收回的增值税额，应当从当期的进项税额中扣减。

对于一些企业在发生进货退出或折让并收回价款和增值税额时，没有相应减少当期进项税额，造成进项税额虚增，减少纳税的现象，是税法所不允许的，都将被认定为偷税行为给予处罚。

（五）向供货方取得返还收入的税务处理

自 2004 年 7 月 1 日起，对商业企业向供货方收取的与商品销售量、销售额挂钩（如以一定比例、金额、数量计算）的各种返还收入，均应按照平销返利行为的有关规定冲减当期增值税进项税金，不征收营业税。应冲减进项税金的计算公式调整为：

当期应冲减进项税金 = 当期取得的返还资金/（1 + 所购货物适用增值税税率）× 所购货物适用增值税税率

商业企业向供货方收取的各种收入，一律不得开具增值税专用发票。

（六）一般纳税人注销时进项税额的处理

根据《财政部 国家税务总局关于增值税若干政策的通知》（财税［2005］165号）第六条规定，一般纳税人注销时存货及留抵税额处理问题：一般纳税人注销或被取消辅导期一般纳税人资格，转为小规模纳税人时，其存货不作进项税额转出处理，其留抵税额也不予以退税。

（七）增值税税控系统专用设备和技术维护费用抵扣进项税额的规定

为减轻纳税人负担，经国务院批准，自2011年12月1日起，增值税纳税人购买增值税税控系统专用设备支付的费用以及缴纳的技术维护费（以下称二项费用）可在增值税应纳税额中全额抵减。

（1）增值税纳税人2011年12月1日（含，下同）以后初次购买增值税税控系统专用设备（包括分开票机）支付的费用，可凭购买增值税税控系统专用设备取得的增值税专用发票，在增值税应纳税额中全额抵减（抵减额为价税合计额），不足抵减的可结转下期继续抵减。增值税纳税人非初次购买增值税税控系统专用设备支付的费用，由其自行负担，不得在增值税应纳税额中抵减。

增值税税控系统包括：增值税防伪税控系统、货物运输业增值税专用发票税控系统、机动车销售统一发票税控系统和公路、内河货物运输业发票税控系统。

增值税防伪税控系统的专用设备包括金税卡、IC卡、读卡器或金税盘和报税盘；货物运输业增值税专用发票税控系统专用设备包括税控盘和报税盘；机动车销售统一发票税控系统和公路、内河货物运输业发票税控系统专用设备包括税控盘和传输盘。

（2）增值税纳税人2011年12月1日以后缴纳的技术维护费（不含补缴的2011年11月30日以前的技术维护费），可凭技术维护服务单位开具的技术维护费发票，在增值税应纳税额中全额抵减，不足抵减的可结转下期继续抵减。技术维护费按照价格主管部门核定的标准执行。

（3）增值税一般纳税人支付的二项费用在增值税应纳税额中全额抵减的，其增值税专用发票不作为增值税抵扣凭证，其进项税额不得从销项税额中抵扣。

（4）纳税人购买的增值税税控系统专用设备自购买之日起3年内因质量问题无法正常使用的，由专用设备供应商负责免费维修，无法维修的免费更换。

（八）纳税人资产重组增值税留抵税额的处理

《国家税务总局关于纳税人资产重组增值税留抵税额处理有关问题的公告》（国家税务总局公告2012年第55号）规定：增值税一般纳税人（以下称“原纳税人”）在资产重组过程中，将全部资产、负债和劳动力一并转让给其他增值税一般纳税人（以下称“新纳税人”），并按程序办理注销税务登记的，其在办理注销登记前尚未抵扣的进项税额可结转至新纳税人处继续抵扣。

留抵税额，实际上是纳税人对国家的债权。企业进行资产重组，其所有的资产、负债和人员全部由重组后新公司承接，作为该企业债权之一的增值税留抵税款，理应由重组后新公司继续享有。

（九）总分机构试点纳税人增值税计算缴纳暂行办法

根据营业税改征增值税试点政策和现行增值税有关规定，财政部 国家税务总局印发了修订后的《总分机构试点纳税人增值税计算缴纳暂行办法》（财税［2013］74号，以下简称《办法》），主要内容如下：

经财政部和国家税务总局批准的总机构试点纳税人及其分支机构，按照《办法》的规定计算缴纳增值税。

（1）总机构应当汇总计算总机构及其分支机构发生《应税服务范围注释》所列业务的应交增值税，抵减分支机构发生《应税服务范围注释》所列业务已缴纳的增值税税款（包括预缴和补缴的增值税税款）后，在总机构所在地解缴入库。总机构销售货物、提供加工修理修配劳务，按照增值税暂行条例及相关规定就地申报缴纳增值税。

（2）总机构汇总的应征增值税销售额，为总机构及其分支机构发生《应税服务范围注释》所列业务的应征增值税销售额。

（3）总机构汇总的销项税额，按照前述（2）条规定的应征增值税销售额和增值税适用税率计算。

（4）总机构汇总的进项税额，是指总机构及其分支机构因发生《应税服务范围注释》所列业务而购进货物或者接受加工修理修配劳务和应税服务，支付或者负担的增值税税额。总机构及其分支机构用于发生《应税服务范围注释》所列业务之外的进项税额不得汇总。

（5）分支机构发生《应税服务范围注释》所列业务，按照应征增值税销售额和预征率计算缴纳增值税。计算公式如下：

应预缴的增值税 = 应征增值税销售额 × 预征率

预征率由财政部和国家税务总局规定，并适时予以调整。

分支机构销售货物、提供加工修理修配劳务，按照增值税暂行条例及相关规定就地申报缴纳增值税。

（6）分支机构发生《应税服务范围注释》所列业务当期已预缴的增值税税款，在总机构当期增值税应纳税额中抵减不完的，可以结转下期继续抵减。

（7）每年的第一个纳税申报期结束后，对上一年度总分机构汇总纳税情况进行清算。总机构和分支机构年度清算应交增值税，按照各自销售收入占比和总机构汇总的上一年度应交增值税税额计算。分支机构预缴的增值税超过其年度清算应交增值税的，通过暂停以后纳税申报期预缴增值税的方式予以解决。分支机构预缴的增值税小于其年度清算应交增值税的，差额部分在以后纳税申报期由分支机构在预缴增值税时一并就地补缴入库。

（8）总机构及其分支机构的其他增值税涉税事项，按照营业税改征增值税试点政策及其他增值税有关政策执行。

（十）一般纳税人应纳税额计算实例

［**例10-2**］ 某生产企业为增值税一般纳税人，销售货物适用增值税税率为17%，2014年2月的有关生产经营业务如下：

（1）销售甲产品给某大型商场，开具增值税专用发票，取得不含税销售额80万元；另外，取得销售甲产品的送货运输费收入5.85万元（含增值税价格，与销售货物不能分别核算）。

（2）销售乙产品，开具普通发票，取得含税销售额29.25万元。

（3）将试制的一批应税新产品用于本企业基建工程，成本价为20万元，国家税务总局规定成本利润率为10%，该新产品无同类产品市场销售价格。

（4）销售2013年10月购进作为固定资产使用过的进口摩托车5辆，开具增值税专用发票，上面注明取得销售额每辆1万元。

（5）购进货物取得增值税专用发票，注明支付的货款60万元、进项税额10.2万元；另外支付购货的运输费用6万元（不含税价），取得运输公司开具的货物运输业增值税专用发票。

（6）向农业生产者购进免税农产品一批，支付收购价30万元，支付给运输单位的运费5万元（不含税价），取得相关的合法票据。本月下旬将购进的农产品的20%用于本企业职工福利。

以上相关票据均符合税法的规定，请按下列顺序计算该企业当月应缴纳的增值税税额。

（1）计算销售甲产品的销项税额。

（2）计算销售乙产品的销项税额。

（3）计算自用新产品的销项税额。

（4）计算销售使用过的摩托车应纳税额。

（5）计算外购货物应抵扣的进项税额。

（6）计算外购免税农产品应抵扣的进项税额。

（7）计算该企业当月合计应缴纳的增值税税额。

【答案】

（1）销售甲产品的销项税额 $=80\times17\%+5.85\div(1+17\%)\times17\%=14.45$（万元）

（2）销售乙产品的销项税额 $=29.25\div(1+17\%)\times17\%=4.25$（万元）

（3）自用新产品的销项税额 $=20\times(1+10\%)\times17\%=3.74$（万元）

（4）销售使用过的摩托车应纳税额 $=1\times17\%\times5=0.85$（万元）

（5）外购货物应抵扣的进项税额 $=10.2+6\times11\%=10.86$（万元）

（6）外购免税农产品应抵扣的进项税额 $=(30\times13\%+5\times11\%)\times(1-20\%)=3.56$（万元）

（7）该企业当月合计应缴纳的增值税税额 $=14.45+4.25+3.74+0.85-10.86-3.56=8.87$（万元）

第五节 简易计税方法应纳税额的计算

一、应纳税额的计算

按简易计税方法销售货物或者提供应税劳务和应税服务，实行按照销售额和征收率计算应纳税额的简易办法，并不得抵扣进项税额。应纳税额计算公式如下：

应纳税额 = 销售额 × 征收率

这里需要解释两点：

第一，小规模纳税人取得的销售额与前面讲述的销售额所包含的内容是一致的，都是销售货物或提供应税劳务和应税服务向购买方收取的全部价款和价外费用，但是不包括按 3% 的征收率收取的增值税税额。

第二，小规模纳税人不得抵扣进项税额，这是因为，小规模纳税人规模小，会计核算不健全，不能准确核算销项税额和进项税额，不实行按销项税额抵扣进项税额求得应纳税额的税款抵扣制度，而实行简易计税办法。并且，《增值税暂行条例》规定的 3% 的征收率，是结合增值税多档税率的货物或应税劳务和应税服务的环节税收负担水平而设计的，其税收负担与一般纳税人基本持平，因此不能再抵扣进项税额。

根据“营改增”文件的规定，一般纳税人应当按照一般计税方法计算缴纳增值税，但是，下列情况属于可在两种方法中选择的范畴：

（1）试点纳税人中的一般纳税人提供的公共交通运输服务，可以选择按照简易计税方法计算缴纳增值税。公共交通运输服务，包括轮客渡、公交客运、地铁、城市轻轨、出租车、长途客运、班车。其中，班车是指按固定路线、固定时间运营并在固定站点停靠的运送旅客的陆路运输。

（2）试点纳税人中的一般纳税人，以该地区试点实施之日前购进或者自制的有形动产为标的物提供的经营租赁服务，试点期间可以选择按照简易计税方法计算缴纳增值税。

（3）自本地区试点实施之日起至 2017 年 12 月 31 日，被认定为动漫企业的试点纳税人中的一般纳税人，为开发动漫产品提供的动漫脚本编撰、形象设计、背景设计、动画设计、分镜、动画制作、摄制、描线、上色、画面合成、配音、配乐、音效合成、剪辑、字幕制作、压缩转码（面向网络动漫、手机动漫格式适配）服务，以及在境内转让动漫版权（包括动漫品牌、形象或者内容的授权及再授权），可以选择按照简易计税方法计算缴纳增值税。

动漫企业和自主开发、生产动漫产品的认定标准和认定程序，按照《文化部 财政部 国家税务总局关于印发 <动漫企业认定管理办法（试行）>的通知》（文市发［2008］51 号）的规定执行。

（4）试点纳税人中的一般纳税人提供的电影放映服务、仓储服务、装卸搬运服务和收派服务，可以选择按照简易计税办法计算缴纳增值税。

（5）试点纳税人中的一般纳税人兼有销售货物、提供加工修理修配劳务的，凡未规定可以选择按照简易计税方法计算缴纳增值税的，其全部销售额应一并按照一般计税方法计算缴纳增值税。

二、含税销售额的换算

由于采用简易计税方法的纳税人在销售货物或提供应税劳务和应税服务时，只能开具普通发票，取得的销售收入均为含税销售额。为了符合增值税作为价外税的规定，采用简易计税方法的纳税人在计算应纳税额时，必须将含税销售额换算为不含税的销售额后才能计算应纳税额。

简易计税方法的销售额不包含其应纳税额，纳税人销售货物或者应税劳务和应税服务采用销售额和应纳税额合并定价方法的，按下列公式计算销售额：

销售额＝含税销售额÷（1＋征收率）

[例10-3] 某商业企业为增值税小规模纳税人，2014年6月份取得零售收入12.36万元，计算当月应缴纳的增值税税额。

（1）2014年6月份不含税销售额

123 600÷（1＋3%）＝120 000（元）

（2）2014年6月份应交增值税

120 000×3%＝3 600（元）

第六节 特殊经营行为的税务处理

一、混业经营行为

混业经营是指纳税人生产或销售不同税率的货物，或者既销售货物又提供应税劳务和应税服务。纳税人兼有不同税率或者征收率的销售货物、提供加工修理修配劳务或者应税服务的，应当分别核算适用不同税率或者征收率的销售额，未分别核算销售额的，按照以下方法适用税率或者征收率：

（1）兼有不同税率的销售货物、提供加工修理修配劳务或者应税服务的，从高适用税率。

（2）兼有不同征收率的销售货物、提供加工修理修配劳务或者应税服务的，从高适用征收率。

（3）兼有不同税率和征收率的销售货物、提供加工修理修配劳务或者应税服务的，从高适用税率。

二、混合销售行为

《增值税暂行条例实施细则》规定，一项销售行为如果既涉及货物又涉及非增值税应税劳务，为混合销售行为。除细则第六条的规定外，从事货物的生产、批发或者零售的企业、企业性单位和个体工商户的混合销售行为，视为销售货物，应当缴纳增值税；其他单位和个人的混合销售行为，视为销售非增值税应税劳务，不缴纳增值税。

需要解释的是，出现混合销售行为，涉及的货物和非增值税应税劳务只针对一项销售行为而言的，也就是说，非增值税应税劳务是为了直接销售一批货物而提供的，二者之间是紧密相连的从属关系，它与一般既从事这个税的应税项目又从事另一个税的应税项目，二者之间没有直接从属关系的兼营行为是完全不同的。对实际经济活动中发生的混合销售行为与兼营行为，由于涉及不同税务处理，因此，要严格区分，不能混淆。

上述所称"非增值税应税劳务"，是指属于应缴营业税的建筑业、金融保险业、文化体育业、娱乐业、服务业税目征收范围的劳务。所称"从事货物的生产、批发或者零售的企业、企业性单位和个体工商户"，包括以从事货物的生产、批发或者零售为主，并兼营非增值税应税劳务的单位和个体工商户在内。

根据《增值税暂行条例实施细则》的规定，混合销售行为如依照上述税务处理，属于应当征收增值税的，其销售额应是货物和非应税劳务的销售额的合计，该非应税劳务的销售额应视同含税销售额处理；且该混合销售行为涉及的非增值税应税劳务所用购进货物的进项税额，凡符合《增值税暂行条例》规定的，在计算该混合销售行为增值税时，准予从销项税额中抵扣。上述"凡符合《增值税暂行条例》规定的"，是指该混合销售行为涉及的非增值税应税劳务所用购进货物有增值税扣税凭证上注明的增值税额。

另外，《增值税暂行条例实施细则》第六条规定，纳税人销售自产货物并同时提供建筑业劳务的行为，应当分别核算货物的销售额和非增值税应税劳务的营业额，并根据其销售货物的销售额计算缴纳增值税，非增值税应税劳务的营业额不缴纳增值税（征收营业税）；未分别核算的，由主管税务机关核定其货物的销售额。

（一）销售自产货物并同时提供建筑业劳务的行为

为满足这个条件纳税人需提供两项资料：

（1）《国家税务总局关于纳税人销售自产货物并同时提供建筑业劳务有关税收问题的公告》（国家税务总局公告2011年第23号）规定：

纳税人销售自产货物同时提供建筑业劳务，应按照《中华人民共和国增值税暂行条例实施细则》第六条及《中华人民共和国营业税暂行条例实施细则》第七条规定，分别核算其货物的销售额和建筑业劳务的营业额，并根据其货物的销售额计算缴纳增值税，根据其建筑业劳务的营业额计算缴纳营业税。未分别核算的，由主管税务机关分别核定其货物的销售额和建筑业劳务的营业额。

纳税人销售自产货物同时提供建筑业劳务，须向建筑业劳务发生地主管地方税务机关提供其机构所在地主管国家税务机关出具的本纳税人属于从事货物生产的单位或个人的证明。建筑业劳务发生地主管地方税务机关根据纳税人持有的证明，按本公告有关规定计算征收营业税。

（2）《税务登记管理办法》（国家税务总局令第7号）第六章“外出经营报验登记”规定：纳税人到外县（市）临时从事生产经营活动的，应当在外出生产经营以前，持税务登记证向主管税务机关申请开具《外出经营活动税收管理证明》（以下简称《外管证》）。税务机关按照一地一证的原则，核发《外管证》，《外管证》的有效期限一般为30日，最长不得超过180天。纳税人应当在《外管证》注明地进行生产经营前向当地税务机关报验登记，并提交税务登记证件副本和《外管证》。纳税人在《外管证》注明地销售货物的，除提交以上证件、资料外，应如实填写《外出经营货物报验单》，申报查验货物。纳税人外出经营活动结束，应当向经营地税务机关填报《外出经营活动情况申报表》，并结清税款、缴销发票。纳税人应当在《外管证》有效期届满后10日内，持《外管证》回原税务登记地税务机关办理《外管证》缴销手续。

（二）财政部、国家税务总局规定的其他情形

之所以对上述行为作出另行规定，是因为该行为很难体现“以从事货物的生产、批发或者零售为主”的精神。在通常情况下提供建筑业劳务行为的营业额可能还会大于销售自产货物的销售额，所以，该混合销售行为不宜采用统一征收增值税的方法，而由其主管税务机关核定其销售货物的销售额比较适宜。

三、兼营非增值税应税劳务

根据《增值税暂行条例实施细则》和“营改增”文件的规定，纳税人兼营非增值税应税项目的，应当分别核算货物或者应税劳务和应税服务的销售额和非增值税应税项目的营业额；未分别核算的，由主管税务机关核定货物或者应税劳务和应税服务的销售额。

与混合销售行为相区别，兼营非应税劳务是指增值税纳税人在从事应税货物销售或者提供应税劳务的同时，还从事非增值税应税劳务（营业税规定的各项劳务），且从事的非增值税应税劳务与某一项销售货物或提供应税劳务并无直接的联系和从属关系。在社会经济活动中，随着经济的放开搞活，企业充分调动本单位的人力、物力，从事跨行业的多种经营，兼营非增值税应税劳务的情况已经比较多。根据《增值税暂行条例实施细则》和“营改增”的文件规定，纳税人兼营非增值税应税劳务的应分别核算货物和应税劳务、应税服务和非增值税应税劳务的销售额，对货物和应税劳务、应税服务的销售额按各自适用的税率征收增值税，对非增值税应税劳务的销售额（营业额）按适用的税率征收营业税。如果不分别核算或者不能准确核算货物或应税劳务、应税服务和非增值税应税劳务销售额的，由主管税务机关核定货物或者应税劳务和应税服务的销售额。

纳税人兼营免税、减税项目的，应当分别核算免税、减税项目的销售额；未分别核算的，不得免税、减税。

根据《增值税暂行条例实施细则》和“营改增”文件的规定，一般计税方法的纳税人，兼营简易计税方法计税项目、非增值税应税劳务、免征增值税项目而无法划分不得抵扣的进项税额，按照下列公式计算不得抵扣的进项税额：

不得抵扣的进项税额 = 当期无法划分的全部进项税额 ×（当期简易计税方法计税项目销售额 + 非增值税应税劳务营业额 + 免征增值税项目销售额）÷（当期全部销售额 + 当期全部营业额）

主管税务机关可以按照上述公式依据年度数据对不得抵扣的进项税额进行清算。

第七节　增值税的征收管理

一、纳税义务发生时间

《增值税暂行条例》和“营改增”的文件明确规定了增值税纳税义务发生时间。纳税义务发生时间，是纳税人发生应税行为应当承担纳税义务的起始时间。税法规定纳税义务发生时间的目的在于：①正式确认纳税人已经发生属于税法规定的应税行为，应当承担纳税义务；②有利于税务机关实施税务管理，合理规定申报期限和纳税期限，监督纳税人切实履行纳税义务。

销售货物或者提供增值税应税劳务和应税服务的纳税义务发生时间可以分为一般规定和具体规定：

（一）一般规定

（1）纳税人销售货物或者应税劳务和应税服务（以下简称“销售货物”），其纳税义务发生时间为收讫销售款项或者取得索取销售款项凭据的当天；先开具发票的，为开具发票的当天。

（2）纳税人进口货物，其纳税义务发生时间为报关进口的当天。

（3）增值税扣缴义务发生时间为纳税人增值税纳税义务发生的当天。

（二）具体规定

纳税人收讫销售款项或者取得索取销售款项凭据的当天，按销售结算方式的不同，具体规定为：

（1）采取直接收款方式销售货物，不论货物是否发出，均为收到销售款或者取得索取销售款凭据的当天；对于纳税人生产经营活动中采取直接收款方式销售货物，已将货物移送对方并暂估销售收入入账，但既未取得销售款或取得索取销售款凭据也未开具销售发票的，其增值税纳税义务发生时间为取得销售款或取得索取销售款凭证的当天；先开具发票的，为开具发票的当天。

（2）采取托收承付和委托银行收款方式销售货物，为发出货物并办妥托收手续的当天。

（3）采取赊销和分期收款方式销售货物，为书面合同约定的收款日期的当天，无书面合同的或者书面合同没有约定收款日期的，为货物发出的当天。

（4）采取预收货款方式销售货物，为货物发出的当天，但生产销售生产工期超过12个月的大型机械设备、船舶、飞机等货物，为收到预收款或者书面合同约定的收款日期的当天。

（5）委托其他纳税人代销货物，为收到代销单位的代销清单或者收到全部或者部分货款的当天。未收到代销清单及货款的，为发出代销货物满180天的当天。

（6）销售应税劳务，为提供劳务同时收讫销售款或者取得索取销售款的凭据的当天。

（7）纳税人发生视同销售货物行为，为货物移送的当天。

（8）纳税人提供有形动产租赁服务采取预收款方式的，其纳税义务发生时间为收到预收款的当天。

（9）纳税人发生视同提供应税服务的，其纳税义务发生时间为应税服务完成的当天。

（10）进口货物为报关进口的当天 。

上述销售货物或应税劳务和应税服务纳税义务发生时间的确定，明确了企业在计算应纳税额时，对“当期销项税额”时间的限定，是增值税计税和征收管理中重要的规定。目前，一些企业没有按照上述规定的纳税义务发生时间将实现的销售收入及时入账并计算纳税，而是采取延迟入账或不计销售收入等作法，以拖延纳税或逃避纳税，这些作法都是错误的。企业必须按税法规定的时限及时、准确地记录销售额和计算当期的销项税额。

二、纳税期限

在明确了增值税纳税义务发生时间后，还需要掌握具体纳税期限，以保证按期缴纳税款。根据《增值税暂行条例》的规定，增值税的纳税期限分别为1日、3日、5日、10日、15日、1个月或者1个季度。

纳税人的具体纳税期限，由主管税务机关根据纳税人应纳税额的大小分别核定；不能按照固定期限纳税的，可以按次纳税。以1个季度为纳税期限的规定仅适用于小规模纳税人。小规模纳税人的具体纳税期限，由主管税务机关根据其应纳税额的大小分别核定。

纳税人以1个月或者1个季度为1个纳税期的，自期满之日起15日内申报纳税；以1日、3日、5日、10日或者15日为1个纳税期的，自期满之日起5日内预缴税款，于次月1日起15日内申报纳税并结清上月应纳税款。

扣缴义务人解缴税款的期限，依照前两款规定执行。

纳税人进口货物，应当自海关填发进口增值税专用缴款书之日起 15 日内缴纳税款。

纳税人出口货物适用退（免）税规定的应当向海关办理出口手续，凭出口报关单等有关凭证，在规定的出口退（免）税申报期内按月向主管税务机关申报办理该项出口货物的退（免）税。

出口货物办理退税后，发生退货或者退关的，纳税人应当依法补缴已退的税款。

三、纳税地点

为了保证纳税人按期申报纳税，根据企业跨地区经营和搞活商品流通的特点及不同情况，《增值税暂行条例实施细则》具体规定了增值税的纳税地点。

（1）固定业户应当向其机构所在地的主管税务机关申报纳税。总机构和分支机构不在同一县（市）的，应当分别向各自所在地的主管税务机关申报纳税；经国务院财政、税务主管部门或者其授权的财政、税务机关批准，可以由总机构汇总向总机构所在地的主管税务机关申报纳税。

（2）固定业户到外县（市）销售货物或者应税劳务和应税服务，应当向其机构所在地的主管税务机关申请开具外出经营活动税收管理证明，并向其机构所在地的主管税务机关申报纳税；未开具证明的，应当向销售地或者劳务发生地的主管税务机关申报纳税；未向销售地或者劳务发生地的主管税务机关申报纳税的，由其机构所在地的主管税务机关补征税款。

（3）非固定业户销售货物或者应税劳务和应税服务，应当向销售地或者劳务发生地的主管税务机关申报纳税；未向销售地或者劳务发生地的主管税务机关申报纳税的，由其机构所在地或者居住地的主管税务机关补征税款。

（4）进口货物，应当向报关地海关申报纳税。

（5）扣缴义务人应当向其机构所在地或者居住地的主管税务机关申报缴纳其扣缴的税款。

四、营业税改征增值税后的征收机关

营业税改征增值税，由国家税务局负责征收。

第八节　“营改增”对房地产开发企业的影响

一、房地产企业销售使用过的固定资产和其他物品如何纳税

[例 10－4]　某房地产开发公司 2008 年 3 月购入 2 台运货车，每台车单价200 000元，增值税税率 17%，货车折旧年限为 4 年。为了提高运输能力，更新车辆，2011 年 4 月公司将这两台汽车出售，每台售价（含税）60 000 元，应如何缴纳增值税？

［案例分析］

《增值税暂行条例实施细则》规定："非企业性单位、不经常发生应税行为的企业可选择按小规模纳税人纳税"。所以，房地产企业增值税涉税事项纳税人身份应选择小规模纳税人。财税［2009］9号文规定，小规模纳税人（除其他个人外）销售自己使用过的固定资产，减按2%征收率征收增值税。"已使用过的固定资产"是指纳税人根据财务会计制度已经计提折旧的固定资产。本案例销售旧汽车的售价是含税价，怎样计算不含税价?《国家税务总局关于增值税简易征收政策有关管理问题的通知》（国税函［2009］90号）规定，小规模纳税人销售自己使用过的固定资产，按下列公式确定销售额和应纳税额：

销售额＝含税销售额/（1＋3%）

应纳税额＝销售额×2%

销售2台汽车的销售额＝含税销售额÷（1＋3%）＝120 000÷（1＋3%）

＝116 505（元）

增值税应纳税额＝116 505×2%＝2 330（元）

会计处理如下：

（1）2008年3月购入车辆的会计处理：

借：固定资产——汽车	468 000	
贷：银行存款		468 000

（2）2011年4月出售时：

计算已提折旧＝468 000÷4×3＝351 000（元）

固定资产清理的会计处理：

借：固定资产清理	117 000	
累计折旧	351 000	
贷：固定资产		468 000
借：银行存款	120 000	
贷：固定资产清理		117 670
应交税费——应交增值税		2 330
借：固定资产清理	670	
贷：营业外收入		670

［例10-5］ 甲房地产公司开发的A小区已经竣工，在清理施工现场时，将建筑废旧物资变卖，取得废旧物资变价收入50 000元，缴纳了营业税2 500元。这样征税对吗?

［案例分析］

《营业税暂行条例》第四条规定：纳税人提供应税劳务、转让无形资产或者销售不动产，按照营业额和规定的税率计算应纳税额。应纳税额计算公式：应纳税额＝营业

额×税率

很显然，甲公司在清理施工现场时变卖旧货不属于营业税的征税范围，上述纳税行为错误。

财税［2009］9号文规定：小规模纳税人销售自己使用过的除固定资产以外的物品，应按3%的征收率征收增值税。国税函［2009］90号规定，小规模纳税人销售旧货，按下列公式确定销售额和应纳税额：

销售额＝含税销售额÷（1＋3%）；应纳税额＝销售额×3%

应交增值税额＝50 000÷（1＋3%）×3%＝1 456.31（元）

借：银行存款	50 000
贷：营业外收入	48 543.69
应交税费——应交增值税	1 456.31

房地产企业在销售自己使用过的固定资产和旧货之后，到当地国税局去交税，有可能遇到税务人员不收的情况，原因是房地产企业在税务登记时没有选择增值税这一税种，国税局就没有企业的税务代码而无法征税。如遇到这种情况，企业可以要求临时选一下增值税这个税种，在国税局建立一个临时的识别代码，交完税之后将其注销。千万不要以为国税局不收税企业就不交，那就把漏税的风险留给了企业，因为，将来税务检查时，照样可以给予处罚。

二、“营改增”对房地产开发企业的影响

（一）房地产行业“营改增”势在必行

我国1994年税制改革的税制结构设置中，增值税和营业税成为最为重要的两个流转税税种，两个税种分立并行。其中，增值税的征税范围覆盖了除建筑业之外的第二产业，第三产业的大部分行业则征收营业税。然而，随着市场经济的建立和发展，这种划分行业分别适用不同税种的做法，日渐显现出其内在的不合理性和缺陷，对经济运行造成扭曲，不利于经济结构优化。

“扩大增值税征收范围，相应调减营业税等税收”是十七届五中全会和“十二五”规划确定的加快我国财税体制改革的重要内容。2011年11月16日，财政部 国家税务总局发布了报经国务院同意的《营业税改征增值税试点方案》（财税［2011］110号，以下简称《方案》）等文件，明确了我国营业税改征增值税的税制改革的指导思想、基本原则和主要内容。营业税改征增值税就是将目前征收营业税的交通运输业、部分现代服务业等行业改为征收增值税，通过纳入增值税抵扣链条，消除重复征税，降低企业经营成本和税收负担。营业税改征增值税是继2009年全国实施增值税转型之后，我国货物和劳务税收制度的又一次重大改革，也是一项重要的结构性减税措施。改革对优化税制结构和减轻税收负担具有重大意义，为深化产业分工，促进二三产业发展提供良好的制度保证。

《方案》对改革试点的主要税制安排是，交通运输业、邮电通信业、现代服务业、

文化体育业、建筑业、销售不动产和转让无形资产，原则上适用增值税一般计税方法。在现行增值税17%基本税率和13%低税率基础上，新增11%和6%两档低税率。租赁有形动产等适用17%税率，交通运输业、建筑业、销售不动产和转让无形资产等适用11%税率，其他部分现代服务业适用6%税率。

《方案》明确改革的试点地区，综合考虑服务业发展状况、财政承受能力、征管基础条件等因素，先期选择经济辐射效应明显、改革示范作用较强的地区开展试点。2012年1月1日起，首先在上海市进行试点。继上海市营业税改征增值税试点之后，经国务院批准，自2012年9月1日将试点范围扩大至北京市、天津市、江苏省、安徽省、浙江省（含宁波市）、福建省（含厦门市）、湖北省、广东省（含深圳市）8个省（直辖市）。

2013年4月10日，国务院总理李克强主持召开国务院常务会议，决定进一步扩大营业税改征增值税试点，并逐步在全国推行，解决因局部地区试点导致的政策差异和税收征管风险等问题。力争“十二五”期间全面完成“营改增”改革。通过实行“营改增”，激发企业活力，形成新的增长点，不断扩大就业，增加居民收入，促进经济持续健康发展。

经国务院批准，自2013年8月1日起，在全国范围内开展交通运输业和部分现代服务业营改增试点。自2014年1月1日起，在全国范围内开展铁路运输和邮政业营改增试点。自2014年6月1日开始，电信业纳入营业税改征增值税试点。从而完成了“3+7行业”的营业税改征增值税，包括交通运输业、邮政业、电信业和7个现代服务业（研发和技术服务、信息技术服务、文化创意服务、物流辅助服务、有形动产租赁服务、鉴证咨询服务、广播影视服务）。

根据“营改增”的统一安排，建筑业、销售不动产和转让无形资产等的“营改增”将在2015年内完成。

（二）房地产企业营改增的主要内容

当前，房地产行业营改增的方案正在制定中，从三年来的营改增经历和《财政部 国家税务总局关于将铁路运输和邮政业纳入营业税改征增值税试点的通知》（财税［2013］106号）中可以推断出房地产行业营改增的主要内容是：

1. 纳税人的规定

在我国境内转让土地使用权、销售不动产的单位和个人，为增值税纳税人，应当按照《财政部 国家税务总局关于将铁路运输和邮政业纳入营业税改征增值税试点的通知》（财税［2013］106号）的规定缴纳增值税，不再缴纳营业税。

年应征增值税销售额超过财政部和国家税务总局规定标准的纳税人为一般纳税人，应税年销售额标准为500万元（含本数），未超过规定标准的纳税人为小规模纳税人。

由于房地产开发企业只要开始销售，年销售额不会小于500万元，所以，房地产开发企业均为增值税一般纳税人。

2. 征税范围

（1）转让土地使用权，是指土地使用者转让土地使用权的行为。

国土管理部门出让国有土地使用权是否征税待定。如果，国土管理部门出让土地使用权征税，房地产企业可以抵扣，如果，国土管理部门出让国有土地不征税，房地产开发企业则不能抵扣。随之而来的是土地使用者把土地使用权归还给土地所有者的行为不征税。

（2）不动产包括建筑物、构筑物、其他土地附着物。

3. 税率

根据经过国务院同意的《营业税改征增值税试点方案》（财税［2011］110号）的规定，交通运输业、建筑业等适用11%税率，建筑业包括了房地产业及转让土地使用权。

4. 计税方式

《营业税改征增值税试点方案》规定，建筑业、销售不动产和转让无形资产，原则上适用增值税一般计税方法。即：

应纳税额＝当期销项税额－当期进行税额

5. 过渡性政策

（1）现有的在建项目实行营改增之后如何纳税？

财税［2013］106号附件2.《营业税改征增值税试点有关事项的规定》（六）计税方法第2点规定“试点纳税人中的一般纳税人，以该地区试点实施之日前购进或者自制的有形动产为标的物提供的经营租赁服务，试点期间可以选择按照简易计税方法计算缴纳增值税。选择之后36月不能变。”

可以推断：在建项目实行营改增之后可以选择按简易办法纳税，税率按3%，选择之后期限不会短于36个月。

（2）开发项目已经竣工验收正在销售的房产，试行营改增之后如何纳税？

财税［2013］106号附件2.《营业税改征增值税试点有关事项的规定》（七）试点前发生的业务第1点规定：“试点纳税人在本地区试点实施之日前签订的尚未执行完毕的（有形动产）租赁合同，在合同到期日之前继续按照现行营业税政策规定缴纳营业税。”

可以推断：已经竣工验收正在销售的房产，试行营改增之后继续缴纳营业税。

（三）营改增对房地产企业的影响

（1）避免重复征税。增值税的最大特点是仅对增值额征税，上一道交易缴纳的税款在本次交易中可以抵扣，不重复征税，实现真正意义上的量能征税。而营业税是有一道交易征一道税，导致经济运行中增值税的抵扣链条被打断，上一道交易缴纳的税款无法抵扣，形成重复征税，所征税款计入产品成本，交易的次数越多，重复征税的现象越严重。

房地产业实行“营改增”，延续增值税的抵扣链条，避免重复征税，可以降低开发产品的成本。

（2）降低房地产行业的整体税负。房地产行业实行“营改增”之后，税收上引入增值税的抵扣链条。房地产行业的上一层行业——建筑施工企业实行营改增，建筑业购买原材料、动力、设备带来的增值税可以扣除；房地产开发企业与建筑施工企业进行工程结算，开具的是增值税专用发票，其进项税额也可以抵扣，这一层层的抵扣降低了每一层交易的税负，经过测算得知，如果建筑业、房地产业全面实行“营改增”，房地产行业流转税的税负率会降低到3%左右。

由于房地产企业的生产经营周期较长，在房地产行业实行“营改增”时，会有一些在建工程，由于其取得土地使用权和已完成的工程没有取得增值税专用发票，进项税额无法抵扣。还有一些已竣工的项目正在销售，在整个开发建设阶段也没有取得增值税专用发票。对于这些情况国家会制定过渡政策。根据对有形动产租赁业的过渡政策可以预见，对营改增前的在建项目可以选择按小规模纳税人纳税，税率为3%；对完工待售房产销售时继续缴纳营业税。

（3）促进房价的合理回归。当前我国房价居高不下的原因有四点：①刚性需求与供给不足的矛盾；②地价过高；③建房过程中的建筑材料、建筑施工缴纳的增值税额得不到抵扣，最终由购房人买单；④开发商哄抬房价。如果，建筑业、房地产业都实行增值税，在房产开发过程中取得土地使用权、采购建材和设备、建筑施工等过程中缴纳的增值税得以抵扣，必然降低房产的造价，无疑对降低房价会起到很大的推动作用。

（4）规范纳税行为，避免偷漏税。当前，建筑企业、房地产开发企业为了购买廉价原材料，采购不开发票现象非常普遍。采购原材料，接受劳务不开发票，就说明没有缴税，造成国家税款流失。如果全面推行“营改增”，每个企业都会自觉地向材料的销售方，劳务的提供方索取发票，加强了发票的管理，也就把住了征税的闸门，会规范企业的纳税行为，减少偷漏税现象。

（四）房地产企业如何做好“营改增”的准备工作

（1）提高纳税意识，杜绝在原材料采购环节和接受劳务过程中不要发票的现象。

（2）加强工程决算的管理，从制度上保证及时与施工企业进行工程决算，及时取得建筑安装过程中的增值税专用发票，及时抵扣进项税额。

（3）加强会计核算工作，提高会计核算质量，做到笔笔账目有合法的原始凭证。要知道没有发票是不得抵扣的。提高会计核算的及时性，达到项目竣工，会计核算尽快完成。

（4）避免储存大量原材料及捂盘惜售现象。实行取得的增值税专用发票抵扣进项税额办法是从营业税改征增值税施行之日起执行的，这必然形成改革前购买的材料含税，改革后的材料不含税，价格的差异会影响取得经济效益，建议房地产企业不要储存太多的原材料，更不要捂盘惜售。

（5）逐渐扩大甲供材料和甲供设备的比重，取得增值税专用发票，加大进项税额的抵扣。如果，房地产开发企业自行采购建筑材料和设备，取得增值税专用发票，可以按照17%的税率抵扣进项税额。如果与建筑施工企业采取“包工、包料、包设备”的结算方式，取得建筑施工企业开具的增值税专用发票，只能按11%的税率抵扣进项税额，3%的增值税额被施工企业过滤掉了，房地产开发企业会多交增值税。

房地产行业实行“营改增”之后，由于税款可以抵扣，使建造成本下降，必然拉动房价下降。建筑业、房地产业实行“营改增”之后，必然促进房价的合理回归。

第十一章

土地增值税的纳税操作技巧

第一节 纳税义务人、征税范围和税率

一、土地增值税的纳税义务人

土地增值税的纳税义务人为转让国有土地使用权、地上的建筑及其附着物（以下简称转让房地产）并取得收入的单位和个人。单位包括各类企业、事业单位、国家机关和社会团体及其他组织；个人包括自然人和个体经营者。

概括起来，《土地增值税暂行条例》对纳税人的规定主要有以下四个特点：

第一，不论法人与自然人。即不论是企业、事业单位、国家机关、社会团体及其他组织，还是个人，只要有偿转让房地产并取得收入，都是土地增值税的纳税人。

第二，不论经济性质。即不论是全民所有制企业、集体企业、私营企业、个体经营者，还是联营企业、合资企业、合作企业、外商独资企业等，只要有偿转让房地产，都是土地增值税的纳税人。

第三，不论是内资企业还是外商投资企业、中国公民与外籍个人。根据1993年12月29日第八届全国人大第五次常务委员会通过的《全国人大常委会关于外商投资企业和外国企业适用增值税、消费税、营业税等税收暂行条例的决定》和《国务院关于外商投资企业和外国企业适用增值税、消费税、营业税等税收暂行条例的有关问题的通知》，以及《国家税务总局关于外商投资企业和外国企业及外籍个人适用税种问题的通知》（国税发［1994］123号）等规定，土地增值税适用于涉外企业和个人。因此，不论是内资企业还是外商投资企业、外国驻华机构，也不论是中国公民、港澳台同胞、海外华侨，还是外国公民，只要有偿转让房地产，都是土地增值税的纳税人。

第四，不论部门。即不论是工业、农业、商业、学校、医院、机关等，只要有偿转让房地产，都是土地增值税的纳税人。

二、土地增值税的征税范围

土地增值税是对转让国有土地使用权及其地上建筑物和附着物征收。

（一）基本征税范围

土地增值税是对转让国有土地使用权及其地上建筑物和附着物的行为征税，不包

括国有土地使用权出让所取得的收入。

国有土地使用权出让是指国家以土地所有者的身份将土地使用权在一定年限内让与土地使用者，并由土地使用者向国家支付土地使用权出让金的行为，属于土地买卖的一级市场。土地使用权出让的出让方是国家，国家凭借土地的所有权向土地使用者征收土地的租金。出让的目的是实行国有土地的有偿使用制度，合理开发、利用、经营土地，因此，土地使用权的出让不属于土地增值税的征税范围。

而国有土地使用权的转让是指土地使用者通过出让等形式取得土地使用权后，将土地使用权再转让的行为，包括出售、交换和赠与，它属于土地买卖的二级市场。土地使用权的转让，其地上的建筑物、其他附着物的所有权随之转让。土地使用权的转让，属于土地增值税的征收范围。

土地增值税的征收范围不包括未转让土地使用权、房产产权的行为，是否发生转让行为主要以房地产权属（指土地使用权和房产产权）的变更为标准。凡土地使用权、房产产权未转让的（如房地产的出租），不征收土地增值税。

土地增值税征收的基本范围包括：

（1）转让国有土地使用权。“国有土地”，是指按国家法律规定属于国家所有的土地。出售国有土地使用权是指土地使用者通过出让方式，向政府缴纳了土地出让金，有偿受让土地使用权后，仅对土地进行通水、通电、通路和平整地面等土地开发，不进行房产开发，即所谓“将生地变熟地”，然后直接将空地出售出去。

（2）地上建筑物及其附着物连同国有土地使用权一并转让。“地上建筑物”，是指建于土地上的一切建筑物，包括地上地下的各种附属设施。“附着物”，是指附着于土地上的不能移动或一经移动即遭损坏的物品。纳税人取得国有土地使用权后进行房屋开发建造然后出售的，这种情况即是一般所说的房地产开发。虽然这种行为通常被称作卖房，但按照国家有关房地产法律和法规的规定，卖房的同时，土地使用权也随之发生转让。由于这种情况既发生了产权的转让又取得了收入，所以应纳入土地增值税的征税范围。

（3）存量房地产的买卖。存量房地产是指已经建成并已投入使用的房地产，其房屋所有人将房屋产权和土地使用权一并转让给其他单位和个人。这种行为按照国家有关的房地产法律和法规，应当到有关部门办理房产产权和土地使用权的转移变更手续；原土地使用权属于无偿划拨的，还应到土地管理部门补交土地出让金。

（二）具体情况的判定

1. 以继承、赠与方式转让房地产的

这种情况因其只发生房地产产权的转让，没有取得相应的收入，属于无偿转让房地产的行为，所以不能将其纳入土地增值税的征税范围。这里又可分为两种情况：

（1）房地产的继承。房地产的继承是指房产的原产权所有人、依照法律规定取得土地使用权的土地使用人死亡以后，由其继承人依法承受死者房产产权和土地使用权的民事法律行为。这种行为虽然发生了房地产的权属变更，但作为房产产权、土地使

用权的原所有人（即被继承人）并没有因为权属的转让而取得任何收入。因此，这种房地产的继承不属于土地增值税的征税范围。

（2）房地产的赠与。房地产的赠与是指房产所有人、土地使用权所有人将自己所拥有的房地产无偿地交给其他人的民事法律行为。但这里的“赠与”仅指以下情况：

1）房产所有人、土地使用权所有人将房屋产权、土地使用权赠与直系亲属或承担直接赡养义务人的。

2）房产所有人、土地使用权所有人通过中国境内非营利的社会团体、国家机关将房屋产权、土地使用权赠与教育、民政和其他社会福利、公益事业的。社会团体是指中国青少年发展基金会、希望工程基金会、宋庆龄基金会、减灾委员会、中国红十字会、中国残疾人联合会、全国老年基金会、老区促进会以及经民政部门批准成立的其他非营业性的公益性组织。

房地产的赠与虽发生了房地产的权属变更，但作为房产所有人、土地使用权的所有人并没有因为权属的转让而取得任何收入。因此，房地产的赠与不属于土地增值税的征税范围。

2. 房地产的出租

房地产的出租是指房产的产权所有人、依照法律规定取得土地使用权的土地使用人，将房产、土地使用权租赁给承租人使用，由承租人向出租人支付租金的行为。房地产的出租，出租人虽取得收入，但没有发生房产产权、土地使用权的转让。因此，房地产的出租不属于土地增值税的征税范围。

3. 房地产的抵押

房地产的抵押是指房地产的产权所有人、依法取得土地使用权的土地使用人作为债务人或第三人向债权人提供不动产作为清偿债务的担保而不转移权属的法律行为。这种情况由于房产的产权、土地使用权在抵押期间产权并没有发生权属的变更，房产的产权所有人、土地使用权人仍然对房地产行使占有、使用、收益等权利，房产的产权所有人、土地使用权人虽然在抵押期间取得了一定的抵押贷款，但实际上这些贷款在抵押期满后是要连本带利偿还给债权人的。因此，对房地产的抵押，在抵押期间不征收土地增值税。待抵押期满后，视该房地产是否转移占有而确定是否征收土地增值税。对于以房地产抵债而发生房地产权属转让的，应列入土地增值税的征税范围。

4. 房地产的交换

这种情况是指一方以房地产与另一方的房地产进行交换的行为。由于这种行为既发生了房产产权、土地使用权的转移，交换双方又取得了实物形态的收入，按《土地增值税暂行条例》规定，它属于土地增值税的征税范围。但对个人之间互换自有居住用房地产的，经当地税务机关核实，可以免征土地增值税。

5. 以房地产进行投资、联营

对于以房地产进行投资、联营的，投资、联营的一方以土地（房地产）作价入股进行投资或作为联营条件，将房地产转让到所投资、联营的企业中时，暂免征收土地增值税。对投资、联营企业将上述房地产再转让的，应征收土地增值税。但是，对于以土地（房地产）作价入股进行投资或联营的，凡所投资、联营的企业从事房地产开发的，或者房地产开发企业以其建造的商品房进行投资和联营的，应当征收土地增值税。

6. 合作建房

对于一方出地、一方出资金，双方合作建房，建成后按比例分房自用的，暂免征收土地增值税；建成后转让的，应征收土地增值税。

7. 企业兼并转让房地产

在企业兼并中，对被兼并企业将房地产转让到兼并企业中的，暂免征收土地增值税。兼并方再转让上述房地产的，应当征收土地增值税。

8. 房地产的代建房行为

这种情况是指房地产开发公司代客户进行房地产的开发，开发完成后向客户收取代建收入的行为。对于房地产开发公司而言，虽然取得了收入，但没有发生房地产权属的转移，其收入属于劳务收入性质，故不属于土地增值税的征税范围。

9. 房地产的重新评估

这主要是指国有企业在清产核资时对房地产进行重新评估而使其升值的情况。这种情况下，房地产虽然有增值，但其既没有发生房地产权属的转移，房产产权、土地使用权人也未取得收入，所以不属于土地增值税的征税范围。

三、土地增值税的税率

土地增值税实行四级超率累进税率：土地增值税税率设计的基本原则是增值多的多征，增值少的少征，无增值的不征，对建造普通标准住房的适当予以照顾。

土地增值税实行四级超率累进税率：

（1）增值额未超过扣除项目金额 50% 的部分，税率为 30%。

（2）增值额超过扣除项目金额 50%、未超过扣除项目金额 100% 的部分，税率为 40%。

（3）增值额超过扣除项目金额 100%、未超过扣除项目金额 200% 的部分，税率为 50%。

（4）增值额超过扣除项目金额 200% 的部分，税率为 60%。

上述所列四级超率累进税率，每级“增值额未超过扣除项目金额”的比例，均包括本比例数。超率累进税率见表 11-1。

表 11-1　土地增值税四级超率累进税率表

级数	增值额与扣除项目金额的比率	税率（%）	速算扣除系数（%）
1	不超过 50% 的部分	30	0
2	超过 50% 至 100% 的部分	40	5
3	超过 100% 至 200% 的部分	50	15
4	超过 200% 的部分	60	35

第二节 应税收入和扣除项目的确定

一、应税收入的确定

根据《土地增值税暂行条例》及其实施细则的规定，纳税人转让房地产取得的应税收入，应包括转让房地产的全部价款及有关的经济收益。从收入的形式来看，包括货币收入、实物收入和其他收入。

（1）货币收入：货币收入是指纳税人转让房地产而取得的现金、银行存款、银行支票、银行本票、汇票等各种信用票据和国库券、金融债券、企业债券、股票等有价证券。

这些类型的收入其实质都是转让方因转让土地使用权、房屋产权而向取得方收取的价款，货币收入一般比较容易确定。

对取得的外币收入，应按取得收入当天或当月 1 日国家公布的外汇汇率折合人民币计算应税收入。

（2）实物收入：实物收入是指纳税人转让房地产而取得的各种实物形态的收入，如钢材、水泥等建材，房屋、土地等不动产等。实物收入的价值不太容易确定，一般要对这些实物形态的财产按公允价进行估价确认。

（3）其他收入：其他收入是指纳税人转让房地产而取得的无形资产收入或具有财产价值的权利，如专利权、商标权、著作权、专有技术使用权、土地使用权、商誉权等。这种类型的收入比较少见，其价值需要进行专门的评估。

房地产开发企业在销售房产时，一般是先签订售房合同，一次或分次收取房款，合同上面所规定的售房面积一般是设计面积，待房产竣工后还要请国家批准的测绘部门对房屋面积进行实地测量，按照实测面积计算房产的实际售价，如与合同面积有差异，对房款多退少补。《国家税务总局关于土地增值税清算有关问题的通知》（国税函［2010］220 号）规定：土地增值税清算时，已全额开具商品房销售发票的，按照发票所载金额确认收入；未开具发票或未全额开具发票的，以交易双方签订的销售合同所载的售房金额及其他收益确认收入。销售合同所载商品房面积与有关部门实际测量面积不一致，在清算前已发生补、退房款的，应在计算土地增值税时予以调整。

根据现行土地增值税清算的政策规定，土地增值税清算时应当对不同类型房地产分别计算增值额、增值率，缴纳土地增值税。所以企业在销售房地产时，应当按照不同房产类别分别编制《销售明细表》；税务机关在清算审查时，要重点审核《销售明细表》、房地产销售面积与项目可售面积的数据关联性，以核实计税收入，对销售合同所载商品房面积与有关部门实际测量面积不一致的，以实测面积确认收入。

二、扣除项目金额的确定

计算土地增值税的应纳税额，并不是直接对转让房地产所取得的收入征税。而是要对收入额减除国家规定的各项扣除项目金额后的余额计算征税，这个余额就是纳税人在转让房地产中获取的增值额。

转让房地产中获取的增值额是计算土地增值税的核心。因此，要计算增值额，首先必须确定扣除项目金额。房地产开发企业办理土地增值税清算时，计算与清算项目有关的扣除项目金额，应根据土地增值税暂行条例第六条及其实施细则第七条的规定执行。除另有规定外，扣除取得土地使用权所支付的金额、房地产开发成本、费用及与转让房地产有关税金，须提供合法有效凭证；不能提供合法有效凭证的，不予扣除。

税法准予纳税人从转让收入额减除的扣除项目包括以下几项：

（一）取得土地使用权所支付的金额

是指纳税人为取得土地使用权所支付的地价款和按国家统一规定缴纳的有关费用。具体包括以下两方面的内容：

（1）纳税人为取得土地使用权所支付的地价款。

1）如果是以协议、招标、拍卖等出让方式取得土地使用权的，地价款为纳税人所支付的土地出让金。

2）如果是以行政划拨方式取得土地使用权的，地价款为按照国家有关规定补交的土地出让金。

3）如果是以转让方式取得土地使用权的，地价款为向原土地使用权人实际支付的价款。

（2）纳税人在取得土地使用权时按国家统一规定缴纳的有关费用。系指纳税人在取得土地使用权过程中为办理有关手续，按国家统一规定缴纳的有关登记、过户手续费等。

在土地增值税暂行条例及其实施细则中，没有规定契税如何扣除，这也是在计算扣除项目金额时一直有争议的问题。《房地产开发经营业务企业所得税处理办法》（国税发［2009］31号文件）规定了契税计入“开发成本——土地征用及拆迁补偿费”，此项规定是否适用于土地增值税仍是个悬念。《国家税务总局关于土地增值税清算有关问题的通知》（国税函［2010］220号文件）作出了明确规定，房地产开发企业为取得土地使用权所支付的契税，应视同按国家统一规定缴纳的有关费用，计入取得土地使用权所支付的金额中扣除。这样规定，使得在计算土地增值税时不但契税可以扣除，而且契税还可以作为有关费用享受附加扣除的规定。

（二）房地产开发成本

房地产开发成本是指纳税人房地产开发项目实际发生的成本，包括土地征用及拆迁补偿费、前期工程费、建筑安装工程费、基础设施费、公共配套设施费、开发间接费用等。

（1）土地征用及拆迁补偿费。包括土地征用费、耕地占用税、大市政配套费、土地变更用途和超面积补交的地价及相关税费、劳动力安置费及有关地上地下附着物拆迁补偿的净支出、安置动迁用房支出、农作物补偿费、危房补偿费等。

《国务院办公厅转发建设部等部门关于做好稳定住房价格工作意见的通知》（国办发［2005］26号文件）曾经规定，对超过出让合同约定的动工开发日期满1年未动工开发的，征收土地闲置费。《房地产开发经营业务企业所得税处理办法》规定，土地闲置费可以计入“土地征用及拆迁补偿费”中。《国家税务总局关于土地增值税清算有关问题的通知》（国税函［2010］220号文件）规定，房地产开发企业逾期开发缴纳的土地闲置费不得扣除。企业在计算土地增值税的扣除项目金额时，应当剔除已经计入“开发成本”中的土地闲置费。

对于安置动迁用房支出的计算问题，《关于土地增值税清算有关问题的通知》第六条作出具体规定：

1）房地产企业用建造的本项目房地产安置回迁户的，安置用房视同销售处理，按《国家税务总局关于房地产开发企业土地增值税清算管理有关问题的通知》（国税发［2006］187号文件）第三条第（一）款规定确认收入，同时将此确认为房地产开发项目的拆迁补偿费。房地产开发企业支付给回迁户的补差价款，计入拆迁补偿费；回迁户支付给房地产开发企业的补差价款，应抵减本项目拆迁补偿费。

2）开发企业采取异地安置的，异地安置的房屋属于自行开发建造的，房屋价值按国税发［2006］187号文件第三条第（一）款的规定计算，计入本项目的拆迁补偿费；异地安置的房屋属于购入的，以实际支付的购房支出计入拆迁补偿费。

注：国税发［2006］187号文件第三条第（一）款规定，发生所有权转移时应视同销售房地产计算收入。

3）货币安置拆迁的，房地产开发企业凭合法有效凭据计入拆迁补偿费。

［例11-1］ 甲房地产公司在开发A小区过程中，动迁了一户商店。商店原有房产160平方米，双方协议规定，小区建成后甲公司为商店安置商业用房200平方米。商店原有房产评估价值120万元，回迁用的商铺预计售价200万元，商店应当支付房价款80万元。

甲房地产公司的账务处理：

（1）动迁时，按原商店评估价值记账。

借：开发成本——土地征用及拆迁补偿费	1 200 000	
贷：其他应付款——暂估动迁费		1 200 000

（2）小区建成，商店回迁。

借：其他应付款——暂估动迁费	1 200 000	
银行存款	800 000	

贷：主营业务收入　　2 000 000

如果届时房价有变动，按实际收取房款确认收入。

（2）前期工程费。包括规划、设计、项目可行性研究和水文、地质、勘察、测绘、“场地通平”等支出。

（3）建筑安装工程费。建筑安装工程费指以出包方式支付给承包单位的建筑安装工程费，以自营方式发生的材料费、建筑安装工程费。房地产开发企业销售已装修的房屋，其装修费用可以计入房地产开发成本；房地产开发企业的预提费用，除另有规定外，不得扣除。

属于多个房地产项目共同的成本费用，应按清算项目可售建筑面积占多个项目可售总建筑面积的比例或其他合理的方法，计算确定清算项目的扣除金额。

清算项目可扣除金额 =（多个项目共同成本费用 ÷ 多个项目可售总面积）× 清算项目可售面积

按照房地产行业的通常做法，在工程出包合同中普遍规定，房产竣工之后，开发企业按照工程决算价款3% ~5%的比例扣留质量保证金，待房产保修期结束后再与建筑施工企业进行结算多退少补。建筑施工企业对开发企业扣留的质量保证金应当开具发票，挂在“其他应收款——质量保证金”科目。但是，有一些建筑施工企业经常会以没有收到工程款为由不开具发票，使得开发企业无法计算“开发成本——建筑安装工程费”。为解决这个问题，《国家税务总局关于土地增值税清算有关问题的通知》规定，房地产开发企业在工程竣工验收后，根据合同约定，扣留建筑安装施工企业一定比例的工程款，作为开发项目的质量保证金，在计算土地增值税时，建筑安装施工企业就质量保证金对房地产开发企业开具发票的，按发票所载金额予以扣除；未开具发票的，扣留的质保金不得计算扣除。

（4）基础设施费。指开发项目在开发过程中所发生的各项基础设施支出，主要包括开发项目内道路、供水、供电、供气、排污、排洪、通信、照明等社区管网工程费和环境卫生、园林绿化等园林环境工程费。

（5）公共配套设施费：包括不能有偿转让的开发小区内公共配套设施发生的支出。

房地产开发企业开发建造的与清算项目配套的居委会和派出所用房、会所、停车场（库）、物业管理场所、变电站、热力站、水厂、文体场馆、学校、幼儿园、托儿所、医院、邮电通信等公共设施，按以下原则处理：

第一，建成后产权属于全体业主所有的，其成本、费用可以扣除。

第二，建成后无偿移交给政府、公用事业单位用于非营利性社会公共事业的，其成本、费用可以扣除。

第三，建成后有偿转让的，应计算收入，并准予扣除成本、费用。

需要指出的是，有些公共配套设施是开发企业与国家有关业务管理部门、单位合资建设，完工后有偿移交，国家有关业务管理部门、单位给予一定的经济补偿，可以抵扣该项目的建造成本，抵扣后的差额仍应作为公共配套设施费处理。

（6）开发间接费用指企业为直接组织和管理开发项目所发生的，且不能将其归属于特定成本对象的成本费用性支出，主要包括项目管理部发生的管理人员工资、职工福利费、折旧费、修理费、办公费、水电费、劳动保护费、工程管理费、周转房摊销以及项目营销设施建造费等。

（三）房地产开发费用

房地产开发费用是指与房地产开发项目有关的销售费用、管理费用和财务费用。根据现行会计制度的规定，产品成本核算的方法采用制造成本法，管理费用等三项费用作为期间费用，直接计入当期损益，不按成本核算对象进行分摊。需要强调的是，作为土地增值税扣除项目的房地产开发费用，不是按纳税人房地产开发项目实际发生的费用进行扣除，而是依据《实施细则》的规定标准，按照取得土地使用权所支付的金额和房地产开发成本之和的一定比例扣除。

《实施细则》规定，财务费用中的利息支出，凡能够按转让房地产项目计算分摊并提供金融机构证明的，允许据实扣除，但最高不能超过按商业银行同类同期贷款利率计算的金额。其他房地产开发费用，按《实施细则》第七条（一）、（二）项规定（即取得土地使用权所支付的金额和房地产开发成本，下同）计算的金额之和的5%以内计算扣除。凡不能按转让房地产项目计算分摊利息支出或不能提供金融机构证明的，房地产开发费用按《实施细则》第七条（一）、（二）项规定计算的金额之和的10%以内计算扣除。房地产开发费用计算扣除的具体比例，由各省、自治区、直辖市人民政府规定。

《国家税务总局关于印发〈土地增值税宣传提纲〉的通知》（国税函发［1995］110号，以下简称《通知》）文件规定，财务费用中的利息支出，凡不能提供金融机构证明的，利息不单独扣除，三项费用（指销售费用、管理费用、财务费用）的扣除按取得土地使用权所支付的金额及房地产开发成本的10%以内计算扣除。

但是，土地增值税开征以来，对于计算扣除项目金额时利息支出如何扣除的问题，企业与税务机关一直存在分歧。《国家税务总局关于土地增值税清算有关问题的通知》（国税函［2010］220号，以下简称《通知》）文件对财务费用中利息支出的计算作出了明确的规定：

（1）财务费用中的利息支出，凡能够按转让房地产项目计算分摊并提供金融机构证明的，允许据实扣除，但最高不能超过按商业银行同类同期贷款利率计算的金额。其他房地产开发费用，在按照“取得土地使用权所支付的金额”与“房地产开发成本”金额之和的5%以内计算扣除。

（2）凡不能按转让房地产项目计算分摊利息支出或不能提供金融机构证明的，房地产开发费用在按“取得土地使用权所支付的金额”与“房地产开发成本”金额之和的10%以内计算扣除。

全部使用自有资金，没有利息支出的，按照以上方法扣除。上述具体适用的比例按省级人民政府此前规定的比例执行。

（3）房地产开发企业既向金融机构借款，又有其他借款的，其房地产开发费用计算扣除时不能同时适用本条（1）、（2）项所述两种办法。

（4）土地增值税清算时，已经计入房地产开发成本的利息支出，应调整至财务费用中计算扣除。

需要加以说明的是，在制定《土地增值税条例及其实施细则》时，会计制度规定利息支出在财务费用核算，不计入开发成本。但是，《企业所得税税前扣除办法》（国税发［2000］84号文件）第三十五条规定，从事房地产开发业务的纳税人为开发房地产而借入资金所发生的借款费用，在房地产完工之前发生的，应计入有关房地产的开发成本。而且，自2000年以来税法一直这样规定，为了保持土地增值税的增值额计算的一致性，《通知》重申，土地增值税清算时，已经计入房地产开发成本的利息支出，应调整至财务费用中计算扣除。在实际操作时，并不能真正调整到财务费用中去核算，而只是在计算增值额时把利息支出剔除，不得扣除。

把上述规定加以总结，得出以下结论：

（1）如果纳税人能够按转让房地产项目计算分摊利息支出，并能提供金融机构的贷款利息证明的，其允许扣除的房地产开发费用为：

实际支付利息＋（取得土地使用权所支付的金额＋房地产开发成本）×5%

注：利息最高不能超过按商业银行同类同期贷款利率计算的金额。

（2）如果纳税人不能按转让房地产项目计算分摊利息支出或不能提供金融机构贷款利息证明的，其允许扣除的房地产开发费用为：

（取得土地使用权所支付的金额＋房地产开发成本）×10%

这里隐含着实际支付利息只要能够按转让房地产项目计算分摊，并能提供金融机构贷款证明的，可以超过5%。

此外，财政部　国家税务总局还对扣除项目金额中利息支出的计算问题作了两点专门规定：一是利息的上浮幅度按国家的有关规定执行，超过上浮幅度的部分不允许扣除；二是对于超过贷款期限的利息部分和加罚的利息不允许扣除，此项规定与企业所得税扣除规定明显不同，应引起注意。

［例11-2］　假设有A、B、C三个房地产开发公司分别开发住宅小区，取得土地使用权支付的金额与房地产开发成本均为5 000万元。由于，自有资金的充裕程度不同，采用了不同的筹资方式。A公司自有资金比较充裕，开发过程中没有发生借款；B公司资信程度很好，开发过程中向银行借款4 000万元，年利率6.48%，能够按项目分摊利息支出；C公司向关联企业借款2 000万元，年利率7.5%。请分别计算三个公司的房地产开发费用。

A公司计算土地增值税时可以扣除的“房地产开发费用”＝

$$5\,000 \times 10\% = 500(\text{万元})$$

B公司计算土地增值税时可以扣除的“房地产开发费用”＝

$$5\,000 \times 5\% + 4\,000 \times 6.48\% = 250 + 259.2 = 509.2(\text{万元})$$

C公司计算土地增值税时可以扣除的“房地产开发费用” =

$$5\ 000 \times 10\% = 500(万元)$$

C公司向其他非金融企业借款利息支出超过银行同期同类利率1.02%，利息不能据实扣除，房地产开发费用仍可以按10%计算扣除。

（四）与转让房地产有关的税金

与转让房地产有关的税金是指在转让房地产时缴纳的营业税、城市维护建设税、印花税。因转让房地产缴纳的教育费附加，也可视同税金予以扣除。

需要明确的是，房地产开发企业按照财务会计制度的有关规定，在转让房地产时缴纳的印花税已经列入管理费用中，故在此不允许重复扣除。这样一来，房地产企业与转让房地产有关的税金就是营业税、城市维护建设税以及教育费附加，所以本书对与转让房地产有关的税金简称为“营业税及附加”。其他纳税人缴纳的印花税（按产权转移书据所载金额的5‰贴花）允许扣除。

《财政部　国家税务总局关于土地增值税一些具体问题规定的通知》（财税字［1995］048号）文件第十一条规定，对于个人购入房地产再转让的，其在购入时已缴纳的契税，在旧房及建筑物的评估价中已包括了此项因素，在计征土地增值税时，不另作为“与转让房地产有关的税金”予以扣除。

（五）财政部规定的其他扣除项目

对从事房地产开发的纳税人可按《实施细则》第七条（一）、（二）项规定计算的金额之和，即按照取得土地使用权支付的金额和房地产开发成本的合计加计20%扣除。在此，应特别指出的是：此条政策只适用于从事房地产开发的纳税人，除此之外的其他纳税人不适用。而且房地产开发企业取得土地使用权或房地产在建项目后，只有进行实质性开发才可以加计扣除，未进行实质性开发即转让的，不得加计扣除。这样规定，目的是为了抑制炒买炒卖房地产的投机行为，保护正常开发投资者的积极性。

（六）旧房及建筑物的评估价格

纳税人转让旧房的，应按房屋及建筑物的评估价格、取得土地使用权所支付的地价款或出让金，按国家统一规定缴纳的有关费用和转让环节缴纳的有关税金作为扣除项目金额计征土地增值税。对取得土地使用权时未支付地价款或不能提供已支付的地价款凭据的，在计征土地增值税时不允许扣除。

旧房及建筑物的评估价格是指在转让已使用的房屋及建筑物时，由政府批准设立的房地产评估机构评定的重置成本价乘以成新度折扣率后的价格。评估价格须经当地税务机关确认。

重置成本价的含义是：对旧房及建筑物，按转让时的建材价格及人工费用计算，建造同样面积、同样层次、同样结构、同样建设标准的新房及建筑物所需花费的成本费用。成新度折扣率的含义是按旧房的新旧程度作一定比例的折扣。

根据《财政部　国家税务总局　国家国有资产管理局关于转让国有房地产征收土

地增值税中有关房地产价格评估问题的通知》（财税字［1995］061 号文件）、《国家税务总局关于土地增值税若干征管问题的通知》（国税发［1996］4 号文件）和《国家税务总局、建设部关于土地增值税征收管理有关问题的通知》（国税发［1996］48 号文件）的规定，需要根据房地产的评估价格计税的，可委托经政府批准设立的资产评估机构对有关房地产进行评估。

［例 11-3］　一栋房屋已使用近 8 年，建造时的造价为 1 000 万元，按转让时的建材及人工费用计算，建同样的新房需花费 2 000 万元，该房有六成新。

则该房的评估价格为：2 000 × 60% = 1 200（万元）

此外，转让旧房的，应按房屋及建筑物的评估价格、取得土地使用权所支付的地价款和按国家统一规定缴纳的有关费用及在转让环节缴纳的税金作为扣除项目金额计征土地增值税。对取得土地使用权时未支付地价款或不能提供已支付的地价款凭据的，在计征土地增值税时不允许扣除。

（七）关于转让旧房准予扣除项目的计算问题

《财政部　国家税务总局关于土地增值税若干问题的通知》（财税［2006］21 号文件）规定，纳税人转让旧房及建筑物，凡不能取得评估价格，但能提供购房发票的，经当地税务部门确认，《土地增值税暂行条例》第六条第（一）、（三）项规定的扣除项目的金额，可按发票所载金额并从购买年度起至转让年度止每年加计 5% 计算。

但是，对于“每年”如何计算，上述文件没有明确规定，为此，《国家税务总局关于土地增值税清算有关问题的通知》补充规定，计算扣除项目时“每年”按购房发票所载日期起至售房发票开具之日止，每满 12 个月计一年；未满 12 个月但超过 6 个月的，可以视同为一年（意味着不足 6 个月的不计算扣除）。

对纳税人购房时缴纳的契税，凡能提供契税完税凭证的，准予作为“与转让房地产有关的税金”予以扣除，但不作为加计 5% 的基数。

对于转让旧房及建筑物，既没有评估价格，又不能提供购房发票的，地方税务机关可以根据《中华人民共和国税收征收管理法》（以下简称《税收征管法》）第三十五条的规定，实行核定征收。

上述《土地增值税暂行条例》第六条计算增值额的扣除项目包括：第（一）项规定是取得土地使用权所支付的金额；第（三）项规定是新建房及配套设施的成本、费用，或者旧房及建筑物的评估价格。

第三节　应纳税额的计算

一、增值额的确定

土地增值税的纳税人转让房地产所取得的销售收入总额减除规定的扣除项目金额后的余额为增值额。

增值额是计算土地增值税的本质所在。增值额与扣除项目金额的比值称为增值率，土地增值税实行四级超级累进税率，增值率越大适用税率越高。

因此，准确计算增值额就显得非常重要。要想准确计算增值额，需要有准确的房地产转让收入额和扣除项目的金额。在实际房地产交易活动中，有些纳税人由于不能准确提供房地产转让价格或扣除项目金额，致使增值额不准确，直接影响土地增值税纳税额的计算和缴纳。

因此，《土地增值税暂行条例》第九条规定，纳税人有下列情形之一的，按照房地产评估价格计算征收土地增值税，“房地产评估价格”是指由政府批准设立的房地产评估机构根据相同地段、同类房地产进行综合评定的价格。

（1）隐瞒、虚报房地产成交价格的。是指纳税人不报或有意低报转让土地使用权、地上建筑物及其附着物价款的行为。

（2）提供扣除项目金额不实的。是指纳税人在纳税申报时不据实提供扣除项目金额的行为。

（3）转让房地产的成交价格低于房地产评估价格，又无正当理由的。是指纳税人申报的转让房地产的实际成交价低于房地产评估机构评定的交易价，纳税人又不能提供凭据或无正当理由的行为。

隐瞒、虚报房地产成交价格，应由评估机构参照同类房地产的市场交易价格进行评估。税务机关根据评估价格确定转让房地产的收入。

提供扣除项目金额不实的，应由评估机构按照房屋重置成本价乘以成新度折扣率计算的房屋成本价和取得土地使用权时的基准地价进行评估。税务机关根据评估价格确定扣除项目金额。

转让房地产的成交价格低于房地产评估价格，又无正当理由的，由税务机关参照房地产评估价格确定转让房地产的收入。

上述所说的“房地产评估价格”，是指由政府批准设立的房地产评估机构根据相同地段、同类房地产进行综合评定的价格。

二、应纳税额的计算方法

土地增值税按照纳税人转让房地产所取得的增值额和规定的税率计算征收。土地增值税的计算公式是：

$$应纳税额 = \sum(每级距的土地增值额 \times 适用税率)$$

但在实际工作中，分步计算比较烦琐，一般可以采用速算扣除法计算，即计算土地增值税税额，可按增值额乘以适用的税率减去扣除项目金额乘以速算扣除系数的简便方法计算，具体公式如下：

1. 增值额未超过扣除项目金额的50%时，计算公式为

$$土地增值税税额 = 增值额 \times 30\%$$

2. 增值额超过扣除项目金额50%，未超过100%时，计算公式为

土地增值税税额 = 增值额 ×40% − 扣除项目金额 ×5%

3. 增值额超过扣除项目金额100%，未超过200%时，计算公式为

土地增值税税额 = 增值额 ×50% − 扣除项目金额 ×15%

4. 增值额超过扣除项目金额200%时，计算公式为

土地增值税税额 = 增值额 ×60% − 扣除项目金额 ×35%

上述公式中的5%、15%、35%分别为二、三、四级的速算扣除系数。

下面，举一个简单例子并用两种计算方法来具体说明：

[例11-4]　某纳税人转让房地产所取得的收入为400万元，其扣除项目金额为100万元，请计算其应纳土地增值税的税额。

[案例分析]

第一种方法（按《土地增值税暂行条例》规定的方法计算）：

第一步，先计算增值额。

增值额为：400 − 100 = 300（万元）

第二步，再计算增值额与扣除项目金额之比。

增值额与扣除项目金额之比为：300 ÷ 100 × 100% = 300%

由此可见，增值额超过扣除项目金额200%，分别适用30%、40%、50%和60%四档税率。

第三步，分别计算各级次土地增值税税额：

(1) 增值额未超过扣除项目金额50%的部分，适用30%的税率。

这部分增值额为：100 × 50% = 50（万元）

这部分增值额应纳的土地增值税税额为：50 × 30% = 15（万元）

(2) 增值额超过扣除项目金额50%，未超过扣除项目金额100%的部分，适用40%的税率。

这部分增值额为：100 ×（100% − 50%）= 50（万元）

这部分增值额应纳的土地增值税税额为：50 × 40% = 20（万元）

(3) 增值额超过扣除项目金额100%，未超过扣除项目金额200%的部分，适用50%的税率。

这部分的增值额为：100 ×（200% − 100%）= 100（万元）

这部分增值额应纳的土地增值税税额为：100 × 50% = 50（万元）

(4) 增值额超过扣除项目金额200%的部分，适用60%的税率。

这部分的增值额为：300 −（100 × 200%）= 100（万元）

这部分增值额应纳的土地增值税税额为：100 × 60% = 60（万元）

第四步，将各级的税额相加，得出总税额。

土地增值税税额为：15 + 20 + 50 + 60 = 145（万元）

第二种方法（按《实施细则》规定的速算扣除法计算）：

第一步，先计算增值额。

增值额为：400 - 100 = 300（万元）

第二步，再计算增值额与扣除项目金额之比。

增值额与扣除项目金额之比为：300 ÷ 100 × 100% = 300%

由此可见，增值额超过扣除项目金额200%，其适用的简单计算公式为：

土地增值税税额 = 增值额 × 60% - 扣除项目金额 × 35%

第三步，计算土地增值税税额。

土地增值税税额为：300 × 60% - 100 × 35% = 145（万元）

不难看出，两种计算方法所得出的结果是一样的。

[例11-5] 假定某房地产开发公司转让商品房一栋，取得收入总额为1 000万元，应扣除的购买土地的金额、开发成本的金额、开发费用的金额、相关税费的金额、其他扣除项目金额合计为400万元。请计算该房地产开发公司应缴纳的土地增值税。

（1）计算增值额：

增值额 = 1 000 - 400 = 600（万元）

（2）计算增值额与扣除项目金额的比率：

增值额与扣除项目金额的比率 = 600 ÷ 400 × 100% = 150%

根据上述计算方法，增值率超过扣除项目金额100%，未超过200%时，其适用的计算公式：

土地增值税税额 = 增值额 × 50% - 扣除项目金额 × 15%

（3）最后计算该房地产开发公司应缴纳的土地增值税：

应缴纳土地增值税 = 600 × 50% - 400 × 15% = 240（万元）

第四节 房地产开发企业土地增值税的清算

为进一步加强房地产开发企业土地增值税清算管理工作，国家税务总局根据《中华人民共和国税收征收管理法》《中华人民共和国土地增值税暂行条例》及有关规定，印发了《关于房地产开发企业土地增值税清算管理有关问题的通知》（国税发［2006］187号），文件规定，自2007年2月1日起，各省税务机关可按照以下规定对房地产开发企业的土地增值税进行清算，各省税务机关可依据本文件的规定并结合当地实际情况制定具体清算管理办法。

根据上述文件规定，国家税务总局又陆续下发了《土地增值税清算鉴证业务准则》（国税发［2007］132号）、《土地增值税清算管理规程》（国税发［2009］91号）、《国家税务总局关于土地增值税清算有关问题的通知》（国税函［2010］220号）等文件，作者根据这些文件的规定，归纳总结了国家税务总局房地产开发企业土地增值税清算管理的一些具体要求，供广大读者参考。

一、土地增值税的清算单位

（1）土地增值税以国家有关部门审批的房地产开发项目为单位进行清算。所称

“国家有关部门审批的房地产开发项目”，一般应当以当地发改委审批、备案确定的房地产开发项目作为清算单位，见《辽宁省地方税务局关于明确土地增值税清算有关问题的通知》（辽地税函［2012］92 号）。

（2）对于分期开发的项目，以分期项目为单位清算。所称“分期开发项目”，一般应当以当地住建部门或国土规划部门批准下发的《建设工程规划许可证》确定的分期建设项目作为清算单位（参考文件同上）。

（3）同一项目中包括不同类型的房地产，对不同类型房地产应当分别计算增值额、增值率，缴纳土地增值税。

此项是关于按房产类型进行土地增值税清算的规定。因为，只有分类清算，划分出普通标准住宅和非普通标准住宅，分别计算增值额、增值率，才可以执行《土地增值税暂行条例》对普通标准住宅的优惠政策，对于增值率不大于 20% 的普通标准住宅免征土地增值税。

二、土地增值税的清算条件

（1）符合下列条件之一的，纳税人应当进行土地增值税的清算。属于应当进行土地增值税清算的项目对于房地产开发公司来讲都属于项目已经结束。

1）房地产开发项目全部竣工、完成销售的。

房地产开发企业开发的房产一般采取预售的方式，预售房通常给业主开具销售不动产发票，作为“预售账款”处理。竣工验收后交付使用，房地产开发企业确认销售，将“预收账款”结转“主营业务收入”。本条所称“房地产开发项目全部竣工”说明只有房产确认销售时才能进行土地增值税清算；“完成销售的”，说明房地产开发项目已经结束，应当进行土地增值税的清算。

2）整体转让未竣工决算房地产开发项目的。

本项规定适用于房地产开发企业转让在建项目的情况。把在建项目转让，该项目对房地产开发公司来讲已经结束，应当进行土地增值税的清算。转让已进入建筑物施工阶段的“在建项目”应当按“销售不动产”计算缴纳土地增值税。

3）直接转让土地使用权的。

转让土地使用权包括转让已完成土地前期开发或正在进行土地前期开发，但尚未进入施工阶段的在建项目。房地产开发企业将土地使用权转让，对该企业来讲项目已经结束，应当进行土地增值税的清算。

对于符合上述规定条件，应当进行土地增值税清算的项目，纳税人应在满足条件之日起 90 日内到主管税务机关办理清算手续。凡在上述规定的期限内拒不清算或不提供清算资料的，主管税务机关可依据《中华人民共和国税收征收管理法》有关规定处理。

（2）对符合以下条件之一的，主管税务机关可要求纳税人进行土地增值税清算。

1）已竣工验收的房地产开发项目，已转让的房地产建筑面积占整个项目可售建筑面积的比例在85%以上，或该比例虽未超过85%，但剩余的可售建筑面积已经出租或自用的。

开发项目达到上述标准的，税务机关可以要求纳税人按照转让房地产的收入与扣除项目金额配比的原则，对已转让的房地产进行土地增值税的清算，未转让的部分在实际转让时再进行土地增值税的纳税申报。

2）取得销售（预售）许可证满三年仍未销售完毕的。

此项规定主要是针对有的房地产开发企业借口整个项目未销售完毕而不进行土地增值税清算的情况。当开发项目已经竣工验收并且取得销售（预售）许可证满三年的，税务机关可以要求企业对已经销售的部分进行清算，未销售的部分在销售时再进行纳税申报。

3）纳税人申请注销税务登记但未办理土地增值税清算手续的，应在办理注销登记前进行土地增值税清算。

这是一项常规业务，企业在向工商行政机关办理注销登记之前，应当先与税务机关结清所涉及的所有税款，包括土地增值税，然后注销税务登记。

4）省（自治区、直辖市、计划单列市）税务机关规定的其他情况。

凡主管地方税务机关要求纳税人办理土地增值税清算手续的房地产开发项目，主管地方税务机关应签发《土地增值税清算通知书》送达纳税人。纳税人在接到《土地增值税清算通知书》之后，在规定时间（90天）内，填写《土地增值税清算申请表》报送主管地方税务机关，进入清算程序。

对于符合上述规定条件之一的，税务机关可要求纳税人进行土地增值税清算的项目，由主管税务机关确定是否进行清算；对于确定需要进行清算的项目，由主管税务机关下达清算通知，纳税人应当在收到清算通知之日起90日内办理清算手续。在规定的期限内拒不清算或不提供清算资料的，主管税务机关可依据《中华人民共和国税收征收管理法》有关规定处理。

三、视同销售和自用房地产的收入确定

（1）房地产开发企业将开发产品用于职工福利、奖励、对外投资、分配给股东或投资人、债务重组、非货币性资产交换等，发生土地使用权及地上建筑物转移的，应视同销售房地产，缴纳土地增值税。其收入额按下列方法和顺序确认：

1）按本企业在同一地区、同一年度销售的同类房地产的平均价格确定。

2）由主管税务机关参照当地、当年、同类房地产的市场价格或评估价值确定。

应当注意的是，对于开发产品的视同销售，企业所得税与土地增值税的规定有所区别，国税发［2006］187号文件，没有把开发产品转作企业自用或对外捐赠赞助列为视同销售。这是因为，企业把开发产品转作自用，没有发生土地使用权和地上建筑物的转让行为，不应征收土地增值税。企业把开发产品对外捐赠或赞助，虽然发生了土地使用权和地上建筑物的转让，但是，如果房地产开发企业是通过中国境内非营利

的社会团体、国家机关将房屋产权、土地使用权赠与教育、民政和其他社会福利、公益事业的，免征土地增值税。

房地产开发企业将开发产品用于职工福利列为视同销售，征收土地增值税。是因为开发产品用于职工福利之后，已经不再属于企业生产经营所使用的资产，脱离了企业这个纳税主体，不再属于本企业纳税管理的范围。同时，开发产品用于职工福利，如用于托儿所、职工浴池等，资产的管理权属于工会，费用应由职工福利费来支付，所以应当作视同销售处理。

（2）房地产开发企业将开发的部分房地产用于出租等商业用途时，如果产权未发生转移，不征收土地增值税，在税款清算时不列收入，也不扣除相应的成本和费用。

按照土地增值税暂行条例及其实施细则的规定，土地增值税是对转让国有土地使用权、地上的建筑物及其附着物并取得的增值额征税。企业将开发产品出租，没发生出售或者以其他方式有偿转让房地产的行为，不征税。这项规定明确了企业出租开发产品在征收土地增值税时不作为视同销售处理，在土地增值税的税款清算时不列收入，也不扣除相应的成本和费用，即不需要填报《土地增值税纳税申报表》。

四、土地增值税的扣除项目

（1）房地产开发企业办理土地增值税清算时计算与清算项目有关的扣除项目金额，应根据《土地增值税暂行条例》第六条及其实施细则第七条的规定执行。除另有规定外，扣除取得土地使用权所支付的金额、房地产开发成本、费用及与转让房地产有关税金，须提供合法有效凭证；不能提供合法有效凭证的，不予扣除。

（2）房地产开发企业办理土地增值税清算所附送的前期工程费、建筑安装工程费、基础设施费、开发间接费用的凭证或资料不符合清算要求或不实的，地方税务机关可参照当地建设工程造价管理部门公布的建安造价定额资料，结合房屋结构、用途、区位等因素，核定上述四项开发成本的单位面积金额标准，并据以计算扣除。具体核定方法由省税务机关确定。

（3）房地产开发企业开发建造的与清算项目配套的居委会和派出所用房、会所、停车场（库）、物业管理场所、变电站、热力站、水厂、文体场馆、学校、幼儿园、托儿所、医院、邮电通信等公共设施，按以下原则处理：

1）建成后产权属于全体业主所有的，其成本、费用可以扣除；

2）建成后无偿移交给政府、公用事业单位用于非营利性社会公共事业的，其成本、费用可以扣除。

3）建成后有偿转让的，应计算收入，并准予扣除成本、费用。

（4）房地产开发企业销售已装修的房屋，其装修费用可以计入房地产开发成本。

房地产开发企业的预提费用，除另有规定外，不得扣除。

（5）属于多个房地产项目共同的成本费用，应按清算项目可售建筑面积占多个项目可售总建筑面积的比例或其他合理的方法，计算确定清算项目的扣除金额。

（6）房地产开发企业在工程竣工验收后，根据合同约定，扣留建筑安装施工企业一定比例的工程款，作为开发项目的质量保证金，在计算土地增值税时，建筑安装施工企业就质量保证金对房地产开发企业开具发票的，按发票所载金额予以扣除；未开具发票的，扣留的质保金不得计算扣除。

（7）房地产开发企业逾期开发缴纳的土地闲置费不得扣除。

第五节 土地增值税的优惠政策及其运用

1993年前后，我国房地产开发过热，一度炒买炒卖房地产的投机行为盛行，房地产价格上涨过快，基本建设投资规模过大，土地资源浪费严重。国家为了增强对房地产开发和房地产市场的调控力度，抑制炒买炒卖房地产行为，规范国家参与国有土地增值收益的分配方式，增加国家财政收入，决定发挥税收经济杠杆的调控作用，从1994年起征收土地增值税。

在这种经济形势下开征的土地增值税，就不会有太多的税收优惠政策。在十多年土地增值税征收过程中，财政部、国家税务总局根据经济的发展，总结征收过程中的经验，陆续出台了几项税收优惠政策。纳税人应当熟知，加以充分应用。

一、普通标准住宅的优惠政策

《土地增值税暂行条例》第八条第（一）项规定：纳税人建造普通标准住宅出售，增值额未超过扣除项目金额20%的，免征土地增值税。但是，什么是普通标准住宅，《土地增值税暂行条例实施细则》第十一条规定："所称的普通标准住宅，是指按所在地一般民用住宅标准建造的居住用住宅。高级公寓、别墅、度假村等不属于普通标准住宅。"这种定性标准各地很难掌握。一直到2005年，国务院进一步加强了对房地产市场的引导和调控，发布了《国务院办公厅转发建设部等部门关于做好稳定住房价格工作的意见》（国办发［2005］26号），明确了普通标准住宅原则上应同时满足以下条件：

（1）住宅小区建筑容积率在1.0以上。

（2）单套建筑面积在120平方米以下。

（3）实际成交价格低于同级别土地上住房平均交易价格1.2倍以下。

各省、自治区、直辖市要根据实际情况，制定本地区享受优惠政策普通住房的具体标准。允许单套建筑面积和价格标准适当浮动，但向上浮动的比例不得超过上述标准的20%。

财政部、国家税务总局印发的《关于土地增值税普通标准住宅有关政策的通知》（财税［2006］141号）中进一步强调："普通标准住宅"的认定，可在各省级人民政府根据国办发［2005］26号制定的"普通住房标准"的范围内从严掌握。

国家关于普通标准住宅的规定，具有多方面的作用。

第一，有利于国土资源的充分利用。我国是一个土地资源极度匮乏的国家，十三亿多人口生活在九百六十万平方公里的土地上，国务院已经强行规定，把保留耕地18亿亩作为红线，可用于建筑的土地会越来越少，而且，人口还会增长，土地不可能增加。这就要求房地产企业在建造房屋时，应当充分利用土地，提高土地的容积率。

第二，合理选择建造户型。在改革开放之前，由于多种原因造成我国居民的住房条件普遍较差。我们现在要解决的首要问题是让广大人民有房住，在此基础上适当改善居住条件。国务院规定建筑面积在90平方米以下的小户型房屋，要占总面积的70%以上，把普通标准住宅的单套建筑面积控制在120平方米以下，除对房地产公司在税收上有区别之外，对购房人应缴契税也差别对待。这就可以解决大多数人的住房问题。

第三，可以有效的控制房价。20世纪九十年代之后，随着房地产业的兴起，这个行业成为暴利行业。个别开发商捂盘惜售、哄抬房价。为了抑制房价，国务院在房价上做出限制性规定，在税收上，建造普通标准住宅出售，增值额未超过扣除项目金额20%的，免征土地增值税。超过20%的，就全部增值额征收土地增值税。这样的政策对房价的控制作用是非常明显的。而且，土地增值税条例规定有四档税率，开发项目的销售利润率越高，拉动增值率越大，适用较高税率，多缴纳税款，从而，引导企业不要盲目提高售价。

[例11-6]　2006年，某城市为了解决居民住房问题，经过市政府办公会议决定建造一个“和谐乐园”小区，占地面积10万平方米，建造经济适用房和普通标准住宅。经过竞标，富达房地产开发公司中标，支付土地出让金10 000万元，规划办要求容积率不得低于1.1；富达公司经过两年开发建设，建造总可售面积120 000平方米，房产开发成本26 400万元。经过市场预测，并征得市政府同意，每平方米售价为5 100元。当地规定城市维护建设税7%，教育费附加3%，计算应交的土地增值税。

[案例分析]

开发总成本 = 10 000 + 26 400 = 36 400（万元）

销售收入总额 = 5 100 × 120 000 = 612 000 000（元）

扣除项目金额 = 61 200 × 5.5% + 36 400 × 130% = 50 686（万元）

增值额 = 61 200 − 50 686 = 10 514（万元）

增值率 = 10514 ÷ 50 686 × 100% = 20.74%

应交土地增值税 = 10 514 × 30% − 0 = 3 154.20（万元）

如果富达房地产公司降低售价，假设每平方米售价降到5 000元，土地增值税的缴纳就会发生较大变化。

销售收入总额 = 5 000 × 120 000 = 600 000 000（元）

扣除项目金额 = 60 000 × 5.5% + 36 400 × 130% = 50 620（万元）

增值额 = 60 000 − 50 620 = 93 80（万元）

增值率 = 93 80 ÷ 50 620 × 100% = 18.53%

增值率不大于20%，根据土地增值税条例的规定，免征土地增值税。

这样一来，富达公司减少销售收入1 200万元，减少土地增值税额3 154.2万元，两项相抵后提高效益 1 954.20 万元（3154.20 - 1 200）。购房人减少直接购房款支出 1 200万元。

很明显，通过税收政策可以鼓励开发企业降低房屋的售价。同样道理，如果开发企业在设计规划中，容积率小于1.0，或者单套建筑面积在120平方米（另加浮动）以上，开发企业不能享受优惠政策，同样要交土地增值税。

这就是我们平时讲的“只要纳税筹划得当，低售价也可以高收益”。

从纳税人角度，购买非普通标准住宅，全额征收契税；个人购买普通住房，且该住房属于家庭（成员范围包括购房人、配偶以及未成年子女）唯一住房的，减半征收契税。对个人购买90平方米及以下普通住房，且该住房属于家庭唯一住房的，减按1%税率征收契税。（财税［2010］94号《关于调整房地产交易环节契税个人所得税优惠政策的通知》）

房地产开发企业如果想享受此项税收优惠，一方面要按政策规定建造普通标准住宅；另一方面，对纳税人既建造普通标准住宅又搞其他房地产开发的，应分别计算增值额。不分别计算增值额或不能准确计算增值额的，其建造的普通标准住宅不能适用免税规定。

那么，销售普通标准住宅价格应该定在什么水平可以免征土地增值税呢？通过以上计算我们已发现关键在于控制增值率。

分析上例可以发现，计算土地增值税和两个要素有关，其一是取得土地使用权支付金额和房地产开发成本之和构成的房地产开发总成本，这就相当于会计成本核算方法里面讲的“制造成本”，因为是建造房屋，在这里我们把制造成本叫做“建造成本”。其二是房产的销售收入总额。在此，我们分析一下建造成本与销售收入总额对土地增值税应纳税额的影响。

设销售收入总额为X，设不含息建造成本为Y，于是：

房地产开发费用按照建造成本的10%计算，设为0.1Y；

财政部规定的加计20%扣除额按照建造成本的20%计算，设为0.2Y；

房地产开发企业与转让房产有关的税金就是营业税、城市维护建设税、教育费附加，设为：

$$X \times 5\% \times (1 + 7\% + 3\%) = 0.055X$$

当增值率为20%时，求售价与建造成本的关系。列方程如下：

$$\frac{X - (1.3Y + 0.055X)}{1.3Y + 0.055X} = 20\%$$

$$0.934X = 1.56Y$$

$$X = 1.670\,24Y$$

这个公式的经济含义是：当增值率为20%时，售价与建造成本的比例为1.670 24∶1。可以这样设想，在建造普通标准住宅时，如果所确定的售价与建造成本的比值不大于1.670 24，就能使增值率不大于20%，根据《土地增值税暂行条例》的免税规定，免交土地增值税。所以，我们称1.670 24为“免税临界点定价系数”。就是在销售普通标准住宅时，销售收入总额如果不大于取得土地使用权支付金额与房地产开发成本之和的1.670 24倍，就可以免交土地增值税。

[例11-7]　假设某普通标准住宅开发项目单位建造成本为1 500元/m^2，那么在定价时，使得售价低于1 500×1.670 24=2 505元/m^2，就可以免交土地增值税。

有了这个系数，也使得房地产开发企业在降低销售时有了标准，不会因为单纯追求免税而过多的降低售价减少了企业利润。

企业经营的目的在于追求效益，免税也是为了提高效益，所以，在市场看好的情况下，不能单纯为了节省税费而不提高商品售价，需要把握的原则是，提高售价所带来的收益应当大于提高售价而增加的税费支出。

《土地增值税暂行条例》规定“增值额未超过扣除项目金额50%的部分，税率为30%”，所以我们使提价所带来的收益大于增值额的30%就能获利。根据上述计算方法，计算得到“高收益最低定价系数”为1.820 14。房地产开发企业在定价时使单位售价大于单位建造成本的1.820 14倍，企业虽然缴纳土地增值税，但由于提高售价所带来的销售收入增加额大于提价所应缴纳的土地增值税，企业仍然可以多获利，如图11-1所示。

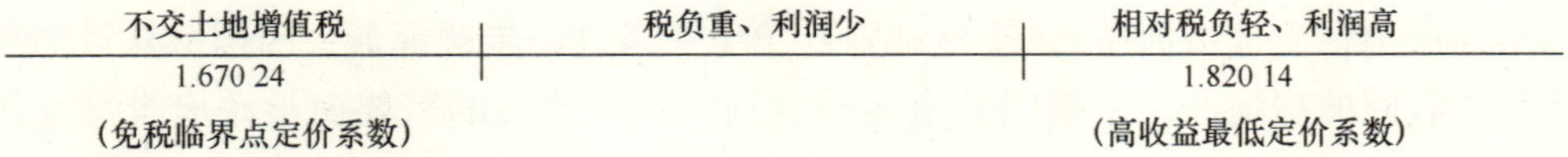

图11-1　普通标准住宅定价系数示意图

[例11-8]　仍然延续［例11－6］题的资料，如果售价为5 100.00元/m^2，转让房产销售收入总额为61 200万元，应交土地增值税额3 154.20万元。不含息建造总成本36 400万元，可售总面积120 000m^2，单位建造成本为3 033.33元/m^2

免税临界点定价=3 033.33×1.670 24=5 066.38元/m^2

高收益最低定价临界点=3 033.33×1.820 14=5 521.09元/m^2

根据计算结果可知，建造普通标准住宅售价低于5 066.38元/m^2，可以免交土地增值税；如果售价高于5 521.09元/m^2，虽然缴纳土地增值税，但是，由于提高售价所增加的销售收入大于所支付的土地增值税税款，企业仍然可以提高经济效益。

计算验证两个定价系数：

(1) 当定价不超过免税售价临界点时，是否可以免交土地增值税。假设定价为5 066.38元/m^2，销售收入总额为60 796.56万元。

扣除项目金额=36 400×1.3+60 796.56×5.5%=47 320+3 343.81=50 663.81（万元）

增值额=60 796.56－50 663.81=10 132.75（万元）

增值率=10 132.75÷50 663.81×100%=19.999 98%

增值率≤20%，根据《土地增值税暂行条例》的规定，免交土地增值税。

(2) 当定价超过高收益最低定价临界点时，是否可以确保企业提高经济利益？

当定价为5 521.09元/m^2时，销售收入总额66 253.08万元。

扣除项目金额 = 36 400 × 1.3 + 66 253.08 × 5.5% = 47 320 + 3643.92

= 50 963.92（万元）

增值额 = 66 253.08 − 50 963.92 = 15 289.16（万元）

增值率 = 15 289.16 ÷ 50 963.92 × 100% = 29.999 9%

适用税率30%，速算扣除率为0，

应交土地增值税 = 15 289.16 × 30% − 0 = 4 586.75（万元）

销售收入总额增加66 253.08 − 60 796.56 = 5 456.52万元，应交土地增值税4 586.75万元。

多获利 = 5 456.52 − 4 586.75 = 869.77（万元）

结论：从普通标准住宅的定价技巧，推导出以下结论，免税临界点定价系数为：1.670 24；高收益最低定价系数为：1.820 14；这两个系数可以应用于土地增值税的纳税筹划。

二、国家征用、收回房地产的优惠政策

《土地增值税暂行条例》第八条第（二）项规定：因国家建设需要依法征用、收回的房地产免征土地增值税。《实施细则》第十一条进一步解释道：因国家建设需要依法征用、收回的房地产，是指因城市实施规划、国家建设的需要而被政府批准征用的房产或收回的土地使用权。

财政部、国家税务总局《关于土地增值税若干问题的通知》（财税［2006］21号）又对“城市实施规划”和“国家建设的需要”进一步解释为：

（1）因“城市实施规划”而搬迁，是指因旧城改造或因企业污染、扰民（指产生过量废气、废水、废渣和噪声，使城市居民生活受到一定危害），而由政府或政府有关主管部门根据已审批通过的城市规划确定进行搬迁的情况。

（2）因“国家建设的需要”而搬迁，是指因实施国务院、省级人民政府、国务院有关部委批准的建设项目而进行搬迁的情况。

一些城市在旧城改造过程中，将一些工业企业迁出市区，安排在工业园区、高新技术开发区或者城市郊区，都属于因“城市实施规划”需要而搬迁，可以免征土地增值税。企业搬迁是否符合国家建设需要，文件明确了建设项目的级次，除因实施省级、部级和国务院批准的建设项目需要而搬迁可以享受免税外，因其他建设项目需要而搬迁的一律不得享受土地增值税的免税政策。

《土地增值税暂行条例实施细则》还规定：因城市实施规划、国家建设的需要而搬迁，由纳税人自行转让原房地产的，比照本规定免征土地增值税。符合上述免税规定的单位和个人，须向房地产所在地税务机关提出免税申请，经税务机关审核后，免予

征收土地增值税。根据政策性搬迁的规定，提交免税申请应报送的资料包括：

1）政府搬迁文件或公告。

2）搬迁重置总体规划。

3）拆迁补偿协议。

4）资产处置计划。

5）其他与搬迁相关的事项。

实际上，因城市实施规划、国家建设的需要而被政府批准征用的房地产，不仅仅涉及土地增值税，还涉及营业税、城市维护建设税、教育费附加、企业所得税等。

城市实施规划，动迁企事业单位或居民，是国家土地管理部门收回国有土地使用权。国家税务总局关于印发《营业税税目注释》（试行稿）的通知（国税发［1993］149号）第八条规定，土地使用者将土地使用权归还给土地所有者的行为，不征收营业税。

关于企业或居民动迁收入是否征收营业税的问题，广东省地税局在1999年曾经请示过国家税务总局，根据国家税务总局的答复精神，广东省地方税务局下发了《关于旧城拆迁改造有关营业税问题的批复》（粤地税函［1999］295号）第二条，关于被拆迁户取得拆迁补偿收入不征税问题：为支持城市改造建设，经请示国家税务总局同意，凡经县级以上政府批准，国土局及有关房地产管理部门发出公告，限期拆（搬）迁的地（路）段的，被拆迁户取得的拆迁补偿收入（包括货币、货物或其他经济利益）暂不征收营业税。

该文件在广东省执行，广东省无论是企业或者居民被拆迁，只要符合上述规定就可以免征营业税。为了公平税负，其他省市也纷纷借鉴粤地税函［1999］295号的规定。

居民拆迁补偿收入是否征收个人所得税，《财政部　国家税务总局关于城镇房屋拆迁有关税收政策的通知》（财税［2005］45号）规定：对被拆迁人按照国家有关城镇房屋拆迁管理办法规定的标准取得的拆迁补偿款，免征个人所得税。

企业因当地政府城市规划、基础设施建设等原因，搬迁企业按规定标准从政府取得的搬迁补偿收入，以及搬迁企业通过市场（招标、拍卖、挂牌等形式）取得的土地转让收入属于“企业政策性搬迁收入”，根据国家税务总局公告2012年第40号发布的《企业政策性搬迁所得税管理办法》，可以享受企业所得税的优惠待遇。

三、个人转让房地产的优惠政策

（一）关于个人转让住房免征土地增值税的免税优惠

《土地增值税实施细则》第十二条规定：个人因工作调动或改善居住条件而转让原自用住房，经向税务机关申报核准，凡居住满五年或五年以上的，免予征收土地增值税；居住满三年未满五年的，减半征收土地增值税；居住未满三年的，按规定计征土地增值税。

财政部、国家税务总局在《关于调整房地产市场若干政策的通知》（财税字［1999］210号）文件中，区分普通标准住宅和非普通标准住宅规定有差别的税收政策：“对居民拥有的普通标准住宅，在其转让时暂免征收土地增值税”。

（二）关于个人互换住房的免税优惠

《关于土地增值税一些具体问题规定的通知》（财税字［1995］048号）第五条规定：对个人之间互换自有居住用房地产的，经当地税务机关核实，可以免征土地增值税。

这里要强调的是，个人互换住房应当报给住房所在地的主管税务机关，请其核实，而不应拒不申报。

（三）个人转让房产免征土地增值税的优惠

《财政部 国家税务总局关于调整房地产交易环节税收政策的通知》（财税［2008］137号）规定，自2008年11月1日起执行。

（1）对个人首次购买90平方米及以下普通住房的，契税税率暂统一下调到1%。首次购房证明由住房所在地县（区）住房建设主管部门出具。

（2）对个人销售或购买住房暂免征收印花税。

（3）对个人销售住房暂免征收土地增值税。

四、企业以房地产投资联营的税收优惠

《财政部 国家税务总局关于土地增值税一些具体问题规定的通知》（财税字［1995］048号）第一条规定：“对于以房地产进行投资联营的，投资联营一方以土地（房地产）作价入股或作为联营条件，将房地产转让到投资、联营的企业中时，暂免征收土地增值税。对投资、联营企业将上述房地产再转让的，应征收土地增值税。”

鼓励企业投资、联营，发挥企业现有资源的作用，减少下岗人员是我国的一项重要政策。对以房地产作价入股或投资联营，在投资联营过程中因为资产评估而发生的增值额，暂免征收土地增值税，接受投资联营企业再转让上述房地产时，应当征收土地增值税。这里有一个接受投资联营企业再转让房地产时，如何计算扣除金额的问题？作者认为，投资方在投资过程中，对于投资资产评估价与会计账面价的差额已经计入当期损益，征收了企业所得税，完成了企业所得税的计税基础，接受投资企业可以按照评估价入账，计算资产的成本，将来转让该项房地产计算企业所得税的应纳税所得额时，可以按账面价值扣除。但是，由于房地产的增值额免征了土地增值税，没有完成土地增值税的计税基础，所以，接受投资企业再转让该项房地产时只能按照房地产在投资方的账面原值作为扣除基数，不得按评估价作为扣除基数。例如，甲公司以600万元取得一项土地使用权，2012年，按评估价值1 000万元对乙公司投资，根据企业所得税的有关规定按视同销售就评估增值400万元缴纳了企业所得税，完成了企业所得税的计税基础，会计处理按照1 000万元入账，会计的账面价值和计税基础均为

1 000万元。根据财税字［1995］48 号文件的规定，以房地产作价入股，将房地产转让到投资、联营的企业中时，暂免征收土地增值税。评估增值的400 万元暂免征收土地增值税，没有完成土地增值税的计税基础。2013 年，乙公司将土地使用权转让，评估价值1 200 万元，在计算企业所得税的应纳税所得额时可以按1 200 - 1 000 = 200（万元）计算。但是，乙公司在计算土地增值税的增值额时，由于甲公司没有缴纳土地增值税，没有完成土地增值税的计税基础，乙公司不得按1 000 万元计算扣除，而只能按甲公司取得土地使用权的初始成本600 万元作为计税基础，计算土地增值税的增值额。

2006 年，为了贯彻国务院办公厅国办发［2005］26 号的文件，财政部、国家税务总局在财税字［1995］048 号文件规定的以房地产投资免征土地增值税的基础上剔除了房地产开发企业。《财政部　国家税务总局关于土地增值税若干问题的通知》（财税［2006］21 号）文件第五条规定：自2006 年3 月2 日起，“对于以土地（房地产）作价入股进行投资或联营的，凡所投资、联营的企业从事房地产开发的，或者房地产开发企业以其建造的商品房进行投资和联营的，均不适用《财政部　国家税务总局关于土地增值税一些具体问题规定的通知》（财税字［1995］048 号）第一条暂免征收土地增值税的规定。”

此条规定从两个方面剔除了房地产开发企业：①以土地（房地产）作价入股进行投资或联营，凡被投资企业从事房地产开发的，应当征收土地增值税；②房地产开发企业以其“建造的商品房”进行投资或联营的，要征收土地增值税。“商品房”是指建造完成设计所规定的全部内容并验收合格的房产。但是，此条规定没有规定房地产开发企业以土地使用权或在建工程作价入股进行投资、联营要征收土地增值税。可以做两种推断：①如果房地产开发企业以土地使用权或在建工程投资到房地产企业，就符合财税［2006］21 号文件第五条规定的，“凡所投资、联营的企业从事房地产开发的”，应当征收土地增值税。②如果房地产企业以土地使用权或在建工程投资到非房地产企业，该文件并没有作出规定，根据“法务授权则不为”的原则，可以得出如下结论：房地产开发企业以土地使用权或在建工程对非房地产开发企业投资不征收土地增值税。目前税务机关也是这样掌握的。

［例11-9］　景泰房地产开发公司2012 年投入15 000 万元，取得一项土地使用权，土地出让合同规定，应当将土地的20% 建造宾馆和娱乐中心。经过董事会会议决定，按照土地出让合同规定将其中的20% 的土地用于建造宾馆和餐饮娱乐中心，建成之后注册设立国泰国际大酒店。宾馆的建设期为2 年，建设投资预计需要13 000 万元，预计建成后宾馆房产的公允价为28 800 万元。请计算按照这个方案需要缴纳多少税费？当地契税税率4%，城市维护建设税税率7%，教育费附加3%，不考虑地方教育费附加。

有无其他方案可以降低景泰公司就该项目的应纳税费？

［原纳税方案分析］

（一）关于营业税及附加

《财政部　国家税务总局关于股权转让有关营业税问题的通知》（财税［2002］191 号）的规定：“以无形资产、不动产投资入股，与接受投资方利润分配，共同承担投资风险的行为，不征收营业税。”景泰房地产公司建成宾馆大厦之后，投资设立酒店公司不征营业税及附加。

（二）关于契税

《契税暂行条例》第一条的规定：“在中华人民共和国境内转移土地、房屋权属，承受的单位和个人为契税的纳税人，应当依照本条例的规定缴纳契税”。

国泰国际大酒店接承受景泰房地产公司的土地、房产投资，应当缴纳契税。当地规定契税税率为4%。

应缴纳契税＝28 800×4%＝1 152（万元）

国泰酒店是景泰公司的全资子公司，所以，契税的承担者仍然是景泰房地产公司。

（三）关于土地增值税

《国家税务总局关于房地产开发企业土地增值税清算管理有关问题的通知》（国税发［2006］187号）第三条规定：“房地产开发企业将开发产品用于职工福利、奖励、对外投资、分配给股东或投资人、抵偿债务、换取其他单位和个人的非货币性资产等，发生所有权转移时应视同销售房地产，征收土地增值税。其收入按下列方法和顺序确认：

（1）按本企业在同一地区、同一年度销售的同类房地产的平均价格确定。

（2）由主管税务机关参照当地当年、同类房地产的市场价格或评估价值确定。”

酒店建造总成本＝15 000×20%＋13 000＝16 000（万元）

扣除项目金额＝16 000×130%　＋0＝20 800（万元）

增值额＝28 800－20 800＝8 000（万元）

增值率＝8 000÷20 800×100%＝38.46%

适用税率30%，速算扣除率0。

应交土地增值税＝8 000×30%－0＝2 400（万元）

（四）关于印花税

根据《中华人民共和国印花税暂行条例》规定，产权转移书据，包括财产所有权和版权、商标专用权、专利权、专有技术使用权等转移书据，按所载金额万分之五贴花。

应交印花税＝28 800×0.5‰＝14.4（万元）

（五）关于企业所得税

《企业所得税法实施条例》第二十五条规定：“企业发生非货币性资产交换，以及将货物、财产、劳务用于捐赠、偿债、赞助、集资、广告、样品、职工福利或者利润分配等用途的，应当视同销售货物、转让财产或者提供劳务，但国务院财政、税务主管部门另有规定的除外。”

《房地产开发经营业务企业所得税处理办法》（国税发［2009］31号）文件第七条规定：企业将开发产品用于捐赠、赞助、职工福利、奖励、对外投资、分配给股东或投资人、抵偿债务、换取其他企事业单位和个人的非货币性资产等行为，应视同销售，于开发产品所有权或使用权转移，或于实际取得利益权利时确认收入（或利润）的实现。确认收入（或利润）的方法和顺序为：

（1）按本企业近期或本年度最近月份同类开发产品市场销售价格确定。

（2）由主管税务机关参照当地同类开发产品市场公允价值确定。

（3）按开发产品的成本利润率确定。开发产品的成本利润率不得低于15%，具体比例由主管税务机关确定。

1）应纳税所得额 = 28 800 -（16 000 + 1 152 + 2 400 + 14.4）

= 28 800 - 19 566.4 = 9 233.6（万元）

2）应交企业所得税 = 9 233.6 × 25% = 2 308.4（万元）

应交税费合计 = 1 152 + 2 400 + 14.4 + 2 308.4 = 5 874.80（万元）

[纳税筹划方案一]

建议景泰房地产开发公司用20%的土地使用权作价（3 000万元）和13 000万元的资金注册设立国泰酒店公司，再由酒店公司委托景泰房地产公司代建，纳税情况变化如下：

（一）营业税及附加

根据财税［2002］191号文件规定，以无形资产——土地使用权投资不征营业税，也就不征附加税。

（二）关于契税

应交契税 = 15 000 × 20% × 4% = 120（万元）

（三）关于印花税

应交印花税 = 15 000 × 20% × 0.5‰ = 1.5（万元）

（四）关于土地增值税

《财政部　国家税务总局关于土地增值税一些具体问题规定的通知》（财税字［1995］048号）第一条规定："对于以房地产进行投资联营的（含单位及个人），投资联营一方以土地（房地产）作价入股，将房地产转让到投资联营的企业中时，暂免征收土地增值税。对投资、联营企业将上述房地产再转让的，应征收土地增值税"。该文件中，包含了房地产开发企业，以土地（房地产）对房地产开发企业投资，或者是房地产开发企业以土地（房地产）对其他企业投资均免征土地增值税。

为了贯彻《国务院办公厅转发建设部等部门关于做好稳定住房价格工作意见的通知》（国办发［2005］26号）文件的精神，《财政部　国家税务总局关于土地增值税若干问题的通知》（财税［2006］21号）剔除了房地产开发企业，该文件第五条关于以房地产进行投资或联营的征免税问题规定："对于以土地（房地产）作价入股进行投资或联营的，凡所投资、联营的企业从事房地产开发的，或者房地产开发企业以其建造的商品房进行投资和联营的，均不适用财税字［1995］48号第一条暂免征收土地增值税的规定”。但是，该文件并没有规定房地产开发企业以土地使用权投资如何征税，可以推断得出如下结论：房地产开发企业以土地使用权对非房地产开发企业投资不征土地增值税，实际上，这些年税务机关也这样执行的。

景泰房地产公司以20%的土地使用权对酒店公司投资，税法没有规定要征土地增值税，所以，可以不征土地增值税。

（五）关于企业所得税

景泰房地产公司刚刚取得土地使用权就对酒店公司投资，土地还没来得及增值，土地使用权按3 000万元作价，无所得不征企业所得税。

$$应交税费合计=120+1.5=121.5（万元）$$

[纳税筹划方案二]

先由景泰房地产开发公司投资13 000万元注册成立国泰国际大酒店，酒店公司成立之后，景泰公司按照土地使用权的账面价值向酒店公司划转20%的土地使用权，所称“划转”是指按账面价值划拨或调拨，景泰公司按土地账面价值3 000万元向酒店公司划拨。

（1）关于营业税及附加，根据财税［2002］191号文件规定，不征营业税及附加。

《财政部　国家税务总局关于营业税若干政策问题的通知》（财税［2003］16号）文件规定：“单位和个人销售或转让其购置的不动产或受让的土地使用权，以全部收入减去不动产或土地使用权的购置或受让原价后的余额为营业额。”景泰公司向酒店公司划转土地无差额，不征营业税。

（2）关于契税，《财政部　国家税务总局关于企业事业单位改制重组契税政策的通知》（财税［2012］4号）规定：“同一投资主体内部所属企业之间土地、房屋权属的划转，包括母公司与其全资子公司之间，同一公司所属全资子公司之间，同一自然人与其设立的个人独资企业、一人有限公司之间土地、房屋权属的划转，免征契税”。国泰国际大酒店属于景泰房地产公司的全资子公司，母公司与其全资子公司之间土地、房屋权属划转不征契税。

（3）关于土地增值税，根据财税［2006］21号和国税发［2006］187号文件规定，土地使用权划转不征收土地增值税。

《重庆市地方税务局关于土地增值税若干政策执行问题的公告》（重庆市地方税务局公告2014年第9号）规定，同一投资主体内部所属企业之间无偿划转（调拨）房地产，不征收土地增值税。“同一投资主体内部所属企业之间”是指母公司与其全资子公司之间；同一公司所属全资子公司之间；自然人与其设立的个人独资企业、一人有限公司之间。

（4）关于印花税，应交印花税$=15\ 000\times20\%\times0.5‰=1.5$（万元）

（5）关于企业所得税，景泰房地产公司刚刚取得土地使用权就对酒店公司投资，土地还没来得及增值，土地使用权按3 000万元作价，无所得不征企业所得税。

应纳税费合计$=1.5$（万元）

［纳税筹划方案三］

建议景泰房地产开发公司在与土地管理部门签订土地出让合同后，先将土地出让金交齐，暂不办理《土地使用权证》，向土地管理部门提出申请，本公司按照土地出让合同的要求，先去注册酒店公司，拿到酒店公司的《企业法人营业执照》后，请土地管理部门将土地使用权证直接办给酒店公司，避免土地二次转让，避免重复纳税。

五、企业兼并的税收优惠

《财政部　国家税务总局关于土地增值税一些具体问题规定的通知》（财税字［1995］048 号）第三条规定："在企业兼并中，对被兼并企业将房地产转让到兼并企业中的，暂免征收土地增值税。"

企业兼并是指一个企业购买其他企业的产权，使其他企业失去法人资格或改变法人实体的一种交易行为。兼并企业在购买被兼并企业的过程中，被购买企业可能发生房地产转让价值大于原值产生的增值额，按照土地增值税的立法原则，应当征收土地增值税。但是，为了鼓励企业改制，使得被兼并企业的职工由兼并方负责安置，此项优惠政策无疑可以减少下岗人员，使社会更加和谐稳定。企业采用购买法兼并其他企业资产产权，其中包含的房地产增值额，财税字［1995］048 号文件规定暂免征收土地增值税，有利于促进企业的兼并。

［例 11-10］　B 公司由于长期经营亏损，经过股东会讨论作出决定，准备将其破产清算。在 B 公司的清算资产中，土地、房产所占比例较大。土地使用权购置原价 1 000万元，已经摊销 10 年，摊余价值 800 万元；房产购置原价 1 400 万元，已经计提折旧 10 年，净值 950 万元。经过评估机构评估，土地评估价值 5 000 万元，房产评估价值 1 500 万元。从纳税角度分析，B 公司应当破产清算还是与其他企业合并？

政策分析：

《财政部　国家税务总局关于企业清算业务企业所得税处理若干问题的通知》（财税［2009］60 号）规定，企业在不再持续经营，发生结束自身业务、处置资产、偿还债务以及向所有者分配剩余财产等经济行为时，应当对清算所得、清算所得税、股息分配等事项进行企业清算的所得税处理。

企业应将整个清算期作为一个独立的纳税年度计算清算所得。企业的全部资产可变现价值或交易价格，减除资产的计税基础、清算费用、相关税费，加上债务清偿损益等后的余额为清算所得，用公式表示如下：

清算所得 = 全部资产可变现价值或交易价格 − 资产的计税基础 − 清算费用 − 相关税费 + 债务清偿损益 − 弥补以前年度亏损

债务清偿损益 = 债务实际偿还的金额 − 债务的计税基础

相关税费是指企业在清算过程中发生的税费，不包括以前年度所欠税款。

（1）企业清算应交土地增值税计算如下：

《土地增值税暂行条例》第六条规定，转让旧房及建筑物按照评估价格计算土地增值税的扣除项目金额。《土地增值税暂行条例实施细则》第七条第（四）项规定：“旧房及建筑物的评估价格，是指在转让已使用的房屋及建筑物时，由政府批准设立的房地产评估机构评定的重置成本价乘以成新度折扣率后的价格。评估价格须经当地税务机关确认。”

《财政部 国家税务总局关于土地增值税若干问题的通知》（财税［2006］21号）第二条关于转让旧房准予扣除项目的计算问题规定：“纳税人转让旧房及建筑物，凡不能取得评估价格，但能提供购房发票的，经当地税务部门确认，《条例》第六条第（一）、（三）项规定的扣除项目的金额，可按发票所载金额并从购买年度起至转让年度止每年加计5%计算。对纳税人购房时缴纳的契税，凡能提供契税完税凭证的，准予作为‘与转让房地产有关的税金’予以扣除，但不作为加计5%的基数。对于转让旧房及建筑物，既没有评估价格，又不能提供购房发票的，地方税务机关可以根据《中华人民共和国税收征收管理法》（以下简称《税收征管法》）第35条的规定，实行核定征收。”

《国家税务总局关于土地增值税清算有关问题的通知》（国税函［2010］220号）规定，《财政部 国家税务总局关于土地增值税若干问题的通知》（财税［2006］21号）第二条第一款规定“纳税人转让旧房及建筑物，凡不能取得评估价格，但能提供购房发票的，经当地税务部门确认，《条例》第六条第（一）、（三）项规定的扣除项目的金额，可按发票所载金额并从购买年度起至转让年度止每年加计5%计算”。计算扣除项目时“每年”按购房发票所载日期起至售房发票开具之日止，每满12个月计一年；超过一年，未满12个月但超过6个月的，可以视同为一年。

B公司取得土地使用权支付价款1 000万元，房产购置原价1 400万元，房地产总成本2 400万元，已经折旧（摊销）10年，每年加计扣除5%。土地评估价值5 000万元，房产评估价值1 500万元，房地产评估价格6 500万元。根据《财政部 国家税务总局关于营业税若干政策问题的通知》（财税［2003］16号）第（二十）项规定：“单位和个人销售或转让其购置的不动产或受让的土地使用权，以全部收入减去不动产或土地使用权的购置或受让原价后的余额为营业额。单位和个人销售或转让抵债所得的不动产、土地使用权的，以全部收入减去抵债时该项不动产或土地使用权作价后的余额为营业额。”

纳税测算：

扣除项目金额＝（2 400＋2 400×5%×10）＋（6 500－2 400）×5.5%＝3 600＋225.5＝3 825.5（万元）

增值额＝6 500－3 825.5＝2 674.5（万元）

增值率＝2 674.5÷3 825.5×100%＝69.91%，适用税率40%，速算扣除率5%。

应纳土地增值税＝2 674.5×40%－3 825.5×5%＝878.53（万元）

很显然，如果B公司破产清算，土地增值税的税负很重。

（2）与其他企业合并可以免征土地增值税

根据财税字［1995］048 号第三条规定：在企业兼并中，对被兼并企业将房地产转让到兼并企业中的，暂免征收土地增值税。

建议 B 公司找一家经营较好的企业与其进行企业重组，为 B 公司原股东换取目标公司的股权，成为购买方公司的股东。这样，B 公司就可以免交土地增值税 878.53 万元。

六、合作建房的税收优惠

《财政部　国家税务总局关于土地增值税一些具体问题规定的通知》（财税字［1995］048 号）第二条规定："对于一方出土地，一方出资金，双方合作建房，建成后按比例分房自用的，暂免征收土地增值税；建成后转让的，应征收土地增值税。"

国家税务总局《营业税问题解答（一）》（国税函发［1995］156 号）规定：合作建房是指一方提供土地使用权（以下简称甲方），另一方提供资金（以下简称乙方）的合作建房。建成后按比例分房自用的属于土地使用权和房屋所有权的互换。甲方转让了部分土地使用权，换取的是房屋所有权，应当征收营业税。乙方以转让部分房屋的所有权为代价（没有土地），换取部分土地使用权，也应当征收营业税。由于双方没有进行货币结算，因此应当按照《营业税条例实施细则》的规定分别核算双方各自的营业额。

甲方转让了国有土地使用权，如果有增值额，依照土地增值税条例的规定，应当征收土地增值税。财税字［1995］048 号文件作了暂免征收土地增值税的规定，免征土地增值税。乙方以转让部分房屋的所有权为代价，换取的是土地使用权，乙方转让的房产中不包含土地使用权，简言之，乙方只是转让房产，没有发生"转让国有土地使用权的行为"，不属于土地增值税暂行条例规定的征税范围，也不应当征收土地增值税。甲方、乙方在房产建成分配之后再次转让房产，就符合土地增值税暂行条例规定的征税范围，应当征收土地增值税。

合作建房还涉及企业所得税的问题，如何计算转让收入，按照营业税暂行条例实施细则第二十条的规定操作，作为视同销售处理，弹性较大。因此，国家税务总局《房地产开发经营业务企业所得税处理办法》（国税发［2009］31 号）规定，甲方转让土地使用权的所得"按应从该项目取得的开发产品（包括首次取得的和以后应取得的）的市场公允价值计算确认土地使用权转让所得或损失。"

［例 11-11］　甲企业属于非房地产开发企业，2008 年通过招、拍、挂受让一块土地使用权，支付土地出让金 3 000 万元，甲企业没有进行任何开发。2010 年 3 月，甲企业准备将土地使用权转让给乙房地产开发公司，评估价 8 000 万元，由乙公司开发这块土地。营业税税率 5%，城市维护建设税 7%，教育费附加 3%，计算甲企业应交土地增值税额。并帮助筹划，该土地怎样转让可以降低土地增值税？

［案例分析］

（一）转让土地使用权应交土地增值税的计算

《土地增值税暂行条例》第二条规定，转让国有土地使用权、地上的建筑物及其附着物（以下简称转让房地产）并取得收入的单位和个人，为土地增值税的纳税义务人（以下简称纳税人），应依照本条例缴纳土地增值税。如果，甲企业将土地使用权转让给乙企业，根据上述规定，应缴纳土地增值税。

《国家税务总局关于印发<土地增值税宣传提纲>的通知》（国税函发［1995］110号）第六条第（一）项规定，对取得土地或房地产使用权后，未进行开发即转让的，计算其增值额时，只允许扣除取得土地使用权时支付的地价款，缴纳的有关费用，以及在转让环节缴纳的税金。

（1）扣除项目金额。甲企业属于非房地产开发企业，取得土地使用权之后，未进行开发即转让，在计算土地增值税时不得加计扣除房地产开发费用10%，也不得享受财政部规定的其他扣除项目附加扣除20%。

甲企业转让土地使用权营业税的征收，根据《财政部 国家税务总局关于营业税若干政策问题的通知》（财税［2003］16号）第三条（二十）项规定："单位和个人销售或转让其购置的不动产或受让的土地使用权，以全部收入减去不动产或土地使用权的购置或受让原价后的余额为营业额"。因此，甲企业的营业税应税营业额可以差额计算，即：

8 000－3 000＝5 000（万元）

扣除项目金额＝3 000＋（8 000－3 000）×5.5%＝3 275（万元）

（2）增值额＝8 000－3 275＝4 725（万元）

（3）增值率＝4 725÷3 275×100%＝144.27%，适用税率50%，速算扣除率15%。

（4）应纳土地增值税＝4 275×50%－3 275×15%＝2 137.5－491.25＝1 646.25（万元）

（二）将转让土地使用权转换为合作建房的纳税筹划

［政策分析］

根据《财政部 国家税务总局关于土地增值税一些具体问题规定的通知》（财税字［1995］048号）文件的规定："对于一方出地、一方出资金，双方合作建房，建成后按比例分房自用的，暂免征收土地增值税；建成后转让的，应征收土地增值税。"如果将转让土地使用权转化为合作建房，可以免征土地增值税。

《国家税务总局关于印发<营业税问题解答（之一）>的通知》（国税函发［1995］156号）第十七条规定，合作建房，是指由一方（以下简称甲方）提供土地使用权，另一方（以下简称乙方）提供资金，合作建房。土地使用权和房屋所有权相互交换，双方都取得了拥有部分房屋的所有权。在这一合作过程中，甲方以转让部分土地使用权为代价，换取部分房屋的所有权，发生了转让土地使用权的行为；乙方则以转让部分房屋的所有权为代价，换取部分土地使用权，发生了销售不动产的行为。因而合作建房的双方都发生了营业税的应税行为。对甲方应按"转让无形资产"税目中的"转让土地使用权"子目征税；对乙方应按"销售不动"税目征税。由于双方没有进行货币结算，因此应当按照资产的公允价值分别核定双方各自的营业额。

关于转让收入的计算问题，《房地产开发经营业务企业所得税处理办法》（国税发［2009］31号）第三十七条规定："企业以换取开发产品为目的，将土地使用权投资其他企业房地产开发项目的，按以下规定进行处理：企业应在首次取得开发产品时，将其分解为转让土地使用权和购入开发产品两项经济业务进行所得税处理，并按应从该项目取得的开发产品（包括首次取得的和以后应取得的）的市场公允价值计算确认土地使用权转让所得或损失”。公允价值是按照市场价格所计算的价值。

[纳税筹划方案] 甲企业将转让土地使用权转化为合作建房，分得房产后，再转让房产。甲企业以土地与乙房地产开发公司合作建房，乙公司出资8 400万元，在这块土地上建同样规模的两栋写字楼，各分得一栋。假设，甲企业分得的写字楼评估价值为5 500万元。乙公司先给甲企业开具销售不动产发票，销售额5 500万元，甲企业再给乙公司开具转让无形资产——土地使用权发票，销售额5 500万元，并协助乙公司办理土地使用权的过户手续。甲企业以地换房，发生了土地使用权转让行为，转让收入为5 500万元，应交营业税及附加计算如下：

（1）应交营业税 =（5 500 −3 000 ÷2）×5% =200（万元）

（2）应缴城市维护建设税 =200 ×7% =14（万元）

（3）应缴教育费附加 =200 ×3% =6（万元）

（4）地方教育费附加 =200 ×2% =4（万元）

（5）转让土地使用权利得 =5 500 −3 000/2 −（200 +14 +6 +4）

=3 776（万元）

会计处理为：

借：固定资产——写字楼	55 000 000
贷：无形资产——土地	15 000 000
应交税费——应交营业税	2 000 000
应交税费——应交城建税	140 000
应交税费——教育费附加	60 000
应缴税费——地方教育附加	40 000
营业外收入	37 760 000

《中华人民共和国契税暂行条例细则》第十条规定：“土地使用权交换、房屋交换，交换价格不相等的，由多交付货币、实物、无形资产或者其他经济利益的一方缴纳税款。交换价格相等的，免征契税。土地使用权与房屋所有权之间相互交换，按照前款征税”。在本案例中，甲、乙双方均没有支付价款，没有购置不动产，不征契税。

甲企业分得楼房后再转让，楼房发票金额为5 500万元，加上土地使用权原价1 500万元，房地产成本为7 000万元。假设甲公司仍以8 000万元把分得的房产转让，根据财税［2003］16号文件，营业税可以差额计税，应交土地增值税计算如下：

（1）扣除项目金额 =7 000 +（8 000 −5 500）×5.5%

=7 137.5（万元）

（2）增值额 =8 000 −7 137.5 ×100% =862.5（万元）

（3）增值率 =862.5 ÷7 137.5 ×100% =12.08%，适用税率30%，速算扣除率0。

（4）应纳土地增值税 =862.5 ×30% −0 =258.75（万元）

(5) 合作建房后再销售房产比直接转让土地使用权减少土地增值税 = 1 646.25 - 258.75 = 1 387.50 (万元)

[筹划点评]

(1) 利用合作建房进行纳税筹划的关键是甲公司在以部分土地使用权换取房产的过程中，改变了计价基础，以换入房产的公允价替代了转让土地的成本价，而且，在这种价格转换的过程中享受了递延纳税的政策。

(2) 合作建房涉及营业税及附加、土地增值税、契税、企业所得税等，在进行纳税筹划时应当统筹考虑，不能只考虑一个税种。

七、旧房转为廉租住房、经济适用住房的优惠

为贯彻落实根据国务院办公厅《关于促进房地产市场平稳健康发展的通知》(国办发［2010］4号)、《国务院关于坚决遏制部分城市房价过快上涨的通知》(国发［2010］10号) 和住房城乡建设部等七部门《关于加快发展公共租赁住房的指导意见》(建保［2010］87号) 精神，促进廉租住房、经济适用住房制度建设和住房租赁市场的健康发展。《财政部 国家税务总局关于支持公共租赁住房建设和运营有关税收优惠政策的通知》(财税［2010］88号) 第四条规定：对企事业单位、社会团体以及其他组织转让旧房作为公租房房源，且增值额未超过扣除项目金额20%的，免征土地增值税。上述政策自发文之日起执行，执行期限暂定三年，政策到期后将根据公租房建设和运营情况对有关内容加以完善。

这项规定，企业在转让闲置的旧房时，应当选择购房单位，如果购房单位是专门从事廉租住房、经济适用房管理的部门，把旧房转让给他们，则可以享受免征土地增值税的待遇。

八、对第二十九届奥运会组委会的税收优惠

财政部、国家税务总局、海关总署《关于第29届奥运会税收政策问题的通知》(财税［2003］10号) 规定：对组委会再销售所获捐赠商品和赛后出让资产取得收入，免征应缴纳的增值税、消费税、营业税和土地增值税。

第六节 土地增值税的征收管理

2010年4月17日国务院下发了《关于坚决遏制部分城市房价过快上涨的通知》(国发［2010］10号，以下简称《国十条》)。国十条第四条规定："发挥税收政策对住房消费和房地产收益的调节作用。财政部、税务总局要加快研究制定引导个人合理住房消费和调节个人房产收益的税收政策。税务部门要严格按照税法和有关政策规定，认真做好土地增值税的征收管理工作，对定价过高、涨幅过快的房地产开发项目进行重点清算和稽查。"

作为国务院的文件提出对某个行业、某个税种进行清算和稽查这还是第一次，文件传达的信息是：房地产开发企业的土地增值税已经到了非清算不可的地步了。

为深入贯彻《国十条》精神，促进房地产行业健康发展，合理调节房地产开发收益，充分发挥土地增值税调控作用，国家税务总局于5月25日下发了《关于土地增值税清算有关问题的通知》（国税发［2010］53号，以下简称《通知》），就加强土地增值税征收管理工作主要提出如下要求：

《通知》第二条规定，为了发挥土地增值税在预征阶段的调节作用，各地须对目前的预征率进行调整。除保障性住房外，东部地区省份预征率不得低于2%，中部和东北地区省份不得低于1.5%，西部地区省份不得低于1%，各地要根据不同类型房地产确定适当的预征率（地区的划分按照国务院有关文件的规定执行）。对尚未预征或暂缓预征的地区，应切实按照税收法律法规开展预征，确保土地增值税在预征阶段及时、充分发挥调节作用。

《通知》第三条规定，要对已经达到清算条件的项目，全面进行梳理、统计，制定切实可行的工作计划，提出清算进度的具体指标，要求企业及时依法进行清算，按照《土地增值税清算管理规程》的规定和时限进行申报；对未按照税收法律法规要求及时进行清算的纳税人，要依法进行处罚；对审核中发现重大疑点的，要及时移交税务稽查部门进行稽查；对涉及偷逃土地增值税税款的重大稽查案件要及时向社会公布案件处理情况。

《通知》第四条规定，核定征收必须严格依照税收法律法规规定的条件进行，任何单位和个人不得擅自扩大核定征收范围，严禁在清算中出现“以核定为主、一核了之”“求快图省”的做法。凡擅自将核定征收作为本地区土地增值税清算主要方式的，必须立即纠正。对确需核定征收的，要严格按照税收法律法规的要求，从严、从高确定核定征收率。为了规范核定工作，核定征收率原则上不得低于5%，各省级税务机关要结合本地实际，区分不同房地产类型制定核定征收率。

根据国家税务总局文件规定，各省纷纷对土地增值税的核定征收率予以调高，以示对违规违法企业的惩罚，例如有的省规定，“可按8%～12%核定征收土地增值税。”

从国务院的文件到税务总局的通知，可以看到中央政府是下决心要对土地增值税进行清算，房地产开发企业应当引起足够重视，税务机关、中介机构也应当做好准备。据2013年11月25日中央电视台爆料：截止到2012年12月31日，全国房地产开发企业应缴未缴的土地增值税总额超过3.8万亿元，如此巨额的应缴未缴税款必然招致税务机关对房地产开发企业土地增值税更加严格地清算。

根据近几年税务机关对房地产开发企业土地增值税清算的案例分析，土地增值税清算的重点应当包括以下三个方面：一是要对近几年积压未清算的项目进行全面清理，统筹安排，要求企业限期自行清算，对拒不清算的要严肃处理。二是要严格执行核定征收规定，不得擅自扩大核定征收的范围，对不符合核定征收条件的，坚决不搞核定征收，对擅自扩大核定征收范围的必须立即纠正；对符合条件、确需核定的，要根据实际情况从严从重确定核定征收率，不搞一刀切。三是清算审核时要严格依照《土地增值税暂行条例》及其实施细则和有关法规执行，不得擅自扩大扣除项目的范围。

一、关于对房地产开发项目进行登记管理的规定

《国家税务总局关于印发〈土地增值税纳税申报表〉的通知》（国税发［1995］90号）文件第二条规定，从事房地产开发的纳税人，应在取得土地使用权并获得房地产开发项目开工许可后，根据税务机关确定的时间，向主管税务机关报送《土地增值税项目登记表》（见表11-2），并在每次转让（预售）房地产时，依次填报表中规定栏目的内容；纳税人转让（预售）其开发的房地产并取得收入的，应根据税务机关确定的时间，定期向主管税务机关报送《土地增值税纳税申报表（一）》。

为贯彻国家税务总局指示，北京市地方税务局印发的《关于加强房地产开发项目土地增值税管理若干问题的通知》（京地税地［2009］105号）第一条规定，房地产开发企业应自取得立项批准文件之日起30日内，到房地产开发企业法人机构税务登记地主管税务机关办理土地增值税项目登记手续，并附送下列资料：

（1）土地增值税项目登记表。

（2）项目立项批准文件复印件。

（3）房地产开发企业税务登记证复印件。

（4）房地产项目所在地税务登记证复印件。

（5）主管税务机关要求报送的其他资料。

表11-2 土地增值税项目登记表

（从事房地产开发的纳税人适用）

纳税人编码： 填表日期：____年__月__日 （金额单位：人民币元）

（面积单位：平方米）

纳税人名称		项目名称		项目地址	
企业类别		经济性质		主管部门	
开户银行		银行账号			
地址		邮政编码		电话	
土地使用权受让（行政划拨）合同号		受让（行政划拨）时间			
建设项目起讫时间 项目详细坐落地点		总预算成本		单位预算成本	
开发土地总面积		开发建筑总面积		房地产转让合同名称	

（续）

转让土地面积（按次填写）	转让建筑面积（按次填写）	转让合同签订日期（按次填写）	
第 1 次			
第 2 次			
……			

纳税人盖　章		法人代表签　章	经办人员（代理申报人）签章　备注	

（以下部分由主管税务机关负责填写）

税务机关受理登记日期		税务机关受理登记意见
主管税务人员签字		
主管税务机关盖章		

土地增值税项目登记表填表说明

（1）本表适用于从事房地产开发与建设的纳税人，在立项后及每次转让时填报。

（2）凡从事新建房及配套设施开发的纳税人，均应在规定的期限内，据实向主管税务机关填报本表所列内容。

（3）本表栏目的内容如果没有，可以空置不填。

（4）纳税人在填报土地增值税项目登记表时，应同时向主管税务机关提交土地使用权受让合同、房地产转让合同等有关资料。

（5）本表一式三份，送主管税务机关审核盖章后，两份由地方税务机关留存，一份退纳税单位。

二、土地增值税的纳税地点

土地增值税的纳税人应向房地产所在地主管税务机关办理纳税申报，并在税务机关核定的期限内缴纳土地增值税。

“房地产所在地”，是指房地产的坐落地。纳税人转让的房地产坐落在两个或两个以上地区的，应按房地产所在地分别申报纳税。

在实际工作中，纳税地点的确定又可分为以下两种情况：

（1）纳税人是法人的。当转让的房地产坐落地与其机构所在地或经营所在地一致时，则在办理税务登记的原管辖税务机关申报纳税即可；如果转让的房地产坐落地与其机构所在地或经营所在地不一致时，则应在房地产坐落地所管辖的税务机关申报纳税。

（2）纳税人是自然人的。当转让的房地产坐落地与其居住所在地一致时，则在住所所在地税务机关申报纳税；当转让的房地产坐落地与其居住所在地不一致时，在办理过户手续所在地的税务机关申报纳税。

三、土地增值税的纳税申报时间

（一）一次性付款转让房地产的

土地增值税的纳税人应在转让房地产合同签订后的7日内，到房地产所在地主管税务机关办理纳税申报，并向税务机关提交房屋及建筑物产权、土地使用权证书，土地转让、房产买卖合同，房地产评估报告及其他与转让房地产有关的资料。

（二）以分期收款方式转让房地产的

对于以分期收款方式转让房地产的，主管税务机关可根据合同规定的收款日期来确定具体的纳税期限。纳税人按照合同约定的收款日期和当地规定的预征率先预交，全部售房款收完后进行清算，多退少补。

（三）项目全部竣工结算前转让房地产的

纳税人在项目全部竣工结算前转让房地产取得的收入，由于涉及成本核算或其他原因，无法据实计算土地增值税的，可以预征土地增值税，待该项目全部竣工、办理结算后再进行结算，多退少补。主要涉及两种情况：

1. 预售

纳税人以预售方式转让房地产的，对在办理结算和转交手续前就取得的收入，税务机关也可以预征土地增值税。具体办法由省级地方税务局根据当地情况制定。

对纳税人预售房地产所取得的收入，当地税务机关规定预征土地增值税的，纳税人应当到主管税务机关办理纳税申报，并按规定预征率预交土地增值税，待办理决算后，进行清算，多退少补；当地税务机关规定不预征土地增值税的，也应在取得预售收入时先到税务机关登记或备案。

预征是土地增值税征收管理工作的基础，是实现土地增值税调节功能、保障税收收入均衡入库的重要手段。各级税务机关要全面加强土地增值税的预征工作，把土地增值税预征和房地产项目管理工作结合起来，把土地增值税预征和销售不动产营业税结合起来；把预征率的调整和土地增值税清算的实际税负结合起来；把预征率的调整与房价上涨的情况结合起来，使预征率更加接近实际税负水平，改变目前部分地区存在的预征率偏低，与房价快速上涨不匹配的情况。通过科学、精细的测算，研究预征率调整与房价上涨的挂钩机制。为了发挥土地增值税在预征阶段的调节作用，各地须对目前的预征率进行调整。除保障性住房外，东部地区省份预征率不得低于2%，中部和东北地区省份不得低于1.5%，西部地区省份不得低于1%，各地要根据不同类型房地产确定适当的预征率（地区的划分按照国务院有关文件的规定执行）。

2. 部分转让

纳税人进行小区开发建设的，其中一部分房地产项目因先行开发并已转让出去，但小区内的部分配套设施往往在转让后才建成。在这种情况下，税务机关可以对先行转让的项目，在取得收入时预征土地增值税。

（四）房地产开发企业因经常发生房地产转让而难以在每次转让后申报的，如何纳税

《国家税务总局关于加强土地增值税管理工作的通知》（国税函［2004］938号）文件规定：为了简化行政审批手续，进一步方便纳税人和加强税收管理，对土地增值税纳税人定期进行纳税申报的问题做如下解释和规定：

（1）取消《中华人民共和国土地增值税暂行条例实施细则》第十五条第一款对土地增值税纳税人因经常发生房地产转让而难以在每次转让后申报的，定期进行纳税申报须经税务机关审核同意的规定。

（2）纳税人因经常发生房地产转让而难以在每次转让后申报，是指房地产开发企业开发建造的房地产、因分次转让而频繁发生纳税义务、难以在每次转让后申报纳税的情况，土地增值税可按月或按各省、自治区、直辖市和计划单列市地方税务局规定的期限申报缴纳。

（3）纳税人选择定期申报方式的，应向纳税所在地的地方税务机关备案。定期申报方式确定后，一年之内不得变更。

四、土地增值税清算应报送的资料

纳税人清算土地增值税时应提供的清算资料：

（1）土地增值税清算表及其附表。

（2）房地产开发项目清算说明，主要内容应包括房地产开发项目立项、用地、开发、销售、关联方交易、融资、税款缴纳等基本情况及主管税务机关需要了解的其他情况。

（3）项目竣工决算报表、取得土地使用权所支付的地价款凭证、国有土地使用权出让合同、银行贷款利息结算通知单、项目工程合同结算单、商品房购销合同统计表、销售明细表、预售许可证等与转让房地产的收入、成本和费用有关的证明资料。主管税务机关需要相应项目记账凭证的，纳税人还应提供记账凭证复印件。

（4）纳税人委托税务中介机构审核鉴证的清算项目，还应报送中介机构出具的《土地增值税清算税款鉴证报告》。

五、土地增值税清算项目的审核鉴证

土地增值税清算鉴证，是指税务师事务所接受委托对纳税人土地增值税清算税款申报的信息实施必要审核程序，提出鉴证结论或鉴证意见，并出具鉴证报告，增强税务机关对该项信息信任程度的一种鉴证业务。为了提高土地增值税清算效率，有条件的地区，要充分发挥中介机构作用。各地税务师管理中心要配合当地税务机关加强对中介机构的管理，对清算中弄虚作假的中介机构进行严肃惩治。

税务师事务所从事土地增值税清算鉴证业务，应当遵从国家税务总局印发的《土地增值税清算鉴证业务准则》（以下称《鉴证业务准则》）。以法律、法规为依据，按照独立、客观、公正原则，在获取充分、适当、真实证据基础上，根据审核鉴证的具体情况，出具真实、合法的鉴证报告。

税务师事务所按照《鉴证业务准则》的规定出具的鉴证报告，税务机关应当受理。对符合要求的鉴证报告，税务机关可以采信。

六、土地增值税的核定征收

核定应纳税额是针对纳税人的一部分违法行为导致税务机关难以查账征收税款，而采取的一种补救措施。它也是一种征收税款的方式，是在正常的税款征收方式难以准确合理的征收税款的前提下而采取的一种征税方法，对于保证国家税收及时足额入库、促使纳税人遵守税法规定正确纳税，具有一定的作用。根据《征管法》的有关规定，国税发［2006］187号文件对房地产开发企业有下列情形之一的，税务机关按不低于预征率的征收率核定征收土地增值税：

（1）依照法律、行政法规的规定应当设置但未设置账簿的。

（2）擅自销毁账簿或者拒不提供纳税资料的。

（3）虽设置账簿，但账目混乱或者成本资料、收入凭证、费用凭证残缺不全，难以确定转让收入或扣除项目金额的。

（4）符合土地增值税清算条件，未按照规定的期限办理清算手续，经税务机关责令限期清算，逾期仍不清算的。

（5）申报的计税依据明显偏低，又无正当理由的。

实际上，核定征收是一柄双刃剑。一方面要求企业加强会计核算，及时准确的申报纳税，如果企业违反了《征管法》的有关规定，税务机关可以按规定对土地增值税采取核定征收；另一方面也要求税务机关不得事先规定对企业的土地增值税搞核定征收。

为了正确执行核定征收的政策，《国家税务总局关于加强土地增值税征管工作的通知》（国税发［2010］53号）规定：核定征收必须严格依照税收法律法规规定的条件进行，任何单位和个人不得擅自扩大核定征收范围，严禁在清算中出现“以核定为主、一核了之”“求快图省”的做法。凡擅自将核定征收作为本地区土地增值税清算主要方式的，必须立即纠正。对确需核定征收的，要严格按照税收法律法规的要求，从严、从高确定核定征收率。为了规范核定工作，核定征收率原则上不得低于5%，各省级税务机关要结合本地实际，区分不同房地产类型制定核定征收率。

核定征收的工作程序是：对符合上述核定征收条件的，由主管税务机关发出《核定征收的税务事项告知书》，派出税务人员对房地产项目进行土地增值税核定征收的核查工作，取得相关核查资料；经主管税务机关审核合议并做出核定征收的决定之后，通知纳税人申报缴纳应补缴税款或办理退税。

七、清算后再转让房地产的税务处理

在土地增值税清算时未转让的房地产，清算后销售或有偿转让的，纳税人应按规定进行土地增值税的纳税申报。建造成本金额按清算时分房产类别计算的单位建筑面积成本乘以销售（或转让）面积计算。土地增值税清算与企业所得税汇算清缴不同，土地增值税是在开发项目达到清算条件时一次性清算，这就要求在清算时必须取得完整的成本核算资料，清算后再取得成本费用凭证不得补计成本。清算时剩余房产以后销售或转让时，再按清算时计算的单位面积成本进行纳税申报。企业所得税是按年度汇算清缴，当年因未取得法定凭证的成本费用可以在下年度计算扣除。因此，房地产开发企业在土地增值税清算时按房产类别计算的单位成本明细表应当请负责清算审查的主管税务机关予以确认，以便做以后纳税申报的依据。

清算时的计算公式如下：

某类房产单位面积成本＝清算时该类房产的总成本÷清算时该类房产的可售面积

清算后再销售或转让时计算公式为

某类房产扣除项目建造成本＝某类房产单位面积成本×销售面积

扣除项目金额＝1.3×建造成本＋营业税及附加

然后，计算增值额、增值率，选择适用税率，计算应缴纳的土地增值税。

[例 11-12]　甲房地产开发公司开发建造的 A 小区，2012 年已经达到土地增值税清算条件，向主管税务机关提出清算申请，进行了 A 小区的土地增值税清算。清算时，尚有部分非普通标准住宅待售，清算时经审核确认的“非普通标准住宅单位可售面积成本”为每平方米 7 860 元。2013 年 1 月份，销售房屋 12 套，总面积 1 176 平方米，每米均价 14 300 元，计算应缴纳的土地增值税。

[案例分析]

销售收入总额＝14 300×1 176＝16 816 800（元）

扣除项目金额＝（7 860×1 176）×1.3＋16 816 800×5.5%

＝12 016 368＋924 924＝12 941 292（元）

增值额＝16 816 800－12 941 292＝3 875 508（元）

增值率＝3 875 508 ÷12 941 292×100% ＝ 29.95%

适用税率 30%，速算扣除率为零。

应交土地增值税＝3 875 508×30% －0＝1 162 652（元）

根据《土地增值税暂行条例》第十条的规定，纳税人应当自转让房地产合同签订之日起七日内向房地产所在地主管税务机关办理纳税申报，并在税务机关核定的期限内缴纳土地增值税。

八、土地增值税清算后应补缴的土地增值税加收滞纳金问题

《国家税务总局关于土地增值税清算有关问题的通知》规定，纳税人按规定预缴土地增值税后，清算补缴的土地增值税，在主管税务机关规定的期限内补缴的，不加收滞纳金。

第十二章

城市维护建设税及教育费附加的纳税操作技巧

第一节　城市维护建设税税法解读

城市维护建设税法是指国家制定的用以调整城市维护建设税征收与缴纳权利及义务关系的法律规范。现行城市维护建设税的基本规范，是 1985 年 2 月 8 日国务院发布的并于同年 1 月 1 日实施的《中华人民共和国城市维护建设税暂行条例》。

城市维护建设税（以下简称城建税），是国家对从事工商经营，缴纳增值税、消费税、营业税（简称“三税”）的单位和个人就其实际缴纳的“三税”税额为计税依据而征收的一种税。

一、纳税义务人

城建税的纳税义务人是指负有缴纳增值税、营业税、消费税（以下简称“三税”）义务的单位和个人，包括国有企业、集体企业、私营企业、股份制企业、其他企业和行政单位、事业单位、军事单位、社会团体、其他单位，以及个体工商户及其他个人。《国务院关于统一内外资企业和个人城市维护建设税和教育费附加制度的通知》（国发［2010］35 号）决定，自 2010 年 12 月 1 日起，对外商投资企业、外国企业及外籍个人（以下简称外资企业）征收城市维护建设税。对外资企业 2010 年 12 月 1 日（含）之后发生纳税义务的增值税、消费税、营业税（以下简称“三税”）征收城市维护建设税；对外资企业 2010 年 12 月 1 日之前发生纳税义务的“三税”，不征收城市维护建设税。

城建税的代扣代缴、代收代缴，一律比照增值税、营业税、消费税的有关规定办理。增值税、营业税、消费税的代扣代缴、代收代缴义务人也是城建税的代扣代缴、代收代缴义务人。

二、税率

城建税的税率，是指纳税人应缴纳的城建税税额与纳税人实际缴纳的“三税”税额之间的比率。城建税按纳税人所在地的不同，设置了三档地区差别比例税率，除特殊规定外，即：

（1）纳税人所在地为市区的，税率为 7%。

（2）纳税人所在地为县城、镇的，税率为5%。

（3）纳税人所在地不在市区、县城或者镇的，税率为1%。

城建税的适用税率，应当按纳税人所在地的规定税率执行。但是，对下列两种情况，可按缴纳“三税”所在地的规定税率就地缴纳城建税：

第一种情况是由受托方代扣代缴、代收代缴“三税”的单位和个人，其代扣代缴、代收代缴的城建税按受托方所在地适用税率执行；

第二种情况是流动经营等无固定纳税地点的单位和个人，在经营地缴纳“三税”的，其城建税的缴纳按经营地适用税率执行。

三、计税依据

城建税的计税依据是指纳税人实际缴纳的“三税”税额。纳税人违反“三税”有关税法而加收的滞纳金和罚款，是税务机关对纳税人违法行为的经济制裁，不作为城建税的计税依据，但纳税人在被查补“三税”和被处以罚款时，应同时对其偷漏的城建税进行补税、征收滞纳金和罚款。

城建税以“三税”税额为计税依据并同时征收，如果要免征或者减征“三税”，也就要同时免征或者减征城建税。

自1997年1月1日起，供货企业向出口企业和市县外贸企业销售出口产品时，以增值税当期销项税额抵扣进项税额后的余额，计算缴纳城建税。但是，对出口产品退还增值税、消费税的，不退还已缴纳的城建税。

自2005年1月1日起，经国家税务总局正式审核批准的当期免抵的增值税税额应纳入城市维护建设税和教育费附加的计征范围，分别按规定的税（费）率征收城市维护建设税和教育费附加。2005年1月1日前，已按免抵的增值税税额征收的城建税和教育费附加不再退还，未征的不再补征。

四、应纳税额的计算

城建税纳税人的应纳税额大小是由纳税人实际缴纳的“三税”税额决定的，其计算公式是：

应纳税额 =（纳税人实际缴纳的增值税税额 + 消费税税额 + 营业税税额）× 适用税率

［例12-1］ 某市区一企业2013年8月实际缴纳增值税300 000元，缴纳消费税400 000元，缴纳营业税200 000元。计算该企业应纳的城建税税额。

应纳城建税税额 =（300 000 + 400 000 + 200 000）×7%

= 900 000 ×7% = 63 000（元）

由于城建税实行纳税人所在地差别比例税率，所以在计算应纳税额时，应十分注意根据纳税人所在地来确定适用税率。

五、税收优惠

城建税原则上不单独减免，但因城建税又具附加税性质，当主税发生减免时，城建税相应发生税收减免。城建税的税收减免具体有以下5种情况：

（1）城建税按减免后实际缴纳的“三税”税额计征，即随“三税”的减免而减免。

（2）对于因减免税而需进行“三税”退库的城建税也可同时退库。

（3）海关对进口产品代征的增值税、消费税，不征收城建税。

（4）为支持国家重大水利工程建设，对国家重大水利工程建设基金，免征城市维护建设税和教育费附加。

（5）对“三税”实行先征后返、先征后退、即征即退办法的，除另有规定外，对随“三税”附征的城建税和教育费附加，一律不予退（返）还。

六、征收管理

（一）纳税环节

城建税的纳税环节是指《城市维护建设税暂行条例》规定的纳税人应当缴纳城建税的环节。城建税的纳税环节，实际就是纳税人缴纳“三税”的环节。纳税人只要发生“三税”的纳税义务，就要在同样的环节，分别计算缴纳城建税。

（二）纳税地点

城建税以纳税人实际缴纳的增值税、消费税、营业税税额为计税依据，分别与“三税”同时缴纳。所以，纳税人缴纳“三税”的地点，就是该纳税人缴纳城建税的地点。但是，属于下列情况的，纳税地点分别为：

（1）代扣代缴、代收代缴“三税”的单位和个人，同时也是城市维护建设税的代扣代缴、代收代缴义务人，其城建税的纳税地点在代扣代收地。

（2）跨省开采的油田，下属生产单位与核算单位不在一个省内的，其生产的原油，在油井所在地缴纳增值税，其应纳税款由核算单位按照各油井的产量和规定税率，计算汇拨各油井缴纳。所以，各油井应纳的城建税，应由核算单位计算，随同增值税一并汇拨油井所在地由油井在缴纳增值税的同时，一并缴纳城建税。

（3）对管道局输油部分的收入，由取得收入的各管道局于所在地缴纳营业税。所以，其应纳城建税，也应由取得收入的各管道局于所在地缴纳营业税时一并缴纳。

（4）对流动经营等无固定纳税地点的单位和个人，应随同“三税”在经营地按适用税率缴纳。

（三）纳税期限

由于城建税是由纳税人在缴纳“三税”时同时缴纳的，所以其纳税期限分别与“三税”的纳税期限一致。根据增值税法、消费税法规定，增值税、消费税的纳税期限均分别为1日、3日、5日、10日、15日或者1个月；根据营业税法的规定，营业税的纳税期限分别为5日、10日、15日或者1个月，增值税、消费税、营业税的纳税人的具体纳税期限，由主管税务机关根据纳税人应纳税额大小分别核定；不能按照固定期限纳税的，可以按次纳税。

由于城市维护建设税法规是在1994年分税制前制定的，1994年后，增值税、消费税由国家税务局征收管理，而城市维护建设税由地方税务局征收管理，因此，在缴税入库的时间上不一定完全一致。

第二节　城市维护建设税的纳税操作技巧

一、企业选址的筹划

由于城市维护建设税按企业所在地区实行差别税率，分为三个档次，即纳税人所在地为市区的，税率为7%；纳税人所在地为县城、镇的，税率为5%；纳税人所在地不在市区、县城或者镇的，税率为1%。纳税人所在城镇以下地区还可以免交城镇土地使用税，从纳税筹划出发，纳税人选址时，应考虑选在城市、县城、建制镇以外的地区。

对由受托方代扣代缴、代收代缴“三税”的单位和个人，其代扣代缴、代收代缴的城建税按受托方所在地适用税率执行。对这种税率差异也应考虑。

二、利用税收优惠政策进行筹划

（1）海关对进口产品代征的增值税、消费税，不征收城建税。

（2）对个别缴纳城建税有困难的企业和个人，由市县人民政府批准，给予减免照顾。

第三节　教育费附加和地方教育附加的有关规定

教育费附加和地方教育附加是对缴纳增值税、消费税、营业税的单位和个人，就其实际缴纳的税额为计算依据征收的一种附加费。

教育费附加是为加快地方教育事业，扩大地方教育经费的资金而征收的一项专用基金。1984年，国务院颁布了《关于筹措农村学校办学经费的通知》，开征了农村教育事业经费附加。1985年，中共中央作出了《关于教育体制改革的决定》，指出必须在国家增拨教育基本建设投资和教育经费的同时，充分调动企、事业单位和其他各种社会力量办学的积极性，开辟多种渠道筹措经费。为此，国务院于1986年4月28日颁布了《征收教育费附加的暂行规定》，决定从同年7月1日开始在全国范围内征收教育费附加。

一、教育费附加和地方教育附加的征收范围及计征依据

教育费附加和地方教育附加对缴纳增值税、消费税、营业税的单位和个人征收，以其实际缴纳的增值税、消费税和营业税为计征依据，分别与增值税、消费税和营业税同时缴纳。

自2010年12月1日起，对外商投资企业、外国企业及外籍个人（以下简称外资企业）征收教育费附加。对外资企业2010年12月1日（含）之后发生纳税义务的增值税、消费税、营业税（以下简称“三税”）征收教育费附加；对外资企业2010年12月1日之前发生纳税义务的“三税”，不征收教育费附加。

二、教育费附加和地方教育附加计征比率

教育费附加计征比率曾几经变化。1986年开征时，规定为1%；1990年5月《国务院关于修改〈征收教育费附加的暂行规定〉的决定》中规定为2%；按照1994年2月7日《国务院关于教育费附加征收问题的紧急通知》的规定，现行教育费附加征收比率为3%，地方教育附加征收率统一为2%。

三、教育费附加和地方教育附加的计算

教育费附加和地方教育附加的计算公式为

$$\text{应纳教育费附加或地方教育附加} = \text{实际缴纳的增值税、消费税、营业税} \times \text{征收比率}(3\% \text{ 或 } 2\%)$$

[例12-2]　某市区一企业2013年10月实际缴纳增值税200 000元，缴纳消费税300 000元，缴纳营业税100 000元，计算该企业应缴纳的教育费附加和地方教育附加。

$$\begin{aligned}\text{应纳教育费附加} &= (200\,000 + 300\,000 + 100\,000) \times 3\% \\ &= 600\,000 \times 3\% = 18\,000 \text{（元）}\end{aligned}$$

$$\begin{aligned}\text{应纳地方教育附加} &= (200\,000 + 300\,000 + 100\,000) \times 2\% \\ &= 600\,000 \times 2\% = 12\,000 \text{（元）}\end{aligned}$$

四、教育费附加和地方教育附加的减免规定

（1）对海关进口的产品征收的增值税、消费税，不征收教育费附加。

（2）对由于减免增值税、消费税和营业税而发生退税的，可同时退还已征收的教育费附加。但对出口产品退还增值税、消费税的不退还已征的教育费附加。

（3）对国家重大水利工程建设基金免征教育费附加。

城市维护建设税的纳税筹划技巧也适用于教育费附加。

第十三章

城镇土地使用税和耕地占用税的纳税操作技巧

第一节 城镇土地使用税税法解读

城镇土地使用税是以城镇土地为征税对象，对拥有土地使用权的单位和个人征收的一种税。

城镇土地使用税是指国家为了合理利用城镇土地，调节土地级差收入，提高土地使用效益，加强土地管理，制定的用以调整城镇土地使用税征收与缴纳之间权利及义务关系的法律规范。现行城镇土地使用税的基本规范，是2006年12月31日《国务院关于修改〈中华人民共和国城镇土地使用税暂行条例〉的决定》（以下简称《城镇土地使用税暂行条例》）。

一、纳税义务人

在城市、县城、建制镇、工矿区范围内使用土地的单位和个人，为城镇土地使用税的纳税人。

所称“单位”，包括国有企业、集体企业、私营企业、股份制企业、外商投资企业、外国企业以及其他企业和事业单位、社会团体、国家机关、军队以及其他单位；所称“个人”，包括个体工商户以及其他个人。

城镇土地使用税的纳税人通常包括以下几类：

（1）拥有土地使用权的单位和个人。

（2）拥有土地使用权的单位和个人不在土地所在地的，其土地的实际使用人和代管人为纳税人。

（3）土地使用权未确定或权属纠纷未解决的，其实际使用人为纳税人。

（4）土地使用权共有的，共有各方都是纳税人，由共有各方分别纳税。

几个人或几个单位共同拥有一块土地的使用权，这块土地的城镇土地使用税的纳税人应是对这块土地拥有使用权的每一个人或每一个单位。他们应以其实际使用的土地面积占总面积的比例，分别计算缴纳土地使用税。例如，某城市的甲与乙共同拥有一块土地的使用权，这块土地面积为1 500平方米，甲实际使用1/3，乙实际使用2/3，则甲应是其所占的土地500（1 500×1/3）平方米的城镇土地使用税的纳税人，乙是其所占的土地1 000（1 500×2/3）平方米的城镇土地使用税的纳税人。

《财政部 国家税务总局关于集体土地城镇土地使用税有关政策的通知》（财税［2006］56号文件）规定，自2006年5月1日起，在城镇土地使用税征税范围内实际使用应税集体所有建设用地、但未办理土地使用权流转手续的，由实际使用集体土地的单位和个人按规定缴纳城镇土地使用税。该通知将城镇土地使用税的征税范围扩大到集体建设用地。

二、征税范围

城镇土地使用税的征税范围包括在城市、县城、建制镇和工矿区内的国家所有和集体所有的土地。

上述城市、县城、建制镇和工矿区分别按以下标准确认：

（1）城市是指经国务院批准设立的市。

（2）县城是指县人民政府所在地。

（3）建制镇是指经省、自治区、直辖市人民政府批准设立的建制镇。

（4）工矿区是指工商业比较发达，人口比较集中，符合国务院规定的建制镇标准，但尚未设立建制镇的大中型工矿企业所在地，工矿区须经省、自治区、直辖市人民政府批准。

上述城镇土地使用税的征税范围中，城市的土地包括市区和郊区的土地，县城的土地是指县人民政府所在地的城镇的土地，建制镇的土地是指镇人民政府所在地的土地。

建立在城市、县城、建制镇和工矿区以外的工矿企业则不需缴纳城镇土地使用税。

另外，自2009年1月1日起，公园、名胜古迹内的索道公司经营用地，应按规定缴纳城镇土地使用税。

三、应纳税额的计算

（一）计税依据

城镇土地使用税以纳税人实际占用的土地面积为计税依据，土地面积计量标准为每平方米，即税务机关根据纳税人实际占用的土地面积，按照规定的税额计算应纳税额，向纳税人征收土地使用税。

纳税人实际占用的土地面积按下列办法确定：

（1）由省、自治区、直辖市人民政府确定的单位组织测定土地面积的，以测定的面积为准。

（2）尚未组织测量，但纳税人持有政府部门核发的土地使用证书的，以证书确认的土地面积为准。

（3）尚未核发出土地使用证书的，应由纳税人申报土地面积，据以纳税，待核发土地使用证以后再作调整。

（二）税率

城镇土地使用税采用定额税率，即采用有幅度的差别税额，按大、中、小城市和县城、建制镇、工矿区分别规定每平方米土地使用税年应纳税额。具体标准如下：

（1）大城市 1.5～30 元。

（2）中等城市 1.2～24 元。

（3）小城市 0.9～18 元。

（4）县城、建制镇、工矿区 0.6～12 元。

大、中、小城市以公安部门登记在册的非农业正式户口人数为依据，按照国务院颁布的《城市规划条例》中规定的标准划分。人口在 50 万以上的为大城市；人口在 20 万～50 万之间的为中等城市；人口在 20 万以下的为小城市。城镇土地使用税税率表如表 13-1 所示：

表 13-1　城镇土地使用税税率表

级　别	人口/人	每平方米税额/元
大城市	50 万以上	1.5～30
中等城市	20 万～50 万	1.2～24
小城市	20 万以下	0.9～18
县城、建制镇、工矿区	—	0.6～12

各省、自治区、直辖市人民政府可根据市政建设情况和经济繁荣程度在规定税额幅度内，确定所辖地区的适用税额幅度。经济落后地区，土地使用税的适用税额标准可适当降低，但降低额不得超过上述规定最低税额的 30%。经济发达地区的适用税额标准可以适当提高，但须报财政部批准。

土地使用税规定幅度税额主要考虑到我国各地区存在着悬殊的土地级差收益，同一地区内不同地段的市政建设情况和经济繁荣程度也有较大的差别。把土地使用税税额定为幅度税额，拉开档次，而且每个幅度税额的差距规定为 20 倍。这样，各地政府在划分本辖区不同地段的等级，确定适用税额时，有选择余地，便于具体划分和确定。幅度税额还可以调节不同地区、不同地段之间的土地级差收益，尽可能地平衡税负。

（三）应纳税额计算的计算方法

1. 城镇土地使用税的一般计算方法

城镇土地使用税的应纳税额一般可以通过纳税人实际占用的土地面积乘以该土地所在地段的适用税额求得。其计算公式为：

全年应纳税额 = 实际占用应税土地面积（平方米）× 适用税额

［例 13-1］　设在某城市的一企业使用土地面积为 10 000 平方米，经税务机关核定，该土地为应税土地，每平方米年税额为 4 元。请计算其全年应纳的土地使用税税额。

年应纳土地使用税税额 = 10 000 × 4 = 40 000（元）

2. 地下建筑用地城镇土地使用税的计算

对在城镇土地使用税征税范围内单独建造的地下建筑用地，按规定征收城镇土地使用税。其中，已取得地下土地使用权证的，按土地使用权证确认的土地面积计算应征税款；未取得地下土地使用权证或地下土地使用权证上未标明土地面积的，按地下建筑垂直投影面积计算应征税款。对上述地下建筑用地暂按应征税款的50%征收城镇土地使用税（财税［2009］128号文件）。

四、税收优惠

（一）法定免缴土地使用税的优惠

（1）国家机关、人民团体、军队自用的土地。这部分土地是指这些单位本身的办公用地和公务用地。如国家机关、人民团体的办公楼用地，军队的训练场用地等。

（2）由国家财政部门拨付事业经费的单位自用的土地。这部分土地是指这些单位本身的业务用地。如学校的教学楼、操场、食堂等占用的土地。

（3）宗教寺庙、公园、名胜古迹自用的土地。宗教寺庙自用的土地，是指举行宗教仪式等的用地和寺庙内的宗教人员生活用地。

公园、名胜古迹自用的土地，是指供公共参观游览的用地及其管理单位的办公用地。

以上单位的生产、经营用地和其他用地，不属于免税范围，应按规定缴纳土地使用税，如公园、名胜古迹中附设的营业单位如影剧院、饮食部、茶社、照相馆等使用的土地。

（4）市政街道、广场、绿化地带等公共用地。

（5）直接用于农、林、牧、渔业的生产用地。这部分用地是指直接从事于种植养殖、饲养的专业用地，不包括农副产品加工场地和生活办公用地。

（6）经批准开山填海整治的土地和改造的废弃土地，从使用的月份起免缴土地使用税5～10年。

具体免税期限由各省、自治区、直辖市地方税务局在《城镇土地使用税暂行条例》规定的期限内自行确定。

（7）对非营利性医疗机构、疾病控制机构和妇幼保健机构等卫生机构自用的土地，免征城镇土地使用税。对营利性医疗机构自用的土地自2000年起免征城镇土地使用税3年。

（8）企业办的学校、医院、托儿所、幼儿园，其用地能与企业其他用地明确区分的，免征城镇土地使用税。

（9）免税单位无偿使用纳税单位的土地（如公安、海关等单位使用铁路、民航等单位的土地），免征城镇土地使用税。纳税单位无偿使用免税单位的土地纳税单位应照章缴纳城镇土地使用税。纳税单位与免税单位共同使用、共有使用权土地上的多层建筑，对纳税单位可按其占用的建筑面积占建筑总面积的比例计征城镇土地使用税。

（10）对行使国家行政管理职能的中国人民银行总行（含国家外汇管理局）所属分支机构自用的土地，免征城镇土地使用税。

（11）为了体现国家的产业政策，支持重点产业的发展，对石油、电力、煤炭等能源用地，民用港口、铁路等交通用地和水利设施用地，三线调整企业、盐业、采石场、邮电等一些特殊用地划分了征免税界限和给予政策性减免税照顾。具体规定如下：

1）对企业的铁路专用线、公路等用地，在厂区以外、与社会公用地段未加隔离的，暂免征收城镇土地使用税。

2）对企业厂区以外的公共绿化用地和向社会开放的公园用地，暂免征收城镇土地使用税。

3）对火电厂厂区围墙外的灰场、输灰管、输油（气）管道、铁路专用线用地、水源用地以及热电厂供热管道用地免征城镇土地使用税；厂区围墙外的其他用地，应照章征税。电力项目建设期间纳税有困难的，由省、自治区、直辖市税务局审核后，报国家税务局批准减免。对供电部门的输电线路用地、变电站用地，免征城镇土地使用税。

4）对水利设施及其管护用地（如水库库区、大坝、堤防、灌渠、泵站等用地），免征土地使用税；其他用地，如生产、办公、生活用地，应照章征收城镇土地使用税。对兼有发电的水利设施用地征免城镇土地使用税问题，比照电力行业征免土地使用税的有关规定办理。

5）对机场飞行区（包括跑道、滑行道、停机坪、安全带、夜航灯光区）用地，场内外通信导航设施用地和飞行区四周排水防洪设施用地，免征城镇土地使用税。机场道路，区分为场内、场外道路，场内道路用地免征城镇土地使用税。

6）中国石油天然气总公司所属单位下列油气生产建设用地暂免征收城镇土地使用税：石油地质勘探、钻井、井下作业、油田地面工程等施工临时用地；各种采油（气）井、注水（气）井、水源井用地；油田内办公、生活区以外的公路、铁路专用线及输油（气、水）管道用地；石油长输管线用地；通信、输变电线路用地；在城市、县城、建制镇以外工矿区内的下列油气生产、生活用地，也暂免征收城镇土地使用税。具体包括：与各种采油（气）井相配套的地面设施用地，包括油气采集、计量、接转、储运、装卸、综合处理等各种占地用地；与注水（气）井相配套的地面设施用地，包括配水、取水、转水以及供气、配气、压气、气举等各种场所用地；供（配）电、供排水、消防、防洪排涝、防风、防沙等设施用地；职工和家属居住的简易房屋、活动板房、野营房、帐篷等用地。

7）对煤炭企业的矸石山、排土场用地，防排水沟用地，矿区办公、生活区以外的公路、铁路专用线及轻便道和输变电线路用地，炸药库库房外安全区用地，向社会开放的公园及公共绿化带用地，暂免征收城镇土地使用税。对煤炭企业的塌陷地、荒山，在利用之前，暂缓征收城镇土地使用税。对煤炭企业的报废矿井占地，经煤炭企业申请，当地税务机关审核，可以暂免征收城镇土地使用税。

8）对矿山的采矿场、排土场、尾矿库、炸药库的安全区、采区运矿及运岩公路、尾矿输送管道及回水系统用地，免征城镇土地使用税。对矿山企业采掘地下矿造成的塌陷地以及荒山占地，在利用之前，暂免征收城镇土地使用税。

9）港口的码头（即泊位，包括岸边码头、伸入水中的浮码头、堤岸、堤坝、栈桥等）用地，免征城镇土地使用税。对港口的露天堆货场用地，原则上应征收城镇土地使用税，企业纳税确有困难的，可由省、自治区、直辖市地方税务局根据其实际情况给予定期减征或免征城镇土地使用税的照顾。

10）对盐场的盐滩、盐矿的矿井用地，暂免征收城镇土地使用税。

11）中国海洋石油总公司及其所属公司下列用地，暂免征收城镇土地使用税：导管架、平台组块等海上结构物建造用地；码头用地；输油气管线用地；通信天线用地；办公、生活区以外的公路、铁路专用线、机场用地。

12）建材行业的石灰厂、水泥厂、大理石厂、砂石厂等企业的采石场、排土场地，炸药库的安全区用地以及采区运岩公路，暂免征收城镇土地使用税。

在城镇土地使用税征收范围内利用林场土地兴建度假村等休闲娱乐场所的，其经营、办公和生活用地，应按规定征收城镇土地使用税。

13）对林业系统所属林区的育林地、运材道、防火道、防火设施用地，免征城镇土地使用税。林业系统的森林公园、自然保护区，可以比照公园免征土地使用税。

14）自2007年1月1日起，在城镇土地使用税征收范围内经营采摘、观光农业的单位和个人，其直接用于采摘、观光的种植、养殖、饲养的土地，根据《中华人民共和国城镇土地使用税暂行条例》第六条中“直接用于农、林、牧、渔业的生产用地”的规定，免征城镇土地使用税（财税［2006］186号）。

15）自2007年9月10日起，对核电站的核岛、常规岛、辅助厂房和通信设施用地（不包括地下线路用地），生活、办公用地按规定征收城镇土地使用税，其他用地免征城镇土地使用税。对核电站应税土地在基建期内减半征收城镇土地使用税。

16）对股改铁路运输企业及合资铁路运输公司自用的房产、土地暂免征收房产税和城镇土地使用税。其中股改铁路运输企业是指铁路运输企业经国务院批准进行股份制改革成立的企业；合资铁路运输公司是指由铁道部及其所属铁路运输企业与地方政府、企业或其他投资者共同出资成立的铁路运输企业（财税［2009］132号文件）。

17）《财政部　国家税务总局关于安置残疾人就业单位城镇土地使用税等政策的通知》（财税［2010］121号）文件规定，对在一个纳税年度内月平均实际安置残疾人就业人数占单位在职职工总数的比例高于25%（含25%）且实际安置残疾人人数高于10人（含10人）的单位，可减征或免征该年度城镇土地使用税。具体减免税比例及管理办法由省、自治区、直辖市财税主管部门确定。

18）《财政部　国家税务总局关于农产品批发市场 农贸市场房产税 城镇土地使用税政策的通知》（财税［2012］68号）文件规定，自2013年1月1日至2015年12月

31 日，对专门经营农产品的农产品批发市场、农贸市场使用的房产、土地，暂免征收房产税和城镇土地使用税。对同时经营其他产品的农产品批发市场和农贸市场使用的房产、土地，按其他产品与农产品交易场地面积的比例确定征免房产税和城镇土地使用税。农产品批发市场和农贸市场，是指经工商登记注册，供买卖双方进行农产品及其初加工品现货批发或零售交易的场所。农产品包括粮油、肉禽蛋、蔬菜、干鲜果品、水产品、调味品、棉麻、活畜、可食用的林产品以及由省、自治区、直辖市财税部门确定的其他可食用的农产品。各地已按《财政部　税务总局关于房产税和车船使用税几个业务问题的解释与规定》（财税地字［1987］3 号）文件第三条、《国家税务局关于印发 <关于土地使用税若干具体问题的补充规定> 的通知》（国税地字［1989］140 号）文件第五条规定对农产品批发市场、农贸市场给予免征房产税和城镇土地使用税的，可继续按原免税政策执行。

19）《财政部　国家税务总局关于物流企业大宗商品仓储设施用地城镇土地使用税政策的通知》（财税［2012］13 号）文件规定，自 2012 年 1 月 1 日起至 2014 年 12 月 31 日止，对物流企业自有的（包括自用和出租）大宗商品仓储设施用地，减按所属土地等级适用税额标准的 50% 计征城镇土地使用税。物流企业是指为工农业生产、流通、进出口和居民生活提供仓储、配送服务的专业物流企业。

（二）省、自治区、直辖市地方税务局确定减免土地使用税的优惠

（1）个人所有的居住房屋及院落用地。

（2）房产管理部门在房租调整改革前经租的居民住房用地。

（3）免税单位职工家属的宿舍用地。

（4）民政部门举办的安置残疾人占一定比例的福利工厂用地。

（5）集体和个人办的各类学校、医院、托儿所、幼儿园用地。

（6）对基建项目在建期间使用的土地，原则上应照章征收城镇土地使用税。但对有些基建项目，特别是国家产业政策扶持发展的大型基建项目占地面积大，建设周期长，在建期间又没有经营收入，为照顾其实际情况，对纳税人纳税确有困难的，可由各省、自治区、直辖市地方税务局根据具体情况予以免征或减征土地使用税。

（7）城镇内的集贸市场（农贸市场）用地，按规定应征收城镇土地使用税。为了促进集贸市场的发展及照顾各地的不同情况，各省、自治区、直辖市地方税务局可根据具体情况自行确定对集贸市场用地征收或者免征城镇土地使用税。

（8）《国家税务局关于印发〈关于土地使用税若干具体问题的补充规定〉的通知》（国家税务局（89）国税地字第 140 号文件）规定，房地产开发公司建造商品房的用地，原则上应按规定计征城镇土地使用税。但在商品房出售之前纳税确有困难的，其用地是否给予缓征或减征、免征照顾，可由各省、自治区、直辖市地方税务局根据从严的原则结合具体情况确定。

国家税务总局于 2003 年 7 月 15 日下发了《关于房产税、城镇土地使用税有关政策规定的通知》（国税发［2003］89 号文件，以下简称 89 号文件）明确规定，对房地产

开发企业建造的商品房，在售出前，不征收房产税；但对售出前房地产开发企业已使用或出租、出借的商品房应按规定征收房产税。这一原则亦适用于城镇土地使用税，因为89号文件第二条第四项规定，房地产开发企业自用、出租、出借本企业建造的商品房，自房屋使用或交付之次月起计征房产税和城镇土地使用税。据此，对于房地产开发企业正在开发建设的土地，不管是否办理了土地使用权证（按照法律规定应当办理），在房屋建设以及销售过程中，无须缴纳城镇土地使用税。但对房地产开发企业将本企业建造的商品房自用、出租、出借的，在建期间不用缴纳城镇土地使用税，应当自房屋使用或交付之次月起计算缴纳房产税和城镇土地使用税。

但是，2004年以来，针对我国部分地区和行业经济过热，各地乱占滥用土地严重，国务院开展了土地市场的治理整顿，严格土地管理，促进土地合理利用，为了配合这一行动，国家税务总局于2004年8月17日又下发了《关于进一步加强城镇土地使用税和土地增值税征收管理工作的通知》（国税发［2004］100号文件），其规定，除经批准开发建设经济适用房的用地外，对各类房地产开发用地一律不得减免城镇土地使用税。因此，从该文下发之日起，对于非开发建设经济适用房的用地，应当缴纳城镇土地使用税。

（9）原房管部门代管的私房，落实政策后，有些私房产权已归还给房主，但由于各种原因，房屋仍由原住户居住，并且住户仍是按照房管部门在房租调整改革之前确定的租金标准向房主缴纳租金。对这类房屋用地，房主缴纳土地使用税确有困难的，可由各省、自治区、直辖市地方税务局根据实际情况，给予定期减征或免征城镇土地使用税的照顾。

（10）对于各类危险品仓库、厂房所需的防火、防爆、防毒等安全防范用地，可由各省、自治区、直辖市地方税务局确定，暂免征收城镇土地使用税。

（11）企业搬迁后原场地不使用的、企业范围内荒山等尚未利用的土地，免征城镇土地使用税。免征税额由企业在申报缴纳城镇土地使用税时自行计算扣除，并在申报表附表或备注栏中作相应说明。

对搬迁后原场地不使用的和企业范围内荒山等尚未利用的土地，凡企业申报暂免征收城镇土地使用税的，应事先向土地所在地的主管税务机关报送有关部门的批准文件或认定书等相关证明材料，以备税务机关查验。具体报送材料由各省、自治区、直辖市和计划单列市地方税务局确定。

企业按上述规定暂免征收城镇土地使用税的土地开始使用时，应从使用的次月起自行计算和申报缴纳城镇土地使用税。

（12）经贸仓库、冷库均属于征税范围，因此不宜一律免征城镇土地使用税。对纳税确有困难的企业，可根据《城镇土地使用税暂行条例》第七条的规定，向企业所在地的地方税务机关提出减免税申请，由省、自治区、直辖市地方税务局审核后，报国家税务总局批准，享受减免城镇土地使用税的照顾。

（13）对房产管理部门在房租调整改革前经租的居民住房用地，考虑到在房租调整改革前，房产管理部门经租居民住房收取的租金标准一般较低，许多地方纳税确有困难的实际情况而确定的一项临时性照顾措施。房租调整改革后，房产管理部门经租的居民住房用地（不论是何时经租的），都应缴纳城镇土地使用税。至于房租调整改革后，有的房产管理部门按规定缴纳城镇土地使用税确有实际困难的，可按税收管理体制的规定，报经批准后再给予适当的减征或免征土地使用税的照顾。

（14）考虑到中国物资储运总公司所属物资储运企业经营状况，对中国物资储运总公司所属的物资储运企业的露天货场、库区道路、铁路专用线等非建筑用地征免城镇土地使用税问题，可由省、自治区、直辖市地方税务局按照下述原则处理：对经营情况好、有负税能力的企业，应恢复征收城镇土地使用税；对经营情况差、纳税确有困难的企业，可在授权范围内给予适当减免城镇土地使用税的照顾。

（15）自 2011 年 7 月 1 日至 2015 年 12 月 31 日，对向居民供热而收取采暖费的供热企业，为居民供热所使用的厂房及土地继续免征房产税、城镇土地使用税。对既向居民供热，又向单位供热或者兼营其他生产经营活动的供热企业，按其向居民供热而取得的采暖费收入占企业总收入的比例免征房产税、城镇土地使用税（财税［2011］118 号）。

（16）《财政部　国家税务总局于安置残疾人就业单位城镇土地使用税等政策的通知》（财税［2010］121 号）第一条规定“对在一个纳税年度内月平均实际安置残疾人就业人数占单位在职职工总数的比例高于 25%（含 25%）且实际安置残疾人人数高于 10 人（含 10 人）的单位，可减征或免征该年度城镇土地使用税。具体减免税比例及管理办法由省、自治区、直辖市财税主管部门确定。”

五、征收管理

（一）纳税期限

城镇土地使用税实行按年计算、分期缴纳的征收方法，具体纳税期限由省、自治区、直辖市人民政府确定。例如，北京市规定，城镇土地使用税在每年 4 月、10 月的前 15 日内缴纳。

（二）纳税义务发生时间

（1）纳税人购置新建商品房，自房屋交付使用之次月起，缴纳城镇土地使用税。

（2）纳税人购置存量房，自办理房屋权属转移、变更登记手续，房地产权属登记机关签发房屋权属证书之次月起，缴纳城镇土地使用税。

（3）纳税人出租、出借房产，自交付出租、出借房产之次月起，缴纳城镇土地使用税。

（4）以出让或转让方式有偿取得土地使用权的，应由受让方从合同约定交付土地时间的次月起缴纳城镇土地使用税；合同未约定交付时间的，由受让方从合同签订的次月起缴纳城镇土地使用税。

（5）纳税人新征用的耕地，自批准征用之日起满一年时开始缴纳土地使用税。

（6）纳税人新征用的非耕地，自批准征用次月起缴纳土地使用税。

（7）自2009年1月1日起，纳税人因房产、土地的实物或权利状态发生变化而依法终止房产税、城镇土地使用税纳税义务的，其应纳税款的计算应截止到房产、土地的实物或权利状态发生变化的当月末。

（三）纳税地点和征收机构

城镇土地使用税在土地所在地缴纳。

纳税人使用的土地不属于同一省、自治区、直辖市管辖的，由纳税人分别向土地所在地的税务机关缴纳土地使用税；在同一省、自治区、直辖市管辖范围内，纳税人跨地区使用的土地，其纳税地点由各省、自治区、直辖市地方税务局确定。

土地使用税由土地所在地的地方税务机关征收，其收入纳入地方财政预算管理。土地使用税征收工作涉及面广，政策性较强，在税务机关负责征收的同时，还必须注意加强同国土管理、测绘等有关部门的联系，及时取得土地的权属资料，沟通情况，共同协作把征收管理工作做好。

（四）纳税申报

城镇土地使用税的纳税人应按照条例的有关规定及时办理纳税申报，并如实填写《城镇土地使用税申报表》。

第二节　城镇土地使用税的纳税操作技巧

一、企业选址的纳税筹划

由于城镇土地使用税的纳税义务人为在城市、县城、建制镇、工矿区内使用土地的单位和个人，在大中小城市单位税额不同，在同一座城市的不同地段土地等级也不同。所以，企业在选择设立地址时就应该考虑税负的高低，如果建在城市、县城、建制镇、工矿区以外的地区就可以不交城镇土地使用税。同时，把企业设在乡、村所在地，无须缴纳房产税；城市建设维护税也按照最低一档的税率1%。现在，我国农村经济快速发展，“农村城市化、城乡一体化”的格局已经基本形成，农村交通网已逐步形成，运输方便，劳动力廉价，把企业建在乡村，既减少城市污染，也有利企业今后扩建和发展，可谓一举多得。

二、利用税收优惠政策进行筹划

税收优惠政策上节已述及，今后，纳税筹划的关键是用好用足税收优惠政策，与房地产开发企业有关的优惠政策有：

（1）房地产开发公司建造商品房的用地，原则上应按规定计征城镇土地使用税。

但经批准开发建设经济适用房的用地，经各省、自治区、直辖市地方税务局批准，可以免征城镇土地使用税。

（2）经批准开山填海整治的土地和改造的废弃土地，从使用的月份起免缴城镇土地使用税5~10年。具体免税期限由各省、自治区、直辖市地方税务局在《城镇土地使用税暂行条例》规定的期限内自行确定。

（3）建材行业的石灰厂、水泥厂、大理石厂、砂石厂等企业的采石场、排土场地，炸药库的安全区用地以及采区运岩公路。

（4）《财政部　国家税务总局关于廉租住房经济适用住房和住房租赁有关税收政策的通知》（财税［2008］24号文件）规定，自2007年8月1日起，开发商在经济适用住房、商品住房项目中配套建造廉租住房，在商品住房项目中配套建造经济适用住房，如能提供政府部门出具的相关材料，可按廉租住房、经济适用住房建筑面积占总建筑面积的比例免征开发商应缴纳的城镇土地使用税。

三、正确掌握纳税期限和纳税义务发生时间，避免误交税

（1）如果当地规定，城镇土地使用税每年分两次缴纳，企业应从其规定，不要一次缴纳。

（2）税法规定房地产开发企业自用、出租、出借本企业建造的商品房，自房屋使用或交付之次月起，缴纳城镇土地使用税。就是说企业自用、出租、出借当月并不纳税。

（3）税法规定纳税人新征用的耕地，自批准征用之日起满一年时开始缴纳土地使用税。纳税人新征用的非耕地，自批准征用次月起缴纳土地使用税。企业要按税法规定纳税，避免提前纳税或多交税。

（4）根据财税［2006］186号文件第二条的规定，以出让或转让方式有偿取得土地使用权的，应由受让方从合同约定交付土地时间的次月起缴纳城镇土地使用税；合同未约定交付土地时间的，由受让方从合同签订的次月起缴纳城镇土地使用税。

（5）根据《财政部　国家税务总局关于房产税城镇土地使用税有关问题的通知》（财税［2008］152号文件）第三条的规定，自2009年1月1日起，纳税人因房产、土地的实物或权利状态发生变化而依法终止房产税、城镇土地使用税纳税义务的，其应纳税款的计算应截止到房产、土地的实物或权利状态发生变化的当月末。

根据该文件的规定，房地产企业开发的商品房，在第一套房产交付之前，按占地总面积纳税；从对外销售开始，对于已经售出的商品房，在确认销售的次月不再计算土地使用税。

从第一套商品房交付的次月起，按月计提，按税务机关规定期限（半年、季度）申报纳税。计算公式如下：

本月应纳税额＝本月剩余占地面积×月单位税额

月单位税额＝年应纳税额÷12

本月剩余占地面积 = 占地总面积 - 已售房产占地面积

已售房产占地面积 = 占地总面积 × （已出售建筑面积 ÷ 可售建筑总面积）

第三节 耕地占用税税法解读

耕地占用税法是指国家制定的调整耕地占用税征收与缴纳之间权力及义务关系的法律规范。现行耕地占用税的基本规范，是2007年12月1日国务院重新颁布的《中华人民共和国耕地占用税暂行条例》（以下简称《耕地占用税暂行条例》）。

一、耕地占用税基本原理

（一）耕地占用税的概念

耕地占用税是对占用耕地建房或从事非农业建设的单位和个人，就其实际占用耕地面积征收的一种税，属于对特定土地资源占用课税。

耕地是土地资源中最重要的组成部分，是农业生产最基本的生产资料。我国人口众多，耕地资源较少，要用占世界总量7%的耕地，养活占世界总量22%的人口，人多地少的矛盾十分突出。因此，我们必须十分注意保护耕地。但是，过去长期实行非农业用地无偿使用制度，助长了乱占耕地的行为，浪费了大量耕地，加剧了地少人多的矛盾。为了遏制并逐步改变这种状况，政府决定开征耕地占用税，运用税收杠杆与法律、行政手段相配合，以便有效的保护耕地。通过征收耕地占用税，使那些占用耕地建房及从事其他非农业建设的单位和个人承担必要的经济责任，有利于政府运用税收经济杠杆调节他们的经济利益，引导节约、合理地使用耕地资源。这对于保护国土资源，促进农业可持续发展，以及强化耕地管理，保护农民的切身利益等，都具有十分重要的意义。

（二）耕地占用税的特点

耕地占用税作为一个出于特定目的、对特定的土地资源课税的税种，与其他税种相比，具有明显的特点，主要表现在：

1. 兼具资源税与特定行为税的性质

耕地占用税以占用农用耕地建房或从事其他非农用建设的行为为课税对象，以约束纳税人占用耕地的行为、促进土地资源的合理运用为课税目的，除具有资源占用税的属性外，还具有明显的特定行为税的特点。

2. 采用地区差别税率

耕地占用税采用地区差别税率，根据不同地区的具体情况，分别制定差别税额，以适应我国地域辽阔、各地区之间耕地质量差别较大、人均占用耕地面积相差悬殊的具体情况，具有因地制宜的特点。

3. 在占用耕地环节一次性课税

耕地占用税在纳税人获准占用耕地的环节征税，除对获准占用耕地超过两年未使用者必须加征耕地占用税外，此后不再征收耕地占用税。因此，耕地占用税具有一次性征收的特点。

4. 税收收入专用于耕地开发与改良

耕地占用税收入按规定应用于建立发展农业专项基金，主要用于开展宜耕土地开发和改良现有耕地之用，因此，具有“取之于地、用之于地”的补偿性特点。

二、纳税义务人

耕地占用税的纳税义务人是占用耕地建房或从事非农业建设的单位或个人。

所称“单位”，包括国有企业、集体企业、私营企业、股份制企业、外商投资企业、外国企业以及其他企业和事业单位、社会团体、国家机关、部队以及其他单位；所称“个人”，包括个体工商户以及其他个人。

三、征税范围

耕地占用税的征税范围包括纳税人建房或从事非农业建设而占用的国家所有和集体所有的耕地。

所称“耕地”是指种植农作物的土地，包括菜地、园地。其中，园地包括花圃、苗圃、茶园、果园、桑园和其他种植经济林木的土地。

占用鱼塘及其他农用土地建房或从事其他非农业建设，也视同占用耕地，必须依法征收耕地占用税。占用已开发从事种植、养殖的滩涂、草场、水面和林地等从事非农业建设，由省、自治区、直辖市本着有利于保护土地资源和生态平衡的原则，结合具体情况确定是否征收耕地占用税。此外，在占用之前3年内属于上述范围的耕地或农用土地，也视为耕地。

四、应纳税额的计算

（一）计税依据

耕地占用税以纳税人实际占用的耕地面积为计税依据，以每平方米为计税单位，按照规定的适用税额一次性征收。

（二）税率

由于在我国的不同地区之间人口和耕地资源的分布极不平衡，有些地区人烟稠密，耕地资源相对匮乏；而有些地区则人烟稀少，耕地资源比较丰富；各地区之间经济发展水平也有很大差异。考虑到不同地区之间客观条件的差别以及与此相关的税收调节力度和纳税人负担能力方面的差别，耕地占用税在税率设计上采用了地区差别定额税率。税率规定如下：

（1）人均耕地不超过1亩的地区（以县级行政区域为单位，下同），每平方米为10~50元。

（2）人均耕地超过1亩但不超过2亩的地区，每平方米为8～40元。

（3）人均耕地超过2亩但不超过3亩的地区，每平方米为6～30元。

（4）人均耕地超过3亩的地区，每平方米为5～25元。

经济特区、经济技术开发区和经济发达且人均耕地特别少的地区，适用税额可以适当提高，但是提高的部分最高不得超过上述规定税额的50%。占用基本农田的，适用税额应当在当地适用税额的基础上提高50%（见表13-2）。

表13-2 各省、自治区、直辖市耕地占用税平均税额

地　　区	每平方米平均税额/元
上海	45
北京	40
天津	35
江苏、浙江、福建、广东	30
辽宁、湖北、湖南	25
河北、安徽、江西、山东、河南、重庆、四川	22.5
广西、海南、贵州、云南、陕西	20
山西、吉林、黑龙江	17.5
内蒙古、西藏、甘肃、青海、宁夏、新疆	12.5

（三）税额计算

耕地占用税以纳税人实际占用的耕地面积为计税依据，以每平方米为计税单位，按适用的定额税率计税。计算公式为：

应纳税额 = 实际占用耕地面积(平方米) × 适用定额税率

[例13-2] 辽宁省某市一家房地产企业为建造建材市场占用耕地20 000平方米，所占耕地使用的定额税率为25元/平方米，计算应交的耕地占用税。

应纳税额 = 25 × 20 000 = 500 000（元）

五、税收优惠

（一）免征耕地占用税

（1）军事设施占用耕地。

（2）学校、幼儿园、养老院、医院占用耕地。

（二）减征耕地占用税

（1）铁路线路、公路线路、飞机场跑道、停机坪、港口、航道占用耕地，减按每平方米2元的税额征收耕地占用税。

根据实际需要，国务院财政、税务主管部门商国务院有关部门并报国务院批准后，可以对前款规定的情形免征或者减征耕地占用税。

（2）农村居民占用耕地新建住宅，按照当地适用税额减半征收耕地占用税。

农村烈士家属、残疾军人、鳏寡孤独以及革命老根据地、少数民族聚居区和边远贫困山区生活困难的农村居民，在规定用地标准以内新建住宅缴纳耕地占用税确有困难的，经所在地乡（镇）人民政府审核，报经县级人民政府批准后，可以免征或者减征耕地占用税。

按规定免征或者减征耕地占用税后，纳税人改变原占地用途，不再属于免征或者减征耕地占用税情形的，应当按照当地适用税额补缴耕地占用税。

六、征收管理

（1）耕地占用税由地方税务机关负责征收。土地管理部门在通知单位或者个人办理占用耕地手续时，应当同时通知耕地所在地同级地方税务机关。获准占用耕地的单位或者个人应当在收到土地管理部门的通知之日起30日内缴纳耕地占用税。土地管理部门凭耕地占用税完税凭证或者免税凭证和其他有关文件发放建设用地批准书。

（2）纳税人临时占用耕地，应当依照《耕地占用税暂行条例》的规定缴纳耕地占用税。纳税人在批准临时占用耕地的期限内恢复所占用耕地原状的，全额退还已经缴纳的耕地占用税。超过2年未恢复耕地原状的，已征税款不予退还。

所称“临时占用耕地”，是指纳税人因建设项目施工、地质勘察等需要，在一般不超过2年内临时使用耕地并且没有修建永久性建筑物的行为。

（3）占用林地、牧草地、农田水利用地、养殖水面以及渔业水域滩涂等其他农用地建房或者从事非农业建设的，比照《耕地占用税暂行条例》的规定征收耕地占用税。建设直接为农业生产服务的生产设施占用前款规定的农用地的，不征收耕地占用税。

第十四章

房产税的纳税操作技巧

第一节　房产税税法解读

房产税法是指国家制定的调整房产税征收与缴纳之间权利及义务关系的法律规范。房产税是以房产为征税对象，依据房产价格或房产租金收入向房产所有人或经营人征收的一种税；是地方财政收入的重要来源之一。现行房产税的基本规范，是 1986 年 9 月 15 日国务院颁布的《中华人民共和国房产税暂行条例》（以下简称《房产税暂行条例》）。

一、纳税义务人

房产税以在征税范围内的房屋产权所有人为纳税人。其中：

（1）产权属国家所有的，由经营管理单位纳税；产权属集体和个人所有的，由集体单位和个人纳税。

（2）产权出典的房产，由承典人依照房产余值缴纳房产税。所谓产权出典，是指产权所有人将房屋、生产资料等的产权，在一定期限内典当给他人使用，而取得资金的一种融资业务。这种业务大多发生于出典人急需用款，但又想保留产权赎回权的情况。承典人向出典人交付一定的典价之后，在质典期内即获抵押物品的支配权，并可转典。产权的典价一般要低于卖价。出典人在规定期间内须归还典价的本金和利息，方可赎回出典房屋等的产权。由于在房屋出典期间，产权所有人已无权支配房屋，因此，税法规定由对房屋具有支配权的承典人为纳税人。

（3）产权所有人、承典人不在房屋所在地的，由房产代管人或者使用人纳税。

（4）产权未确定及租典纠纷未解决的，亦由房产代管人或者使用人纳税。所谓租典纠纷，是指产权所有人在房产出典和租赁关系上，与承典人、租赁人发生各种争议，特别是权利和义务的争议悬而未决的。此外还有一些产权归属不清的问题，也都属于租典纠纷。对租典纠纷尚未解决的房产，规定由代管人或使用人为纳税人，主要目的在于加强征收管理，保证房产税及时入库。

（5）无租使用其他房产的问题。对出租房产，租赁双方签订的租赁合同约定有免收租金期限的，免收租金期间由产权所有人按照房产原值缴纳房产税（财税［2010］

121 号文件）。

（6）关于融资租赁房产的房产税问题。融资租赁的房产，由承租人自融资租赁合同约定开始日的次月起依照房产余值缴纳房产税。合同未约定开始日的，由承租人自合同签订的次月起依照房产余值缴纳房产税（财税［2009］128 号文件）。

（7）《财政部　国家税务总局关于房产税城镇土地使用税有关问题的通知》（财税［2009］128 号）文件第一条规定“无租使用其他单位房产的应税单位和个人，依照房产余值代缴纳房产税。

（8）国务院令第 546 号文件规定，自 2009 年 1 月 1 日起，外商投资企业、外国企业和组织以及外籍个人（包括港澳台资企业和组织以及华侨、港澳台同胞，以下统称外资企业及外籍个人）依照《中华人民共和国房产税暂行条例》缴纳房产税。

二、房产税的征税对象

房产税的征税对象是房产。所谓“房产”，是指有屋面和围护结构（有墙或两边有柱），能够遮风避雨，可供人们在其中生产、学习、工作、娱乐、居住或储藏物资的场所。

房地产开发企业建造的商品房，在出售前，不征收房产税；但对出售前房地产开发企业已使用或出租、出借的商品房应按规定征收房产税。

三、房产税的征税范围

房产税的征税范围为：城市、县城、建制镇和工矿区。

（1）城市是指国务院批准设立的市。

（2）县城是指县人民政府所在地的地区。

（3）建制镇是指经省、自治区、直辖市人民政府批准设立的建制镇。

（4）工矿区是指工商业比较发达、人口比较集中、符合国务院规定的建制镇标准但尚未设立建制镇的大中型工矿企业所在地。开征房产税的工矿区须经省、自治区、直辖市人民政府批准。

房产税的征税范围不包括农村，这主要是为了减轻农民的负担。因为农村的房屋、除农副业生产用房外，大部分是农民居住用房。对农村房屋不纳入房产税征税范围，有利于农业发展，繁荣农村经济，促进社会稳定。

四、计税依据

房产税的计税依据是房产的计税价值或房产的租金收入。按照房产计税价值征税的，称为从价计征；按照房产租金收入计征的，称为从租计征。

（一）从价计征

《房产税暂行条例》规定，房产税依照房产原值一次减除 10% ~30% 后的余值计算缴纳。各地扣除比例由当地省、自治区、直辖市人民政府确定。房产余值是房产的原值减除规定比例后的剩余价值。

（1）房产原值是指纳税人按照会计制度规定，在账簿“固定资产”科目中记载的房屋原价。因此，凡按会计制度规定在账簿中记载有房屋原价的，应以房屋原价按规定减除一定比例后作为房产余值计征房产税；没有记载房屋原价的，按照上述原则，并参照同类房屋，确定房产原值，按规定计征房产税。

《财政部 国家税务总局关于房产税城镇土地使用税有关问题的通知》（财税［2008］152号）文件规定：自2009年1月1日起，对依照房产原值计税的房产，不论是否记载在会计账簿固定资产科目中，均应按照房屋原价计算缴纳房产税。房屋原价应根据国家有关会计制度规定进行核算。对纳税人未按国家会计制度规定核算并记载的，应按规定予以调整或重新评估。

所称“国家有关会计制度”是指《企业会计准则》。《企业会计准则第6号——无形资产》应用指南第六条规定，企业自行开发建造厂房等建筑物，相关的土地使用权与建筑物应当分别进行处理；外购土地及建筑物支付的价款应当在建筑物与土地使用权之间进行分配。

根据上述规定，从2009年1月1日起，企业应当把自有房产中的土地使用权和房屋及建筑物分别进行会计处理，土地使用权在“无形资产”科目核算，房屋及建筑物在“固定资产”科目核算。未按上述规定进行会计处理的，应按规定予以调整或重新评估。

（2）房产原值应包括与房屋不可分割的各种附属设备或一般不单独计算价值的配套设施。主要有：暖气、卫生、通风、照明、煤气等设备；各种管线，如蒸气、压缩空气、石油、给排水等管道及电力、电信、电缆导线；电梯、升降机、过道、晒台等。属于房屋附属设备的水管、下水道、暖气管、煤气管等应从最近的探视井或三通管起，计算原值；电灯网、照明线从进线盒连接管起，计算原值。

（3）纳税人对原有房屋进行改建、扩建的，要相应增加房屋的原值。

（4）对投资联营的房产，在计征房产税时应予以区别对待。对于以房产投资联营，投资者参与投资利润分红，共担风险的，按房产余值作为计税依据计征房产税；对以房产投资，收取固定收入，不承担联营风险的，实际是以联营名义取得房产租金，应根据《房产税暂行条例》的有关规定由出租方按租金收入计缴房产税（国税函发［1993］368号）。

（5）融资租赁的房产，由承租人自融资租赁合同约定（租赁）开始日的次月起依照房产余值缴纳房产税。合同未约定（租赁）开始日的，由承租人自合同签订的次月起依照房产余值缴纳房产税（财税［2009］128号）。

（6）房屋附属设备和配套设施的计税规定：从2006年1月1日起，房屋附属设备和配套设施计征房产税按以下规定执行：

1）凡以房屋为载体，不可随意移动的附属设备和配套设施，如给排水、采暖、消防、中央空调、电气及智能化楼宇设备等，无论在会计核算中是否单独记账与核算，都应计入房产原值，计征房产税。

2）财税［2009］113 号文件为此也明确了“以建筑物或者构筑物为载体的附属设备和配套设施，无论在会计处理上是否单独记账与核算，均应作为建筑物或者构筑物的组成部分。附属设备和配套设施是指：给排水、采暖、卫生、通风、照明、通信、煤气、消防、中央空调、电梯、电气、智能化楼宇设备和配套设施。”

3）对于更换房屋附属设备和配套设施的，在将其价值计入房产原值时，可扣减原来相应设备和设施的价值；对附属设备和配套设施中易损坏、需要经常更换的零配件，更新后不再计入房产原值。

（7）居民住宅区内业主共有的经营性房产缴纳房产税。从 2007 年 1 月 1 日起，对居民住宅区内业主共有的经营性房产，由实际经营（包括自营和出租）的代管人或使用人缴纳房产税。其中，自营的，依照房产原值减除 10% ~30% 后的余值计征，没有房产原值或不能将业主共有房产与其他房产的原值准确划分开的，由房产所在地地方税务机关参照同类房产核定房产原值；出租的，依照租金收入计征。

（8）《财政部　国家税务总局关于安置残疾人就业单位城镇土地使用税等政策的通知》（财税［2010］121 号）文件第三条关于将地价计入房产原值征收房产税问题规定：“对按照房产原值计税的房产，无论会计上如何核算，房产原值均应包含地价，包括为取得土地使用权支付的价款、开发土地发生的成本费用等。宗地容积率低于 0.5 的，按房产建筑面积的 2 倍计算土地面积并据此确定计入房产原值的地价。”

（二）从租计征

《房产税暂行条例》规定，房产出租的，以房产的租金收入为房产税的计税依据。

所谓“房产的租金收入”，是指房屋产权所有人出租房产使用权所得的报酬，包括货币收入和实物收入。

如果是以劳务或者其他形式为报酬抵付房租收入的，应根据当地同类房产的租金水平，确定一个标准租金额从租计征。

纳税人对个人出租房屋的租金收入申报不实或申报数与同一地段同类房屋的租金收入相比明显不合理的，税务部门可以按照《中华人民共和国税收征收管理法》的有关规定，采取科学合理的方法核定其应纳税款。具体办法由各省、自治区、直辖市地方税务机关结合当地实际情况制定。

五、税率

我国现行房产税采用的是比例税率。由于房产税的计税依据分为从价计征和从租计征两种形式，所以房产税的税率也有两种：

一种是按房产原值一次减除 10% ~30% 后的余值计征的，税率为 1.2%；另一种是按房产出租的租金收入计征的，税率为 12%。

从 2008 年 3 月 1 日起，对个人按市场价格出租的居民住房，不区分用途，按 4% 的税率征收房产税，免征城镇土地使用税。对企事业单位、社会团体以及其他组织按市场价格向个人出租用于居住的住房，按4%的税率征收房产税（财税［2008］24号文件）。

六、应纳税额的计算

房产税的计税依据有两种，与之相适应的应纳税额计算也分为两种：一种是从价计征的计算；另一种是从租计征的计算。

（一）从价计征的计算

从价计征是按房产的原值减除一定比例后的余值计征，其计算公式为：

应纳税额 = 应税房产原值 ×（1 − 扣除比例）× 1.2%

如前所述，“房产原值”是“固定资产”科目中记载的房屋原值；“减除一定比例”是省、自治区、直辖市人民政府规定的10% ~30%的减除比例；计征的适用税率为1.2%。

［例14-1］ 某企业的经营用房原值为5 000万元，按照当地规定允许减除30%后余值计税，适用税率为1.2%，请计算其应纳房产税税额。

应纳税额 =5 000×（1 −30%）×1.2% =42（万元）

关于房产原值的计算问题，《财政部 国家税务总局关于安置残疾人就业单位城镇土地使用税等政策的通知》（财税［2010］121号）规定：“对按照房产原值计税的房产，无论会计上如何核算，房产原值均应包含地价，包括为取得土地使用权支付的价款、开发土地发生的成本费用等。宗地容积率低于0.5的，按房产建筑面积的2倍计算土地面积并据此确定计入房产原值的地价”。

（二）从租计征的计算

从租计征是按房产的租金收入计征，其计算公式为：

应纳税额 = 租金收入 ×12%（或4%）

七、税收优惠政策

房产税的税收优惠政策是根据国家政策需要和纳税人的负担能力制定的。由于房产税属地方税，因此给予地方一定的减免权限，有利于地方因地制宜处理问题。目前，房产税的税收优惠政策主要有：

（1）国家机关、人民团体、军队自用的房产免征房产税。但上述免税单位的出租房产以及非自身业务使用的生产、营业用房，不属于免税范围。

“人民团体”是指经国务院授权的政府部门批准设立或登记备案并由国家拨付行政事业费的各种社会团体；“自用的房产”是指这些单位本身的办公用房和公务用房。

（2）由国家财政部门拨付事业经费的单位，如学校、医疗卫生单位、托儿所、幼儿园、敬老院、文化、体育、艺术这些实行全额或差额预算管理的事业单位所有的，本身业务范围内使用的房产免征房产税。

（3）宗教寺庙、公园、名胜古迹自用的房产免征房产税。

“宗教寺庙自用的房产”是指举行宗教仪式等的房屋和宗教人员使用的生活用房屋。

“公园、名胜古迹自用的房产”是指供公共参观游览的房屋及其管理单位的办公用房屋。

宗教寺庙、公园、名胜古迹中附设的营业单位，如影剧院、饮食部、茶社、照相馆等所使用的房产及出租的房产，不属于免税范围，应照章纳税。

（4）个人所有非营业用的房产免征房产税。

“个人所有的非营业用房”，主要是指居民住房，不论面积多少，一律免征房产税。

对个人拥有的营业用房或者出租的房产，不属于免税房产，应照章纳税。

（5）对行使国家行政管理职能的中国人民银行总行（含国家外汇管理局）所属分支机构自用的房产，免征房产税。

（6）自 2011 年至 2020 年，为支持国家天然林资源保护二期工程的实施，对天然林二期工程实施企业和单位有关房产税、城镇土地使用税政策规定如下：

1）对长江上游、黄河中上游地区，东北、内蒙古等国有林区天然林二期工程实施企业和单位专门用于天然林保护工程的房产、土地免征房产税、城镇土地使用税。对上述企业和单位用于其他生产经营活动的房产、土地按规定征收房产税、城镇土地使用税。

2）对由于实施天然林二期工程造成森工企业房产、土地闲置一年以上不用的，暂免征收房产税和城镇土地使用税；闲置房产和土地用于出租或重新用于天然林二期工程之外其他生产经营的，按规定征收房产税、城镇土地使用税。

3）用于天然林二期工程的免税房产、土地应单独划分，与其他应税房产、土地划分不清的，按规定征收房产税、城镇土地使用税。

（7）经财政部批准免税的其他房产。

这类免税房产，情况特殊，范围较小，是根据实际情况确定的。主要有：

1）损坏不堪使用的房屋和危险房屋，经有关部门鉴定，在停止使用后，可免征房产税。

2）纳税人因房屋大修导致连续停用半年以上的，在房屋大修期间免征房产税，免征税额由纳税人在申报缴纳房产税时自行计算扣除，并在申报表附表或备注栏中作相应说明。

纳税人房屋大修停用半年以上需要免征房产税的，应在房屋大修前向主管税务机关报送相关的证明材料，包括大修房屋的名称、坐落地点、产权证编号、房产原值、用途、房屋大修的原因、大修合同及大修的起止时间等信息和资料，以备税务机关查验。具体报送材料由各省、自治区、直辖市和计划单列市地方税务局确定。

3）在基建工地为基建工地服务的各种工棚、材料棚、休息棚和办公室、食堂、茶炉房、汽车房等临时性房屋，在施工期间，一律免征房产税。但工程结束后，施工企业将这种临时性房屋交还或估价转让给基建单位的，应从基建单位接收的次月起，照章纳税。

4）对高校后勤实体免征房产税。

5）对非营利性医疗机构、疾病控制机构和妇幼保健机构等卫生机构自用的房产，免征房产税。

6）老年服务机构自用的房产。老年服务机构是指专门为老年人提供生活照料、文化、护理、健身等多方面服务的福利性、非营利性的机构，主要包括：老年社会福利院、敬老院（养老院）、老年服务中心、老年公寓（含老年护理院、康复中心、托老所）等。

7）财税［2000］125号文件规定，从2001年1月1日起，对按政府规定价格出租的公有住房和廉租住房，包括企业和自收自支事业单位向职工出租的单位自有住房；房管部门向居民出租的公有住房；落实私房政策中带户发还产权并以政府规定租金标准向居民出租的私有住房等，暂免征收房产税、营业税。

8）对邮政部门坐落在城市、县城、建制镇、工矿区范围内的房产，应当依法征收房产税；对坐落在城市、县城、建制镇、工矿区范围以外的尚在县邮政局内核算的房产，在单位财务账中划分清楚的，从2001年1月1日起不再征收房产税。

除上面提到的可以免纳房产税的情况以外，如纳税人确有困难的，可由省、自治区、直辖市人民政府确定，定期减征或者免征房产税。

9）对向居民供热而收取采暖费的供热企业，为居民供热所使用的厂房及土地继续免征房产税、城镇土地使用税。对既向居民供热，又向单位供热或者兼营其他生产经营活动的供热企业，按其向居民供热而取得的采暖费收入占企业总收入的比例免征房产税、城镇土地使用税。所述供热企业，是指热力产品生产企业和热力产品经营企业。热力产品生产企业包括专业供热企业、兼营供热企业和自供热单位。

10）为鼓励利用地下人防设施，暂不征收房产税。

11）对经营公租房所取得的租金收入，免征营业税、房产税。公租房租金收入与其他住房经营收入应单独核算，未单独核算的，不得享受免征营业税、房产税优惠政策（财税［2010］88号文件）。

12）《财政部 国家税务总局关于农产品批发市场、农贸市场房产税、城镇土地使用税政策的通知》（财税［2012］68号）规定，自2013年1月1日至2015年12月31日，对专门经营农产品的农产品批发市场、农贸市场使用的房产、土地，暂免征收房产税和城镇土地使用税。对同时经营其他产品的农产品批发市场和农贸市场使用的房产、土地，按其他产品与农产品交易场地面积的比例确定征免房产税。农产品批发市场和农贸市场，是指经工商登记注册，供买卖双方进行农产品及其初加工品现货批发或零售交易的场所。农产品包括粮油、肉禽蛋、蔬菜、干鲜果品、水产品、调味品、棉麻、活畜、可食用的林产品以及由省、自治区、直辖市财税部门确定的其他可食用的农产品。

各地已按《财政部　税务总局关于房产税和车船使用税几个业务问题的解释与规定》（财税地字［1987］3号）第三条、《国家税务局关于印发<关于土地使用税若干具体问题的补充规定>的通知》（国税地字［1989］140号）第五条规定对农产品批发市场、农贸市场给予免征房产税和城镇土地使用税的，可继续按原免税政策执行。

八、征收管理与纳税申报

（一）纳税义务发生时间

（1）纳税人将原有房产用于生产经营，从生产经营之月起，缴纳房产税。

（2）纳税人自行新建房屋用于生产经营，从建成之次月起，缴纳房产税。

（3）纳税人委托施工企业建设的房屋，从办理验收手续之次月起，缴纳房产税。

（4）纳税人购置新建商品房，自房屋交付使用之次月起，缴纳房产税。

（5）纳税人购置存量房，自办理房屋权属转移、变更登记手续，房地产权属登记机关签发房屋权属证书之次月起，缴纳房产税。

（6）纳税人出租、出借房产，自交付出租、出借房产之次月起，缴纳房产税。

（7）房地产开发企业自用、出租、出借本企业建造的商品房，自房屋使用或交付之次月起，缴纳房产税。

（8）自2009年1月1日起，纳税人因房产的实物或权利状态发生变化而依法终止房产税纳税义务的，其应纳税款的计算应截止到房产的实物或权利状态发生变化的当月末。

（二）纳税期限

房产税实行按年计算、分期缴纳的征收方法，具体纳税期限由省、自治区、直辖市人民政府确定。

（三）纳税地点

房产税在房产所在地缴纳。房产不在同一地方的纳税人，应按房产的坐落地点分别向房产所在地的税务机关纳税。

（四）纳税申报

房产税的纳税人应按照条例的有关规定，及时办理纳税申报，并如实填写《房产税纳税申报表》。

第二节　房产税的纳税操作技巧

一、合理选择建厂地址，避免缴纳房产税

税法规定，房产税在城市、县城、建制镇和工矿区征收，其中，“城市”是指国务院批准设立的市；“县城”是指县人民政府所在地；建制镇是指经省人民政府

批准的建制镇；“工矿区”是指城市、县城、建制镇范围以外，工商企业比较发达，人口比较集中，符合国务院规定的建制镇标准，但尚未设立建制镇的大中型工矿企业所在地。除上述范围以外的房产不属于房产税的征收范围，不征房产税。企业组建选址时如果能考虑到这一点，会给企业带来数不尽的效益：第一，免交了房产税。因为房产税实行按年征收，只要企业建立在房产税征收范围之内，无论企业盈亏，均要按年交税，这对企业无疑是一笔很大的开支，如果把企业建在乡村，则无须缴纳房产税，企业就节省了这笔开支；第二，把企业建立在农村，可以为企业节省土地购置费用；第三，在农村建立企业，不征城镇土地使用税；城市维护建设税按1%征收；第四，有利于农村的城市化改造，企业可以使用大量的农村廉价劳动力。

二、正确区分房屋和建筑物

会计核算固定资产一般采用分类法，“房屋和建筑物”属于同一类，所以在计算房产税时，往往直接用“房屋和建筑物”的原值计算，造成误交税。在纳税中应注意以下问题：

（1）正确划分房屋和建筑物。“房屋”是指有屋面和围护结构（有墙或两边有柱），能遮风避雨，可供人们生产、休息、学习、娱乐、活动、仓储等的场所。根据这个定义，可以把房屋之外的建筑物与房屋区分开，如围墙、烟囱、水塔、油池、酒精池、游泳池、菜窖酒窖、玻璃暖棚以及各种储油气罐等，以上建筑物不是房产，不应该交房产税。

（2）正确划分“在建工程”的成本核算对象。税法规定，独立于房屋之外的建筑物不征房产税，与房屋不可分的附属设施要并入房屋原值计征房产税。这就要求我们在确定在建工程成本核算对象时，把应该划入房屋的费用核算到房屋成本中去，把不属于房屋的费用，如烟囱、绿地、长廊、道路、供暖锅炉及管道等，单独形成固定资产，避免误交房产税。属于房屋附属设备的水管、下水道、暖气管、煤气管等应从最近的探视井或三通管以外的部分，不计算房产原值；电灯网、照明线从进线盒连接管以外的部分，也不计算房产原值。

三、房屋装修应当避免增加固定资产原值

《企业所得税法》第十三条规定，企业将已经足额提取折旧的固定资产的改建支出、租入固定资产的改建支出作为长期待摊费用，按照规定摊销的，准予扣除。改建支出是指改变房屋或者建筑物结构、延长使用年限等发生的支出。

企业将自有的已经提足折旧的房屋及建筑物进行改建，应在改建后估计其尚可使用年限，按照固定资产预计尚可使用年限分期摊销。企业将没有提足折旧的房屋及建筑物进行改建，改建费用增加固定资产原价，改建后能够延长使用年限的，应当适当延长折旧年限。

企业将经营租赁的房屋及建筑物进行改建，形成长期待摊费用，按照合同约定的剩余租赁期限分期摊销。

财会［2003］10号文件规定，企业自有固定资产装修费用，如果延长了固定资产的使用寿命，或者使产品质量实质性提高，或者使产品成本实质性降低，则可予资本化。应当在“固定资产”科目下单设“固定资产装修”明细科目核算，不增加固定资产原价，在两次装修期间与固定资产尚可使用年限两者中较短的期间内，采用合理的方法单独计提折旧。如果在下次装修时，该项固定资产相关的“固定资产装修”明细科目仍有余额，应将该余额一次全部计入当期营业外支出。

企业融资租赁方式租入的固定资产发生的固定资产后续支出，比照上述原则处理。发生的固定资产装修费用，符合上述原则可予资本化的，应在“两次装修期间”、“剩余租赁期”与“固定资产尚可使用年限”三者中较短的期间内，采用合理的方法单独计提折旧。

税法对内资企业自有房产装修没有明确规定，可按会计制度规定进行会计处理，装修费不计入固定资产原价，不交房产税。

四、房屋租赁房产税的筹划

（一）注意合同签订方法可以节省房产税

由于房产税有从价计征和从租计征两种方式，企业在出租房屋时，租赁合同怎样签订就值得研究。例如，企业把闲置的仓库对外出租，如果签订仓库租赁合同，就要按租金收入的12%征收房产税；如果签订仓储合同，仓储是企业对外提供的商品保管服务，企业要对所保管的商品安全负责，仓库属于企业自用，就可以按仓库余值的1.2%征收房产税。同样道理，企业把地下车库对外出租，要按租金的12%征收房产税；如果出租车位，带有车辆保管性质，车库属于企业自用，就可按车库的余值征收房产税。

如果企业将一项房产连同设备整体出租，签订一份合同，就要按合同总金额交房产税，这样做显然是把设备的租金也交了房产税。在合同签订之前应当反复计算策划。

［例14-2］　A企业是一家百货零售企业，拥有面积为10 000平方米营业楼一栋，价值8 000万元，楼内计算机及一些其他设备原值1 500万元，净值1 200万元。营业一年后，因经营亏损，无力继续经营，准备出租。该营业楼处于三类城市，城市人口规模50万人以上。因该营业楼面积较大，且整体租赁，所以价格因人、因时都可能变动，很难确定一个公允的市场价格。B企业是一家连锁零售企业，正在寻找场地扩张营业面积，准备租赁A企业营业楼进行经营。双方拟定合同期5年，价格为年租金1 000万元，营业楼整体租赁包括其中的设备。

方案1：营业楼整体出租，年租金1 000万元。

营业税＝1 000×5%＝50（万元）

城建税及教育费附加 =50×10% =5（万元）

房产税 =1 000×12% =120（万元）

税金合计 =50 +5 +120 =175（万元）

方案2：用出租成本推算收入。A企业年收入1 000万元不变，假设营业楼折旧年限20年，无净残值，计算机等设备折旧年限5年，无净残值。这样，营业楼的年出租成本为800 ÷20 =400（万元），计算机等设备的年出租成本为1 500 ÷5 =300（万元）。因此，

营业楼年租金收入 =1 000×400 ÷（400 +300） =571（万元）

计算机等设备年租金收入 =1 000×300 ÷（300 +400） =429（万元）

但以上方案划分房产价值大但收益却低，必然引来税务部门的疑问，极易让人理解为通过转移租金而逃避房产税。所以，A企业与B企业签订2份合同，其一，房屋租赁每年租金720万元，租期5年；其二，计算机等设备签订分期付款出售合同，总额1 400万元，分5年付款，年付280万元。根据财税［2009］9号文件规定，销售旧设备，按照4%的征收率减半征收增值税。

营业税 =720×5% =36（万元）

增值税 =1 400 ÷（1 +4%） ×2% ÷5 =5.38（万元）

城建税及教育费附加 =（36 +5.38） ×10% =4.14（万元）

房产税 =720×12% =86.4（万元）

税金合计 =36 +5.38 +4.14 +86.4 =131.92（万元）

每年节省税费 =179 -131.92 =47.08（万元）

（二）把房屋出租改成以房产投资可以节省房产税

国税函［1993］368号文规定，对于投资联营的房产，应根据投资联营的具体情况，在计征房产税时予以区别对待。对于以房产投资联营，投资者参与投资利润分红，共担风险的情况，由被投资企业按房产原值作为计税依据计征房产税。

［例14-3］ 甲房地产公司新建一栋商品楼，现已建成并验收合格，商品楼一层是商业用房，账面价值1 000万元。有三个经营方案，一是出租，年租金120万元；二是本公司开商店；三是用商业用房对外投资。

方案1：出租。

营业税 =1 200 000×5% =60 000（元）

城建税及教育费附加 =60 000×（7% +3%） =6 000（元）

印花税 =1 200 000×1‰ =1 200（元）

房产税 =1 200 000×12% =144 000（元）

税费合计 =60 000 +6 000 +1 200 +144 000 =211 200（元）

方案2：甲公司本公司开商店，只交房产税。

房产税 =10 000 000×（1 -30%） ×1.2% =84 000（元）

节省税费 =211 200 -84 000 =127 200（元）

方案3：以房产投资，参与投资利润分红，共担风险，按房产原值作为计税依据计

征房产税，由接受投资方缴纳房产税。

房产税＝10 000 000×（1－30%）×1.2%＝84 000（元）

3个方案比较，方案1税负最重，方案2和方案3纳税金额虽然一样，但是，方案3税费由接收投资方承担，甲公司不交房产税。

五、土地使用权避免重复纳税的操作技巧

《企业所得税法实施条例》第六十七条规定，无形资产按照直线法计算的摊销费用，准予扣除。无形资产的摊销年限不得低于10年。作为投资或者受让的无形资产，有关法律规定或者合同约定了使用年限的，可以按照规定或者约定的使用年限分期摊销。土地使用权属于企业受让的无形资产，工业用地使用年限为50年，商业用地使用年限40年。

由于历史的原因，企业的房屋原价包括了土地使用权的受让成本和房屋的建造成本，在计算缴纳房产税时，土地使用权的价值也交了房产税，在计算城镇土地使用税时还要交城镇土地使用税，形成重复纳税。

［例14-4］　某工业企业为建造办公楼，2006年1月，以1 000万元取得一项土地使用权，使用年限为50年。办理完规划、设计等审批事项后于3月开工建设，建筑费用为2 000万元，2006年12月办公楼竣工验收，并交付使用。计算2007年的房产税。

应交房产税的计算：

办公楼原价＝1 000＋2 000＝3 000（万元）

2007年应交房产税＝3 000×（1－30%）×1.2%＝25.2（万元）

很显然，在计算房产税的时候包含了土地使用权的价值，土地使用权还应当缴纳城镇土地使用税，形成重复纳税。

《房产税暂行条例》规定，以价计征的，按房产原值一次减除10%～30%后的余值计征的，税率为1.2%。

房产余值＝房产原值×(1－30%)

财税地字［1986］第008号第十五条规定，房产原值是指纳税人按照会计制度规定，在账簿“固定资产”科目中记载的房产原价。

《企业会计制度》第四十七条规定，企业取得的土地使用权，在尚未开发或建造自用项目前，作为“无形资产”核算，企业利用土地建造自用项目时，将土地使用权的账面价值全部转入“在建工程”成本。

《小企业会计制度》规定，企业购入的土地使用权，按实际支付的价款作为实际成本，并作为“无形资产”核算，待该土地开发时再将其账面价值转入相关“在建工程”核算。

就是企业按照会计制度核算使得房产原价中包含了土地使用权的价值和房产的建造成本。

《财政部 国家税务总局关于房产税城镇土地使用税有关问题的通知》（财税［2008］152号文件）规定，对依照房产原值计税的房产，不论是否记载在会计账簿固定资产科目中，均应按照房屋原价计算缴纳房产税。房屋原价应根据国家有关会计制度规定进行核算。对纳税人未按国家会计制度规定核算并记载的，应按规定予以调整或重新评估。

《企业会计准则应用指南——无形资产》第六条规定，土地使用权的处理：自行开发建造厂房等建筑物，相关的土地使用权与建筑物应当分别进行处理；外购土地及建筑物支付的价款应当在建筑物与土地使用权之间进行分配；难以合理分配的，应当全部作为固定资产。

根据上述文件规定，企业可以按照会计准则的规定，将土地使用权与房屋造价分别进行会计处理，土地使用权1 000万元转入“无形资产”科目核算，“固定资产——办公楼”为2 000万元，应交房产税＝2 000×（1－30%）×1.2%＝16.8（万元），解决了重复纳税的问题。

［例14-5］ 甲公司2009年征地建办公楼，土地面积10 000平方米，支付土地出让金2 000万元，对土地进行一级开发，支付开发费用200万元。建办公楼6 000平方米，支付建安工程费用2 800万元，2010年12月末建成并投入使用，请问2011年如何缴纳房产税？

［案例分析］

《财政部 国家税务总局关于安置残疾人就业单位城镇土地使用税等政策的通知》（财税［2010］121号）第三条“关于将地价计入房产原值征收房产税问题”规定：“对按照房产原值计税的房产，无论会计上如何核算，房产原值均应包含地价，包括为取得土地使用权支付的价款、开发土地发生的成本费用等。宗地容积率低于0.5的，按房产建筑面积的2倍计算土地面积并据此确定计入房产原值的地价”。该通知自发文之日起执行（2010年12月21日）。此前规定与通知不一致的，按该通知执行。

土地总成本＝2 000＋200＝2 200（万元）

每平方米土地成本＝22 000 000÷10 000＝2 200（元）

会计核算将土地使用权成本计入“无形资产”核算，建筑物成本计入“固定资产——办公楼”核算。

容积率＝6 000÷10 000＝0.6，当容积率大于0.5时，

计算房产税的房产原价＝“无形资产”科目的地价＋“固定资产”科目的房价

＝22 000 000＋28 000 000＝50 000 000（元）

每年应交房产税＝50 000 000×（1－30%）×1.2%＝420 000（元）

［例14-6］ 接上例，如果，甲公司把1 500m^2房产出租，租金1 300 000元，其余4 500m^2房产自用，出租部分按租金的12%计算缴纳房产税，应如何缴纳房产税？

[案例分析]

(1) 自用部分按下列公式计算计入房产原价的地价：

计入房产原价的地价 = (实际使用面积/全部建筑面积) ×宗地面积×土地单价

= (4 500/6 000) ×10 000×2 200 = 16 500 000 (元)

计入房产原价的房价 = (4 500/6 000) ×28 000 000 = 21 000 000 (元)

计算房产税的房产原价 = 16 500 000 + 21 000 000 = 37 500 000 (元)

自用房产应交房产税 = 37 500 000× (1 - 30%) ×1.2% = 315 000 (元)

出租房产应交房产税 = 1 300 000×12% = 156 000 (元)

应交房产税合计 = 156 000 + 315 000 = 471 000 (元)

[例 14-7]　接前例，如果甲公司建写字楼面积为 4 800m^2，支付建安工程费 2 400 万元，房产全部自用，2011 年如何缴纳房产税？

[案例分析]

建筑面积为 4 800m^2，建安工程费用 2 400 万元，

容积率 = 4 800 ÷ 10 000 = 0.48 < 0.5

财税［2010］121 号规定，宗地容积率低于 0.5 的，按房产建筑面积的 2 倍计算土地面积，并据此确定计入房产原值的地价。即：当容积率小于 0.5 时，计入房产原价的地价 = (建筑面积×2 ÷ 土地总面积) ×土地总价值

计入房产原价的地价 = (4 800×2/10 000) ×22 000 000 = 21 120 000 (元)

应交房产税 = (24 000 000 + 21 120 000) × (1 - 30%) ×1.2%

= 379 008 (元)

六、待售的商品房是产品，不交房产税

《国家税务总局关于房产税、城镇土地使用税有关政策规定的通知》(国税发［2003］89 号文件) 规定，鉴于房地产开发企业开发的商品房在出售前，对房地产开发企业而言是一种产品，因此，对房地产开发企业建造的商品房，在售出前，不征收房产税；但对售出前房地产开发企业已使用或出租、出借的商品房应按规定征收房产税。

七、利用税收优惠政策进行筹划

上一节已经介绍了税收优惠政策，在纳税实务中应该用足用好，需要关注的有以下几点：

(1) 在基建工地为基建工地服务的各种工棚、材料棚、休息棚和办公室、食堂、茶炉房、汽车房等临时性房屋，在施工期间，一律免征房产税。但工程结束后，施工企业将这种临时性房屋交还或估价转让给基建单位的，应从基建单位接收的次月起，照章纳税。

（2）《国家税务总局关于房产税、城镇土地使用税有关政策规定的通知》（国税发［2003］89号文件）规定：

1）房地产开发企业开发的商品房在出售前，对房地产开发企业而言是一种产品，因此，对房地产开发企业建造的商品房，在出售前，不征收房产税；但对出售前企业已使用或出租出借的商品房应按规定征收房产税。

2）购置新建商品房，自房屋交付使用之次月起计征房产税和城镇土地使用税。

3）房地产开发企业自用、出租、出借本企业建造的商品房，自房屋使用或交付之次月起计征房产税和城镇土地使用税。

（3）财税［2000］125号文件规定，为了配合国家住房制度改革，支持住房租赁市场的健康发展，对住房租赁市场有关税收政策自2001年1月1日作如下调整：

对按政府规定价格出租的公有住房和廉租住房，包括企业和自收自支事业单位向职工出租的单位自有住房；房管部门向居民出租的公有住房；落实私房政策中带户发还产权并以政府规定租金标准向居民出租的私有住房等，暂免征收房产税、营业税。

对个人按市场价格出租的居民住房，其应缴纳的营业税暂减按3%的税率征收，房产税暂减按4%的税率征收。对个人出租房屋取得的所得暂减按10%的税率征收个人所得税。

（4）利用国家支持住房租赁市场发展的税收政策。《财政部　国家税务总局关于廉租住房、经济适用住房和住房租赁有关税收政策的通知》（财税［2008］24号）规定（自2008年3月1日起）：

1）对个人出租住房取得的所得减按10%的税率征收个人所得税。

2）对个人出租、承租住房签订的租赁合同，免征印花税。

3）对个人出租住房，不区分用途，在3%税率的基础上减半征收营业税，按4%的税率征收房产税，免征城镇土地使用税。

4）对企事业单位、社会团体以及其他组织按市场价格向个人出租用于居住的住房，减按4%的税率征收房产税。

第十五章

契税的纳税操作技巧

第一节　契税税法解读

契税法是指国家制定的用以调整契税征收与缴纳之间权利及义务关系的法律规范。现行契税的基本规范，是1997年7月7日国务院发布并于同年10月1日开始施行的《中华人民共和国契税暂行条例》（以下简称《契税暂行条例》）。

契税是以在中华人民共和国境内转移土地、房屋权属为征税对象，向产权承受人征收的一种财产税。

一、契税的征税对象

契税的征税对象是境内转移土地、房屋权属。具体包括以下五项内容：

（一）国有土地使用权出让

国有土地使用权出让是指土地使用者向国家交付土地使用权出让费用，国家将国有土地使用权在一定年限内让与土地使用者的行为。

（二）土地使用权的转让

土地使用权的转让是指土地使用者以出售、赠与、交换或者其他方式将土地使用权转移给其他单位和个人的行为。土地使用权的转让不包括农村集体土地承包经营权的转移。

（三）房屋买卖

即以货币为媒介，出卖者向购买者过渡房产所有权的交易行为，以下几种特殊情况，视同买卖房屋：

(1) 以房产抵债或实物交换房屋，经当地政府和有关部门批准，以房抵债和实物交换房屋，均视同房屋买卖，应由产权承受人，按房屋现值缴纳契税。

例如，甲某因无力偿还乙某债务，而以自有的房产折价抵偿债务。经双方同意，有关部门批准，乙某取得甲某的房屋产权，在办理产权过户手续时，按房产折价款缴纳契税。如以实物（金银首饰等等价物品）交换房屋，应视同以货币购买房屋。

对已缴纳契税的购房单位和个人，在未办理房屋权属变更登记前退房的，退还已纳契税；在办理房屋权属变更登记后退房的，不予退还已纳契税。

（2）以房产作投资或作股权转让，这种交易业务属房屋产权转移应根据国家房地产管理的有关规定，办理房屋产权交易和产权变更登记手续，视同房屋买卖，由产权承受方按契税税率计算缴纳契税。

例如，甲某以自有房产，投资于乙某企业。其房屋产权变为乙某企业所有，故产权所有人发生变化，因此，乙某企业在办理产权登记手续后，按甲某入股房产现值（国有企事业房产须经国有资产管理部门评估核价）缴纳契税。如丙某以股份方式购买乙某企业房屋产权，丙某在办理产权登记后，按取得房产买价缴纳契税。

以自有房作股投入本人独资经营的企业，免纳契税。因为以自有的房地产投入本人独资经营的企业，产权所有人和使用权使用人未发生变化，不需办理房产变更手续，也不办理契税手续。

（3）买房拆料或翻建新房，应照章征收契税。

例如，甲某购买乙某房产，不论其目的是取得该房产的建筑材料或是翻建新房，都实际构成房屋买卖。甲某应首先办理房屋产权变更手续，并按买价缴纳契税。

（四）房屋赠与

房屋的赠与是指房屋产权所有人将房屋无偿转让给他人所有，其中，将自己的房屋转交给他人的法人和自然人，称作房屋赠与人，接受他人房屋的法人和自然人，称为受赠人。房屋赠与的前提必须是产权无纠纷，赠与人和受赠人双方自愿。

由于房屋是不动产，价值较大，故法律要求赠与房屋应有书面合同（契约），并到房产管理机关或农村基层政权机关办理登记过户手续，才能生效。如果房屋赠与行为涉及涉外关系，还需公证处证明和外事部门认证，才能生效。房屋的受赠人要按规定缴纳契税。

（五）房屋交换

房屋交换是指房屋所有者之间互相交换房屋的行为。

随着经济形势的发展，有些特殊方式转移土地、房屋权属的，也将视同土地使用权转让、房屋买卖或者房屋赠与。一是以土地、房屋权属作价投资、入股；二是以土地、房屋权属抵债；三是以获奖方式承受土地、房屋权属；四是以预购方式或者预付集资建房款方式承受土地、房屋权属。

（六）承受国有土地使用权支付的土地出让金

对承受国有土地使用权支付的土地出让金，要计征契税。不得因减免土地出让金而减免契税。

二、纳税义务人

契税的纳税义务人是境内转移土地、房屋权属，承受的单位和个人。境内是指中华人民共和国实际税收行政管辖范围内。土地、房屋权属是指土地使用权和房屋所有权；单位是指企业单位、事业单位、国家机关、军事单位和社会团体以及其他组织；个人是指个体经营者及其他个人，包括中国公民和外籍人员。

三、税率

契税实行3% ~5%的幅度税率。实行幅度税率是考虑到我国经济发展的不平衡，各地经济差别较大的实际情况。因此，各省、自治区、直辖市人民政府可以在3% ~5%的幅度税率规定范围内，按照本地区的实际情况决定。

四、应纳税额的计算

（一）计税依据

契税的计税依据为不动产的价格。由于土地、房屋权属转移方式不同，定价方法不同，因而具体计税依据视不同情况而决定。

（1）国有土地使用权出让、土地使用权出售、房屋买卖，以成交价格为计税依据。成交价格是指土地、房屋权属转移合同确定的价格，包括承受者应交付的货币、实物、无形资产或者其他经济利益。

《国家税务总局关于免征土地出让金出让国有土地使用权征收契税的批复》（国税函［2005］436号文件）规定，对承受国有土地使用权所应支付的土地出让金，要计征契税。不得因减免土地出让金，而减免契税。

（2）土地使用权赠与、房屋赠与，由征收机关参照土地使用权出售、房屋买卖的市场价格核定。

离婚后房屋权属发生变化是否征收契税？根据《婚姻法》规定，夫妻共有房屋属共同共有财产，因离婚财产分割引起房屋权属变化是房产共有权的变化，而不是契税法所规定的房屋产权转移，所以，对离婚后原共有房屋产权的归属人不征契税。

（3）土地使用权交换、房屋交换，为所交换的土地使用权、房屋的价格差额。就是说，交换价格相等时，免征契税；交换价格不等时，由多交付货币、实物、无形资产或者其他经济利益的一方缴纳契税。土地使用权与房屋所有权之间相互交换，按照上述规定办理。

（4）以划拨方式取得土地使用权，经批准转让房地产时，由房地产转让者补交契税。计税依据为补交的土地使用权出让费用或者土地收益。

为了避免偷、逃税款，税法规定，成交价格明显低于市场价格并且无正当理由的，或者所交换的土地使用权、房屋的价格的差额明显不合理并且无正当理由的，征收机关可以参照市场价格核定计税依据。

（5）房屋附属设施征收契税的依据

1）采取分期付款方式购买房屋附属设施土地使用权、房屋所有权的，应按合同规定的总价款计征契税。

2）承受的房屋附属设施权属如为单独计价的，按照当地确定的适用税率征收契税；如与房屋统一计价的，适用与房屋相同的契税税率。

（6）个人无偿赠与不动产行为（法定继承人除外），应对受赠人全额征收契税。在缴纳契税时，纳税人须提交税务机关审核并签字盖章的《个人无偿赠与不动产登记表》，税务机关（或其他征收机关）应在纳税人的契税完税凭证上加盖“个人无偿赠与”印章，在《个人无偿赠与不动产登记表》中签字并将该表格留存。

（7）对以国家作价出资（入股）方式转移国有土地使用权的行为，应视同土地使用权转让，由土地使用权的承受方按规定缴纳契税（财税［2008］129号文件）。

（二）应纳税额的计算方法

契税采用比例税率。当计税依据确定以后，应纳税额的计算比较简单。应纳税额的计算公式为：

应纳税额 = 计税依据 × 税率

［例15-1］　居民刘某有两套住房，将一套出售给居民王某，面积80平方米，成交价格为600 000元；将另一套两室住房与居民李某交换成两处一室住房，并支付给李某换房差价款100 000元。试计算刘、王、李相关行为应缴纳的契税（假定税率为4%）。

（1）刘某应缴纳契税 = 100 000 × 4% = 4 000（元）

（2）王某应缴纳契税 = 600 000 × 4% = 24 000（元）

（3）李某不缴纳契税。

五、税收优惠政策

（一）契税优惠的一般规定

（1）国家机关、事业单位、社会团体、军事单位承受土地、房屋用于办公、教学、医疗、科研和军事设施的，免征契税。

（2）城镇职工按规定第一次购买公有住房，免征契税。

此外，财政部 国家税务总局规定：自2000年11月29日起，对各类公有制单位为解决职工住房而采取集资建房方式建成的普通住房，或由单位购买的普通商品住房，经当地县以上人民政府房改部批准、按照国家房改政策出售给本单位职工的，如属职工首次购买住房，均可免征契税。

（3）对个人购买普通住房，且该住房属于家庭（成员范围包括购房人、配偶以及未成年子女，下同）唯一住房的，减半征收契税。对个人购买90平方米及以下普通住房，且该住房属于家庭唯一住房的，减按1%税率征收契税。

（4）因不可抗力灭失住房而重新购买住房的，酌情减免。不可抗力是指自然灾害、战争等不能预见、不可避免，并不能克服的客观情况。

（5）土地、房屋被县级以上人民政府征用、占用后，重新承受土地、房屋权属的，由省级人民政府确定是否减免。

（6）承受荒山、荒沟、荒丘、荒滩土地使用权，并用于农、林、牧、渔业生产的，免征契税。

（7）经外交部确认，依照我国有关法律规定以及我国缔结或参加的双边和多边条约或协定，应当予以免税的外国驻华使馆、领事馆、联合国驻华机构及其外交代表、领事官员和其他外交人员承受土地、房屋权属的，经外交部确认，可以免征契税。

（二）契税优惠的特殊规定

1. 企业公司制改造

非公司制企业，按照《中华人民共和国公司法》的规定，整体改建为有限责任公司（含国有独资公司）或股份有限公司，有限责任公司整体改建为股份有限公司，股份有限公司整体改建为有限责任公司的，对改建后的公司承受原企业土地、房屋权属，免征契税。上述所称整体改建是指不改变原企业的投资主体，并承继原企业权利、义务的行为。

非公司制国有独资企业或国有独资有限责任公司，以其部分资产与他人组建新公司，且该国有独资企业（公司）在新设公司中所占股份超过50%的，对新设公司承受该国有独资企业（公司）的土地、房屋权属，免征契税。

国有控股公司以部分资产投资组建新公司，且该国有控股公司占新公司股份超过85%的，对新公司承受该国有控股公司土地、房屋权属，免征契税。上述所称国有控股公司，是指国家出资额占有限责任公司资本总额超过50%，或国有股份占股份有限公司股本总额超过50%的公司。

2. 公司股权（股份）转让

在股权（股份）转让中，单位、个人承受公司股权（股份），公司土地、房屋权属不发生转移，不征收契税。

3. 公司合并

两个或两个以上的公司，依据法律规定、合同约定，合并为一个公司，且原投资主体存续的，对其合并后的公司承受原合并各方的土地、房屋权属，免征契税。

4. 公司分立

公司依照法律规定、合同约定分设为两个或两个以上与原公司投资主体相同的公司，对派生方、新设方承受原企业土地、房屋权属，免征契税。

5. 企业出售

国有、集体企业整体出售，被出售企业法人予以注销，并且买受人按照《中华人民共和国劳动法》等国家有关法律法规政策妥善安置原企业全部职工，与原企业全部职工签订服务年限不少于三年的劳动用工合同的，对其承受所购企业的土地、房屋权属，免征契税；与原企业超过30%的职工签订服务年限不少于三年的劳动用工合同的，减半征收契税。

6. 企业破产

企业依照有关法律、法规规定实施破产，债权人（包括破产企业职工）承受破产企业抵偿债务的土地、房屋权属，免征契税；对非债权人承受破产企业土地、房屋权属，凡按照《中华人民共和国劳动法》等国家有关法律法规政策妥善安置原企业全部职工，与原企业全部职工签订服务年限不少于三年的劳动用工合同的，对其承受所购企业的土地、房屋权属，免征契税；与原企业超过30%的职工签订服务年限不少于三年的劳动用工合同的，减半征收契税。

7. 债权转股权

经国务院批准实施债权转股权的企业，对债权转股权后新设立的公司承受原企业的土地、房屋权属，免征契税。

8. 资产划转

对承受县级以上人民政府或国有资产管理部门按规定进行行政性调整、划转国有土地、房屋权属的单位，免征契税。

同一投资主体内部所属企业之间土地、房屋权属的划转，包括母公司与其全资子公司之间，同一公司所属全资子公司之间，同一自然人与其设立的个人独资企业、一人有限公司之间土地、房屋权属的划转，免征契税。

9. 事业单位改制

事业单位按照国家有关规定改制为企业的过程中，投资主体没有发生变化的，对改制后的企业承受原事业单位土地、房屋权属，免征契税。投资主体发生变化的，改制后的企业按照《中华人民共和国劳动法》等有关法律法规妥善安置原事业单位全部职工，与原事业单位全部职工签订服务年限不少于三年劳动用工合同的，对其承受原事业单位的土地、房屋权属，免征契税；与原事业单位超过30%的职工签订服务年限不少于三年劳动用工合同的，减半征收契税。

10. 房屋的附属设施

对于承受与房屋相关的附属设施（包括停车位、汽车库、自行车库、顶层阁楼以及储藏室，下同）所有权或土地使用权的行为，按照契税法律、法规的规定征收契税；对于不涉及土地使用权和房屋所有权转移变动的，不征收契税。

11. 继承土地、房屋权属

对于《中华人民共和国继承法》规定的法定继承人（包括配偶、子女、父母、兄弟姐妹、祖父母、外祖父母）继承土地、房屋权属，不征收契税。

按照《中华人民共和国继承法》规定，非法定继承人根据遗嘱承受死者生前的土地、房屋权属，属于赠与行为，应征收契税。

12. 夫妻之间房屋土地权属变更

在婚姻关系存续期间，房屋、土地权属原归夫妻一方所有，变更为夫妻双方共有或另一方所有的，或者房屋、土地权属原归夫妻双方共有，变更为其中一方所有的，或者房屋、土地权属原归夫妻双方共有，双方约定、变更共有份额的，免征契税（财税［2014］4号）。

13. 离婚后原有房屋产权分割

根据我国婚姻法的规定，夫妻共有房屋属共同共有财产。因夫妻财产分割而将原共有房屋产权归属一方，是房产共有权的变动而不是现行契税政策规定征税的房屋产权转移行为。因此，对离婚后原共有房屋产权的归属人不征收契税。

14. 其他

以出让方式或国家作价出资（入股）方式承受原改制重组企业、事业单位划拨用地的，不属上述规定的免税范围，对承受方应按规定征收契税。

六、征收管理

（一）纳税义务发生时间

契税的纳税义务发生时间是纳税人签订土地、房屋权属转移合同的当天，或者纳税人取得其他具有土地、房屋权属转移合同性质凭证的当天。

（二）纳税期限

纳税人应当自纳税义务发生之日起10日内，向土地、房屋所在地的契税征收机关办理纳税申报，并在契税征收机关核定的期限内缴纳税款。

（三）纳税地点

契税在土地、房屋所在地的征收机关缴纳。

（四）征收管理

纳税人办理纳税事宜后，征收机关应向纳税人开具契税完税凭证。纳税人持契税完税凭证和其他规定的文件材料，依法向土地管理部门、房产管理部门办理有关土地、房屋的权属变更登记手续。土地管理部门和房产管理部门应向契税征收机关提供有关资料，并协助契税征收机关依法征收契税。

为了强化税收管理，保障契税收入持续快速增长，提高契税的征管效率。国家税务总局《关于征收机关直接征收契税的通知》（国税发［2004］137号）决定，各级征收机关要在2004年12月31日前停止代征委托，由税务机关直接征收契税。

征收机关应按照总局制定的关于《耕地占用税契税减免管理办法》（国税发［2004］99号），统筹考虑征收管理和减免管理问题，规范契税减免申报程序，做好契税减免管理工作。

《国家税务总局关于进一步加强房地产税收管理的通知》（国税发［2005］82号）文件规定，“以契税管理先缴纳税款，后办理产权证书（简称‘先税后证’）为把手，全面掌控税源信息。充分利用契税征管信息，加强房地产各环节、各税种的税收管理”。

第二节 契税的纳税操作技巧

房地产开发企业对于契税的纳税筹划，可利用税收优惠政策进行统筹安排。

一、利用优惠政策的纳税筹划

（一）利用企业改制重组契税政策进行企业改制重组

为了支持企业、事业单位改革，促进国民经济持续、健康发展，财政部 国家税务总局《关于企业事业单位改制重组契税政策的通知》（财税［2012］4号）文件中规定了十项企业改制重组中的契税优惠政策（见上节“契税优惠的特殊规定”），房地产开发企业在改制重组中可以充分利用，降低契税的支出。

［例15-2］ 甲房地产开发公司准备与乙公司联合设立一家新的房地产开发企业M公司，甲公司投入土地130亩，每亩账面价值60万元，土地总价值7 800万元，甲公司持股60%；乙公司以货币资金投入5 200万元，乙公司持股40%。当地规定契税的税率为3%。如何操作可以降低契税？

［案例分析］

方案一、甲房地产开发公司出土地130亩，按账面价值投资，土地账面价值7 800万元，乙公司出资金5 200万元，设立M公司。

甲房地产公司应交税费契税 =7 800×3% =234（万元）

方案二、甲房地产开发公司先用300万元注册全资子公司M公司，然后甲公司将土地130亩按账面价值7 800万元划转到M公司。本年之后，M公司为扩大经营规模，请乙公司出资5 400万元入股。增资扩股后M注册资本13 500万元，甲公司占60%，乙公司占40%。

根据财税［2012］4号文第八条规定：“同一投资主体内部所属企业之间土地、房屋权属的划转，包括母公司与其全资子公司之间，同一公司所属全资子公司之间，同一自然人与其设立的个人独资企业、一人有限公司之间土地、房屋权属的划转，免征契税。”

所称“划转”，是指按资产的账面价值划拨。

这样操作，甲房地产开发公司可以降低契税234万元。

（二）控制建房户型，吸引中低收入者购房

《财政部 国家税务总局 住房和城乡建设部关于调整房地产交易环节契税个人所得税优惠政策的通知》（财税［2010］94号）文件规定：对个人购买普通（标准）住房，且该住房属于家庭（成员范围包括购房人、配偶以及未成年子女，下同）唯一住房的，减半征收契税。对个人购买90平方米及以下普通住房，且该住房属于家庭唯一

住房的，减按1%税率征收契税。

所称普通标准住宅是指符合各省、自治区、直辖市人民政府根据《国务院办公厅转发建设部等部门关于做好稳定住房价格工作意见的通知》（国办发［2005］26号）制定的“普通住房标准”标准的居民住宅。

国办发［2005］26号文件规定：享受优惠政策的住房原则上应同时满足以下条件：住宅小区建筑容积率在1.0以上、单套建筑面积在120平方米以下、实际成交价格低于同级别土地上住房平均交易价格1.2倍以下。各省、自治区、直辖市要根据实际情况，制定本地区享受优惠政策普通住房的具体标准。允许单套建筑面积和价格标准适当浮动，但向上浮动的比例不得超过上述标准的20%。

如果房地产开发企业在开发新项目时，多建一些普通标准住宅和90平方米以下的住宅，对首次购买住房的家庭，可以降低契税上万元或几万元，无疑可以吸引广大中低收入家庭购房。

（三）开展融资性售后回租业务，扩大融资渠道

房地产行业属于资金密集型行业，多数房地产企业需要通过各种渠道融资来解决资金的不足。从目前国家宏观调控政策分析，房地产企业从银行直接取得借款的难度较大，因此，可以考虑将已经开发完成的房产出售给经过国家有关部门批准的租赁公司，在以融资租赁形式返租回来使用，在这一环节，房地产公司即取得了出售房产的资金，又未放弃房产的使用权，租赁期满再把房产以约定的较低价格回购回来。

国家税务总局公告2010年第13号《关于融资性售后回租业务中承租方出售资产行为有关税收问题的公告》规定，融资性售后回租业务是指承租方以融资为目的将资产出售给经批准从事融资租赁业务的企业后，又将该项资产从该融资租赁企业租回的行为。融资性售后回租业务中承租方出售资产时，资产所有权以及与资产所有权有关的全部报酬和风险并未完全转移，不确认销售，不征收企业所得税。

在融资租赁期满，房地产企业回购房产是否征收契税的问题，《财政部　国家税务总局关于企业以售后回租方式进行融资等有关契税政策的通知》（财税［2012］82号）第一条规定：“对金融租赁公司开展售后回租业务，承受承租人房屋、土地权属的，照章征税。对售后回租合同期满，承租人回购原房屋、土地权属的，免征契税。”

采取融资性售后回租的方式，房地产开发企业既可以解决资金短缺的问题，又可以享受到税收上的好处。

二、减少土地转让环节可节省契税

［例15-3］　甲房地产开发公司2007年经拍卖取得一项土地使用权，土地成交价为500万元。土地前期开发已经完成，因资金原因，准备将该土地使用权转让给乙房地产公司进行开发建设，转让价为1 000万元。乙公司准备将该工程出包给丙建筑工程公司承建，建筑安装费2 000万元，建成后对外销售，房产预计售价4 000万元。如何操作可以降低契税？

［案例分析］

我国现行关于土地过户的手续繁杂，按例题中讲的操作程序，乙公司承受土地使用权要交契税4%，计40万元，房屋建成后对外销售，购房人缴纳承受房产的契税。

如果，通过协商，甲、乙公司不办理土地使用权的过户手续，房屋开发继续以甲公司的名义完成，房屋建成后由甲公司对外销售，全部建筑安装费用由乙公司预付给甲公司。这样一来，丙公司就相当于承包了甲公司的工程，对甲公司开具发票。最后，甲公司将销售利润转交给乙公司。在整个工程建设、销售过程中，乙公司起了主导作用，其收入相当于推销房屋的佣金，应当按照"服务业"税目缴纳5%的营业税，操作方法是乙公司给甲公司开一张服务业发票（手续费），甲公司即可列支。于是，乙公司便省去了一道契税。

甲公司代乙公司售房，售价4 000万元，应扣缴营业税200万元，城市维护建设税14万元，教育费附加6万元，假设当地预收土地增值税2%，即80万元，甲公司的会计处理如下：

(1) 支付土地出让金。

借：开发成本——土地征用及拆迁补偿费　5 000 000

　贷：银行存款　5 000 000

(2) 收到乙公司预付款2 000万元。

借：银行存款　20 000 000

　贷：其他应付款——乙公司　20 000 000

(3) 按与乙公司的合同继续开发。

借：开发成本——建筑安装工程费　20 000 000

　贷：银行存款　20 000 000

(4) 工程完工验收合格。

借：开发产品　25 000 000

　贷：开发成本　25 000 000

(5) 对外销售。

借：银行存款　40 000 000

　贷：主营业务收入　40 000 000

(6) 归还乙公司2 000万元。

借：其他应付款——乙公司　20 000 000

　贷：银行存款　20 000 000

(7) 计提税金及附加。

借：主营业务税金及附加　3 000 000

　贷：应交税金——应交营业税　2 000 000

　　　　——应交土地增值税　800 000

　　　　——应交城市维护建设税　140 000

其他应交款——应交教育费附加 60 000

(8) 乙公司应分回销售利润 =4 000 - 1 000 - 2 000 - 300 =700 (万元)

乙公司给甲公司开具发票，手续费700万元。甲公司以存款支付，会计处理：

借：营业费用 7 000 000

贷：银行存款 7 000 000

乙公司会计处理：

(1) 预付款。

借：其他应收款 20 000 000

贷：银行存款 20 000 000

(2) 开具手续费发票，收取甲公司手续费。

借：银行存款 7 000 000

贷：其他业务收入 7 000 000

(3) 收回预付款。

借：银行存款 20 000 000

贷：其他应收款 20 000 000

通过这样操作，达到了甲公司把土地转让给乙公司，由乙公司委托丙公司承建，建成后对外销售同样的目的，乙公司节省了契税。这样操作，甲公司也收到了节税的效果，节省了把土地转让给乙公司需缴纳的营业税、城市维护建设税、教育费附加、土地增值税。所以，通过纳税筹划简化了手续，节省了税费。

第十六章

印花税的纳税操作技巧

第一节　印花税税法解读

印花税法是指国家制定的用以调整印花税征收与缴纳之间权利及义务关系的法律规范。现行印花税的基本规范是1988年8月6日国务院发布并于同年10月1日实施的《中华人民共和国印花税暂行条例》（以下简称《印花税暂行条例》）。

印花税是对经济活动和经济交往中书立、使用、领受具有法律效力的凭证的单位和个人征收的一种税。印花税是一种具有行为税性质的凭证税，凡发生书立、使用、领受应税凭证的行为，就必须依照印花税法的有关规定履行纳税义务。

印花税具有下列特点：覆盖面广，税率低、税负轻，纳税人自行完税，轻税重罚等。

一、印花税纳税义务人

印花税的纳税义务人是在中国境内书立、使用、领受印花税法所列举的凭证并应依法履行纳税义务的单位和个人。

所称“单位和个人”，是指国内各类企业、事业、机关、团体、部队以及中外合资企业、合作企业、外资企业、外国公司和其他经济组织及其在华机构等单位和个人。

上述单位和个人，按照书立、使用、领受应税凭证的不同，可以分别确定为立合同人、立据人、立账簿人、领受人、使用人及各类电子应税凭证签订人6种。

（一）立合同人

指合同的当事人，即各类合同的纳税人是立合同人，但不包括合同的担保人、证人、鉴定人。各类合同的纳税人是立合同人。各类合同包括：购销、加工承揽、建设工程承包、财产租赁、货物运输、仓储保管、借款、财产保险、技术合同或者具有合同性质的凭证。

所称“合同”是指根据《中华人民共和国经济合同法》，《中华人民共和国涉外经济合同法》和其他有关合同法规订立的合同。所称“具有合同性质的凭证”是指具有合同效力的协议、契约、合约、单据、确认书及其他各种名称的凭证。

《中华人民共和国合同法》于1999年10月1日起施行，《中华人民共和国经济合同法》、《中华人民共和国涉外经济合同法》、《中华人民共和国技术合同法》同时废止，有关合同的法律依据可参考《中华人民共和国合同法》的规定。

当事人的代理人有代理纳税的义务，他与纳税人负有同等的税收法律义务和责任。

（二）立据人

产权转移书据的纳税人是立据人，是指土地、房屋权属转移过程中买卖双方的当事人。

（三）立账簿人

营业账簿的纳税人是立账簿人。所谓立账簿人指设立并使用营业账簿的单位和个人。例如，企业单位因生产、经营需要，设立了营业账簿，该企业即为纳税人。

（四）领受人

权利、许可证照的纳税人是领受人。领受人，是指领取或接受并持有该项凭证的单位和个人。例如，某人因发明创造，经申请依法取得国家专利机关颁发的专利证书，该人即为纳税人。

（五）使用人

在国外书立、领受，但在国内使用的应税凭证，其纳税人是使用人。

（六）各类电子应税凭证的签订人

即以电子形式签订的各类应税凭证的当事人。

值得注意的是，对应税凭证，凡由两方或两方以上当事人共同书立的，其当事人各方都是印花税的纳税人，应各就其所持凭证的计税金额履行纳税义务。

二、印花税的税目

印花税的税目，指印花税法明确规定的应当纳税的项目，它具体划定了印花税的征税范围。一般地说，列入税目的就要征税，未列入税目的就不征税。印花税共有 13 个税目，即：

（1）购销合同：包括供应、预购、采购、购销结合及协作、调剂、补偿、贸易等合同。此外，还包括出版单位与发行单位之间订立的图书、报纸、期刊和音像制品的应税凭证，例如订购单、订数单等。还包括发电厂与电网之间、电网与电网之间（国家电网公司系统、南方电网公司系统内部各级电网互相供电量除外）签订的购售电合同。但是，电网与用户之间签订的供用电合同不属于印花税列举征税的凭证，不征收印花税。

（2）加工承揽合同：包括加工、定做、修缮、修理、印刷、广告、测绘、测试等合同。

（3）建设工程勘察设计合同：包括勘察、设计合同。

（4）建筑安装工程承包合同：包括建筑、安装工程承包合同。承包合同，包括总承包合同、分包合同和转包合同。

（5）财产租赁合同：包括租赁房屋、船舶、飞机、机动车辆、机械、器具、设备等合同，还包括企业、个人出租门店、柜台等签订的合同。

（6）货物运输合同：包括民用航空、铁路运输、海上运输、公路运输和联运合同，以及作为合同使用的单据。

（7）仓储保管合同：包括仓储、保管合同，以及作为合同使用的仓单、栈单等。

（8）借款合同：银行及其他金融组织与借款人（不包括银行同业拆借）所签订的合同，以及只填开借据并作为合同使用、取得银行借款的借据。银行及其他金融机构因经营的融资租赁业务是一种以融物方式达到融资目的的业务，实际上是分期偿还的固定资金借款，因此，融资租赁合同也属于借款合同。

（9）财产保险合同：包括财产、责任、保证、信用保险合同，以及作为合同使用的单据。财产保险合同分为企业财产保险、机动车辆保险、货物运输保险、家庭财产保险和农牧业保险五大类。“家庭财产两全保险”属于家庭财产保险性质，其合同在财产保险合同之列，应照章纳税。

（10）技术合同：包括技术开发、转让、咨询、服务等合同，以及作为合同使用的单据。

技术转让合同：包括专利申请权转让、专利实施许可和非专利技术转让。

技术咨询合同：是当事人就有关项目的分析、论证、预测和调查订立的技术合同。但一般的法律、会计、审计等方面的咨询不属于技术咨询，其所立合同不贴印花。

技术服务合同：是当事人一方委托另一方就解决有关特定技术问题，如为改进产品结构、改良工艺流程、提高产品质量、降低产品成本、保护资源环境、实现安全操作、提高经济效益等提出实施方案，进行指导所订立的技术合同，包括技术服务合同、技术培训合同和技术中介合同。但不包括以常规手段或者为生产经营目的进行一般加工、修理、修缮、广告、印刷、测绘、标准化测试以及勘察、设计等所书立的合同。

（11）产权转移书据：包括财产所有权和版权、商标专用权、专利权、专有技术使用权等转移书据和土地使用权出让合同、土地使用权转让合同、商品房销售合同等权利转移合同。

所称“产权转移书据”是指单位和个人产权的买卖、继承、赠与、交换、分割等所立的书据。“财产所有权”转换书据的征税范围，是指经政府管理机关登记注册的动产、不动产的所有权转移所立的书据，以及企业股权转让所立的书据，并包括个人无偿赠送不动产所签订的《个人无偿赠与不动产登记表》。当纳税人完税后，税务机关（或其他征收机关）应在纳税人印花税完税凭证上加盖“个人无偿赠与”印章。

（12）营业账簿：指单位或者个人记载生产经营活动的财务会计核算账簿。营业账簿按其反映内容的不同，可分为记载资金的账簿和其他账簿。

记载资金的账簿是指反映生产经营单位资本金数额增减变化的账簿；其他账簿是指除上述账簿以外的有关其他生产经营活动内容的账簿，包括日记账簿和各明细分类账簿。

但是，对金融系统营业账簿，要结合金融系统财务会计核算的实际情况进行具体分析。凡银行用以反映资金存贷经营活动、记载经营资金增减变化、核算经营成果的账簿，如各种日记账、明细账和总账都属于营业账簿，应按照规定缴纳印花税；银行根据业务管理需要设置的各种登记簿，如空白重要凭证登记簿、有价单证登记簿、现金收付登记簿等，其记载的内容与资金活动无关，仅用于内部备查，属于非营业账簿，均不征收印花税。

（13）权利、许可证照：包括政府部门发给的房屋产权证、工商营业执照、商标注册证、专利证、土地使用证。

三、印花税的税率

印花税的税率设计，遵循税负从轻、共同负担的原则。所以，税率比较低；凭证的当事人，即对凭证由直接权利与义务关系的单位和个人，均应就其所持凭证依法纳税。

印花税的税率有两种形式，即比例税率和定额税率。

（1）比例税率。在印花税的 13 个税目中，各类合同以及具有合同性质的凭证（含以电子形式签订的各类应税凭证）、产权转移书据、营业账簿中记载资金的账簿，适用比例税率。印花税的比例税率分为 4 个档次，分别是 0.05‰、0.3‰、0.5‰、1‰。

1）适用 0.05‰税率的为“借款合同”。

2）适用 0.3‰税率的为“购销合同”、“建筑安装工程承包合同”、“技术合同”。

3）适用 0.5‰税率的是“加工承揽合同”、“建设工程勘察设计合同”、“货物运输合同”、“产权转移书据”、“营业账簿”税目中记载资金的账簿。

4）适用 1‰税率的为“财产租赁合同”、“仓储保管合同”、“财产保险合同”。

5）“股权转让书据”。自 2007 年 5 月 30 日起，调整证券（股票）交易印花税税率。对买卖、继承、赠与所书立的 A 股、B 股股权转让书据，由立据双方当事人分别按 3‰的税率缴纳证券（股票）交易印花税（财税［2007］84 号文件）。

经国务院批准，从 2008 年 4 月 24 日起，调整证券（股票）交易印花税税率，由 3‰降至 1‰。即对买卖、继承、赠与所书立的 A 股、B 股股权转让书据，由立据双方当事人分别按 1‰的税率缴纳证券（股票）交易印花税。

（2）定额税率。在印花税的 13 个税目中，“权利、许可证照”和“营业账簿”税目中的其他账簿，适用定额税率，均为按件贴花，税额为 5 元。

印花税税目税率表见表 16-1。

表 16-1　印花税税目税率表

税　目	范　围	税　率	纳税义务人	说　明
1. 购销合同	包括供应、预购、采购、购销结合及协作、调剂、补偿、易货等合同	按购销金额的 0.3‰贴花	立合同人	

（续）

税　　目	范　　围	税　　率	纳税义务人	说　　明
2. 加工承揽合同	包括加工、定作、修缮、修理、印刷、广告、测绘、测试等合同	按加工或承揽收入的0.5‰贴花	立合同人	
3. 建设工程勘察设计合同	包括勘察、设计合同	按收取费用的0.5‰贴花	立合同人	
4. 建筑安装工程承包合同	包括建筑、安装工程承包合同	按承包金额的0.3‰贴花	立合同人	
5. 财产租赁合同	包括租赁房屋、船舶、飞机、机动车辆、机械、器具、设备等	按租赁金额的1‰贴花。税额不足1元的按1元贴花	立合同人	
6. 货物运输合同	包括民用航空、铁路运输、海上运输、内河运输、公路运输和联运合同	按运输费用的0.5‰贴花	立合同人	单据作为合同使用的，按合同贴花
7. 仓储保管合同	包括仓储、保管合同	按仓储保管费用的1‰贴花	立合同人	仓单或栈单作为合同使用的，按合同贴花
8. 借款合同	银行及其他金融组织和借款人（不包括银行同业拆借）所签订的借款合同	按借款金额的0.05‰贴花	立合同人	单据作为合同使用的，按合同贴花
9. 财产保险合同	包括财产、责任、保证、信用等保险合同	按收取保险费1‰贴花	立合同人	单据作为合同使用的，按合同贴花
10. 技术合同	包括技术开发、转让、咨询、服务等合同	按所载金额的0.3‰贴花	立合同人	
11. 产权转移书据	包括财产所有权和版权、商标专用、专利权、专有技术使用权等转移书据	按所载金额的0.5‰贴花	立据人	
12. 营业账簿	生产经营用账册	记载资金的账簿，按实收资本和资本公积的合计金额0.5‰贴花，其他账簿按件贴花5元	立账簿人	
13. 权利、许可证照	包括政府部门发给的房屋产权证、工商营业执照、商标注册证、专利证、土地使用证	按件贴花5元	领受人	

四、应纳税额的计算

（一）计税依据的一般规定

印花税的计税依据为各种应税凭证上所记载的计税金额。具体规定为：

（1）购销合同的计税依据为合同记载的购销金额。

（2）加工承揽合同的计税依据是加工或承揽收入的金额。具体规定：

1）对于由受托方提供原材料的加工、定做合同，凡在合同中分别记载加工费金额和原材料金额的，应分别按“加工承揽合同”、“购销合同”计税，两项税额相加数，即为合同应贴印花税数；若合同中未分别记载，则应就全部金额依照加工承揽合同计税贴花。

2）对于由委托方提供主要材料或原料，受托方只提供辅助材料的加工合同，无论加工费和辅助材料金额是否分别记载，均以辅助材料与加工费的合计数，依照加工承揽合同计税贴花。对委托方提供的主要材料或原料金额不计税贴花。

（3）建设工程勘察设计合同的计税依据为收取的费用。

（4）建筑安装工程承包合同的计税依据为承包金额。

（5）财产租赁合同的计税依据为租赁金额；经计算，税额不足 1 元的，按 1 元贴花。

（6）货物运输合同的计税依据为取得的运输费金额（即运费收入），不包括所运货物的金额、装卸费和保险费等。

（7）仓储保管合同的计税依据为收取的仓储保管费用。

（8）借款合同的计税依据为借款金额。针对实际借贷活动中不同的借款形式，税法规定了不同的计税方法：

1）凡是一项信贷业务既签订借款合同，又一次或分次填开借据的，只以借款合同所载金额为计税依据计税贴花；凡是只填开借据并作为合同使用的，应以借据所载金额为计税依据计税贴花。

2）借贷双方签订的流动资金周转性借款合同，一般按年（期）签订，规定最高限额，借款人在规定的期限和最高限额内随借随还。为避免加重借贷双方的负担，对这类合同只以其规定的最高额为计税依据，在签订时贴花一次，在限额内随借随还不签订新合同的，不再另贴花。

3）对借款方以财产作抵押，从贷款方取得一定数量抵押贷款的合同，应按借款合同贴花；在借款方因无力偿还借款而将抵押财产转移给贷款方时，应再就双方书立的产权书据，按产权转移书据的有关规定计税贴花。

4）对银行及其他金融组织经营的融资租赁业务签订的融资租赁合同，应按合同所载租金总额，暂按借款合同计税。

5）在贷款业务中，如果贷款方系由若干银行组成的银团，银团各方均承担一定的贷款数额。借款合同由借款方与银团各方共同书立，各执一份合同正本。对这类合同借款方与贷款银团各方应分别在所执的合同正本上，按各自的借款金额计税贴花。

6）在基本建设贷款中，如果按年度用款计划分年签订借款合同，在最后一年按总概算签订借款总合同，且总合同的借款金额包括各个分合同的借款金额的，对这类基建借款合同，应按分合同分别贴花，最后签订的总合同，只就借款总额扣除分合同借款金额后的余额计税贴花。

（9）财产保险合同的计税依据为支付（收取）的保险费，不包括所保财产的金额。

（10）技术合同的计税依据为合同所载的价款、报酬或使用费。为了鼓励技术研究开发，对技术开发合同，只就合同所载的报酬金额计税，研究开发经费不作为计税依据。单对合同约定按研究开发经费一定比例作为报酬的，应按一定比例的报酬金额贴花。

（11）产权转移书据的计税依据为所载金额。

（12）营业账簿税目中记载资金的账簿的计税依据为“实收资本”与“资本公积”两项的合计金额。

实收资本，包括现金、实物、无形资产和材料物资。现金按实际收到或存入纳税人开户银行的金额确定；实物，指房屋、机器等，按评估确定的价值或者合同、协议约定的价格确定；无形资产和材料物资，按评估确定的价值确定。

资本公积，包括接受捐赠、法定财产重估增值、资本折算差额、资本溢价等。如果是实物捐赠，则按同类资产的市场价格或有关凭据确定。

其他账簿的计税依据为应税凭证件数。

（13）权利、许可证照的计税依据为应税凭证件数。

（二）计税依据的特殊规定

（1）上述凭证以“金额”、“收入”、“费用”作为计税依据的，应当全额计税，不得作任何扣除。

（2）同一凭证，载有两个或两个以上经济事项而适用不同税目税率，如分别记载金额的，应分别计算应纳税额，相加后按合计税额贴花；如未分别记载金额的，按税率高的计税贴花。

（3）按金额比例贴花的应税凭证，未标明金额的，应按照凭证所载数量及国家牌价计算金额；没有国家牌价的，按市场价格计算金额，然后按规定税率计算应纳税额。

（4）应税凭证所载金额为外国货币的，应按照凭证书立当日国家外汇管理局公布的外汇牌价折合成人民币，然后计算应纳税额。

（5）应纳税额不足1角的，免纳印花税；1角以上的，其税额尾数不满5分的不计，满5分的按1角计算。

（6）有些合同，在签订时无法确定计税金额，如技术转让合同中的转让收入，是按销售收入的一定比例收取或是按实现利润分成的；财产租赁合同，只是规定了月（天）租金标准而无租赁期限的。对这类合同，可在签订时先按定额5元贴花，以后结算时再按实际金额计税，补贴印花。

（7）应税合同在签订时纳税义务即已产生，应计算应纳税额并贴花。所以，不论合同是否兑现或是否按期兑现，均应贴花。

对已履行并贴花的合同，所载金额与合同履行后实际结算金额不一致的，只要双方未修改合同金额，一般不再办理完税手续。

（8）对有经营收入的事业单位，凡属由国家财政拨付事业经费，实行差额预算管理的单位，其记载经营业务的账簿，按其他账簿定额贴花，不记载经营业务的账簿不贴花；凡属经费来源实行自收自支的单位，其营业账簿，应对记载资金的账簿和其他账簿分别计算应纳税额。

跨地区经营的分支机构使用的营业账簿，应由各分支机构于其所在地计算贴花。对上级单位核拨资金的分支机构，其记载资金的账簿按核拨的账面资金额计税贴花，其他账簿按定额贴花；对上级单位不核拨资金的分支机构，只就其他账簿按件定额贴花。为避免对同一资金重复计税贴花，上级单位记载资金的账簿，应按扣除拨给下属机构资金数额后的其余部分计税贴花。

（9）商品购销活动中，采用以货换货方式进行商品交易签订的合同，是反映既购又销双重经济行为的合同。对此，应按合同所载的购、销合计金额计税贴花。合同未列明金额的，应按合同所载购、销数量依照国家牌价或者市场价格计算应纳税额。

（10）施工单位将自己承包的建设项目，分包或者转包给其他施工单位所签订的分包合同或者转包合同，应按新的分包合同或转包合同所载金额计算应纳税额。这是因为印花税是一种具有行为税性质的凭证税，尽管总承包合同已依法计税贴花，但新的分包或转包合同是一种新的凭证，又发生了新的纳税义务。

（11）对股票交易征收印花税，始于深圳和上海两地证券交易的不断发展。现行印花税法规定，股份制试点企业向社会公开发行的股票，因购买、继承、赠与所书立的股权转让书据，均依书立时证券市场当日实际成交价格计算的金额，由立据双方当事人分别按1‰的税率缴纳印花税。

（12）对国内各种形式的货物联运，凡在起运地统一结算全程运费的应以全程运费作为计税依据，由起运地运费结算双方缴纳印花税；凡分程结算运费的，应以分程的运费作为计税依据。分别由办理运费结算的各方缴纳印花税。

对国际货运，凡由我国运输企业运输的，不论在我国境内、境外起运或中转分程运输，我国运输企业所持的一份运费结算凭证，均按本程运费计算应纳税额；托运方所持的一份运费结算凭证，按全程运费计算应纳税额。由外国运输企业运输进出口货物的，外国运输企业所持的一份运费结算凭证免纳印花税；托运方所持的一份运费结算凭证应缴纳印花税。国际货运运费结算凭证在国外办理的，应在凭证转回我国境内时按规定缴纳印花税。

应当明确的是，印花税票为有价证券，其票面金额以人民币为单位，分为1角、2角、5角、1元、2元、5元、10元、50元、100元9种。

（三）应纳税额的计算方法

纳税人的应纳税额，根据应纳税凭证的性质，分别按比例税率或者定额税率计算，其计算公式是：

应纳税额 = 应税凭证计税金额（或应税凭证件数）×适用税率

［**例 16-1**］ 甲房地产公司于 2011 年 2 月注册成立，当年发生印花税有关业务如下：

（1）领受工商营业执照 1 件、房屋产权证 1 件、土地使用证 1 件、税务登记证 1 件。

（2）与建筑设计院签订设计合同一份，金额 100 万元。

（3）“实收资本”增加额 1 000 万元。

（4）与某银行签订借款合同一份，借款 3 000 万元。

（5）设立营业账簿 10 本。

请计算应缴纳的印花税额。

［**案例分析**］

（1）领受权利、许可证照应纳税额：

领受权利、许可证照中包括税务登记证 1 件，不需要贴花。原因是印花税只就《印花税条例》税目税率表中列举的凭证和经财政部确定征收的其他凭证征税，包括政府部门发给的房屋产权证、工商营业执照、商标注册证、专利证、土地使用证。凡是税目税率表未列举及财政部未确定征税凭证都不需贴花，如卫生许可证、书刊发行证、金融许可证、税务登记证等都不需要征收印花税。

应纳税额 = 5 × 3 = 15（元）

（2）签订勘察设计合同应纳税额：

应纳税额 = 1 000 000 × 0. 5‰ = 500（元）

（3）记载资金账簿：

应纳税额 = 10 000 000 × 0. 05‰ = 500（元）

（4）签订 1 笔借款合同：

应纳税额 = 30 000 000 × 0. 05‰ = 1 500（元）

（5）其他营业账簿：

应纳税额 = 5 × 10 = 50（元）

（6）全年应纳印花税额：

应纳税额 = 15 + 500 + 500 + 1 500 + 50 = 2 565（元）

五、印花税的税收优惠

（1）对已缴纳印花税凭证的副本或者抄本免税。凭证的正式签署本已按规定缴纳了印花税，其副本或者抄本对外不发生权利义务关系，只是留存备查，其副本或者抄本免税；但以副本或者抄本视同正本使用的，则应另贴印花。

（2）对财产所有人将财产赠与政府、社会福利单位、学校所立的书据免税。所称“社会福利单位”，是指抚养孤老伤残的社会福利单位。对上述书据免税，旨在鼓励财产所有人这种有利于发展文化教育事业，造福社会的捐赠行为。

（3）对国家指定的收购部门与村民委员会、农民个人书立的农副产品收购合同免税。

（4）对无息、贴息贷款合同免税。无息、贴息贷款合同是指我国的各商业银行按照国家金融政策发放的无息贷款，以及由各商业银行发放并按有关规定由财政部门或中国人民银行给予贴息的贷款项目所签订的贷款合同。

一般情况下，无息、贴息贷款体现国家政策，满足特定时期的某种需要，其利息全部或部分是由国家财政负担的，对这类合同征收印花税没有财政意义。

（5）对外国政府或者国际金融组织向我国政府及国家金融机构提供优惠贷款所书立的合同免税。

该类合同是就具有援助性质的优惠贷款而成立的政府间协议，对其免税有利于引进和利用外资，以推动我国经济与社会的快速发展。

（6）对房地产管理部门与个人签订的用于生活居住的租赁合同免税。

（7）对农牧业保险合同免税。对该类合同免税，是为了支持农村保险事业的发展，减轻农牧业生产的负担。

（8）对特殊货运凭证免税。这类凭证有：

1）军事物资运输凭证，即附有军事运输命令或适用专用的军事物资运费结算凭证。

2）抢险救灾物资运输凭证，即附有县级以上（含县级）人民政府抢险救灾物资运输证明文件的运费结算凭证。

3）新建铁路的工程临管线运输凭证，即为新建铁路运输施工所需物料，使用工程临管线专用的运费结算凭证。

（9）企业改制过程中有关印花税征免的规定。《财政部　国家税务总局关于企业改制过程中有关印花税政策的通知》（财税［2003］183 号）规定，为了规范企业改制过程中的有关税收政策，经县以上人民政府及企业主管部门批准改制的企业，在改制过程中涉及的印花税政策规定如下：

1）资金账簿的印花税：

① 实行公司制改造的企业在改制过程中成立的新企业（重新办理法人登记的），其新启用的资金账簿记载的资金或因企业建立资本纽带关系而增加的资金，凡原已贴花的部分可不再贴花，未贴花的部分和以后新增加的资金按规定贴花。

② 以合并或分立方式成立的新企业，其新启用的资金账簿记载的资金，凡原已贴花的部分可不再贴花，未贴花的部分和以后新增加的资金按规定贴花。

③ 企业债权转股权新增加的资金按规定贴花。

④ 企业改制中经评估增加的资金按规定贴花。

⑤ 企业其他会计科目记载的资金转为实收资本或资本公积的资金按规定贴花。

2）各类应税合同的印花税。企业改制前签订但尚未履行完的各类应税合同，改制后需要变更执行主体的，对仅改变执行主体、其余条款未作变动且改制前已贴花的，不再贴花。

3）产权转移书据的印花税。企业因改制签订的产权转移书据免予贴花。

4）股权分置试点改革转让的印花税。股权分置改革过程中，因非流通股股东向流通股股东支付对价而发生的股权转让，暂免征收印花税。

（10）国税函［2004］941号规定：对经国务院和省级人民政府决定或批准进行的国有（含国有控股）企业改组改制而发生的上市公司国有股权无偿转让行为，暂不征收证券（股票）交易印花税。

（11）自2006年1月1日起至2008年12月31日，对与高校学生签订的学生公寓租赁合同，免征印花税。

六、印花税的征收管理

（一）印花税的纳税方法

印花税的纳税办法，根据税额大小、贴花次数以及税收征收管理的需要，分别采用以下三种纳税办法：

1. 自行贴花办法

这种办法，一般适用于应税凭证较少或者贴花次数较少的纳税人。纳税人书立、领受或者使用印花税法所列举的应税凭证时，纳税义务已经产生，应当根据应纳税凭证的性质和适用的税目税率，自行计算应纳税额，自行购买印花税票，自行一次贴足印花税票并加以注销或划销，纳税义务才算全部履行完毕。

对已贴花的凭证，修改后所载金额增加的，其增加部分应当补贴印花税票。凡多贴印花税票者，不得申请退税或者抵用。

2. 汇贴或汇缴办法

这种办法，一般适用于因纳税额较大或者贴花次数频繁的纳税人。房地产企业一般使用此种方法。

一份凭证应纳税额超过500元的，应向当地税务机关申请填写缴款书或者完税证，将其中一联粘贴在凭证上或者由税务机关在凭证上加注完税标记代替贴花，这就是通常所说的“汇贴”办法。

同一种类应纳税凭证，需频繁贴花的，纳税人可以根据实际情况自行决定是否采用按期汇总缴纳印花税的方式，汇总缴纳的期限为一个月。采用按期汇总缴纳方式的纳税人，应事先告知主管税务机关。缴纳方式一经选定，一年内不得改变。

实行印花税按期汇总缴纳的单位，对征税凭证和免税凭证汇总时，凡分别汇总的，按本期征税凭证的汇总金额计算缴纳印花税；凡确属不能分别汇总的，应按本期全部凭证的实际汇总金额计算缴纳印花税。

凡汇总缴纳印花税的凭证，应加注税务机关指定的汇缴戳记、编号并装订成册后，将已贴印花或者缴款书的一联粘附册后，盖章注销，保存备查。

经税务机关核准，持有代售许可证的代售户，代售印花税票取得的税款需专户存储，并按照规定的期限，向当地税务机关结报，或者填开专用缴款书直接向银行缴纳，不得逾期不交或者挪作他用。代售户领存的印花税票及所售印花税票的税款，如有损失，应负责赔偿。

3. 委托代征办法

这一办法主要是通过税务机关的委托，经由发放或者办理应纳税凭证的单位代为征收印花税税款。税务机关应与代征单位签订代征委托书。

印花税法规定，发放或者办理应纳税凭证的单位，负有监督纳税人依法纳税的义务，具体是指对以下纳税事项监督：

（1）应纳税凭证是否已贴印花。

（2）粘贴的印花是否足额。

（3）粘贴的印花是否按规定注销。

对未完成以上纳税手续的，应督促纳税人当场完成。

（二）印花税的纳税环节

印花税应当在书立或领受时贴花。具体是指，在合同签订时、账簿启用时和证照领受时贴花。如果合同是在国外签订，并且不便在国外贴花的，应在将合同带入境时办理贴花纳税手续。

（三）印花税的纳税地点

印花税一般实行就地纳税。对于全国性商品物资订货会（包括展销会、交易会等）上所签订合同应纳的印花税，由纳税人回其所在地后及时办理贴花完税手续；对地方主办、不涉及省际关系的订货会、展销会上所签合同的印花税，其纳税地点由各省、自治区、直辖市人民政府自行确定。

（四）印花税的纳税申报

印花税的纳税人应按照条例的有关规定及时办理纳税申报，并如实填写《印花税纳税申报表》。

七、印花税的管理与违章处罚

（一）加强印花税的征收管理

为加强印花税的征收管理，堵塞印花税征管漏洞，方便纳税人，保障印花税收入持续、稳定增长，国家税务总局为加强印花税征收管理做如下规定：

1. 加强对印花税应税凭证的管理

各级地方税务机关应加强对印花税应税凭证的管理，要求纳税人统一设置印花税应税凭证登记簿，保证各类应税凭证及时、准确、完整地进行登记；应税凭证数量多或内部多个部门对外签订应税凭证的单位，要求其制定符合本单位实际的应税凭证登记管理办法。有条件的纳税人应指定专门部门、专人负责应税凭证的管理。印花税应税凭证应按照《税收征管法实施细则》的规定保存10年。

2. 完善按期汇总缴纳办法

各级地方税务机关应加强对按期汇总缴纳印花税单位的纳税管理，对核准实行汇总缴纳的单位，应发给汇缴许可证，核定汇总缴纳的限期；同时应要求纳税人定期报送汇总缴纳印花税情况报告，并定期对纳税人汇总缴纳印花税情况进行检查。

3. 加强对印花税代售人的管理

各级税务机关应加强对印花税代售人代售税款的管理，根据本地代售情况进行一次清理检查，对代售人违反代售规定的，可视其情节轻重，取消代售资格，发现代售人各种影响印花税票销售的行为要及时纠正。

税务机关要根据本地情况，选择制度比较健全、管理比较规范、信誉比较可靠的单位或个人委托代售印花税票，并应对代售人经常进行业务指导、检查和监督。

4. 核定征收印花税

根据《税收征管法》第三十五条规定和印花税的税源特征，为加强印花税征收管理，纳税人有下列情形的，地方税务机关可以核定纳税人印花税计税依据：

（1）未按规定建立印花税应税凭证登记簿，或未如实登记和完整保存应税凭证的。

（2）拒不提供应税凭证或不如实提供应税凭证致使计税依据明显偏低的。

（3）采用按期汇总缴纳办法的，未按地方税务机关规定的期限报送汇总缴纳印花税情况报告，经地方税务机关责令限期报告，逾期仍不报告的或者地方税务机关在检查中发现纳税人有未按规定汇总缴纳印花税情况的。

地方税务机关核定征收印花税，应向纳税人发放核定征收印花税通知书，注明核定征收的计税依据和规定的税款缴纳期限。

地方税务机关核定征收印花税，应根据纳税人的实际生产经营收入，参考纳税人各期印花税纳税情况及同行业合同签订情况，确定科学合理的数额或比例作为纳税人印花税计税依据。

各级地方税务机关应逐步建立印花税基础资料库，包括分行业印花税纳税情况、分户纳税资料等，确定科学合理的评估模型，保证核定征收的及时、准确、公平、合理。

（二）违章处罚

自2004年1月29日起，印花税纳税人有下列行为之一的，由税务机关根据情节轻重予以处罚（国税发［2004］15号）：

（1）在应纳税凭证上未贴或者少贴印花税票的或者已粘贴在应税凭证上的印花税票未注销或者未划销的，由税务机关追缴其不缴或者少缴的税款、滞纳金，并处不缴或者少缴的税款百分之五十以上五倍以下的罚款。

(2) 已贴用的印花税票揭下重用造成未缴或少缴印花税的，由税务机关追缴其不缴或者少缴的税款、滞纳金，并处不缴或者少缴的税款百分之五十以上五倍以下的罚款；构成犯罪的，依法追究刑事责任。

(3) 伪造印花税票的，由税务机关责令改正，处以 2 000 元以上 1 万元以下的罚款；情节严重的，处以 1 万元以上 5 万元以下的罚款；构成犯罪的，依法追究刑事责任。

(4) 按期汇总缴纳印花税的纳税人，超过税务机关核定的纳税期限，未缴或少缴印花税款的，由税务机关追缴其不缴或者少缴的税款、滞纳金，并处不缴或者少缴的税款百分之五十以上五倍以下的罚款；情节严重的，同时撤销其汇缴许可证；构成犯罪的，依法追究刑事责任。

(5) 纳税人违反以下规定的，由税务机关责令限期改正，可处以2 000 元以下的罚款；情节严重的，处以2 000 元以上 1 万元以下的罚款：

1）凡汇总缴纳印花税的凭证，应加注税务机关指定的汇缴戳记，编号并装订成册后，将已贴印花或者缴款书的一联粘附册后，盖章注销，保存备查。

2）纳税人对纳税凭证应妥善保存。凭证的保存期限，凡国家已有明确规定的，按规定办；没有明确规定的其余凭证均应在履行完毕后保存一年。

(6) 代售户对取得的税款逾期不缴或者挪作他用，或者违反合同将所领印花税票转托他人代售或者转至其他地区销售，或者未按规定详细提供领、售印花税票情况的，税务机关可视其情节轻重，给予警告或者取消其代售资格的处罚。

第二节 印花税的纳税操作技巧

一、尽量避免成为印花税的纳税人

（一）发生经济业务不签订合同的不纳税

印花税是一种具有行为税性质的凭证税，凡发生书立、使用、领受应税凭证的行为，就应该依照印花税法的有关规定履行纳税义务。合同是双方或多方当事人依法订立的有关权利义务的协议。在日常经济活动中，并不要求每笔交易都要签订合同，如果双方经常进行交易，且信誉较好，也可以不订立合同；如果信誉不好，则不能采用这种方法，以免产生不必要的经济纠纷。

（二）虽然签订了合同，但是所签合同未列入印花税税目的不征税

在纳税实务中，应对所签订的合同加以判定，凡订立的合同不是《印花税暂行条例》所列举的项目，不应纳税。《印花税暂行条例》制定于 1988 年，新的合同法于 1999 年经全国人大通过，这就形成税法对某些新出现的经济合同没有征税的规定，如

代理合同、人寿保险合同、咨询合同、管道运输合同、赠与合同、行纪合同、居间合同等，这就为纳税筹划提供了空间。

（三）虽然所签合同属于印花税税目，但是不属于印花税征税范围的也不征税

例如，税法规定对银行及其他金融组织和借款人（不包括银行同业拆借）所签订的借款合同征税，那么企业与企业之间、企业与个人之间的借款合同就无征税的法律根据，纳税人可以利用这项规定进行筹划，减少纳税成本。

二、递延纳税筹划法

通过递延纳税取得资金的时间价值是纳税人经常利用的一种纳税筹划方法，印花税同样可以采用这种方法。按印花税条例规定，在订立经济合同时要按规定贴花，但是，有些经济合同在订立时无法确定交易金额，例如，技术协作合同，在合同订立之初无法确定未来的交易金额，也就无法确定应交多少印花税；再如财产租赁合同，往往只规定每月（日）租金，没有租赁期限，也就无法计算印花税。对这类合同的征税问题，国家税务总局国税地字［1988］025号规定，有些合同，在签订时无法确定计税金额，如技术转让合同中的转让收入，是按销售收入的一定比例收取或是按实现利润分成的；财产租赁合同，只是规定了月（天）租金标准而无租赁期限的。对这类合同，可在签订时先按定额5元贴花，以后结算时再按实际金额计税，补贴印花。这一规定，为纳税人推迟纳税提供了筹划空间。但是，这一筹划方法虽然简单，如果合同金额不大，筹划亦无必要。

三、委托加工合同的纳税筹划

根据税法规定，加工承揽合同应按0.5‰的税率计算贴花，对加工合同中涉及的材料价款不再贴花。这里所称的加工合同是指委托方提供原材料，受托方代填辅助材料，并收取加工费的合同。对于由受托方提供原材料的加工、定做合同，则不能直接按加工承揽合同征税。国税地字［1988］025号规定，凡在合同中分别记载加工费金额与原材料金额的，应分别按照“加工承揽合同”（税率0.5‰）、“购销合同”（税率0.3‰）计税，两项税额相加数，即为合同应贴印花；合同中不划分加工费金额与原材料金额的，应按全部金额并依照“加工承揽合同”计税贴花。

依照上述规定，在订立由受托方提供原材料的加工合同时，应从以下两方面采取措施节税：

（1）合同中应明确把加工费金额和提供原材料金额分开。加工承揽合同的税率为0.5‰，购销合同的税率为0.3‰，如果不能分开，从高适用税率。对具有合同效力的协议、契约、合约、单据、确认书及其他各种名称的凭证，《细则》第17条规定，同一凭证，因载有两个或两个以上经济事项而适用不同税目税率，如分别记载金额的，应分别计算应纳税额，相加后按合计税额贴花；如未分别记载金额的，按税率高的计税贴花。因此，纳税人对载有两个以上经济事项的合同或凭证，一定要把不同经济事项的金额分开，然后分别计算税贴花。

（2）适当降低加工费金额，提高原材料金额。在合同总金额不变的情况下，降低加工费与提高原材料金额，会使降低的加工费金额少交0.2‰的印花税。由于合同总价不变不影响双方的经济利益。

四、减少分包或转包环节避免重复征税

房地产行业在工程发包过程中，一般是先由一个施工企业作为总包人承包，然后，再由总包人分包或转包给其他施工企业，形成多层次签订合同。印花税法规定，在中国境内书立、使用合同的单位和个人为印花税的纳税义务人。印花税是一种具有行为税性质的凭证税，尽管总承包合同已依法计税贴花，但新的分包或转包合同是一种新的凭证，又发生了新的纳税义务。应按新的分包合同或转包合同所载金额计算应纳税额。这就使建筑安装工程多层承包造成重复纳税。所以，我们在工程发包之初，就应该统筹安排，尽量减少工程分包层次，可以节省印花税。

[例16-2]　甲公司有一项工程金额10 000万元出包给乙公司，乙公司又将其中的6 000万元工程分包给丙公司，丙公司再将其中的2 000万元工程分包给丁公司。

[案例分析]

甲公司应交印花税＝10 000×0.3‰＝3（万元）

乙公司应交印花税＝10 000×0.3‰＋6 000×0.3‰＝4.8（万元）

丙公司应交印花税＝6 000×0.3‰＋2 000×0.3‰＝2.4（万元）

丁公司应交印花税＝2 000×0.3‰＝0.6（万元）

四个公司共缴印花税10.8万元。如果统一筹划，乙公司说服甲公司，让他直接和丙公司、丁公司签订合同，于是：

乙公司应纳税额＝4 000×0.3‰＝1.2（万元）

丙公司应纳税额＝4 000×0.3‰＝1.2（万元）

甲公司、丁公司不变，共节省印花税4.8万元。

五、充分利用优惠政策节税

上一节介绍了大量的税收优惠，可以供大家利用。随着税制改革，新的优惠政策还将不断出台，大家也应搜集、解读，加以充分运用。

六、充分掌握印花税的税目和计税依据的规定，防止误交税

印花税是小税种，由于税负较轻往往不被纳税人所重视，因而，形成误缴税。印花税的征收范围是在我国境内书立、使用、领受印花税所列举的凭证。印花税法出台较早，有些新业务在印花税的税目中没有列举，这些新业务就不是印花税的征收范围。

对每个税目的征收范围也应该精细阅读，严格按征收范围交税，例如，为了鼓励技术研究开发，对技术开发合同，只就合同所载的报酬金额计税，研究开发经费不作为计税依据。对国际联运，凡由我国运输企业运输的，无论是在我国境内还是境外起运或中转分程运输，我国运输企业所持的一份运费结算凭证，仅按本程运费计算应纳税额，而不按全程运费计算应纳税额。企业会计设置的各种登记簿，如果不是经营性账簿，如登记簿、台账等，不缴印花税。

第十七章

车辆购置税和车船税的纳税操作技巧

第一节　车辆购置税的纳税操作技巧

车辆购置税法是指国家制定的用以调整车辆购置税征收与缴纳之间权利及义务的关系的法律规范。现行车辆购置税法的基本规范，是2000年10月22日国务院颁布并于2001年1月1日起施行的《中华人民共和国车辆购置税暂行条例》。

一、车辆购置税基本原理

（一）车辆购置税的概念

车辆购置税是以在中国境内购置规定车辆为课税对象、在特定的环节向车辆购置者征收的一种税。就其性质而言，属于直接税的范畴。

车辆购置税是2001年1月1日在我国开征的新税种，是在原来交通部门收取的车辆购置税附加费的基础上，通过“费改税”方式改革而来的。车辆购置税基本保留了原车辆购置税附加费的特点。

（二）车辆购置税的特点

车辆购置税除具有税收的共同特点外，还有其自身独立的特点：

1. 征收范围单一

作为财产税的车辆购置税，是以购置的特定车辆为课税对象，而不是对所有的财产或消费财产征税，范围窄，是一种特定的财产税。

2. 征收环节单一

车辆购置税实行一次课征制，它不是在生产、经营和消费的每一环节实行道道征收，而只有在退出流通进入消费领域的特定环节征收。

3. 税率单一

车辆购置税只确定一个统一比例税率征收，税率具有不随课税对象数额变动的特点，计征简便、负担稳定，有利于依法治税。

4. 征收方法单一

车辆购置税根据纳税人购置应税车辆的计税价格实行从价计征，以价格为计税标准，课税与价值直接发生关系，价值高者多征税，价值低者少征税。

5. 征税具有特定目的

车辆购置税具有专门用途，由中央财政根据国家交通建设投资计划，统筹安排。这种特定目的的税收，可以保证国家财政支出的需要，既有利于统筹合理地安排资金，又有利于保证特定事业和建设支出的需要。

6. 价外征收，税负不发生转嫁

车辆购置税的计税依据中不包含车辆购置税税额，车辆购置税税额是附加在价格之外的，且纳税人即为负税人，税负不发生转嫁。

（三）开征车辆购置税的作用

1. 有利于合理筹集建设资金

国家通过开征车辆购置税参与国民收入的再分配，可以更好地将一部分消费资金转化为财政资金，为国家筹集更多的资金，以满足国家行使职能的需要。首先，车辆购置税是在消费环节征税，具有经常性的特点，只要纳税人发生了购置、使用应税车辆的行为就要纳税，这就比对所有课税和商品课税具有及时性；其次，车辆购置税按统一比例税率课税，具有相对的稳定性；最后，车辆购置税是依法征收的，具有强制性和固定性，因而其收入是可靠的。因此车辆购置税更有利于依法合理地筹集交通基础设施建设和维护资金，保证资金专款专用，从而促进交通基础设施建设事业的健康发展。

2. 有利于规范政府行为

社会主义市场经济需要有健全的宏观经济调控体系，以保证其快速协调发展和健康运行。首先，由于税与费之间的本质区别，以费改税，开征车辆购置税，有利于理顺税费关系，进一步完善财税制度，实现税制结构的不断优化；其次，“费改税”改革，不但能规范政府行为，遏制乱收费，同时对正确处理税费关系、深化和完善财税体制改革也能起到积极作用。

3. 有利于调节收入差距

车辆购置税在消费环节对消费应税车辆的使用者征收，能更好地体现两条原则：第一，兼顾公平的原则。兼顾公平的原则，就是要保护合法收入，取缔非法收入，整顿不合理收入，调节过高收入。因此，开征车辆购置税可以对过高的消费支出进行调节；第二，纳税能力原则。即高收入者多负税，低收入者少负税，具有较高消费能力的人比一般消费能力的人要多负税。

4. 有利于配合打击走私和维护国家权益

首先，车辆购置税对同一课税对象的应税车辆不论来源渠道如何，都按同一比例税率征收，具有同一应税车辆税负相同的特点，因此，它可以平衡进口车辆与国产车辆的税收负担，体现国民待遇原则；其次，车辆购置税在车辆上牌使用时征收，具有源泉控制的特点，它可以配合有关部门在打击走私、惩治犯罪等方面起到积极的作用；最后，对进口自用的应税车辆以含关税、消费税的组成计税价格为计税依据，对进口应税车辆征收较高的税收，以限制其进口，有利于保护国内汽车工业的发展。

二、纳税义务人

车辆购置税是以在中国境内购置规定车辆为课税对象、在特定的环节向车辆购置者征收的一种税。就其性质而言属于直接税的范围。

车辆购置税的纳税人是指在我国境内购置应税车辆的单位和个人。其中，购置是指购买使用行为、进口使用行为、受赠使用行为、自产自用行为、获奖使用行为以及以拍卖、抵债、走私、罚没等方式取得并使用的行为，这些行为都属于车辆购置税的应税行为。

车辆购置税的纳税人具体是指：在我国境内购置《车辆购置税暂行条例》规定的车辆（简称应税车辆）的单位和个人，为车辆购置税的纳税人。

所称“单位”，包括国有企业、集体企业、私营企业、股份制企业、外商投资企业、外国企业以及其他企业，事业单位、社会团体、国家机关、部队以及其他单位；所称“个人”，包括个体工商户及其他个人，既包括中国公民又包括外国公民。

三、征税对象与征税范围

车辆购置税以列举的车辆作为征税对象，未列举的车辆不纳税。其征税范围包括汽车、摩托车、电车、挂车、农用运输车，具体规定如下：

（一）汽车

汽车指各类汽车。

（二）摩托车

（1）轻便摩托车：最高设计时速不大于50km/h，发动机气缸总排量不大于$50cm^3$的两个或三个车轮的机动车。

（2）二轮摩托车：最高设计车速大于50km/h，或发动机气缸总排量大于$50cm^3$的两个车轮的机动车。

（3）三轮摩托车：最高设计车速大于50km/h，发动机气缸总排量大于$50cm^3$，空车质量不大于400kg的三个车轮的机动车。

（三）电车

（1）无轨电车：以电能为动力，由专用输电电缆供电的轮式公共车辆。

（2）有轨电车：以电能为动力，在轨道上行驶的公共车辆。

（四）挂车

（1）全挂车：无动力设备，独立承载，由牵引车辆牵引行驶的车辆。

（2）半挂车：无动力设备，与牵引车共同承载，由牵引车辆牵引行驶的车辆。

（五）农用运输车

（1）三轮农用运输车：柴油发动机，功率不大于7.4kw，载重量不大于500kg，最高车速不大于40km/h的三个车轮的机动车。

（2）四轮农用运输车：柴油发动机，功率不大于28kW，载重量不大于1 500kg，最高车速不大于50km/h的四个车轮的机动车。

为了体现税法的统一性、固定性、强制性和法律的严肃性，车辆购置税征收范围，由国务院决定，其他任何部门、单位和个人无权擅自扩大或缩小。

四、税率与计税依据

（一）税率

车辆购置税实行统一比例税率，税率为10%。

（二）计税依据

车辆购置税以应税车辆为课税对象，考虑到我国车辆市场供求的矛盾，价格差异变化，计量单位不规范以及征收车辆购置附加费的做法，实行从价定率、价外征收的方法计算应纳税额，应税车辆的价格即计税价格就成为车辆购置税的计税依据。但是，由于应税车辆购置的来源不同，应税行为的发生不同，计税价格的组成也就不一样。车辆购置税的计税依据有以下几种情况：

1. 购买自用应税车辆计税依据的确定

纳税人购买自用的应税车辆的计税依据为纳税人购买应税车辆而支付给销售方的全部价款和价外费用（不含增值税）。

购买的应税自用车辆包括购买自用的国产应税车辆和购买自用的进口应税车辆，如从国内汽车市场、汽车贸易公司购买自用的进口应税车辆。

价外费用是指销售方价外向购买方收取的手续费、基金、违约金、包装费、运输费、保管费、代垫款项、代收款项和其他各种性质的价外收费，但不包括增值税税款。

2. 进口自用应税车辆计税依据的确定

纳税人进口自用的应税车辆以组成计税价格为计税依据，组成计税价格的计算公式为：

$$组成计税价格 = 关税完税价格 + 关税 + 消费税$$

进口自用的应税车辆是指纳税人直接从境外进口或委托代理进口自用的应税车辆，即非贸易方式进口自用的应税车辆。而且进口自用的应税车辆的计税依据，应根据纳税人提供的、经海关审查确认的有关完税证明资料确认。

3. 其他自用应税车辆计税依据的确定

现行政策规定，纳税人自产、受赠、获奖和以其他方式取得并自用的应税车辆的计税依据，凡不能或不能准确提供车辆价格的，由主管税务机关依国家税务总局核定的、相应类型的应税车辆的最低计税价格确定。因此，纳税人自产自用、受赠使用、获奖使用和以其他方式取得并自用的应税车辆一般以国家税务总局核定的最低计税价格为计税依据。

4. 最低计税价格作为计税依据的确定

《车辆购置税条例》规定，纳税人购买自用或者进口自用应税车辆，申报的计税价格低于同类型应税车辆的最低计税价格，又无正当理由的，按照最低计税价格征收车辆购置税。也就是说，纳税人购买和自用的应税车辆，首先应分别按前述计税价格、组成计税价格来确定计税依据。当申报的计税价格偏低，又无正当理由的，应以最低计税价格作为计税依据。实际工作中，通常是当纳税人申报的计税价格等于或高于最低计税价格时，按申报的价格计税；当纳税人申报的计税价格低于最低计税价格时，按最低计税价格计税。

最低计税价格由国家税务总局依据全国市场的平均销售价格制定。根据纳税人购置应税车辆的不同情况，国家税务总局对以下几种特殊情形应税车辆的最低计税价格规定如下：

（1）对已缴纳并办理了登记注册手续的车辆，其底盘和发动机同时发生更换，其最低计税价格按同类型新车最低计税价格的70%计算。

（2）免税、减税条件消失的车辆，其最低计税价格的确定方法为

最低计税价格 = 同类型新车最低计税价格 × ［1 – （已使用年限 ÷ 规定使用年限）］×100%

其中，规定使用年限为：国产车辆按10年计算；进口车辆按15年计算。超过使用年限的车辆，不再征收车辆购置税。

（3）非贸易渠道进口车辆的最低计税价格，为同类型新车最低价格。车辆购置税的计税依据和应纳税额应使用统一货币单位计算。纳税人以外汇结算应税车辆价款，按照申报纳税之日中国人民银行公布的人民币基准汇价，折合成人民币计算应纳税额。

五、车辆购置税应纳税额的计算

车辆购置税实行从价定率的方法计算应纳税额，计算公式为

应纳税额 = 计税依据 × 税率

由于应税车辆的来源，应税行为的发生以及计税依据组成的不同，因而，车辆购置税应纳税额的计算方法也有区别。

（一）购买自用应税车辆应纳税额的计算

在应纳税额的计算当中，应注意以下费用的计税规定：

（1）购买者随购买车辆支付的工具件和零部件价款应作为购车价款的一部分，并入计税依据中征收车辆购置税。

（2）支付的车辆装饰费应作为价外费用并入计税依据中计税。

（3）代收款项应区别征税。凡使用代收单位（受托方）票据收取的款项，应视为代收单位价外收费，购买者支付的价费款，应并入计税依据中一并征税；凡使用委托方票据收取，受托方只履行代收义务和收取代收手续费的款项，应按其他税收政策规定征税。

(4) 销售单位开给购买者的各种发票金额中包含增值税税款，因此，计算车辆购置税时，应换算为不含增值税的计税价格。

(5) 购买者支付的控购费，是政府部门的行政性收费，不属于销售者的价外费用范围，不应并入计税价格计税。

(6) 销售单位开展优质销售活动所开票收取的有关费用，应属于经营性收入。企业在代理过程中按规定支付给有关部门的费用，企业已作经营性支出列支核算，其收取的各项费用并在一张发票上难以划分的，应作为价外收入计算征税。

[**例 17-1**] 张某 2011 年 1 月，从某汽车有限公司购买一辆小汽车供自己使用，支付了含增值税税款在内的税款 351 000 元，支付购买工具件和零配件价款 3 000 元，车辆装饰费 1 300 元，所支付的款项均由该汽车有限公司开具“机动车销售统一发票”。另支付代收临时牌照费 550 元、代收保险费 1 000 元，使用委托方票据收取。请计算张某应纳车辆购置税。

(1) 计税依据 = (351 000 + 3 000 + 1 300) ÷ (1 + 17%)

= 303 675 (元)

(2) 应税税额 = 303 675 × 10% = 30 367.50 (元)

(二) 进口自用应税车辆应纳税额的计算

纳税人进口自用的应税车辆应纳税额的计算公式为：

应纳税额 = (关税完税价格 + 关税 + 消费税) × 税率

[**例 17-2**] 某外贸进口公司 2010 年 3 月，从国外进口 10 辆宝马公司生产的某型号小轿车。该公司报关进口这批小轿车时，经报关地海关对有关报关资料的审查，确定关税完税价格为每辆 185 000 元，海关按关税政策规定每辆征收了关税 203 500 元，并按消费税、增值税有关规定分别代征了每辆小轿车的进口消费税 11 655 元和增值税 66 045 元。由于联系业务需要，该公司将一辆小轿车留在本单位使用。根据以上资料，计算应纳车辆购置税。

(1) 计税依据 = 185 000 + 203 500 + 11 655 = 400 155 (元)

(2) 应纳税额 = 400 155 × 10% = 40 015.50 (元)

(三) 其他自用应税车辆应纳税额的计算

纳税人自产自用、受赠使用、获奖使用和以其他方式取得并自用应税车辆的，凡不能取得该型车辆的购置价格，或者低于最低计税价格的，以国家税务总局核定的最低计税价格作为计税依据计算征收车辆购置税：

应纳税额 = 最低计税价格 × 税率

[**例 17-3**] 某客车制造厂将自产的一辆某型号的客车，用于本厂后勤服务，该厂在办理车辆上牌落籍前，出具该车的发票，注明金额 65 000 元，并按此金额向主管税务机关申报纳税。经审核，国家税务总局对该车同类型车辆核定的最低计税价格为 80 000元。计算该车应纳车辆购置税。

应纳税额 = 80 000 × 10% = 8 000（元）

（四）特殊情形下自用应税车辆应纳税额的计算

1. 减税、免税条件消失车辆应纳税额的计算

对减税、免税条件消失的车辆，纳税人应按现行规定，在办理车辆过户手续前或者办理变更车辆登记注册手续前向税务机关缴纳车辆购置税。

应纳税额 = 同类型新车最低计税价格 × ［1 －（已使用年限 ÷ 规定使用年限）］ × 100% × 税率

2. 未按规定纳税车辆应补税额的计算

纳税人未按规定纳税的，应按现行政策规定的计税价格，区分情况分别确定征税。不能提供购车发票和有关购车证明资料的，检查地税务机关应按同类型应税车辆的最低计税价格征税；如果纳税人回落籍地后提供的购车发票金额与支付的价外费用之和低于核定的最低计税价格的，落籍地主管税务机关还应对其差额计算补税。

应纳税额 = 最低计税价格 × 税率

六、税收优惠

（一）车辆购置税减免税规定

我国车辆购置税实行法定减免，减免税范围的具体规定是：

（1）外国驻华使馆、领事馆和国际组织驻华机构及其外交人员自用车辆免税。

（2）中国人民解放军和中国人民武装警察部队列入军队武器装备订货计划的车辆免税。

（3）设有固定装置的非运输车辆免税。

（4）有国务院规定予以免税或者减税的其他情形的车辆，按照规定免税或减税根据现行政策规定，上述“其他情形的车辆”，目前主要有以下几种：

1）防汛部门和森林消防部门用于指挥、检查、调度、报汛（警）、联络的设有固定装置的指定型号的车辆。

2）回国服务的留学人员用现汇购买 1 辆自用国产小汽车。

3）长期来华定居专家 1 辆自用小汽车。

（二）车辆购置税的退税

纳税人已经缴纳车辆购置税但在办理车辆登记手续前，因下列原因需要办理退还车辆购置税的，由纳税人申请，征收机构审查后办理退还车辆购置税手续。

（1）公安机关车辆管理机构不予办理车辆登记注册手续的，凭公安机关车辆管理机构出具的证明办理退税手续。

（2）因质量等原因发生退还所购车辆的，凭经销商的退货证明办理退税手续。

七、征收管理

根据 2006 年 1 月 1 日开始试行的《车辆购置税征收管理办法》，车辆购置税的征收规定如下：

（一）纳税申报

车辆购置税实行一车一申报制度。纳税人在办理纳税申报时应如实填写《车辆购置税纳税申报表》，同时提供车主身份证明、车辆价格证明、车辆合格证明及税务机关要求提供的其他资料的原件和复印件。主管税务机关应对纳税申报资料进行审核，确定计税依据，征收税款，核发完税凭证。征税车辆在完税证明征税栏加盖车购税征税专用章，免税车辆在完税证明免税栏加盖车购税征税专用章。完税后，由税务机关保存有关复印件，并对已经办理纳税申报的车辆建立车辆购置税征收管理档案。

主管税务机关在为纳税人办理纳税申报手续时，对设有固定装置的非运输车辆应当实地验车。

（二）纳税环节

车辆购置税的征税环节为使用环节，即最终消费环节。具体而言，纳税人应当在向公安机关等车辆管理机构办理车辆登记注册手续前，缴纳车辆购置税。

购买已经办理车辆购置税免税手续的二手车，购买者应当到税务机关重新办理申报缴税或免税手续。未按规定办理的，按征管法的规定处理。

（三）纳税地点

纳税人购置应税车辆，应当向车辆登记注册地的主管税务机关申报纳税；购置不需办理车辆登记注册手续的应税车辆，应当向纳税人所在地主管税务机关申报纳税。车辆登记注册地是指车辆的上牌落籍地或落户地。

（四）纳税期限

纳税人购置应税车辆，自购买之日起60日内申报纳税；进口自用的应税车辆，应当自进口之日起60日内申报纳税；自产、受赠、获奖和以其他方式取得并自用的应税车辆，应当自取得之日起60日内申报纳税。

这里的“购买之日”是指纳税人购车发票上注明的销售日期；“进口之日”是指纳税人报关进口的当天。

（五）车辆购置税的缴税管理

1. 车辆购置税的缴税方法

车辆购置税税款缴纳方法主要有以下3种：

（1）自报核缴。即由纳税人自行计算应纳税额，自行填报纳税申报表有关资料，向主管税务机关申报，经税务机关审核后，开具完税证明，由纳税人持完税证明向当地金库或金库经收处缴纳税款。

（2）集中征收缴纳。包括两种情况：一是由纳税人集中向税务机关统一申报纳税。它适用于实行集中购置应税车辆的单位缴纳和经批准实行代理制经销商的缴纳；二是由税务机关集中报缴税款。即在纳税人向实行集中征收的主管税务机关申报缴纳税款，税务机关开具完税证明后，由税务机关填写汇总缴款书，将税款集中缴入当地金库或金库经收处。它适用于税源分散、税额较少、税务部门实行集中征收管理的地区。

（3）代征、代扣、代收，即扣缴义务人按税法规定代扣代缴、代收代缴税款，税务机关委托征收单位代征税款的征收方式。它适用于税务机关委托征收或纳税人依法受托征收税款。

2. 车辆购置税的缴税管理

（1）税款缴纳方式。纳税人在申报纳税时，税款的缴纳方式主要有现金支付、支票、信用卡和电子结算及委托银行代收、银行划转等方式。

（2）完税凭证及使用要求。税务机关在征收车辆购置税时，应根据纳税人税款缴纳方式的不同，分别使用税收通用完税凭证、税收转账专用完税凭证和税收通用缴款书三种税票，即：纳税人以现金方式向税务机关缴纳车辆购置税的，由主管税务机关开具《税收通用完税凭证》；纳税人以支票、信用卡和电子结算方式缴纳及税务机关委托银行代收税款的，由主管税务机关开具《税收通用缴款书》。

（六）车辆购置税的退税制度

（1）已经缴纳车辆购置税的车辆，发生下列情形之一的，纳税人应到车购办申请退税：

1）因质量原因，车辆被退回生产企业或者经销商的。

2）应当办理车辆登记注册的车辆，公安机关车辆管理机构不予办理车辆登记注册的。

（2）纳税人在车购办申请办理退税手续时，应如实填写车辆购置税退税申请表，并提供生产企业或经销商开具的退车证明和退车的发票以及完税证明的正本和副本、公安机关车辆管理机构出具的注销车辆号牌证明。

（3）退税款的计算。因质量原因，车辆被退回生产企业或者经销商的，自纳税人办理纳税申报之日起，按已缴税款每满 1 年扣减 10% 计算退税额，未满 1 年的按已缴纳税款额退税；对公安机关车辆管理机构不予办理车辆登记注册手续的车辆，退还全部已缴纳税款。

第二节　车船税的财税操作技巧

车船税法是指国家制定的用于调节车船税征收与缴纳权利及义务关系的法律规范。现行车船税法的基本规范，是 2011 年 2 月 25 日，全国人民代表大会常务委员会通过的《中华人民共和国车船税法》（以下简称车船税法）。2011 年 12 月 5 日，国务院颁布《中华人民共和国车船税法实施条例》（以下简称实施条例）。车船税法及其实施条例自 2012 年 1 月 1 日起施行。

一、车船税的基本原理

（一）车船税的概念

车船税是依照法律规定、对在我国境内的车辆、船舶，按照规定的税目、计税单位和年税额标准计算征收的一种税。

（二）征收车船税的作用

（1）为地方政府筹集财政资金。开征车船税能够将分散在车船人手中的部分资金集中起来，扩大地方财源，增加地方政府的财政收入。

（2）有利于车船的管理与合理配置。纳税人购置、使用车船越多，应缴纳的车船税越多，促使纳税人加强对自己拥有的车船管理和核算，改善资源配置，合理使用车船。

（3）有利于调节财富差异。车船税是对拥有的财产和财富（如轿车、游艇等）进行调节，缓解财富分配不公。随着我国经济增长，部分先富起来的个人拥有私人汽车、游艇及其他车船的情况会日益增加，我国征收车船税的财富的再分配作用亦会更加重要。

二、纳税义务人和征税范围

（一）纳税义务人

车船税是以车船为征税对象，向拥有车船的单位和个人征收的一种税。

车船税的纳税义务人，是指在中华人民共和国境内，车辆、船舶（以下简称车船）的所有人或者管理人，为车船税的纳税人，应当依照《中华人民共和国车船税法》的规定缴纳车船税。其中，所有人是指在我国境内拥有车船的单位和个人；管理人是指对车船具有管理权或者使用权，不具有所有权的单位和个人。上述单位，包括在中国境内成立的行政机关、企业、事业单位、社会团体以及其他组织；上述个人，包括个体工商户以及其他个人。

（二）征税范围

车船税法规定的征税范围是指在中华人民共和国境内属于税法所附《车船税税目税额表》所列的车辆、船舶。包括：

（1）依法应当在车船登记管理部门登记的机动车辆和船舶。

（2）依法不需要在车船登记管理部门登记的在单位内部场所行驶或者作业的机动车辆和船舶。

前款所称车船管理部门，是指公安、交通运输、农业、渔业、军队、武装警察部队等依法具有车船登记管理职能的部门；单位是指依照中国法律、行政法规规定，在中国境内成立的行政机关、企业、事业单位、社会团体以及其他组织。

三、税目与税率

车船税实行定额税率，也称固定税率，这是税率的一种特殊形式。定额税率计算简便，适用于从量计征的税种。车船税的适用税额，依照税法所付的《车船税税目税额表》执行。

国务院的财政部门、税务主管部门可以根据实际情况，在《车船税税目税额表》规定的税目范围和税额幅度内，划分子税目，并明确车辆的子税目税额幅度和船舶的具体适用税额。车辆的具体适用税额由省、自治区、直辖市人民政府在规定的子税目税额幅度内确定。

车船税采用定额税率，即对征税的车船规定单位税额。车船税确定税额总的原则是：非机动车船的税负轻于机动车船；人力车的税负轻于畜力车；小吨位的船舶轻于大船舶。由于车辆与船舶的行驶情况不同，车船税的税额也有所不同（见表17-1）。

表17-1　车船税税目税额表

税　目		计税单位	年基准税额	备　注
乘用车〔按发动机汽缸容量（排气量）分档〕	1.0升（含）以下的	辆	60元至360元	核定载客人数9人（含）以下
	1.0升以上至1.6升（含）的		300元至540元	
	1.6升以上至2.0升（含）的		360元至660元	
	2.0升以上至2.5升（含）的		660元至1200元	
	2.5升以上至3.0升（含）的		1 200元至2 400元	
	3.0升以上至4.0升（含）的		2 400元至3 600元	
	4.0升以上的		3 600元至5 400元	
商用车	客车	辆	480元至1 440元	核定载客人数9人以上，包括电车
	货车	吨	16元至120元	1. 包括半挂牵引车、三轮汽车和低速载货汽车等。 2. 挂车按照货车税额的50%计算
其他车辆	专用作业车（整备质量）	吨	16元至120元	不包括拖拉机
	轮式专用机械车（整备质量）		16元至120元	
	摩托车	辆	36元至180元	
船舶	机动船舶（净吨位）	吨	3元至6元	拖船、非机动船舶分别按照机动船舶税额的50%计算
	游艇（艇身长度）	米	600元至2 000元	

（一）机动船舶适用税额

（1）净吨位不超过200吨的，每吨3元。

（2）净吨位超过200吨但不超过2 000吨的，每吨4元。

（3）净吨位超过2 000吨但不超过10 000吨的，每吨5元。

（4）净吨位超过10 000吨的，每吨6元。

拖船按照发动机功率每1千瓦折合净吨位0.67吨计算征收车船税。

（二）游艇适用税额

（1）艇身长度不超过10米的，每米600元。

（2）艇身长度超过10米但不超过18米的，每米900元。

（3）艇身长度超过18米但不超过30米的，每米1 300元。

（4）艇身长度超过30米的，每米2 000元。

（5）辅助动力帆艇，每米600元。

游艇艇身长度是指游艇的总长度。

（三）车辆整备质量

车辆整备质量尾数不超过0.5吨的，按照0.5吨计算；超过0.5吨的，按照1吨计算。整备质量不超过1吨的车辆，按照1吨计算。

（四）船舶净吨位

船舶净吨位尾数不超过0.5吨的不予计算；超过0.5吨的，按照1吨计算。净吨位不超过1吨的船舶，按照1吨计算。

（五）车辆

车船税法和实施条例所涉及的排气量、整备质量、核定载客人数、净吨位、千瓦、艇身长度，以车船登记管理部门核发的车船登记证书或者行驶证所载数据为准。

依法不需要办理登记的车船和依法应当登记而未办理登记或者不能提供车船登记证书、行驶证的车船，以车船出厂合格证明或者进口凭证标注的技术参数、数据为准；不能提供车船出厂合格证明或者进口凭证的，由主管税务机关参照国家相关标准核定，没有国家相关标准的参照同类车船核定。

四、应纳税额的计算与代收代缴

（一）自缴额的计算

车辆车船税的纳税人按照纳税地点所在的省、自治区、直辖市人民政府确定的具体适用税额缴纳车船税。车船税由地方税务机关负责征收。

（1）购置的新车船，购置当年的应纳税额自纳税义务发生的当月起按月计算。应纳税额为年应纳税额除以12再乘以应纳税月份数。具体计算公式为：

$$应纳税额 = （年应纳税额 \div 12） \times 应纳税月份数$$

（2）在一个纳税年度内，已完税的车船被盗抢、报废、灭失的，纳税人可以凭有关管理机关出具的证明和完税凭证，向纳税所在地的主管税务机关申请退还自被盗抢、报废、灭失月份起至该纳税年度终了期间的税款。

(3) 已办理退税的被盗抢车船失而复得的，纳税人应当从公安机关出具相关证明的当月起计算缴纳车船税。

(4) 在一个纳税年度内，纳税人在非车辆登记地已由保险机构代收代缴车船税的，纳税人不再向车辆登记地的主管税务机关申报缴纳车船税。

(5) 已缴纳车船税的车船在同一纳税年度内办理转让过户的，不另纳税，也不退税。

[例 17-4]　某运输公司拥有载货汽车 15 辆，载货车载重净吨位均为 10 吨；乘人大客车 20 辆、小客车 10 辆。计算该公司应交车船税额。

(根据当地规定，载货汽车每吨年税额 80 元，大客车每辆年税额 600 元，小客车每辆年税额 500 元)

(1) 载货汽车年应纳税额 = 10 × 80 × 15 = 12 000 (元)

(2) 乘人汽车年应纳税额 = 600 × 20 + 500 × 10 = 17 000 (元)

全年应纳车船税额 = 12 000 + 17 000 = 29 000 (元)

(二) 保险机构代收代缴车船税的计算

《车船税法》规定，从事机动车第三者责任强制保险业务的保险机构为机动车车船税的扣缴义务人，应当在收取保险费时依法代收车船税，并出具代收税款凭证。

为了做好机动车车船税代收代缴工作，中国保险监督管理委员会下发了《关于修改机动车交通事故责任强制保险保单的通知》(保监产险 [2007] 501 号)，在机动车交通事故责任强制保险（简称“交强险”）保单中增加了与车船税有关的项目，并就有关涉税问题明确如下：

1. 特殊情况下车船税应纳税款的计算

(1) 购买短期交强险的车辆。对于境外机动车临时入境、机动车临时上道路行驶、机动车距规定的报废期限不足一年而购买短期“交强险”的车辆，应纳税额的计算公式为

应纳税额 = 计税单位 × 年单位税额 × 应纳税月份数 ÷ 12

其中，应纳税月份数为“交强险”有效期起始日期的当月至截止日期当月的月份数。

(2) 已向税务机关缴税的车辆或税务机关已批准减免税的车辆。对已向税务机关缴税或税务机关已批准免税的车辆，保单中“当年应缴”项目应为 0；对税务机关已批准减税的机动车，保单中“当年应缴”项目应根据减税前的应纳税额扣除依据减税证明中注明的减税幅度计算的减税额确定，计算公式为

减税车辆应纳税额 = 减税前应纳税额 × (1 − 减税幅度)

2. 欠缴车船税的车辆补缴税款的计算

自 2008 年 7 月 1 日起，保险机构在代收代缴车船税时，应根据纳税人提供的上年

度交强险保单或车船税完税凭证，查验纳税人上一次的完税情况。以前年度未缴车船税而补缴的金额应根据前次缴税年度，按照车辆类型、计税单位和当地计税标准计算，公式为

往年补缴 = 计税单位 × 年单位税额 × （本次缴税年度 − 前次缴税年度 − 1）

3. 滞纳金的计算

应根据前次缴税年度分年度计算。从前次“交强险”有效期截止日期的次日起，每延迟 1 天，加收应纳税款 0.5‰的滞纳金。计算公式为

每一年度欠缴税应加收的滞纳金 = 欠税金额 × 滞纳天数 × 0.5‰

五、税收优惠

（一）法定减免税项目

（1）捕捞、养殖渔船：是指在渔业船舶登记管理部门登记为捕捞船或者养殖船的船舶。

（2）军队、武装警察部队专用的车船：是指按照规定在军队、武装警察部队车船登记管理部门登记，并领取军队、武警牌照的车船。

（3）警用车船：是指公安机关、国家安全机关、监狱、劳动教养管理机关和人民法院、人民检察院领取警用牌照的车辆和执行警务的专用船舶。

（4）依照法律规定应当予以免税的外国驻华使领馆、国际组织驻华代表机构及其有关人员的车船。

（5）节约能源、使用新能源的车船可以免征或者减半征收车船税。节约能源、使用新能源的车辆包括纯电动汽车、燃料电池汽车和混合动力汽车。纯电动汽车、燃料电池汽车和插电式混合动力汽车免征车船税，其他混合动力汽车按同类车辆适用税额减半征税。

（6）对受地震、洪涝等严重自然灾害影响纳税困难以及其他特殊原因确需减免税的车船，可以在一定期限内减征或者免征车船税。

（7）省、自治区、直辖市人民政府根据当地实际情况，可以对公共交通车船，农村居民拥有并主要在农村地区使用的摩托车、三轮汽车和低速载货汽车定期减征或者免征车船税。

（二）特定减免税项目

（1）经批准临时入境的外国车船和香港特别行政区、澳门特别行政区、台湾地区的车船，不征收车船税。

（2）按照规定缴纳船舶吨税的机动船舶，自车船税法实施之日起 5 年内免征车船税。

（3）依法不需要在车船登记管理部门登记的机场、港口、铁路站场内部行驶或者作业的车船，自车船税法实施之日起 5 年内免征车船税。

六、征收管理

（一）纳税地点

车船税的纳税地点为车船的登记地或者车船税扣缴义务人所在地。依法不需要办理登记的车船，车船税的纳税地点为车船的所有人或者管理人所在地。

扣缴义务人代收代缴的车船税，纳税地点为扣缴义务人所在地。

纳税人自行申报缴纳车船税的，纳税地点为车船登记地的主管税务机关所在地。

依法不需要办理登记的车船，纳税地点为车船所有人或者管理人主管税务机关所在地。

（二）纳税期限

车船税纳税义务发生时间为取得车船所有权或者管理权的当月，应以购买车船的发票或者其他证明文件所载日期的当月为准。

车船税的纳税义务发生时间，为车船管理部门核发的车船登记证书或者行驶证书所记载日期的当月。纳税人未按规定到车船管理部门办理应税车船登记手续的，以车船购置发票所载开具时间的当月作为车船税的纳税义务发生时间。对未办理车船登记手续且无法提供车船购置发票的，由主管税务机关核定纳税义务发生时间。

（三）纳税申报

车船税按年申报，分月计算，一次性缴纳。纳税年度为公历1月1日至12月31日。车船税按年申报缴纳，具体纳税申报期限由省、自治区、直辖市人民政府规定。

（1）税务机关可以在车船管理部门、车船检验机构的办公场所办理车船税征收事宜。

（2）公安机关交通管理部门在办理车辆相关登记和定期检验手续时，对未提交自上次检验后各年度依法纳税或者免税证明的，不予登记，不予发放检验合格标志。

（3）海事部门、船舶检验机构在办理船舶登记和定期检验手续时，对未提交依法纳税或者免税证明，且拒绝扣缴义务人代收代缴车船税的纳税人，不予登记，不予发放检验合格标志。

（4）对于依法不需要购买机动车交通事故责任强制保险的车辆，纳税人应当向主管税务机关申报缴纳车船税。

（5）纳税人在首次购买机动车交通事故责任强制保险时缴纳车船税或者自行申报缴纳车船税的，应当提供购车发票及反映排气量、整备质量、核定载客人数等纳税相关的信息及其相应凭证。

（6）负责船舶登记、检验的船舶管理部门或者船舶检验机构为船舶车船税的扣缴义务人，应当在登记、检验时依法代收车船税，并出具代收税款凭证。

（四）其他管理规定

（1）各级车船管理部门应当在提供车船管理信息等方面，协助地方税务机关加强对车船税的征收管理。纳税人应当向主管税务机关和扣缴义务人提供车船的相关信息。拒绝提供的，按照《中华人民共和国税收征收管理法》有关规定处理。

（2）车船税的征收管理，依照《中华人民共和国税收征收管理法》和《中华人民共和国车船税法》的规定执行。在一个纳税年度内，已完税的车船被盗抢、报废、灭失的，纳税人可以凭有关管理机构出具的证明和完税凭证，向纳税所在地的主管地方税务机关申请退还自被盗抢、报废、灭失月份起至该纳税年度终了期间的税款。

已办理退税的被盗抢车船失而复得的，纳税人应当从公安机关出具相关证明的当月起计算缴纳车船税。

（3）在一个纳税年度内，纳税人在非车辆登记地由保险机构代收代缴机动车车船税，且能够提供合法有效完税证明的纳税人不再向机动车登记地的地方税务机关缴纳机动车车船税。

（4）在一个纳税年度内，已经缴纳车船税的车船变更所有权或管理权的，地方税务机关对原车船所有人或管理人不予办理退税手续，对现车船所有人或管理人也不再征收当年度的税款。未缴纳车船税的车船变更所有权或管理权的，由现车船所有人或管理人缴纳该纳税年度的车船税。

（5）车船税的纳税人应按《中华人民共和国车船税法》的规定及时办理纳税申报，并如实填写《车船税纳税申报表》。

第十八章

企业所得税的纳税操作技巧

企业所得税法是指国家制定的用以调整企业所得税征收与缴纳之间权利及义务关系的法律规范。现行企业所得税法的基本规范，是2007年3月16日第十届全国人民代表大会第五次全体会议通过的《中华人民共和国企业所得税法》（以下简称《企业所得税法》）和2007年11月28日国务院第197次常务会议通过的《中华人民共和国企业所得税法实施条例》（以下简称《实施条例》）。

一、企业所得税的特点

企业所得税是规范和处理国家与企业分配关系的重要形式。具有与商品劳务税不同的性质，其特点主要有以下四个方面：

（一）将企业划分为居民企业和非居民企业

现行企业所得税将企业划分为居民企业和非居民企业两大类：居民企业负无限纳税义务，即来源于我国境内、境外的所得都要向中国政府缴纳所得税。非居民企业负有限纳税义务，即中国境内的所得向中国政府缴纳所得税。

（二）征税对象为应纳税所得额

企业所得税以应纳税所得额为课税对象，应纳税所得额是按照企业所得税法规的规定，企业每一纳税年度的收入总额，减除不征税收入、免税收入、各项扣除以及允许弥补的以前年度亏损后的余额，而不是依据会计制度的规定计算出来的利润总额。

（三）征税以量能负担为原则

企业所得税以企业的生产、经营所得和其他所得为征税对象，所得多的多缴税，所得少的少缴税，没有所得的不缴税，充分体现税收的公平负担原则，而不是像流转税那样只要取得收入就应缴税，不管盈利还是亏损。

（四）实行按年计征、分期预缴的办法

企业所得税以企业一个纳税年度的应纳税所得额为计税依据，平时分月或分季预缴，年度终了后进行汇算清缴，多退少补。

二、企业所得税的立法原则

企业所得税是处理国家和企业分配关系的重要形式。税收制度设计得合理与否，

不仅仅只影响企业负担和国家财政收入，更重要的是还关系到国家整体经济的持续发展。因此，企业所得税法规在制定过程中，应遵循以下原则：

（一）税负公平原则

公平原则是人类社会的永恒原则，企业所得税是处理政府与企业分配关系的主要税种之一，如何分配企业创造的新价值，税负公平就显得十分重要。从宏观而言，既要保证政府财政收入的必要，又要适应政府利用税收调节经济的必要，也就是说既要保证政府的财政收入，又不影响企业生产经营的积极性。从微观而言，企业与企业要公平，行业与行业要公平，除特殊规定外，所有的企业税负都要相等。因此，新企业所得税法统一了税率，统一了税前扣除标准、统一了税收优惠政策。

（二）科学发展观原则

科学发展观关系到人类生存的大计，征收企业所得税不仅要理顺政府与企业的分配关系，更重要的是要有利于国家整体经济长时期地持续发展。因此，企业所得税法规的制定要有利于资源的合理运用，有利于生态平衡，有利于环境保护。

（三）发挥调控作用原则

税收是调节经济的重要杠杆之一，如何利用企业所得税的规定来调节经济，是非常值得研究的重要问题。由于我国地域广阔，经济发展很不平衡，地区间差距大，行业间差距大，经济结构不合理，技术进步迟缓等，都需要企业所得税法规给予调节。

（四）参照国际惯例原则

企业所得税是国际上普遍征收的一个税种，虽然各国对该税种的命名有所不同，但本质上没有太大的差别。随着我国对外开放政策的不断扩大和世界经济一体化的快速发展，向我国政府缴纳企业所得税的主体就不仅仅是国内企业，它将涉及诸多外国企业。因此，制定企业所得税法规时，就必须考虑国际上的普遍做法。

（五）有利于征管原则

企业所得税是所有税种中计算最复杂的税种，它涉及企业一个纳税年度内的所有收入、成本和费用，以及除企业缴纳的企业所得税和准许抵扣的增值税以外的所有税金的扣除。在征管过程中，稍有不慎就可能发生错误。因此，在制定企业所得税法规时，要尽量做到简单、易懂、利于操作和执行。

第一节　纳税义务人、征税对象与税率

一、纳税义务人

企业所得税的纳税义务人是指在中华人民共和国境内的企业和其他取得收入的组织。《企业所得税法》第一条规定，除个人独资企业、合伙企业不适用企业所得税法

外，凡在我国境内，企业和其他取得收入的组织（以下统称企业）为企业所得税的纳税人，依照本法的规定缴纳企业所得税。

企业所得税的纳税人分为居民企业和非居民企业，这是根据企业纳税义务范围的宽窄进行的分类方法，不同的企业在向中国政府缴纳所得税时，纳税义务不同。把企业分为居民企业和非居民企业，是为了更好地保障我国税收管辖权的有效行使。税收管辖权是一国政府在征税方面的主权，是国家主权的重要组成部分。根据国际上的通行做法，我国选择了地域管辖权和居民管辖权的双重管辖权标准，最大限度地维护我国的税收利益。

（一）居民企业

居民企业是指依法在中国境内成立，或者依照外国（地区）法律成立但实际管理机构在中国境内的企业。这里的企业包括国有企业、集体企业、私营企业、联营企业、股份制企业、外商投资企业、外国企业，以及有生产、经营所得和其他所得的其他组织。其中，有生产、经营所得和其他所得的其他组织，是指经国家有关部门批准，依法注册、登记的事业单位、社会团体等组织。由于我国的一些社会团体组织、事业单位在完成国有事业计划的过程中，开展多种经营和有偿服务活动，取得除财政部门各项拨款、财政部和国家价格主管部门批准的各项规费收入以外的经营收入，具有经营的特点，应当视同企业纳入征税范围。其中，实际管理机构是指对企业的生产经营、人员、账务、财产等实施实质性全面管理和控制的机构。

（二）非居民企业

非居民企业是指依照外国（地区）法律成立且实际管理机构不在中国境内，但在中国境内设立机构、场所的，或者在中国境内未设立机构、场所，但有来源于中国境内所得的企业。

上述所称“机构、场所”，是指在中国境内从事生产经营活动的机构、场所，包括：

（1）管理机构、营业机构、办事机构。

（2）工厂、农场、开采自然资源的场所。

（3）提供劳务的场所。

（4）从事建筑、安装、装配、修理、勘探等工程作业的场所。

（5）其他从事生产经营活动的机构、场所。

非居民企业委托营业代理人在中国境内从事生产经营活动的，包括委托单位或者个人经常代其签订合同，或者储存、交付货物等，该营业代理人视为非居民企业在中国境内设立的机构、场所。

二、征税对象

企业所得税的征税对象是指企业的生产经营所得、其他所得和清算所得。

（一）居民企业的征税对象

居民企业应当就其来源于中国境内、境外的所得作为征税对象。所称“所得”，包括销售货物所得、提供劳务所得、转让财产所得、股息红利等权益性投资所得、利息所得、租金所得、特许权使用费所得、接受捐赠所得和其他所得。

（二）非居民企业的征税对象

非居民企业在中国境内设立机构、场所的，应当就其所设机构、场所取得的来源于中国境内的所得，以及发生在中国境外但与其所设机构、场所有实际联系的所得，缴纳企业所得税。

非居民企业在中国境内未设立机构、场所的，或者虽设立机构、场所但取得的所得与其所设机构、场所没有实际联系的，应当就其来源于中国境内的所得缴纳企业所得税。

上述所称“实际联系”，是指非居民企业在中国境内设立的机构、场所拥有据以取得所得的股权、债权，以及拥有、管理、控制据以取得所得的财产等。

（三）所得来源的确定

企业来源于中国境内、境外的所得，按照以下原则确定：

（1）销售货物所得，按照交易活动发生地确定。

（2）提供劳务所得，按照劳务发生地确定。

（3）转让财产所得，不动产转让所得按照不动产所在地确定，动产转让所得按照转让动产的企业或者机构、场所所在地确定，权益性投资资产转让所得按照被投资企业所在地确定。

（4）股息、红利等权益性投资所得，按照分配所得的企业所在地确定。

（5）利息所得、租金所得、特许权使用费所得，按照负担、支付所得的企业或者机构、场所所在地确定，或者按照负担、支付所得的个人的住所地确定。

（6）其他所得，由国务院财政、税务主管部门确定。

三、企业所得税的税率

企业所得税的税率是体现国家与企业分配关系的核心要素。税率设计的原则是兼顾国家、企业、职工个人三者利益，既要保证财政收入的稳定增长，又要使企业在发展生产、经营方面有一定的财力保证。既要考虑到企业的实际情况和负担能力，又要维护税率的统一性。

企业所得税实行比例税率。比例税率简便易行，透明度高，不会因征税而改变企业间收入分配比例，有利于促进效率的提高。现行规定是：

（1）基本税率为25%。适用于居民企业和在中国境内设有机构、场所且所得与机构、场所有关联的非居民企业。

（2）低税率为20%。适用于在中国境内未设立机构、场所的，或者虽设立机构、场所但取得的所得与其所设机构、场所没有实际联系的非居民企业。但实际征收减按10%的税率征收。非居民企业适用税率如图18-1所示：

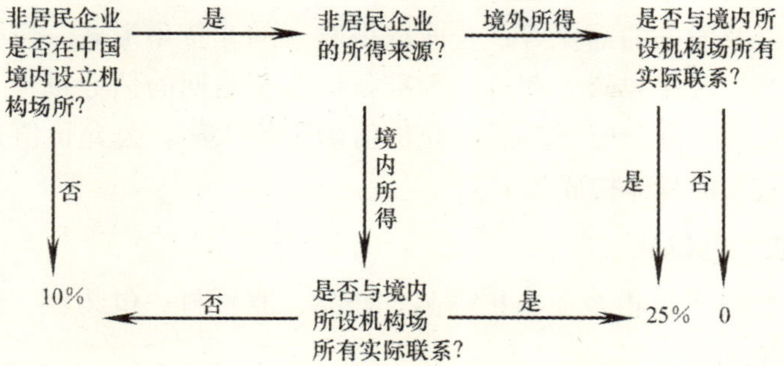

图18-1　非居民企业适用税率示意图

特别提示：非居民企业的下列所得可以免征企业所得税：

（1）外国政府向中国政府提供贷款取得的利息所得。

（2）国际金融组织向中国政府和居民企业提供优惠贷款取得的利息所得。

（3）经国务院批准的其他所得。

现行企业所得税的税率设定为25%，从世界各国比较而言还是中等偏下水平的。据有关资料介绍，全世界160个实行所得税的国家（地区）平均税率为28.6%，我国周边18个国家（地区）的平均税率为26.7%。现行税率的确定，既考虑了我国的财政承受能力，又考虑了企业的负担水平。

第二节　应纳税所得额的计算

应纳税所得额是企业所得税的计税依据，按照企业所得税法的规定，应纳税所得额为企业每一纳税年度的收入总额，减除不征税收入、免税收入、各项扣除以及允许弥补的以前年度亏损后的余额。基本公式为：

应纳税所得额=收入总额-不征税收入-免税收入-各项扣除-以前年度亏损

企业应纳税所得额的计算，以权责发生制为原则，属于当期的收入和费用，不论款项是否收付，均作为当期的收入和费用；不属于当期的收入和费用，即使款项已经在当期收付，均不作为当期的收入和费用。应纳税所得额的正确计算直接关系到国家的财政收入和企业的税收负担，并且同成本、费用核算关系密切。因此，企业所得税法对应纳税所得额计算作了明确规定，主要内容包括收入总额、扣除范围和标准、资产的税务处理、亏损弥补等。

一、收入总额

企业的收入总额包括企业以货币形式和非货币形式从各种来源取得的收入。具体包括：销售货物收入、提供劳务收入、转让财产收入、股息、红利等权益性投资收益，以及利息收入、租金收入、特许权使用费收入、接受捐赠收入、其他收入。

企业取得收入的货币形式，包括现金、存款、应收账款、应收票据、准备持有至到期的债券投资以及债务的豁免等；企业取得收入的非货币形式，包括固定资产、生物资产、无形资产、股权投资、存货、不准备持有至到期的债券投资、劳务以及有关权益等。这些非货币性资产应当按照公允价值确定收入额。公允价值是指按照市场价格确定的价值。收入的具体构成如下：

（一）一般收入的确认

（1）销售货物收入是指企业销售商品、产品、原材料、包装物、低值易耗品以及其他存货取得的收入。

（2）提供劳务收入是指企业从事建筑安装、修理修配、交通运输、仓储租赁、金融保险、邮电通信、咨询经纪、文化体育、科学研究、技术服务、教育培训、餐饮住宿、中介代理、卫生保健、社区服务、旅游、娱乐、加工以及其他劳务服务活动取得的收入。

（3）转让财产收入是指企业转让固定资产、生物资产、无形资产、股权、债权等财产取得的收入。

企业转让股权收入，应于转让协议生效、且完成股权变更手续时，确认收入的实现。转让股权收入扣除为取得该股权所发生的成本后，为股权转让所得。企业在计算股权转让所得时，不得扣除被投资企业未分配利润等股东留存收益中按该项股权所可能分配的金额。

（4）股息、红利等权益性投资收益，是指企业因权益性投资从被投资方取得的收入。股息、红利等权益性投资收益，除国务院财政、税务主管部门另有规定外，按照被投资方作出利润分配决定的日期确认收入的实现。即应以被投资企业股东会或股东大会作出利润分配或转股决定的日期，确定收入的实现。

被投资企业将股权（票）溢价所形成的资本公积转为股本的，不作为投资方企业的股息、红利收入，投资方企业也不得增加该项长期投资的计税基础。

（5）利息收入是指企业将资金提供他人使用但不构成权益性投资，或者因他人占用本企业资金取得的收入，包括存款利息、贷款利息、债券利息、欠款利息等收入。利息收入按照合同约定的债务人应付利息的日期确认收入的实现。

（6）租金收入是指企业提供固定资产、包装物或者其他有形资产的使用权取得的收入。租金收入按照合同约定的承租人应付租金的日期确认收入的实现。其中，如果交易合同或协议中规定租赁期限跨年度，且租金提前一次性支付的，根据《实施条例》第九条规定的收入与费用配比原则，出租人可对上述已确认的收入，在租赁期内，分期均匀计入相关年度收入。

（7）特许权使用费收入是指企业提供专利权、非专利技术、商标权、著作权以及其他特许权的使用权取得的收入。特许权使用费收入按照合同约定的特许权使用人应付特许权使用费的日期确认收入的实现。

（8）接受捐赠收入是指企业接受的来自其他企业、组织或者个人无偿给予的货币性资产、非货币性资产。接受捐赠收入按照实际收到捐赠资产的日期确认收入的实现。

（9）其他收入是指企业取得的除以上收入以外的其他收入，包括企业资产溢余收入、逾期未退包装物押金收入、确实无法偿付的应付款项、已作坏账损失处理后又收回的应收款项、债务重组收入、补贴收入、违约金收入、汇兑收益等。

（二）特殊收入的确认

（1）以分期收款方式销售货物的，按照合同约定的收款日期确认收入的实现。

（2）企业受托加工制造大型机械设备、船舶、飞机，以及从事建筑、安装、装配工程业务或者提供其他劳务等，持续时间超过12个月的，按照纳税年度内完工进度或者完成的工作量确认收入的实现。

（3）采取产品分成方式取得收入的，按照企业分得产品的日期确认收入的实现，其收入额按照产品的公允价值确定。

（4）企业发生非货币性资产交换，以及将货物、财产、劳务用于捐赠、偿债、赞助、集资、广告、样品、职工福利或者利润分配等用途的，应当视同销售货物、转让财产或者提供劳务，但国务院财政、税务主管部门另有规定的除外。

（三）处置资产收入的确认

（1）内部处置资产：企业发生下列情形的处置资产，除将资产转移至境外以外，由于资产所有权属在形式和实质上均不发生改变，可作为内部处置资产，不视同销售确认收入，相关资产的计税基础延续计算。

1）将资产用于生产、制造、加工另一产品。

2）改变资产形状、结构或性能。

3）改变资产用途（如自建商品房转为自用或经营）。

4）将资产在总机构及其分支机构之间转移。

5）上述两种或两种以上情形的混合。

6）其他不改变资产所有权属的用途。

（2）视同销售收入：企业将资产移送他人的下列情形，因资产所有权属已发生改变而不属于内部处置资产，应按规定视同销售确定收入。

1）用于市场推广或销售。

2）用于交际应酬。

3）用于职工奖励或福利。

4）用于股息分配。

5）用于对外捐赠。

6）其他改变资产所有权属的用途。

（3）视同销售收入价格的确定：企业发生上述（2）规定情形时，属于企业自制的资产，应按企业同类资产同期对外销售价格确定销售收入。属于外购的资产，可按购入时的价格确定销售收入，此项规定是指企业处置该项资产不是以销售为目的，而是具有替代职工福利等费用支出性质，且购买后一般在一个纳税年度内处置。

（四）企业转让上市公司限售股的所得税处理

国家税务总局公告2011年第39号规定，自2011年7月1日起，企业转让上市公司限售股有关所得税的处理按以下规定执行：

1. 纳税义务人的范围界定问题

根据企业所得税法第一条及其实施条例第三条的规定，转让限售股取得收入的企业（包括事业单位、社会团体、民办非企业单位等），为企业所得税的纳税义务人。

2. 企业转让代个人持有的限售股征税问题

因股权分置改革造成原由个人出资而由企业代持有的限售股，企业在转让时按以下规定处理：

（1）企业转让上述限售股取得的收入，应作为企业应税收入计算纳税。

上述限售股转让收入扣除限售股原值和合理税费后的余额为该限售股转让所得。企业未能提供完整、真实的限售股原值凭证，不能准确计算该限售股原值的，主管税务机关一律按该限售股转让收入的15%，核定为该限售股原值和合理税费。

依照本条规定完成纳税义务后的限售股转让收入余额转付给实际所有人时不再纳税。

（2）依法院判决、裁定等原因，通过证券登记结算公司，企业将其代持的个人限售股直接变更到实际所有人名下的，不视同转让限售股。

3. 企业在限售股解禁前转让限售股征税问题

企业在限售股解禁前将其持有的限售股转让给其他企业或个人（以下简称受让方），其企业所得税问题按以下规定处理：

（1）企业应按减持在证券登记结算机构登记的限售股取得的全部收入，计入企业当年度应税收入计算纳税。

（2）企业持有的限售股在解禁前已签订协议转让给受让方，但未变更股权登记、仍由企业持有的，企业实际减持该限售股取得的收入，依照本条第一项规定纳税后，其余额转付给受让方的，受让方不再纳税。

（五）销售商品收入的确认

除企业所得税法及实施条例另有规定外，企业销售收入的确认，必须遵循权责发生制原则和实质重于形式原则。

（1）企业销售商品同时满足下列条件的，应确认收入的实现。

1）商品销售合同已经签订，企业已将商品所有权相关的主要风险和报酬转移给购货方。

2）企业对已售出的商品既没有保留通常与所有权相联系的继续管理权，也没有实施有效控制。

3）收入的金额能够可靠地计量。

4）已发生或将发生的销售方的成本能够可靠地核算。

（2）符合上款收入确认条件，采取下列商品销售方式的，应按以下规定确认收入实现时间：

1）销售商品采用托收承付方式的，在办妥托收手续时确认收入。

2）销售商品采取预收款方式的，在发出商品时确认收入。

3）销售商品需要安装和检验的，在购买方接受商品以及安装和检验完毕时确认收入。如果安装程序比较简单，可在发出商品时确认收入。

4）销售商品采用支付手续费方式委托代销的，在收到代销清单时确认收入。

（3）采用售后回购方式销售商品的，销售的商品按售价确认收入，回购的商品作为购进商品处理。有证据表明不符合销售收入确认条件的，如以销售商品方式进行融资，收到的款项应确认为负债，回购价格大于原售价的，差额应在回购期间确认为利息费用。

（4）销售商品以旧换新的，销售商品应当按照销售商品收入确认条件确认收入，回收的商品作为购进商品处理。

（5）特殊形式销售商品收入的确认

1）商业折扣：企业为促进商品销售而在商品价格上给予的价格扣除属于商业折扣，商品销售涉及商业折扣的，应当按照扣除商业折扣后的金额确定销售商品收入金额。

2）现金折扣：债权人为鼓励债务人在规定的期限内付款而向债务人提供的债务扣除属于现金折扣，销售商品涉及现金折扣的，应当按扣除现金折扣前的金额确定销售商品收入金额，现金折扣在实际发生时作为财务费用扣除。

3）销售折让：企业因售出商品的质量不合格等原因而在售价上给的减让属于销售折让，企业已经确认销售收入的售出商品发生销售折让，应当在发生当期冲减当期销售商品收入。

4）销售退回：企业因售出商品质量、品种不符合要求等原因而发生的退货属于销售退回。企业已经确认销售收入的售出商品发生销售退回，应当在发生当期冲减当期销售商品收入。

5）组合销售：企业以买一赠一等方式组合销售本企业商品的，不属于捐赠，应将总的销售金额按各项商品的公允价值的比例来分摊确认各项的销售收入。

（六）提供劳务收入的确认

企业在各个纳税期末，提供劳务交易的结果能够可靠估计的，应采用完工进度（完工百分比）法确认提供劳务收入。

（1）提供劳务交易的结果能够可靠估计，是指同时满足下列条件：

1）收入的金额能够可靠地计量。

2）交易的完工进度能够可靠地确定。

3）交易中已发生和将发生的成本能够可靠地核算。

（2）企业提供劳务完工进度的确定，可选用下列方法。

1）已完工作的测量。

2）已提供劳务占劳务总量的比例。

3）发生成本占总成本的比例。

（3）企业应按照从接受劳务方已收或应收的合同或协议价款确定劳务收入总额，根据纳税期末提供劳务收入总额乘以完工进度扣除以前纳税年度累计已确认提供劳务收入后的金额，确认为当期劳务收入；同时，按照提供劳务估计总成本乘以完工进度扣除以前纳税期间累计已确认劳务成本后的金额，结转为当期劳务成本。

（4）下列提供劳务满足收入确认条件的，应按规定确认收入：

1）安装费。应根据安装完工进度确认收入。安装工作是商品销售附带条件的，安装费在确认商品销售实现时确认收入。

2）宣传媒介的收费。应在相关的广告或商业行为出现于公众面前时确认收入。广告的制作费，应根据制作广告的完工进度确认收入。

3）软件费。为特定客户开发软件的收费，应根据开发的完工进度确认收入。

4）服务费。包含在商品售价内可区分的服务费，在提供服务的期间分期确认收入。

5）艺术表演、招待宴会和其他特殊活动的收费。在相关活动发生时确认收入。收费涉及几项活动的，预收的款项应合理分配给每项活动，分别确认收入。

6）会员费。申请入会或加入会员，只允许取得会籍，所有其他服务或商品都要另行收费的，在取得该会员费时确认收入。申请入会或加入会员后，会员在会员期内不再付费就可得到各种服务或商品，或者以低于非会员的价格销售商品或提供服务的，该会员费应在整个受益期内分期确认收入。

7）特许权费。属于提供设备和其他有形资产的特许权费，在交付资产或转移资产所有权时确认收入；属于提供初始及后续服务的特许权费，在提供服务时确认收入。

8）劳务费。长期为客户提供重复的劳务收取的劳务费，在相关劳务活动发生时确认收入。

（七）财产转让收入的确认

国家税务总局公告2010年第19号规定，企业取得财产（包括各类资产、股权、债权等）转让收入、债务重组收入、接受捐赠收入、无法偿付的应付款收入等，不论是以货币形式，还是非货币形式体现，除另有规定外，均应一次性计入确认收入的年度计算缴纳企业所得税。

二、不征税收入

国家为了扶持和鼓励某些特殊的纳税人和特定的项目，或者避免因征税影响企业的正常经营，对企业取得的某些收入予以不征税或免税的特殊政策，以减轻企业的负担，促进经济的协调发展。或准予扣除应纳税所得额，或者是对专项用途的资金作为非税收入处理，减轻企业的负担，增加企业可用资金。

（一）不征税收入

（1）财政拨款，是指各级人民政府对纳入预算管理的事业单位、社会团体等组织拨付的财政资金，但国务院和国务院财政、税务主管部门另有规定的除外。

（2）依法收取并纳入财政管理的行政事业收费、政府性基金。

行政事业性收费，是指依照法律法规等有关规定，按照国务院规定程序批准，在实施社会公共管理，以及在向公民、法人或者其他组织提供特定公共服务过程中，向特定对象收取并纳入财政管理的费用；政府性基金，是指企业依照法律、行政法规等有关规定，代政府收取的具有专项用途的财政资金。具体规定如下：

1）企业按照规定缴纳的、由国务院或财政部批准设立的政府性基金以及由国务院和省、自治区、直辖市人民政府及其财政、价格主管部门批准设立的行政事业性收费，准予在计算应纳税所得额时扣除。企业缴纳的不符合上述审批管理权限设立的基金、收费，不得在计算应纳税所得额时扣除。

2）企业收取的各种基金、收费，应计入企业当年收入总额。

3）对企业依照法律、法规及国务院有关规定收取并上缴财政的政府性基金和行政事业性收费，准予作为不征税收入，于上缴财政的当年在计算应纳税所得额时从收入总额中减除；未上缴财政的部分，不得从收入总额中减除。

（3）国务院规定的其他不征税收入，是指企业取得的，由国务院财政、税务主管部门规定专项用途并经国务院批准的财政性资金。

财政性资金，是指企业取得的来源于政府及其有关部门的财政补助、补贴、贷款贴息，以及其他各类财政专项资金，包括直接减免的增值税和即征即退、先征后退、先征后返的各种税收，但不包括企业按规定取得的出口退税款。

1）企业取得的各类财政性资金，除属于国家投资和资金使用后要求归还本金的以外，均应计入企业当年收入总额。

2）对企业取得的由国务院财政、税务主管部门规定专项用途并经国务院批准的财政性资金，准予作为不征税收入，在计算应纳税所得额时从收入总额中减除。

3）纳入预算管理的事业单位、社会团体等组织按照核定的预算和经费报领关系收到的由财政部门或上级单位拨入的财政补助收入，准予作为不征税收入，在计算应纳税所得额时从收入总额中减除，但国务院和国务院财政、税务主管部门另有规定的除外。

（4）专项用途财政性资金企业所得税的处理。《财政部　国家税务总局关于专项用途财政性资金企业所得税处理问题的通知》（财税［2011］70号）规定，自2011年1月1日起，企业取得的专项用途财政性资金企业所得税按以下规定处理：

1）企业从县级以上各级人民政府财政部门及其他部门取得的应计入收入总额的财政性资金，凡同时符合以下条件的，可以作为不征税收入，在计算应纳税所得额时从收入总额中减除：①企业能够提供规定资金专项用途的资金拨付文件；②财政部门或其他拨付资金的政府部门对该资金有专门的资金管理办法或具体管理要求；③企业对该资金以及以该资金发生的支出单独进行核算。

2）根据实施条例第二十八条的规定，上述不征税收入用于支出所形成的费用，不得在计算应纳税所得额时扣除；用于支出所形成的资产，其计算的折旧、摊销不得在计算应纳税所得额时扣除。

3）企业将符合本通知第一条规定条件的财政性资金作不征税收入处理后，在5年（60个月）内未发生支出且未缴回财政部门或其他拨付资金的政府部门的部分，应计入取得该资金第六年的应税收入总额；计入应税收入总额的财政性资金发生的支出，允许在计算应纳税所得额时扣除。

三、免税收入

国债利息收入，为鼓励企业积极购买国债，支援国家建设，税法规定，企业因购买国务院财政部门发行的国债取得的利息收入，免征企业所得税。

国家税务总局公告2011年第36号规定，自2011年1月1日起，企业取得的国债利息收入按以下规定进行所得税处理：

1. 关于国债利息收入税务处理问题

（1）国债利息收入时间确认

1）根据企业所得税法实施条例第十八条的规定，企业投资国债从国务院财政部门（以下简称发行者）取得的国债利息收入，应以国债发行时约定应付利息的日期，确认利息收入的实现。

2）企业转让国债，应在国债转让收入确认时确认利息收入的实现。

（2）国债利息收入计算

企业到期前转让国债、或者从非发行者投资购买的国债，其持有期间尚未兑付的国债利息收入，按以下公式计算确定：

国债利息收入 = 国债金额 ×（适用年利率 ÷ 365）× 持有天数

上述公式中的“国债金额”，按国债发行面值或发行价格确定；“适用年利率”按国债票面年利率或折合年收益率确定；如企业不同时间多次购买同一品种国债的，“持有天数”可按平均持有天数计算确定。

（3）国债利息收入免税问题

根据企业所得税法第二十六条的规定，企业取得的国债利息收入，免征企业所得税。具体按以下规定执行：

1）企业从发行者直接投资购买的国债持有至到期，其从发行者取得的国债利息收入，全额免征企业所得税。

2）企业到期前转让国债、或者从非发行者投资购买的国债，其按上述第（2）项计算的国债利息收入，免征企业所得税。

2. 关于国债转让收入税务处理问题

（1）国债转让收入时间确认

1）企业转让国债应在转让国债合同、协议生效的日期，或者国债移交时确认转让收入的实现。

2）企业投资购买国债，到期兑付的，应在国债发行时约定的应付利息的日期，确认国债转让收入的实现。

（2）国债转让收益（损失）计算

企业转让或到期兑付国债取得的价款，减除其购买国债成本，并扣除其持有期间按照本公告第一条计算的国债利息收入以及交易过程中相关税费后的余额，为企业转让国债收益（损失）。

（3）国债转让收益（损失）征税问题

根据企业所得税法实施条例第十六条规定，企业转让国债，应作为转让财产，其取得的收益（损失）应作为企业应纳税所得额计算纳税。

3. 关于国债成本确定问题

（1）通过支付现金方式取得的国债，以买入价和支付的相关税费为成本。

（2）通过支付现金以外的方式取得的国债，以该资产的公允价值和支付的相关税费为成本。

4. 关于国债成本计算方法问题

（1）企业在不同时间购买同一品种国债的，其转让时的成本计算方法，可在先进先出法、加权平均法、个别计价法中选用一种。计价方法一经选用，不得随意改变。

（2）符合条件的居民企业之间的股息、红利等权益性投资收益，是指居民企业直接投资于其他居民企业取得的投资收益为免税收入。

（3）在中国境内设立机构、场所的非居民企业从居民企业取得与该机构、场所有实际联系的股息、红利等权益性投资收益为免税收入。

上述（2）、（3）两项收益都不包括连续持有居民企业公开发行并上市流通的股票不足12个月取得的投资收益。

（4）符合条件的非营利公益组织的收入为免税收入。

1）符合条件的非营利公益组织是指同时符合下列条件的组织：①依法履行非营利组织登记手续；②从事公益性或者非营利性活动；③取得的收入除用于与该组织有关的、合理的支出外，全部用于登记核定或者章程规定的公益性或者非营利性事业；④财产及其孳息不用于分配；⑤按照登记核定或者章程规定，该组织注销后的剩余财产用于公益性或者非营利性目的，或者由登记管理机关转赠与该组织性质、宗旨相同的组织，并向社会公告；⑥投入人对投入该组织的财产不保留或者享有任何财产权利；⑦工作人员工资福利开支控制在规定的比例内，不变相分配该组织的财产；⑧国务院财政、税务主管部门规定的其他条件。

非营利组织的认定管理办法由国务院财政、税务主管部门会同国务院有关部门制定。

企业所得税法第二十六条第（四）项所称“符合条件的非营利组织的收入”，不包括非营利组织从事营利性活动取得的收入，但国务院财政、税务主管部门另有规定的除外。

2）非营利组织的下列收入为免税收入：①接受其他单位或者个人捐赠的收入；②除《中华人民共和国企业所得税法》第七条规定的财政拨款以外的其他政府补助收入，但不包括因政府购买服务取得的收入；③按照省级以上民政、财政部门规定收取的会费；④不征税收入和免税收入孳生的银行存款利息收入；⑤财政部、国家税务总局规定的其他收入。

四、税前扣除原则和范围

（一）税前扣除项目的原则

纳税人申报的扣除项目要真实、合法。真实是指能提供证明有关支出确属已经实际发生的适当凭据；合法是指在计算应纳税所得额时，企业财务、会计处理办法与税收法律、行政法规的规定不一致的，应当依照税收法律、行政法规的规定计算纳税。除税收法规另有规定者外，税前扣除的确认一般应遵循以下原则：

（1）权责发生制原则，即纳税人应在费用发生时而不是实际支付时确认扣除。

（2）配比原则，即纳税人发生的费用应在费用应配比或应分配的当期申报扣除，除特殊规定外，企业发生的费用不得提前或滞后申报扣除。

（3）相关性原则，即纳税人可扣除的费用从性质和根源上必须与取得应税收入相关。

（4）确定性原则，即纳税人可扣除的费用不论何时支付，其金额必须是确定的。

（5）合理性原则，即指符合生产经营活动常规，应当计入当期损益或者有关资产成本的必要和正常的支出。

（二）扣除项目的范围

《企业所得税法》规定，企业实际发生的与取得收入有关的、合理的支出，包括成本、费用、税金、损失和其他支出，准予在计算应纳税所得额时扣除。在纳税实务中，计算应纳税所得额时还应当注意以下四方面的内容：

第一，企业发生的支出应当区分收益性支出和资本性支出。收益性支出在发生当期直接扣除；资本性支出应当分期扣除或者计入有关资产成本，不得在发生当期直接扣除。

第二，企业的不征税收入用于支出所形成的费用或者财产，不得扣除或者计算对应的折旧、摊销扣除。

第三，除企业所得税法和实施条例另有规定外，企业实际发生的成本、费用、税金、损失和其他支出，不得重复扣除。

第四，企业从事非法活动所发生的支出，不得在计算应纳税所得额时扣除。

（1）成本，是指企业在生产经营活动中发生的销售成本、销货成本、业务支出以及其他耗费，即企业销售商品（产品、材料、下脚料、废料、废旧物资等）、提供劳务、转让固定资产、无形资产（包括技术转让）的成本。

企业必须将经营活动中发生的成本合理划分为直接成本和间接成本。直接成本是可直接计入有关成本计算对象或劳务的经营成本中的直接材料、直接人工等。间接成本是指多个部门为同一成本对象提供服务的共同成本，或者同一种投入可以制造、提供两种或两种以上的产品或劳务的联合成本。

直接成本可根据有关会计凭证、记录直接计入有关成本计算对象或劳务的经营成本中。间接成本必须根据与成本计算对象之间的因果关系、成本计算对象的产量等，以合理的方法分配计入有关成本计算对象中。

（2）费用，是指企业每一纳税年度为生产、经营商品和提供劳务等所发生的销售费用、管理费用和财务费用，已经计入成本的有关费用除外。

销售费用是应由企业负担的为销售商品而发生的费用，包括广告费和业务宣传费、运输费、装卸费、包装费、展览费、保险费、销售佣金（能直接认定的进口佣金调整商品进价成本）、代销手续费、经营性租赁费及销售部门发生的差旅费、工资、福利费等费用。

管理费用是企业的行政管理部门为管理组织经营活动提供各项支援性服务而发生的费用。

财务费用是企业筹集经营性资金而发生的费用，包括利息净支出、汇兑净损失、金融机构手续费以及其他非资本化支出。

（3）税金，是指企业发生的除企业所得税和允许抵扣的增值税以外的各项税金及其附加。即企业按规定缴纳的消费税、营业税、资源税、关税、城市维护建设税、土地增值税、房产税、车船税、土地使用税、契税、印花税、教育费附加等产品销售税金及附加，这些已纳税金及附加准予税前扣除。扣除的方式有两种：一种是在发生当期扣除；另一种是在发生当期计入相关资产的成本，在以后各期分摊扣除。

（4）损失是指企业在生产经营活动中发生的固定资产和存货的盘亏、毁损、报废损失，转让财产损失，呆账损失，坏账损失，自然灾害等不可抗力因素造成的损失以及其他损失。

企业发生的损失，减除责任人赔偿和保险赔款后的余额，依照国务院财政、税务主管部门的规定扣除。

企业已经作为损失处理的资产，在以后纳税年度又全部收回或者部分收回时，应当计入当期收入。

（5）准予扣除的其他支出是指除成本、费用、税金、损失外，企业在生产经营活动中发生的与生产经营活动有关的、合理的支出。

（三）扣除项目的标准

在计算应纳税所得额时，下列项目可按照实际发生额或规定的标准扣除：

1. 工资薪金支出

企业发生的合理的工资薪金支出，准予扣除。工资薪金，是指企业每一纳税年度支付给在本企业任职或者受雇的员工的所有现金形式或者非现金形式的劳动报酬，包括基本工资、奖金、津贴、补贴、年终加薪、加班工资，以及与员工任职或者受雇有关的其他支出。

（1）“合理工资薪金”，是指企业按照股东大会、董事会、薪酬委员会或相关管理机构制订的工资薪金制度规定实际发放给员工的工资薪金。税务机关在对工资薪金进行合理性确认时，可按以下原则掌握：

1）企业制订了较为规范的员工工资薪金制度。

2）企业所制订的工资薪金制度符合行业及地区水平。

3）企业在一定时期所发放的工资薪金是相对固定的，工资薪金的调整是有序进行的。

4）企业对实际发放的工资薪金，已依法履行了代扣代缴个人所得税义务。

5）有关工资薪金的安排，不以减少或逃避税款为目的。

（2）属于国有性质的企业，其工资薪金，不得超过政府有关部门给予的限定数额；超过部分，不得计入企业工资薪金总额，也不得在计算企业应纳税所得额时扣除。

（3）企业因雇用季节工、临时工、实习生、返聘离退休人员以及接受外部劳务派遣用工所实际发生的费用，应区分为工资薪金支出和职工福利费支出，并按《企业所得税法》规定在企业所得税前扣除。其中属于工资薪金支出的，准予计入企业工资薪金总额的基数，作为计算其他各项相关费用扣除的依据。

（4）企业实行股权激励计划所得税的处理。国家税务总局公告2012年第18号《关于我国居民企业实行股权激励计划有关企业所得税处理问题的公告》，为推进我国资本市场改革，促进企业建立健全激励与约束机制，就上市公司实施股权激励计划有关企业所得税处理问题，做出如下规定：

股权激励，是指《上市公司股权激励管理办法（试行）》（证监公司字［2005］151号，以下简称《管理办法》）中规定的上市公司以本公司股票为标的，对其董事、监事、高级管理人员及其他员工（以下简称激励对象）进行的长期性激励。股权激励实行方式包括授予限制性股票、股票期权以及其他法律法规规定的方式。

限制性股票，是指《管理办法》中规定的激励对象按照股权激励计划规定的条件，从上市公司获得的一定数量的本公司股票。

股票期权，是指《管理办法》中规定的上市公司按照股权激励计划授予激励对象在未来一定期限内，以预先确定的价格和条件购买本公司一定数量股票的权利。

上市公司依照《管理办法》要求建立职工股权激励计划，并按我国企业会计准则的有关规定，在股权激励计划授予激励对象时，按照该股票的公允价格及数量，计算确定作为上市公司相关年度的成本或费用，作为换取激励对象提供服务的对价。上述企业建立的职工股权激励计划，其企业所得税的处理，自2012年7月1日起按以下规定执行：

1）对股权激励计划实行后立即可以行权的，上市公司可以根据实际行权时该股票的公允价格与激励对象实际行权支付价格的差额和数量，计算确定作为当年上市公司工资薪金支出，依照税法规定进行税前扣除。

2）对股权激励计划实行后，需待一定服务年限或者达到规定业绩条件（以下简称等待期）方可行权的。上市公司等待期内会计上计算确认的相关成本费用，不得在对应年度计算缴纳企业所得税时扣除。在股权激励计划可行权后，上市公司方可根据该股票实际行权时的公允价格与当年激励对象实际行权支付价格的差额及数量，计算确定作为当年上市公司工资薪金支出，依照税法规定进行税前扣除。

3）上述所指股票实际行权时的公允价格，以实际行权日该股票的收盘价格确定。

2. 职工福利费、工会经费、职工教育经费

企业发生的职工福利费、工会经费、职工教育经费按标准扣除，未超过标准的按实际扣除，超过标准的只能按照标准扣除。

（1）企业发生的职工福利费支出，不超过工资薪金总额14%的部分，准予扣除。

企业实际支付的职工福利费，包括以下内容：

1）尚未实行分离办社会职能的企业，其内设福利部门所发生的设备、设施和人员费用，包括职工食堂、职工浴室、理发室、医务所、托儿所、疗养院等集体福利部门的设备、设施及维修保养费用和福利部门工作人员的工资薪金、社会保险费、住房公积金、劳务费等。

2）为职工卫生保健、生活、住房、交通等所发放的各项补贴和非货币性福利，包括企业向职工发放的因公外地就医费用、未实行医疗统筹企业职工医疗费用、职工供养直系亲属医疗补贴、供暖费补贴、职工防暑降温费、职工困难补贴、救济费、职工食堂经费补贴、职工交通补贴等。

3）按照其他规定发生的其他职工福利费，包括丧葬补助费、抚恤费、安家费、探亲假路费等。

应当注意的是：企业发生的职工福利费，应该单独设置账册，进行准确核算。没有单独设置账册准确核算的，税务机关应责令企业在规定的期限内进行改正。逾期仍未改正的，税务机关可对企业发生的职工福利费进行合理的核定。

（2）企业拨缴的工会经费，不超过工资薪金总额2%的部分，准予扣除。

自2010年7月1日起，企业拨缴的职工工会经费，不超过工资薪金总额2%的部分，凭工会组织开具的《工会经费收入专用收据》在企业所得税税前扣除。

自2010年1月1日起，在委托税务机关代收工会经费的地区，企业拨缴的工会经费，也可凭合法、有效的工会经费代收凭据依法在税前扣除。

（3）除国务院财政、税务主管部门另有规定外，企业发生的职工教育经费支出，不超过工资薪金总额2.5%的部分，准予扣除；超过部分，准予在以后纳税年度结转扣除。

对于在2008年以前已经计提但尚未使用的职工教育经费余额，2008年及以后新发生的职工教育经费应先从余额中冲减。仍有余额的，留在以后年度继续使用。

上述计算职工福利费、工会经费、职工教育经费的“工资薪金总额”，是指企业按照上述第1条“工资薪金支出”规定实际发放的工资薪金总和，不包括企业的职工福利费、职工教育经费、工会经费以及养老保险费、医疗保险费、失业保险费、工伤保险费、生育保险费等社会保险费和住房公积金。

3. 社会保险费

（1）企业依照国务院有关主管部门或者省级人民政府规定的范围和标准为职工缴纳的基本养老保险费、基本医疗保险费、失业保险费、工伤保险费、生育保险费等基本社会保险费和住房公积金，准予扣除。

（2）企业为投资者或者职工支付的补充养老保险费、补充医疗保险费，在国务院财政、税务主管部门规定的范围和标准内，准予扣除。

在中国境内工作的职工的境外社会保险费不得扣除。

（3）企业依照国家有关规定为特殊工种职工支付的人身安全保险费和符合国务院财政、税务主管部门规定可以扣除的其他商业保险费准予扣除。

企业为投资者或者职工支付的商业保险费，不得扣除。

4. 利息支出

企业在生产经营活动中发生的利息支出，按下列规定扣除：

（1）非金融企业向金融企业借款的利息支出、金融企业的各项存款利息支出和同业拆借利息支出、企业经批准发行债券的利息支出。

（2）非金融企业向非金融企业借款的利息支出，不超过按照金融企业同期同类贷款利率计算的数额的部分。

其中，所称“金融企业”是指各类银行、保险公司及经中国人民银行批准从事金融业务的非银行金融机构，包括国家商业银行、区域性银行、股份制银行、外资银行、中外合资银行以及其他综合性银行；还包括全国性保险企业、区域性保险企业、股份制保险企业、中外合资保险企业以及其他专业性保险企业；城市、农村信用社、各类财务公司以及其他从事信托投资、租赁等业务的专业和综合性非银行金融机构。“非金融机构”是指除上述金融机构以外的所有企业、事业单位以及社会团体等企业或组织。

所称金融企业同期同类贷款利率，国家税务总局公告2011年第34号规定，鉴于目前我国对金融企业利率要求的具体情况，企业在按照合同要求首次支付利息并进行税前扣除时，应提供“金融企业的同期同类贷款利率情况说明”，以证明其利息支出的合理性。

“金融企业的同期同类贷款利率情况说明”中，应包括以下三个方面的内容：

1）如何选择金融机构。在签订该借款合同时，本省任何一家金融企业提供同期同类贷款利率情况。该金融企业应为经政府有关部门批准成立的可以从事贷款业务的企业，包括银行、财务公司、信托公司等金融机构。

2）“同期同类贷款利率”，是指在贷款期限、贷款金额、贷款担保以及企业信誉等四个条件基本相同下，金融企业提供贷款的利率。

3）如何选择利率，既可以是金融企业公布的同期同类平均利率，也可以是金融企业对某些企业提供贷款的实际利率，企业可以自行选择。

（3）关联企业借款利息的扣除限额。为了防止资本弱化，《企业所得税法》第四十六条规定：企业从其关联方接受的债权性投资与权益性投资的比例超过规定标准而发生的利息支出，不得在计算应纳税所得额时扣除。

1）在计算应纳税所得额时，企业实际支付给关联方的利息支出，不超过以下规定比例和税法及其实施条例有关规定计算的部分，准予扣除，超过的部分不得在发生当期和以后年度扣除。

企业实际支付给关联方的利息支出，除符合本通知第2条规定外，其接受关联方债权性投资与其权益性投资比例为：金融企业为5∶1；其他企业为2∶1。

2）企业如果能够按照税法及其实施条例的有关规定提供相关资料，并证明相关交易活动符合独立交易原则的；或者该企业的实际税负不高于境内关联方的，其实际支付给境内关联方的利息支出，在计算应纳税所得额时准予扣除。

3）企业同时从事金融业务和非金融业务，其实际支付给关联方的利息支出，应按照合理方法分开计算；没有按照合理方法分开计算的，一律按本通知第1条有关其他企业的比例计算准予税前扣除的利息支出。

4）企业自关联方取得的不符合规定的利息收入应按照有关规定缴纳企业所得税。

（4）企业向自然人借款利息支出税前扣除。

1）企业向股东或其他与企业有关联关系的自然人借款的利息支出，应根据《中华人民共和国企业所得税法》（以下简称税法）第四十六条及《财政部　国家税务总局关于企业关联方利息支出税前扣除标准有关税收政策问题的通知》（财税［2008］121号）规定的条件，计算企业所得税扣除额。

2）企业向除本通知第1条规定以外的内部职工或其他人员借款的利息支出，其借款情况同时符合以下两个条件的，其利息支出在不超过按照金融企业同期同类贷款利率计算的数额的部分，根据税法第八条和税法实施条例第二十七条规定，准予扣除。

第一，企业与个人之间的借贷是真实、合法、有效的，并且不具有非法集资目的或其他违反法律、法规的行为。

第二，企业与个人之间签订了借款合同。

5. 借款费用

（1）企业在生产经营活动中发生的合理的不需要资本化的借款费用，准予扣除。

（2）企业为购置、建造固定资产、无形资产和经过12个月以上的建造才能达到预定可销售状态的存货发生借款的，在有关资产购置、建造期间发生的合理的借款费用，应当作为资本性支出计入有关资产的成本，并依照实施条例的规定扣除。

（3）企业通过发行债券、取得贷款、吸收保户储金等方式融资而发生的合理的费用支出，符合资本化条件的，应计入相关资产成本；不符合资本化条件的，应作为财务费用，准予在企业所得税前据实扣除。

6. 汇兑损失

企业在货币交易中，以及纳税年度终了时将人民币以外的货币性资产、负债按照期末即期人民币汇率中间价折算为人民币时产生的汇兑损失，除已经计入有关资产成本以及与向所有者进行利润分配相关的部分外，准予扣除。

7. 业务招待费

企业发生的与生产经营活动有关的业务招待费支出，按照发生额的60%扣除，但最高不得超过当年销售（营业）收入的5‰。

对从事股权投资业务的企业（包括集团公司总部、创业投资企业等），其从被投资企业所分配的股息、红利以及股权转让收入，可以按规定的比例计算业务招待费扣除限额。

企业在筹建期间，发生的与筹办活动有关的业务招待费支出，可按实际发生额的60%计入企业筹办费，并按有关规定在税前扣除。

8. 广告费和业务宣传费

（1）企业发生的符合条件的广告费和业务宣传费支出，除国务院财政、税务主管部门另有规定外，不超过当年销售（营业）收入15%的部分，准予扣除；超过部分，准予在以后纳税年度结转扣除。

（2）企业在筹建期间，发生的广告费和业务宣传费，可按实际发生额计入企业筹办费，并按有关规定在税前扣除。

（3）企业申报扣除的广告费支出应与赞助支出严格区别，企业申报的广告费支出必须符合以下条件：

1）广告是通过经工商部门批准的专门机构制作的。

2）已实际支付费用，并已取得相应发票。

3）通过一定的媒体传播。

（4）《财政部 国家税务总局关于广告费和业务宣传费支出税前扣除政策的通知》（财税［2012］48号）文件规定：

1）对化妆品制造与销售、医药制造和饮料制造（不含酒类制造，下同）企业发生的广告费和业务宣传费支出，不超过当年销售（营业）收入30%的部分，准予扣除；超过部分，准予在以后纳税年度结转扣除。

2）对签订广告费和业务宣传费分摊协议（以下简称分摊协议）的关联企业，其中一方发生的不超过当年销售（营业）收入税前扣除限额比例内的广告费和业务宣传费支出可以在本企业扣除，也可以将其中的部分或全部按照分摊协议归集至另一方扣除。另一方在计算本企业广告费和业务宣传费支出企业所得税税前扣除限额时，可将按照上述办法归集至本企业的广告费和业务宣传费不计算在内。

3）烟草企业的烟草广告费和业务宣传费支出，一律不得在计算应纳税所得额时扣除。

9. 环境保护专项资金

企业依照法律、行政法规有关规定提取的用于环境保护、生态恢复等方面的专项资金，准予扣除。上述专项资金提取后改变用途的，不得扣除。

10. 财产保险

企业参加财产保险，按照规定缴纳的保险费，准予扣除。

11. 租赁费

企业根据生产经营活动的需要租入固定资产支付的租赁费，按照以下方法扣除：

（1）以经营租赁方式租入固定资产发生的租赁费支出，按照租赁期限均匀扣除。经营租赁是指所有权不转移的租赁。

（2）以融资租赁方式租入固定资产发生的租赁费支出，按照规定构成融资租入固定资产价值的部分应当提取折旧费用，分期扣除。

融资租赁是指在实际上转移与一项资产所有权有关的全部风险和报酬的租赁形式。

12. 劳动保护费

企业发生的合理的劳动保护支出，准予扣除。企业根据其工作性质和特点，由企业统一制作并要求员工工作时统一着装所发生的工作服饰费用，根据《实施条例》第二十七条的规定，可以作为企业合理的支出给予税前扣除。

13. 公益性捐赠支出

公益性捐赠是指企业通过公益性社会团体或者县级以上人民政府及其部门，用于《中华人民共和国公益事业捐赠法》规定的公益事业的捐赠。

企业发生的公益性捐赠支出，在年度利润总额12%以内的部分，准予在计算应纳税所得额时扣除。年度利润总额是指企业依照国家统一会计制度的规定计算的年度会计利润。

（1）公益性捐赠支出的范围。公益事业的捐赠支出，是指《中华人民共和国公益事业捐赠法》规定的向公益事业的捐赠支出，具体范围包括：

1）救助灾害、救济贫困、扶助残疾人等困难的社会群体和个人的活动。

2）教育、科学、文化、卫生、体育事业。

3）环境保护、社会公共设施建设。

4）促进社会发展和进步的其他社会公共和福利事业。

（2）公益性社会团体是指同时符合下列条件的基金会、慈善组织等社会团体：

1）依法登记，具有法人资格。

2）以发展公益事业为宗旨，且不以营利为目的。

3）全部资产及其增值为该法人所有。

4）收益和营运结余主要用于符合该法人设立目的的事业。

5）终止后的剩余财产不归属任何个人或者营利组织。

6）不经营与其设立目的无关的业务。

7）有健全的财务会计制度。

8）捐赠者不以任何形式参与社会团体财产的分配。

9）国务院财政、税务主管部门会同国务院民政部门等登记管理部门规定的其他条件。

（3）公益性社会团体和县级以上人民政府及其组成部门和直属机构在接受捐赠时，应按照行政管理级次分别使用由财政部或省、自治区、直辖市财政部门印制的公益性捐赠票据，并加盖本单位的印章；对个人索取捐赠票据的，应予以开具。

14. 有关资产的费用

企业转让各类固定资产发生的费用，允许扣除。企业按规定计提的固定资产折旧费、无形资产和递延资产的摊销费，准予扣除。

15. 总机构分摊的费用

非居民企业在中国境内设立的机构、场所，就其中国境外总机构发生的与该机构、场所生产经营有关的费用，能够提供总机构出具的费用汇集范围、定额、分配依据和方法等证明文件，并合理分摊的，准予扣除。

16. 资产损失

企业实际发生的固定资产和流动资产盘亏、毁损净损失，由企业按照国家有关规定申报扣除，并保存资产损失的相关资料备查。企业因管理不善造成被盗、丢失、霉烂变质等原因不得从销项税金中抵扣的进项税金，应视同企业资产损失，一并在所得税前按规定扣除。

17. 手续费及佣金支出

（1）企业发生与生产经营有关的手续费及佣金支出，不超过以下规定计算限额以内的部分，准予扣除；超过部分，不得扣除。

1）保险企业。财产保险企业按当年全部保费收入扣除退保金等后余额的15%（含本数，下同）计算限额；人身保险企业按当年全部保费收入扣除退保金等后余额的10%计算限额。

2）其他企业。按与具有合法经营资格中介服务机构或个人（不含交易双方及其雇员、代理人和代表人等）所签订服务协议或合同确认的收入金额的5%计算限额。

（2）企业应与具有合法经营资格中介服务企业或个人签订代办协议或合同，并按国家有关规定支付手续费及佣金。除委托个人代理外，企业以现金等非转账方式支付的手续费及佣金不得在税前扣除。企业为发行权益性证券支付给有关证券承销机构的手续费及佣金不得在税前扣除。

（3）企业不得将手续费及佣金支出计入回扣、业务提成、返利、进场费等费用。

（4）企业已计入固定资产、无形资产等相关资产的手续费及佣金支出，应当通过折旧、摊销等方式分期扣除，不得在发生当期直接扣除。

（5）企业支付的手续费及佣金不得直接冲减服务协议或合同金额，并如实入账。

（6）企业应当如实向当地主管税务机关提供当年手续费及佣金计算分配表和其他相关资料，并依法取得合法真实凭证。

（7）电信企业在发展客户、拓展业务等过程中（如委托销售电话入网卡、电话充值卡等），需向经纪人、代办商支付手续费及佣金的，其实际发生的相关手续费及佣金支出，不超过企业当年收入总额5%的部分，准予在企业所得税前据实扣除。国家税务总局公告2013年第59号规定，所称电信企业手续费及佣金支出，仅限于电信企业在发展客户、拓展业务等过程中因委托销售电话入网卡、电话充值卡所发生的手续费及佣金支出。

（8）从事代理服务、主营业务收入为手续费、佣金的企业（如证券、期货、保险代理等企业），其为取得该类收入而实际发生的营业成本（包括手续费及佣金支出），准予在企业所得税前据实扣除。

18. 其他项目

依照有关法律、行政法规和国家有关税法规定准予扣除的其他项目，如会员费、差旅费、合理的会议费、违约金、诉讼费等准予扣除。

19. 财务会计制度规定

根据《企业所得税法》第二十一条规定，对企业依据财务会计制度规定，并实际在财务会计处理上已确认的支出，凡没有超过《企业所得税法》和有关税收法规规定的税前扣除范围和标准的，可按企业实际会计处理确认的支出，在企业所得税前扣除，计算其应纳税所得额。

五、不得扣除的项目

在计算应纳税所得额时，下列支出不得扣除：

（1）向投资者支付的股息、红利等权益性投资收益款项。

（2）企业所得税税款。

（3）税收滞纳金，是指纳税人违反税法规定，被税务机关处以的滞纳金。

（4）罚金、罚款和被没收财物的损失，是指纳税人违反国家有关法律法规规定，被有关部门处以的罚款，以及被司法机关处以的罚金和被没收的财物。

（5）企业所得税法规定标准以外的捐赠支出。

（6）赞助支出，是指企业发生的与生产经营活动无关的各种非广告性质支出。

（7）未经核定的准备金支出，是指不符合国务院财政、税务主管部门规定的各项资产减值准备、风险准备等准备金支出。

（8）企业之间支付的管理费、企业内部营业机构之间支付的租金和特许权使用费，以及非银行企业内营业机构之间支付的利息，不得扣除。

（9）与取得收入无关的其他支出。

六、亏损弥补

（1）亏损是指企业依照企业所得税法及其实施条例的规定，将每一个纳税年度的收入总额减除不征税收入、免税收入和各项扣除后小于零的数额。企业所得税法规定，企业纳税年度发生的亏损，准予向以后年度结转，用以后年度的所得弥补，但结转年限最长不得超过五年。而且，在汇总计算缴纳企业所得税时，其境外营业机构的亏损不得抵减境内营业机构的利润。

（2）企业筹办期间不计算为亏算年度，企业自开始生产经营的年度，为开始计算企业损益的年度。企业从事生产经营之前进行筹办活动期间发生筹办费用支出，不得计算为当期的亏损，可以在开始经营之日的当年一次性扣除，也可以按照企业所得税法有关长期待摊费用的处理规定处理（即自支出发生月份的次月起，分期摊销，摊销年限不得低于3年），但一经选定，不得改变。

（3）税务机关检查调增的应纳税所得额允许弥补以前年度亏损。根据《企业所得税法》第五条的规定，税务机关对企业以前年度纳税情况进行检查时调增的应纳税所得额，凡企业以前年度发生亏损、且该亏损属于企业所得税法规定允许弥补的，应允许调增的应纳税所得额弥补该亏损。弥补该亏损后仍有余额的，按照企业所得税法规定计算缴纳企业所得税。对检查调增的应纳税所得额应根据其情节，依照《中华人民共和国税收征收管理法》有关规定进行处理或处罚。上述规定自2010年12月1日开始执行。以前（含2008年度之前）没有处理的事项，按本规定执行。

（4）关于以前年度发生应扣未扣支出的税务处理。根据《中华人民共和国税收征收管理法》的有关规定，对企业发现以前年度实际发生的、按照税收规定应在企业所得税前扣除而未扣除或者少扣除的支出，企业做出专项申报及说明后，准予追补至该项目发生年度计算扣除，但追补确认期限不得超过5年。

企业由于上述原因多缴的企业所得税税款，可以在追补确认年度企业所得税应纳税款中抵扣，不足抵扣的，可以向以后年度递延抵扣或申请退税。

亏损企业追补确认以前年度未在企业所得税前扣除的支出，或盈利企业经过追补确认后出现亏损的，应首先调整该项支出所属年度的亏损额，然后再按照弥补亏损的原则计算以后年度多缴的企业所得税款，并按前款规定处理。

第三节　资产的税务操作技巧

资产是由于资本投资而形成的财产，对于资本性支出及无形资产的受让、开办费、开发费用，不允许作为成本、费用从纳税人的收入总额中作一次性扣除，只能采取分次计提折旧或分次摊销的方式予以扣除，即纳税人经营活动中使用的固定资产的折旧费用、无形资产和长期待摊费用的摊销费用可以扣除。企业所得税法规定，纳入税务处理范围的资产形式主要有固定资产、生物资产、无形资产、长期待摊费用、投资资产、存货等，均以历史成本为计税基础。历史成本是指企业取得该项资产时实际发生的支出；计税基础是税法引自企业会计准则的概念，是指企业收回资产账面价值过程中，计算应纳税所得额时按照税法规定可以自应税经济利益中抵扣的金额。企业持有资产期间发生的资产增值或者减值，除国务院财政、税务主管部门规定可以确认损益外，不得调整该资产的计税基础。

一、固定资产的税务处理

固定资产是指企业为生产产品、提供劳务、出租或者经营管理而持有的、使用时间超过12个月的非货币性资产，包括房屋、建筑物、机器、机械、运输工具以及其他与生产经营活动有关的设备、器具、工具等。

（一）固定资产的计税基础

（1）外购的固定资产，以购买价款和支付的相关税费以及直接归属于使该资产达到预定用途发生的其他支出为计税基础。

（2）自行建造的固定资产，以竣工结算前发生的支出为计税基础。《国家税务总局关于贯彻落实企业所得税法若干税收问题的通知》（国税函［2010］79号文件）规定，企业固定资产投入使用后，由于工程款项尚未结清未取得全额发票的，可暂按合同规定的金额计入固定资产计税基础计提折旧，待发票取得后进行调整。但该项调整应在固定资产投入使用后的12个月内进行。

（3）融资租入的固定资产，以租赁合同约定的付款总额和承租人在签订租赁合同过程中发生的相关费用为计税基础，租赁合同未约定付款总额的，以该资产的公允价值和承租人在签订租赁合同过程中发生的相关费用为计税基础。

（4）盘盈的固定资产，以同类固定资产的重置完全价值为计税基础。

（5）通过捐赠、投资、非货币性资产交换、债务重组等方式取得的固定资产，以该资产的公允价值和支付的相关税费为计税基础。

（6）改建的固定资产，除已足额提取折旧的固定资产和租入的固定资产以外的其他固定资产，以改建过程中发生的改建支出增加计税基础。

（二）固定资产折旧的范围

在计算应纳税所得额时，企业按照规定计算的固定资产折旧，准予扣除。下列固定资产不得计算折旧扣除：

（1）房屋、建筑物以外未投入使用的固定资产。

（2）以经营租赁方式租入的固定资产。

（3）以融资租赁方式租出的固定资产。

（4）已足额提取折旧仍继续使用的固定资产。

（5）与经营活动无关的固定资产。

（6）单独估价作为固定资产入账的土地。

(7) 其他不得计算折旧扣除的固定资产。

(三) 固定资产折旧的计提方法

(1) 企业应当自固定资产投入使用月份的次月起计算折旧；停止使用的固定资产，应当自停止使用月份的次月起停止计算折旧。

(2) 企业应当根据固定资产的性质和使用情况，合理确定固定资产的预计净残值。固定资产的预计净残值一经确定，不得变更。

(3) 固定资产按照直线法计提的折旧，准予扣除。

《国家税务总局关于企业所得税应纳税所得额若干问题的公告》(国家税务总局公告2014年第29号，以下简称29公告) 规定：企业按税法规定实行加速折旧的，其按加速折旧办法计算的折旧额可全额在税前扣除。

(四) 固定资产折旧的计提年限

除国务院财政、税务主管部门另有规定外，固定资产计算折旧的最低年限如下：

(1) 房屋、建筑物为20年。

(2) 飞机、火车、轮船、机器、机械和其他生产设备为10年。

(3) 与生产经营活动有关的器具、工具、家具等为5年。

(4) 飞机、火车、轮船以外的运输工具为4年。

(5) 电子设备为3年。

从事开采石油、天然气等矿产资源的企业，在开始商业性生产前发生的费用和有关固定资产的折耗、折旧方法，由国务院财政、税务主管部门另行规定。

国家税务总局公告2014年第29号规定：

(1) 企业固定资产会计折旧年限如果短于税法规定的最低折旧年限，其按会计折旧年限计提的折旧高于按税法规定的最低折旧年限计提的折旧部分，应调增当期应纳税所得额；企业固定资产会计折旧年限已期满且会计折旧已提足，但税法规定的最低折旧年限尚未到期且税收折旧尚未足额扣除，其未足额扣除的部分准予在剩余的税收折旧年限继续按规定扣除。

(2) 企业固定资产会计折旧年限如果长于税法规定的最低折旧年限，其折旧应按会计折旧年限计算扣除，税法另有规定除外。

(3) 企业按会计规定提取的固定资产减值准备，不得税前扣除，其折旧仍按税法确定的固定资产计税基础计算扣除。

(五) 固定资产改扩建的税务处理

(1) 自2011年7月1日起，企业对房屋、建筑物固定资产在未足额提取折旧前进行改扩建的，如属于推倒重置的，该资产原值减除提取折旧后的净值，应并入重置后的固定资产计税基础，并在该固定资产投入使用后的次月起，按照税法规定的折旧年限，一并计提折旧。

(2) 如属于提升功能、增加面积的，该固定资产的改扩建支出，并入该固定资产计税基础，并从改扩建完工投入使用后的次月起，重新按税法规定的该固定资产折旧年限计提折旧；如该改扩建后的固定资产尚可使用的年限低于税法规定的最低折旧年限的，可以按尚可使用的年限计提折旧。

（六）固定资产的后续计量税法与会计准则的差异及调整

1. 计提折旧方法的差异

《实施条例》对固定资产的折旧方法加以限定，规定“固定资产按照直线法计算的折旧准予扣除”，但是，税法并没有排除其他方法，恰恰相反，作为税收优惠政策，税法允许“由于技术进步等原因，确需加速折旧的，企业的固定资产可以采用缩短折旧年限或者采取加速折旧的方法”。

《会计准则》规定，企业应当根据与固定资产有关的经济利益的预期实现方式，合理选择固定资产折旧方法。可选用的折旧方法包括：年限平均法、工作量法、双倍余额递减法、年数总和法。

2. 折旧年限的差异

《实施条例》对固定资产的最低折旧年限做了规定，这里所称最低折旧年限实际就是最短折旧年限，企业在折旧时，只可延长，不能缩短。而《会计准则》规定，企业根据固定资产的性质和使用情况合理确定固定资产的使用寿命。

3. 固定资产预计净残值的差异

《会计准则》规定，企业应当根据固定资产的性质和使用情况，合理确定固定资产的预计净残值。固定资产的预计净残值一经确定，不得随意变更。《实施条例》规定，企业应当根据固定资产的性质和使用情况，合理确定固定资产的预计净残值。固定资产的预计净残值一经确定，不得变更。

4. 计提固定资产减值准备产生的差异

《企业所得税法》规定，在计算应纳税所得额时，未经核定的准备金支出不得扣除。《会计准则》规定，资产的可收回金额低于其账面价值可计提减值准备。

5. 固定资产折旧范围的差异

《固定资产准则》规定，企业应当对所有固定资产计提折旧。但是，已提足折旧仍继续使用的固定资产和单独计价入账的土地除外。《企业所得税法》第十一条规定，房屋、建筑物以外未投入使用的固定资产，与经营活动无关的固定资产，不得计算折旧扣除。

6. 计提折旧起始时间的差异

《固定资产准则应用指南》规定，固定资产应当按月计提折旧，当月增加的固定资产，当月不计提折旧，从下月起计提折旧；当月减少的固定资产，当月仍计提折旧，从下月起不计提折旧。《实施条例》规定，企业应当自固定资产投入使用月份的次月起计算折旧；停止使用的固定资产，应当自停止使用月份的次月起停止计算折旧。这就意味着增加而没有使用的固定资产折旧额不得扣除。

针对诸多差异，企业在所得税汇算清缴时，必须按税法予以调整。

［例18-1］ 某房地产公司于1996年建成一栋办公楼，造价1 200万元，1996年12月投入使用。2007年以前固定资产的折旧执行《企业财务制度》的规定，净残值率5%，使用年限40年。2008年1月1日起实施《企业所得税法》，企业重新确定固定资产净残值率为1%，计算2008年应计提折旧。

［案例分析］

已提折旧＝1 200×（1－5%）÷40×11＝313.5（万元）

房产余额＝1 200－313.5＝886.5（万元）

尚可使用年限＝20－11＝9（年）

2008年应提折旧＝（886.5－1 200×1%）÷9＝97.17（万元）

多提折旧费＝97.17－28.5＝68.67（万元）

7. 纳税操作提示

《固定资产准则》对固定资产的标准只作了原则性规定，取消了价格的限定。固定资产的各组成部分具有不同使用寿命或者以不同方式为企业提供经济利益，适用不同折旧年限或折旧方法的，应当分别将各组成部分确认为单项固定资产。《企业所得税法》与准则趋同，也采用了准则的原则规定，实施《企业所得税法》之后，企业应当重新制定《固定资产管理办法》报经董事会批准后执行。内容包括固定资产目录、固定资产标准、分类方法、折旧方法、折旧年限、净残值等，以此作为企业固定资产核算的依据。

二、生物资产的税务处理

生物资产是指有生命的动物和植物。生物资产分为消耗性生物资产、生产性生物资产和公益性生物资产。消耗性生物资产是指为出售而持有或在将来收获为农产品的生物资产，包括农田作物、蔬菜、用材林以及存栏待售的牲畜等；生产型生物资产是指为产出农产品、提供劳务或出租等目的而持有的生物资产，包括经济林、薪炭林、产畜和役畜等；公益性生物资产是指以防护、环境保护为主要目的的生物资产，包括防风固沙林、水土保持林和水源涵养林等。

（一）生产性生物资产的计税基础

生产性生物资产按照以下方法确定计税基础：

（1）外购的生产性生物资产，以购买价款和支付的相关税费为计税基础。

（2）通过捐赠、投资、非货币性资产交换、债务重组等方式取得的生产性生物资产，以该资产的公允价值和支付的相关税费为计税基础。

（二）生产性生物资产的折旧方法

生产性生物资产按照直线法计算的折旧，准予扣除。

（1）企业应当自生产性生物资产投入使用月份的次月起计算折旧；停止使用的生产性生物资产，应当自停止使用月份的次月起停止计算折旧。

（2）企业应当根据生产性生物资产的性质和使用情况，合理确定生产性生物资产的预计净残值。生产性生物资产的预计净残值一经确定，不得变更。

（三）生产性生物资产的折旧年限

企业所得税法规定，生产性生物资产计算折旧的最低年限如下：

（1）林木类生产性生物资产为10年。

（2）畜类生产性生物资产为3年。

三、无形资产的税务处理

无形资产是指企业为生产产品、提供劳务、出租或者经营管理而持有的、没有实物形态的非货币性长期资产，包括专利权、商标权、著作权、土地使用权、非专利技术、商誉等。

（一）无形资产的计税基础

无形资产按照以下方法确定计税基础：

（1）外购的无形资产，以购买价款和支付的相关税费以及直接归属于使该资产达到预定用途发生的其他支出为计税基础。

（2）自行开发的无形资产，以开发过程中该资产符合资本化条件后至达到预定用途前发生的支出为计税基础。

（3）通过捐赠、投资、非货币性资产交换、债务重组等方式取得的无形资产，以该资产的公允价值和支付的相关税费为计税基础。

（二）无形资产的摊销范围

在计算应纳税所得额时，企业按照规定计算的无形资产摊销费用，准予扣除。

下列无形资产不得计算摊销费用扣除：

（1）自行开发的支出已在计算应纳税所得额时扣除的无形资产。

（2）自创商誉。

（3）与经营活动无关的无形资产。

（4）其他不得计算摊销费用扣除的无形资产。

（三）无形资产的摊销方法及摊销年限

无形资产按照直线法计算的摊销费用，准予扣除。

（1）无形资产的摊销年限不得低于10年。

（2）作为投资或者受让的无形资产，有关法律规定或者合同约定了使用年限的，可以按照规定或者约定的使用年限分期摊销。

（3）外购商誉的支出，在企业整体转让或者清算时，准予扣除。

（4）企业外购软件的摊销年限可适当缩短。《财政部　国家税务总局关于进一步鼓励软件产业和集成电路产业发展企业所得税政策的通知》（财税［2012］27号）第七条规定：企业外购的软件，凡符合固定资产或无形资产确认条件的，可以按照固定资产或无形资产进行核算，其折旧或摊销年限可以适当缩短，最短可为2年（含）。此项规定的最大变化是不再报经主管税务机关核准。

四、长期待摊费用的税务处理

长期待摊费用是指企业发生的应在一个年度以上或几个年度进行摊销的费用。在计算应纳税所得额时，企业发生的下列支出作为长期待摊费用，按照规定摊销的，准予扣除：

（1）已足额提取折旧的固定资产的改建支出。

（2）租入固定资产的改建支出。

（3）固定资产的大修理支出。

（4）其他应当作为长期待摊费用的支出。

（一）固定资产改良支出

企业的固定资产修理支出可在发生当期直接扣除。企业的固定资产改良支出，如有关固定资产尚未提足折旧，可增加固定资产价值；如有关固定资产已提足折旧，可作为长期待摊费用，在规定的期间内平均摊销。

（二）固定资产改建支出

固定资产改建支出是指改变房屋或者建筑物结构、延长使用年限等发生的支出。已足额提取折旧的固定资产的改建支出，按照固定资产预计尚可使用年限分期摊销；租入固定资产的改建支出，按照合同约定的剩余租赁期限分期摊销。改建的固定资产延长使用年限的，除已足额提取折旧的固定资产的改建支出、租入固定资产的改建支出外，其他固定资产发生的改建支出，应当适当延长折旧年限。

（三）固定资产大修理支出

固定资产大修理支出按照固定资产尚可使用年限分期摊销。

企业所得税法所称固定资产的大修理支出，是指同时符合下列条件的支出：

（1）修理支出达到取得固定资产时的计税基础50%以上。

（2）修理后固定资产的使用年限延长2年以上。

（四）其他长期待摊费用支出

其他应当作为长期待摊费用的支出，自支出发生月份的次月起，分期摊销，摊销年限不得低于3年。

五、存货的税务处理

存货是指企业在日常活动中持有以备出售的产成品或商品、处在生产过程中的在产品、在生产过程或提供劳务过程中耗用的材料和物料等。

（一）存货的计税基础

存货按照以下方法确定成本：

（1）通过支付现金方式取得的存货，以购买价款和支付的相关税费为成本。

（2）通过支付现金以外的方式取得的存货，以该存货的公允价值和支付的相关税费为成本。

（3）生产性生物资产收获的农产品，以产出或者采收过程中发生的材料费、人工费和分摊的间接费用等必要支出为成本。

（二）存货成本的计算方法

企业使用或者销售的存货的成本计算方法，可以在先进先出法、加权平均法、个别计价法中选用一种。计价方法一经选用，不得随意变更。

企业转让以上资产，计算企业应纳税所得额时，资产的净值允许扣除。其中，资产的净值是指有关资产、财产的计税基础减除已经按照规定扣除的折旧、折耗、摊销、准备金等后的余额。

除国务院财政、税务主管部门另有规定外，企业在重组过程中，应当在交易发生时确认有关资产的转让所得或者损失，相关资产应当按照交易价格重新确定计税基础。

六、投资资产的税务处理

投资资产是指企业对外进行权益性投资和债权性投资形成的资产。

（一）投资资产的计税基础

投资资产按照以下方法确定成本：

（1）通过支付现金方式取得的投资资产，以购买价款为成本。

（2）通过支付现金以外的方式取得的投资资产，以该资产的公允价值和支付的相关税费为成本。

（3）被投资企业将股权（票）溢价所形成的资本公积转为股本的，不作为投资方企业的股息、红利收入，投资方企业也不得增加该项长期投资的计税基础。

（二）投资资产成本的扣除方法

企业对外投资期间，投资资产的成本在计算应纳税所得额时不得扣除。企业在转让或者处置投资资产时，投资资产的成本，准予扣除。

（三）投资损益的税务处理

（1）股息、红利等权益性投资收益，是指企业因权益性投资从被投资方取得的收入。股息、红利等权益性投资收益，除国务院财政、税务主管部门另有规定外，按照被投资方作出利润分配决定的日期确认收入的实现。所称被投资方作出利润分配决定的日期是指被投资企业股东会或股东大会作出利润分配或转股决定的日期，确定收入的实现。

（2）被投资企业发生的经营亏损，由被投资企业按规定结转弥补；投资企业不得调整减低其投资成本，也不得将其确认为投资损失。

（3）企业对外进行权益性（以下简称股权）投资所发生的损失，在经确认的损失发生年度，作为企业损失在计算企业应纳税所得额时一次性扣除。

（四）投资企业撤回或减少投资的税务处理

自2011年7月1日起，投资企业从被投资企业撤回或减少投资，其取得的资产中，相当于初始出资的部分，应确认为投资收回；相当于被投资企业累计未分配利润和累计盈余公积按减少实收资本比例计算的部分，应确认为股息所得；其余部分确认为投资资产转让所得。

七、企业转让资产税前扣除的规定

《企业所得税法》规定，企业转让资产，该项资产的净值，准予在计算应纳税所得额时扣除。

非居民企业在中国境内未设立机构、场所的，或者虽设立机构、场所但取得的所得与其所设机构、场所没有实际联系的转让财产所得，以收入全额减除财产净值后的余额为应纳税所得额。

以上所称“资产的净值和财产净值”，是指有关资产、财产的计税基础减除已经按照规定扣除的折旧、折耗、摊销、准备金等后的余额。

除国务院财政、税务主管部门另有规定外，企业在重组过程中，应当在交易发生时确认有关资产的转让所得或者损失，相关资产应当按照交易价格重新确定计税基础。

八、税法规定与会计规定差异的处理

税法规定与会计规定差异的处理是指企业在财务会计核算中与税法规定不一致的，应当依照税法规定予以调整。即企业在日常进行会计核算时，可以按照会计制度的有关规定进行账务处理，但在纳税申报时，对税法规定与会计制度规定有差异的，应当按照税法规定进行纳税调整。

（1）企业不能提供完整、准确的收入及成本、费用凭证，不能正确计算应纳税所得额的，由税务机关核定其应纳税所得额。

（2）企业依法清算时，以其清算终了后的清算所得为应纳税所得额，按规定缴纳企业所得税。所谓“清算所得”是指企业清算时的全部资产或者财产扣除各项清算费用、损失、负债、企业未分配利润、公益金和公积金后的余额，超过实缴资本的部分。

投资方企业从被清算企业分得的剩余资产，其中相当于被清算企业累计未分配利润和累计盈余公积中按该投资方所占股份比例计算的部分，应确认为股息所得；剩余资产减除股息所得后的余额，超过或低于股东投资成本的部分，应确认为股东的投资转让所得或损失。

（3）企业所得税的应纳税所得额是根据税法的规定计算出来的，在数额上与企业按照会计制度计算的利润总额往往不一致。因此，税法规定，对企业按照有关财务会计规定计算的利润总额，要按照税法的规定进行必要调整后，才能作为应纳税所得额计算缴纳企业所得税。

(4) 关于企业提供有效凭证时间问题。自 2011 年 7 月 1 日起，企业当年度实际发生的相关成本、费用，由于各种原因未能及时取得该成本、费用的有效凭证，企业在预缴季度所得税时，可暂按账面发生金额进行核算；但在汇算清缴时，应补充提供该成本、费用的有效凭证。

第四节 税收优惠

税收优惠是指国家利用税收政策在税收法律、行政法规中规定对某一部分特定企业和课税对象给予减轻或免除税收负担的一种措施。《企业所得税法》规定的税收优惠方式包括免税、减税、加计扣除、加速折旧、减计收入、税额抵免等。

一、免税与减征优惠

企业的下列所得，可以免征、减征企业所得税。但是，如果企业从事国家限制和禁止发展的项目，不得享受企业所得税优惠政策：

(一) 从事农、林、牧、渔业项目的所得

企业从事农、林、牧、渔业项目的所得，包括免征和减征两种方式给予优惠。

1. 企业从事下列项目的所得，免征企业所得税：

(1) 蔬菜、谷物、薯类、油料、豆类、棉花、麻类、糖料、水果、坚果的种植。

(2) 农作物新品种的选育。

(3) 中药材的种植。

(4) 林木的培育和种植。

(5) 牲畜、家禽的饲养。

(6) 林产品的采集。

(7) 灌溉、农产品初加工、兽医、农技推广、农机作业和维修等农、林、牧、渔服务业项目。

(8) 远洋捕捞。

2. 企业从事下列项目的所得，减半征收企业所得税：

(1) 花卉、茶以及其他饮料作物和香料作物的种植。

(2) 海水养殖、内陆养殖。

企业从事国家限制和禁止发展的项目，不得享受上述规定的企业所得税优惠。

(二) 从事国家重点扶持的公共基础设施项目投资经营的所得

《企业所得税法》所称“国家重点扶持的公共基础设施项目”，是指《公共基础设施项目企业所得税优惠目录》规定的港口码头、机场、铁路、公路、城市公共交通、电力、水利等项目。

企业从事前款规定的国家重点扶持的公共基础设施项目的投资经营的所得，自项

目取得第一笔生产经营收入所属纳税年度起，第1年至第3年免征企业所得税，第4年至第6年减半征收企业所得税。

企业承包经营、承包建设和内部自建自用本条规定的项目，不得享受本条规定的企业所得税优惠。

（三）从事符合条件的环境保护、节能节水项目的所得

符合条件的环境保护、节能节水项目的所得，自项目取得第一笔生产经营收入所属纳税年度起，第1年至第3年免征企业所得税，第4年至第6年减半征收企业所得税。

环境保护、节能节水项目，包括公共污水处理、公共垃圾处理、沼气综合开发利用、节能减排技术改造、海水淡化等。项目的具体条件和范围由国务院财政、税务主管部门商国务院有关部门制定，报国务院批准后公布施行。

对于上述规定享受减免税优惠的项目，在减免税期限内转让的，受让方自受让之日起，可以在剩余期限内享受规定的减免税优惠；减免税期限届满后转让的，受让方不得就该项目重复享受减免税优惠。

（四）符合条件的技术转让所得

企业所得税法所称符合条件的技术转让所得免征、减征企业所得税，是指一个纳税年度内，居民企业技术转让所得不超过500万元的部分，免征企业所得税；超过500万元的部分，减半征收企业所得税。

（1）享受减免企业所得税优惠的技术转让应符合以下条件：

1）享受优惠的技术转让主体是企业所得税法规定的居民企业。

2）技术转让属于财政部、国家税务总局规定的范围。

3）境内技术转让经省级以上科技部门认定。

4）向境外转让技术经省级以上商务部门认定。

5）国务院税务主管部门规定的其他条件。

（2）符合条件的技术转让所得应按以下方法计算：

技术转让所得 = 技术转让收入 − 技术转让成本 − 相关税费

技术转让收入是指当事人履行技术转让合同后获得的价款，不包括销售或转让设备、仪器、零部件、原材料等非技术性收入。不属于与技术转让项目密不可分的技术咨询、技术服务、技术培训等收入，不得计入技术转让收入。

国家税务总局公告2013年第62号文件对技术转让收入计算的有关问题进一步明确为：可以计入技术转让收入的技术咨询、技术服务、技术培训收入，是指转让方为使受让方掌握所转让的技术投入使用、实现产业化而提供的必要的技术咨询、技术服务、技术培训所产生的收入，并应同时符合以下条件：

1）在技术转让合同中约定的与该技术转让相关的技术咨询、技术服务、技术培训。

2）技术咨询、技术服务、技术培训收入与该技术转让项目收入一并收取价款。

技术转让成本是指转让的无形资产的净值，即该无形资产的计税基础减除在资产使用期间按照规定计算的摊销扣除额后的余额。

相关税费是指技术转让过程中实际发生的有关税费，包括除企业所得税和允许抵扣的增值税以外的各项税金及其附加、合同签订费用、律师费等相关费用及其他支出。

享受技术转让所得减免企业所得税优惠的企业，应单独计算技术转让所得，并合理分摊企业的期间费用；没有单独计算的，不得享受技术转让所得企业所得税优惠。

（3）《财政部　国家税务总局关于居民企业技术转让有关企业所得税政策问题的通知》（财税［2010］111号）对于符合条件的技术转让所得减免企业所得税按以下规定执行：

1）技术转让的范围，包括居民企业转让专利技术、计算机软件著作权、集成电路布图设计权、植物新品种、生物医药新品种，以及财政部和国家税务总局确定的其他技术。

其中：专利技术，是指法律授予独占权的发明、实用新型和非简单改变产品图案的外观设计。

2）技术转让应签订技术转让合同。其中，境内的技术转让须经省级以上（含省级）科技部门认定登记，跨境的技术转让须经省级以上（含省级）商务部门认定登记，涉及财政经费支持产生技术的转让，需省级以上（含省级）科技部门审批。

3）居民企业技术出口应由有关部门按照商务部、科技部发布的《中国禁止出口限制出口技术目录》（商务部、科技部令2008年第12号）进行审查。居民企业取得禁止出口和限制出口技术转让所得，不享受技术转让减免企业所得税的优惠政策。

4）居民企业从直接或间接持有股权之和达到100%的关联方取得的技术转让所得，不享受技术转让减免企业所得税的优惠政策。

二、高新技术企业优惠

（一）国家需要重点扶持的高新技术企业，减按15%的税率征收企业所得税

国家需要重点扶持的高新技术企业，是指拥有核心自主知识产权，并同时符合下列条件的企业：

（1）产品（服务）属于《国家重点支持的高新技术领域》规定的范围。

（2）研究开发费用占销售收入的比例不低于规定比例。

（3）高新技术产品（服务）收入占企业总收入的比例不低于规定比例。

（4）科技人员占企业职工总数的比例不低于规定比例。

（5）高新技术企业认定管理办法规定的其他条件。

《国家重点支持的高新技术领域》和高新技术企业认定管理办法由国务院科技、财政、税务主管部门商国务院有关部门制定，报国务院批准后公布施行。

《科技部　财政部　国家税务总局关于高新技术企业认定管理办法的通知》（国科

发［2008］172号文件）规定：

高新技术企业是指在《国家重点支持的高新技术领域》内，持续进行研究开发与技术成果转化，形成企业核心自主知识产权，并以此为基础开展经营活动，在中国境内（不包括港、澳、台地区）注册1年以上的居民企业。

《认定办法》规定，高新技术企业认定须同时满足以下条件：

（1）拥有核心自主知识产权是指在中国境内（不含港、澳、台地区）注册的企业，近3年内通过自主研发、受让、受赠、并购等方式，或通过5年以上的独占许可方式，对其主要产品（服务）的核心技术拥有自主知识产权。

（2）产品（服务）属于《国家重点支持的高新技术领域》规定的范围。

（3）具有大学专科以上学历的科技人员占企业当年职工总数的30%以上，其中研发人员占企业当年职工总数10%以上。

（4）企业进行研究开发活动，近三个会计年度的研究开发费用总额占销售收入总额的比例符合以下要求：

1）最近一年销售收入小于5 000万元的企业，比例不低于6%。

2）最近一年销售收入在5 000万~20 000万元的企业，比例不低于4%。

3）最近一年销售收入在20 000万元以上的企业，比例不低于3%。其中，企业在中国境内发生的研究开发费用总额占全部研究开发费用总额的比例不低于60%。

（5）高新技术产品（服务）收入占企业当年总收入的60%以上。

（6）企业研究开发组织管理水平、科技成果转化能力、自主知识产权数量、销售与总资产成长性等指标符合《高新技术企业认定管理工作指引》（另行制定）的要求。

（二）经济特区和上海浦东新区新设立高新技术企业过渡性税收优惠

（1）对经济特区和上海浦东新区内在2008年1月1日（含）之后完成登记注册的国家需要重点扶持的高新技术企业（以下简称新设高新技术企业），在经济特区和上海浦东新区内取得的所得，自取得第一笔生产经营收入所属纳税年度起，第一年至第二年免征企业所得税，第三年至第五年按照25%的法定税率减半征收企业所得税。

国家需要重点扶持的高新技术企业，是指拥有核心自主知识产权，同时符合《中华人民共和国企业所得税法实施条例》第九十三条规定的条件，并按照《高新技术企业认定管理办法》认定的高新技术企业。

（2）经济特区和上海浦东新区内新设高新技术企业同时在经济特区和上海浦东新区以外的地区从事生产经营的，应当单独计算其在经济特区和上海浦东新区内取得的所得，并合理分摊企业的期间费用；没有单独计算的，不得享受企业所得税优惠。

（3）经济特区和上海浦东新区内新设高新技术企业在按照本通知的规定享受过渡性税收优惠期间，由于复审或抽查不合格而不再具有高新技术企业资格的，从其不再具有高新技术企业资格年度起，停止享受过渡性税收优惠；以后再次被认定为高新技术企业的，不得继续享受或者重新享受过渡性税收优惠。

（三）高新技术企业境外所得适用税率及税收抵免

根据《财政部　国家税务总局关于高新技术企业境外所得适用税率及税收抵免问题的通知》（财税［2011］47号）规定，自2010年1月1日起，高新技术企业境外所得适用税率及税收抵免有关问题按以下规定执行：

（1）以境内、境外全部生产经营活动有关的研究开发费用总额、总收入、销售收入总额、高新技术产品（服务）收入等指标申请并经认定的高新技术企业，其来源于境外的所得可以享受高新技术企业所得税优惠政策，即对其来源于境外所得可以按照15%的优惠税率缴纳企业所得税，在计算境外抵免限额时，可按照15%的优惠税率计算境内外应纳税总额。

（2）上述高新技术企业境外所得税收抵免的其他事项，仍按照财税［2009］125号文件的有关规定执行。

（3）上述所称高新技术企业，是指依照《中华人民共和国企业所得税法》及其实施条例规定，经认定机构按照《高新技术企业认定管理办法》（国科发火［2008］172号）和《高新技术企业认定管理工作指引》（国科发火［2008］362号）认定取得高新技术企业证书并正在享受企业所得税15%税率优惠的企业。

（四）高新技术企业资格复审期间企业所得税预缴的规定

国家税务总局公告2011年第4号《关于高新技术企业资格复审期间企业所得税预缴问题的公告》规定，高新技术企业资格复审结果公示之前企业所得税预缴按以下规定执行：高新技术企业应在资格期满前三个月内提出复审申请，在通过复审之前，在其高新技术企业资格有效期内，其当年企业所得税暂按15%的税率预缴。

三、小型微利企业优惠

符合条件的小型微利企业，减按20%的税率征收企业所得税。

《企业所得税法》所称“符合条件的小型微利企业”，是指从事国家非限制和禁止行业，并符合下列条件的企业：

（1）工业企业：年度应纳税所得额不超过30万元，从业人数不超过100人，资产总额不超过3 000万元。

（2）其他企业：年度应纳税所得额不超过30万元，从业人数不超过80人，资产总额不超过1 000万元。

《财政部　国家税务总局关于小型微利企业有关企业所得税政策的通知》（财税［2009］133号）规定：自2010年1月1日至2010年12月31日，对年应纳税所得额低于3万元（含3万元）的小型微利企业，其所得减按50%计入应纳税所得额，按20%的税率缴纳企业所得税，财税［2011］4号文，又将期限延长一年，截至到2011年12月31日。

《财政部　国家税务总局关于小型微利企业所得税优惠政策有关问题的通知》（财

税［2011］117号）规定："自2012年1月1日至2015年12月31日，对年应纳税所得额低于6万元（含6万元）的小型微利企业，其所得减按50%计入应纳税所得额，按20%的税率缴纳企业所得税。"

上述从业人数是指企业全年平均从业人数，资产总额按企业年初和年末的资产总额平均计算。符合条件的小型微利企业在当年预交企业所得税时，须向主管税务机关提供上一纳税年度符合小型微利企业条件的相关证明。

《财政部　国家税务总局关于小型微利企业所得税优惠政策有关问题的通知》（财税［2014］34号）规定：为了进一步支持小型微利企业发展，经国务院批准，自2014年1月1日至2016年12月31日，对年应纳税所得额低于10万元（含10万元）的小型微利企业，其所得减按50%计入应纳税所得额，按20%的税率缴纳企业所得税。

四、加计扣除优惠

企业的下列两项支出，可以在计算应纳税所得额时加计扣除：

（一）开发新技术、新产品、新工艺发生的研究开发费用

研究开发费用的加计扣除是指企业为开发新技术、新产品、新工艺发生的研究开发费用，未形成无形资产计入当期损益的，在按照规定据实扣除的基础上，按照研究开发费用的50%加计扣除；形成无形资产的，按照无形资产成本的150%摊销。

自2008年1月1日起，研究开发费的加计扣除按下列规定执行：

（1）研究开发费是指从事规定范围内的研究开发活动发生的相关费用。研究开发活动是指企业为获得科学与技术（不包括人文、社会科学）新知识，创造性运用科学技术新知识，或实质性改进技术、工艺、产品（服务）而持续进行的具有明确目标的研究开发活动。

创造性运用科学技术新知识，或实质性改进技术、工艺、产品（服务），是指企业通过研究开发活动在技术、工艺、产品（服务）方面的创新取得了有价值的成果，对本地区（省、自治区、直辖市或计划单列市）相关行业的技术、工艺领先具有推动作用，不包括企业产品（服务）的常规性升级或对公开的科研成果直接应用等活动（如直接采用公开的新工艺、材料、装置、产品、服务或知识等）。

（2）企业从事《国家重点支持的高新技术领域》和国家发展改革委员会等部门公布的《当前优先发展的高技术产业化重点领域指南（2011年度）》规定项目的研究开发活动，其在一个纳税年度中实际发生的下列费用支出，允许在计算应纳税所得额时按照规定实行加计扣除。

1）新产品设计费、新工艺规程制定费以及与研发活动直接相关的技术图书资料费、资料翻译费。

2）从事研发活动直接消耗的材料、燃料和动力费用。

3）在职直接从事研发活动人员的工资、薪金、奖金、津贴、补贴。

4）专门用于研发活动的仪器、设备的折旧费或租赁费。

5）专门用于研发活动的软件、专利权、非专利技术等无形资产的摊销费用。

6）专门用于中间试验和产品试制的模具、工艺装备开发及制造费。

7）勘探开发技术的现场试验费。

8）研发成果的论证、评审、验收费用。

（3）对企业共同合作开发的项目，凡符合上述条件的，由合作各方就自身承担的研发费用分别按照规定计算加计扣除。

（4）对企业委托给外单位进行开发的研发费用，凡符合上述条件的，由委托方按照规定计算加计扣除，受托方不得再进行加计扣除。

对委托开发的项目，受托方应向委托方提供该研发项目的费用支出明细情况，否则，该委托开发项目的费用支出不得实行加计扣除。

（5）企业根据财务会计核算和研发项目的实际情况，对发生的研发费用进行收益化或资本化处理的，可按下述规定计算加计扣除：

1）研发费用计入当期损益未形成无形资产的，允许再按其当年研发费用实际发生额的50%，直接抵扣当年的应纳税所得额。

2）研发费用形成无形资产的，按照该无形资产成本的150%在税前摊销。除法律另有规定外，摊销年限不得低于10年。

（6）法律、行政法规和国家税务总局规定不允许企业所得税前扣除的费用和支出项目，均不允许计入研究开发费用。

（7）企业未设立专门的研发机构或企业研发机构同时承担生产经营任务的，应对研发费用和生产经营费用分开进行核算，准确、合理的计算各项研究开发费用支出，对划分不清的，不得实行加计扣除。

（8）企业必须对研究开发费用实行专账管理，同时必须按照《企业研究开发费用税前扣除管理办法（试行）》（国税发［2008］116号）附表的规定项目，准确归集填写年度可加计扣除的各项研究开发费用实际发生金额。企业应于年度汇算清缴所得税申报时向主管税务机关报送本办法规定的相应资料。申报的研究开发费用不真实或者资料不齐全的，不得享受研究开发费用加计扣除，主管税务机关有权对企业申报的结果进行合理调整。

企业在一个纳税年度内进行多个研究开发活动的，应按照不同开发项目分别归集可加计扣除的研究开发费用额。

（9）企业申请研究开发费加计扣除时，应向主管税务机关报送如下资料：

1）自主、委托、合作研究开发项目计划书和研究开发费预算。

2）自主、委托、合作研究开发专门机构或项目组的编制情况和专业人员名单。

3）自主、委托、合作研究开发项目当年研究开发费用发生情况归集表。

4）企业总经理办公会或董事会关于自主、委托、合作研究开发项目立项的决议文件。

5）委托、合作研究开发项目的合同或协议。

6）研究开发项目的效用情况说明、研究成果报告等资料。

（10）企业实际发生的研究开发费，在年度中间预缴所得税时，允许据实计算扣除，在年度终了进行所得税年度申报和汇算清缴时，再依照本办法的规定计算加计扣除。

（11）主管税务机关对企业申报的研究开发项目有异议的，可要求企业提供政府科技部门的鉴定意见书。

（12）企业研究开发费各项目的实际发生额归集不准确、汇总额计算不准确的，主管税务机关有权调整其税前扣除额或加计扣除额。

（13）《财政部　国家税务总局关于研究开发费用税前加计扣除有关政策问题的通知》（财税［2013］70号）就研究开发费用税前加计扣除问题，从2013年1月1日起按下列规定执行：

1）企业从事研发活动发生的下列费用支出，可纳入税前加计扣除的研究开发费用范围：①企业依照国务院有关主管部门或者省级人民政府规定的范围和标准为在职直接从事研发活动人员缴纳的基本养老保险费、基本医疗保险费、失业保险费、工伤保险费、生育保险费和住房公积金；②专门用于研发活动的仪器、设备的运行维护、调整、检验、维修等费用；③不构成固定资产的样品、样机及一般测试手段购置费；④新药研制的临床试验费；⑤研发成果的鉴定费用。

2）企业可以聘请具有资质的会计师事务所或税务师事务所，出具当年可加计扣除研发费用专项审计报告或鉴证报告。

3）主管税务机关对企业申报的研究开发项目有异议的，可要求企业提供地市级（含）以上政府科技部门出具的研究开发项目鉴定意见书。

4）企业享受研究开发费用税前扣除政策的其他相关问题，按照《国家税务总局关于印发〈企业研究开发费用税前扣除管理办法（试行）〉的通知》（国税发［2008］116号）的规定执行。

（14）企业集团研究开发费用按以下规定处理：

1）企业集团根据生产经营和科技开发的实际情况，对技术要求高、投资数额大，需要由集团公司进行集中开发的研究开发项目，其实际发生的研究开发费，可以按照合理的分摊方法在受益集团成员公司间进行分摊。

2）企业集团采取合理分摊研究开发费的，企业集团应提供集中研究开发项目的协议或合同，该协议或合同应明确规定参与各方在该研究开发项目中的权利和义务、费用分摊方法等内容。如不提供协议或合同，研究开发费不得加计扣除。

3）企业集团采取合理分摊研究开发费的，企业集团集中研究开发项目实际发生的研究开发费，应当按照权利和义务、费用支出和收益分享一致的原则，合理确定研究开发费用的分摊方法。

4）企业集团采取合理分摊研究开发费的，企业集团母公司负责编制集中研究开发项目的立项书、研究开发费用预算表、决算表和决算分摊表。

5）税企双方对企业集团集中研究开发费的分摊方法和金额有争议的，如企业集团成员公司设在不同省、自治区、直辖市和计划单列市的，企业按照国家税务总局的裁决意见扣除实际分摊的研究开发费；企业集团成员公司在同一省、自治区、直辖市和计划单列市的，企业按照省税务机关的裁决意见扣除实际分摊的研究开发费。

（二）安置残疾人员及国家鼓励安置的其他就业人员所支付的工资

企业安置残疾人员所支付的工资的加计扣除，是指企业安置残疾人员的，在按照支付给残疾职工工资据实扣除的基础上，按照支付给残疾职工工资的100%加计扣除。残疾人员的范围适用《中华人民共和国残疾人保障法》的有关规定。企业安置国家鼓励安置的其他就业人员所支付的工资的加计扣除办法，由国务院另行规定。

五、创业投资企业优惠

创业投资企业从事国家需要重点扶持和鼓励的创业投资，可以按投资额的一定比例抵扣应纳税所得额。

《企业所得税法》规定的创业投资企业优惠，是指创业投资企业采取股权投资方式投资于未上市的中小高新技术企业2年以上的，可以按照其投资额的70%在股权持有满2年的当年抵扣该创业投资企业的应纳税所得额；当年不足抵扣的，可以在以后纳税年度结转抵扣。

（1）创业投资企业：是指在中国境内注册设立的主要从事创业投资业务的企业组织。

（2）创业投资：是指创业投资企业对中国境内注册设立的处于创建或重建过程中的成长性企业进行股权投资（但不含已经在公开市场上市的企业），以期所投资的企业发育成熟或相对成熟后主要通过股权上市转让、股权协议转让、被投资企业回购等途径获得资本增值收益的投资方式。

[例18-2] 甲创业投资有限责任公司于2008年1月采取股权投资方式投入资本2 000万元，在××高新技术开发区收购A高新技术企业（小型），成为A企业的全资股东，职工人数120人，A企业已经通过高新技术企业认定。当年实现利润200万元，2009年实现利润300万，2010年3月甲公司把A企业的股权转让，转让价格为3 200万元，该公司怎样享受新税法关于创业投资企业可以按投资额的70%抵扣应纳税所得额的税收优惠政策？

[案例分析]

（1）A企业两年免征企业所得税，两年获利500万元，假设全部分配给甲公司，根据《企业所得税法》第二十六条的规定，甲公司不必纳税。

（2）甲公司工商登记为“创业投资有限责任公司”，经营范围符合《创业投资企业管理暂行办法》规定，投资收购的A公司已经通过高新技术企业认定，投资已经超过2年，可以享受按投资额的一定比例抵扣应纳税所得额的优惠。

（3）2010年3月甲公司把A企业的股权转让，转让价格为3 200万元，股权投资

转让所得 =3 200 −2 000 =1 200（万元）

甲公司投资抵扣应纳税所得额的限额 =2 000 ×70% =1 400（万元）

2010 年的所得额 1 200 万元经抵免不必纳税外，抵免余额 200 万元，可以向以后 5 个纳税年度逐年延续抵扣。

六、加速折旧优惠

企业的固定资产由于技术进步等原因，确需加速折旧的，可以缩短折旧年限或者采取加速折旧的方法。可以采取加速折旧的方法的固定资产包括：

（1）由于技术进步，产品更新换代较快的固定资产。

（2）常年处于强震动、高腐蚀状态的固定资产。

采取缩短折旧年限方法的，最低折旧年限不得低于税法规定折旧年限的 60%；采取加速折旧方法的，可以采取双倍余额递减法或者年数总和法。

《国家税务总局关于企业固定资产加速折旧所得税处理有关问题的通知》（国税发［2009］81 号文件）的规定：

（1）采用缩短折旧年限法的条件：

1）有充分的证据证明该固定资产的预计使用年限短于《实施条例》规定的计算折旧最低年限的。

2）原有的固定资产未达到《实施条例》规定的最低折旧年限，使用功能相同或类似的新固定资产替代的。

（2）采用加速折旧方法：使用符合税法规定条件的固定资产采取加速折旧方法的，可以采用双倍余额递减法或者年数总和法。加速折旧方法一经确定，一般不得变更。

（3）企业确需对固定资产采取缩短折旧年限或者加速折旧方法的，应在取得该固定资产后 1 个月内，向主管税务机关备案。

［例 18-3］ 某房地产公司的直属采石场（法人单位）2014 年采用年限平均折旧法计提折旧，年折旧额 600 万元，利润总额 1 000 万元，无其他纳税调整因素。经过测算比较，如果该企业采用双倍余额递减法，当年可多提折旧费用 200 万元。总经理是外聘的职业经理，担心多提折旧会降低利润总额，影响自己的业绩。能否采用加速折旧法计提折旧只降低企业所得税，不影响利润总额呢？

［案例分析］

（1）所得税汇算清缴时的纳税调整：

根据税收法规的规定：企业经过向主管税务机关备案后，在纳税申报时可选择采用加速折旧的方法。采用双倍余额递减法，多提折旧额 200 万元。

国家税务总局公告2014 年第 29 号规定，企业按税法规定实行加速折旧的，其按加速折旧办法计算的折旧额可全额在税前扣除。

企业所得税汇算清缴时，《企业所得税年度纳税申报表》的填报方法如下（见表 18-1（表 A105080））：

表 18-1（表 A105080） 资产折旧、摊销情况及纳税调整明细表

行次	项目	账载金额			税收金额					纳税调整	
		资产账载金额	本年折旧、摊销额	累计折旧、摊销额	资产计税基础	按税收一般规定计算的本年折旧、摊销额	本年加速折旧额	其中：2014 年及以后年度新增固定资产加速折旧额（填写 A105081）	累计折旧、摊销额	金额	调整原因
		1	2	3	4	5	6	7	8	9（2－5－6）	10
1	一、固定资产（2＋3＋4＋5＋6＋7）										
2	（一）房屋、建筑物										
3	（二）飞机、火车、轮船、机器、机械和其他生产设备	12 000	600	1 800	12 000	600	200		2 000	200	加速折旧
4	（三）与生产经营活动有关的器具、工具、家具等										
5	（四）飞机、火车、轮船以外的运输工具										
6	（五）电子设备										
7	（六）其他										
8	二、生产性生物资产（9＋10）							*			
9	（一）林木类							*			
10	（二）畜类							*			
11	三、无形资产（12＋13＋14＋15＋16＋17＋18）						*	*			
12	（一）专利权						*	*			

（续）

行次	项目	账载金额			税收金额					纳税调整	
		资产账载金额	本年折旧、摊销额	累计折旧、摊销额	资产计税基础	按税收一般规定计算的本年折旧、摊销额	本年加速折旧额	其中：2014 年及以后年度新增固定资产加速折旧额（填写 A105081）	累计折旧、摊销额	金额	调整原因
		1	2	3	4	5	6	7	8	9（2－5－6）	10
13	（二）商标权						*	*			
14	（三）著作权						*	*			
15	（四）土地使用权						*	*			
16	（五）非专利技术						*	*			
17	（六）特许权使用费						*	*			
18	（七）其他						*	*			
19	四、长期待摊费用（20＋21＋22＋23＋24）						*	*			
20	（一）已足额提取折旧的固定资产的改建支出						*	*			
21	（二）租入固定资产的改建支出						*	*			
22	（三）固定资产的大修理支出						*	*			
23	（四）开办费						*	*			
24	（五）其他						*	*			
25	五、油气勘探投资						*	*			
26	六、油气开发投资						*	*			
27	合计（1＋8＋11＋19＋25＋26）										*

1）表18-1（表A105080）《资产折旧、摊销情况及纳税调整明细表》第3行“（二）飞机、火车、轮船、机器、机械和其他生产设备”，第2列“账载本年折旧、摊销额”600－第5列“按一般规定计提折旧”600－第6列“本年加速折旧额”200＝第9列“纳税调整额”－200万元。

2）结转到表A105000《纳税调整项目明细表》（见附表2）第31行“（一）资产折旧、摊销（填写A105080）”第4列“调减金额”200万元。

3）A105000第4列“调减金额”合计结转到《企业所得税年度纳税申报表（A类）》（见附表1，以下简称主表）第16行“减：纳税调整减少额”200万元

调整后的《企业所得税年度纳税申报表（A类）》如下：

第13行“利润总额”1 000万元；

第16行“减：纳税调整减少额”200万元；

第23行“应纳税所得额”为800万元；

第24行“税率25%”；

第25行“应纳所得税额”为200万元。

（2）所得税会计处理：

把纳税调减的200万元登记在《纳税调整台账》的收方，在加速折旧的后半期，调减的200万元仍然会形成应纳税所得额和应纳所得税额，属于“应纳税暂时性差异”。

1）2014年度当期所得税。

应纳税所得额＝1 000－200＝800（万元）

应交所得税额＝800×25%＝200（万元）

2）2014年度递延所得税。

递延所得税资产＝0

递延所得税负债＝200×25%＝50（万元）

递延所得税＝50（万元）

3）利润表中应确认的所得税费用。

所得税费用＝当期所得税＋递延所得税＝200＋50＝250（万元）

（3）会计分录：

借：所得税费用	2 500 000	
贷：应交税费——应交所得税		2 000 000
递延所得税负债		500 000

《财政部　国家税务总局关于完善固定资产加速折旧企业所得税政策的通知》（财税［2014］75号）第三条规定：“对所有行业企业持有的单位价值不超过5 000元的固定资产，允许一次性计入当期成本费用在计算应纳税所得额时扣除，不再分年度计算折旧。”

[**例18-4**] A房地产开发公司2013年12月购置10部台式电脑，单价4 500元，总金额45 000元，会计制度规定折旧年限3年，不留净残值，2014年1月开始计提折旧。根据加速折旧政策规定，该公司2014年应当如何对这批电脑计提折旧？

[**案例分析**]

(1) 会计处理，2014年应提折旧 =45 000 ÷ 3 =15 000（元）。

借：管理费用 15 000

贷：累计折旧 15 000

(2) 纳税调整。根据财税［2014］29号文件的规定，该批电脑单价在5 000元以下，允许一次性计入当期成本费用。企业所得税汇算清缴时，《企业所得税年度纳税申报表》的填报方法如下：

1）表A105081《固定资产加速折旧、扣除明细表》（见表18-2）第12行“单位价值不超过5 000元的固定资产”，第16列“原值”45 000元，第17列“本期正常折旧额”15 000元，第18列“本期加速折旧额”30 000元。该数字再填入表A105080《资产折旧、摊销情况及纳税调整明细表》第6行“电子设备”第7列“其中：2014年及以后年度新增固定资产加速折旧额（填写A105081）”30 000元。

2）结转到表A105000《纳税调整项目明细表》（见附表2）第31行（一）资产折旧、摊销“第4列”调减金额30 000元。

3）A105000第4列“调减金额”合计结转到《企业所得税年度纳税申报表（A类）》（见附表1，以下简称主表）第16行“减：纳税调整减少额”30 000元。

七、减计收入优惠

减计收入优惠是指企业综合利用资源，生产符合国家产业政策规定的产品所取得的收入，可以在计算应纳税所得额时减计收入。

综合利用资源，是指企业以《资源综合利用企业所得税优惠目录》规定的资源作为主要原材料，生产国家非限制和禁止并符合国家和行业相关标准的产品取得的收入，减按90%计入收入总额。

上述所称原材料占生产产品材料的比例不得低于《资源综合利用企业所得税优惠目录》规定的标准。

八、税额抵免优惠

税额抵免是指企业购置并实际使用《环境保护专用设备企业所得税优惠目录》、《节能节水专用设备企业所得税优惠目录》和《安全生产专用设备企业所得税优惠目录》规定的环境保护、节能节水、安全生产等专用设备的，该专用设备的投资额的10%可以从企业当年的应纳税额中抵免；当年不足抵免的，可以在以后5个纳税年度内结转抵免。

享受上述规定的企业所得税优惠的企业，应当实际购置并自身实际投入使用前款规定的专用设备；企业购置上述专用设备在5年内转让、出租的，应当停止享受企业所得税优惠，并补缴已经抵免的企业所得税税款。

《环境保护专用设备企业所得税优惠目录》、《节能节水专用设备企业所得税优惠目录》和《安全生产专用设备企业所得税优惠目录》，由国务院财政、税务主管部门商国务院有关部门制订，报国务院批准后公布施行。

企业同时从事适用不同企业所得税待遇的项目的，其优惠项目应当单独计算所得，并合理分摊企业的期间费用；没有单独计算的，不得享受企业所得税优惠。

自2009年1月1日以来，增值税一般纳税人购建固定资产发生的进项税额允许从销项税额中抵扣。如增值税进项税额允许抵扣，其专用设备投资额不再包括增值税进项税额；如增值税进项税额不允许抵扣，其专用设备投资额应为增值税专用发票上注明的价税合计金额。企业购买专用设备取得普通发票的，其专用设备投资额为普通发票上注明的金额。

九、民族自治地方的优惠

民族自治地方的自治机关对本民族自治地方的企业应缴纳的企业所得税中属于地方分享的部分，可以决定减征或者免征。自治州、自治县决定减征或者免征的，须报省、自治区、直辖市人民政府批准。

民族自治地方是指依照《中华人民共和国民族区域自治法》的规定，实行民族区域自治的自治区、自治州、自治县。

对民族自治地方内国家限制和禁止行业的企业，不得减征或者免征企业所得税。

十、非居民企业的优惠

非居民企业在中国境内未设立机构、场所的，或者虽设立机构、场所但取得的所得与其所设机构、场所没有实际联系的，应当就其来源于中国境内的所得减按10%的税率缴纳企业所得税。

下列所得可以免征企业所得税：

（1）外国政府向中国政府提供贷款取得的利息所得。

（2）国际金融组织向中国政府和居民企业提供优惠贷款取得的利息所得。

（3）经国务院批准的其他所得。

十一、特殊行业的税收优惠

（一）关于进一步鼓励软件产业和集成电路产业发展的税收优惠

《财政部　国家税务总局关于进一步鼓励软件产业和集成电路产业发展企业所得税政策的通知》（财税［2012］27）规定：

（1）集成电路线宽小于0.8微米（含）的集成电路生产企业，经认定后，在2017年

表18-2（表A105081）　固定

行次	项　目	房屋、建筑物			飞机、火车、轮船、机器、机械和其他生产设备			与生产经营活器具、工具、家	
		原值	本期折旧（扣除）额	累计折旧（扣除）额	原值	本期折旧（扣除）额	累计折旧（扣除）额	原值	本期折旧（扣除）额
		1	2	3	4	5	6	7	8
1	一、六大行业固定资产								
2	（一）生物药品制造业								
3	（二）专用设备制造业								
4	（三）铁路、船舶、航空航天和其他运输设备制造业								
5	（四）计算机、通信和其他电子设备制造业								
6	（五）仪器仪表制造业								
7	（六）信息传输、软件和信息技术服务业								
8	（七）其他行业								
9	二、允许一次性扣除的固定资产								
10	（一）单位价值不超过100万元的研发仪器、设备								
11	其中：六大行业小型微利企业研发和生产经营共用的仪器、设备								
12	（二）单位价值不超过5 000元的固定资产								
13	总　计								

资产加速折旧、扣除明细表

动有关的具	飞机、火车、轮船以外的运输工具			电子设备			合计				
累计折旧（扣除）额	原值	本期折旧（扣除）额	累计折旧（扣除）额	原值	本期折旧（扣除）额	累计折旧（扣除）额	原值	本期折旧（扣除）额		累计折旧（扣除）额	
								正常折旧额	加速折旧额	正常折旧额	加速折旧额
9	10	11	12	13	14	15	16	17	18	19	20
							45 000	15 000	30 000	15 000	30 000

12月31日前自获利年度起计算优惠期，第一年至第二年免征企业所得税，第三年至第五年按照25%的法定税率减半征收企业所得税，并享受至期满为止。

（2）集成电路线宽小于0.25微米或投资额超过80亿元的集成电路生产企业，经认定后，减按15%的税率征收企业所得税，其中经营期在15年以上的，在2017年12月31日前自获利年度起计算优惠期，第一年至第五年免征企业所得税，第六年至第十年按照25%的法定税率减半征收企业所得税，并享受至期满为止。

（3）我国境内新办的集成电路设计企业和符合条件的软件企业，经认定后，在2017年12月31日前自获利年度起计算优惠期，第一年至第二年免征企业所得税，第三年至第五年按照25%的法定税率减半征收企业所得税，并享受至期满为止。

（4）国家规划布局内的重点软件企业和集成电路设计企业，如当年未享受免税优惠的，可减按10%的税率征收企业所得税。

（5）符合条件的软件企业按照《财政部 国家税务总局关于软件产品增值税政策的通知》（财税［2011］100号）规定取得的即征即退增值税款，由企业专项用于软件产品研发和扩大再生产并单独进行核算，可以作为不征税收入，在计算应纳税所得额时从收入总额中减除。

（6）集成电路设计企业和符合条件软件企业的职工培训费用，应单独进行核算并按实际发生额在计算应纳税所得额时扣除。

（7）企业外购的软件，凡符合固定资产或无形资产确认条件的，可以按照固定资产或无形资产进行核算，其折旧或摊销年限可以适当缩短，最短可为2年（含）。

（8）集成电路生产企业的生产设备，其折旧年限可以适当缩短，最短可为3年（含）。

（9）本通知所称集成电路生产企业，是指以单片集成电路、多芯片集成电路、混合集成电路制造为主营业务并同时符合下列条件的企业：

1）依法在中国境内成立并经认定取得集成电路生产企业资质的法人企业。

2）签订劳动合同关系且具有大学专科以上学历的职工人数占企业当年月平均职工总人数的比例不低于40%，其中研究开发人员占企业当年月平均职工总数的比例不低于20%。

3）拥有核心关键技术，并以此为基础开展经营活动，且当年度的研究开发费用总额占企业销售（营业）收入（主营业务收入与其他业务收入之和，下同）总额的比例不低于5%；其中，企业在中国境内发生的研究开发费用金额占研究开发费用总额的比例不低于60%。

4）集成电路制造销售（营业）收入占企业收入总额的比例不低于60%。

5）具有保证产品生产的手段和能力，并获得有关资质认证（包括ISO质量体系认证、人力资源能力认证等）。

6）具有与集成电路生产相适应的经营场所、软硬件设施等基本条件。

《集成电路生产企业认定管理办法》由发展改革委、工业和信息化部、财政部、税务总局会同有关部门另行制定。

（10）本通知所称集成电路设计企业或符合条件的软件企业，是指以集成电路设计或软件产品开发为主营业务并同时符合下列条件的企业：

1）2011 年 1 月 1 日后依法在中国境内成立并经认定取得集成电路设计企业资质或软件企业资质的法人企业。

2）签订劳动合同关系且具有大学专科以上学历的职工人数占企业当年月平均职工总人数的比例不低于 40%，其中研究开发人员占企业当年月平均职工总数的比例不低于 20%。

3）拥有核心关键技术，并以此为基础开展经营活动，且当年度的研究开发费用总额占企业销售（营业）收入总额的比例不低于 6%；其中，企业在中国境内发生的研究开发费用金额占研究开发费用总额的比例不低于 60%。

4）集成电路设计企业的集成电路设计销售（营业）收入占企业收入总额的比例不低于 60%，其中集成电路自主设计销售（营业）收入占企业收入总额的比例不低于 50%；软件企业的软件产品开发销售（营业）收入占企业收入总额的比例一般不低于 50%（嵌入式软件产品和信息系统集成产品开发销售（营业）收入占企业收入总额的比例不低于 40%），其中软件产品自主开发销售（营业）收入占企业收入总额的比例一般不低于 40%（嵌入式软件产品和信息系统集成产品开发销售（营业）收入占企业收入总额的比例不低于 30%）。

5）主营业务拥有自主知识产权，其中软件产品拥有省级软件产业主管部门认可的软件检测机构出具的检测证明材料和软件产业主管部门颁发的《软件产品登记证书》。

6）具有保证设计产品质量的手段和能力，并建立符合集成电路或软件工程要求的质量管理体系并提供有效运行的过程文档记录。

7）具有与集成电路设计或者软件开发相适应的生产经营场所、软硬件设施等开发环境（如 EDA 工具、合法的开发工具等），以及与所提供服务相关的技术支撑环境。

《集成电路设计企业认定管理办法》《软件企业认定管理办法》由工业和信息化部、发展改革委、财政部、税务总局会同有关部门另行制定。

（11）国家规划布局内重点软件企业和集成电路设计企业在满足本通知第十条规定条件的基础上，由发展改革委、工业和信息化部、财政部、税务总局等部门根据国家规划布局支持领域的要求，结合企业年度集成电路设计销售（营业）收入或软件产品开发销售（营业）收入、盈利等情况进行综合评比，实行总量控制、择优认定。

《国家规划布局内重点软件企业和集成电路设计企业认定管理办法》由发展改革委、工业和信息化部、财政部、税务总局会同有关部门另行制定。

（12）上述所称新办企业认定标准按照《财政部　国家税务总局关于享受企业所得税优惠政策的新办企业认定标准的通知》（财税［2006］1 号）规定执行。

（13）上述所称研究开发费用政策口径按照《国家税务总局关于印发〈企业研究开发费用税前扣除管理办法（试行）〉的通知》（国税发［2008］116 号）规定执行。

（14）上述所称获利年度，是指该企业当年应纳税所得额大于零的纳税年度。

（15）上述所称集成电路设计销售（营业）收入，是指集成电路企业从事集成电路（IC）功能研发、设计并销售的收入。

（16）上述所称软件产品开发销售（营业）收入，是指软件企业从事计算机软件、信息系统或嵌入式软件等软件产品开发并销售的收入，以及信息系统集成服务、信息技术咨询服务、数据处理和存储服务等技术服务收入。

（17）符合上述规定须经认定后享受税收优惠的企业，应在获利年度当年或次年的企业所得税汇算清缴之前取得相关认定资质。如果在获利年度次年的企业所得税汇算清缴之前取得相关认定资质，该企业可从获利年度起享受相应的定期减免税优惠；如果在获利年度次年的企业所得税汇算清缴之后取得相关认定资质，该企业应在取得相关认定资质起，就其从获利年度起计算的优惠期的剩余年限享受相应的定期减免优惠。

（18）符合上述规定条件的企业，应在年度终了之日起4个月内，按照本通知及《国家税务总局关于企业所得税减免税管理问题的通知》（国税发［2008］111号）的规定，向主管税务机关办理减免税手续。在办理减免税手续时，企业应提供具有法律效力的证明材料。

（19）享受上述税收优惠的企业有下述情况之一的，应取消其享受税收优惠的资格，并补缴已减免的企业所得税税款：

1）在申请认定过程中提供虚假信息的。

2）有偷、骗税等行为的。

3）发生重大安全、质量事故的。

4）有环境等违法、违规行为，受到有关部门处罚的。

（20）享受税收优惠的企业，其税收优惠条件发生变化的，应当自发生变化之日起15日内向主管税务机关报告；不再符合税收优惠条件的，应当依法履行纳税义务；未依法纳税的，主管税务机关应当予以追缴。同时，主管税务机关在执行税收优惠政策过程中，发现企业不符合享受税收优惠条件的，可暂停企业享受的相关税收优惠。

（21）在2010年12月31日前，依照《财政部 国家税务总局关于企业所得税若干优惠政策的通知》（财税［2008］1号）第一条规定，经认定并可享受原定期减免税优惠的企业，可在本通知施行后继续享受到期满为止。

（22）集成电路生产企业、集成电路设计企业、软件企业等依照本通知规定可以享受的企业所得税优惠政策与企业所得税其他相同方式优惠政策存在交叉的，由企业选择一项最优惠的政策执行，不叠加享受。

（23）根据《财政部 国家税务总局关于进一步鼓励软件产业和集成电路产业发展税收政策的通知》（财税［2002］70号）的规定，自2008年1月1日起至2010年底，对集成电路生产企业、封装企业的投资者，以其取得的缴纳企业所得税后的利润，直接投资于本企业增加注册资本，或作为资本投资开办其他集成电路生产企业、封装企业，经营期不少于5年的，按40%的比例退还其再投资部分已缴纳的企业所得税税款。

再投资不满5年撤出该项投资的，追缴已退的企业所得税税款。

自2008年1月1日起至2010年底，对国内外经济组织作为投资者，以其在境内取得的缴纳企业所得税后的利润，作为资本投资于西部地区开办集成电路生产企业、封装企业或软件产品生产企业，经营期不少于5年的，按80%的比例退还其再投资部分已缴纳的企业所得税税款。再投资不满5年撤出该项投资的，追缴已退的企业所得税税款。

（二）关于鼓励证券投资基金发展的税收优惠

（1）对证券投资基金从证券市场中取得的收入，包括买卖股票、债券的差价收入，股权的股息、红利收入，债券的利息收入及其他收入，暂不征收企业所得税。

（2）对投资者从证券投资基金分配中取得的收入，暂不征收企业所得税。

（3）对证券投资基金管理人运用基金买卖股票、债券的差价收入，暂不征收企业所得税。

（三）促进节能服务产业发展的税收优惠

为鼓励企业运用合同能源管理机制，加大节能减排技术改造工作力度，财税［2010］110号文件规定，自2011年1月1日起，对符合条件的节能服务公司实施合同能源管理项目，符合企业所得税税法有关规定的，自项目取得第一笔生产经营收入所属纳税年度起，第一年至第三年免征企业所得税，第四年至第六年按照25%的法定税率减半征收企业所得税。

（1）对符合条件的节能服务公司，以及与其签订节能效益分享型合同的用能企业，实施合同能源管理项目有关资产的企业所得税税务处理按以下规定执行：

1）用能企业按照能源管理合同实际支付给节能服务公司的合理支出，均可以在计算当期应纳税所得额时扣除，不再区分服务费用和资产价款进行税务处理。

2）能源管理合同期满后，节能服务公司转让给用能企业的因实施合同能源管理项目形成的资产，按折旧或摊销期满的资产进行税务处理，用能企业从节能服务公司接受有关资产的计税基础也应按折旧或摊销期满的资产进行税务处理。

3）能源管理合同期满后，节能服务公司与用能企业办理有关资产的权属转移时，用能企业已支付的资产价款，不再另行计入节能服务公司的收入。

（2）节能服务公司享受税收优惠应具备以下条件：

1）具有独立法人资格，注册资金不低于100万元，且能够单独提供用能状况诊断、节能项目设计、融资、改造（包括施工、设备安装、调试、验收等）、运行管理、人员培训等服务的专业化节能服务公司。

2）节能服务公司实施合同能源管理项目相关技术应符合国家质量监督检验检疫总局和国家标准化管理委员会发布的《合同能源管理技术通则》（GB/T24915—2010）规定的技术要求。

3）节能服务公司与用能企业签订《节能效益分享型》合同，其合同格式和内容，符合《合同法》和国家质量监督检验检疫总局和国家标准化管理委员会发布的《合同能源管理技术通则》（GB/T24915—2010）等规定。

4）节能服务公司实施合同能源管理的项目符合《财政部　国家税务总局国家发展改革委关于公布环境保护节能节水项目企业所得税优惠目录（试行）的通知》（财税［2009］166号）“4. 节能减排技术改造”类中第一项至第八项规定的项目和条件。

5）节能服务公司投资额不低于实施合同能源管理项目投资总额的70%。

6）节能服务公司拥有匹配的专职技术人员和合同能源管理人才，具有保障项目顺利实施和稳定运行的能力。

（3）节能服务公司与用能企业之间的业务往来，应当按照独立企业之间的业务往来收取或者支付价款、费用。不按照独立企业之间的业务往来收取或者支付价款、费用，而减少其应纳税所得额的，税务机关有权进行合理调整。

（4）用能企业对从节能服务公司取得的与实施合同能源管理项目有关的资产，应与企业其他资产分开核算，并建立辅助账或明细账。

（5）节能服务公司同时从事适用不同税收政策待遇项目的，其享受税收优惠项目应当单独计算收入、扣除，并合理分摊企业的期间费用；没有单独计算的，不得享受税收优惠政策。

（6）国家税务总局　国家发展改革委公告2013年第77号就落实合同能源管理项目企业所得税优惠政策的征收管理作下列规定，自2013年1月1日起施行：

1）对实施节能效益分享型合同能源管理项目（以下简称项目）的节能服务企业，凡实行查账征收所得税的居民企业并符合企业所得税法和本公告有关规定的，该项目可享受财税［2010］110号规定的企业所得税“三免三减半”优惠政策。如节能服务企业的分享型合同约定的效益分享期短于6年的，按实际分享期享受优惠。

2）节能服务企业享受“三免三减半”项目的优惠期限，应连续计算。对在优惠期限内转让所享受优惠的项目给其他符合条件的节能服务企业，受让企业承续经营该项目的，可自项目受让之日起，在剩余期限内享受规定的优惠；优惠期限届满后转让的，受让企业不得就该项目重复享受优惠。

3）节能服务企业投资项目所发生的支出，应按税法规定作资本化或费用化处理。形成的固定资产或无形资产，应按合同约定的效益分享期计提折旧或摊销。

节能服务企业应分别核算各项目的成本费用支出额。对在合同约定的效益分享期内发生的期间费用划分不清的，应合理进行分摊，期间费用的分摊应按照项目投资额和销售（营业）收入额两个因素计算分摊比例，两个因素的权重各为50%。

4）节能服务企业、节能效益分享型能源管理合同和合同能源管理项目应符合财税［2010］110号第二条第（三）项所规定的条件。

5）享受企业所得税优惠政策的项目应属于《财政部　国家税务总局　国家发展改革委关于公布环境保护节能节水项目企业所得税优惠目录（试行）的通知》（财税［2009］166号）规定的节能减排技术改造项目，包括余热余压利用、绿色照明等节能效益分享型合同能源管理项目。

6）合同能源管理项目优惠实行事前备案管理。节能服务企业享受合同能源管理项目企业所得税优惠的，应向主管税务机关备案。涉及多个项目优惠的，应按各项目分别进行备案。节能服务企业应在项目取得第一笔收入的次年4个月内，完成项目享受优惠备案。办理备案手续时需提供以下资料：①减免税备案申请；②能源管理合同复印件；③国家发展改革委、财政部公布的第三方机构出具的《合同能源管理项目情况确认表》，或者政府节能主管部门出具的合同能源管理项目确认意见；④《合同能源管理项目应纳税所得额计算表》；⑤项目第一笔收入的发票复印件；⑥合同能源管理项目发生转让的，受让节能服务企业除提供上述材料外，还需提供项目转让合同、项目原享受优惠的备案文件。

7）企业享受优惠条件发生变化的，应当自发生变化之日起15日内向主管税务机关书面报告。如不再符合享受优惠条件的，应停止享受优惠，并依法缴纳企业所得税。对节能服务企业采取虚假手段获取税收优惠的、享受优惠条件发生变化而未及时向主管税务机关报告的以及未按本公告规定报送备案资料而自行减免税的，主管税务机关应按照税收征管法等有关规定进行处理。税务部门应设立节能服务企业项目管理台账和统计制度，并会同节能主管部门建立监管机制。

8）合同能源管理项目确认由国家发展改革委、财政部公布的第三方节能审核机构负责，并出具《合同能源管理项目情况确认表》，或者由政府节能主管部门出具合同能源管理项目确认意见。第三方机构在合同能源管理项目确认过程中应严格按照国家有关要求认真审核把关，确保审核结果客观、真实。对在审核过程中把关不严、弄虚作假的第三方机构，一经查实，将取消其审核资质，并按相关法律规定追究责任。

十二、其他税收优惠

为了保证新、旧企业所得税法规的顺利衔接，《企业所得税法》明确了过渡性规定。即企业所得税法公布前（2007年3月16日）已经批准设立（已经完成工商登记注册）的企业，依照当时的税收法律、行政法规规定，享受低税率优惠的，按照国务院规定，可以在本法施行后5年内，逐步过渡到本法规定的税率；享受定期减免税优惠的，按照国务院规定，可以在本法施行后继续享受到期满为止，但因未获利而尚未享受优惠的，优惠期限从本法施行年度起计算。具体规定如下：

（一）低税率优惠过渡政策

自2008年1月1日起，原享受低税率优惠政策的企业，在新税法施行后5年内逐步过渡到法定税率。其中：享受企业所得税15%税率的企业，2008年按18%税率执行，2009年按20%税率执行，2010年按22%税率执行，2011年按24%税率执行，2012年按25%税率执行；原执行24%税率的企业，2008年起按25%税率执行。

（二）“两免三减半”、“五免五减半”的过渡政策

自2008年1月1日起，原享受企业所得税“两免三减半”、“五免五减半”等定期

减免税优惠的企业，新税法施行后继续按原税收法律、行政法规及相关文件规定的优惠办法及年限享受至期满为止。

但因未获利而尚未享受税收优惠的，其优惠期限从2008年度起计算。

《财政部 国家税务总局关于贯彻落实国务院关于实施企业所得税过渡优惠政策有关问题的通知》（财税［2008］21号）第二条规定："对按照国发［2007］39号文件有关规定适用15%企业所得税率并享受企业所得税定期减半优惠过渡的企业，应一律按照国发［2007］39号文件第一条第二款规定的过渡税率计算的应纳税额实行减半征税，即2008年按18%税率计算的应纳税额实行减半征税，2009年按20%税率计算的应纳税额实行减半征税，2010年按22%税率计算的应纳税额实行减半征税，2011年按24%税率计算的应纳税额实行减半征税，2012年及以后年度按25%税率计算的应纳税额实行减半征税。

对原适用24%或33%企业所得税率并享受国发［2007］39号文件规定企业所得税定期减半优惠过渡的企业，2008年及以后年度一律按25%税率计算的应纳税额实行减半征税。"

（三）原外商投资企业税收优惠的处理

《财政部 国家税务总局关于企业所得税若干优惠政策的通知》（财税［2008］1号）第四条关于外国投资者从外商投资企业取得利润的优惠政策规定："2008年1月1日之前外商投资企业形成的累积未分配利润，在2008年以后分配给外国投资者的，免征企业所得税；2008年及以后年度外商投资企业新增利润分配给外国投资者的，依法缴纳企业所得税。"

《国家税务总局关于外商投资企业和外国企业原有若干税收优惠政策取消后有关事项处理的通知》（国税发［2008］23号）规定，外商投资企业和外国企业原执行的若干税收优惠政策取消后的税务处理按以下规定执行：

1. 关于原外商投资企业的外国投资者再投资退税政策的处理

外国投资者从外商投资企业取得的税后利润直接再投资本企业增加注册资本，或者作为资本投资开办其他外商投资企业，凡在2007年底以前完成再投资事项，并在国家工商管理部门完成变更或注册登记的，可以按照《中华人民共和国外商投资企业和外国企业所得税法》及其有关规定，给予办理再投资退税。对在2007年底以前用2007年度预分配利润进行再投资的，不给予退税。

2. 关于外国企业从我国取得的利息、特许权使用费等所得免征企业所得税的处理

外国企业向我国转让专有技术或提供贷款等取得所得，凡上述事项所涉及的合同是在2007年底以前签订，且符合《中华人民共和国外商投资企业和外国企业所得税法》规定免税条件，经税务机关批准给予免税的，在合同有效期内可继续给予免税，但不包括延期、补充合同或扩大的条款。各主管税务机关应做好合同执行跟踪管理工作，及时开具完税证明。

3. 关于享受定期减免税优惠的外商投资企业在 2008 年后条件发生变化的处理

外商投资企业按照《中华人民共和国外商投资企业和外国企业所得税法》规定享受定期减免税优惠，2008 年后，企业生产经营业务性质或经营期发生变化，导致其不符合《中华人民共和国外商投资企业和外国企业所得税法》规定条件的，仍应依据《中华人民共和国外商投资企业和外国企业所得税法》规定补缴其此前（包括在优惠过渡期内）已经享受的定期减免税税款。各主管税务机关在每年对这类企业进行汇算清缴时，应对其经营业务内容和经营期限等变化情况进行审核。

（四）西部大开发的税收优惠

《企业所得税法》第五十七条规定，国家已确定的其他鼓励类企业，可以按照国务院规定享受减免税优惠。为贯彻落实党中央、国务院关于深入实施西部大开发战略的精神，进一步支持西部大开发，财政部、海关总署、国家税务总局联合下发了《关于深入实施西部大开发战略有关税收政策问题的通知》（财税［2011］58 号），为落实该文件，国家税务总局公告 2012 年第 12 号《关于深入实施西部大开发战略有关企业所得税问题的公告》（以下简称《公告》）又对企业所得税问题做了布置，具体内容如下：

1. 适用范围

所称西部地区包括重庆市、四川省、贵州省、云南省、西藏藏族自治区、陕西省、甘肃省、宁夏回族自治区、青海省、新疆维吾尔自治区、新疆生产建设兵团、内蒙古自治区和广西壮族自治区。湖南省湘西土家族苗族自治州、湖北省恩施土家族苗族自治州、吉林省延边朝鲜族自治州，可以比照西部地区的税收政策执行。（共计 7 省市、5 个自治区、3 个自治州和生产建设兵团）。

2. 具体内容

（1）对设在西部地区的鼓励类产业企业，自 2011 年 1 月 1 日至 2020 年 12 月 31 日期间，减按 15% 的税率征收企业所得税。

鼓励类产业企业是指以《西部地区鼓励类产业目录》中规定的产业项目为主营业务，且其主营业务收入占企业收入总额 70% 以上的企业。国家发展和改革委员会于 2014 年 8 月 20 日以发改委令第 15 号发布了《西部地区鼓励类产业目录》，自 2014 年 10 月 1 日起施行。

（2）对西部地区 2010 年 12 月 31 日前新办的，根据《财政部　国家税务总局海关总署关于西部大开发税收优惠政策问题的通知》（财税［2001］202 号）第二条第三款规定可以享受企业所得税“两免三减半”优惠的交通、电力、水利、邮政、广播电视企业，其享受的企业所得税“两免三减半”优惠可以继续享受到期满为止。

（3）对西部地区新办的交通、电力、水利、邮政、广播电视企业，上述项目业务收入占企业总收入 70% 以上的，可以享受企业所得税如下优惠政策：内资企业自开始生产经营之日起，第 1 年至第 2 年免征企业所得税，第 3 年至第 5 年减半征收企业所得税。

新办交通企业是指投资新办从事公路、铁路、航空、港口、码头运营和管道运输的企业。新办电力企业是指投资新办从事电力运营的企业。新办水利企业是指投资新办从事江河湖泊综合治理、防洪除涝、灌溉、供水、水资源保护、水力发电、水土保持、河道疏浚、河海堤防建设等开发水利、防治水害的企业。新办邮政企业是指投资新办从事邮政运营的企业。新办广播电视企业是指投资新办从事广播电视运营的企业。

上述企业同时符合税收优惠规定条件的，第3年至第5年减半征收企业所得税时，按15%税率计算出应纳所得税额后减半执行。

上述所称企业，是指投资主体自建、运营上述项目的企业，单纯承揽上述项目建设的施工企业不得享受两年免税、三年减半征收企业所得税的政策。

3. 实行汇总（合并）纳税企业

对实行汇总（合并）纳税企业，应当将西部地区的成员企业与西部地区以外的成员企业分开，分别汇总（合并）纳税申报，分别适用税率。

（五）实施企业税收过渡优惠政策的其他规定

（1）享受企业所得税过渡优惠政策的企业，应按照新税法和实施条例中有关收入和扣除的规定计算应纳税所得额。

（2）企业所得税过渡优惠政策与新税法及实施条例规定的优惠政策存在交叉的，由企业选择最优惠的政策执行，不得叠加享受，且一经选择，不得改变。

（3）法律设置的发展对外经济合作和技术交流的特定地区内，以及国务院已规定执行上述地区特殊政策的地区内新设立的国家需要重点扶持的高新技术企业，可以享受过渡性优惠，具体办法由国务院规定。

（4）国家已确定的其他鼓励类企业，可以按照国务院规定享受减免税优惠。

第五节 应纳税额的计算

一、居民企业应纳税额的计算

居民企业应纳税额等于应纳税所得额乘以适用税率，基本公式为：

居民企业应纳税额 = 应纳税所得额 × 适用税率 − 减免税额 − 抵免税额

根据计算公式可以看出，居民企业应纳税额的多少，取决于应纳税所得额和适用税率两个因素。在纳税实务中，应纳税所得额的计算一般有两种方法。

（一）直接计算法

在直接计算法下，居民企业每一纳税年度的收入总额减除不征税收入、免税收入、各项扣除以及允许弥补的以前年度亏损后的余额为应纳税所得额，计算公式与前述相同，即为：

应纳税所得额 = 收入总额 − 不征税收入 − 免税收入 − 各项扣除金额 − 弥补亏损

（二）间接计算法

在间接计算法下，是在会计利润总额的基础上加或减按照税法规定调整的项目金

额后，即为应纳税所得额。计算公式为

应纳税所得额 = 会计利润总额 ± 纳税调整项目金额

纳税调整项目金额包括两方面的内容：一是企业的财务会计处理与税收规定不一致的应予以调整的金额；二是企业按税法规定准予扣除的应纳税所得额。

[例 18-5]　宏大房地产公司（居民企业）2013 年的经营业务如下：

（1）销售收入 25 000 万元。

（2）销售成本 15 000 万元。

（3）销售费用 370 万元，其中广告费 150 万元。

（4）管理费用 360 万元，其中业务招待费 30 万元。

（5）财务费用 770 万元。

（6）营业税及附加 2 600 万元，其中土地增值税 1 225 万元。

（7）营业外收入 70 万元。

（8）营业外支出 150 万元，含：向汶川地震灾区捐赠 120 万元。

（9）已计入成本费用的工资总额 150 万元，拨缴工会经费 3 万元，支付职工福利费 26 万元，报销职工教育经费 4 万元。

要求计算宏大房地产公司 2013 年应缴纳的企业所得税额。

[案例分析]

（1）会计利润总额 = 25 000 − 15 000 −（370 + 360 + 770）− 2 600 + 70 − 150 = 5 820（万元）

（2）业务招待费调增额 = 30 − 30 × 60% = 12（万元）

业务招待费扣除限额 = 25 000 × 5‰ = 125（万元）

30 × 60% = 18（万元）< 125（万元），没有超过扣除限额。

（3）公益性捐赠扣除限额 = 5 820 × 12% = 698.4（万元）

公益性捐赠 120 万元 < 扣除限额，不需调整。

（4）“工会经费等三项经费”调增额 =（4 + 26 + 3）− 150 × 18.5% = 33 − 27.75 = 5.25（万元）

（5）应纳税所得额 = 5 820 + 12 + 5.25 = 5 837.25（万元）

（6）宏大房地产公司 2013 年应缴企业所得税 = 5 837.25 × 25% = 1 459.31（万元）

[例 18-6]　泰安建筑安装公司（居民企业）2013 年的经营业务如下：

（1）主营业务收入 560 万元，主营业务成本 400 万元。

（2）其他业务收入 90 万元，其他业务成本 66 万元。

（3）营业税及附加 32 万元。

（4）管理费用 90 万元，其中研究开发费 30 万元。

（5）财务费用 20 万元。

（6）权益性投资收益 34 万元，被投资企业属高新技术企业，适用税率 15%。

（7）营业外收入 10 万元；营业外支出 25 万元，含公益性捐赠 18 万元。

要求：泰安建筑安装公司2013年度应缴纳的企业所得税。

[案例分析]

（1）会计利润总额 = 560 - 400 + 90 - 66 - 32 - 90 - 20 + 34 + 10 - 25 = 61（万元）

（2）权益性投资收益34万元，符合《企业所得税法》第二十六条第（二）款的规定，即："符合条件的居民企业之间的股息、红利等权益性投资收益"为免税收入。

（3）研究开发费加计扣除50% = 30 × 50% = 15（万元）

（4）捐赠支出扣除限额 = 61 × 12% = 7.32（万元）

公司捐赠支出应调增应纳税所得额 = 18 - 7.32 = 10.68（万元）

（5）应纳税所得额 = 61 - 15 + 10.68 = 56.68（万元）

（6）应交企业所得税 = 56.68 × 25% = 14.17（万元）

二、境外所得抵扣税额的计算

企业取得的下列所得已在境外缴纳的所得税税额，可以从其当期应纳税额中抵免，抵免限额为该项所得依照本法规定计算的应纳税额；超过抵免限额的部分，可以在以后5个年度内，用每年度抵免限额抵免当年应抵税额后的余额进行抵补：

（1）居民企业来源于中国境外的应税所得。

（2）非居民企业在中国境内设立机构、场所，取得发生在中国境外但与该机构、场所有实际联系的应税所得。

居民企业从其直接或者间接控制的外国企业分得的来源于中国境外的股息、红利等权益性投资收益，外国企业在境外实际缴纳的所得税税额中属于该项所得负担的部分，可以作为该居民企业的可抵免境外所得税税额，在《企业所得税法》规定的抵免限额内抵免。

上述所称"直接控制"是指居民企业直接持有外国企业20%以上股份。

上述所称"间接控制"是指居民企业以间接持股方式持有外国企业20%以上股份，具体认定办法由国务院财政、税务主管部门另行制定。

已在境外缴纳的所得税税额是指企业来源于中国境外的所得依照中国境外税收法律以及相关规定应当缴纳并已经实际缴纳的企业所得税性质的税款。企业依照企业所得税法的规定抵免企业所得税税额时，应当提供中国境外税务机关出具的税款所属年度的有关纳税凭证。

上述所称"抵免限额"是指企业来源于中国境外的所得，依照企业所得税法和实施条例的规定计算的应纳税额。除国务院财政、税务主管部门另有规定外，该抵免限额应当分国（地区）不分项计算，计算公式如下：

抵免限额 = 中国境内、境外所得依照企业所得税法和条例的规定计算的应纳税总额 × 来源于某国（地区）的应纳税所得额 ÷ 中国境内、境外应纳税所得总额

所称"5个年度"是指从企业取得的来源于中国境外的所得，已经在中国境外缴纳的企业所得税性质的税额超过抵免限额的当年的次年起连续5个纳税年度。

[例 18-7] 丁企业 2008 年度境内经营所得为 200 万元，企业所得税适用税率为 25%，其在 D 国的 W 公司投资折合人民币 200 万元，占股份 20%，当年从 W 公司分回股息性所得折合人民币 80 万元。按照 D 国税法规定企业所得税的税率为 15%，丁企业已经取得 D 国税务机关给 W 公司开具的完税证明，W 公司在 D 国纳税 60 万元。

[案例分析]

丁企业国内、国外所得按我国税法应纳企业所得税 =（200 + 80）×25% = 70（万元）

丁企业所分股息在境外已负担税额 = 60 × 20% = 12（万元）

在境内应补缴的所得税款 = 80 × 25% − 12 = 8（万元）

丁企业汇总应纳所得税额 =（200 + 80）×25% − 12 = 58（万元）

[例 18-8] 甲企业是在我国注册的一家跨国公司，2013 年度，总公司实现利润 2 000万元。在 A、B 两国分别设有独立的子公司，（我国与 A、B 两国已经缔结避免双重征税协定），在 A 国的公司实现利润折合人民币 400 万元，在 B 国的公司实现利润折合人民币 600 万元。假设 A、B 两国应纳税所得额的计算与我国相同，A 国的所得税率 30%，公司已纳税 120 万元；B 国的所得税率 20%，已纳税款 120 万元。计算甲企业在 A、B 两国的所得税扣除限额和甲企业 2013 年的应纳所得税额。

[案例分析]

(1) 甲企业按我国税法计算的境内、境外所得的应纳税额：

应纳税额 =（2 000 + 400 + 600）×25% = 750（万元）

(2) A、B 两国计算应纳税所得额的规定与我国相同，A 国公司的应纳税所得额 400 万元，B 国公司应纳税所得额 600 万元。

(3) A、B 两国的扣除限额：

A 国扣除限额 = 750 ×［400 ÷（2 000 + 400 + 600）］= 100（万元）

B 国扣除限额 = 750 ×［600 ÷（2 000 + 400 + 600）］= 150（万元）

(4) A 国已纳税款 120 万元，可以抵免 100 万元，余额 20 万元向以后年度结转，在以后 5 个年度内，用每年度抵免限额抵免当年应抵税额后的余额进行抵补；B 国已纳税款 120 万元，小于抵免限额 150 万可以全部抵免。两企业可以抵免 220 万元。

甲企业 2013 年的应纳所得税额 = 750 −（100 + 120）= 530（万元）

三、非居民企业应纳税额的计算

所称非居民企业，是指依照外国（地区）法律成立且实际管理机构不在中国境内，但在中国境内未设立机构、场所且有来源于中国境内所得的企业，以及虽设立机构、场所但取得的所得与其所设机构、场所没有实际联系的企业。

对于在中国境内未设立机构、场所的，或者虽设立机构、场所但取得的所得与其所设机构、场所没有实际联系的非居民企业的所得，按照下列方法计算应纳税所得额：

(1) 股息、红利等权益性投资收益和利息、租金、特许权使用费所得，以收入全额为应纳税所得额。

（2）转让财产所得，以收入全额减除财产净值后的余额为应纳税所得额。

（3）其他所得，参照前两项规定的方法计算应纳税所得额。

上述所称“财产净值”是指有关资产、财产的计税基础减除已经按照规定扣除的折旧、折耗、摊销、准备金等后的余额。

为规范和加强非居民企业所得税源泉扣缴管理，国家税务总局印发的《非居民企业所得税源泉扣缴管理暂行办法》（国税发［2009］3号，以下简称《暂行办法》）规定，对非居民企业取得来源于中国境内的股息、红利等权益性投资收益和利息、租金、特许权使用费所得、转让财产所得以及其他所得应当缴纳的企业所得税，实行源泉扣缴，依照有关法律规定或者合同约定对非居民企业直接负有支付相关款项义务的单位或者个人为扣缴义务人。具体源泉扣缴管理规定如下：

（1）扣缴义务人在每次向非居民企业支付或者到期应支付所得时，应从支付或者到期应支付的款项中扣缴企业所得税。

所称到期应支付的款项，是指支付人按照权责发生制原则应当计入相关成本、费用的应付款项。

扣缴义务人每次代扣代缴税款时，应当向其主管税务机关报送《中华人民共和国扣缴企业所得税报告表》（以下简称扣缴表）及相关资料，并自代扣之日起7日内缴入国库。

（2）扣缴企业所得税应纳税额计算。

扣缴企业所得税应纳税额 = 应纳税所得额 × 实际征收率

应纳税所得额的计算，按照上述（1）、（2）条规定为标准。实际征收率是指企业所得税法及其实施条例等相关法律法规规定的税率，或者税收协定规定的更低的税率。

（3）扣缴义务人对外支付或者到期应支付的款项为人民币以外货币的，在申报扣缴企业所得税时，应当按照扣缴当日国家公布的人民币汇率中间价，折合成人民币计算应纳税所得额。

（4）扣缴义务人与非居民企业签订与本办法第（3）条规定的所得有关的业务合同时，凡合同中约定由扣缴义务人负担应纳税款的，应将非居民企业取得的不含税所得换算为含税所得后计算征税。

（5）按照企业所得税法及其实施条例和相关税收法规规定，给予非居民企业减免税优惠的，应按相关税收减免管理办法和行政审批程序的规定办理。对未经审批或者减免税申请未得到批准之前，扣缴义务人发生支付款项的，应按规定代扣代缴企业所得税。

（6）非居民企业可以适用的税收协定与本办法有不同规定的，可申请执行税收协定规定；非居民企业未提出执行税收协定规定申请的，按国内税收法律法规的有关规定执行。

（7）非居民企业已按国内税收法律法规的有关规定征税后，提出享受减免税或税收协定待遇申请的，主管税务机关经审核确认应享受减免税或税收协定待遇的，对多缴纳的税款应依据税收征管法及其实施细则的有关规定予以退税。

（8）因非居民企业拒绝代扣税款的，扣缴义务人应当暂停支付相当于非居民企业应纳税款的款项，并在1日之内向其主管税务机关报告，并报送书面情况说明。

（9）扣缴义务人未依法扣缴或者无法履行扣缴义务的，非居民企业应于扣缴义务人支付或者到期应支付之日起7日内，到所得发生地主管税务机关申报缴纳企业所得税。

股权转让交易双方为非居民企业且在境外交易的，由取得所得的非居民企业自行或委托代理人向被转让股权的境内企业所在地主管税务机关申报纳税。被转让股权的境内企业应协助税务机关向非居民企业征缴税款。

扣缴义务人所在地与所得发生地不在一地的，扣缴义务人所在地主管税务机关应自确定扣缴义务人未依法扣缴或者无法履行扣缴义务之日起5个工作日内，向所得发生地主管税务机关发送《非居民企业税务事项联络函》，告知非居民企业的申报纳税事项。

（10）非居民企业依照《暂行办法》规定申报缴纳企业所得税，但在中国境内存在多处所得发生地，并选定其中之一申报缴纳企业所得税的，应向申报纳税所在地主管税务机关如实报告有关情况。申报纳税所在地主管税务机关在受理申报纳税后，应将非居民企业申报缴纳所得税情况书面通知扣缴义务人所在地和其他所得发生地主管税务机关。

（11）非居民企业未依照《暂行办法》的规定申报缴纳企业所得税，由申报纳税所在地主管税务机关责令限期缴纳，逾期仍未缴纳的，申报纳税所在地主管税务机关可以收集、查实该非居民企业在中国境内其他收入项目及其支付人（以下简称其他支付人）的相关信息，并向其他支付人发出《税务事项通知书》，从其他支付人应付的款项中，追缴该非居民企业的应纳税款和滞纳金。

其他支付人所在地与申报纳税所在地不在一地的，其他支付人所在地主管税务机关应给予配合和协助。

（12）对多次付款的合同项目，扣缴义务人应当在履行合同最后一次付款前15日内，向主管税务机关报送合同全部付款明细、前期扣缴表和完税凭证等资料，办理扣缴税款清算手续。

第六节 源泉扣除

一、扣缴义务人

（1）对非居民企业在中国境内未设立机构、场所的，或者虽设立机构、场所但取得的所得与其所设机构、场所没有实际联系的所得应缴纳企业所得税，实行源泉扣缴，以支付人为扣缴义务人。税款由扣缴义务人在每次支付或者到期应支付时，从支付或者到期应支付的款项中扣缴。

上述所称“支付人”是指依照有关法律规定或者合同约定对非居民企业直接负有支付相关款项义务的单位或者个人。

上述所称“支付”包括现金支付、汇拨支付、转账支付和权益兑价支付等货币支付和非货币支付。

上述所称“到期应支付的款项”是指支付人按照权责发生制原则应当计入相关成本、费用的应付款项。

（2）对非居民企业在中国境内取得工程作业和劳务所得应缴纳的所得税，税务机关可以指定工程价款或者劳务费的支付人为扣缴义务人。

企业所得税法规定可以指定扣缴义务人的情形，包括：

1）预计工程作业或者提供劳务期限不足一个纳税年度，且有证据表明不履行纳税义务的。

2）没有办理税务登记或者临时税务登记，且未委托中国境内的代理人履行纳税义务的。

3）未按照规定期限办理企业所得税纳税申报或者预缴申报的。

上述规定的扣缴义务人，由县级以上税务机关指定，并同时告知扣缴义务人所扣税款的计算依据、计算方法、扣缴期限和扣缴方式。

二、扣缴方法

（1）扣缴义务人扣缴税款时，计算方法应按本章第四节第三项“非居民企业应纳税额的计算”规定的方法计算应纳税额，并按照国家税务总局《非居民企业所得税源泉扣缴管理暂行办法》（国税发［2009］3号，以下简称《源泉扣缴暂行办法》）的规定代扣代缴非居民企业的所得税。

（2）按税法规定应当扣缴的所得税，扣缴义务人未依法扣缴或者无法履行扣缴义务的，由纳税人在所得发生地缴纳。纳税人未依法缴纳的，税务机关可以从该纳税人在中国境内其他收入项目的支付人应付的款额中，追缴该纳税人的应纳税款。

上述所称“所得发生地”，是指依照《实施条例》第七条规定的原则确定的所得发生地。在中国境内存在多处所得发生地的，由纳税人选择其中之一申报缴纳企业所得税。

上述所称“该纳税人在中国境内其他收入”，是指该纳税人在中国境内取得的其他各种来源的收入。

（3）税务机关在追缴该纳税人应纳税款时，应当将追缴理由、追缴数额、缴纳期限和缴纳方式等告知该纳税人。

（4）扣缴义务人每次代扣的税款，应当自代扣之日起七日内缴入国库，并向所在地的税务机关报送扣缴企业所得税报告表。

三、关于进一步加强非居民企业所得税管理的规定

（一）贯彻《源泉扣缴暂行办法》的规定

1. 关于到期应支付而未支付的所得扣缴企业所得税问题

中国境内企业（以下称为企业）和非居民企业签订与利息、租金、特许权使用费等所得有关的合同或协议，如果未按照合同或协议约定的日期支付上述所得款项，或者变更或修改合同或协议延期支付，但已计入企业当期成本、费用，并在企业所得税年度纳税申报中作税前扣除的，应在企业所得税年度纳税申报时按照企业所得税法有关规定代扣代缴企业所得税。

如果企业上述到期未支付的所得款项，不是一次性计入当期成本、费用，而是计入相应资产原价或企业筹办费，在该类资产投入使用或开始生产经营后分期摊入成本、费用，分年度在企业所得税前扣除的，应在企业计入相关资产的年度纳税申报时就上述所得全额代扣代缴企业所得税。

如果企业在合同或协议约定的支付日期之前支付上述所得款项的，应在实际支付时按照企业所得税法有关规定代扣代缴企业所得税。

2. 关于担保费税务处理问题

非居民企业取得来源于中国境内的担保费，应按照企业所得税法对利息所得规定的税率计算缴纳企业所得税。上述来源于中国境内的担保费，是指中国境内企业、机构或个人在借贷、买卖、货物运输、加工承揽、租赁、工程承包等经济活动中，接受非居民企业提供的担保所支付或负担的担保费或相同性质的费用。

3. 关于土地使用权转让所得征税问题

非居民企业在中国境内未设立机构、场所而转让中国境内土地使用权，或者虽设立机构、场所但取得的土地使用权转让所得与其所设机构、场所没有实际联系的，应以其取得的土地使用权转让收入总额减除计税基础后的余额作为土地使用权转让所得计算缴纳企业所得税，并由扣缴义务人在支付时代扣代缴。

4. 关于融资租赁和出租不动产的租金所得税务处理问题

（1）在中国境内未设立机构、场所的非居民企业，以融资租赁方式将设备、物件等租给中国境内企业使用，租赁期满后设备、物件所有权归中国境内企业（包括租赁期满后作价转让给中国境内企业），非居民企业按照合同约定的期限收取租金，应以租赁费（包括租赁期满后作价转让给中国境内企业的价款）扣除设备、物件价款后的余额，作为贷款利息所得计算缴纳企业所得税，由中国境内企业在支付时代扣代缴。

（2）非居民企业出租位于中国境内的房屋、建筑物等不动产，对未在中国境内设立机构、场所进行日常管理的，以其取得的租金收入全额计算缴纳企业所得税，由中国境内的承租人在每次支付或到期应支付时代扣代缴。

如果非居民企业委派人员在中国境内或者委托中国境内其他单位或个人对上述不动产进行日常管理的，应视为其在中国境内设立机构、场所，非居民企业应在税法规定的期限内自行申报缴纳企业所得税。

5. 关于股息、红利等权益性投资收益扣缴企业所得税处理问题

中国境内居民企业向未在中国境内设立机构、场所的非居民企业分配股息、红利等权益性投资收益，应在作出利润分配决定的日期代扣代缴企业所得税。如实际支付时间先于利润分配决定日期的，应在实际支付时代扣代缴企业所得税。

（二）非居民企业股权转让所得的企业所得税管理

为规范和加强非居民企业股权转让所得企业所得税管理，《国家税务总局关于加强非居民企业股权转让所得企业所得税管理的通知》（国税函［2009］698号，以下简称《698号通知》）文件规定：

（1）股权转让所得是指非居民企业转让中国居民企业的股权（不包括在公开的证券市场买入并卖出中国居民企业的股票）所取得的所得。

股权转让所得是指股权转让价减除股权成本价后的差额。股权转让价是指股权转让人就转让的股权所收取的包括现金、非货币性资产或者权益等形式的金额。如被投资企业有未能分配的利润或税后提存的各项基金等，股权转让人随股权一并转让该股东留存收益权的金额，不得从股权转让价中扣除。股权成本价是指股权转让人投资入股时向中国居民企业实际交付的出资金额，或购买该项股权时向该股权的原转让人实际支付的股权转让金额。

（2）在计算股权转让所得时，以非居民企业向被转让股权的中国居民企业投资时或向原投资方购买该股权时的币种计算股权转让价和股权转让成本价。如果同一非居民企业存在多次投资的，以首次投入资本时的币种计算股权转让价和股权成本价，以加权平均法计算股权成本价；多次投资时币种不一致的，则应按照每次投入资本当日的汇率换算成首次投资时的币种。

（3）境外投资方（实际控制方）间接转让中国居民企业股权，如果被转让的境外控股公司所在国（地区）实际税负低于12.5%或者对其居民境外所得不征所得税的，应自股权转让合同签订之日起30日内，向被转让股权的中国居民企业所在地主管税务机关提供以下资料：

1）股权转让合同或协议。

2）境外投资方与其所转让的境外控股公司在资金、经营、购销等方面的关系。

3）境外投资方所转让的境外控股公司的生产、经营、人员、账务、财产等情况。

4）境外投资方所转让的境外控股公司与中国居民企业在资金、经营、购销等方面的关系。

5）境外投资方设立被转让的境外控股公司具有合理商业目的的说明。

6）税务机关要求的其他相关资料。

（4）境外投资方（实际控制方）通过滥用组织形式等安排，间接转让中国居民企业股权，且不具有合理的商业目的，规避企业所得税纳税义务的，主管税务机关层报税务总局审核后可以按照经济实质对该股权转让交易重新定性，否定被用作税收安排的境外控股公司的存在。

（5）非居民企业向其关联方转让中国居民企业股权，其转让价格不符合独立交易原则而减少应纳税所得额的，税务机关有权按照合理方法进行调整。

（6）境外投资方（实际控制方）同时转让境内或境外多个控股公司股权的，被转让股权的中国居民企业应将整体转让合同和涉及本企业的分部合同提供给主管税务机关，如果没有分部合同的，被转让股权的中国居民企业应向主管税务机关提供被整体转让的各个控股公司的详细材料，准确划分境内被转让企业的转让价格。

（7）扣缴义务人未依法扣缴或者无法履行扣缴义务的，非居民企业应自合同、协议约定的股权转让之日（如果转让方提前取得股权转让收入的，应自实际取得股权转让收入之日）起7日内，到被转让股权的中国居民企业所在地主管税务机关（负责该居民企业所得税征管的机关）申报缴纳企业所得税，非居民企业未按期如实申报的，依照税收征管法的有关规定处理。

（三）贯彻《698号通知》应注意的问题

（1）非居民企业直接转让中国境内居民企业股权，如果股权转让合同或协议约定采取分期付款方式的，应于合同或协议生效且完成股权变更手续时，确认收入实现。

（2）《698号通知》第一条所称“在公开的证券市场上买入并卖出中国居民企业的股票”，是指股票买入和卖出的对象、数量和价格不是由买卖双方事先约定而是按照公开证券市场通常交易规则确定的行为。

（3）《698号通知》第五条、第六条和第八条的“境外投资方（实际控制方）”是指间接转让中国居民企业股权的所有投资者；《698号通知》第五条中的“实际税负”是指股权转让所得的实际税负，“不征所得税”是指对股权转让所得不征收企业所得税。

（4）两个及两个以上境外投资方同时间接转让中国居民企业股权的，可由其中一方按照《698号通知》第五条规定向被转让股权的中国居民企业所在地主管税务机关提供资料。

（5）境外投资方同时间接转让两个及两个以上且不在同一省（市）中国居民企业股权的，可以选择向其中一个中国居民企业所在地主管税务机关按照《698号通知》第五条规定提供资料，由该主管税务机关所在省（市）税务机关与其他省（市）税务机关协商确定是否征税，并向国家税务总局报告；如果确定征税的，应分别到各中国居民企业所在地主管税务机关缴纳税款。

第七节 特别纳税调整

为了维护国家税收权益，防止纳税人采取不正当的行为降低税费，根据多年的税收征管实践，参照国际惯例，新的企业所得税法对关联交易的税务处理及其他反避税措施作出规定。《实施条例》增加了成本分摊、预约定价、提供资料、受控外国公司、资本弱化、一般反避税条款以及反避税罚则等内容，是反避税的全面立法。

一、调整范围

特别纳税调整的范围是指企业与其关联方之间的业务往来，不符合独立交易原则而减少企业或者其关联方应纳税收入或者所得额的，税务机关有权按照合理方法调整。企业与其关联方共同开发、受让无形资产，或者共同提供、接受劳务发生的成本，在计算应纳税所得额时应当按照独立交易原则进行分摊。

独立交易原则，是指没有关联关系的交易各方，按照公平成交价格和营业常规进行业务往来遵循的原则。

（一）关联方

关联方是指与企业有下列关联关系之一的企业、其他组织或者个人，具体是指：

（1）在资金、经营、购销等方面存在直接或者间接的控制关系。

（2）直接或者间接地同为第三者控制。

（3）在利益上具有相关联的其他关系。

（二）关联企业之间关联业务的税务处理

（1）企业与其关联方共同开发、受让无形资产，或者共同提供、接受劳务发生的成本，在计算应纳税所得额时应当按照独立交易原则进行分摊。

（2）企业与其关联方分摊成本时，应当按照成本与预期收益相配比的原则进行分摊，并在税务机关规定的期限内，按照税务机关的要求报送有关资料。

（3）企业与其关联方分摊成本时违反以上（1）、（2）项规定的，其自行分摊的成本不得在计算应纳税所得额时扣除。

（4）企业可以向税务机关提出与其关联方之间业务往来的定价原则和计算方法，税务机关与企业协商、确认后，达成预约定价安排。

预约定价安排，是指企业就其未来年度关联交易的定价原则和计算方法，向税务机关提出申请，与税务机关按照独立交易原则协商、确认后达成的协议。

（5）企业向税务机关报送年度企业所得税纳税申报表时，应当就其与关联方之间的业务往来，附送年度关联业务往来报告表。

税务机关在进行关联业务调查时，企业及其关联方，以及与关联业务调查有关的其他企业，应当按照规定提供相关资料。相关资料包括：

1）与关联业务往来有关的价格、费用的制定标准、计算方法和说明等同期资料。

2）关联业务往来所涉及的财产、财产使用权、劳务等的再销售（转让）价格或者最终销售（转让）价格的相关资料。

3）与关联业务调查有关的其他企业应当提供的与被调查企业可比的产品价格、定价方式以及利润水平等资料。

4）其他与关联业务往来有关的资料。

（6）由居民企业，或者由居民企业和中国居民控制的设立在实际税负明显低于25%的税率水平的国家（地区）的企业，并非由于合理的经营需要而对利润不作分配或者减少分配的，上述利润中应归属于该居民企业的部分，应当计入该居民企业的当期收入。所指控制包括：

1）居民企业或者中国居民直接或者间接单一持有外国企业10%以上有表决权股份，且由其共同持有该外国企业50%以上股份。

2）居民企业，或者居民企业和中国居民持股比例没有达到第1）项规定的标准，但在股份、资金、经营、购销等方面对该外国企业构成实质控制。

3）实际税负明显偏低是指实际税负明显低于企业所得税法规定的25%所得税税率的50%。

（7）企业从其关联方接受的债权性投资与权益性投资的比例超过规定标准而发生的利息支出，不得在计算应纳税所得额时扣除。

债权性投资是指企业直接或者间接从关联方获得的，需要偿还本金和支付利息或者需要以其他具有支付利息性质的方式予以补偿的融资。企业间接从关联方获得的债权性投资，包括：

1）关联方通过无关联第三方提供的债权性投资。

2）无关联第三方提供的、由关联方担保且负有连带责任的债权性投资。

3）其他间接从关联方获得的具有负债实质的债权性投资。

权益性投资是指企业接受的不需要偿还本金和支付利息，投资人对企业净资产拥有所有权的投资。

（8）母子公司间提供服务支付费用有关企业所得税的处理。《企业所得税法实施条例》第四十九条规定："企业之间支付的管理费、企业内营业机构之间支付的租金和特许权使用费，以及非银行企业内营业机构之间支付的利息，不得扣除。"为明确上述问题，《国家税务总局关于母子公司间提供服务支付费用有关企业所得税处理问题的通知》（国税发［2008］86号）作出如下规定：

1）母公司为其子公司（以下简称子公司）提供各种服务而发生的费用，应按照独立企业之间公平交易原则确定服务的价格，作为企业正常的劳务费用进行税务处理。

母子公司未按照独立企业之间的业务往来收取价款的，税务机关有权予以调整。

2）母公司向其子公司提供各项服务，双方应签订服务合同或协议，明确规定提供服务的内容、收费标准及金额等，凡按上述合同或协议规定所发生的服务费，母公司应作为营业收入申报纳税；子公司作为成本费用在税前扣除。

3）母公司向其多个子公司提供同类项服务，其收取的服务费可以采取分项签订合同或协议收取；也可以采取服务分摊协议的方式，即由母公司与各子公司签订服务费用分摊合同或协议，以母公司为其子公司提供服务所发生的实际费用并附加一定比例利润作为向子公司收取的总服务费，在各服务受益子公司（包括盈利企业、亏损企业和享受减免税企业）之间按《中华人民共和国企业所得税法》第四十一条第二款规定合理分摊。

4）母公司以管理费形式向子公司提取费用，子公司因此支付给母公司的管理费，不得在税前扣除。

5）子公司申报税前扣除向母公司支付的服务费用，应向主管税务机关提供与母公司签订的服务合同或者协议等与税前扣除该项费用相关的材料。不能提供相关材料的，支付的服务费用不得税前扣除。

二、调整方法

《企业所得税法》规定，企业与其关联方之间的业务往来，不符合独立交易原则而减少企业或者其关联方应纳税收入或者所得额的，税务机关有权按照合理方法调整。包括：

（1）可比非受控价格法是指按照没有关联关系的交易各方进行相同或者类似业务往来的价格进行定价的方法。

（2）再销售价格法是指按照从关联方购进商品再销售给没有关联关系的交易方的价格，减除相同或者类似业务的销售毛利进行定价的方法。

（3）成本加成法是指按照成本加合理的费用和利润进行定价的方法。

（4）交易净利润法是指按照没有关联关系的交易各方进行相同或者类似业务往来取得的净利润水平确定利润的方法。

（5）利润分割法是指将企业与其关联方的合并利润或者亏损在各方之间采用合理标准进行分配的方法。

（6）其他符合独立交易原则的方法。

三、核定征收

企业不提供与其关联方之间业务往来资料，或者提供虚假、不完整资料，未能真实反映其关联业务往来情况的，税务机关有权依法核定其应纳税所得额。具体方法有：

（1）参照同类或者类似企业的利润率水平核定。

（2）按照企业成本加合理的费用和利润的方法核定。

（3）按照关联企业集团整体利润的合理比例核定。

（4）按照其他合理方法核定。

企业对税务机关按照前款规定的方法核定的应纳税所得额有异议的，应当提供相关证据，经税务机关认定后，调整核定的应纳税所得额。

四、加收利息

企业实施其他不具有合理商业目的的安排，而减少其应纳税收入或者所得额的，税务机关有权按照合理方法调整。不具有合理商业目的是指以减少、免除或者推迟缴纳税款为主要目的。

（1）税务机关依照规定作出纳税调整，需要补征税款的，应当补征税款，并按照国务院规定加收利息。应当对补征的税款，自税款所属纳税年度的次年6月1日起至补缴税款之日止的期间，按日加收利息。加收的利息，应当按照税款所属纳税年度中国人民银行公布的与补税期间同期的人民币贷款基准利率加5个百分点计算。

按规定加收的利息，不得在计算应纳税所得额时扣除。

（2）企业依照企业所得税法的规定，在报送年度企业所得税纳税申报表时，附送了年度关联业务往来报告表，可以只按前款规定的人民币贷款基准利率计算利息。

（3）企业与其关联方之间的业务往来，不符合独立交易原则，或者企业实施其他不具有合理商业目的安排的，税务机关有权在该业务发生的纳税年度起10年内，进行纳税调整。

第八节 征收管理

一、纳税地点

（1）除税收法律、行政法规另有规定外，居民企业以企业登记注册地确定纳税地点，但登记注册地在境外的，以实际管理机构所在地为纳税地点。企业登记注册地，是指企业依照国家有关规定登记注册的住所地。

（2）居民企业在中国境内设立不具有法人资格的营业机构的，应当汇总计算并缴纳企业所得税。企业汇总计算并缴纳企业所得税时，应当统一核算应纳税所得额，具体办法由国务院财政、税务主管部门另行制定。

（3）非居民企业在中国境内设立机构、场所的，应当就其所设机构、场所取得的来源于中国境内的所得，以及发生在中国境外但与其所设机构、场所有实际联系的所得，以机构、场所所在地为纳税地点。非居民企业在中国境内设立两个或者两个以上机构、场所的，经税务机关审核批准，可以选择由其主要机构、场所汇总缴纳企业所得税。

非居民企业经批准汇总缴纳企业所得税后，需要增设、合并、迁移、关闭机构、场所或者停止机构、场所业务的，应当事先由负责汇总申报缴纳企业所得税的主要机构、场所向其所在地税务机关报告；需要变更汇总缴纳企业所得税的主要机构、场所的，依照前款规定办理。

（4）非居民企业在中国境内未设立机构、场所的，或者虽设立机构、场所但取得的所得与其所设机构、场所没有实际联系的所得，以扣缴义务人所在地为纳税地点。

（5）除国务院另有规定外，企业之间不得合并缴纳企业所得税。

二、纳税期限

企业所得税按年计征，分月或分季预交，年终汇算清缴，多退少补。

（一）纳税年度

（1）企业所得税按纳税年度计算。纳税年度自公历1月1日起至12月31日止。

（2）企业在一个纳税年度中间开业，或者终止经营活动，使该纳税年度的实际经营期不足12个月的，应当以其实际经营期为一个纳税年度。

（3）企业依法清算时，应当以清算期间作为一个纳税年度。

（二）企业所得税汇算清缴期限

（1）企业应当自年度终了之日起5个月内，向税务机关报送年度企业所得税纳税申报表，并汇算清缴，结清应缴应退税款。

（2）企业在年度中间终止经营活动的，应当自实际经营终止之日起60日内，向税务机关办理当期企业所得税汇算清缴。

三、纳税申报

（1）企业所得税分月或者分季预缴。企业应当自月份或者季度终了之日起15日内，向税务机关报送预缴企业所得税纳税申报表，预缴税款。

企业在报送企业所得税纳税申报表时，应当按照规定附送财务报告和其他有关资料。

（2）企业应当在办理注销登记前，就其清算所得向税务机关申报并依法缴纳企业所得税。

（3）依照企业所得税法缴纳的企业所得税，以人民币计算。所得以人民币以外的货币计算的，应当折合成人民币计算并缴纳税款。

企业所得以人民币以外的货币计算的，预缴企业所得税时，应当按照月度或者季度最后一日的人民币汇率中间价，折合成人民币计算应纳税所得额。年度终了汇算清缴时，对已经按照月度或者季度预缴税款的，不再重新折合计算，只就该纳税年度内未缴纳企业所得税的部分，按照纳税年度最后一日的人民币汇率中间价，折合成人民币计算应纳税所得额。

（4）企业在纳税年度内无论盈利或者亏损，都应当依照《企业所得税法》第五十四条规定的期限，向税务机关报送预缴企业所得税纳税申报表、年度企业所得税纳税申报表、财务会计报告和税务机关规定应当报送的其他有关资料。

四、跨地区经营汇总纳税的管理

为了保证《中华人民共和国企业所得税法》及其实施条例的顺利实施，妥善处理地区间利益分配关系，做好跨省市总分机构企业所得税收入的征缴和分配管理工作，《财政部　国家税务总局　中国人民银行联合印发了跨省市总分机构企业所得税分配及预算管理办法》（财预［2012］40号）。为贯彻上述文件精神，国家税务总局制定了《跨地区经营汇总纳税企业所得税征收管理办法》（国家税务总局公告2012年第57

号)，自2013年1月1日起施行。

（一）基本方法和适用范围

1. 基本方法

属于中央与地方共享范围的跨省市总分机构企业缴纳的企业所得税，按照统一规范、兼顾总机构和分支机构所在地利益的原则，实行“统一计算、分级管理、就地预缴、汇总清算、财政调库”的处理办法，总分机构统一计算的当期应纳税额的地方分享部分中，25%由总机构所在地分享，50%由各分支机构所在地分享，25%按一定比例在各地间进行分配。

（1）统一计算，是指居民企业应统一计算包括各个不具有法人资格营业机构在内的企业全部应纳税所得额、应纳税额。总机构和分支机构适用税率不一致的，应分别按适用税率计算应纳所得税额。

（2）分级管理，是指居民企业总机构、分支机构，分别由所在地主管税务机关属地进行监督和管理。

（3）就地预缴，是指居民企业总机构、分支机构，应按本办法规定的比例分别就地按月或者按季向所在地主管税务机关申报、预缴企业所得税。

（4）汇总清算，是指在年度终了后，总分机构企业根据统一计算的年度应纳税所得额、应纳所得税额，抵减总机构、分支机构当年已就地分期预缴的企业所得税款后，多退少补。

（5）财政调库，是指财政部定期将缴入中央总金库的跨省市总分机构企业所得税待分配收入，按照核定的系数调整至地方国库。

2. 适用范围

跨省市总分机构企业是指跨省（自治区、直辖市和计划单列市，下同）设立不具有法人资格分支机构的居民企业。

总机构和具有主体生产经营职能的二级分支机构就地预缴企业所得税。三级及三级以下分支机构，其营业收入、职工薪酬和资产总额等统一并入二级分支机构计算。

按照现行财政体制的规定，国有邮政企业（包括中国邮政集团公司及其控股公司和直属单位）、中国工商银行股份有限公司、中国农业银行股份有限公司、中国银行股份有限公司、国家开发银行股份有限公司、中国农业发展银行、中国进出口银行、中国投资有限责任公司、中国建设银行股份有限公司、中国建银投资有限责任公司、中国信达资产管理股份有限公司、中国石油天然气股份有限公司、中国石油化工股份有限公司、海洋石油天然气企业（包括中国海洋石油总公司、中海石油（中国）有限公司、中海油田服务股份有限公司、海洋石油工程股份有限公司）、中国长江电力股份有限公司等企业总分机构缴纳的企业所得税（包括滞纳金、罚款收入）为中央收入，全额上缴中央国库，不实行本办法。

不具有主体生产经营职能且在当地不缴纳营业税、增值税的产品售后服务、内部研发、仓储等企业内部辅助性的二级分支机构以及上年度符合条件的小型微利企业及其分支机构，不实行本办法。

居民企业在中国境外设立不具有法人资格分支机构的，按本办法计算有关分期预缴企业所得税时，其应纳税所得额、应纳所得税额及分摊因素数额，均不包括其境外分支机构。

（二）税款预缴

由总机构统一计算企业应纳税所得额和应纳所得税额，并分别由总机构、分支机构按月或按季就地预缴。

1. 分支机构分摊预缴税款

总机构在每月或每季终了之日起10日内，按照上年度各省市分支机构的营业收入、职工薪酬和资产总额三个因素，将统一计算的企业当期应纳税额的50%在各分支机构之间进行分摊（总机构所在省市同时设有分支机构的，同样按三个因素分摊），各分支机构根据分摊税款就地办理缴库，所缴纳税款收入由中央与分支机构所在地按60:40分享。分摊时三个因素权重依次为0.35、0.35和0.30。当年新设立的分支机构第二年起参与分摊；当年撤销的分支机构自办理注销税务登记之日起不参与分摊。

所称的分支机构营业收入，是指分支机构销售商品、提供劳务、让渡资产使用权等日常经营活动实现的全部收入。其中，生产经营企业分支机构营业收入是指生产经营企业分支机构销售商品、提供劳务、让渡资产使用权等取得的全部收入；金融企业分支机构营业收入是指金融企业分支机构取得的利息、手续费、佣金等全部收入；保险企业分支机构营业收入是指保险企业分支机构取得的保费等全部收入。

所称的分支机构职工薪酬，是指分支机构为获得职工提供的服务而给予职工的各种形式的报酬。

所称的分支机构资产总额，是指分支机构在12月31日拥有或者控制的资产合计额。

各分支机构分摊预缴额按下列公式计算：

各分支机构分摊预缴额 = 所有分支机构应分摊的预缴总额 × 该分支机构分摊比例

其中：

所有分支机构应分摊的预缴总额 = 统一计算的企业当期应纳所得税额 ×50%

该分支机构分摊比例 = （该分支机构营业收入/各分支机构营业收入之和） × 0.35 + （该分支机构职工薪酬/各分支机构职工薪酬之和） ×0.35 + （该分支机构资产总额/各分支机构资产总额之和） ×0.30

以上公式中，分支机构仅指需要参与就地预缴的分支机构。

2. 总机构就地预缴税款

总机构应将统一计算的企业当期应纳税额的25%，就地办理缴库，所缴纳税款收入由中央与总机构所在地按60：40分享。

3. 总机构预缴中央国库税款

总机构应将统一计算的企业当期应纳税额的剩余25%，就地全额缴入中央国库，所缴纳税款收入60%为中央收入，40%由财政部按照2004年至2006年各省市三年实际分享企业所得税占地方分享总额的比例定期向各省市分配。

（三）汇总清算

企业总机构汇总计算企业年度应纳所得税额，扣除总机构和各境内分支机构已预缴的税款，计算出应补应退税款，分别由总机构和各分支机构（不包括当年已办理注销税务登记的分支机构）就地办理税款缴库或退库。

（1）补缴的税款按照预缴的分配比例，50%由各分支机构就地办理缴库，所缴纳税款收入由中央与分支机构所在地按60∶40分享；25%由总机构就地办理缴库，所缴纳税款收入由中央与总机构所在地按60∶40分享；其余25%部分就地全额缴入中央国库，所缴纳税款收入中60%为中央收入，40%由财政部按照2004年至2006年各省市三年实际分享企业所得税占地方分享总额的比例定期向各省市分配。

（2）多缴的税款按照预缴的分配比例，50%由各分支机构就地办理退库，所退税款由中央与分支机构所在地按60∶40分担；25%由总机构就地办理退库，所退税款由中央与总机构所在地按60∶40分担；其余25%部分就地从中央国库退库，其中60%从中央级1010442项“总机构汇算清缴所得税”下有关科目退付，40%从中央级1010443项“企业所得税待分配收入”下有关科目退付。

（四）《跨地区经营汇总纳税企业所得税征收管理办法》（以下简称《管理办法》）的要点

1. 二级分支机构

二级分支机构，是指汇总纳税企业依法设立并领取非法人营业执照（登记证书），且总机构对其财务、业务、人员等直接进行统一核算和管理的分支机构。

以下二级分支机构不就地分摊缴纳企业所得税：

（1）不具有主体生产经营职能，且在当地不缴纳增值税、营业税的产品售后服务、内部研发、仓储等汇总纳税企业内部辅助性的二级分支机构，不就地分摊缴纳企业所得税。

（2）上年度认定为小型微利企业的，其二级分支机构不就地分摊缴纳企业所得税。

（3）新设立的二级分支机构，设立当年不就地分摊缴纳企业所得税。

（4）当年撤销的二级分支机构，自办理注销税务登记之日所属企业所得税预缴期间起，不就地分摊缴纳企业所得税。

（5）汇总纳税企业在中国境外设立的不具有法人资格的二级分支机构，不就地分摊缴纳企业所得税。

2. 税款预缴

（1）企业所得税分月或者分季预缴，由总机构所在地主管税务机关具体核定。

汇总纳税企业应根据当期实际利润额，按照本办法规定的预缴分摊方法计算总机构和分支机构的企业所得税预缴额，分别由总机构和分支机构就地预缴；在规定期限内按实际利润额预缴有困难的，也可以按照上一年度应纳税所得额的1/12或1/4，按照本办法规定的预缴分摊方法计算总机构和分支机构的企业所得税预缴额，分别由总机构和分支机构就地预缴。预缴方法一经确定，当年度不得变更。

（2）总机构应将本期企业应纳所得税额的50%部分，在每月或季度终了后15日内就地申报预缴。总机构应将本期企业应纳所得税额的另外50%部分，按照各分支机构应分摊的比例，在各分支机构之间进行分摊，并及时通知到各分支机构；各分支机构应在每月或季度终了之日起15日内，就其分摊的所得税额就地申报预缴。

（3）汇总纳税企业预缴申报时，总机构除报送企业所得税预缴申报表和企业当期财务报表外，还应报送《汇总纳税企业分支机构所得税分配表》和各分支机构上一年度的年度财务报表（或年度财务状况和营业收支情况）；分支机构除报送企业所得税预缴申报表（只填列部分项目）外，还应报送经总机构所在地主管税务机关受理的汇总纳税企业分支机构所得税分配表。

在一个纳税年度内，各分支机构上一年度的年度财务报表（或年度财务状况和营业收支情况）原则上只需要报送一次。

3. 汇算清缴

（1）汇总纳税企业应当自年度终了之日起5个月内，由总机构汇总计算企业年度应纳所得税额，扣除总机构和各分支机构已预缴的税款，计算出应缴应退税款，按照本办法规定的税款分摊方法计算总机构和分支机构的企业所得税应缴应退税款，分别由总机构和分支机构就地办理税款缴库或退库。

汇总纳税企业在纳税年度内预缴企业所得税税款少于全年应缴企业所得税税款的，应在汇算清缴期内由总、分机构分别结清应缴的企业所得税税款；预缴税款超过应缴税款的，主管税务机关应及时按有关规定分别办理退税，或者经总、分机构同意后分别抵缴其下一年度应缴企业所得税税款。

（2）汇总纳税企业汇算清缴时，总机构除报送企业所得税年度纳税申报表和年度财务报表外，还应报送汇总纳税企业分支机构所得税分配表、各分支机构的年度财务报表和各分支机构参与企业年度纳税调整情况的说明；分支机构除报送企业所得税年度纳税申报表（只填列部分项目）外，还应报送经总机构所在地主管税务机关受理的汇总纳税企业分支机构所得税分配表、分支机构的年度财务报表（或年度财务状况和营业收支情况）和分支机构参与企业年度纳税调整情况的说明。

分支机构参与企业年度纳税调整情况的说明，可参照企业所得税年度纳税申报表附表“纳税调整项目明细表”中列明的项目进行说明，涉及需由总机构统一计算调整的项目不进行说明。

（3）汇总纳税企业汇算清缴时，总机构除报送企业所得税年度纳税申报表和年度财务报表外，还应报送汇总纳税企业分支机构所得税分配表、各分支机构的年度财务报表和各分支机构参与企业年度纳税调整情况的说明；分支机构除报送企业所得税年度纳税申报表（只填列部分项目）外，还应报送经总机构所在地主管税务机关受理的汇总纳税企业分支机构所得税分配表、分支机构的年度财务报表（或年度财务状况和营业收支情况）和分支机构参与企业年度纳税调整情况的说明。

分支机构参与企业年度纳税调整情况的说明，可参照企业所得税年度纳税申报表附表“纳税调整项目明细表”中列明的项目进行说明，涉及需由总机构统一计算调整的项目不进行说明。

4. 总分机构分摊税款的计算

（1）对于按照税收法律、法规和其他规定，总机构和分支机构处于不同税率地区的，先由总机构统一计算全部应纳税所得额，然后按本办法第六条规定的比例和按第十五条计算的分摊比例，计算划分不同税率地区机构的应纳税所得额，再分别按各自的适用税率计算应纳税额后加总计算出汇总纳税企业的应纳所得税总额，最后按本办法第六条规定的比例和按第十五条计算的分摊比例，向总机构和分支机构分摊就地缴纳的企业所得税款。

（2）分支机构所在地主管税务机关应根据经总机构所在地主管税务机关受理的汇总纳税企业分支机构所得税分配表、分支机构的年度财务报表（或年度财务状况和营业收支情况）等，对其主管分支机构计算分摊税款比例的三个因素、计算的分摊税款比例和应分摊缴纳的所得税税款进行查验核对；对查验项目有异议的，应于收到汇总纳税企业分支机构所得税分配表后30日内向企业总机构所在地主管税务机关提出书面复核建议，并附送相关数据资料。

总机构所在地主管税务机关必须于收到复核建议后30日内，对分摊税款的比例进行复核，作出调整或维持原比例的决定，并将复核结果函复分支机构所在地主管税务机关。分支机构所在地主管税务机关应执行总机构所在地主管税务机关的复核决定。

总机构所在地主管税务机关未在规定时间内复核并函复复核结果的，上级税务机关应对总机构所在地主管税务机关按照有关规定进行处理。

复核期间，分支机构应先按总机构确定的分摊比例申报缴纳税款。

（3）汇总纳税企业未按照规定准确计算分摊税款，造成总机构与分支机构之间同时存在一方（或几方）多缴另一方（或几方）少缴税款的，其总机构或分支机构分摊缴纳的企业所得税低于按本办法规定计算分摊的数额的，应在下一税款缴纳期内，由总机构将按本办法规定计算分摊的税款差额分摊到总机构或分支机构补缴；其总机构或分支机构就地缴纳的企业所得税高于按本办法规定计算分摊的数额的，应在下一税款缴纳期内，由总机构将按本办法规定计算分摊的税款差额从总机构或分支机构的分摊税款中扣减。

5. 日常管理

（1）汇总纳税企业总机构和分支机构应依法办理税务登记，接受所在地主管税务机关的监督和管理。

（2）总机构应将其所有二级及以下分支机构（包括本办法第五条规定的分支机构）信息报其所在地主管税务机关备案，内容包括分支机构名称、层级、地址、邮编、纳税人识别号及企业所得税主管税务机关名称、地址和邮编。

分支机构（包括本办法第五条规定的分支机构）应将其总机构、上级分支机构和下属分支机构信息报其所在地主管税务机关备案，内容包括总机构、上级机构和下属分支机构名称、层级、地址、邮编、纳税人识别号及企业所得税主管税务机关名称、地址和邮编。

上述备案信息发生变化的，除另有规定外，应在内容变化后30日内报总机构和分支机构所在地主管税务机关备案，并办理变更税务登记。

分支机构注销税务登记后15日内，总机构应将分支机构注销情况报所在地主管税务机关备案，并办理变更税务登记。

（3）以总机构名义进行生产经营的非法人分支机构，无法提供汇总纳税企业分支机构所得税分配表，应在预缴申报期内向其所在地主管税务机关报送非法人营业执照（或登记证书）的复印件、由总机构出具的二级及以下分支机构的有效证明和支持有效证明的相关材料（包括总机构拨款证明、总分机构协议或合同、公司章程、管理制度等），证明其二级及以下分支机构身份。

二级及以下分支机构所在地主管税务机关应对二级及以下分支机构进行审核鉴定，对应按本办法规定就地分摊缴纳企业所得税的二级分支机构，应督促其及时就地缴纳企业所得税。

（4）以总机构名义进行生产经营的非法人分支机构，无法提供汇总纳税企业分支机构所得税分配表，也无法提供本办法第二十三条规定相关证据证明其二级及以下分支机构身份的，应视同独立纳税人计算并就地缴纳企业所得税，不执行本办法的相关规定。

按上款规定视同独立纳税人的分支机构，其独立纳税人身份一个年度内不得变更。

汇总纳税企业以后年度改变组织结构的，该分支机构应按本办法第二十三条规定报送相关证据，分支机构所在地主管税务机关重新进行审核鉴定。

（5）汇总纳税企业发生的资产损失，应按以下规定申报扣除：

1）总机构及二级分支机构发生的资产损失，除应按专项申报和清单申报的有关规定各自向所在地主管税务机关申报外，二级分支机构还应同时上报总机构；三级及以下分支机构发生的资产损失不需向所在地主管税务机关申报，应并入二级分支机构，由二级分支机构统一申报。

2）总机构对各分支机构上报的资产损失，除税务机关另有规定外，应以清单申报的形式向所在地主管税务机关申报。

3）总机构将分支机构所属资产捆绑打包转让所发生的资产损失，由总机构向所在地主管税务机关专项申报。

二级分支机构所在地主管税务机关应对二级分支机构申报扣除的资产损失强化后续管理。

（6）对于按照税收法律、法规和其他规定，由分支机构所在地主管税务机关管理的企业所得税优惠事项，分支机构所在地主管税务机关应加强审批（核）、备案管理，并通过评估、检查和台账管理等手段，加强后续管理。

（7）总机构所在地主管税务机关应加强对汇总纳税企业申报缴纳企业所得税的管理，可以对企业自行实施税务检查，也可以与二级分支机构所在地主管税务机关联合实施税务检查。

总机构应将查补所得税款（包括滞纳金、罚款，下同）的50%按照本办法第十五条规定计算的分摊比例，分摊给各分支机构（不包括本办法第五条规定的分支机构）缴纳，各分支机构根据分摊查补税款就地办理缴库；50%分摊给总机构缴纳，其中25%就地办理缴库，25%就地全额缴入中央国库。

（8）二级分支机构所在地主管税务机关应配合总机构所在地主管税务机关对其主管二级分支机构实施税务检查，也可以自行对该二级分支机构实施税务检查。

计算查增的应纳税所得额时，应减除允许弥补的汇总纳税企业以前年度亏损；对于需由总机构统一计算的税前扣除项目，不得由分支机构自行计算调整。

二级分支机构应将查补所得税款的50%分摊给总机构缴纳，其中25%就地办理缴库，25%就地全额缴入中央国库；50%分摊给该二级分支机构就地办理缴库。

（9）汇总纳税企业不得核定征收企业所得税。

五、居民企业所得税的核定征收

为了加强企业所得税的征收管理，规范核定征收企业所得税工作，保障国家税款及时足额入库，维护纳税人的合法权益，根据《中华人民共和国企业所得税法》及其实施条例、《中华人民共和国税收征收管理法》及其实施细则的有关规定，国家税务总局制定了《企业所得税核定征收办法（试行）》（国税发［2008］30号），本办法适用于居民企业纳税人，自2008年1月1日起执行。

（一）核定征收企业所得税的适用范围

纳税人具有下列情形之一的，核定征收企业所得税：

（1）依照法律、行政法规的规定可以不设置账簿的。

（2）依照法律、行政法规的规定应当设置但未设置账簿的。

（3）擅自销毁账簿或者拒不提供纳税资料的。

（4）虽设置账簿，但账目混乱或者成本资料、收入凭证、费用凭证残缺不全，难以查账的。

（5）发生纳税义务，未按照规定的期限办理纳税申报，经税务机关责令限期申报，逾期仍不申报的。

（6）申报的计税依据明显偏低，又无正当理由的。

特殊行业、特殊类型的纳税人和一定规模以上的纳税人不适用本办法。特定纳税人由国家税务总局另行明确。

国家税务总局公告2012年第27号《关于企业所得税核定征收有关问题的公告》规定：自2012年1月1日起，专门从事股权（股票）投资业务的企业，不得核定征收企业所得税。对依法按核定应税所得率方式核定征收企业所得税的企业，取得的转让股权（股票）收入等转让财产收入，应全额计入应税收入额，按照主营项目（业务）确定适用的应税所得率计算征税；若主营项目（业务）发生变化，应在当年汇算清缴时，按照变化后的主营项目（业务）重新确定适用的应税所得率计算征税。

（二）核定征收的办法

税务机关应根据纳税人具体情况，对核定征收企业所得税的纳税人，核定应税所得率或者核定应纳所得税额。

（1）核定应税所得率征收，是指税务机关按照一定的标准、程序和方法，预先核定纳税人的应税所得率，由纳税人根据纳税年度内的收入总额或成本费用等项目的实际发生额，按预先核定的应税所得率计算缴纳企业所得税的方法。

具有下列情形之一的，核定其应税所得率：

1）能正确核算（查实）收入总额，但不能正确核算（查实）成本费用总额的。

2）能正确核算（查实）成本费用总额，但不能正确核算（查实）收入总额的。

3）通过合理方法，能计算和推定纳税人收入总额或成本费用总额的。

采用应税所得率方式核定征收企业所得税的，应纳所得税额计算公式如下：

应纳所得税额 = 应纳税所得额 × 适用税率

应纳税所得额 = 应税收入额 × 应税所得率

或：应纳税所得额 = 成本（费用）支出额 ÷（1 – 应税所得率）× 应税所得率

上述“应税收入额”等于收入总额减去不征税收入和免税收入后的余额。用公式表示为

应税收入额 = 收入总额 – 不征税收入 – 免税收入

其中，“收入总额”为企业以货币形式和非货币形式从各种来源取得的收入。

实行应税所得率方式核定征收企业所得税的纳税人，经营多业的，无论其经营项目是否单独核算，均由税务机关根据其主营项目确定适用的应税所得率。主营项目应为纳税人所有经营项目中，收入总额或者成本（费用）支出额或者耗用原材料、燃料、动力数量所占比重最大的项目。

应税所得率按下表规定的幅度标准确定（见表18-3）：

表18-3　应税所得率幅度标准

行业	应税所得率（%）
农、林、牧、渔业	3～10
制造业	5～15
批发和零售贸易业	4～15
交通运输业	7～15
建筑业	8～20
饮食业	8～25
娱乐业	15～30
其他行业	10～30

（2）核定应纳所得税额征收是指税务机关按照一定的标准、程序和方法，直接核

定纳税人纳税年度应纳所得税额，由纳税人按规定申报的方法。

税务机关采用下列方法核定征收企业所得税：

1）参照当地同类行业或者类似行业中经营规模和收入水平相近的纳税人的税负水平核定。

2）按照应税收入额或成本费用支出额定率核定。

3）按照耗用的原材料、燃料、动力等推算或测算核定。

4）按照其他合理方法核定。

采用上述所列一种方法不足以正确核定应纳税所得额或应纳税额的，可以同时采用两种以上的方法核定。采用两种以上方法测算的应纳税额不一致时，可按测算的应纳税额从高核定。

（3）纳税人的生产经营范围、主营业务发生重大变化，或者应纳税所得额或应纳税额增减变化达到20%的，应及时向税务机关申报调整已确定的应纳税额或应税所得率。

（三）核定鉴定程序

主管税务机关应及时向纳税人送达《企业所得税核定征收鉴定表》，及时完成对其核定征收企业所得税的鉴定工作。具体程序如下：

（1）纳税人应在收到《企业所得税核定征收鉴定表》后10个工作日内，填好该表并报送主管税务机关。《企业所得税核定征收鉴定表》一式三联，主管税务机关和县税务机关各执一联，另一联送达纳税人执行。主管税务机关还可根据实际工作需要，适当增加联次备用。

（2）主管税务机关应在受理《企业所得税核定征收鉴定表》后20个工作日内，分类逐户审查核实，提出鉴定意见，并报县税务机关复核、认定。

（3）县税务机关应在收到《企业所得税核定征收鉴定表》后30个工作日内，完成复核、认定工作。

纳税人收到《企业所得税核定征收鉴定表》后，未在规定期限内填列、报送的，税务机关视同纳税人已经报送，按上述程序进行复核认定。

（4）税务机关应在每年6月底前对上年度实行核定征收企业所得税的纳税人进行重新鉴定。重新鉴定工作完成前，纳税人可暂按上年度的核定征收方式预缴企业所得税；重新鉴定工作完成后，按重新鉴定的结果进行调整。

（四）实行核定征收的纳税申报方法

（1）纳税人实行核定应税所得率方式的，按下列规定申报纳税：

1）主管税务机关根据纳税人应纳税额的大小确定纳税人按月或者按季预缴，年终汇算清缴。预缴方法一经确定，一个纳税年度内不得改变。

2）纳税人应依照确定的应税所得率计算纳税期间实际应缴纳的税额，进行预缴。按实际数额预缴有困难的，经主管税务机关同意，可按上一年度应纳税额的1/12或

1/4预缴，或者按经主管税务机关认可的其他方法预缴。

3）纳税人预缴税款或年终进行汇算清缴时，应按规定填写《中华人民共和国企业所得税月（季）度预缴纳税申报表（B类）》，在规定的纳税申报时限内报送主管税务机关。

（2）纳税人实行核定应纳所得税额方式的，按下列规定申报纳税：

1）纳税人在应纳所得税额尚未确定之前，可暂按上年度应纳所得税额的1/12或1/4预缴，或者按经主管税务机关认可的其他方法，按月或按季分期预缴。

2）在应纳所得税额确定以后，减除当年已预缴的所得税额，余额按剩余月份或季度均分，以此确定以后各月或各季的应纳税额，由纳税人按月或按季填写《中华人民共和国企业所得税月（季）度预缴纳税申报表（B类）》，在规定的纳税申报期限内进行纳税申报。

3）纳税人年度终了后，在规定的时限内按照实际经营额或实际应纳税额向税务机关申报纳税。申报额超过核定经营额或应纳税额的，按申报额缴纳税款；申报额低于核定经营额或应纳税额的，按核定经营额或应纳税额缴纳税款。

六、非居民企业所得税核定征收

为了规范非居民企业所得税核定征收工作，根据《中华人民共和国企业所得税法》（以下简称企业所得税法）及其实施条例和《中华人民共和国税收征收管理法》（以下简称税收征管法）及其实施细则，国家税务总局制定了《非居民企业所得税核定征收管理办法》（国税发［2010］19号），自发布之日起施行。

非居民企业因会计账簿不健全，资料残缺难以查账，或者其他原因不能准确计算并据实申报其应纳税所得额的，税务机关有权采取以下方法核定其应纳税所得额。

（1）按收入总额核定应纳税所得额，适用于能够正确核算收入或通过合理方法推定收入总额，但不能正确核算成本费用的非居民企业。计算公式如下：

应纳税所得额＝收入总额×经税务机关核定的利润率

（2）按成本费用核定应纳税所得额，适用于能够正确核算成本费用，但不能正确核算收入总额的非居民企业。计算公式如下：

应纳税所得额＝成本费用总额/(1－经税务机关核定的利润率）×经税务机关核定的利润率

（3）按经费支出换算收入核定应纳税所得额，适用于能够正确核算经费支出总额，但不能正确核算收入总额和成本费用的非居民企业。计算公式如下：

应纳税所得额＝经费支出总额/(1－经税务机关核定的利润率－营业税税率）×经税务机关核定的利润率

（4）税务机关可按照以下标准确定非居民企业的利润率：

1）从事承包工程作业、设计和咨询劳务的，利润率为15%～30%。

2）从事管理服务的，利润率为30%～50%。

3）从事其他劳务或劳务以外经营活动的，利润率不低于15%，税务机关有根据认为非居民企业的实际利润率明显高于上述标准的，可以按照比上述标准更高的利润率核定其应纳税所得额。

（5）非居民企业与中国居民企业签订机器设备或货物销售合同，同时提供设备安装、装配、技术培训、指导、监督服务等劳务，其销售货物合同中未列明提供上述劳务服务收费金额，或者计价不合理的，主管税务机关可以根据实际情况，参照相同或相近业务的计价标准核定劳务收入。无参照标准的，以不低于销售货物合同总价款的10%为原则，确定非居民企业的劳务收入。

（6）非居民企业为中国境内客户提供劳务取得的收入，凡其提供的服务全部发生在中国境内的，应全额在中国境内申报缴纳企业所得税。凡其提供的服务同时发生在中国境内外的，应以劳务发生地为原则划分其境内外收入，并就其在中国境内取得的劳务收入申报缴纳企业所得税。税务机关对其境内外收入划分的合理性和真实性有疑义的，可以要求非居民企业提供真实有效的证明，并根据工作量、工作时间、成本费用等因素合理划分其境内外收入；如非居民企业不能提供真实有效的证明，税务机关可视同其提供的服务全部发生在中国境内，确定其劳务收入并据以征收企业所得税。

（7）采取核定征收方式征收企业所得税的非居民企业，在中国境内从事适用不同核定利润率的经营活动，并取得应税所得的，应分别核算并适用相应的利润率计算缴纳企业所得税；凡不能分别核算的，应从高适用利润率，计算缴纳企业所得税。

（8）拟采取核定征收方式的非居民企业应填写《非居民企业所得税征收方式鉴定表》（见附件，以下简称《鉴定表》），报送主管税务机关。主管税务机关应对企业报送的《鉴定表》的适用行业及所适用的利润率进行审核，并签注意见。

对经审核不符合核定征收条件的非居民企业，主管税务机关应自收到企业提交的《鉴定表》后15个工作日内向其下达《税务事项通知书》，将鉴定结果告知企业。非居民企业未在上述期限内收到《税务事项通知书》的，其征收方式视同已被认可。

（9）税务机关发现非居民企业采用核定征收方式计算申报的应纳税所得额不真实，或者明显与其承担的功能风险不相匹配的，有权予以调整。

（10）各省、自治区、直辖市和计划单列市国家税务局和地方税务局可按照本办法第五条规定确定适用的核定利润率幅度，并根据本办法规定制定具体操作规程，报国家税务总局（国际税务司）备案。

七、新增企业的所得税征管范围

2009年起新增的企业是指按照《财政部　国家税务总局关于享受企业所得税优惠政策的新办企业认定标准的通知》（财税［2006］1号文件）及有关规定的新办企业认定标准成立的企业。

（1）以2008年为基年，2008年年底之前国家税务局、地方税务局各自管理的企业所得税纳税人不作调整。2009年起新增企业所得税纳税人中，应缴纳增值税的企业，其企业所得税由国家税务局管理；应缴纳营业税的企业，其企业所得税由地方税务局管理。

（2）2009年起下列新增企业的所得税征管范围实行以下规定：

1）企业所得税全额为中央收入的企业和在国家税务局缴纳营业税的企业，其企业所得税由国家税务局管理。

2）银行（信用社）、保险公司的企业所得税由国家税务局管理，除上述规定外的其他各类金融企业的企业所得税由地方税务局管理。

3）外商投资企业和外国企业常驻代表机构的企业所得税仍由国家税务局管理。

（3）对若干具体问题的规定：

1）境内单位和个人向非居民企业支付《企业所得税法》第三条第三款规定的所得的，该项所得应扣缴的企业所得税的征管，分别由支付该项所得的境内单位和个人的所得税主管国家税务局或地方税务局负责。

2）2008年年底之前已成立跨区经营汇总纳税企业，2009年起新设立的分支机构，其企业所得税的征管部门应与总机构企业所得税征管部门相一致；2009年起新增跨区经营汇总纳税企业，总机构按基本规定确定的原则划分征管归属，其分支机构企业所得税的管理部门也应与总机构企业所得税管理部门相一致。

3）按税法规定免缴流转税的企业，按其免缴的流转税税种确定企业所得税征管归属；既不缴纳增值税也不缴纳营业税的企业，其企业所得税暂由地方税务局管理。

4）既缴纳增值税又缴纳营业税的企业，原则上按照其税务登记时自行申报的主营业务应缴纳的流转税税种确定征管归属；企业税务登记时无法确定主营业务的，一般以工商登记注明的第一项业务为准；一经确定，原则上不再调整。

第九节　开发产品销售确认的纳税操作技巧

一、销售收入确认的原则与条件

（一）销售收入确认的原则

（1）税法优先原则。在计算应纳税所得额时，企业财务、会计处理办法与税收法律、行政法规的规定不一致的，应当依照税收法律、行政法规的规定计算纳税。

实际上，这样规定也不尽然，如果在计算应纳税所得额时，税法没有规定应当如何处理？《国家税务总局关于做好2009年度企业所得税汇算清缴工作的通知》（国税函［2010］148号文件）第三条有关企业所得税纳税申报口径中规定，根据企业所得税法精神，在计算应纳税所得额及应纳所得税时，企业财务、会计处理办法与税法规定不一致的，应按照企业所得税法规定计算。企业所得税法规定不明确的，在没有明确规定之前，暂按企业财务、会计规定计算。

（2）权责发生制原则。企业应纳税所得额的计算，以权责发生制为原则。属于当期的收入和费用，不论款项是否收付，均作为当期的收入和费用；不属于当期的收入和费用，即使款项已经在当期收付，均不作为当期的收入和费用。

（3）实质重于形式原则。除企业所得税法及实施条例另有规定外，企业销售收入的确认，必须遵循权责发生制原则和实质重于形式原则。实质重于形式原则是指企业在计算应纳税所得额时，应按照交易或事项的经济实质进行税务处理，而不应仅以法律形式为依据。

（4）净收益征税原则。企业每一纳税年度的收入总额，减除不征税收入、免税收入、各项扣除（包括成本、费用、税金、损失和其他支出）以及允许弥补的以前年度亏损后的余额，为应纳税所得额。

（5）配比原则。企业发生的费用应当在费用应配比或应分配的当期扣除，不得提前或滞后——指时间配比。

企业在计算应纳税所得额时，一定时期的收入与同时期为取得该收入而相应的成本、费用、损失相配比——指因果配比。

（6）独立交易原则。《企业所得税法》第四十一条规定，企业与其关联方之间的业务往来，不符合独立交易原则而减少企业或者其关联方应纳税收入或者所得额的，税务机关有权按照合理方法调整。企业与其关联方共同开发、受让无形资产，或者共同提供、接受劳务发生的成本，在计算应纳税所得额时应当按照独立交易原则进行分摊。

所称“独立交易原则”是指没有关联关系的交易各方，按照公平成交价格和营业常规进行业务往来遵循的原则。

（二）销售确认的条件

《国家税务总局关于确认企业所得税收入若干问题的通知》（国税函［2008］875号文件）规定，企业销售商品同时满足下列四个条件的，应确认收入的实现：

（1）商品销售合同已经签订，企业已将商品所有权相关的主要风险和报酬转移给购货方。

（2）企业对已售出的商品既没有保留通常与所有权相联系的继续管理权，也没有实施有效控制。

（3）收入的金额能够可靠地计量。

（4）已发生或将发生的销售方的成本能够可靠地核算。

销售商品确认条件借鉴于《收入准则》，国税函［2008］875号文件与《收入准则》的差异是：第一，增加了“商品销售合同已经签订”的规定，在新一轮税制改革中，无论是增值税、营业税、消费税还是企业所得税，收入的确认一般都按照合同的规定；第二，取消了“相关的经济利益很可能流入企业”的规定。企业会计准则规定，企业因为某种需要将商品发出，根据以往的经验判断可能会出现与销售商品相关的经济利益不能流入企业的情况，则不确认收入。但是，税法规定，只要发出的商品具备上述四个条件，就应当确认收入，如果出现应收账款无法收回的情况，可以作为坏账损失，按规定在税前扣除。

所称“与商品所有权有关的风险”是指商品可能发生减值或毁损等形成的损失；“与商品所有权有关的报酬”是指商品价值增值或通过使用商品等产生的经济利益。如果与商品有关的主要风险和报酬转移给购货方则确认销售，反之，则不确认销售。

根据有关规定，房地产开发企业在房屋主体完工时可以预售房产，如果购房人交完首付款之后要到银行做按揭贷款，需要房地产企业给开具发票作抵押。房地产企业开具发票之后如果确认销售，房屋的成本尚不完整，就会造成早交或多交企业所得税。根据此项规定，房地产企业虽然开具了发票，但是，房屋还在施工，房地产企业仍然对商品房进行管理并实施有效控制，不符合销售确认的条件，不确认销售，作为“预收账款”处理。《国家税务总局关于印发〈企业所得税汇算清缴纳税申报鉴证业务准则（试行）〉的通知》（国税发［2007］10号文件）规定，对外转让土地使用权和销售商品房的，应于土地使用权和商品房已经移交，并将发票结算账单提交对方时，确认收入的实现。与国税函［2008］875号文件规定的是一致的。

（三）销售收入总额的范围

销售开发产品过程中取得的全部价款，包括现金、现金等价物及其他经济利益全部计入销售收入总额。房地产企业代有关部门、单位和企业收取的各种基金、费用和附加等，凡纳入开发产品价内或由企业开具发票的，应按规定全部确认为销售收入；未纳入开发产品价内并由企业之外的其他收取部门、单位开具发票的，可作为代收代缴款项进行处理。

二、开发产品销售额的计量

（一）商业折扣

《收入准则》规定，销售商品涉及商业折扣的，应当按照扣除商业折扣后的金额确定销售商品收入金额。商业折扣，是指企业为促进商品销售而在商品标价上给予的价格扣除。

税法与会计准则趋同，《国家税务总局关于确认企业所得税收入若干问题的通知》（国税函［2008］875号文件）规定，企业为促进商品销售而在商品价格上给予的价格扣除属于商业折扣，商品销售涉及商业折扣的，应当按照扣除商业折扣后的金额确定销售商品收入金额。

过去，对于商品打折销售，税法与会计准则是有区别的，会计准则称为“商业折扣”，税法称为“销售折扣”，现在这个名词统一都叫“商业折扣”，缩小两种制度的差异。商业折扣的目的是促销，折扣的内容是商品的价格。

国税函［2008］875号文件还规定："企业以买一赠一等方式组合销售本企业商品的，不属于捐赠，应将总的销售金额按各项商品的公允价值的比例来分摊确认各项的销售收入。"

长期以来，"买一赠一"都是作为赠送来处理的，要作视同销售处理，征收增值税、营业税、企业所得税，还要作为个人的偶然所得由捐赠方代扣代缴个人所得税。国税函［2008］875号文件给"买一赠一"正了名，叫做"组合销售本企业商品"，不属于捐赠，应将总的销售金额按各项商品的公允价值的比例来分摊确认各项商品的销售收入。这里需强调的是"本企业商品"，而不是产品。

关于商业折扣发票如何开具的问题，《营业税暂行条例实施细则》第十五条规定："纳税人发生应税行为，如果将价款与折扣额在同一张发票上注明的，以折扣后的价款为营业额；如果将折扣额另开发票的，不论其在财务上如何处理，均不得从营业额中扣除。"在同一张发票的何处注明？按照有关税收法规的规定，销售额和折扣额在同一张发票上分别注明是指销售额和折扣额在同一张发票上的"金额"栏分别注明的，可按折扣后的金额确认销售额。未在同一张发票"金额"栏注明折扣额，而仅在发票的"备注"栏注明折扣额的，折扣额不得从销售额中减除。

个人在购货和接受服务过程中取得的赠品是否征收个人所得税的问题，《财政部 国家税务总局关于企业促销展业赠送礼品有关个人所得税问题的通知》（财税［2011］50号）规定：企业在销售商品（产品）和提供服务过程中向个人赠送礼品，属于下列情形之一的，不征收个人所得税：

（1）企业通过价格折扣、折让方式向个人销售商品（产品）和提供服务。

（2）企业在向个人销售商品（产品）和提供服务的同时给予赠品，如通信企业对个人购买手机赠话费、入网费，或者购话费赠手机等。

（3）企业对累积消费达到一定额度的个人按消费积分反馈礼品。

通过上述分析可以得到如下结论：房地产开发企业在售房过程中向个人赠送的礼品，在营业税、企业所得税中按商业折扣处理，并且不征收个人所得税。

有的房地产开发企业采用卖住宅赠空调（或炉灶、排油烟机）等促销手段，这种赠送按照《增值税暂行条例实施细则》规定，应该作视同销售货物处理，征收增值税。房地产开发企业属于不经常发生增值税应税行为的企业，应当选择按小规模纳税人纳税，小规模纳税人增值税征收率为3%。按照3%的征收率计算缴纳增值税，不得抵扣进项税额，再计算城市维护建设税和教育费附加；对个人的非公益性捐赠在计算企业所得税应纳税所得额时不得税前扣除，要作纳税调整，交25%的企业所得税；个人接受捐赠属于偶然所得，而且，税法规定应按税后偶然所得计算个人应税所得，由捐赠方代扣代缴个人所得税20%；如果，个人不交税，由房地产企业代缴的话，代缴金额不得税前扣除，企业所得税汇算清缴时还要做纳税调整，缴纳企业所得税；这样计算下来补缴税额也会占赠送货物价款的70%以上。

有的房地产开发企业会计把捐赠的空调、排油烟机、炉灶等直接计入“开发成本”，这样做税务机关也是不认可的。因为，一般情况下，空调、排油烟机、炉灶等不是和房屋成为一体的设备，其成本不应该包括在房屋开发成本中。怎么做可以把赠送的空调、排油烟机、炉灶等计入“开发成本”呢？这就要从开发项目的设计做起。为此，建议在《工程设计总说明》里加入这样一段话：“该小区每套住宅配置一台空调（或炉灶、排油烟机等）。”并在楼层平面图上标出空调、排油烟机、炉灶的位置。开发企业是按设计建造房屋的，所配置的空调或炉灶、排油烟机等是按设计施工的，其成本理所当然地应该计入房屋的“开发成本”中。

[例 18-9] 某房地产公司为了促销，打出“买一赠一”的广告，售出别墅一栋300平方米，售价240万元，赠送一个车库，15平方米，市场价20万元，实收金额为240万元。应当怎样确认收入？

[案例分析]

根据国税函［2008］875号文件的规定，应将总的销售金额按各项商品公允价值的比例来分摊，确定各项商品的销售收入。

别墅实际售价 = 240 ÷ （240 + 20） × 240 = 221.54（万元）

车库实际售价 = 240 ÷ （240 + 20） × 20 = 18.46（万元）

[例 18-10] 乙房地产公司为了促销，打出“买一赠一”的广告，售出别墅一栋，300平方米，售价1 800 000元，赠送中华牌小汽车一辆，价格120 000元，增值税税率17%，增值税额20 400元。实收金额为180万元，应当如何进行财税处理？

[案例分析]

（1）根据国税函［2008］875号文件规定，分别计算别墅、汽车的实际售价：

汽车含税价 = 120 000 + 20 400 = 140 400（元）

别墅实际售价 = 1 800 000 ÷ （1 800 000 + 140 400） × 1 800 000 = 1 669 759（元）

汽车实际售价 = 1 800 000 ÷ （1 800 000 + 140 400） × 140 400 = 130 241（元）

（2）别墅开具营业税发票，缴纳营业税。销售价格1 800 000元；折扣额130 241元；实收金额1 669 759元。

应交营业税 = 1 669 759 × 5% = 83 488（元）

（3）汽车开增值税普通发票，缴纳增值税。销售额140 400元；折扣额10 159元；实收金额130 241元。

讨论：如何计算应交增值税？需要根据乙房地产公司购进汽车后如何进行账务处理来判断。

（1）假设，乙房地产公司购进汽车之后，作为库存商品管理，在进行组合销售时，乙公司销售的是存货，应当按照小规模纳税人计算应交增值税额，小规模纳税人征收率为3%。

应交增值税 = 130 241 ÷ （1 + 3%） × 3% = 3 793.43（元）

（2）如果，乙公司购进汽车后，按固定资产管理，根据《企业会计准则》的规定，从购进次月开始应当计提折旧，再把汽车进行对外“组合销售”，汽车就属于使用过的固定资产，根据《财政部　国家税务总局关于部分货物适用增值税低税率和简易办法征收增值税政策的通知》（财税［2009］9号）文件的规定，小规模纳税人（除其他个人外）销售自己使用过的固定资产，减按2%征收率征收增值税。

《国家税务总局关于增值税简易征收政策有关管理问题的通知》（国税函［2009］90号）第四条（二）项规定：小规模纳税人销售自己使用过的固定资产和旧货，按下列公式确定销售额和应纳税额：

销售额＝含税销售额÷（1＋3%）

应纳税额＝销售额×2%

应交增值税额＝130 241÷（1＋3%）×2%＝2 528.95（元）

（二）现金折扣

《企业会计准则》规定，现金折扣是指债权人为鼓励债务人在规定期限内付款，而向债务人提供的债务扣除。销售商品涉及现金折扣的，应当按照扣除现金折扣前的金额确定销售商品收入金额。现金折扣在实际发生时计入当期损益。

现金折扣与商业折扣的区别是：

（1）发生折扣的时间不同，商业折扣在销售时即已发生，现金折扣在销售后发生。

（2）折扣的内容不同，商业折扣是对商品价格打折，现金折扣是对债务的扣除。

（3）折扣的目的不同，商业折扣是为了促销，现金折扣是为了鼓励债务人及时还款。

所以，现金折扣的本质是一种筹资费用。现金折扣是否影响销售收入的计量，取决于所采用的会计处理方法是总额法还是净额法，《企业会计准则第14号——收入》（以下简称《收入准则》，其他会计准则也都采用类似的简称，如《固定资产准则》等）规定采用总额法对现金折扣进行会计处理。在采用总额法核算的情况下，企业在销售货物时，按销售收入总额确认收入，不考虑未来可能发生的现金折扣，现金折扣在实际发生时计入当期损益。

税法对现金折扣的规定与《企业会计准则》规定趋同，国税函［2008］875号文件规定，债权人为鼓励债务人在规定的期限内付款而向债务人提供的债务扣除属于“现金折扣”。销售商品涉及现金折扣的，应当按扣除现金折扣前的金额确定销售商品收入金额，现金折扣在实际发生时作为财务费用扣除。

企业发生现金折扣应当取得何种凭证？《国家税务总局关于商业企业向货物供应方收取的部分费用征收流转税问题的通知》（国税发［2004］136号文件）规定，商业企业向供货方收取的各种收入，一律不得开具增值税专用发票。以此推断，购房人按合同约定取得现金折扣也不会出具正式发票，因此，在实际会计核算时，可以用销售合同、收到现金折扣方的收款收据、房地产开发企业的付款凭证作为原始凭证。

［例18-11］　2014年3月1日，丙房地产公司将一栋公寓楼赊销给丁公司，销售价格2 000万元，合同约定，交楼之后180天付款。为了保证售楼款能在约定期内收

回，合同规定，如果30天之内付款折扣5%；90天之内付款折扣2%；180天之内付款折扣1%，超过180天不打折。丁公司于5月27日付款，应当怎样确认收入。

[案例分析]

根据税法关于现金折扣的规定，丙公司应当按照销售总额2 000万元确认收入，计算缴纳营业税。丁公司在交楼后88天付款，根据合同规定，折扣额 = 2 000 × 2% = 40（万元），属于现金折扣，税法允许计入当月财务费用。

（三）销售折让和销售退回

国税函［2008］875号文件规定，企业因售出商品的质量不合格等原因而在售价上给的减让属于销售折让；企业因售出商品质量、品种不符合要求等原因而发生的退货属于销售退回。

企业已经确认销售收入的售出商品发生销售折让和销售退回，应当在发生当期冲减当期销售商品收入。

［例18-12］ 2013年4月5日，甲房地产企业将一套商业用房以200万元赊销给乙企业，双方约定：赊销期为半年，如果，乙企业一个月之内付款，可以5%折扣，如果3个月内还款，可以折扣2%，6个月之内还款可以折扣1%，超过6个月不予折扣。乙企业于6月20日付款，甲企业应当怎样处理折扣？

[案例分析]

（1）4月5日，赊销业务发生，按照销售收入总额200万元确认收入。

（2）乙企业6月20日付款，计算现金折扣额 = 2 000 000 × 2% = 40 000（元），计入财务费用。

（四）自建住房销售给本单位职工的纳税问题

1. 营业税

《国家税务总局关于呼和浩特市铁路局向职工销售住房征免营业税问题的批复》（国税函［2005］334号）规定，纳税人自建住房销售给本单位职工，属于销售不动产行为，应照章征收营业税，即按《营业税暂行条例实施细则》的规定缴纳营业税。

2. 个人所得税

《财政部 国家税务总局关于单位低价向职工售房有关个人所得税问题的通知》（财税［2007］13号文件）规定：

（1）根据住房制度改革政策的有关规定，国家机关、企事业单位及其他组织（以下简称单位）在住房制度改革期间，按照所在地县级以上人民政府规定的房改成本价格向职工出售公有住房，职工因支付的房改成本价格低于房屋建造成本价格或市场价格而取得的差价收益，免征个人所得税。

（2）除本通知第一条规定情形外，根据《中华人民共和国个人所得税法》及其实施条例的有关规定，单位按低于购置或建造成本价格出售住房给职工，职工因此而少支出的差价部分，属于个人所得税应税所得，应按照“工资、薪金所得”项目缴纳个人所得税。所称“差价部分”是指职工实际支付的购房价款低于该房屋的购置或建造成本价格的差额。

[例 18-13]　丁房地产公司是一个成立时间较长的国有企业，自从1998年住房制度改革以后，新增加了很多职工。近几年，由于房价上涨过快，这些新职工只能望房兴叹。2013年，该公司新开发一个住宅小区，单套建筑面积一般在 $120m^2$ 左右，每套房屋成本价为40万元，市场售价50万元。公司决定以每套住房42万元的价格卖给1999年以后进公司并连续在本公司工作满10年的职工，应当怎样缴纳营业税，是否代扣代缴职工的个人所得税？

[案例分析]

(1) 营业税：根据国税函［2005］334号的规定，纳税人自建住房销售给本单位职工，属于销售不动产行为，应照章征收营业税。《营业税暂行条例实施细则》第二十条规定，纳税人销售不动产价格明显偏低并无正当理由的由税务机关按下列顺序确定其营业额：

1）按纳税人最近时期发生同类应税行为的平均价格核定。

2）按其他纳税人最近时期发生同类应税行为的平均价格核定。

3）按下列公式核定：营业额＝营业成本或者工程成本×（1＋成本利润率）÷（1－营业税税率），公式中的成本利润率，由省、自治区、直辖市税务局确定。

丁公司销售给本单位职工的住房应当按照对外销售价格缴纳营业税。

(2) 个人所得税：根据财税［2007］13号文件的规定，丁公司销售给职工的住宅价格不低于建造成本价，不需要代扣代缴职工的个人所得税。

三、开发产品销售收入的确认

企业通过正式签订《房地产销售合同》或《房地产预售合同》所取得的收入，应确认为销售收入的实现，具体按以下规定确认：

《房地产销售合同》是指房地产企业在小区开发完成后，销售现房与购房人签订的售房合同；《房地产预售合同》是指房地产企业在房屋达到预售条件，例如主体完工时，取得《商品房预收许可证》开始对外销售期房，而与购房人签订的售房合同。

(1) 采取一次性全额收款方式销售开发产品的，应于实际收讫价款或取得索取价款凭据（权利）之日，确认为营业税纳税义务发生时间。

所称“实际收讫价款”，是指房地产企业在售房过程中或销售完成后收取的款项。“取得索取价款凭据（权利）之日”是指销售合同确定的付款日期的当天，未签订售房合同或合同未确定付款日期的，为销售行为完成的当天。

(2) 采取分期收款方式销售开发产品的，应按销售合同或协议约定的价款和付款日确认收入的实现。付款方提前付款的，在实际付款日确认收入的实现。

企业所得税法对于分期收款方式销售开发产品采取收付实现制确认销售。企业会计准则规定，分期收款销售商品，实质上具有融资性质的，应当按照应收的合同或协议价款的现值确定其公允价值。应收的合同或协议价款与其公允价值之间的差额，应当在合同或协议期间内，按照应收款项的摊余成本和实际利率计算确定的摊销金额，冲减财务费用。

[例18-14] 2014年1月1日，东方房地产开发公司向乙商贸公司销售一幢商厦，双方约定采取分期付款方式结算。商厦的建造成本为1 500万元，合同销售价格为2 000万元，合同约定售房款分5年于每年12月31日等额支付。如果在现销方式下，该商厦的销售价格为1 600万元。假设东方公司在商厦交付时即开出销售不动产发票。

东方房地产开发公司按照《企业会计准则》进行账务处理如下：

根据本案例资料，东方公司应当确认商品销售收入为1 600万元。

根据下列公式：

未来5年收款额的现值=现销方式下应收款项金额

可以得出：400×（P/A，r，5）=1 600（万元）

在多次测算的基础上，用插值法计算折现率r=7.93%

每期计入财务费用的金额如表18-4所示：

表18-4 财务费用和已收本金计算表

（单位：万元）

	未收本金 ①=上期①-上期④	财务费用 ②=①×7.93%	收现总额 ③	已收本金 ④=③-②
2014年1月1日	1 600			
2014年12月31日	1 600	126.88	400	273.12
2015年12月31日	1 326.88	105.22	400	294.78
2016年12月31日	1 032.10	81.85	400	318.15
2017年12月31日	713.95	56.62	400	343.38
2018年12月31日	370.57	29.43*	400	370.57
总 额		400	2 000	1 600

注：“*”为尾数调整。

根据表18-4计算的结果，东方公司各期的账务处理如下：

1）2014年1月1日销售实现。

借：长期应收款 20 000 000

贷：主营业务收入 16 000 000

未实现融资收益 4 000 000

借：主营业务成本 15 000 000

贷：开发产品 15 000 000

2）2014年12月31日收到货款。

借：银行存款　　4 000 000
　贷：长期应收款　　4 000 000
借：未实现融资收益　　1 268 800
　贷：财务费用　　1 268 800

3）2015 年 12 月 31 日收到货款。

借：银行存款　　4 000 000
　贷：长期应收款　　4 000 000
借：未实现融资收益　　1 052 200
　贷：财务费用　　1 052 200

4）2016 年 12 月 31 日收到货款。

借：银行存款　　4 000 000
　贷：长期应收款　　4 000 000
借：未实现融资收益　　818 500
　贷：财务费用　　818 500

5）2017 年 12 月 31 日收到货款。

借：银行存款　　4 000 000
　贷：长期应收款　　4 000 000
借：未实现融资收益　　566 200
　贷：财务费用　　566 200

6）2018 年 12 月 31 日收到货款。

借：银行存款　　4 000 000
　贷：长期应收款　　4 000 000
借：未实现融资收益　　294 300
　贷：财务费用　　294 300

但是，企业所得税法对于分期收款销售方式是按照收付实现制来确认收入的，《企业所得税法实施条例》规定，以分期收款方式销售货物的，按照合同约定的收款日期确认收入的实现。对于税收与会计核算的差异应当怎样进行纳税调整？

［案例分析］

按照合同约定的收款日期确认收入的实现，实际是对权责发生制原则的一种例外，接近于收付实现制原则，《企业所得税法》在分期收款销售方式的销售确认上与《企业会计准则》出现差异，主要是出于以下考虑：

1）考虑到收入总额的一致性。企业会计准则规定，对具有融资性质的分期收款销售货物（通常为超过 3 年），其实质相当于销售企业向购货方提供了一笔信贷资金，因而企业应按照应收的合同或协议价款的公允价值确定收入金额。应收的合同或协议价款与公允价值之间的差额应当在合同或协议期间按实际利率法进行摊销，并相应冲减财务费用。考虑到在整个回收期内企业确认的收入总额是一致的，税法拟不采用会计准则的规定。对分期收款销售货物的，按照合同或协议约定的金额确认销售收入金额。

2）考虑到与税收政策的衔接。房地产企业按照应收的合同或协议价款开具了销售不动产发票，计算了营业税额。假设房地产企业按照应收的合同或协议价款的公允价值确定收入金额，就会造成发票的销售额与会计记账的销售额不一致，会计核算的营业税额与发票收款额乘以税率5%计算的税额不一致，从而造成账据不符。

3）考虑到纳税必要的资金。如果按照权责发生制，在商厦交付时确认收入，房地产企业还没有收到售楼款就确认销售，缴纳各种相关税费，必然造成房地产企业无款纳税。

企业按照税法规定确认销售，应采用"一交四分期"的处理方法，即一次交付货物，分期确认收入，分期开具发票，分期缴纳税款，分期结转成本。

交付商厦时，按成本价结转：

借：交付开发产品　　15 000 000

　贷：开发产品　　15 000 000

销售收入2 000万元，分5年于每年12月31日等额收取货款400万元，收到货款或到合同约定付款日，分期开具发票，分期纳税：

借：银行存款　　4 000 000

　贷：主营业务收入　　4 000 000

分期结转成本，首先计算销售成本率：

计算销售成本率＝1 500÷2 000＝75%

每期结转成本＝400×75%＝300（万元）

借：主营业务成本　　3 000 000

　贷：开发产品　　3 000 000

年度企业所得税汇算清缴时，对于会计核算与税收的差异进行调整。

（1）2014年的纳税调整。2014年会计处理确认收入1 600万元，税收确认收入400万元，差额1 200万元。

企业所得税汇算清缴时，《企业所得税年度纳税申报表》的填报方法如下（表18-5（A105020））。

1）表A105020《未按权责发生制确认收入纳税调整明细表》第6行"（一）分期收款方式销售货物收入"第4列"税收金额"400万元减去第2列"账载金额"1 600万元等于第6列"纳税调整金额"为（－1 200万元）。

2）转到表A105000《纳税调整项目明细表》第3行"未按权责发生制原则确认的收入"第4列"调减金额"1 200万元。

3）《纳税调整项目明细表》第4列"调减金额"合计数再转入到主表第16行"减：纳税调整减少额"。

表 18-5（表 A105020） 未按权责发生确认收入纳税调整明细表

行次	项目	合同金额（交易金额）	账载金额		税收金额		纳税调整金额
			本年	累计	本年	累计	
		1	2	3	4	5	6（4－2）
1	一、跨期收取的租金、利息、特许权使用费收入（2＋3＋4）						
2	（一）租金						
3	（二）利息						
4	（三）特许权使用费						
5	二、分期确认收入（6＋7＋8）						
6	（一）分期收款方式销售货物收入		1 600		400		－1 200
7	（二）持续时间超过 12 个月的建造合同收入						
8	（三）其他分期确认收入						
9	三、政府补助递延收入（10＋11＋12）						
10	（一）与收益相关的政府补助						
11	（二）与资产相关的政府补助						
12	（三）其他						
13	四、其他未按权责发生制确认收入						
14	合计（1＋5＋9＋13）						

4）同时，表A105000第22行“与未实现融资收益相关在当期确认的财务费用”的第1列“账载金额”列填-126.88万元，第2列“税收金额”列填0，若第1列<第2列，将第1-2列余额的绝对值填入第4列“调减金额”126.88万元；“调减金额”合计数再转入到主表第16行“减：纳税调整减少额”。

会计核算的应交所得税额与《企业所得税年度纳税申报表》计算的应纳所得税额的差额，属于“应纳税暂时性差异”，通过所得税会计予以调整，借记“应交税费——应交所得税”科目，贷记“递延所得税负债”科目，并登记“纳税调整台账”，在今后四年中分期转销。

5）成本的调整，会计处理确认的成本为1 500万元，税收确认的成本为300万元，其差额1 200万元应当进行纳税调增，但是表A105000《纳税调整项目明细表》没有设计“未按权责发生制确认的成本”，只能使用第29行“其他”调增应纳税所得额1 200万元。

（2）2015年的纳税调整。2015年会计处理确认收入0，税收确认收入400万元，差额400万元。企业所得税汇算清缴时，《企业所得税年度纳税申报表》的填报方法如下（见表A105020）：

1）表A105020《未按权责发生制确认收入纳税调整明细表》第6行“（一）分期收款方式销售货物收入”第4列“税收金额”400万元减去第2列“账载金额”0等于第6列“纳税调整金额”为400万元。

2）转到表A105000《纳税调整项目明细表》第3列“调增金额”400万元。

3）《纳税调整项目明细表》第3列“调减金额”合计数再转入到主表第15行“甲：纳税调整增加额”400万元。

4）同时，表A105000《纳税调整项目明细表》第22行“与未实现融资收益相关在当期确认的财务费用”的“账载金额”列填写-105.22万元，“税收金额”列填写0，若第1列<第2列，将第1-2列余额的绝对值填入第4列“调减金额”126.88万元；“调减金额”合计数再转入到主表第16行“减：纳税调整减少额”。

5）成本的调整，会计处理确认的成本为0，税收确认的成本为300万元，其差额300万元应当进行纳税调减。但是表A105000《纳税调整项目明细表》没有设计“未按权责发生制确认的成本”，只能使用第29行“其他”调减应纳税所得额300万元。

以后各年以此类推。

（3）采取银行按揭方式销售开发产品的，应按销售合同或协议约定的价款确定收入额，其首付款应于实际收到日确认收入的实现，余款在银行按揭贷款办理转账之日确认收入的实现。

（4）采取委托方式销售开发产品的，应按以下原则确认收入的实现：

1）采取支付手续费方式委托销售开发产品的，应按销售合同或协议中约定的价款于收到受托方已销开发产品清单之日确认收入的实现。

2）采取视同买断方式委托销售开发产品的，属于企业与购买方签订销售合同或协议，或企业、受托方、购买方三方共同签订销售合同或协议的，如果销售合同或协议中约定的价格高于买断价格，则应按销售合同或协议中约定的价格计算的价款于收到受托方已销开发产品清单之日确认收入的实现；如果属于前两种情况中销售合同或协议中约定的价格低于买断价格，以及属于受托方与购买方签订销售合同或协议的，则应按买断价格计算的价款于收到受托方已销开发产品清单之日确认收入的实现。

3）采取基价（保底价）并实行超基价双方分成方式委托销售开发产品的，属于由企业与购买方签订销售合同或协议，或企业、受托方、购买方三方共同签订销售合同或协议的，如果销售合同或协议中约定的价格高于基价，则应按销售合同或协议中约定的价格计算的价款于收到受托方已销开发产品清单之日确认收入的实现，企业按规定支付受托方的分成额，不得直接从销售收入中减除；如果销售合同或协议约定的价格低于基价的，则应按基价计算的价款于收到受托方已销开发产品清单之日确认收入的实现。属于由受托方与购买方直接签订销售合同的，则应按基价加上按规定取得的分成额于收到受托方已销开发产品清单之日确认收入的实现。

4）采取包销方式委托销售开发产品的，包销期内可根据包销合同的有关约定，参照上述1）~3）项规定确认收入的实现；包销期满后尚未出售的开发产品，企业应根据包销合同或协议约定的价款和付款方式确认收入的实现。

已售开发产品清单应载明售出开发产品的名称、地理位置、编号、数量、单价、金额、手续费等项内容，以月或季为结算期，定期进行结算，并在规定期限内向税务机关进行纳税申报、预缴税款。

（5）采取赊销方式销售开发产品的，采用赊销方式销售开发产品的应按照合同约定的收款日确认收入的实现。提前收款的，按实际收款日确认销售的实现；推迟收款的，按照合同约定的时间确认销售的实现。

（6）采取售后回购方式销售开发产品。售后回购是指销售商品的同时，销售方同意日后再将同样或类似的商品购回的销售方式。

《企业会计准则》规定，采用售后回购方式销售商品的，收到款项应确认为负债；回购价格大于原售价的，差额应在回购期间按期计提利息，计入财务费用。

《国家税务总局关于确认企业所得税收入若干问题的通知》（国税函［2008］875号）规定，除企业所得税法及实施条例另有规定外，企业销售收入的确认，必须遵循权责发生制原则和实质重于形式原则。这是税法中第一次承认实质重于形式原则，实质重于形式原则是指企业在计算应纳税所得额时，应按照交易或事项的经济实质进行税务处理，而不应仅以法律形式为依据。

该文件还规定了两种售后回购方式：

1）不确定性售后回购。即采用售后回购方式销售商品的，销售的商品按售价确认收入，回购的商品作为购进商品处理。其特点是：第一，售后是否回购销售方有选择权；第二，售后回购合同中没有约定回购价格。

2）确定性售后回购。是指有证据表明不符合销售收入确认条件的，如以销售商品方式进行融资。其特点是：第一，售后回购合同中约定了回购日期，销售方必须履约回购；第二，合同中约定了回购价格，回购价大于销售价。确定性售后回购的实质是融资，销售方在收到的款项时，应确认为负债，回购价格大于原售价的，差额应在回购期间确认为利息费用。

［例18-15］ 甲房地产开发公司由于资金紧张，与乙公司约定，2009年3月1日将一栋新建成的公寓楼售给乙公司，售价3 000万元，成本价2 000万元。双方合同约定，10个月之后，甲公司以3 400万元购回该公寓楼。在回购期内，该楼仍然由甲公司负责管理。售楼款已经收到，发票已经开具。2010年1月1日，甲公司购回公寓楼。

［案例分析］

（1）此笔销售回购交易纯属融资交易，商品所有权上的主要风险和报酬并没有转移，不应确认销售，收到的款项应确认为负债。

借：银行存款　30 000 000

　贷：其他应付款　30 000 000

借：交付（发出）开发产品　20 000 000

　贷：开发产品　20 000 000

根据国税函［2008］875号文件的规定，以销售商品方式进行融资的，收到的款项应确认为负债，不确认收入，因此，不开发票，不纳税。

（2）回购价格大于售价应在回购期间每月末计提利息。

400÷10＝40（万元），计入当期财务费用。根据国税函［2008］875号文件规定，差额应在回购期间确认为利息费用。企业可以合同为凭据把利息计入财务费用，不需要利息发票。

借：财务费用　400 000

　贷：其他应付款　400 000

（3）2010年1月1日回购公寓楼，款项已付，开发产品已收回。

借：其他应付款　34 000 000

　贷：银行存款　34 000 000

借：开发产品　20 000 000

　贷：交付（发出）开发产品　20 000 000

售后回购这种借贷方式适用于非金融企业之间的融资。国家税务总局公告2011年第34号《国家税务总局关于企业所得税若干问题的公告》规定：鉴于目前我国对金融企业利率要求的具体情况，企业在按照合同要求首次支付非金融企业利息并进行税前扣除时，应提供“金融企业的同期同类贷款利率情况说明”，证明其利息支出的合理性，以备税务机关检查。

“金融企业的同期同类贷款利率情况说明”中应包括三方面的内容：①如何选择金融机构，在签订该借款合同时，本省任何一家金融企业提供同期同类贷款利率情况。该金融企业应为经政府有关部门批准成立的可以从事贷款业务的企业，包括银行、财务公司、信托公司等金融机构。②何谓“同期同类贷款利率”，是指在贷款期限、贷款金额、贷款担保以及企业信誉等条件基本相同下，金融企业提供贷款的利率。③如何选择利率，既可以是金融企业公布的同期同类平均利率，也可以是金融企业对某些企业提供的实际贷款利率，给企业比较大的选择余地。

由于售后回购业务在销售和回购时都不确认收入，不需要开具发票，不缴纳流转税，也不计算应纳税所得额，不交企业所得税。回购价与售价之差额，销售方可以作为利息支出税前扣除。售后回购既不交税，所付利息又可以在税前扣除，可谓一举两得。贷款方虽然没开具利息收入发票，但是，将资金贷与他人使用已经发生了贷款行为，根据《营业税问题解答之一》（国税函发［1995］156号）文件第十条规定："贷款是指将资金贷与他人使用的行为"，也应当就利息收入缴纳营业税。

（7）融资性售后回租业务。融资性售后回租业务是指承租方以融资为目的将资产出售给经批准从事融资租赁业务的企业后，又将该项资产从该融资租赁企业租回的行为。

融资性售后回租是解决房地产开发企业向金融企业融资难的一种有效方法。

［例18-16］　2011年2月，甲房地产公司由于资金紧张，到银行借款又遇到银行信贷紧缩，无指标放贷。准备把一幢新建的自用写字楼出售给经国家有关部门批准的租赁公司，然后再以融资租赁形式返租回来自用。写字楼成本价4 000万元，售价5 000万元，租赁合同规定：租期5年，每年付租金1 200万元，租赁期满甲公司可以按380万元购得该写字楼。假设写字楼折旧年限为20年，净残值为零。应当怎样进行财税处理？

［案例分析］

本案例涉及以下七个税收方面的问题，是一个把企业会计准则与税法结合的典型案例。

（1）甲公司在销售环节是否缴纳营业税及附加？

（2）写字楼售价与成本价的差额，是否缴纳企业所得税？

（3）出售写字楼是否缴纳土地增值税？

（4）融资回租的写字楼怎样计提折旧在税前扣除？

（5）最低租赁付款额与售价的差额可否在税前扣除？

（6）房产使用期间谁缴纳房产税？

（7）甲公司回购写字楼是否缴纳契税？

1. 融资性售后回租业务不确认销售收入

《国家税务总局关于确认企业所得税收入若干问题的通知》（国税函［2008］875号）文件规定：除企业所得税法及实施条例另有规定外，企业销售收入的确认，必须遵循权责发生制原则和实质重于形式原则。这是税法第一次承认了实质重于形式原则，税法也就允许了融资性售后回租业务。国家税务总局公告2010年第13号《关于融资性售后回租业务中承租方出售资产行为有关税收问题的公告》（以下简称第13号公告）规定：融资性售后回租业务中承租方出售资产时，资产所有权以及与资产所有权有关的全部报酬和风险并未完全转移，不确认销售收入。

（1）增值税和营业税。根据现行增值税和营业税有关规定，融资性售后回租业务中承租方出售资产的行为，不属于增值税和营业税征收范围，不征收增值税和营业税。

（2）企业所得税。根据现行企业所得税法及有关收入确定规定，融资性售后回租业务中，承租人出售资产的行为，不确认为销售收入，对融资性租赁的资产，仍按承租人出售前原账面价值作为计税基础计提折旧。租赁期间，承租人支付的属于融资利息的部分，作为企业财务费用在税前扣除。本公告自2010年10月1日起施行。此前因与本公告规定不一致而已征的税款予以退税。

（3）土地增值税。由于融资性售后回租业务不确认销售收入，此项业务没有发生转让国有土地使用权、地上的建筑物及其附着物（简称转让房地产）并取得收入的行为，不征收土地增值税。

第13号公告明确了融资性售后回租业务在销售环节不确认收入，不征流转税和企业所得税。

2.《企业会计准则第21号——租赁》（以下简称《租赁准则》）分析

《租赁准则》规定，符合下列一项或数项标准的租赁应当认定为融资租赁：

（1）在租赁期届满时，租赁资产的所有权转移给承租人。

（2）承租人有购买租赁资产的选择权，所订立的购买价款预计将远低于行使选择权时租赁资产的公允价值，因而在租赁开始日就可以合理确定承租人将会行使这种选择权。

（3）即使资产的所有权不转移，但是，租赁期占租赁资产使用寿命的大部分。其中“大部分”，通常掌握在租赁期占租赁资产使用寿命的75%以上（含75%）。

（4）承租人在租赁开始日的最低租赁付款额现值，几乎相当于租赁开始日租赁资产公允价值；出租人在租赁开始日的最低租赁收款额现值，几乎相当于租赁开始日租赁资产公允价值。其中“几乎相当于”，通常掌握在90%以上（含90%）。

（5）租赁资产性质特殊，如果不作较大改造，只有承租人才能使用。

3. 会计核算与纳税实务

（1）判断租赁类型：租赁合同规定，五年期满承租方以380万元购回该写字楼，而且回购价格远远低于回购时写字楼的市场价格，可以判断，甲房地产公司肯定回购该写字楼，此项租赁属于融资租赁。

以下分析一下融资性售后回租业务的本质：

1）售后回租交易被认定为融资租赁，这种交易转移了买主（即出租人）应保留的与该项租赁资产所有权相联系的全部风险和报酬，其本质是出租人提供资金给承租人并以该项资产作为担保，因此，售价与资产账面价值之间的差额在会计上没有实现，不应确认销售收入。

2）卖主（即承租人）并没有把资产所有权以及与所有权相联系的全部报酬和全部

风险转移给购买人（即出租人），售价与资产账面价值的差额没有实现，不应确认销售收入，而予以递延（形成递延资产），并按该项租赁资产的折旧进度进行分摊，作为折旧费用的调整。

（2）计算未实现售后回租损益。

未实现售后回租损益 = 售价 - 资产的账面价值

= 售价 - （资产的账面原价 - 累计折旧）

= 50 000 000 - （40 000 000 - 0） = 10 000 000（元）

未实现售后回租损益在折旧期内按折旧进度（平均年限法）分摊，用以调整会计折旧额与税收折旧额的差额。

每年应分摊未实现售后回租损益 = 10 000 000 ÷ 20 = 500 000（元）

（3）未确认融资费用在租赁期采用直线法分摊。最低租赁付款额与租入固定资产入账价值的差额属于"未确认融资费用"，按直线法进行分摊，计入当期财务费用。

每年应分摊融资费用 = ［（12 000 000 × 5 + 3 800 000） - 50 000 000］ ÷ 5

= 2 760 000（元）

（4）会计处理如下：

1）根据上述分析，将写字楼出售给经批准从事融资租赁业务的租赁公司后，再返租回来自用，资产所有权以及与资产所有权有关的全部报酬和风险并未完全转移，属于融资行为，因此，不确认收入，不开具发票，不纳税。

借：银行存款	50 000 000	
贷：固定资产——写字楼		40 000 000
递延收益——未实现售后租回损溢		10 000 000

2）租赁开始日，将写字楼租回，形成融资租赁固定资产：

最低租赁付款额 = 1 200 × 5 + 380 + 0 = 6 380（万元）

根据《租赁准则》的规定，融资租入的固定资产应当视同自有资产进行会计处理，其入账成本可选择"租赁开始日租赁资产公允价值与最低租赁付款额现值两者中较低者"。假设选择资产的公允价值 5 000 万元作为融资租赁资产的入账价值，差额 1 380 万元为未确认融资费用。

借：固定资产——融资租入固定资产	50 000 000	
未确认融资费用	13 800 000	
贷：长期应付款		63 800 000

根据 13 号公告"按承租人出售前原账面价值作为计税基础"的规定，固定资产——写字楼的计税基础为 4 000 万元，账面价值不等于计税基础。

3）按 20 年计提折旧时的会计处理：

《租赁准则》规定："承租人应当采用与自有固定资产相一致的折旧政策计提租赁资产折旧"。会计按 20 年计提折旧，不留净残值，每年计提折旧 5 000 ÷ 20 = 250 万元，但是，税收只允许按计税基础计提折旧扣除 4 000 ÷ 20 = 200 万元，差额 50 万元，以

“递延收益——未实现售后租回损溢”抵消，即1 000÷20=50万元。这样处理解决了会计处理与税收的差异，不需要进行纳税调整。

借：管理费用等科目　　2 000 000

　　递延收益——未实现售后租回损溢　　500 000

　贷：累计折旧　　2 500 000

4）分摊未确认融资费用：

借：财务费用——利息支出　　2 760 000

　贷：未确认融资费用　　2 760 000

5）在租赁期间谁交房产税？

《房产税暂行条例》规定：房产税在城市、县城、建制镇和工矿区征收；房产税由产权所有人缴纳。产权所有人不在房产所在地的，或者产权未确定的，由房产代管人或者使用人缴纳。《财政部　国家税务总局关于房产税城镇土地使用税有关问题的通知》（财税［2009］128号）：融资租赁的房产，由承租人自融资租赁合同约定（租赁）开始日的次月起依照房产余值缴纳房产税。合同未约定（租赁）开始日的，由承租人自合同签订的次月起依照房产余值缴纳房产税。甲房地产公司每年应交房产税=50 000 000×（1－30）×1.2%=420 000（元）

借：管理费用——税金　　420 000

　贷：银行存款　　420 000

6）每年支付租金：

借：长期应付款　　12 000 000

　贷：银行存款　　12 000 000

7）租赁期满，支付行使购买权的款项（购买价款）：

借：长期应付款　　3 800 000

　贷：银行存款　　3 800 000

并把融资租赁固定资产按账面原价转做自有固定资产。

借：固定资产——写字楼　　50 000 000

　贷：固定资产——融资租入固定资产　　50 000 000

写字楼的计税基础仍然是4 000万元，“递延收益——未实现售后租回损溢”余额还有750万元，在今后15年中调整固定资产会计折旧额与税收折旧额之间的差额。

8）融资性售后回租业务承租方回购房产时是否征收契税？

《财政部　国家税务总局关于企业以售后回租方式进行融资等有关契税政策的通知》（财税［2012］82号）规定：对金融租赁公司开展售后回租业务，租赁公司承受承租人房屋、土地权属的，照章征收契税。对售后回租合同期满，承租人回购原房屋、土地权属的，免征契税。租赁公司是不受贷款指标限制的非银行金融机构，只要有资金就可以自行决定开展租赁业务。当房地产企业向银行借款因无贷款指标而不能实现时，可以利用融资性售后回租形式向经批准设立的租赁公司融资。在销售环节，不确认收入，不征流转税及企业所得税；承租人所支付的融资利息，可以作为财务费用在税前扣除。如果融资利率可以接受，融资性售后回租业务不失为一种解决房地产企业融资难的好方法。

第十节　开发产品视同销售的纳税操作技巧

房地产开发企业将开发产品用于捐赠、赞助、职工福利、奖励、对外投资、分配给股东或投资人、抵偿债务、换取其他企事业单位和个人的非货币性资产等行为，应视同销售，于开发产品所有权或使用权转移，或于实际取得利益权利时确认收入（或利润）的实现。

对于企业将自产、委托加工产品是否视同销售，《企业所得税法》与原来的税收法规有较大的区别，新税法对企业把自产、委托加工产品自用不再作为视同销售处理。这是因为《企业所得税法》采用的是法人所得税的模式，缩小了视同销售的范围，对于货物在同一法人实体内部之间的转移，如用于在建工程、管理部门、分公司等不再作销售处理，而作为内部处置资产。

企业内部处置资产，除将资产转移至境外以外，不再视同销售确认收入，相关资产的计税基础延续计算。内部处置资产是指资产所有权属在形式和实质上均不发生改变的处置行为，包括以下情形：

（1）将资产用于生产、制造、加工另一产品。

（2）改变资产形状、结构或性能。

（3）改变资产用途（如自建商品房转为自用或经营）。

（4）将资产在总机构及其分支机构之间转移。

（5）上述两种或两种以上情形的混合。

（6）其他不改变资产所有权权属的用途。

企业将资产移送他人的下列情形，因资产所有权属已发生改变而不属于内部处置资产，应按规定视同销售确定收入：

（1）用于市场推广或销售。

（2）用于交际应酬。

（3）用于职工奖励或福利。

（4）用于股息分配。

（5）用于对外捐赠。

（6）其他改变资产所有权权属的用途。

企业发生上述视同销售的情形时，属于企业自制的资产，应按企业同类资产同期对外销售价格确定销售收入；属于外购的资产，可按购入时的价格确定销售收入。但是，按购入时的价格确定销售的外购资产，仅限于企业处置该项资产不是以销售为目的，而是具有替代职工福利等费用支出性质，且购买后一般在一个纳税年度内处置。

房地产企业把开发产品作视同销售处理，需要解决以下两个问题：

（1）视同销售确认的时间：于开发产品所有权或使用权转移，或于实际取得利益权利时确认收入（或利润）的实现。

（2）视同销售的计价：

1）按本企业近期或本年度最近月份同类开发产品市场销售价格确定。

2）由主管税务机关参照当地同类开发产品市场公允价值确定。

3）按开发产品的成本利润率确定。开发产品的成本利润率不得低于15%，具体比例由主管税务机关确定。

计税价格＝开发成本×（1＋成本利润率）÷(1－营业税税率)

一、将开发产品用于对外投资的财税操作技巧

[例18-17] 庆波公司准备用一栋闲置的写字楼对宏远房地产开发公司投资，写字楼原价1 000万元，已经使用2年，累计提折旧100万元，经过国家承认的评估机构评估，公允价为2 500万元，请计算应交的税费。

[案例分析]

（1）以不动产对外投资是否缴纳营业税？根据《财政部 国家税务总局关于股权转让有关营业税问题的通知》（财税［2002］191号文件）规定，以无形资产、不动产投资入股，与接受投资方利润分配，共同承担投资风险的行为，不征收营业税。股权转让不征收营业税。所以，这项投资行为不征收营业税及附加。

（2）以不动产对外投资是否缴纳土地增值税？《财政部 国家税务总局关于土地增值税征收管理有关问题的通知》（财税字［1995］048号文件）第一条规定，对于以房地产进行投资、联营的，投资、联营的一方以土地（房地产）作价入股进行投资或作为联营条件，将房地产转让到所投资，联营的企业中时，暂免征收土地增值税。对投资、联营企业将上述房地产再转让的，应征收土地增值税。

但是，《财政部 国家税务总局关于土地增值税若干问题的通知》（财税［2006］21号文件）将以房地产对房地产开发企业投资联营的予以剔除："对于以土地（房地产）作价入股进行投资或联营的，凡所投资、联营的企业从事房地产开发的，或者房地产开发企业以其建造的商品房进行投资和联营的，均不适用财税字［1995］48号文件第一条暂免征收土地增值税的规定，应当征收土地增值税。"

根据上述文件的规定，庆波公司将写字楼对宏远房地产开发公司投资的行为，应当缴纳土地增值税。写字楼已经使用2年，每年加计扣除5%：

增值额＝2 500－1 000×（1＋5%×2）＝1 400（万元）

增值率＝1 400÷1 100＝127.27%，适用税率为50%，速算扣除率为15%

应交土地增值税额＝1 400×50%－1 100×15%＝700－165＝535（万元）

（3）股权投资成本的计算：

长期股权投资准则规定，通过非货币性资产交换取得的长期股权投资，其初始投资成本应当按照《企业会计准则第7号——非货币性资产交换》确定。

非货币性资产交换准则规定，非货币性资产交换具有商业实质且公允价值能够可靠计量的，应当以换出资产的公允价值和应支付的相关税费作为换入资产的成本。

股权投资成本 =2 500 +535 =3 035（万元）

固定资产转让利得 =3 035 -900 -535 =1 600（万元）

（4）庆波公司的账务处理：

1）固定资产清理。

借：固定资产清理	9 000 000	
累计折旧	1 000 000	
贷：固定资产		10 000 000

2）以写字楼对外投资。

借：长期股权投资	30 350 000	
贷：固定资产清理		9 000 000
应交税费——应交土地增值税		5 350 000
营业外收入		16 000 000

（5）纳税调整。企业将非货币资产对外投资，《企业所得税法》规定作视同销售处理，就是应在投资交易发生时，将其分解为按公允价值销售有关非货币性资产和投资两项经济业务进行所得税处理。企业会计准则也规定按照换出资产的公允价值和应支付的相关税费作为换入资产的成本。所以，新会计准则与《企业所得税法》对以非货币性资产对外投资的处理没有区别，不需要进行纳税调整，长期股权投资的会计成本等于计税基础。

二、以开发产品抵偿债务——债务重组的财税操作技巧

《企业会计准则——债务重组》规定，债务重组，是指在债务人发生财务困难的情况下，债权人按照其与债务人达成的协议或者法院的裁定作出让步的事项。

债务重组的方式主要包括：

（1）以资产清偿债务，包括货币性资产和非货币性资产。

（2）将债务转为资本。

（3）修改其他债务条件，如减少债务本金、减少债务利息等，不包括上述（1）和（2）两种方式。

（4）以上三种方式的组合等。

债务人的会计处理：

1）以非现金资产清偿债务的，转让的非现金资产公允价值与其账面价值之间的差额应作为转让资产损益，计入当期损益。

2）以非现金资产清偿债务的，债务人应当将重组债务的账面价值与转让的非现金资产公允价值之间的差额确认为债务重组利得，作为营业外收入，计入当期损益。

债权人的会计处理：以非现金资产清偿债务的，债权人应当对受让的非现金资产按其公允价值入账，重组债权的账面余额与受让的非现金资产的公允价值之间的差额，

确认为债务重组损失，作为营业外支出，计入当期损益。

《财政部 国家税务总局关于企业重组业务企业所得税处理若干问题的通知》（财税［2009］59号）规定，债务重组，除符合本通知规定适用特殊性税务处理规定的外，应按一般性税务处理规定进行税务处理：

（1）以非货币资产清偿债务，应当分解为转让相关非货币性资产、按非货币性资产公允价值清偿债务两项业务，确认相关资产的所得或损失。

（2）发生债权转股权的，应当分解为债务清偿和股权投资两项业务，确认有关债务清偿所得或损失。

（3）债务人应当按照支付的债务清偿额低于债务计税基础的差额，确认债务重组所得；债权人应当按照收到的债务清偿额低于债权计税基础的差额，确认债务重组损失。

（4）债务人的相关所得税纳税事项原则上保持不变。

［例18-18］ 甲房地产公司（简称甲公司）在小区开发中欠乙建筑工程公司（简称乙公司）工程款120万元，因甲公司资金困难，经协商，乙公司同意其用二套住宅抵债，二套住宅的成本价为90万元，公允价为110万元。

［案例分析］

（1）债务人甲公司的账务处理。

1）计算债务重组收益：

甲公司债务重组日应付账款账面价值120万元

减：二套住宅的公允价110万元

债务重组利得＝120－110＝10.0（万元）

2）会计分录：

借：应付账款——乙公司	1 200 000	
贷：主营业务收入		1 100 000
营业外收入——债务重组利得		100 000
借：主营业务成本	900 000	
贷：开发产品		900 000

3）纳税调整：企业会计准则与税法规定无差异，不需进行纳税调整。

（2）债权人乙公司的会计处理：

借：固定资产——房产	1 100 000	
营业外支出——债务重组损失	100 000	
贷：应收账款——甲公司		1 200 000

三、以开发产品进行非货币性资产交换的财税操作技巧

《企业会计准则第7号——非货币性资产交换》规定，非货币性资产交换，是指交易双方主要以存货、固定资产、无形资产和长期股权投资等非货币性资产进行的交换，该交换不涉及或只涉及少量的货币性资产（即补价）。

（一）非货币性资产交换的认定

认定涉及少量货币性资产的资产交换是否为非货币性资产交换，通常以补价占整个资产交换金额的比例低于25%（不含25%）作为参考。

支付的货币性资产占换入资产公允价值（或占换出资产公允价值与支付的货币性资产之和）的比例，或者收到的货币性资产占换出资产公允价值（或占换入资产公允价值和收到的货币性资产之和）的比例低于25%的，视为非货币性资产交换，适用非货币资产交换准则；高于25%（含25%）的，视为以货币性资产取得非货币性资产，适用其他相关准则。即，非货币性资产交换的认定比例为

$$\frac{\text{补价}}{\text{资产公允价值}}\leqslant 25\%$$

（二）非货币性资产交换的确认和计量原则

非货币性资产交换准则主要解决两个问题：其一是如何计量换入资产的成本；其二是如何确认非货币性资产交换带来的损益。而其中最基本的是如何计量换入资产的成本。

1. 按公允价值计量

非货币性资产交换同时满足下列两个条件的，应当以公允价值和应支付的相关税费作为换入资产的成本，公允价值与换出资产账面价值的差额计入当期损益：

（1）该项交换具有商业实质。

（2）换入资产或换出资产的公允价值能够可靠地计量。

资产存在活跃市场，是资产公允价值能够可靠计量的明显证据，但不是唯一要求。属于以下三种情形之一的，公允价值视为能够可靠计量：一是换入资产或换出资产存在活跃市场；二是换入资产或换出资产不存在活跃市场、但同类或类似资产存在活跃市场；三是换入资产或换出资产不存在同类或类似资产的可比市场交易，采用估值技术确定的公允价值满足一定的条件。

2. 按账面价值计量

不具有商业实质或交换涉及资产的公允价值均不能可靠计量的非货币性资产交换，应当按照换出资产的账面价值和应支付的相关税费，作为换入资产的成本，无论是否支付补价，均不确认损益；收到或支付的补价作为确定换入资产成本的调整因素，其中，收到补价方应当以换出资产的账面价值减去补价作为换入资产的成本；支付补价方应当以换出资产的账面价值加上补价作为换入资产的成本。

（三）商业实质的判断

在确定资产交换是否具有商业实质时，企业应当重点考虑由于发生了该项资产交换预期使企业未来现金流量发生变动的程度，通过比较换出资产和换入资产预计产生的未来现金流量或其现值，确定非货币性资产交换是否具有商业实质。只有当换出资产和换入资产预计未来现金流量或其现值两者之间的差额较大时，才能表明交易的发生使企业经济状况发生了明显改变时，非货币性资产交换因而具有商业实质。符合下

列条件之一的，视为具有商业实质：

（1）换入资产的未来现金流量在风险、时间和金额方面与换出资产显著不同。

1）未来现金流量的风险、金额相同，时间不同。此种情形是指换入资产和换出资产产生的未来现金流量总额相同，获得这些现金流量的风险相同，但现金流量流入企业的时间明显不同。

2）未来现金流量的时间、金额相同，风险不同。此种情形是指换入资产和换出资产产生的未来现金流量时间和金额相同，但企业获得现金流量的不确定性程度存在明显差异。

3）未来现金流量的风险、时间相同，金额不同。此种情形是指换入资产和换出资产产生的未来现金流量总额相同，预计为企业带来现金流量的时间跨度相同，风险也相同，但各年产生的现金流量金额存在明显差异。

（2）换入资产与换出资产的预计未来现金流量现值不同，且其差额与换入资产和换出资产的公允价值相比是重大的。

（四）非货币性资产交换的会计处理

1. 以公允价值计量的会计处理

非货币性资产交换具有商业实质且公允价值能够可靠计量的，应当以换出资产的公允价值和应支付的相关税费，作为换入资产的成本；但是，有确凿证据表明换入资产的公允价值比换出资产的公允价值更加可靠的除外。非货币性资产交换损益通常是换出资产公允价值与换出资产账面价值的差额，通过非货币性资产交换予以实现。

以公式表示为：

换入资产的成本 = 换出资产的公允价值 + 应支付的相关税费

损益 = 换出资产公允价值 − 换出资产账面价值

如果非货币性资产交换涉及补价，支付补价方和收到补价方应当分别情况处理：

（1）支付补价方：应当以换出资产的公允价值加上支付的补价（即换入资产的公允价值）和应支付的相关税费，作为换入资产的成本；换入资产成本与换出资产账面价值加上支付的补价、应支付的相关税费之和的差额，应当计入当期损益。

以公式表示为：

换入资产的成本 = 换出资产的公允价值 + 支付的补价 + 应支付的相关税费

损益 = 换入资产成本 −（换出资产账面价值 + 支付的补价 + 应支付的相关税费）

（2）收到补价方：应当以换入资产的公允价值（或换出资产的公允价值减去补价）和应支付的相关税费，作为换入资产的成本；换入资产成本加收到的补价之和与换出资产账面价值加应支付的相关税费之和的差额，应当计入当期损益。以公式表示为

换入资产的成本 = 换出资产的公允价值 − 补价 + 应支付的相关税费

损益 = 换入资产成本 + 补价 −（换出资产账面价 + 应支付的相关税费）

在涉及补价的情况下，对于支付补价方而言，作为补价的货币性资产构成换入资产所放弃对价的一部分；对于收到补价方而言，作为补价的货币性资产构成换入资产的一部分。

（3）非货币性资产交换的会计处理，视换出资产的类别不同而有所区别：

1）换出资产为存货的，应当视同销售处理，根据收入准则按照公允价值确认销售收入，同时结转销售成本。

2）换出资产为固定资产、无形资产的，换出资产公允价值和换出资产账面价值的差额，计入营业外收入或营业外支出。

3）换出资产为长期股权投资的，换出资产公允价值和换出资产账面价值的差额，计入投资收益。

[例18-19]　不涉及补价的非货币性资产交换案例分析。

甲房地产公司于2013年2月取得一个别墅开发项目，由于地处山区，要进行大量的土地平整工程，需要购入大型施工机械。本市乙工程机械厂生产大型施工机械。但是，甲公司由于支付了大笔的土地出让金，资金已经很紧张。经过与乙工程机械厂协商，准备用上年度完工的住宅换取这批设备。这批设备的成本价650万元，市场价（含税价）800万元，甲公司按相同金额出让住宅20套，乙工程机械厂用于出租赚取租金，住宅的成本价600万元，市场价800万元，双方已经达成协议，不再支付其他费用。

[案例分析]

（1）分析：整个资产交换过程不涉及货币性资产，属于非货币性资产交换。

本案例是以存货换入固定资产，对甲公司来讲，换入的工程机械是经营过程中必需的资产，对乙公司来讲，换入的住宅准备出租赚取租金收入，两项资产交换后对换入企业的特定价值显著不同，两项资产的交换具有商业实质。同时，两项资产的公允价值都能够可靠地计量，符合以公允价值计量的两个条件，因此，甲公司和乙公司均应当以换出资产的公允价值为基础，确定换入资产的成本，并确认产生的损益。

（2）甲公司的账务处理如下：

借：固定资产——施工机械	8 000 000	
贷：主营业务收入		8 000 000
借：主营业务成本	6 000 000	
贷：开发产品		6 000 000

主营业务收入与主营业务成本的差额计入当期损益。

（3）乙公司的账务处理如下：

换出施工机械的销售价＝800÷（1＋17%）＝684（万元）

增值税销项税额＝684×17%＝116（万元）

借：投资性房地产——住宅	8 000 000	
贷：主营业务收入		6 840 000
应交税费——应交增值税（销项税额）		1 160 000
借：主营业务成本	6 500 000	

贷：库存商品——施工机械 6 500 000

主营业务收入与主营业务成本的差额计入当期损益。

（4）纳税处理：

甲公司换出住宅20套，开具了发票，计算缴纳了营业税。

乙公司按公允价开具了增值税发票，计算了增值税销项税额。

此项交换属于不涉及补价的非货币性资产交换。甲、乙公司都按公允价值确认销售，公允价值与账面价值的差额已经计入当期损益，符合企业所得税法关于视同销售的规定，不必再进行纳税调整。

［例18-20］ 涉及补价的非货币性资产交换案例分析。

甲房地产公司以其拥有的一幢用于出租的商业大厦与乙公司持有的交易目的的股票投资进行交换。商业大厦符合投资性房地产的定义，但未采用公允价格模式计量。在交换日，商业大厦的账面原值为9 000万元，已提折旧1 500万元，未提减值准备，公允价值8 000万元，营业税的税率为5%，城市维护建设税7%，教育费附加3%。乙公司持有的交易目的的股票投资账面价值为6 000万元，采用公允价值计量，在交换日的公允价值为7 500万元。由于甲公司急于处理该幢商业大厦，乙公司除股票外仅支付现金450万元给甲公司就已经成交。

［案例分析］

（1）该项交易是否属于非货币性资产交换？

对于甲公司来讲收到补价450万元占换入资产公允价值的比重：

$450 \div (7\,500+450) \times 100\% = 5.66\% \leqslant 25\%$，属于非货币性资产交换。

对于乙公司来讲支付补价450万元占换出资产公允价值的比重：

$450 \div 8\,000 \times 100\% = 5.62\% \leqslant 25\%$，属于非货币性资产交换。

（2）是否具有商业实质？本案例属于以投资性房地产换入以公允价值计量且其变动计入当期损益的金融资产。对甲公司而言，换入交易目的的股票投资使得企业可以在希望变现时及时取得现金，但风险程度要比租金收入稍大；对于乙公司而言，用于经营出租目的的商业大厦，可以获得稳定均衡的现金流，但是不能满足企业急需大量现金的需要。因此，交易性股票投资带来的未来现金流量在时间、风险方面与用于出租的商业大厦带来的租金流有显著区别，因而可判断两项资产的交换具有商业实质。

（3）公允价值能否可靠计量？股票投资和商业大厦的公允价值均能够可靠地计量，对于换入企业而言，换入资产的公允价值比换出资产的公允价值更可靠、更切合实际，因此，甲、乙公司均应当以换入资产的公允价值为基础确定换入资产的成本，并确定产生的损益。

（4）甲公司的账务处理。甲公司要给乙公司开具销售不动产的营业税发票，计算应交营业税（为简便起见，不考虑附加税费）：$8\,000 \times 5\% = 400$（万元）

换入股票的入账价值（公允价）$=7\,500$（万元）

损益 $= (7\,500+450) - [(9\,000-1\,500)+400] = 7\,950 - 7\,900 = 50$（万元）

借：其他业务成本	75 000 000	
投资性房地产累计折旧	15 000 000	
贷：投资性房地产		90 000 000
借：其他业务成本	4 000 000	
贷：应交税费——应交营业税		4 000 000
借：交易性金融资产	75 000 000	
银行存款	4 500 000	
贷：其他业务收入		79 500 000

（5）乙公司的账务处理：

换入商业大厦的入账价值＝8 000（万元）

损益＝8 000－（6 000＋450）＝1 550（万元）

借：投资性房地产	80 000 000	
贷：交易性金融资产		60 000 000
银行存款		4 500 000
投资收益		15 500 000

（6）纳税处理。《企业所得税法》规定，以非货币性资产进行交换视同销售进行税务处理，是要求按照公允价值销售一项非货币性资产，再以公允价值购入一项非货币性资产，分成两项业务进行所得税处理，新企业会计准则的规定与税法没有差异，不需要进行纳税调整。

2. 以换出资产账面价值计量的会计处理

非货币性资产交换不具有商业实质，或者虽然具有商业实质但换入资产和换出资产的公允价值均不能可靠计量的，应当以换出资产账面价值为基础确定换入资产成本，无论是否支付补价，均不确认损益。

一般来讲，如果换入资产和换出资产的公允价值都不能可靠计量时，该项非货币性资产交换通常不具有商业实质，因为在这种情况下，很难比较两项资产产生的未来现金流量在时间、风险和金额方面的差异，很难判断两项资产交换后对企业经济状况改变所起的不同效用，因而，此类资产交换通常不具有商业实质。

四、将开发产品用于职工奖励、分配给股东或投资者的处理

房地产企业将开发产品用于职工奖励，将开发产品分配给股东或投资者，由于涉及不动产产权转移，接受单位或个人在办理产权过户手续时需要提供相关证明，房地产企业必定要开具发票，上述行为实际就是销售行为，可以按照销售进行处理。

五、将开发产品用于捐赠、赞助的处理

房地产企业将开发产品用于捐赠赞助，不动产的产权转移，受让方需要办理不动产的过户手续，房地产企业必须开具发票，应当按照销售进行处理。

第十一节 房地产开发经营业务所得税的纳税操作技巧

2009年3月，国家税务总局下发了《房地产开发经营业务企业所得税处理办法》（国税发［2009］31号，简称新31号文件）。这是在我国实施新《企业所得税法》之后，国家税务总局加强重点行业所得税管理的重要措施。新31号文件作出了允许预提成本、加大税前扣除、缩小税基、降低预征所得税毛利率等诸多新规定，最大限度地减轻房地产开发企业的所得税负担。对于振兴已受到经济危机严重影响的房地产行业，无疑是一付救市的良方。国家税务总局公告2011年第2号已将《国家税务总局关于房地产开发业务征收企业所得税问题的通知》（国税发［2006］31号，简称旧31号文）文件废止，不再执行。

一、以非货币交换方式取得土地使用权成本的税务处理

（1）企业、单位以换取开发产品为目的，将土地使用权投资于房地产企业的，按下列规定进行处理：

1）换取的开发产品如为该项土地开发、建造的，接受投资的房地产企业在接受土地使用权时暂不确认其成本，待首次分出开发产品时，再按应分出开发产品（包括首次分出的和以后应分出的）的市场公允价值和土地使用权转移过程中应支付的相关税费计算确认该项土地使用权的成本。如涉及补价，土地使用权的取得成本还应加上应支付的补价款或减除应收到的补价款。

这是典型的非货币性资产交换，《非货币性资产交换准则》规定，非货币性资产交换如果具有商业实质，并且换入资产或换出资产的公允价值能够可靠地计量，应当以公允价值和应支付的相关税费作为换入资产的成本。新税法与准则趋同，采用了准则的规定。31号文件对公允价值采用了以分出开发产品的公允价值为基础来计量换入土地的成本。

土地使用权成本＝应分出开发产品的公允价值＋土地转让中应支付的相关税费±补价

2）换取的开发产品如为其他土地开发、建造的，接受投资的企业在投资交易发生时，按应付出开发产品市场公允价值和土地使用权转移过程中应支付的相关税费计算确认该项土地使用权的成本。如涉及补价，土地使用权的取得成本还应加上应支付的补价款或减除应收到的补价款。

土地使用权的成本＝应付出开发产品市场公允价值
＋土地转让中应支付的相关税费±补价

［例18-21］ 甲企业2010年取得一项土地使用权，土地使用权出让价6 000万元，支付契税240万元，办理土地使用权等手续费4万元，土地用途为住宅用地。2011年年初，经过与乙房地产公司协商，准备合作开发，甲公司以土地投入，乙公司出资

9 000万元进行开发。开发完工后，甲、乙公司按4:6的比例分配房产。2014年年末，项目开发完成，建筑面积150 000平方米，甲方分得房产60 000平方米。经过评估机构评估，每平方米公允价值为2 300元。计算乙公司取得的土地使用权成本。

[案例分析]

(1) 根据《营业税问题解答（之一）的通知》（国税函发［1995］156号）文件的规定，这种情况属于一方（简称甲方）提供土地使用权，另一方（简称乙方）提供资金的合作建房。甲方以转让部分土地使用权为代价，换取部分房屋的所有权，发生了转让土地使用权的行为；乙方则以转让部分房屋的所有权为代价，换取部分土地的使用权，发生了销售不动产的行为。因而合作建房的双方都发生了营业税的应税行为，应交营业税、城市维护建设税、教育费附加，假设税费率为5.5%。

(2) 根据《财政部　国家税务总局关于土地增值税一些具体问题规定的通知》（财税字［1995］048号文件）的规定，对于一方出土地，一方出资金，双方合作建房，暂免征收土地增值税。

(3) 根据《契税暂行条例细则》第十条的规定，土地使用权交换、房屋交换，交换价格不相等的，由多交付货币、实物、无形资产或者其他经济利益的一方缴纳税款。交换价格相等的，免征契税。土地使用权与房屋所有权之间相互交换，按照前款征税。

本案例以房换地，没有发生补价，因此，免征契税。

(4) 根据新31号文件规定，以分出开发产品的市场公允价值作为计价基础。

换出房产公允价 = 2 300 × 60 000 = 13 800（万元）

应交营业税及附加 = 13 800 × 5.5% = 759（万元）

应交印花税 = 13 800 × 0.5‰ = 6.9（万元）

土地使用权成本 = 13 800 + 759 = 14 559（万元）

印花税计入当期管理费用中。

借：无形资产——土地使用权	138 000 000	
贷：主营业务收入		138 000 000
借：管理费用——税金	69 000	
贷：应交税费——应交印花税		69 000

同时，结转开发产品成本。

(2) 企业、单位以股权的形式，将土地使用权投资房地产企业的，接受投资的企业应在投资交易发生时，按该项土地使用权的市场公允价值和土地使用权转移过程中应支付的相关税费计算确认该项土地使用权的取得成本。如涉及补价，土地使用权的取得成本还应加上应支付的补价款或减除应收到的补价款。

土地使用权的成本 = 土地使用权市场公允价值 + 转让中应支付的相关税费 ± 补价

会计分录为：

1) 取得土地使用权。

借：无形资产——土地使用权

贷：实收资本（或股本）

2）支付契税。

借：无形资产——土地使用权

贷：银行存款

3）进行开发建设。

借：开发成本——土地征用费及拆迁补偿费

贷：无形资产——土地使用权

应当注意的是，企业以股权形式取得土地使用权时，不允许直接借记“开发成本——土地征用费及拆迁补偿费”，而必须通过“无形资产”科目核算。

二、预提成本的操作实务

由于开发产品建造过程较长，工程决算往往滞后，有些工程完工之后，施工企业与房地产开发企业的工程造价迟迟未决，影响开发项目计税成本的核算和企业所得税的征收。针对这种情况，一方面促使企业加快工程决算，另一方面充分考虑开发产品建造过程的特殊性，31号文件允许预提部分项目的成本。

（1）出包工程未最终办理结算而未取得全额发票的，在证明资料充分的前提下，其发票不足金额可以预提，但最高不得超过合同总金额的10%。

出包工程一般包括建筑安装工程费、基础设施费、场地平整费等，虽然文件没有要求先预提后清算，但是，作为房地产企业必须有先预提后清算的安排，清算时取得合法凭证。31号文件第三十四条强调，企业在结算计税成本时其实际发生的支出应当取得但未取得合法凭据的，不得计入计税成本。另外在土地增值税清算时，没有发票也是不允许扣除的。

（2）公共配套设施尚未建造或尚未完工的，可按预算造价合理预提建造费用。此类公共配套设施必须符合已在售房合同、协议或广告、模型中明确承诺建造且不可撤销，或按照法律法规规定必须配套建造的条件。

房地产开发企业在房地产开发过程中，往往先建造商品房，后建造配套设施，在所售出的房产交付时，配套设施尚未完工，为了使成本与收入配比，31号文件允许对配套设施费进行预提，但是，企业应当注意，配套设施完工时必须进行清算，取得相应的发票。

（3）应向政府上交但尚未上交的报批报建费用、物业完善费用可以按规定预提。物业完善费用是指按规定应由企业承担的物业管理基金、公建维修基金或其他专项基金。

（4）《国家税务总局关于企业所得税若干问题的公告》（国家税务总局公告2011年第34号）规定：企业当年度实际发生的相关成本、费用，由于各种原因未能及时取得该成本、费用的有效凭证，企业在预缴季度所得税时，可暂按账面发生金额进行核算；

但在汇算清缴时，应补充提供该成本、费用的有效凭证。

应当说明的是，31号文件印发于2009年，34号公告发布于2011年，因此31号文件预提成本的规定不受34号公告在汇算清缴结束时提供发票的制约。实际上，房地产开发企业如果能在汇算清缴结束前取得发票就不需要预提了，正因为税务总局考虑到房地产开发企业的实际困难，才允许预提成本的。

三、小区停车场所成本核算的操作实务

（1）小区内单独建造的停车场所，应作为成本对象单独进行核算，建成后转入“开发产品——车库”科目核算。

（2）利用地下人防工程设施形成的停车场所，应作为公共配套设施进行处理，其成本由可售面积来承担。

［例18-22］ 某房地产公司开发的一座综合楼，1～2层为商铺，3～18层为住宅，地下室为人防工程，建成了停车场所，地下人防的工程决算为1 400万元。应如何对人防工程的开发成本进行核算，今后怎样管理经营？

［案例分析］

（1）在地下停车场工程决算时，首先应注意区分楼房基础与地下停车场，基础是承载整幢大楼的，其成本应根据各层的层高进行分配。地下停车场不是楼房的基础，防止将基础的成本计入停车场的成本。同时，应当注意尽量使地下停车场成本较低。

（2）把人防工程建造的地下停车场所的成本计入公共配套设施费。这样处理之后，房地产公司投入地下停车场所中的成本，在房产销售过程中已经收回，房地产开发企业不再是地下停车场所的投资者，全体业主自然成为地下停车场所的投资人。根据《人民防空法》和《物权法》的规定，人防工程的产权属于国家，使用权、收益权归投资人所有。在这里，31号文件使《人民防空法》、《物权法》和《企业所得税法》协调一致。房地产企业应当改变观念：人防工程建造的地下车停车场已经不再是房地产企业的开发产品，而是国家财产，平时归投资者使用管理，收益归投资者所有，房地产开发企业也就无权处置地下车库了。

（3）《人民防空法》规定，城市新建民用建筑，按照国家有关规定修建战时可用于防空的地下室。“有关单位应当按照国家规定对已经修建或者使用的人民防空工程进行维护管理，使其保持良好使用状态。人民防空主管部门对人民防空工程的维护管理进行监督检查。”既然人防工程的投资人和受益人是全体业主，全体业主就具有对人防工程进行维护管理的责任。为此，在销售合同中应当明确：“利用人防工程建造的车库投资人是全体业主，委托物业公司代为管理”，物业公司与车主签订《车位使用协议（合同）》，车主取得若干年的“车位使用权”，车位使用权可以换让，物业公司收取“车位维护管理费”，用于人防工程的维护管理及弥补物业收费的不足。

（4）“车位维护管理费”属于营业税的服务类税目，应当缴纳营业税，不需要缴纳房产税。

利用人防工程建造的地下停车场的经营方面，应当避免的错误是规定出售若干年使用权，例如20年的车库使用权，那样会按房产出租征收房产税。

《国家税务总局关于印发〈营业税税目注释（试行稿）〉的通知》（国税发［1993］149号）文件规定：租赁业，是指在约定的时间内将场地、房屋、物品、设备或设施等转让他人使用的业务，出售使用权应按照“服务业——租赁业”征收营业税。如果出售20年的使用权被认定为租赁，根据税法的规定，按照合同约定的承租人应付租金的日期确认收入的实现，征收营业税和企业所得税。而且，按照财政部、国家税务总局《关于具备房屋功能的地下建筑征收房产税的通知》（财税［2005］181号文件）规定，对于与地上房屋相连的地下建筑，应将地下部分与地上房屋视为一个整体按照地上房屋建筑的有关规定计算征收房产税，按照租金的12%征收房产税。

在上述车库经营中物业公司收取的是“车位维护管理费”，这是一种提供车辆管理的劳务收入，税法规定，长期为客户提供重复的劳务收取的劳务费，在相关劳务活动发生时确认收入。车库为业主自用，按照《房产税暂行条例》的规定，应当按照房产余值的1.2%征收房产税。但是，地下停车场属于公共配套设施，其成本已经分配到可售面积中，自身没有原值，也就无法计算房产余值，不交房产税。为了防止税务人员根据《国家税务总局关于加强对出租房屋房产税征收管理的通知》（国税发［1998］196号文件）规定核定征收，即“对不能提供租赁合同或不能据实提供租金收入情况的，税务机关可根据当地情况核定不同区域房屋出租的租金标准，据以征收房产税”。物业公司可以根据历史成本核算资料，按照当初转为“公共配套设施”的金额计算房产余值，按业主自用房产缴纳房产税，使得税负较低。

四、成本终结日的确定方法

针对房地产企业成本核算普遍带有滞后性的特点，为督促企业及时核算开发产品成本，31号文件首次提出确定“成本终结日”的要求。开发产品完工以后，企业可在完工年度企业所得税汇算清缴前选择确定计税成本核算的终止日，不得滞后。凡已完工开发产品在完工年度未按规定结算计税成本，主管税务机关有权确定或核定其计税成本，据此进行纳税调整，并按《税收征收管理法》的有关规定对其进行处理。

开发产品符合下列条件之一的，应视为已经完工。

（1）开发产品竣工证明材料已报房地产管理部门备案。

（2）开发产品已开始投入使用。

（3）开发产品已取得了初始产权证明。

由于，只要具备上述三个条件之一的就视为已经完工，所以，房地产企业各个部门要从整体角度出发来设计工程具体完工时间，包括何时将工程竣工证明材料报房地产管理部门备案、何时办理竣工决算等。

为防止房地产企业因房产完工而早交或多交企业所得税，对控制开发产品的完工提出三点建议：

（1）开发产品竣工证明材料是否报房地产管理部门备案应由公司领导层讨论决定。

建设部《房屋建筑工程和市政基础设施工程竣工验收备案管理暂行办法》（建设部令第 78 号）第五条建设单位办理工程竣工验收备案应当提交下列文件：

1）工程竣工验收备案表。

2）工程竣工验收报告。

3）法律、行政法规规定应当由规划、公安消防、环保等部门出具的认可文件或者准许使用文件。

4）施工单位签署的工程质量保修书。

5）法规、规章规定必须提供的其他文件。

商品住宅还应当提交《住宅质量保证书》和《住宅使用说明书》。

一般情况下，房地产开发企业竣工验收备案材料是由工程部上报的，这种做法欠妥。一个项目是否竣工，不单单考虑工程，还要考虑与建筑施工企业的工程决算是否完成，是否取得全部建筑安装工程发票？为了取得土地使用权应当交付的地方规费是否交齐，是否取得合法有效的凭证？开发产品成本核算是否完成，如果成本不完整，就会虚增利润额，多交或早交企业所得税，而且交了过头税很难退回。为此，房地产公司在上报竣工验收备案材料前应当召开一次由公司负责人主持的各业务部门参加的会议，集体讨论一下开发项目是否全面完工。

（2）开发产品开始投入使用应由公司领导层讨论决定。

《国家税务总局关于房地产企业开发产品完工标准税务确认条件的批复》（国税函［2009］342 号文件）规定，所称“开发产品已开始投入使用”是指房地产开发企业开始办理开发产品交付手续（包括入住手续）或已开始实际投入使用。但是，有的房地产企业强调，由于项目没有通过质量验收，或项目没有办理工程决算而不应算作开发产品已经投入使用等。针对这个问题，《国家税务总局关于房地产开发企业开发产品完工条件确认问题的通知》（国税函［2010］201 号文件）答复：房地产开发企业建造、开发的开发产品，无论工程质量是否通过验收合格，或是否办理完工（竣工）备案手续以及会计决算手续，当企业开始办理开发产品交付手续（包括入住手续）或已开始实际投入使用时，为开发产品开始投入使用，应视为开发产品已经完工。房地产开发企业应按规定及时结算开发产品计税成本，并计算企业当年度应纳税所得额。

根据上述文件的规定，只要房地产开发企业向购房人交房，就应当将“预收账款”

转作“主营业务收入”，同时结转“主营业务成本”，计算应纳税所得额缴纳企业所得税。问题是在向购房人交房时开发产品成本核算是否完成？如果成本核算没有完成，建议推迟交房，否则会多交或早交企业所得税。企业应当从两个方面加以控制：①提高成本核算的及时性；②成本核算完成之前不要交房。

对已经确认销售的业务，所得税汇算清缴时，应填报《一般企业收入明细表》见表18-6（表A101010）、《 一般企业成本支出明细表》见表18-7（表102010）。

表18-6（A101010）　**一般企业收入明细表**

行　次	项　目	金　额
1	一、营业收入（2+9）	
2	（一）主营业务收入（3+5+6+7+8）	
3	1. 销售商品收入	
4	其中：非货币性资产交换收入	
5	2. 提供劳务收入	
6	3. 建造合同收入	
7	4. 让渡资产使用权收入	
8	5. 其他	
9	（二）其他业务收入（10+12+13+14+15）	
10	1. 销售材料收入	
11	其中：非货币性资产交换收入	
12	2. 出租固定资产收入	
13	3. 出租无形资产收入	
14	4. 出租包装物和商品收入	
15	5. 其他	
16	二、营业外收入（17+18+19+20+21+22+23+24+25+26）	
17	（一）非流动资产处置利得	
18	（二）非货币性资产交换利得	
19	（三）债务重组利得	
20	（四）政府补助利得	
21	（五）盘盈利得	

（续）

行　次	项　目	金　额
22	（六）捐赠利得	
23	（七）罚没利得	
24	（八）确实无法偿付的应付款项	
25	（九）汇兑收益	
26	（十）其他	

表 18-7（A102010）　一般企业成本支出明细表

行　次	项　目	金　额
1	一、营业成本（2+9）	
2	（一）主营业务成本（3+5+6+7+8）	
3	1. 销售商品成本	
4	其中：非货币性资产交换成本	
5	2. 提供劳务成本	
6	3. 建造合同成本	
7	4. 让渡资产使用权成本	
8	5. 其他	
9	（二）其他业务成本（10+12+13+14+15）	
10	1. 材料销售成本	
11	其中：非货币性资产交换成本	
12	2. 出租固定资产成本	
13	3. 出租无形资产成本	
14	4. 包装物出租成本	
15	5. 其他	
16	二、营业外支出（17+18+19+20+21+22+23+24+25+26）	
17	（一）非流动资产处置损失	
18	（二）非货币性资产交换损失	
19	（三）债务重组损失	

（续）

行 次	项 目	金 额
20	（四）非常损失	
21	（五）捐赠支出	
22	（六）赞助支出	
23	（七）罚没支出	
24	（八）坏账损失	
25	（九）无法收回的债券股权投资损失	
26	（十）其他	

（3）办理“产权初始证明”应由公司领导层讨论决定。“产权初始证明”即平常讲的“大产权证”。它的取得步骤一般是：在开发小区竣工验收之后，由当地建设管理部门颁发《建设工程竣工验收规划确认书》；再由国家批准的测绘部门进行实地测量，发给《实测报告》；然后，房地产开发企业凭《建设工程竣工验收规划确认书》和《实测报告》到当地房产管理局办理取得《房屋所有权证》，即大产权证。

五、房地产企业吸收资金合作建房的操作实务

房地产企业以本企业为主体联合其他企业、单位、个人合作或合资开发房地产项目，且该项目未成立独立法人公司的，按下列规定进行处理：

（1）凡开发合同或协议中约定向投资各方（即合作、合资方）分配开发产品的，企业在首次分配开发产品时，如该项目已经结算计税成本，其应分配给投资方开发产品的计税成本与其投资额之间的差额计入当期应纳税所得额；如未结算计税成本，则将投资方的投资额视同销售收入进行相关的税务处理。

[例18-23] 2013年2月，丰亿房地产公司在开发奥新小区的过程中，因为资金不足，吸收普宁公司投资入股，普宁公司投入资金6 000万元，双方约定，房产建成后，丰亿房地产公司分给普宁公司房产20 000平方米。2015年11月，奥新小区开发完成，普宁公司按协议分得20 000平方米房产，该小区成本核算及时，在分配房产时计税成本已经计算完成，每平方米计税成本为2 400元。

[案例分析]

在本案例中，开发产品成本核算的及时性显得非常重要。由于在合作方首次分配开发产品时，已经结算出计税成本，根据31号文件规定，开发产品的计税成本与投资额之间的差额计入当期应纳税所得额。即，把投资额结转为“主营业务收入”，同时按计税成本结转“主营业务成本”，计算应纳税所得额。

（1）丰亿房地产公司收到投资款时：

借：银行存款　　60 000 000

　贷：其他应付款——普宁公司　　60 000 000

（2）分配开发产品时：

借：其他应付款——普宁公司　　60 000 000

　贷：主营业务收入　　60 000 000

同时，结转主营业务成本：

主营业务成本 = 2 400 × 20 000 = 48 000 000（元）

借：主营业务成本　　48 000 000

　贷：开发产品　　48 000 000

［**例 18-24**］　延续上例资料，假设开发项目在分配房产时，丰亿房地产公司的计税成本还没有计算完成，当地同类房产的市场价为每平方米 3 500 元。根据 31 号文件的规定，应将投资方的投资额视同销售收入进行相关的税务处理。

［**案例分析**］

（1）丰亿房地产公司收到投资款时：

借：银行存款　　6 000 万

　贷：其他应付款——普宁公司　　6 000 万

（2）分配房产时，按市场价格确认收入，收入总额 = 3 500 × 20 000 = 70 000 000（元）

借：其他应付款——普宁公司　　6 000 万

　　应收账款——普宁公司　　1 000 万

　贷：主营业务收入　　7 000 万

丰亿公司按 7 000 万元确认收入，按 7 000 万元计算缴纳各项税费，差额1 000万元向合作方收取。从这里也可以看出，开发产品计税成本及时计算完成对房地产开发企业是非常重要的。

（2）凡开发合同或协议中约定分配项目利润的，应按以下规定进行处理：

1）企业应将该项目形成的营业利润额并入当期应纳税所得额统一申报缴纳企业所得税，不得在税前分配该项目的利润。同时不能因接受投资方投资额而在成本中摊销或在税前扣除相关的利息支出。

2）投资方取得该项目的营业利润应视同股息、红利进行相关的税务处理。

［**纳税操作分析**］

（1）房地产公司与合作方签订合作协议，设立非法人形式的项目公司或项目部，把合作协议报主管税务机关备案，请税务机关管理与监督。

（2）吸收合作方投资款，不得计算利息，在开发建设及经营过程中，由房地产公司统一核算，并缴纳所涉及的各项税费。

借：银行存款

　贷：其他应付款——项目投资款

(3) 项目开发完成，统一计算盈亏，按协议将税后利润分配给投资方。

借：利润分配

贷：其他应付款——项目投资款

(4) 支付合作方本金和利润，请主管税务机关给投资方开具完税证明。

借：其他应付款——项目投资款

贷：银行存款

根据《企业所得税法》第二十六条第（二）款的规定，符合条件的居民企业之间的股息、红利等权益性投资收益为免税收入。投资方取得的股息、红利不需缴纳企业所得税。

六、房地产企业以土地换房产的操作实务

房地产企业以换取开发产品为目的，将土地使用权投资其他企业房地产开发项目的，按以下规定进行处理：房地产企业应在首次取得开发产品时，将其分解为转让土地使用权和购入开发产品两项经济业务进行所得税处理，并按应从该项目取得的开发产品（包括首次取得的和以后应取得的）的市场公允价值计算确认土地使用权转让所得或损失。

[例 18-25] 甲房地产公司为建造办公用房，以土地入股参与乙房地产开发企业的房地产开发，土地账面价值1 000万元，房产建成后，甲企业分得50%，即分得办公用房6 000平方米，每平方米市场价为2 300元。

[案例分析]

(1) 根据国税函发［1995］156号文件的规定，这种情况属于一方（简称甲方）提供土地使用权，另一方（简称乙方）提供资金的合作建房。甲方以转让部分土地使用权（50%）为代价，换取部分房屋的所有权，发生了转让土地使用权的行为；乙方则以转让部分房屋的所有权为代价，换取部分土地的使用权，发生了销售不动产的行为。因而合作建房的双方都发生了营业税的应税行为，应当缴纳营业税。

(2) 根据《财政部　国家税务总局关于土地增值税一些具体问题规定的通知》（财税字［1995］048号文件）规定，对于一方出土地，另一方出资金，双方合作建房，建成后按比例分房自用的，暂免征收土地增值税；建成后转让的，应征收土地增值税。甲、乙公司合作建房免征土地增值税。

(3) 根据新31号文件的规定，转让土地使用权的收入按照取得的开发产品的公允价值计算确定。

甲房地产公司会计处理：

分得房产的公允价 = 2 300 × 6 000 = 13 800 000（元）

转让土地使用权取得的收入 = 13 800 000（元）

应交营业税及附加 = 13 800 000 × 5.5% = 759 000（元）

转让土地的成本 = 10 000 000 × 50% = 5 000 000（元）

土地转让利得 = 13 800 000 - 5 000 000 - 759 000 = 8 041 000（元）

印花税 = 13 800 000 × 0.5‰ = 6 900（元）

根据《契税暂行条例细则》第十条的规定，土地使用权交换、房屋交换，交换价格不相等的，由多交付货币、实物、无形资产或者其他经济利益的一方缴纳税款。交换价格相等的，免征契税。土地使用权与房屋所有权之间相互交换，按照前款征税。本案例以土地换房产，交换价格相等，免征契税。

借：固定资产——办公楼　13 800 000

　贷：无形资产——土地　5 000 000

　　应交税费——应交营业税　690 000

　　　　——城市维护建设税　48 300

　　　　——教育费附加　20 700

　　营业外收入　8 041 000

借：管理费用——税金　6 900

　贷：银行存款　6 900

办公楼的成本为 1 380 万元，土地使用权余额 500 万元，仍然在“无形资产——土地使用权”科目核算。

七、开发产品预售的纳税操作实务

（1）企业销售未完工开发产品取得的收入，应先按预计计税毛利率分季（或月）计算出预计毛利额，计入当期应纳税所得额。开发产品完工后，企业应及时结算其计税成本并计算此前销售收入的实际毛利额，同时将其实际毛利额与其对应的预计毛利额之间的差额，计入当年度企业本项目与其他项目合并计算的应纳税所得额。

（2）企业销售未完工开发产品的计税毛利率由各省、自治区、直辖市国家税务局、地方税务局按下列规定进行确定：

1）开发项目位于省、自治区、直辖市和计划单列市人民政府所在地城市城区和郊区的，不得低于 15%。

2）开发项目位于地及地级市城区及郊区的，不得低于 10%。

3）开发项目位于其他地区的，不得低于 5%。

4）属于经济适用房、限价房和危改房的，不得低于 3%。

［政策变化分析］

（1）国税发［2006］31 号文件规定的预计计税毛利率为：开发项目位于省、自治区、直辖市和计划单列市人民政府所在地城市城区和郊区的，不得低于 20%；位于地及地级市城区及郊区的，不得低于 15%；位于其他地区的，不得低于 10%。新 31 号文件较旧 31 号文件的毛利率普遍下降 5 个百分点。这充分体现了在金融危机中国家对房地产行业的税收激励政策。

（2）国税函［2008］299 号文件规定预计利润率暂按以下规定的标准确定：位于

省、自治区、直辖市和计划单列市人民政府所在地城区和郊区的，不得低于20%；位于地级市、地区、盟、州城区及郊区的，不得低于15%；位于其他地区的，不得低于10%。

（3）预售收入的核算及收入结转。《房地产开发经营业务企业所得税处理办法》（国税发［2009］31号）第九条规定，企业销售未完工开发产品取得的收入，应先按预计计税毛利率分季（或月）计算出预计毛利额，计入当期应纳税所得额。开发产品完工后，企业应及时结算其计税成本并计算此前销售收入的实际毛利额，同时将其实际毛利额与其对应的预计毛利额之间的差额，计入当年度企业本项目与其他项目合并计算的应纳税所得额。

［例18-26］ 2014年，甲房地产开发公司正在开发的房地产项目有两个。B项目2014年7月份开始预售，取得预售收入800万元，并已经开具了销售不动产发票。A项目2012年开始预售，2014年10月份已经竣工验收，开始交付使用。按实测面积确认的收入为1 200万元，其中含原来预售收入1 050万元。如何进行账务处理？如何填报年度纳税申报表？

假设当地税务机关规定：营业税5%，城建税7%，教育费附加3%，地方教育费附加2%；土地增值税预征率1.5%。企业所得税计税毛利率15%。

［案例分析］

（1）会计处理如下：

1）2014年预售收入800万元

借：银行存款	8 000 000	
贷：预收账款		8 000 000

2）预提营业税及附加

借：应交税费——预交营业税	400 000	
——预交城建税	28 000	
——预交教育费附加	12 000	
——预交地方教育附加	8 000	
贷：应交税费——应交营业税		400 000
——应交城建税		28 000
——应交教育费附加		12 000
——应交地方教育费附加		8 000

3）预提土地增值税1.5%

借：应交税费——预交土增税	120 000	
贷：应交税费——应交土地增值税		120 000

（2）年度纳税申报：企业所得税汇算清缴时，《企业所得税年度纳税申报表》的填报方法如下（见表18-8（表A105010））：

表 18-8（A105010）　视同销售和房地产开发企业特定业务纳税调整明细表

行　次	项　目	税收金额	纳税调整金额
		1	2
1	一、视同销售（营业）收入（2+3+4+5+6+7+8+9+10）		
2	（一）非货币性资产交换视同销售收入		
3	（二）用于市场推广或销售视同销售收入		
4	（三）用于交际应酬视同销售收入		
5	（四）用于职工奖励或福利视同销售收入		
6	（五）用于股息分配视同销售收入		
7	（六）用于对外捐赠视同销售收入		
8	（七）用于对外投资项目视同销售收入		
9	（八）提供劳务视同销售收入		
10	（九）其他		
11	二、视同销售（营业）成本（12+13+14+15+16+17+18+19+20）		
12	（一）非货币性资产交换视同销售成本		
13	（二）用于市场推广或销售视同销售成本		
14	（三）用于交际应酬视同销售成本		
15	（四）用于职工奖励或福利视同销售成本		
16	（五）用于股息分配视同销售成本		
17	（六）用于对外捐赠视同销售成本		
18	（七）用于对外投资项目视同销售成本		
19	（八）提供劳务视同销售成本		
20	（九）其他		
21	三、房地产开发企业特定业务计算的纳税调整额（22－26）	－197 500	－197 500
22	（一）房地产企业销售未完工开发产品特定业务计算的纳税调整额（24－25）	632 000	632 000
23	1. 销售未完工产品的收入	8 000 000	*
24	2. 销售未完工产品预计毛利额	1 200 000	1 200 000
25	3. 实际发生的营业税金及附加、土地增值税	568000	568 000
26	（二）房地产企业销售的未完工产品转完工产品特定业务计算的纳税调整额（28－29）	829 500	829 500
27	1. 销售未完工产品转完工产品确认的销售收入	10 500 000	*
28	2. 转回的销售未完工产品预计毛利额	1575000	157 5000
29	3. 转回实际发生的营业税金及附加、土地增值税	745 500	745 555

1）表A105010《视同销售和房地产开发企业特定业务纳税调整明细表》第23行“1. 销售未完工产品的收入”填8 000 000元；第24行“2. 销售未完工产品预计毛利额”＝8 000 000×15%＝1 200 000元；第25行“3. 实际发生的营业税金及附加、土地增值税”＝400 000＋28 000＋12 000＋8 000＋120 000＝568 000元。

第22行“销售未完工开发产品特定业务计算的纳税调整额”＝1 200 000－568 000＝632 000元。

2014年预收账款结转为“主营业务收入”的会计处理及纳税申报：

2）交房时把预收账款结转主营业务收入：

借：预收账款	10 500 000	
银行存款	1 500 000	
贷：主营业务收入		12 000 000

3）按销售收入计算营业税及附加，结转预交税费5.6%：

借：营业税及附加	672 000	
贷：应交税费——预交营业税	525 000	
——预交城建税	36 750	
——预交教育附加	15 750	
——预交地教附加	10 500	
贷：应交税费——应交营业税		75 000
——应交城建税		5 250
——应交教育附加		2 250
——应交地教附加		1 500

4）按销售收入计算土地增值税

借：营业税及附加	180 000	
贷：应交税费——预交土增税		157 500
应交税费——应交土地增值税		22 500

（3）年度纳税申报，企业所得税汇算清缴时，《企业所得税年度纳税申报表》的填报方法如下（见表A105010）：

1）表A105010《视同销售和房地产开发企业特定业务纳税调整明细表》第27行“1. 销售未完工产品转完工产品确认的销售收入”填10 5000 000元；第28行“2. 转回的销售未完工产品预计毛利额”＝10 500 000×15%＝1 575 000元；第29行“3. 转回实际发生的营业税金及附加、土地增值税”＝525 000＋36 7500＋15 750＋10 500＋157 500＝745 500元。第26行“转完工产品特定业务计算的纳税调整额”＝1 575 000－745 500＝829 500元（已计算所得额，应做调减）。

第21行“三、房地产开发企业特定业务计算的纳税调整额”＝632 000－829 500

= -197 500 元。

2）结转到表 A105000《纳税调整明细表》第 39 行“房地产开发企业特定业务计算的纳税调整额”第 4 列“调减金额”197 500 元。

3）再结转到主表第 16 行“减：纳税调整减少额”197 500 元。

八、开发产品租金收入的确认方法

《企业所得税法实施条例》第十九条规定，租金收入，按照合同约定的承租人应付租金的日期确认收入的实现。

考虑到房地产开发的特点，31 号文件规定，企业新建的开发产品在尚未完工或办理房地产初始登记、取得产权证前，与承租人签订租赁预约协议的，自开发产品交付承租人使用之日起，出租方取得的预租价款按租金确认收入的实现。对于这种差异，企业可以按照 31 号文件执行。

（一）待售开发产品先出租再出售

房地产开发企业将待售开发产品先出租再出售的，其租赁期间取得的价款应确认为租金收入的实现，出售时再按销售开发产品确认销售收入的实现。

（二）开发产品转作固定资产后先出租再出售

凡将开发产品转作固定资产的，其租赁期间取得的价款应按租金确认收入的实现，出售时再按销售固定资产确认收入的实现。

（三）待售开发产品出租与固定资产出租的异同

待售开发产品先出租再出售和转作固定资产之后先出租再出售的相同之处是租金收入按规定纳税，出售时再按销售不动产纳税。不同之处有三点：

（1）是否计提折旧的规定不同。将开发产品转作固定资产，出租时可以计提折旧，作为租赁成本在税前扣除。待售开发产品出租，不得计提折旧。

（2）出售时的会计核算不同。待售开发产品出售时通过“主营业务收入”和“主营业务成本”科目核算。转作固定资产之后，先出租再出售，出售时在“固定资产清理”科目核算。

（3）计算土地增值税时的扣除额不同。待售开发产品先出租再出售，出售时计算土地增值税的扣除项目金额可以附加扣除 30%，降低应纳土地增值税额。转作固定资产先出租再出售，其房产属旧房，根据土地增值税的有关规定，不得加计扣除，但是，可以按照发票金额每年加计 5% 扣除。

那么，待售开发产品出租是否应当转做“固定资产”呢？

根据《财政部　国家税务总局关于土地增值税若干问题的通知》（财税［2006］21 号）的规定，纳税人转让旧房及建筑物，能提供购房发票的，经当地税务部门确认，取得土地使用权所支付的金额、新建房及配套设施的成本、费用，可按发票所载金额并从购买年度起至转让年度止，每年加计5%计算。《企业所得税法实施条例》规定，房屋及建筑物折旧年限为20年，假设净残值为零，每年计提折旧也是房产原价的5%。卖旧房舍弃的是计算土地增值税时加计扣除的30%（含房地产开发费用10%和加计扣除20%），这样计算，如果预计房产出租时间可超过3年，转做固定资产可以降低税费支出；如果预计出租时间不会超过3年，则，不转固定资产，作为待售开发产品先出租再出售，享受销售开发产品计算土地增值税加计的30%扣除额。

（四）租金收入与租金扣除的不对称性及处理方法

《企业所得税法实施条例》第十九条规定，租金收入按照合同约定的承租人应付租金的日期确认收入的实现。第四十七条规定，经营租赁的租金按照租赁期限均匀扣除。税法对经营租赁租金收入按照收付实现制确认收入，而对经营租赁租金支出按照权责发生制税前扣除，形成了租金收入与租金扣除的不对称性。

《国家税务总局关于贯彻落实企业所得税法若干税收问题的通知》（国税函［2010］79号）：根据《实施条例》第十九条的规定，企业取得的租金收入，应按交易合同或协议规定的承租人应付租金的日期确认收入的实现。其中，如果交易合同或协议中规定租赁期限跨年度，且租金提前一次性支付的，根据《实施条例》第九条规定的收入与费用配比原则，出租人可对上述已确认的收入，在租赁期内，分期均匀计入相关年度的收入。出租方如为在我国境内设有机构场所且采取据实申报缴纳企业所得的非居民企业，也按本条规定执行。

九、成本费用税前扣除的规定

（一）已销开发产品的计税成本的计算

已销开发产品的计税成本，按当期已实现销售的可售面积和可售面积单位工程成本确认。可售面积单位工程成本和已销开发产品的计税成本按下列公式计算确定：

可售面积单位工程成本＝成本对象总成本÷成本对象总可售面积

已销开发产品的计税成本＝已实现销售的可售面积×可售面积单位工程成本

可售面积等于开发项目的建筑总面积减去配套设施面积计算求得。

（二）待售开发产品维护费

房地产开发企业对尚未出售的已完工开发产品和按照有关法律、法规或合同规定对已售开发产品（包括共用部位、共用设施设备）进行日常维护、保养、修理等实际发生的维修费用，准予在当期据实扣除。

（三）住房专项维修基金

企业将已计入销售收入的共用部位、共用设施设备维修基金按规定移交给有关部门、单位的，应于移交时扣除。

（四）按揭贷款担保金不得税前扣除

企业采取银行按揭方式销售开发产品的，凡约定企业为购买方的按揭贷款提供担保的，其销售开发产品时向银行提供的保证金（担保金）不得从销售收入中减除，也不得作为费用在当期税前扣除，但在实际发生损失时，应向主管税务机关进行专项申报扣除。

（五）委托境外机构销售开发产品手续费扣除比例

《财政部　国家税务总局关于企业手续费及佣金支出税前扣除政策的通知》（财税［2009］29号文件）规定，企业发生与生产经营有关的手续费及佣金支出，不超过所签订服务协议或合同确认的收入金额的5%计算限额以内的部分，准予扣除；超过部分，不得扣除。这一规定适用于一般行业委托境内机构提供服务发生的佣金及手续费支付。考虑到房地产销售的特殊性，在沿海地区的房地产已经销售给境外企业和个人，有些企业已经走出国门进行房地产开发，5%的限额偏低，所以，31号文件规定，房地产开发企业委托境外机构销售开发产品的其支付境外机构的销售费用（含佣金或手续费）不超过委托销售收入10%的部分，准予据实扣除。

（六）国家无偿收回土地使用权的损失可以扣除

《国务院办公厅转发建设部等部门关于做好稳定住房价格工作的意见》（国办发［2005］26号文件）规定，加大对闲置土地的清理力度，切实制止囤积土地行为，严格执行法律规定，对超过出让合同约定的动工开发日期满1年未动工开发的，征收土地闲置费；满2年未动工开发的，无偿收回土地使用权。根据31号文件的规定，企业发生的土地闲置费可以计入“土地征用及拆迁补偿费”中，企业因国家无偿收回土地使用权而形成的损失，在取得必要的证据后，可作为财产损失按有关规定经向主管税务机关专项申报后在税前扣除。

（七）开发产品报废损失可以税前扣除

企业开发产品（以成本对象为计量单位）整体报废或毁损，其净损失按有关规定专项申报后准予在税前扣除。

（八）开发产品临时自用不得计提折旧

《企业所得税法实施条例》规定，固定资产，是指企业为生产产品、提供劳务、出租或者经营管理而持有的、使用时间超过12个月的非货币性资产，包括房屋、建筑物、机器、机械、运输工具以及其他与生产经营活动有关的设备、器具、工具等。31号文件规定，企业开发产品转为自用的，其实际使用时间累计未超过12个月又销售的，不得在税前扣除折旧费用。该文件对于固定资产的时间要求与企业所得税法完全一致，便于企业掌握。

（九）统借统还的借款利息可以税前扣除

《企业所得税法》第四十六条规定，企业从其关联方接受的债权性投资与权益性投资的比例超过规定标准而发生的利息支出，不得在计算应纳税所得额时扣除。但是，企业统借统还的资金不属于关联企业债权性投资，不受这一规定限制。新31号文件规定，企业集团或其成员企业统一向金融机构借款分摊集团内部其他成员企业使用的，借入方凡能出具从金融机构取得借款的证明文件，可以在使用借款的企业间合理的分摊利息费用，使用借款的企业分摊的合理利息准予在税前扣除。

十、"一个项目一个公司"模式的房地产企业，注销时企业所得税的清算实务

根据《国家税务总局关于房地产开发企业注销前有关企业所得税处理问题的公告》（国家税务总局2010年公告第29号）规定，房地产开发企业按规定对开发项目进行土地增值税清算后，在向税务机关申请办理注销税务登记时，如注销当年汇算清缴出现亏损，应按照以下方法计算出其在注销前项目开发各年度多缴的企业所得税税款，并申请退税：

（1）计算项目开发各年度应分摊的土地增值税。

各年度应分摊的土地增值税 = 项目年度销售收入 ×（土地增值税总额 ÷ 整个项目销售收入总额）

销售收入包括视同销售房地产的收入，但不包括企业销售的增值额未超过扣除项目金额20%的普通标准住宅的销售收入。

（2）项目开发各年度应分摊的土地增值税减去该年度已经税前扣除的土地增值税后，余额属于当年应补充扣除的土地增值税；企业应调整当年度的应纳税所得额，并按规定计算当年度应退的企业所得税税款；当年度已缴纳的企业所得税税款不足退税的，应作为亏损向以后年度结转，并调整以后年度的应纳税所得额。

以公式表示：

年度应补交土地增值税 = 该年度应分摊的土地增值税 − 该年度已经税前扣除的土地增值税

该年度应退的企业所得税 = 该年度应补交土地增值税 ×25%

（3）企业对项目进行土地增值税清算的当年，由于按照上述方法进行土地增值税分摊调整后，导致当年度应纳税所得额出现正数的，应按规定计算缴纳企业所得税。

这种情况是指，当土地增值税预征率 > 土地增值税的实际税负率时，应当退回土地增值税；或者普通标准住宅预交土地增值税后，进行土地增值税清算时，增值率≤20%时，免征土地增值税，应当退回预征土地增值税。导致企业所得税的应纳税所得额增加，出现正数，应补缴企业所得税。

（4）企业按上述方法计算的累计退税额，不得超过其在项目开发各年度累计实际缴纳的企业所得税。

［例 18-27］ B房地产公司是按项目设立的法人企业，公司自2007年在乙市取得开发项目，历时4年，2010年项目结束，经过土地增值税清算，应交土地增值税1 000万元。各年度盈亏如表18-9所示：

表 18-9 B 房地产公司各年度盈亏表

（单位：万元）

年份	销售收入	预交土地增值税	年度利润总额	已交企业所得税
2007	—	—	-500	—
2008	8 000	120	-100	—
2009	12 000	180	1 000	100
2010	20 000	300	2 300	575
合计	40 000	600	2 700	675

B公司2011年申请注销，计算应退企业所得税额。

［案例分析］

根据上述资料，计算应退税额如表18-10所示：

销售收入土地增值税税负率 =（土地增值税总额 ÷ 整个项目销售收入总额）×100% = 1 000 ÷ 40 000 ×100% = 2.5%

表 18-10 各年度分摊土地增值税计算表

（单位：万元）

年份	销售收入	应交土地增值税	已交土地增值税	应补土地增值税	所得税率	应退企业所得税
2007	—	—	—	—	33%	—
2008	8 000	200	120	80	25%	20
2009	12 000	300	180	120	25%	30
2010	20 000	500	300	200	25%	50
合计	40 000	1 000	600	400		100

2011年申请企业所得税退税额 = 20 + 30 + 50 = 100（万元）

企业在申请退税时，应向主管税务机关提供书面材料证明应退企业所得税款的计算过程，包括：

（1）企业整个项目缴纳的土地增值税总额。

（2）整个项目销售收入总额。

（3）项目各年度销售收入。

（4）各年度应分摊的土地增值税。

（5）已经税前扣除的土地增值税。

（6）各年度的适用税率等。

如企业注销当年汇算清缴出现亏损，但土地增值税清算当年未出现亏损，或尽管土地增值税清算当年出现亏损，但在注销之前年度已按税法规定弥补完毕的，不执行上述公告。

十一、关于严肃房地产业税收征管纪律的规定

31号文件规定，企业出现《中华人民共和国税收征收管理法》第三十五条规定的情形，税务机关可对其以往应缴的企业所得税按核定征收方式进行征收管理，并逐步规范，同时按《中华人民共和国税收征收管理法》等税收法律、行政法规的规定进行处理，但不得事先确定房地产企业的所得税按核定征收方式进行征收、管理。

这是一项严肃房地产业税收征管纪律的规定，税务机关和房地产企业双方都必须遵守。

（1）《中华人民共和国税收征收管理法》第三十五条规定，纳税人有下列情形之一的，税务机关有权核定征收：

1）依照法律、行政法规的规定可以不设账簿的。

2）依照法律、行政法规的规定应当设置但未设置账簿的。

3）擅自销毁账簿的或者拒不提供纳税资料的。

4）虽设置账簿，但账目混乱或成本资料、收入凭证、费用凭证残缺不齐，难以查账的。

5）发生纳税义务，未按照规定的期限办理纳税申报，经税务机关责令限期申报，逾期仍不申报的。

6）纳税人申报的计税依据明显偏低，又无正当理由的。

《征管法》的规定除了第（1）项之外，都是违规或违法的，也就是说当房地产企业违反征管法时，税务机关有权核定征收，新31号文件如此强调就是要求企业加强会计核算，依法纳税。

（2）如果税务机关发现房地产企业违反了《征管法》的有关规定，税务机关有权核定征收，但是，只是对企业以往年度应缴的企业所得税按核定征收方式进行征收，并且要予以辅导，逐步规范企业的纳税行为，而不是对房地产企业当年和今后的所得税采用核定征收的方式征收。

（3）税务机关不得事先确定房地产企业的所得税按核定征收方式进行征收。这是国家税务总局第二次在正式文件中强调的对房地产企业税收征管的纪律。此项规定是对那些热衷于核定征收，“以核定为主、一核了之”、“求快图省”的做法的一种限制。近几年的税制改革深入贯彻了中共中央制定的“简税制、宽税基、低税率、严征管”的税制改革基本原则，加大税前扣除，缩小税基，降低税率，减轻纳税人的税收负担。但是，还有个别税务机关为了完成所谓的“征税指标”，不遵守“依法征税、应收尽收、坚决不收过头税、坚决防止和制止越权减免税”的组织财政收入原则，强行对房

地产企业采取核定征收，以完成税收任务为名征收过头税，这种作法恐怕不符合国家税务总局的要求。

第十二节　长期股权投资的财税操作技巧

《企业会计准则第2号——长期股权投资》（财会［2014］］14号，以下简称《长期股权投资准则》）规定：长期股权投资，是指投资方对被投资单位实施控制、重大影响的权益性投资，以及对其合营企业的权益性投资。包括：

（1）投资方能够对被投资单位实施控制的权益性投资，被投资单位为其子公司。

（2）投资方对被投资单位的财务和经营政策有参与决策的权力，但并不能够控制或者与其他方一起共同控制这些政策的制定。投资方能够对被投资单位施加重大影响的，投资单位对其联营企业的投资。

（3）合营安排是指一项由两个或两个以上的参与方共同控制的安排。合营安排具有下列特征：①各参与方均受到该安排的约束；②两个或两个以上的参与方对该安排实施共同控制。任何一个参与方都不能够单独控制该安排，对该安排具有共同控制的任何一个参与方均能够阻止其他参与方或参与方组合单独控制该安排。合营安排的投资是指对合营企业投资。

一、长期股权投资的初始计量

（一）企业合并形成的长期股权投资

企业合并形成的长期股权投资，应当区分为同一控制下的企业合并和非同一控制下的企业合并两种情况确定长期股权投资的初始投资成本。

1. 同一控制下的企业合并

（1）合并方以支付现金、转让非现金资产或承担债务方式作为合并对价的

1）《长期股权投资准则》规定：

合并方以支付现金、转让非现金资产或承担债务方式作为合并对价的，应当在合并日按照被合并方所有者权益在最终控制方合并财务报表中的账面价值的份额作为长期股权投资的初始投资成本。长期股权投资初始投资成本与支付的现金、转让的非现金资产以及所承担债务账面价值之间的差额，应当调整资本公积；资本公积不足冲减的，调整留存收益。

《企业会计准则解释第4号》规定：同一控制下的企业合并中，合并方发生的审计、法律服务、评估咨询等中介费用以及其他相关管理费用，应当于发生时计入当期损益。

2）《企业所得税法实施条例》规定，投资资产按照以下方法确定成本：① 通过支付现金方式取得的投资资产，以购买价款为成本；② 通过支付现金以外的方式取得的投资资产，以该资产的公允价值和支付的相关税费为成本；③ 以债务转为资本方式进

行的债务重组中，债权人应当将享有股权的公允价值确认为该项投资的计税基础。

3）《长期股权投资准则》与税法差异分析：① 初始投资成本的差异。《长期股权投资准则》规定，应当在合并日按照取得被合并方所有者权益"账面价值的份额"作为长期股权投资的初始投资成本。税法规定，通过支付现金以外的方式取得的投资资产，以该资产的公允价值和支付的相关税费为成本。所称公允价值，是指按照市场价格确定的价值。但是，不包括已宣告尚未发放的现金股利或利润。②增值税处理的规定。将自产、委托加工或者购进的货物作为投资，视同销售计算增值税（销项税额）。③以实行消费型增值税前（或营改增前）使用过的固定资产换取长期股权投资，按照4%的征收率减半征收增值税。（财税［2014］57号，自2014年7月1日起，按照3%的征收率减按2%征收增值税）④以土地使用权、房产换取长期股权投资，不征营业税。⑤以土地对非房地产企业投资不征土地增值税；非房地产企业以房产对非房地产企业投资不征土地增值税；以土地、房地产对房地产企业投资，征收土地增值税；房地产企业以其建造的商品房投资，征收土地增值税。⑥以非货币资产对外投资应当视同销售计算缴纳企业所得税。

［例18-28］ 2014年3月15日，N公司（增值税一般纳税人）收购同一集团内的M公司100%的股权，于收购日对M公司实施控制。合并后M公司仍以独立法人资格对外经营，合并前两公司会计政策相同。M公司所有者权益账面价值为4 404万元；N公司净资产6 000万元，其中股本4 000万元，资本公积（股本溢价）550万元，盈余公积1 400万元，未分配利润50万元。N公司向M公司支付的对价如下：产成品一批，公允价值1 400万元，成本价1 000万元；"营改增"前购置的设备，原价800万元，累计折旧400万元，公允价值500万元；房产原价900万元，累计折旧300万元，公允价值700万元；银行存款34 214 846元。增值税税率17%，营业税税率5%，不考虑土地增值税、城建税和教育费附加。请计算N公司对M公司长期股权投资的会计成本和计税基础。

［案例分析］

N公司收购同一集团内的M公司属于同一控制下的企业合并，合并后M公司继续以法人资格对外经营，N公司应当确认对M公司的长期股权投资。

1. 计算支付资产的账面价值及相关税费总额

（1）产成品账面价值1 000万元，公允价值1 400万元。

增值税销项税额＝14 000 000×17%＝2 380 000（元）

（2）使用过的设备账面价值400万元，公允价值500万元。

视同销售应交增值税额＝5 000 000÷（1＋4%）×2%＝95 154（元）

（3）房产账面余值600万元，公允价值700万元，根据财税［2002］191号规定不征营业税。

投资非货币资产与税费总额＝（10 000 000＋2 380 000）＋（4 000 000＋95 154）＋6 000 000＝22 475 154（元）

（4）支付银行存款 31 564 846 元。

（5）支付总额 =22 475 154 +31 564 846 =54 040 000（元）。

支付的资产总额及税费为 5404 万元，比被合并方所有者权益账面价值 4 404 万元多 1 000 万元，其差额先调整资本公积，再调整留存收益。

2. 会计处理

（1）固定资产清理：

借：固定资产清理	10 000 000	
累计折旧（设备）	4 000 000	
累计折旧（房产）	3 000 000	
贷：固定资产——设备		8 000 000
固定资产——房产		9 000 000

（2）投资时的会计处理：

借：长期股权投资——M 公司	44 040 000	
资本公积——股本溢价	5 500 000	
盈余公积——法定盈余公积	4 500 000	
贷：产成品		10 000 000
应交税费——应交增值税（销项税额）		2 380 000
固定资产清理		10 000 000
应交税费——应交增值税		95 154
银行存款		31 564 846

3. 所得税处理及会计处理的差异分析

（1）产成品视同销售计算所得额 =14 000 000 - 10 000 000 =4 000 000（元）

（2）使用过的设备视同销售计算所得额 =5 000 000 -（4 000 000 + 95 154）= 904 846（元）

（3）转让房产视同销售计算所得额 =7 000 000 -6 000 000 =1 000 000（元）

（4）调增应纳税所得额 =4 000 000 +904 846 +1 000 000 =5 904 846（元）

应缴企业所得税 =5 904 846 ×25% =1 476 212（元）

4. 纳税调整，企业所得税汇算清缴时，《企业所得税年度纳税申报表》的填报方法如下（见本章第十二节［例 18-26］表 A105010）：

（1）汇算清缴时，填 A105010《视同销售和房地产开发企业特定业务纳税调整明细表》第 8 行“用于对外投资项目视同销售收入”

第 1 列“税收金额”=44 040 000 + 5 904 846 =49 944 846 元

第 2 列“纳税调整金额”5 904 846 元；

（2）“纳税调整金额”结转到表 A105000《纳税调整明细表》（见附表 2）第 2 行“（一）视同销售收入”第 3 列“调增金额”5 904 846 元。

（3）《纳税调整明细表》第 3 列“调增金额”的合计数结转到主表第 15 行“加：

纳税调整增加额”5 904 846 元。

5. 所得税会计处理

（1）所得税汇算清缴时，调增了应纳税所得额 5 904 846 元，缴纳企业所得税 = 5 904 846 ×25% =1 476 212（元），完成了计税基础。

（2）把 5 904 846 元登记在《纳税调整台账》的收方，

长期股权投资的计税基础 =44 040 000 + 5 904 846 =49 944 846（元）

长期股权投资的账面价值 44 040 000 元与计税基础的差额

5 904 846 元，在股权转让时可以扣除，属于“可抵扣暂时性差异”，

将 5 904 846 ×25% =1 476 212 元确认为“递延所得税资产”。

应当注意的是，根据税务总局文件的要求，主管税务机关必定加强对“递延所得税资产”的监管，N 公司在将来处置 M 公司的股权时，应正确计算股权转让所得。

（2）合并方以发行权益性证券作为合并对价的，应当在合并日按照被合并方所有者权益在最终控制方合并财务报表中的账面价值的份额作为长期股权投资的初始投资成本。按照发行股份的面值总额作为股本，长期股权投资初始投资成本与所发行股份面值总额之间的差额，应当调整资本公积；资本公积不足冲减的，调整留存收益。

[例 18-29] 2014 年 6 月 30 日，G 公司向同一集团内 S 公司的原股东定向增发 1 500万股普通（每股面值为 1 元，市价为 5 元），取得 S 公司 100% 的股权，并于当日起能够对 S 公司实施控制。合并后 S 公司仍维持其独立法人资格继续经营。两公司在企业合并前采用的会计政策相同。合并日，S 公司的账面所有者权益总额为 6 000 万元，S 公司在合并后维持其法人资格继续经营。请计算 G 公司取得的 S 公司股权的计税基础。

[案例分析]

合并日，G 公司应确认对 S 公司的长期股权投资，账务处理为：

借：长期股权投资——S 公司	60 000 000	
贷：股本		15 000 000
资本公积——股权溢价		45 000 000

《企业所得税法实施条例》第七十一条：通过支付现金以外的方式取得的投资资产，以该资产的公允价值和支付的相关税费为成本。公允价值，是指在公平交易中，熟悉情况的交易双方自愿进行资产交换或者债务清偿的金额，虽然 G 公司股票的市场价格是每股 5 元，但是，交易双方自愿按 4 元进行交换，6 000 万元就是股权的价格，不再进行纳税调整。

《企业会计准则解释第 4 号》规定：同一控制下的企业合并中，合并方发生的审计、法律服务、评估咨询等中介费用以及其他相关管理费用，应当于发生时计入当期损益。

G 公司取得的 S 公司股权的计税基础为 6 000 万元。

2. 非同一控制下的企业合并

非同一控制下的企业合并，购买方在购买日应当按照《企业会计准则第20号——企业合并》的有关规定确定的合并成本作为长期股权投资的初始投资成本。一次交换交易实现的企业合并，合并成本为购买方在购买日为取得对被购买方的控制权而付出的资产、发生或承担的负债以及发行的权益性证券的公允价值。合并成本（购买价）应当包括：

（1）购买方付出的资产（公允价值）。

（2）发生或承担的负债。

（3）发行的权益性证券的公允价值。

合并方或购买方为企业合并发生的审计、法律服务、评估咨询等中介费用以及其他相关管理费用，应当于发生时计入当期损益。

［例18-30］ A公司于2014年3月31日取得B公司30%的股权。为核实B公司的资产价值，A公司聘请专业资产评估机构对B公司的资产进行评估，支付评估费用300万元。合并中，A公司支付的有关资产在购买日的账面价值与公允价值见表18-11（假设A、B公司均为上市公司）。

表18-11 2104年3月31日 （单位：万元）

项 目	账面价值	公允价值
土地使用权	6 000	9 600
专利技术	2 400	3 000
银行存款	2 400	2 400
合 计	10 800	15 000

说明：合并前A与B公司均为非房地产企业，不存在关联关系，A公司用作合并对价的土地使用权和专利技术原价为9 600万元，至企业合并发生时已累计摊销1 200万元。

［案例分析］

（1）根据《财政部 国家税务总局关于股权转让有关营业税问题的通知》（财税［2002］191号）规定："以无形资产、不动产投资入股，与接受投资方利润分配，共同承担投资风险的行为，不征收营业税。"

（2）《财政部 国家税务总局关于土地增值税一些具体问题规定的通知》（财税字［1995］048号）规定："对于以房地产进行投资，联营的，投资，联营的一方以土地（房地产）作价入股进行投资或作为联营条件，将房地产转让到所投资，联营的企业中时，暂免征收土地增值税。"不交土地增值税。

（3）合并成本为购买方在购买日为取得对被购买方的控制权而付出的资产、发生或承担的负债以及发行的权益性证券的公允价值。

作为非同一控制下的企业合并处理。长期股权投资持股30%，成本为15 000万元，采用权益法核算。

A公司账务处理如下：

无形资产评估增值 = 12 600 - （9 600 - 1 200） = 4 200（万元）

借：长期股权投资——成本	150 000 000	
累计摊销	12 000 000	
贷：无形资产		96 000 000
银行存款		24 000 000
营业外收入		42 000 000
借：管理费用	3 000 000	
贷：银行存款		3 000 000
借：营业外收入	42 000 000	
贷：本年利润		42 000 000

《财政部 国家税务总局关于执行《企业会计准则》有关企业所得税政策问题的通知》（财税［2007］80号）第三条规定、企业以公允价值计量的金融资产、金融负债以及投资性房地产等，持有期间公允价值的变动不计入应纳税所得额，在实际处置或结算时，处置取得的价款扣除其历史成本后的差额应计入处置或结算期间的应纳税所得额。

根据上述文件规定，已经转入"本年利润"的4 200万元，暂不确认所得，不征收企业所得税。但是，《财政部关于公布废止和失效的财政规章和规范性文件目录（第十一批）的决定》（财政部令2011年第62号），财税［2007］80号文件自2011年2月21日起全文废止。A、B公司的本次交易，A公司应当确认所得缴纳企业所得税。

国家税务总局为加强所得税后续管理，保持企业所得税管理的连续性，保障企业所得税各项政策的贯彻落实，进一步提升税法遵从度，不断提高企业所得税的征管质量和效率。《关于加强企业所得税后续管理的指导意见》（税总发［2013］55号）对作为重点后续管理的跨年度事项中包括了权益法核算长期股权投资初始成本形成的营业外收入是否依法纳税的问题，对于政策的变化企业必须引起重视。

（二）非企业合并形成的长期股权投资

除企业合并形成的长期股权投资以外，其他方式取得的长期股权投资，应当按照下列规定确定其初始投资成本：

（1）以支付现金取得的长期股权投资，应当按照实际支付的购买价款作为初始投资成本。初始投资成本包括与取得长期股权投资直接相关的费用、税金及其他必要支出。

（2）以发行权益性证券取得的长期股权投资，应当按照发行权益性证券的公允价值作为初始投资成本。与发行权益行证券直接相关的费用，应当按照《企业会计准则第 37 号——金融工具列报》的有关规定确定，即：企业发行权益工具收到的对价扣除交易费用（不涉及企业合并中合并方发行权益工具发生的交易费用）后，应当增加所有者权益。

（3）通过非货币性资产交换取得的长期股权投资，其初始投资成本应当按照《企业会计准则第 7 号——非货币性资产交换》的有关规定确定。即：非货币性资产交换同时满足下列条件的，应当以公允价值和应支付的相关税费作为换入资产的成本，公允价值与换出资产账面价值的差额计入当期损益。①该项交换具有商业实质；②换入资产或换出资产的公允价值能够可靠地计量。支付补价的，换入资产成本与换出资产账面价值加支付的补价、应支付的相关税费之和的差额，应当计入当期损益。

（4）通过债务重组取得的长期股权投资，其初始投资成本应当按照《企业会计准则第 12 号——债务重组》的有关规定确定。即：将债务转为资本的，债权人应当将享有股份的公允价值确认为对债务人的投资，重组债权的账面余额与股份的公允价值之间的差额计入当期损益。

二、长期股权投资的后续计量

《长期股权投资准则》规定：

（1）投资方能够对被投资单位实施控制的长期股权投资应当采用成本法核算。采用成本法核算的长期股权投资应当按照初始投资成本计价。追加或收回投资应当调整长期股权投资的成本。被投资单位宣告分派的现金股利或利润，应当确认为当期投资收益。

（2）投资方对联营企业和合营企业的长期股权投资，应当采用权益法核算。

1）长期股权投资的初始投资成本大于投资时应享有被投资单位可辨认净资产公允价值份额的，不调整长期股权投资的初始投资成本；长期股权投资的初始投资成本小于投资时应享有被投资单位可辨认净资产公允价值份额的，其差额应当计入当期损益，同时调整长期股权投资的成本。

2）投资方取得长期股权投资后，应当按照应享有或应分担的被投资单位实现的净损益和其他综合收益的份额，分别确认投资收益和其他综合收益，同时调整长期股权投资的账面价值；投资方按照被投资单位宣告分派的利润或现金股利计算应享有的部分，相应减少长期股权投资的账面价值；投资方对于被投资单位除净损益、其他综合收益和利润分配以外所有者权益的其他变动，应当调整长期股权投资的账面价值并计入所有者权益。

投资方在确认应享有被投资单位净损益的份额时，应当以取得投资时被投资单位可辨认净资产的公允价值为基础，对被投资单位的净利润进行调整后确认。

被投资单位采用的会计政策及会计期间与投资方不一致的，应当按照投资方的会计政策及会计期间对被投资单位的财务报表进行调整，并据以确认投资收益和其他综合收益等。

3）投资方确认被投资单位发生的净亏损，应当以长期股权投资的账面价值以及其他实质上构成对被投资单位净投资的长期权益减记至零为限，投资方负有承担额外损失义务的除外。

被投资单位以后实现净利润的，投资方在其收益分享额弥补未确认的亏损分担额后，恢复确认收益分享额。

4）投资方计算确认应享有或应分担被投资单位的净损益时，与联营企业、合营企业之间发生的未实现内部交易损益按照应享有的比例计算归属于投资方的部分，应当予以抵销，在此基础上确认投资收益。

投资方与被投资单位发生的未实现内部交易损失，按照《企业会计准则第8号——资产减值》等的有关规定属于资产减值损失的，应当全额确认。

三、长期股权投资后续计量税法与会计准则差异

《企业所得税法》规定：

（1）未经核定的准备金支出不得扣除。

（2）股息、红利等权益性投资收益，是指企业因权益性投资从被投资方取得的收入。股息、红利等权益性投资收益，除国务院财政、税务主管部门另有规定外，按照被投资方作出利润分配决定的日期确认收入的实现。

（3）企业在转让或者处置投资资产时，投资资产的成本，准予扣除。

1）税法规定，长期股权投资计税基础的初始计量与后续计量都是按历史成本计量，这一点，与会计准则对长期股权投资采用成本法核算按照初始投资成本计价的规定是一致的。

2）如果，会计核算对长期股权投资采用权益法核算，其后续计量与税法规定有较大差异。

投资损益确认的差异。《长期股权投资准则》规定：投资方取得长期股权投资后，应当按照应享有或应分担的被投资单位实现的净损益和其他综合收益的份额，分别确认投资收益和其他综合收益，同时调整长期股权投资的账面价值。

《企业所得税法》对股权投资收益与损失分别作出规定：①股息、红利等权益性投资收益，除国务院财政、税务主管部门另有规定外，按照被投资方作出利润分配决定的日期确认收入的实现，即：应以被投资企业股东会或股东大会作出利润分配或转股决定的日期，确定收入的实现。②被投资企业发生的经营亏损，由被投资企业按规定结转弥补；投资企业不得调整减低其投资成本，也不得将其确认为投资损失在税前扣除。

分派股息红利时的差异。《长期股权投资准则》规定：投资方按照被投资单位宣告

分派的利润或现金股利计算应享有的部分，相应减少长期股权投资的账面价值。即投资方按照被投资单位宣告分派的利润或现金股利确认为“应收股利”，同时调整长期股权投资的账面价值，不确认投资收益。企业所得税法规定按照被投资方作出利润分配决定的日期确认收入的实现。

所有者权益以外的的其他变动的差异。《长期股权投资准则》规定：投资方对于被投资单位除净损益、其他综合收益和利润分配以外所有者权益的其他变动，应当调整长期股权投资的账面价值并计入所有者权益。企业所得税法规定，被投资企业将股权（票）溢价所形成的资本公积转为股本的，不作为投资方企业的股息、红利收入，投资方企业也不得增加该项长期投资的计税基础。

四、长期股权投资损益的财税操作技巧

（一）长期股权投资收益

股权投资收益：是指企业通过股权投资从被投资企业所得税后累计未分配利润和累计盈余公积金中分配取得股息、红利性质的投资收益，又称持有收益。

《企业所得税法实施条例》规定：股息、红利等权益性投资收益，除国务院财政、税务主管部门另有规定外，按照被投资方作出利润分配决定的日期确认收入的实现。

所称被投资方作出利润分配决定的日期，根据《国家税务总局关于贯彻落实企业所得税法若干税收问题的通知》（国税函［2010］79 号）文件第四条规定，企业权益性投资取得股息、红利等收入，应以被投资企业股东会或股东大会作出利润分配或转股决定的日期，确定收入的实现。

1. 居民企业直接投资于其他居民企业取得的投资收益免税

《企业所得税法》第二十六条第（二）项：符合条件的居民企业之间的股息、红利等权益性投资收益为免税收入。具体条件是：

（1）居民企业直接投资于其他居民企业取得的投资收益。

（2）居民企业连续持有其它居民企业公开发行并上市流通的股票超过 12 个月取得的投资收益。

2. 在中国境内设立机构、场所的非居民企业从居民企业取得权益性投资收益免税

为了给非居民企业与居民企业同等的税收待遇，《企业所得税法》第二十六条第（三）项：在中国境内设立机构、场所的非居民企业从居民企业取得与该机构、场所有实际联系的股息、红利等权益性投资收益属于免税收入；不包括连续持有居民企业公开发行并上市流通的股票不足 12 个月取得的投资收益。

新企业所得税法从 2008 年 1 月 1 日起实施，对于 2007 年之前被投资企业取得的税后净利润，如果在 2008 年以后分配给投资方是执行新税法还是执行原有规定

的问题。《财政部 国家税务总局关于执行企业所得税优惠政策若干问题的通知》（财税［2009］69号）规定：“2008年1月1日以后，居民企业之间分配属于2007年度及以前年度的累积未分配利润而形成的股息、红利等权益性投资收益，均应按照企业所得税法第二十六条及实施条例第十七条、第八十三条的规定处理”，均不再征税。

但是，对于2007年度以前执行《外商投资企业所得税法》的外国投资者取得的股息所得如何征税的问题，《财政部 国家税务总局关于企业所得税若干优惠政策的通知》（财税［2008］1号）第四条规定、关于外国投资者从外商投资企业取得利润的优惠政策，2008年1月1日之前外商投资企业形成的累积未分配利润，在2008年以后分配给外国投资者的，免征企业所得税；2008年及以后年度外商投资企业新增利润分配给外国投资者的，依法缴纳企业所得税。

［例18-31］ 甲房地产开发公司以1 100万元投资乙公司，持股25%，对长期股权投资采用权益法核算。

（1）假设2014年乙公司税后净利润1 000万元，没有进行利润分配。根据会计准则规定，甲公司按持股比例计算投资收益250万元后，甲公司当年会计利润总额为2 100万元。

（2）假设2014年7月，经过股东大会决议，将以前年度的累计未分配利润、累计盈余公积2 000万元进行分配，甲公司按持股比例25%计算应分得现金股利500万元。请问：以上两种情况甲企业2014年如何缴纳企业所得税。

1. 被投资方没有进行利润分配的会计处理与纳税调整

（1）会计处理。

《长期股权投资准则》规定，投资方取得长期股权投资后，按照应享有或应分担的被投资单位实现的净损益和其他综合收益的份额，分别确认投资收益和其他综合收益，同时调整长期股权投资的账面价值。

2014年甲公司按权益法计算投资收益=1 000×25% =250万元。

借：长期股权投资——损益调整　　2 500 000
　贷：投资收益　　2 500 000
借：投资收益　　2 500 000
　贷：本年利润　　2 500 000

企业所得税法规定：按照被投资方作出利润分配决定的日期确认收入的实现。2014年乙公司没有做出利润分配的决定，税法不确认投资收益，产生财税差异，应当进行纳税调整。

（2）纳税调整，企业所得税汇算清缴时，《企业所得税年度纳税申报表》的填报方法如下（见表18-12（表A105030））：

1）表105030《投资收益纳税调整明细表》第6行“六、长期股权投资”：

第 2 列“持有收益税收金额”0 －第 1 列“持有收益账载金额”250 万元 = 第 3 列“纳税调整金额”（－250）万元。结转到第 11 列“纳税调整金额”（－250）万元。

2）结转到《纳税调整项目明细表》（见附表 2 A105000）第 4 行“（三）投资收益”第 4 列“调减金额”250 万元。

3）结转到主表第 16 行“减：纳税调整减少额”250 万元。

（3）所得税会计处理

把 250 万元登记在《纳税调整台帐》的收方，会计成本为：

长期股权投资——成本　1 100 万元
长期股权投资——损益调整　250 万元　} 1 350 万元
250 万元没纳税，计税基础仍然是 1 100 万元。

将来股权投资转让时，其差额 250 万元仍然形成税收计算的应纳税所得额，乘以 25% 等于应纳所得税额，会计与税法这种差异属于“应纳税暂时性差异”。

把 250 × 25% = 62.5 万元确认为“递延所得税负债”。

1）2014 年当期所得税为

应纳税所得额 = 2 100 － 250 = 1 850（万元）

应交所得税额 = 1 850 × 25% = 462.5（万元）

2）2014 年递延所得税为

递延所得税资产 = 0

递延所得税负债 = 250 × 25% = 62.5（万元）

递延所得税 = 递延所得税负债 － 递延所得税资产 = 62.5 － 0 = 62.5（万元）

3）利润表中应确认的所得税费用：

所得税费用 = 当期所得税 + 递延所得税 = 462.5 + 62.5 = 525（万元）

（4）会计分录：

借：所得税费用　525 万
　贷：应交税费——应交所得税　462.5 万
　　递延所得税负债　62.5 万

2. 被投资方进行利润分配的会计处理与纳税调整

（1）2014 年被投资企业宣布分配红利时的会计处理：

借：应收股利　5 000 000
　贷：长期股权投资——损益调整　5 000 000

从上述会计分录可以看到，在被投资方做出利润分配的决定时，投资方会计处理不确认股权投资收益，而税法要求确认投资收益，产生了会计处理与税收的差异。

（2）纳税调整，企业所得税汇算清缴时，《企业所得税年度纳税申报表》的填报方法如下：

表 18-12(A105030) **投资收益纳税调整明细表**

行次	项目	持有收益			处置收益							纳税调整金额
		账载金额	税收金额	纳税调整金额	会计确认的处置收入	税收计算的处置收入	处置投资的账面价值	处置投资的计税基础	会计确认的处置所得或损失	税收计算的处置所得	纳税调整金额	
		1	2	3(2－1)	4	5	6	7	8(4－6)	9(5－7)	10(9－8)	11(3＋10)
1	一、交易性金融资产											
2	二、可供出售金融资产											
3	三、持有至到期投资											
4	四、衍生工具											
5	五、交易性金融负债											
6	六、长期股权投资	250	0	－250								－250
7	七、短期投资											
8	八、长期债券投资											
9	九、其他											
10	合计(1＋2＋3＋4＋5＋6＋7＋8＋9)											

1）在表 18-12（表 A105030）《投资收益纳税调整明细表》第 6 行“六、长期股权投资”中，第 2 列“持有收益税收金额”500 万元减第 1 列“持有收益账载金额”0，等于第 3 列“纳税调整金额”（500）万元，填入第 11 列“纳税调整金额”（+500）万元。

2）结转到表 A105000《纳税调整项目明细表》第 4 行“（三）投资收益（填写 A105030）”第 3 列“调增金额”500 企业中。

3）《纳税调整项目明细表》第 3 列的合计数结转到主表的第 15 行“加：纳税调整增加额”500 万元。

这就解决了会计不确认收入、税法要求确认收入的差异。

（3）享受税收优惠的调整填报方法如下见表 18-13（表 A107011）

根据企业所得税法第二十六条的规定：“符合条件的居民企业之间的股息、红利等权益性投资收益为免税收入”。

1）把 500 万元填在表 A107011《符合条件的居民企业之间的股息、红利等权益性投资收益优惠明细表》第 1 行××企业第 6 列“依决定归属于本公司的股息、红利等权益性投资收益金额”。

2）再填报表 18-14 A107010《免税、减计收入及加计扣除优惠明细表》第 3 行“符合条件的居民企业之间的股息、红利等权益性投资收益”金额 500 万元。

3）结转到主表第 17 行“减：免税、减计收入及加计扣除（填写 A107010）”500 万元。

这就是，把会计核算与税收的差异先调增，后调减，调增调减一个数。

（4）由于会计不确认投资收益，税收先调增再调减也没有确应纳税所得额，因此，不需要所得税会计处理。

（二）长期股权投资损失

股权投资是有风险的，被投资企业可能盈利，也可能亏损。当被投资企业出现经营亏损时，投资方就应当反映权益性投资损失。

企业对股权投资采用权益法核算时，股权投资损失是指在投资持有期间，当被投资企业发生经营性亏损，根据投资企业享有被投资单位所有者权益计算的份额变动对投资账面价值的调减。《长期股权投资准则》规定：“投资方取得长期股权投资后，应当按照应享有或应分担的被投资单位实现的净损益和其他综合收益的份额，分别确认投资收益和其他综合收益，同时调整长期股权投资的账面价值。投资方确认被投资单位发生的净亏损，应当以长期股权投资的账面价值以及其他实质上构成对被投资单位净投资的长期权益减记至零为限，投资方负有承担额外损失义务的除外。”

《企业所得税法》第十八条规定“企业纳税年度发生的亏损，准予向以后年度结转，用以后年度的所得弥补，但结转年限最长不得超过五年”。《国家税务总局关于企业所得税若干问题的公告》（国家税务总局公告 2011 年第 34 号）规定：“被投资企业发生的经营亏损，由被投资企业按规定结转弥补；投资企业不得调整减低其投资成本，也不得将其确认为投资损失。”

表 18-13（A107011）　符合条件的居民企业之间的股息、红利等权益性投资收益优惠明细表

行次	被投资企业	投资性质	投资成本	投资比例	被投资企业利润分配确认金额		被投资企业清算确认金额			撤回或减少投资确认金额						合计
					被投资企业做出利润分配或转股决定时间	依决定归属于本公司的股息、红利等权益性投资收益金额	分得的被投资企业清算剩余资产	被清算企业累计未分配利润和累计盈余公积应享有部分	应确认的股息所得	从被投资企业撤回或减少投资取得的资产	减少投资比例	收回初始投资成本	取得资产中超过收回初始投资成本部分	撤回或减少投资应享有被投资企业累计未分配利润和累计盈余公积	应确认的股息所得	
	1	2	3	4	5	6	7	8	9（7与8孰小）	10	11	12（3×11）	13（10－12）	14	15（13与14孰小）	16（6+9+15）
1	M公司	直接投资	1 000	30%						2 500		1 000	1 500	900	900	900
2																
3																
4																
5																
6																
7																
8																
9																
10	合计	*	*	*	*		*	*		*	*	*	*	*	900	900

表 18-14（表 A107010）　免税、减计收入及加计扣除优惠明细表

行次	项　目	金　额
1	一、免税收入（2+3+4+5）	
2	（一）国债利息收入	
3	（二）符合条件的居民企业之间的股息、红利等权益性投资收益（填写 A107011）	9 000 000
4	（三）符合条件的非营利组织的收入	
5	（四）其他专项优惠（6+7+8+9+10+11+12+13+14）	
6	1. 中国清洁发展机制基金取得的收入	
7	2. 证券投资基金从证券市场取得的收入	
8	3. 证券投资基金投资者获得的分配收入	
9	4. 证券投资基金管理人运用基金买卖股票、债券的差价收入	
10	5. 取得的地方政府债券利息所得或收入	
11	6. 受灾地区企业取得的救灾和灾后恢复重建款项等收入	
12	7. 中国期货保证金监控中心有限责任公司取得的银行存款利息等收入	
13	8. 中国保险保障基金有限责任公司取得的保险保障基金等收入	
14	9. 其他	
15	二、减计收入（16+17）	
16	（一）综合利用资源生产产品取得的收入（填写 A107012）	
17	（二）其他专项优惠（18+19+20）	
18	1. 金融、保险等机构取得的涉农利息、保费收入（填写 A107013）	
19	2. 取得的中国铁路建设债券利息收入	
20	3. 其他	
21	三、加计扣除（22+23+26）	
22	（一）开发新技术、新产品、新工艺发生的研究开发费用加计扣除（填写 A107014）	
23	（二）安置残疾人员及国家鼓励安置的其他就业人员所支付的工资加计扣除（24+25）	
24	1. 支付残疾人员工资加计扣除	
25	2. 国家鼓励的其他就业人员工资加计扣除	
26	（三）其他专项优惠	
27	合计（1+15+21）	

[**例18-32**] A房地产公司是B公司的股东，持股30%，自取得投资之日起派人参与B公司的生产经营管理，对长期股权投资采用权益法核算，2014年B公司由于决策失误，亏损1 000万元。根据《长期股权投资准则》的规定，A公司确认当年投资损失300万元后，2014年A公司实现的会计利润总额为2 000万元。A公司的会计处理如下：

借：投资收益　　300万

　贷：长期股权投资——损益调整　　300万

请问，A公司会计核算确认的投资损失300万元，企业所得税法是否允许税前扣除？

[**案例分析**]

根据《长期股权投资准则》的规定，被投资企业发生的经营亏损，分别确认投资损益和其他综合收益，同时调整长期股权投资的账面价值。B公司发生经营性损失，A公司应当按持股比例计算确认投资损失 =1 000×30% =300万元，计入当期损益。

（1）会计处理：

借：投资收益　　3 000 000

　贷：长期股权投资——损益调整　　3 000 000

根据国家税务总局公告2011年第34号规定，被投资企业发生的经营亏损，由被投资企业按规定结转弥补；投资企业不得调整减低其投资成本，也不得将其确认为投资损失在税前扣除。所以，A公司会计核算确认的投资损失300万元，企业所得税法不允许税前扣除。

（2）纳税调整：

会计确认的股权投资损失300万元，税法规定不允许扣除。在年末所得税汇算清缴时，企业所得税汇算清缴时，《企业所得税年度纳税申报表》的填报方法如下（见表A105030）：

1）填报表A105030《投资收益纳税调整明细表》第6行“六、长期股权投资”第2列“持有收益税收金额”0－第1列“持有收益账载金额”（－300万）＝第3列“纳税调整金额”（＋300）；再填入第11行“纳税调整金额”300万。

2）结转到表A105000《纳税调整项目明细表》的第4行“（三）投资收益（填写A105030）”第3列“调增金额”300万元。

3）《纳税调整项目明细表》的“调增金额”合计数结转到主表第15行“加：纳税调整增加额”300万元。

（3）所得税会计处理

300万登记《纳税调整台帐》收方，计税基础＞账面价值300万元，调增的300万元将来股权投资转让时，可以抵扣，减少应纳税所得和应纳所得税额，减少经济利益的流出，属“可抵扣暂时性差异”，将300×25% =75万元确认为递延所得税资产。

1）2014 年当期所得税。

应纳税所得额 = 2 000 + 300 = 2 300（万元）

应交所得税额 = 2 300 × 25% = 575（万元）

2）2014 年递延所得税。

递延所得税资产 = 300 × 25% = 75（万元）

递延所得税负债 = 0

递延所得税 = 递延所得税负债 - 递延所得税资产 = 0 - 75 = -75（万元）

3）确认利润表中的所得税费用。

所得税费用 = 当期所得税 + 递延所得税 = 575 +（-75）= 500（万元）

（4）会计分录：

借：所得税费用　　500 万

　　递延所得税资产　　75 万

　贷：应交税费——应交所得税　　575 万

注意税务机关监管要点：

（1）会计确认的持有损失当期不得扣除，需调增应纳税所得额。

（2）通过税收台账加强对“递延所得税资产”的监管。

五、长期股权投资转让损益的财税操作技巧

（一）股权投资转让所得

1. 股权投资转让所得的计算

《企业所得税法》规定：企业在转让或者处置投资资产时，投资资产的成本，准予扣除。《国家税务总局关于贯彻落实企业所得税法若干税收问题的通知》（国税函[2010] 79 号）第三条关于股权转让所得确认和计算问题规定：企业转让股权收入，应于转让协议生效、且完成股权变更手续时，确认收入的实现。转让股权收入扣除为取得该股权所发生的成本后，为股权转让所得。企业在计算股权转让所得时，不得扣除被投资企业未分配利润等股东留存收益中按该项股权所可能分配的金额。

长期股权投资的计税基数为投资发生时的实际成本。在计算股权投资转让所得时其计税基础可以扣除。即：

股权投资转让所得 = 股权转让收入总额 - 计税基础

《长期股权投资准则》规定，处置长期股权投资，其账面价值与实际取得价款之间的差额，应当计入当期损益。即：

长期股权投资转让损益 = 转让收入总额 - 长期股权投资的账面价值

2. 股权投资转让所得税法与会计准则的差异

税法规定，股权转让收入总额减除股权投资的“计税基础”计算股权转让所得，税法以历史成本做为计税基础。

企业会计准则规定，转让收入减除股权的“账面价值”计算股权转让所得，但是，

长期股权投资的账面价值可能不等于历史成本。因为在长期股权持有期间，投资方可能计提了“长期股权投资减值准备”；采用权益法核算的长期股权投资，随着被投资单位实现损益，投资方调整了长期股权投资账面价值；投资方对于被投资单位除净损益、其他综合收益和利润分配以外所有者权益的其他变动，也相应调整了长期股权投资的账面价值。这些账面价值的调整在计算股权投资转让所得时，税法均不允许计算扣除，因此，产生了股权投资转让损益会计与税收的差异。

（二）股权投资转让损失

企业转让权益性投资取得的收入总额，扣除有关权益性投资的计税基础以及已宣告尚未实际收到的股息、红利后的金额，如果为负数，就构成股权转让损失。即：

股权转让收入总额－计税基础＝负数

《国家税务总局关于企业股权投资业务若干所得税问题的通知》（国税发［2000］118号，现已废止）曾经规定：“企业因收回、转让或清算处置股权投资而发生的股权投资损失，可以在税前扣除，但每一纳税年度扣除的股权投资损失，不得超过当年实现的股权投资收益和投资转让所得，超过部分可无限期向以后纳税年度结转扣除”。假设投资方只有一个被投资企业，因经营不善而处置，往往形成股权投资转让损失，根据这个文件规定股权投资转让损失不得扣除，应调增应纳税所得缴纳企业所得税，税款国家收走，亏损有可能长期得不到弥补。《国家税务总局关于做好2007年度企业所得税汇算清缴工作的补充通知》（国税函［2008］264号）规定：企业股权投资转让损失连续向后结转5年仍不能从股权投资收益和股权投资转让所得中扣除的，准予在该股权投资转让年度后第6年一次性扣除。

《长期股权投资准则》第十七条规定，处置长期股权投资，其账面价值与实际取得价款之间的差额，应当计入当期损益。采用权益法核算的长期股权投资，在处置该项投资时，采用与被投资单位直接处置相关资产或负债相同的基础，按相应比例对原计入其他综合收益的部分进行会计处理。

［例18-33］ 锦富房地产开发公司为解决开发小区及周边用电不足问题，于2001年投资2 000万元建设了一座火力发电厂，由于规模小，耗能大，污染严重，2005年当地政府下令拆除，形成清理损失1 600万元，公司会计核算已经确认为投资损失，税收不允许扣除。会计将已缴税款528（1 600×33%）万元挂在“递延所得税资产”科目借方。但是，发电厂是锦富房地产公司唯一的子公司，投资损失因为没有股权投资转让所得，在税收上长期得不到弥补。2010年锦富公司实现利润总额6 000万元，应怎样纳税？

［案例分析］

（1）政策分析与纳税调整。根据国税发［2000］118号规定，企业因收回、转让或清算处置股权投资而发生的股权投资损失，可以在税前扣除，但每一纳税年度扣除的股权投资损失，不得超过当年实现的股权投资收益和投资转让所得，超过部分可无限期向以后纳税年度结转扣除。

会计处理时把股权投资损失调增了应纳税是的，缴纳企业所得税＝1 600×33%＝

528万元。

借：递延所得税资产　　5 280 000

　贷：应交税费——应交所得税　　5 280 000

《国家税务总局关于做好2009年度企业所得税汇算清缴工作的通知》（国税函［2010］148号）文件规定："企业发生的投资（转让）损失应按实际确认或发生的当期扣除，填报企业所得税年度纳税申报表附表三'纳税调整明细表'相关行次"。

（2）纳税调整。2010年末企业所得税汇算清缴计算应缴企业所得税额时，把1600万元填在原附表三《纳税调整项目明细表》第42行"财产损失"第4列"调减金额"中。该列的合计数结转到原主表第15行"减：纳税调整减少额"，使得第25行"应纳税所得额"6 000 - 1 600 = 4 400万元。2010年应纳所得税额为 = 4 400 × 25% = 1100（万元）

（3）所得税会计处理：

1）2010年当期应交所得税。

应纳税所得额 = 6 000 - 1 600 = 4 400（万元）

应交所得税额 = 4 400 × 25% = 1100（万元）

2）递延所得税。

期末递延所得税资产　128万元

期初递延所得税资产　528万元

递延所得税资产增加　-400万元

递延所得税负债 = 0

递延所得税 = 递延所得税负债 - 递延所得税资产 = 0 - （-400） = 400（万元）

3）确认利润表中的"所得税费用"。

所得税费用 = 当期所得税 + 递延所得税 = 1100 + 400 = 1 500（万元）

（4）会计分录：

借：所得税费用　　15 000 000

　贷：递延所得税资产　　4 000 000

　　　应交税费——应交所得税　　11 000 000

递延所得税资产借方余额 = 528 - 400 = 128（万元），怎样处理？

（5）以前年度股权投资转让损失所得税处理规定

对于递延所得税资产和递延所得税负债由于税率变化引起的应纳税额的计算，税法长期以来没有明确。《国家税务总局关于做好2009年度企业所得税汇算清缴工作的通知》（国税函［2010］148号）第三条规定，根据企业所得税法精神，在计算应纳税所得额及应纳所得税时，企业财务、会计处理办法与税法规定不一致的，应按照企业所得税法规定计算。企业所得税法规定不明确的，在没有明确规定之前，暂按企业财务、会计规定计算。

《企业会计准则第18号——所得税》第十七条规定："资产负债表日，对于递延所得税资产和递延所得税负债，应当根据税法规定，按照预期收回该资产或清偿该负债期间的适用税率计量。适用税率发生变化的，应对已确认的递延所得税资产和递延所得税负债进行重新计量，除直接在所有者权益中确认的交易或者事项产生的递延所得税资产和递延所得税负债以外，应当将其影响数计入变化当期的所得税费用”（科目）。

根据上述规定，锦富房地产开发公司应做如下会计处理：

借：所得税费用　　　　1 280 000

　贷：递延所得税资产　　　　1 280 000

但是，由于税率的变化而使企业多交企业所得税，显然不合理。

《国家税务总局关于企业股权投资损失所得税处理问题的公告》（国家税务总局公告2010年第6号，以下简称6号公告）规定：根据《企业所得税法》第八条及有关规定，现就企业股权投资损失所得税处理问题公告如下：

（1）企业对外进行权益性（简称股权）投资所发生的损失，在经确认的损失发生年度，作为企业损失在计算企业应纳税所得额时一次性扣除。

（2）本规定自2010年1月1日起执行。本规定发布以前，企业发生的尚未处理的股权投资损失，按照本规定，准予在2010年度一次性扣除。

根据6号公告规定，股权转让损失可以一次扣除，但应当注意：

1）6号公告“权益性（简称股权）投资所发生的损失”仅指股权投资转让损失，不包括股权投资持有损失。

2）权转让损失税前扣除需报经主管税务机关确认，本质是审批。

3）6号公告发布以前，企业发生的尚未处理的股权投资损失，准予在2010年度一次性扣除。意味着以后年度再发现非当年的损失则不能扣除。

对锦富房地产公司2005年挂账的“递延所得税资产”的余额128万应作如下会计处理：

借：应交税费——应交所得税　　　　1 280 000

　贷：递延所得税资产　　　　1 280 000

这样处理之后，由于税率变化而虚增的应纳所得税额就在2010年一次性得到抵扣。

追加扣除的128万元，按照新修订的纳税申报表，应当填在《企业所得税年度纳税申报表》（A类）第37行“以前年度多缴的所得税额在本年抵减额”。

本年实际交款额＝第33行“本年应补（退）的所得税额”－第37行“以前年度多缴的所得税额在本年抵减额”＋第38行“以前年度应缴未缴在本年入库所得税额”

如果，有的企业仍然有长期挂账的股权投资转让损失没有得到抵扣，还可以按照《国家税务总局关于企业所得税应纳税所得额若干税务处理问题的公告》（国家税务总局公告2012年第15号）第六条的规定：“根据《中华人民共和国税收征收管理法》的有关规定，对企业发现以前年度实际发生的、按照税收规定应在企业所得税前扣除而未扣除或者少扣除的支出，企业做出专项申报及说明后，准予追补至该项目发生年度计算扣除，但追补确认期限不得超过5年。企业由于上述原因多缴的企业所得税税款，可以在追补确认年度企业所得税应纳税款中抵扣，不足抵扣的，可以向以后年度递延抵扣或申请退税。亏损企业追补确认以前年度未在企业所得税前扣除的支出，或盈利企业经过追补确认后出现亏损的，应首先调整该项支出所属年度的亏损额，然后再按照弥补亏损的原则计算以后年度多缴的企业所得税款，并按前款规定处理。”

［例18-34］　甲房地产公司于2008年出资1 000万元投资B公司，占股份10%。但

是，近几年由于B公司生产的产品被新的产品所替代，经济效益每况愈下，2013年末进行减值测试，发现减值300万元，计提了减值准备300万元后，甲公司当年会计利润总额为1 600万元，没有其他调整因素。2014年7月，经董事会决定，把B公司股权转让，转让收入为800万元。甲公司2014年会计利润总额为2 100万元，没有其他调整因素。

2014年甲房地产公司怎样计算企业所得税的应纳税所得额和应纳所得税额？

［案例分析］

1. 甲房地产公司2013年的财税处理

《长期股权投资准则》第十八条规定：投资方应当关注长期股权投资的账面价值是否大于享有被投资单位所有者权益账面价值的份额等类似情况。出现类似情况时，投资方应当按照《企业会计准则第8号——资产减值》对长期股权投资进行减值测试，可收回金额低于长期股权投资账面价值的，应当计提减值准备。2013年末甲公司计提了长期股权投资减值准备300万元。

（1）会计处理：

借：资产减值损失　　3 000 000

　贷：长期股权投资减值准备　　3 000 000

借：本年利润　　3 000 000

　贷：资产减值损失　　3 000 000

（2）纳税调整：

2013年，甲公司计提长期股权投资减值准备300万元，调整后的长期股权投资账面价值为700万元，同时利润总额减少300万元。根据税法规定，未经核定的准备金支出不得税前扣除，所以，所得税汇算清缴时，通过《企业所得税年度纳税申报表》调增了应纳税所得额300万元，缴纳了企业所得税75万元，挂在“递延所得税资产”的借方。于是，该项长期股权投资形成2个成本：会计成本为700万元，计税基础仍然是1 000万元。

2. 甲房地产公司2014年的财税处理

（1）会计处理：

《长期股权投资准则》规定，处置长期股权投资，其账面价值与实际取得价款之间的差额，应当计入当期损益。2014年甲公司转让股权收入800万元，会计核算的股权转让所得＝800－700＝100万元，计入投资收益。

借：银行存款　　8 000 000

　　长期股权投资减值准备　　3 000 000

　贷：长期股权投资——成本　　10 000 000

　　　投资收益　　1 000 000

借：投资收益　　1 000 000

　贷：本年利润　　1 000 000

（2）纳税调整：

所得税汇算清缴时，《企业所得税年度纳税申报表》的填报方法如下（见表18-15（表A105091））：

表 18-15（A105091） 资产损失（专项申报）税前扣除及纳税调整明细表

行次	项　　目	账载金额	处置收入	赔偿收入	计税基础	税收金额	纳税调整金额
	1	2	3	4	5	6(5－3－4)	7(2－6)
1	一、货币资产损失(2＋3＋4＋5)						
2							
3							
4							
5							
6	二、非货币资产损失(7＋8＋9＋10)						
7							
8							
9							
10							
11	三、投资损失(12＋13＋14＋15)						
12	××项目	－1 000 000	8 000 000	0	10 000 000	2 000 000	－3 000 000
13							
14							
15							
16	四、其他(17＋18＋19)						
17							
18							
19							
20	合计(1＋6＋11＋16)						

1）表 A105091《资产损失（专项申报）税前扣除及纳税调整明细表》第 12 行“××项目”第 2 列“账载金额”填（-100）万元，第 3 列“处置收入”填 800 万元，第 5 列“计税基础”填 1 000 万元，第 6 列“税收金额（损失）”200 万元，第 7 列“纳税调整金额”填（-300）万元，即股权转让税收损失 300 万元。

表 18-16（表 A105090）《资产损失税前扣除及纳税调整明细表》第 12 行“投资损失”第 1 列“账载金额”填（-100）万元，第 2 列“税收金额”填 200 万元，第 3 列“纳税调整金额”填（-300）万元。

2）结转填入 A105000《纳税调整项目明细表》第 33 行第 4 列“调减金额”300 万元。

3）《纳税调整项目明细表》第 4 列“调减金额”合计数结转主表第 16 行“减：纳税调整减少额”300 万元。

（3）所得税会计处理：

把以前年度的“递延所得税资产”借方的 75 万元转回。

1）2014 年当期应交所得税：

应纳税所得额 = 2 100 - 300 = 1 800（万元）

应交所得税额 = 1 800 × 25% = 450（万元）

2）2014 年递延所得税：

递延所得税资产期初数 75 万元

递延所得税资产期末数 0

递延所得税 = 0 -（-75）= 75（万元）

3）利润表中应确认的所得税费用：

所得税费用 = 当期所得税 + 递延所得税 = 450 + 75 = 525（万元）

（4）会计分录：

借：所得税费用　　5 250 000

　贷：应交税费——应交所得税　　4 500 000

　　　递延所得税资产　　750 000

表 18-16　资产损失税前扣除及纳税调整明细表

行次	项　目	账载金额	税收金额	纳税调整金额
		1	2	3（1-2）
1	一、清单申报资产损失（2+3+4+5+6+7+8）			
2	（一）正常经营管理活动中，按照公允价格销售、转让、变卖非货币资产的损失			

（续）

行次	项　　目	账载金额	税收金额	纳税调整金额
		1	2	3（1－2）
3	（二）存货发生的正常损耗			
4	（三）固定资产达到或超过使用年限而正常报废清理的损失			
5	（四）生产性生物资产达到或超过使用年限而正常死亡发生的资产损失			
6	（五）按照市场公平交易原则，通过各种交易场所、市场等买卖债券、股票、期货、基金以及金融衍生产品等发生的损失			
7	（六）分支机构上报的资产损失			
8	（七）其他			
9	二、专项申报资产损失（填写A105091）			
10	（一）货币资产损失（填写A105091）			
11	（二）非货币资产损失（填写A105091）			
12	（三）投资损失（填写A105091）	－1 000 000	2 000 000	－3 000 000
13	（四）其他（填写A105091）			
14	合计（1＋9）			

六、投资企业撤回或减少投资的税务处理

[例18-35]　A公司2010年以1 000万元投资M公司，占M公司30%股份，2014年7月经股东会决议，同意A公司抽回其投资，A公司抽回投资时分得资金2 500万元。截止2014年6月30日，M公司共有累计未分配利润和累计盈余公积3 000万元。试问，该笔投资收益应当如何缴纳企业所得税？

[案例分析]

(1) 会计处理：

会计计算股权投资转让所得＝2 500－1 000 ＝1 500（万元）

借：银行存款　　2 500万

　贷：长期股权投资——成本　　1 000万

投资收益　　　　　　　　　　　　　　　　　　　　　　1 500万

借：投资收益　　　　　　　　　　　　　　　　　　1 500万

贷：本年利润　　　　　　　　　　　　　　　　　　　1 500万

《国家税务总局关于企业所得税若干问题的公告》（国家税务总局公告2011年第34号）规定：投资企业从被投资企业撤回或减少投资，其取得的资产中，相当于初始出资的部分，应确认为投资收回；相当于被投资企业累计未分配利润和累计盈余公积按减少实收资本比例计算的部分，应确认为股息所得；其余部分确认为投资资产转让所得。

按34号公告规定计算股权投资转让所得如下：

1）抽回投资1 000万元，确认为长期股权投资收回。

2）按照M公司实收资本比例计算，A公司应该享有留存收益：

3 000×30% =900（万元）

900万元确认为股息红利所得，根据企业所得税法第二十六条（二）项规定，居民企业直接投资于其他居民企业取得的投资收益，为免税收入。企业所得税汇算清缴时应做纳税调减处理。

3）A公司股权投资所得：2 500－1 000－900 =600（万元），计入当年应纳税所得额，缴纳企业所得税。

（2）汇算清缴时，《企业所得税年度纳税申报表》的填报方法如下：

1）表18-13（表A107011）《符合条件的居民企业之间的股息、红利等权益性投资收益优惠明细表》第1行第1列“被投资企业”填M公司；第10列“从被投资企业撤回或减少投资取得的资产”填2 500万元；第12列“收回初始投资成本”填1 000万元；第13列“取得资产中超过收回初始投资成本部分”填1 500万元，第14列“撤回或减少投资应享有被投资企业累计未分配利润和累计盈余公积”填900万元，第15列“应确认的股息所得”900万元；第16列“合计”900万元。

2）结转到表18-14（表A107010）《免税、减计收入及加计扣除优惠明细表》第3行“符合条件的居民企业之间的股息、红利等权益性投资收益”（见表A107010）900万元。

3）结转到附表1（表A100000）《企业所得税年度纳税申报表》第17行“减：免税、减计收入及加计扣除”900万元。

第十三节　资产损失税前扣除的纳税操作技巧

为了进一步做好企业资产损失企业所得税税前扣除的管理工作，国家税务总局

2011年4月下发了《企业资产损失所得税税前扣除管理办法》（国家税务总局公告2011年第25号，以下简称《办法》），《办法》分为八章五十二条，自2011年1月1日起施行。《国家税务总局关于印发〈企业资产损失税前扣除管理办法〉的通知》（国税发［2009］88号文件）、《国家税务总局关于企业以前年度未扣除资产损失企业所得税处理问题的通知》（国税函［2009］772号文件）、《国家税务总局关于电信企业坏账损失税前扣除问题的通知》（国税函［2010］196号文件）同时废止。《办法》生效之日前尚未进行税务处理的资产损失事项，也应按《办法》的规定执行。

一、资产损失概述

（一）资产损失

资产是指企业拥有或者控制的、用于经营管理活动相关的资产，包括现金、银行存款、应收及预付款项（包括应收票据、各类垫款、企业之间往来款项）等货币性资产，存货、固定资产、无形资产、在建工程、生产性生物资产等非货币性资产，以及债权性投资和股权（权益）性投资。

企业在所得税税前扣除的资产损失包括两类，即实际资产损失和法定资产损失。

（1）实际资产损失，是指企业在实际处置、转让上述资产过程中发生的合理损失。

（2）法定资产损失，是指企业虽未实际处置、转让上述资产，但符合《财政部 国家税务总局关于企业资产损失税前扣除政策的通知》（财税［2009］57号文件）的规定和本办法规定条件计算确认的损失。

（二）资产损失税前扣除原则

企业实际资产损失，应当在其实际发生且会计上已作损失处理的年度申报扣除；法定资产损失，应当在企业向主管税务机关提供证据资料证明该项资产已符合法定资产损失确认条件，且会计上已作损失处理的年度申报扣除。

（三）以前年度未报损的资产损失的处理

企业以前年度发生的资产损失未能在当年税前扣除的，可以按照《办法》的规定，向税务机关说明并进行专项申报扣除。其中，属于实际资产损失，准予追补至该项损失发生年度扣除，其追补确认期限一般不得超过5年，但因计划经济体制转轨过程中遗留的资产损失、企业重组上市过程中因权属不清出现争议而未能及时扣除的资产损失、因承担国家政策性任务而形成的资产损失以及政策定性不明确而形成资产损失等特殊原因形成的资产损失，其追补确认期限经国家税务总局批准后可适当延长。属于法定资产损失，应在申报年度扣除。

企业因以前年度实际资产损失未在税前扣除而多缴的企业所得税税款，可在追补确认年度企业所得税应纳税款中予以抵扣，不足抵扣的，向以后年度递延抵扣。

企业实际资产损失发生年度扣除追补确认的损失后出现亏损的，应先调整资产损失发生年度的亏损额，再按弥补亏损的原则计算以后年度多缴的企业所得税税款，并按前款办法进行税务处理。

[例 18-36]　甲房地产公司有一台 2003 年 1 月购入的设备，原价 20 万元，预计使用年限 10 年，不留净残值。由于该设备耗能大、效率低，2008 年 1 月经专家鉴定，提前报废，购置新设备替换，形成固定资产报废损失 10 万元。由于 2008 年实施新企业所得税法之后，《企业资产损失税前扣除管理办法》还没有出台，使得该项损失未能在事前扣除。在 2011 年汇算清缴期间甲公司已经把这笔资产损失上报主管税务机关，2012 年 3 月 5 日收到税前扣除的批复。请问：2011 年汇算清缴时应当怎样进行税务处理？

[案例分析]

(1) 2008 年设备提前报废时的账务处理：

借：待处理财产损失	100 000	
累计折旧	100 000	
贷：固定资产		200 000

(2) 2011 年汇算清缴期间，根据国家税务总局第 25 号公告的规定，对 2008 年年度《企业所得年度税纳税申报表》进行补正申报，经批准后。

借：以前年度损益调整	100 000	
贷：待处理财产损失		100 000
借：应交税费——应交所得税	25 000	
利润分配——未分配利润	75 000	
贷：以前年度损益调整		100 000

(3) 如因追补确认的损失后如出现亏损，则填报《企业所得税弥补亏损明细表》进行申报。

二、资产损失的申报管理

企业在进行企业所得税年度汇算清缴申报时，可将资产损失申报材料和纳税资料作为企业所得税年度纳税申报表的附件一并向税务机关报送。企业实际资产损失，应当在其实际发生且会计上已作损失处理的年度申报扣除。法定资产损失，应当在企业向主管税务机关提供证据资料证明该项资产已符合法定资产损失确认条件，且会计上已作损失处理的年度申报扣除。

(一) 企业资产损失申报制的分类

《办法》取消了国税发［2009］88 号文件所规定的自行申报扣除和审批扣除，而统一施行“申报制”。

企业资产损失按其申报内容和要求的不同，分为清单申报和专项申报两种申报形式。

（1）清单申报的资产损失，企业可按会计核算科目进行归类、汇总，然后再将汇总清单报送税务机关，有关会计核算资料和纳税资料留存备查。以清单申报的方式向税务机关申报扣除的资产损失包括：

1）企业在正常经营管理活动中，按照公允价格销售、转让、变卖非货币资产的损失。

2）企业各项存货发生的正常损耗。

3）企业固定资产达到或超过使用年限而正常报废清理的损失。

4）企业生产性生物资产达到或超过使用年限而正常死亡发生的资产损失。

5）企业按照市场公平交易原则，通过各种交易场所、市场等买卖债券、股票、期货、基金以及金融衍生产品等发生的损失。

（2）专项申报的资产损失，除清单申报的资产损失以外的资产损失，应以专项申报的方式向税务机关申报扣除。企业无法准确判别是否属于清单申报扣除的资产损失，可以采取专项申报的形式申报扣除。企业应逐项（或逐笔）报送申请报告，同时附送会计核算资料及其他相关的纳税资料。

属于专项申报的资产损失，企业因特殊原因不能在规定的时限内报送相关资料的，可以向主管税务机关提出申请，经主管税务机关同意后，可适当延期申报。

（二）汇总纳税企业资产损失的管理

在中国境内跨地区经营的汇总纳税企业发生的资产损失，应按以下规定申报扣除：

（1）总机构及其分支机构发生的资产损失，除应按专项申报和清单申报的有关规定，各自向当地主管税务机关申报外，各分支机构同时还应上报总机构。

（2）总机构对各分支机构上报的资产损失，除税务机关另有规定外，应以清单申报的形式向当地主管税务机关进行申报。

（3）总机构将跨地区分支机构所属资产捆绑打包转让所发生的资产损失，由总机构向当地主管税务机关进行专项申报。

（三）企业资产损失的内部管理

企业应当建立健全资产损失内部核销管理制度，及时收集、整理、编制、审核、申报、保存资产损失税前扣除证据材料，方便税务机关检查。

（四）税务机关对企业资产损失的管理

税务机关应按分项建档、分级管理的原则，建立企业资产损失税前扣除管理台账和纳税档案，及时进行评估。对资产损失金额较大或经评估后发现不符合资产损失税前扣除规定或存有疑点、异常情况的资产损失，应及时进行核查。对有证据证明申报扣除的资产损失不真实、不合法的，应依法作出税收处理。

应当引起企业注意的是，在企业资产损失取消审批制改为申报制之后，税务机关保留了评估权、核查权和处罚权。

三、资产损失确认的相关证据

企业资产损失相关的证据包括具有法律效力的外部证据和特定事项的企业内部证据。

（一）具有法律效力的外部证据

具有法律效力的外部证据，是指司法机关、行政机关、专业技术鉴定部门等依法出具的与本企业资产损失相关的具有法律效力的书面文件，主要包括：

（1）司法机关的判决或者裁定。

（2）公安机关的立案结案证明、回复。

（3）工商部门出具的注销、吊销及停业证明。

（4）企业的破产清算公告或清偿文件。

（5）行政机关的公文。

（6）专业技术部门的鉴定报告。

（7）具有法定资质的中介机构的经济鉴定证明。

（8）仲裁机构的仲裁文书。

（9）保险公司对投保资产出具的出险调查单、理赔计算单等保险单据。

（10）符合法律规定的其他证据。

（二）特定事项的企业内部证据

特定事项的企业内部证据，是指会计核算制度健全、内部控制制度完善的企业，对各项资产发生毁损、报废、盘亏、死亡、变质等内部证明或承担责任的声明，主要包括：

（1）有关会计核算资料和原始凭证。

（2）资产盘点表。

（3）相关经济行为的业务合同。

（4）企业内部技术鉴定部门的鉴定文件或资料。

（5）企业内部核批文件及有关情况说明。

（6）对责任人由于经营管理责任造成损失的责任认定及赔偿情况说明。

（7）法定代表人、企业负责人和企业财务负责人对特定事项真实性承担法律责任的声明。

四、货币资产损失确认需提供的证据材料

企业货币资产损失包括现金损失、银行存款损失和应收及预付款项损失等。

（一）现金损失应依据以下证据材料确认

（1）现金保管人确认的现金盘点表（包括倒推至基准日的记录）。

（2）现金保管人对于短缺的说明及相关核准文件。

（3）对责任人由于管理责任造成损失的责任认定及赔偿情况的说明。

（4）涉及刑事犯罪的，应有司法机关出具的相关材料。

（5）金融机构出具的假币收缴证明。

（二）企业因金融机构清算而发生的存款类资产损失应依据以下证据材料确认

（1）企业存款类资产的原始凭据。

（2）金融机构破产、清算的法律文件。

（3）金融机构清算后剩余资产分配情况资料。

金融机构应清算而未清算超过三年的，企业可将该款项确认为资产损失，但应有法院或破产清算管理人出具的未完成清算证明。

（三）企业应收及预付款项坏账损失应依据以下相关证据材料确认

（1）相关事项合同、协议或说明。

（2）属于债务人破产清算的，应有人民法院的破产、清算公告。

（3）属于诉讼案件的，应出具人民法院的判决书或裁决书或仲裁机构的仲裁书，或者被法院裁定终（中）止执行的法律文书。

（4）属于债务人停止营业的，应有工商部门注销、吊销营业执照证明。

（5）属于债务人死亡、失踪的，应有公安机关等有关部门对债务人个人的死亡、失踪证明。

（6）于债务重组的，应有债务重组协议及其债务人重组收益纳税情况说明。

（7）属于自然灾害、战争等不可抗力而无法收回的，应有债务人受灾情况说明以及放弃债权申明。

（四）下列应收款项坏账损失的确认应出具专项报告

（1）企业逾期三年以上的应收款项在会计上已作为损失处理的，可以作为坏账损失，但应说明情况，并出具专项报告。

（2）企业逾期一年以上，单笔数额不超过5万元或者不超过企业年度收入总额万分之一的应收款项，会计上已经作为损失处理的，可以作为坏账损失，但应说明情况，并出具专项报告。

五、非货币资产损失确认需提供的证据材料

企业非货币资产损失包括存货损失、固定资产损失、无形资产损失、在建工程损失、生产性生物资产损失等。

（一）存货损失

1. 存货盘亏损失

存货盘亏损失，为其盘亏金额扣除责任人赔偿后的余额，应依据以下证据材料确认：

（1）存货计税成本确定依据。

（2）企业内部有关责任认定、责任人赔偿说明和内部核批文件。

（3）存货盘点表。

（4）存货保管人对于盘亏的情况说明。

2. 存货报废、毁损或变质损失

存货报废、毁损或变质损失，为其计税成本扣除残值及责任人赔偿后的余额，应依据以下证据材料确认：

（1）存货计税成本的确定依据。

（2）企业内部关于存货报废、毁损、变质、残值情况说明及核销资料。

（3）涉及责任人赔偿的，应当有赔偿情况说明。

（4）该项损失数额较大的（指占企业该类资产计税成本10%以上，或减少当年应纳税所得、增加亏损10%以上，下同），应有专业技术鉴定意见或法定资质中介机构出具的专项报告等。

3. 存货被盗损失

存货被盗损失，为其计税成本扣除保险理赔以及责任人赔偿后的余额，应依据以下证据材料确认：

（1）存货计税成本的确定依据。

（2）向公安机关的报案记录。

（3）涉及责任人和保险公司赔偿的，应有赔偿情况说明等。

4. 开发产品报废损失

房地产开发企业的开发产品（以成本对象为计量单位）整体报废或毁损，其净损失按有关规定审核确认后准予在税前扣除。

（二）固定资产损失

1. 固定资产盘亏、丢失损失

固定资产盘亏、丢失损失，为其账面净值扣除责任人赔偿后的余额，应依据以下证据材料确认：

（1）企业内部有关责任认定和核销资料。

（2）固定资产盘点表。

（3）固定资产的计税基础相关资料。

（4）固定资产盘亏、丢失情况说明。

（5）损失金额较大的，应有专业技术鉴定报告或法定资质中介机构出具的专项报告等。

2. 固定资产报废、毁损损失

固定资产报废、毁损损失，为其账面净值扣除残值和责任人赔偿后的余额，应依据以下证据材料确认：

（1）固定资产的计税基础相关资料。

（2）企业内部有关责任认定和核销资料。

（3）企业内部有关部门出具的鉴定材料。

（4）涉及责任赔偿的，应当有赔偿情况的说明。

（5）损失金额较大的或自然灾害等不可抗力原因造成固定资产毁损、报废的，应有专业技术鉴定意见或法定资质中介机构出具的专项报告等。

3. 固定资产被盗损失

固定资产被盗损失，为其账面净值扣除责任人赔偿后的余额，应依据以下证据材料确认：

（1）固定资产计税基础相关资料。

（2）公安机关的报案记录，公安机关立案、破案和结案的证明材料。

（3）涉及责任赔偿的，应有赔偿责任的认定及赔偿情况的说明等。

（三）在建工程损失

在建工程停建、报废损失，为其工程项目投资账面价值扣除残值后的余额，应依据以下证据材料确认：

（1）工程项目投资账面价值确定依据。

（2）工程项目停建原因说明及相关材料。

（3）因质量原因停建、报废的工程项目和因自然灾害和意外事故停建、报废的工程项目，应出具专业技术鉴定意见和责任认定、赔偿情况的说明等。

工程物资发生损失，可比照《办法》关于存货损失的规定确认。

（四）生产性生物资产损失

1. 生产性生物资产盘亏损失

生产性生物资产盘亏损失，为其账面净值扣除责任人赔偿后的余额，应依据以下证据材料确认：

（1）生产性生物资产盘点表。

（2）生产性生物资产盘亏情况说明。

（3）生产性生物资产损失金额较大的，企业应有专业技术鉴定意见和责任认定、赔偿情况的说明等。

2. 因森林病虫害、疫情、死亡产生的生产性生物资产损失

因森林病虫害、疫情、死亡而产生的生产性生物资产损失，为其账面净值扣除残值、保险赔偿和责任人赔偿后的余额，应依据以下证据材料确认：

（1）损失情况说明。

（2）责任认定及其赔偿情况的说明。

（3）损失金额较大的，应有专业技术鉴定意见。

3. 被盗伐、被盗、丢失而产生的生产性生物资产损失

对被盗伐、被盗、丢失而产生的生产性生物资产损失，为其账面净值扣除保险赔偿以及责任人赔偿后的余额，应依据以下证据材料确认：

（1）生产性生物资产被盗后，向公安机关的报案记录或公安机关立案、破案和结案的证明材料。

（2）责任认定及其赔偿情况的说明。

（五）抵押资产损失

企业由于未能按期赎回抵押资产，使抵押资产被拍卖或变卖，其账面净值大于变卖价值的差额，可认定为资产损失，按以下证据材料确认：

（1）抵押合同或协议书。

（2）拍卖或变卖证明、清单。

（3）会计核算资料等其他相关证据材料。

（六）无形资产损失

被其他新技术所代替或已经超过法律保护期限，已经丧失使用价值和转让价值，尚未摊销的无形资产损失，应提交以下证据备案：

（1）会计核算资料。

（2）企业内部核批文件及有关情况说明。

（3）技术鉴定意见和企业法定代表人、主要负责人和财务负责人签章证实无形资产已无使用价值或转让价值的书面申明。

（4）无形资产的法律保护期限文件。

房地产开发企业因国家无偿收回土地使用权而形成的损失，可作为财产损失（无形资产）按有关规定在税前扣除。

六、投资资产损失

企业投资损失包括债权性投资损失和股权（权益）性投资损失。

（一）债权投资损失

企业债权投资损失应依据投资的原始凭证、合同或协议、会计核算资料等相关证据材料确认。下列情况债权投资损失的，还应出具相关证据材料：

（1）债务人或担保人依法被宣告破产、关闭、被解散或撤销、被吊销营业执照、失踪或者死亡等，应出具资产清偿证明或者遗产清偿证明。无法出具资产清偿证明或者遗产清偿证明，且上述事项超过三年以上的，或债权投资（包括信用卡透支和助学贷款）余额在三百万元以下的，应出具对应的债务人和担保人破产、关闭、解散证明、撤销文件、工商行政管理部门注销证明或查询证明以及追索记录等（包括司法追索、电话追索、信件追索和上门追索等原始记录）。

（2）债务人遭受重大自然灾害或意外事故，企业对其资产进行清偿和对担保人进行追偿后，未能收回的债权，应出具债务人遭受重大自然灾害或意外事故证明、保险赔偿证明、资产清偿证明等。

（3）债务人因承担法律责任，其资产不足归还所借债务，又无其他债务承担者的，应出具法院裁定证明和资产清偿证明。

（4）债务人和担保人不能偿还到期债务，企业提出诉讼或仲裁的，经人民法院对债务人和担保人强制执行，债务人和担保人均无资产可执行，人民法院裁定终结或终止（中止）执行的，应出具人民法院裁定文书。

（5）债务人和担保人不能偿还到期债务，企业提出诉讼后被驳回起诉的、人民法院不予受理或不予支持的，或经仲裁机构裁决免除（或部分免除）债务人责任，经追偿后无法收回的债权，应提交法院驳回起诉的证明，或法院不予受理或不予支持证明，或仲裁机构裁决免除债务人责任的文书。

（6）经国务院专案批准核销的债权，应提供国务院批准文件或经国务院同意后由国务院有关部门批准的文件。

（二）股权投资损失

企业股权投资损失应依据以下相关证据材料确认：

（1）股权投资计税基础证明材料。

（2）被投资企业破产公告、破产清偿文件。

（3）工商行政管理部门注销、吊销被投资单位营业执照文件。

（4）政府有关部门对被投资单位的行政处理决定文件。

（5）被投资企业终止经营、停止交易的法律或其他证明文件。

（6）被投资企业资产处置方案、成交及入账材料。

（7）企业法定代表人、主要负责人和财务负责人签章证实有关投资（权益）性损失的书面申明。

（8）会计核算资料等其他相关证据材料。

（9）被投资企业依法宣告破产、关闭、解散或撤销、吊销营业执照、停止生产经营活动、失踪等，应出具资产清偿证明或者遗产清偿证明。上述事项超过三年以上且未能完成清算的，应出具被投资企业破产、关闭、解散或撤销、吊销等的证明以及不能清算的原因说明。

（三）委托贷款损失

企业委托金融机构向其他单位贷款，或委托其他经营机构进行理财，到期不能收回贷款或理财款项，按照《办法》投资资产损失有关规定进行处理。

（四）担保损失

企业对外提供与本企业生产经营活动有关的担保，因被担保人不能按期偿还债务而承担连带责任，经追索，被担保人无偿还能力，对无法追回的金额，比照本办法规定的应收款项损失进行处理。

所称“与本企业生产经营活动有关的担保”，是指企业对外提供的与本企业应税收入、投资、融资、材料采购、产品销售等生产经营活动相关的担保。

房地产开发企业采取银行按揭方式销售开发产品的，凡约定企业为购买方的按揭贷款提供担保的，其销售开发产品时向银行提供的保证金（担保金）不得从销售收入中减除，也不得作为费用在当期税前扣除，但实际发生损失时可据实扣除。

（五）关联交易损失

企业按独立交易原则向关联企业转让资产而发生的损失，或向关联企业提供借款、担保而形成的债权损失，准予扣除，但企业应作专项说明，同时出具中介机构出具的专项报告及其相关的证明材料。

（六）不得作为损失的股权投资和债券投资

下列股权和债权不得作为损失在税前扣除：

（1）债务人或者担保人有经济偿还能力，未按期偿还的企业债权。

（2）违反法律、法规的规定，以各种形式、借口逃废或悬空的企业债权。

（3）行政干预逃废或悬空的企业债权。

（4）企业未向债务人和担保人追偿的债权。

（5）企业发生非经营活动的债权。

（6）其他不应当核销的企业债权和股权。

七、其他资产损失的确认

（1）企业将不同类别的资产捆绑（打包），以拍卖、询价、竞争性谈判、招标等市场方式出售，其出售价格低于计税成本的差额，可以作为资产损失并准予在税前申报扣除，但应出具资产处置方案、各类资产作价依据、出售过程的情况说明、出售合同或协议、成交及入账证明、资产计税基础等确定依据。

（2）企业正常经营业务因内部控制制度不健全而出现操作不当、不规范或因业务创新但政策不明确、不配套等原因形成的资产损失，应由企业承担的金额，可以作为资产损失并准予在税前申报扣除，但应出具损失原因证明材料或业务监管部门定性证明、损失专项说明。

（3）企业因刑事案件原因形成的损失，应由企业承担的金额，或经公安机关立案侦查两年以上仍未追回的金额，可以作为资产损失并准予在税前申报扣除，但应出具公安机关、人民检察院的立案侦查情况或人民法院的判决书等损失原因证明材料。

（4）《办法》没有涉及的资产损失事项，只要符合企业所得税法及其实施条例等法律、法规规定的，也可以向税务机关申报扣除。

第十四节 销售费用税前扣除的财税操作技巧

一、销售费用的费用项目设置

对于企业独立设置的销售部门，应当单独核算销售费用，设置下列费用项目：工资薪金、职工福利费、运杂费、差旅费、展览费、广告费和业务宣传费、产品质量保证损失、折旧费、保险费、业务费、代销手续费、佣金及其他。

二、广告费和业务宣传费

企业每一纳税年度发生的符合条件的广告费和业务宣传费，除国务院财政、税务主管部门另有规定外，不超过当年销售（营业）收入15%的部分，准予税前扣除。

企业在筹建期间，发生的广告费和业务宣传费，可按实际发生额计入企业筹办费，并按有关规定在税前扣除。

企业发生的与生产经营活动有关的各种广告性质的赞助支出可以作为“广告费和业务宣传费”税前扣除。

企业申报的广告费支出必须符合下列条件才可以税前扣除：广告是通过经工商部门批准的专门机构制作的；已实际支付费用，并已取得相应发票；通过一定的媒体传播。

企业在2008年以前按照原政策规定已发生但尚未扣除的广告费，2008年实行新税法后，其尚未扣除的余额，加上当年度新发生的广告费和业务宣传费的部分，按照新税法规定的比例计算扣除。

三、手续费及佣金

（1）企业发生与生产经营有关的手续费及佣金支出，不超过以下规定计算限额以内的部分，准予扣除；超过部分，不得扣除：

1）保险企业：财产保险企业按当年全部保费收入扣除退保金等后的余额的15%（含本数，下同）计算限额；人身保险企业按当年全部保费收入扣除退保金等后的余额的10%计算限额。

2）其他企业：按与具有合法经营资格中介服务机构或个人（不含交易双方及其雇员、代理人和代表人等）所签订的服务协议或合同确认的收入金额的5%计算限额。

（2）企业应与具有合法经营资格的中介服务企业或个人签订代办协议或合同，并按国家有关规定支付手续费及佣金。除委托个人代理外，企业以现金等非转账方式支付的手续费及佣金不得在税前扣除，企业为发行权益性证券支付给有关证券承销机构的手续费及佣金也不得在税前扣除。

（3）企业不得将手续费及佣金支出计入回扣、业务提成、返利、进场费等费用。

（4）企业已计入固定资产、无形资产等相关资产的手续费及佣金支出，应当通过折旧、摊销等方式分期扣除，不得在发生当期直接扣除。

（5）企业支付的手续费及佣金不得直接冲减服务协议或合同金额，并应如实入账。

（6）企业应当如实向当地主管税务机关提供当年手续费及佣金计算分配表和其他相关资料，并依法取得合法真实的凭证。

（7）《国家税务总局关于印发〈房地产开发经营业务企业所得税处理办法〉的通知》（国税发［2009］31 号文件）规定：房地产开发企业委托境外机构销售开发产品的，其支付境外机构的销售费用（含佣金或手续费）不超过委托销售收入 10% 的部分，准予据实扣除。

第十五节　管理费用税前扣除的财税操作技巧

一、税法没有扣除标准的费用项目

（一）工资薪金支出

企业所得税法规定，企业发生的合理的工资薪金支出，准予扣除。

1. 工资薪金

工资薪金是指企业每一纳税年度支付给在本企业任职或者受雇的员工的所有现金形式或者非现金形式的劳动报酬，包括基本工资、奖金、津贴、补贴、年终加薪、加班工资以及与员工任职或者受雇有关的其他支出。

2. 合理的工资薪金

所称的“合理的工资薪金”，是指企业按照股东大会、董事会、薪酬委员会或相关管理机构制订的工资薪金制度规定实际发放给员工的工资薪金。税务机关在对工资薪金进行合理性确认时，可按以下原则掌握：

（1）企业制定了较为规范的员工工资薪金制度。

（2）企业所制定的工资薪金制度符合行业及地区水平。

（3）企业在一定时期所发放的工资薪金是相对固定的，工资薪金的调整是有序进行的。

（4）企业对实际发放的工资薪金，已依法履行了代扣代缴个人所得税的义务。

（5）有关工资薪金的安排，不以减少或逃避税款为目的。

属于国有性质的企业，其工资薪金不得超过政府有关部门给予的限定数额；超过部分，不得计入企业工资薪金总额，也不得在计算企业应纳税所得额时扣除。

3. 纳税操作的要点

（1）税法允许税前按扣除的工资薪金必须是实际发生的，企业预提工资薪金，计入“应付工资”科目的不得扣除。

（2）企业的工资薪金水平应符合行业及地区水平。此项规定是否要求企业工资薪金水平等于行业及地区水平呢？不是。企业对工资薪金水平符合行业及地区水平的掌握可参照下列文件：

《财政部　国家税务总局关于基本养老保险费、基本医疗保险费、失业保险费、住房公积金有关个人所得税政策的通知》（财税［2006］10号文件）规定：单位和职工个人缴存住房公积金的月平均工资不得超过职工工作地所在设区城市上一年度职工月平均工资的3倍，具体标准按照各地有关规定执行。

《国务院关于建立城镇职工基本医疗保险制度的决定》规定：要确定统筹基金的起付标准和最高支付限额，起付标准原则上控制在当地职工年平均工资的10%左右，最高支付限额原则上控制在当地职工年平均工资的4倍左右。

这样看来，企业在支付基本养老保险费、补充养老保险、基本医疗保险费、补充医疗保险、失业保险费、住房公积金时，控制的最高限额是当地职工年平均工资的3～4倍，所以，企业实际发放的工资薪金在当地平均工资的3～4倍之内都是合理的。

（3）企业因雇用季节工、临时工、实习生、返聘离退休人员以及接受外部劳务派遣用工所实际发生的费用，应区分为工资薪金支出和职工福利费支出，并按《企业所得税法》规定在企业所得税前扣除。其中属于工资薪金支出的，准予计入企业工资薪金总额的基数，作为计算其他各项相关费用扣除的依据。

4. 企业实行股权激励计划税前扣除处理技巧

［例18-37］　A公司是一家上市的房地产开发公司。2014年1月1日，公司为奖励并激励公司管理人员，与管理层成员签署股份支付协议，规定如果管理层成员在今后3年连续在公司任职服务，并力争使公司股价每年平均提高10%以上，公司向200名管理人员每人授予1 000股股票期权，每股购买价5元。公司估计该期权在授予日（2014年1月1日）的公允价值为21元。

第一年有20名职员离开公司，公司预计今后三年会有20%的职员离开公司；第二年又有10名职员离开公司，公司将估计离职比例修正为15%；第三年又有15名职员离职。行权日股票的收盘价为28元。

请问，实际行权时该股票的公允价格与激励对象实际行权支付价格的差额如何进行企业所得税处理？

［案例分析］

《企业会计准则第11号——股份支付》（以下简称《股份支付准则》）规定，股份支付，是指企业为获取职工和其他方提供服务而授予权益工具或者承担以权益工具为基础确定的负债的交易。股份支付的分类：

（1）以权益结算的股份支付，是指企业为获取服务以股份或其他权益工具作为对价进行结算的交易。股份支付准则所指的权益工具是企业自身权益工具，即股权或股票。以权益结算的股份支付换取职工提供服务的，应当以授予职工权益工具的公允价值计量。

（2）以现金结算的股份支付，是指企业为获取服务承担以股份或其他权益工具为基础计算确定的交付现金或其他资产义务的交易。

授予后立即可行权的换取职工服务的以权益结算的股份支付，应当在授予日按照权益工具的公允价值计入相关成本（或费用），相应增加资本公积。有等待期的股份支付，完成等待期内的服务或达到规定业绩条件才可行权的换取职工服务的以权益结算的股份支付，在等待期内的每个资产负债表日，应当以对可行权权益工具数量的最佳估计为基础，按照权益工具授予日的公允价值，将当期取得的服务计入相关成本或费用和资本公积。在资产负债表日，后续信息表明可行权权益工具的数量与以前估计不同的，应当进行调整，在可行权日调整至实际可行权的权益工具数量。

《国家税务总局关于我国居民企业实行股权激励计划有关企业所得税处理问题的公告》（国家税务总局公告2012年第18号，以下简称第18号公告）规定：

股权激励，是指《上市公司股权激励管理办法（试行）》（证监公司字［2005］151号，以下简称《管理办法》）中规定的上市公司以本公司股票为标的，对其董事、监事、高级管理人员及其他员工（以下简称激励对象）进行的长期性激励。股权激励实行方式包括授予限制性股票、股票期权以及其他法律法规规定的方式。上市公司依照《管理办法》要求建立职工股权激励计划，并按我国企业会计准则的有关规定，在股权激励计划授予激励对象时，按照该股票的公允价格及数量，计算确定作为上市公司相关年度的成本或费用，作为换取激励对象提供服务的对价。上述企业建立的职工股权激励计划，其企业所得税的处理，按以下规定执行：

（1）对股权激励计划实行后立即可以行权的，上市公司可以根据实际行权时该股票的公允价格与激励对象实际行权支付价格的差额和数量，计算确定作为当年上市公司工资薪金支出，依照税法规定进行税前扣除。

（2）对股权激励计划实行后，需待一定服务年限或者达到规定业绩条件（以下简称等待期）方可行权的。上市公司等待期内会计上计算确认的相关成本费用，不得在对应年度计算缴纳企业所得税时扣除。在股权激励计划可行权后，上市公司方可根据该股票实际行权时的公允价格与当年激励对象实际行权支付价格的差额及数量，计算确定作为当年上市公司工资薪金支出，依照税法规定进行税前扣除。

（3）本条所指股票实际行权时的公允价格，以实际行权日该股票的收盘价格确定。在我国境外上市的居民企业和非上市公司，凡比照《管理办法》的规定建立职工股权激励计划，且在企业会计处理上，也按我国会计准则的有关规定处理的，其股权激励计划有关企业所得税处理问题，可以按照上述规定执行。

第18号公告自2012年7月1日起施行。

1. 根据准则规定A公司各年股份支付如表18-17所示。

表18-17 A公司各年度股份支付计算表 （单位：元）

年　份	计算过程	当期费用	累计费用
2014	21×1 000×200×（1－20%）×1/3	1 120 000	1 120 000
2015	21×1 000×200×（1－15%）×2/3－1120 000	1 260 000	2 380 000
2016	21×1 000×155－2 380 000	875 000	3 255 000

2. 账务处理：

（1）2014年1月1日授予职工期权

授予日不做账务处理。

（2）2014年12月31日，计算本期职工可行权的股份支付金额

借：管理费用　1 120 000

　贷：资本公积——其他资本公积　1 120 000

借：本年利润　1 120 000

　贷：管理费用　1 120 000

已计入本期费用的股份支付金额可否税前扣除？根据税务总局第18号公告规定，等待期内会计计算确认的相关成本费用，不得在对应年度计算缴纳企业所得税时扣除。企业所得税汇算清缴时：

1）应当在《职工薪酬纳税调整明细表》（如表18-18（表A105050））中进行调整，第2行“其中：股权激励”第1列“账载金额”填112万元，第4列“税收金额”填零，第5列“纳税调整额”填（+112）万元。

2）转入表A105000《纳税调整项目明细表》第14行“工资薪酬”第3列“调增金额”112万元，做纳税调增处理。

3）《纳税调整项目明细表》第3列“调增金额”合计数结转到主表第15行“加：纳税调整增加额”112万元。

（3）2015年12月31日，计算本期职工可行权的股份支付金额

借：管理费用　1 260 000

　贷：资本公积——其他资本公积　1 260 000

借：本年利润　1 260 000

　贷：管理费用　1 260 000

已计入本期费用的股份支付金额可否税前扣除？根据税务总局第18号公告规定，等待期内会计计算确认的相关成本费用，不得在对应年度计算缴纳企业所得税时扣除。企业所得税汇算清缴时：

1）应当在表A105050《职工薪酬纳税调整明细表》中进行调整，第2行“其中，股权激励”第1列“账载金额”填126万元，第4列“税收金额”填零，第5列“纳税调整额”填（+126）万元。

表 18-18（表 A105050）　职工薪酬纳税调整明细表

行次	项　　目	账载金额	税收规定扣除率	以前年度累计结转扣除额	税收金额	纳税调整金额	累计结转以后年度扣除额
		1	2	3	4	5(1－4)	6(1＋3－4)
1	一、工资薪金支出		*	*			*
2	其中：股权激励	1120 000	*	*	0	1120 000	*
3	二、职工福利费支出			*			*
4	三、职工教育经费支出		*				
5	其中：按税收规定比例扣除的职工教育经费						
6	按税收规定全额扣除的职工培训费用			*			*
7	四、工会经费支出			*			*
8	五、各类基本社会保障性缴款		*	*			*
9	六、住房公积金		*	*			*
10	七、补充养老保险			*			*
11	八、补充医疗保险			*			*
12	九、其他		*				
13	合计(1＋3＋4＋7＋8＋9＋10＋11＋12)		*				

2）转入表A105000《纳税调整项目明细表》第14行“工资薪酬”第3列“调增金额”126万元，做纳税调增处理。

3）《纳税调整项目明细表》第3列“调增金额”合计数结转到主表第15行“加：纳税调整增加额”126万元。

（4）2016年12月31日，计算本期职工可行权的股份支付金额，职工可以行权。

借：管理费用　875 000

　贷：资本公积——其他资本公积　875 000

借：本年利润　875 000

　贷：管理费用　875 000

由于按照股份支付协议的规定，激励对象已经行权，因此，本年股份支付金额875 000元允许税前扣除。

（5）假设，全部激励对象155人都在2016年12月31日行权，股份面值1元，激励对象实际支付价款 =5×1000×155 =775 000（元）

借：银行存款　775 000

　资本公积——其他资本公积　3 255 000

　贷：股本　155 000

　　资本公积——股本溢价　3 875 000

根据第18号公告的规定，在股权激励计划可行权后，上市公司方可根据该股票实际行权时的公允价格与当年激励对象实际行权支付价格的差额及数量，计算确定作为当年上市公司工资薪金支出，依照税法规定进行税前扣除。

对前2年已调整的进行纳税调减 =1 120 000 +1 260 000 =2 380 000（元）

企业所得税汇算清缴时：

1）应当在表A105050《职工薪酬纳税调整明细表》中进行调整，第2行“其中：股权激励”第1列“账载金额”填零，第4列“税收金额”填238万元，第5列“纳税调整额”填（ -238）万元。

2）转入表A105000《纳税调整项目明细表》第14行“工资薪酬”第4列“调减金额”238万元，做纳税调增处理。

3）《纳税调整项目明细表》第4列“调减金额”合计数结转到主表第16行“减：纳税调整减少额”238万元。

由于第18号公告规定，在我国境外上市的居民企业和非上市公司，均可以比照《管理办法》的规定建立职工股权激励计划，因此，本案例对房地产开发企业具有普遍的参考价值。

（二）劳动保护费

《企业所得税法实施条例》第四十八条规定：企业发生的合理的劳动保护支出，准予扣除。这里所指的“企业发生的合理的劳动保护支出”，是指确因特殊工作环境需要为雇员配备或提供工作服、手套、安全保护用品、防暑降温用品等所发生的支出。企业根据其工作性质和特点，由企业统一制作并要求员工工作时统一着装所发生的工作服饰费用，根据《实施条例》的规定，可以作为企业合理的支出给予税前扣除。

（三）劳动保险费

（1）企业依照国务院有关主管部门或者省级人民政府规定的范围和标准为职工缴纳的基本养老保险费、基本医疗保险费、失业保险费、工伤保险费、生育保险费等基本社会保险费，准予税前扣除。

（2）企业为投资者或者职工支付的补充养老保险费、补充医疗保险费，在国务院财政、税务主管部门规定的范围和标准内，准予税前扣除。

本项规定允许企业为投资者或职工支付补充养老保险费、补充医疗保险费；关于补充养老保险费、补充医疗保险费的范围和标准，财政部、国家税务总局已经发文作出了规定。

《财政部　国家税务总局关于补充养老保险费补充医疗保险费有关企业所得税政策问题的通知》（财税［2009］27 号文件）规定：

自 2008 年 1 月 1 日起，企业根据国家有关政策规定，为在本企业任职或者受雇的全体员工支付的补充养老保险费、补充医疗保险费，分别在不超过职工工资总额 5% 标准以内的部分，在计算应纳税所得额时准予税前扣除；超过的部分，不予扣除。

（3）企业依照国家有关规定为特殊工种职工支付的人身安全保险费和国务院财政、税务主管部门规定可以扣除的其他商业保险费准予税前扣除。

（4）企业为在中国境内工作的职工支付的境外社会保险费不得扣除。

（四）差旅费

企业发生的与其经营活动有关的合理的差旅费可在税前扣除。税法要求企业应提供合法凭证，差旅费的证明材料包括：出差人员姓名、地点、时间、任务、支付凭证等。这里没有要求提供出差补助标准，这是因为，员工出差补助标准早在 1993 年出台“两则两制”时，就已经把权力交给了企业，制度规定：差旅费标准由企业参照当地政府规定的标准，结合企业的具体情况，自行确定。新税法对差旅费标准没有涉及，原规定仍然有效。实际上多年来企业差旅费的标准财政部已不再作统一规定，各地财政部门也不规定差旅费标准，现在的差旅费标准就应由企业“自行确定”，把标准写入企业财务管理办法，经企业领导层批准后执行。

具体标准可以参照《财政部关于印发中央国家机关和事业单位差旅费管理办法的通知》（财行［2006］313 号文件）规定的标准，即出差人员的伙食补助费按出差自然（日历）天数实行定额包干，每人每天 50 元。出差人员的公杂费按出差自然（日历）天数实行定额包干，每人每天 30 元，用于补助市内交通、通信等支出。

《财政部关于印发〈中央和国家机关差旅费管理办法〉的通知》（财行［2013］531 号）规定，市内交通费按出差自然（日历）天数计算，每人每天 80 元包干使用。伙食补助标准财政部正在征求各地的意见，经财政部统筹研究提出意见反馈地方审核确认后，由财政部统一发布分地区的伙食补助费标准。

与出差补助标准有关的还有职工的误餐补助，它是指个人因公到城区、郊区工作，不能在工作单位或返回就餐，确实需要在外就餐的，根据实际误餐顿数，按规定的标准领取的误餐费（财税字［1995］082号文件）计入差旅费项目，允许事前扣除。

根据《国家税务总局关于印发〈征收个人所得税若干问题的规定〉的通知》（国税发［1994］089号文件）的规定，差旅费津贴、误餐补助不征收个人所得税。

（五）会议费

纳税人发生的与其经营活动有关的会议费，会议费的证明材料包括会议时间、地点、出席人员、内容、目的、费用标准、支付凭证等。

（六）车辆使用费

企业管理部门所使用车辆发生的除折旧、车船使用税之外的全部费用。

现在，有的企业由于车辆偏少，有时使用职工的车辆，为了给职工补偿，就给职工报销油料款。税务检查时往往被认定为“与取得应纳税所得额无关的费用”，予以税前剔除。对类似问题，建议企业与职工签订车辆租赁合同，租金支付方法有两种，其一是在合同中规定每月车辆使用费支付限额，职工凭发票报销；其二是支付租金，这样，职工得到税务机关代开发票，企业代扣代缴个人所得税。

另外，一个难于解决的问题是，企业股东借用企业公款购车，所购车辆公司有时也使用，费用如何报销？国税函［2005］364号文件规定：企业为股东个人购车，考虑到该股东个人名下的车辆同时也为企业经营使用的实际情况，允许合理减除部分所得，减除的具体数额由主管税务机关根据车辆的实际使用情况合理确定。该文件所指的“所得”是什么？

财税［2003］158号文件第二条规定：关于个人投资者从其投资的企业（个人独资企业、合伙企业除外）取得的借款长期不还的处理问题。纳税年度内个人投资者从其投资企业（个人独资企业、合伙企业除外）取得的借款，在该纳税年度终了后既不归还，又未用于企业生产经营的，其未归还的借款可视为企业对个人投资者的红利分配，依照“利息、股息、红利所得”项目计征个人所得税。“所得”即是个人投资者从其投资的企业借款长期不还的款项视同个人取得的股息性所得。

《国家税务总局关于企事业单位公务用车制度改革后相关费用税前扣除问题的批复》（国税函［2007］305号文件）规定：企事业单位公务用车制度改革后，在规定的标准内，为员工报销的油料费、过路费、停车费、洗车费、修理费、保险费等相关费用，以及以现金或实物形式发放的交通补贴，均属于企事业单位的工资薪金支出，应一律计入企事业单位的工资总额中。

文件规定计入工资总额，就属于职工个人的工资薪金所得，企业应代扣代缴个人所得税。

（七）公杂费

企业购置办公用品、清洁卫生用具、刻制业务专用章、订阅书刊等所发生的费用。

（八）邮电通信费

国税发［2003］45号文件规定：企业发给职工与取得应纳税收入有关的办公通信费用标准，由省一级国税局、地税局协商确定。据悉，现在大部分省份的国税局、地税局已对办公通信费的标准作出规定，例如，北京市国家税务局京国税发［2003］255号文件规定：纳税人支付给职工的与取得应纳税收入有关的办公通信费用，税前扣除的最高限额为每人每月300元。企业可根据当地税务部门的规定标准，结合企业具体情况，制定分职务等级的办公通讯费报销标准，职工在标准内凭据报销。

（九）外事费

外事费也可叫涉外费，是指企业从事外事活动发生的费用支出，包括企业派人出国考察、商务洽谈、接待外商等各项开支。具体标准请参照财政部财行［2001］73号文件执行。

（十）董事（股东）会费

董事（股东）会费包括董事会及其成员发生的董事津贴、会议费、差旅费等。企业发生的与其取得收入有关的合理的董事会费，主管税务机关要求提供证明资料的，应能够提供证明其真实性的合法凭证，否则不得在税前扣除。

（十一）租赁及物业费

租赁及物业费是指以经营性租赁方式租入固定资产所发生的费用，包括支付营业用房、办公用房、员工宿舍等的租金及物业管理费。《企业所得税法实施条例》规定：以经营租赁方式租入固定资产所发生的租赁费支出，按照租赁期限均匀扣除。

（十二）修理费

修理费是指企业使用的固定资产、低值易耗品的日常修理费和大修理费，修理费一般不得预提。

（1）自有固定资产装修费用，税法对内资企业自有房屋的装修如何摊销没有明确规定，可以参照会计制度的规定。财会［2003］10号文件规定：应当在“固定资产”科目下单设“固定资产装修”明细科目核算，并在两次装修期间与固定资产尚可使用年限两者中较短的期间内，采用合理的方法单独计提折旧。如果在下次装修时，该项固定资产相关的“固定资产装修”明细科目仍有余额，应将该余额一次全部计入当期营业外支出。

两次装修间隔期间应当多长？税法对内资企业也没有规定，可参照总局对外资企业的规定处理。

《国家税务总局关于外商投资企业房屋装修费税务处理问题的批复》（国税函

[2000] 704号文件）规定：

1）外商投资企业和外国企业发生的房屋装修费，凡房屋产权属于本企业拥有的，其投入使用前所发生的房屋装修费，应并入房屋价格，按照税法所规定的房屋固定资产折旧年限计提折旧；房屋投资使用后所发生的房屋装修费，可在房屋重新装修后投入使用的次月开始，按5年平均摊销。

2）外商投资企业和外国企业发生的房屋装修费，房屋产权不属于本企业的，可在房屋装修后投入使用的次月开始，按5年平均摊销。

（2）融资租赁方式租入的固定资产发生的固定资产后续支出，比照上述原则处理。发生的固定资产装修费用符合上述原则可予资本化的，应在两次装修期间、剩余租赁期与固定资产尚可使用年限三者中较短的期间内，采用合理的方法单独计提折旧。

（十三）水电取暖费

水电取暖费包括企业的水电取暖费和按当地政府规定的发放范围和补贴标准发给职工的采暖补贴，可在税前扣除。

《国家税务总局关于职工冬季取暖补贴等税前扣除问题的批复》（国税函[1996] 673号文件）规定：企业职工冬季取暖补贴、职工防暑降温费、职工劳动保护费等支出，税法规定允许税前扣除。但由于各地、各行业、各企业的情况不同，目前在税法中规定全国统一适用的扣除标准尚有困难，因此，原则上允许企业据实扣除。但为防止企业以这些费用为名，随意加大扣除费用，省级税务机关可根据当地实际情况，确定上述费用税前扣除的最高限额，并报国家税务总局备案。企业发生的上述费用可在限额内据实扣除。

根据国家税务总局的上述批复，各地税务机关制定了当地的采暖补贴标准。例如，京地税个[2003] 674号文件规定：水电取暖费包括企业的水电取暖费和按当地政府规定的发放范围和补贴标准发给职工的采暖补贴，发给职工的采暖补贴可在企业所得税前列支，在个人所得税税前扣除。

冀国税函[2005] 19号文件规定：纳税人发生的冬季取暖费税前扣除最高限额为650元，纳税人年度内实际发生的上述支出，在最高限额以内的，据实扣除；超过最高限额的部分，不得扣除。

（十四）折旧费

（1）《实施条例》规定的固定资产、无形资产和生物资产的最低折旧、摊销年限是企业拥有的合法权利。企业会计核算中选择的折旧年限可能长于或短于实施条例规定的最低年限，企业选定的折旧年限长于税法规定计提折旧可以扣除，短于税法规定折旧年限，多提的折旧应当调整。

（2）新税法实施后，对继续使用的固定资产，可以重新确定其残值，并就其尚未计提折旧的余额，按照新税法规定的折旧年限减去已经计提折旧的年限后的剩余年限，按照新税法规定的折旧方法计算折旧。

（3）集成电路生产企业的生产性设备，折旧年限可以缩短为3年。《财政部　国家税务总局关于企业所得税若干优惠政策的通知》财税［2008］1号规定：集成电路生产企业的生产性设备，经主管税务机关核准，其折旧年限可以适当缩短，最短可为3年。

（4）缩短软件的折旧、摊销年限。《财政部　国家税务总局关于进一步鼓励软件产业和集成电路产业发展企业所得税政策的通知》（财税［2012］27号）文件规定：企业外购的软件，凡符合固定资产或无形资产确认条件的，可以按照固定资产或无形资产进行核算，其折旧或摊销年限可以适当缩短，最短可为2年（含）。

（十五）低值易耗品（周转材料）摊销

企业在制定财务制度时应规定低值易耗品的核算范围、摊销方法等。摊销方法可以是一次摊销法、五五摊销法或分次摊销法；在制定摊销方法时，应考虑企业是否享受所得税的减免优惠，如果享受减免税优惠待遇，应考虑在享受减免税期内少摊销，减免期过后再正常摊销。这里最好的摊销方法是五五摊销法，企业在领用低值易耗品、周转材料时，按成本摊销50%，把另外50%控制在手中，作为调节应纳税所得额的工具，当应纳税所得额较大的年度，盘点低值易耗品、周转材料，作报废处理，可以抵减应纳税所得额。

（十六）无形资产（含土地使用权）摊销

《企业所得税法实施条例》规定：无形资产按照直线法计算的摊销费用，准予扣除。

无形资产的摊销年限不得低于10年。作为投资或者受让的无形资产，有关法律规定或者合同约定了使用年限的，可以按照规定或者约定的使用年限分期摊销。

财税［2012］27号文件规定：企业外购的软件，其摊销年限可以适当缩短，最短可为2年（含）。

外购商誉的支出，在企业整体转让或者清算时，准予税前扣除。

（十七）长期待摊费用摊销

《企业所得税法》第十三条规定：在计算应纳税所得额时，企业发生的下列支出作为长期待摊费用，按照规定摊销的，准予税前扣除：

（1）已足额提取折旧的固定资产的改建支出。

（2）租入固定资产的改建支出。

（3）固定资产的大修理支出。

（4）其他应当作为长期待摊费用的支出。

《企业所得税法实施条例》第五十八条：改建的固定资产，除企业所得税法第十三条第（1）项和第（2）项规定的支出外，以改建过程中发生的改建支出增加计税基础。

1. 房屋及建筑物改建支出

改建支出是指改变房屋或者建筑物结构、延长使用年限等所发生的支出。企业将已经足额提取折旧的固定资产的改建支出、经营租赁租入固定资产的改建支出作为长期待摊费用，按照规定摊销的，准予税前扣除。

房屋及建筑物改建支出的税前扣除方法：

（1）企业将自有的已经提足折旧的房屋及建筑物进行改建，应在改建后估计其尚可使用年限，按照固定资产预计尚可使用年限分期摊销。

（2）企业将没有提足折旧的房屋及建筑物进行改建，改建支出增加房屋及建筑物的价值。改建后的固定资产能够延长使用年限的，应适当延长折旧年限。自有房产的改建支出不包括装饰工程。

（3）企业将经营租赁的房屋及建筑物进行改建，应按照合同约定的剩余租赁期限分期摊销，其中应包括装饰工程费用。

2. 未提足折旧的固定资产改扩建的税务处理

《国家税务总局关于企业所得税若干问题的公告》（国家税务总局公告2011年第34号）规定：企业对房屋、建筑物固定资产在未足额提取折旧前进行改扩建的，如属于推倒重置的，该资产原值减除提取折旧后的净值，应并入重置后的固定资产计税成本，并在该固定资产投入使用后的次月起，按照税法规定的折旧年限，一并计提折旧；如属于提升功能、增加面积的，该固定资产的改扩建支出，并入该固定资产计税基础，并从改扩建完工投入使用后的次月起，重新按税法规定的该固定资产折旧年限计提折旧，如该改扩建后的固定资产尚可使用的年限低于税法规定的最低年限的，可以按尚可使用的年限计提折旧。

[例18-38] 某企业有一幢写字楼，原价1 000万元，已提折旧600万元，净值400万元。根据公司业务发展的需要，2013年7月，公司决定将原写字楼推倒，原地重建，重建费用800万元，以银行存款支付，现已验收合格交付使用，应当如何进行税务处理？

[案例分析]

（1）固定资产清理。

借：固定资产清理	4 000 000	
累计折旧	6 000 000	
贷：固定资产——原写字楼		10 000 000

（2）原地进行重建。

借：在建工程——新写字楼	4 000 000	
贷：固定资产清理		4 000 000
借：在建工程——新写字楼	8 000 000	
贷：银行存款		8 000 000

（3）竣工验收后转为固定资产。

借：固定资产—— 新写字楼	12 000 000	
贷：在建工程——新写字楼		12 000 000

根据《企业所得税法》规定，新写字楼的折旧年限为20年。

［例18-39］ 某公司一幢房屋账面原值1 500万元，折旧年限20年，已经计提了8年折旧，计提折旧600万元。该公司为提升该房屋的功能、增加面积，进行改扩建，改扩建费用500万元，以银行存款支付。

［案例分析］

（1）房屋进行改扩建。《固定资产准则应用指南》规定，固定资产的更新改造等后续支出，满足《固定资产准则》第四条规定确认条件的，应当计入固定资产成本，如有被替换的部分，应扣除其账面价值。

借：在建工程	9 000 000	
累计折旧	6 000 000	
贷：固定资产——房屋		15 000 000
借：在建工程	5 000 000	
贷：银行存款		5 000 000

（2）更新改造完成，转作固定资产。

借：固定资产——房屋	14 000 000	
贷：在建工程		14 000 000

折旧年限由企业自行选择：

1）可以按税法规定的最低折旧年限20年计提折旧。

2）也可以按照尚可使用年限计提折旧，不需要税务机关审批。

3. 固定资产大修理支出

《企业所得税法》第十三条规定：企业的固定资产大修理支出作为长期待摊费用，按照规定摊销的，准予税前扣除。

这里讲的“固定资产”是指非房屋及建筑物。大修理支出是指同时符合下列条件的支出：

（1）修理支出达到取得固定资产时的计税基础的50%以上。

（2）修理后固定资产的使用年限延长2年以上。

大修理支出的摊销方法：

（1）固定资产经过大修理之后，如果不能延长使用年限的，大修理支出在前后两次大修理间隔之内摊销。

（2）如果经过大修理可以延长使用年限的，大修理支出在尚可使用年限内分期摊销。

4. 其他长期待摊费支出

《企业所得税法实施条例》第七十条规定：企业发生的其他应当作为长期待摊费用的支出，自支出发生月份的次月起，分期摊销，摊销年限不得低于3年。

《国家税务总局关于企业所得税若干税务事项衔接问题的通知》（国税函［2009］

98号文件）规定：新税法中开（筹）办费未明确列作长期待摊费用的，企业可以在开始经营之日的当年一次性扣除，也可以按照新税法有关长期待摊费用的处理规定处理，但一经选定，不得改变。企业在新税法实施以前年度的未摊销完的开办费，也可根据上述规定处理。

所称“开（筹）办费”，是指企业在筹建期发生的费用，包括人员工资、办公费、培训费、差旅费、印刷费、注册登记费以及不计入固定资产和无形资产成本的汇兑损益和利息等支出。筹建期是指从企业被批准筹建之日起至开始生产、经营（包括试生产、试营业）之日的期间。何谓“开始生产经营之日”？对于新成立的房地产来说，应以首次取得房地产开发经营项目之日，确定为税法规定的实际开始生产、经营之日。

开办费的摊销方法：企业在筹建期发生的开办费，可以一次性扣除。也可以选择从开始生产、经营月份的次月起，在不短于3年的期限内分期摊销，不要求平均摊销。

《国家税务总局关于贯彻落实企业所得税法若干税收问题的通知》（国税函［2010］79号文件）规定：企业自开始生产经营的年度，为开始计算企业损益的年度。企业从事生产经营之前进行筹办活动期间发生筹办费用支出，不得计算为当期的亏损，应按照《国家税务总局关于企业所得税若干税务事项衔接问题的通知》（国税函［2009］98号文件）第九条的规定执行。

（十八）会员费

企业加入工商业联合会交纳的会费，准予税前扣除；企业按省级以上民政、物价、财政部门批准的标准，向依法成立的协会、学会等社团组织交纳的会费，经主管税务机关审核后允许在所得税前扣除。

（十九）母子公司间提供服务支付费用的扣除

（1）母公司以管理费形式向子公司提取费用，子公司因此支付给母公司的管理费，不得在税前扣除。

（2）母公司为其子公司提供各种服务而发生的费用，应按照独立企业之间公平交易原则确定服务的价格，作为企业正常的劳务费收入进行税务处理，子公司则可作为成本费用在税前扣除 。否则，税务机关有权予以调整。

（3）母公司向其多个子公司提供同类项服务，其收取的服务费可以采取分项签订合同或协议收取的方式，也可以采取服务分摊协议的方式。

（二十）企业之间支付费用的扣除

企业（独立法人）之间直接支付的管理费不得税前扣除。如果能够证明提供了真实的管理劳务，购、销双方均应按独立交易原则确认管理劳务的购销，分别确定劳务收入和成本。

（二十一）企业内部机构之间支付的费用

由于《企业所得税法》实行法人税制，以独立法人为纳税义务人，所以企业内部非独立法人的营业机构之间支付的租金和特许权使用费，以及非银行企业内部营业机构之间支付的利息，不得税前扣除。

（二十二）在中国境内设立机构的非居民企业承担的总机构费用的扣除

非居民企业在中国境内设立的机构、场所，就其中国境外总机构发生的与该机构、场所生产经营有关的费用，能够提供总机构出具的费用汇集范围、定额、分配依据和方法等证明文件，并合理分摊的，准予税前扣除。

为了防止非居民企业通过承担总机构费用侵蚀税基，所以，对非居民企业在中国境内设立的机构、场所分担总机构费用的，应当请中介机构出具鉴证报告。

二、税法有扣除标准的费用项目

（一）职工福利费

《实施条例》第四十条规定：企业发生的职工福利费支出，不超过工资薪金总额14%的部分，准予税前扣除。

《国家税务总局关于企业工资薪金及职工福利费扣除问题的通知》（国税函［2009］3号文件）规定：《实施条例》第四十条规定的企业职工福利费，包括以下内容：

（1）尚未实行分离办社会职能的企业，其内设福利部门所发生的设备、设施和人员费用，包括职工食堂、职工浴室、理发室、医务所、托儿所、疗养院等集体福利部门的设备、设施及维修保养费用和福利部门工作人员的工资薪金、社会保险费、住房公积金、劳务费等。

（2）为职工卫生保健、生活、住房、交通等所发放的各项补贴和非货币性福利，包括企业向职工发放的因公外地就医费用、未实行医疗统筹企业职工医疗费用、职工供养直系亲属医疗补贴、供暖费补贴、职工防暑降温费、职工困难补贴、救济费、职工食堂经费补贴、职工交通补贴等。

（3）按照其他规定发生的其他职工福利费，包括丧葬补助费、抚恤费、安家费、探亲假路费等。

关于职工福利费核算的问题：企业发生的职工福利费，应该单独设置账册，进行准确核算。企业没有单独设置账册准确核算的，税务机关应责令企业在规定的期限内进行改正。逾期仍未改正的，税务机关可对企业发生的职工福利费进行合理的核定。

《财政部关于企业加强职工福利费财务管理的通知》（财企［2009］242号文件）在国税函［2009］3号文件的基础上，对职工福利费的开支范围又增加了离退休人员统筹外费用（包括离休人员的医疗费及离退休人员其他统筹外费用）和独生子女费、探亲假路费，以及符合企业职工福利费定义但没有包括在本通知各条款项目中的其他支出。

（二）工会经费

企业拨缴的工会经费，不超过工资薪金总额2%的部分，准予税前扣除。

《国家税务总局关于工会经费企业所得税税前扣除凭据问题的公告》（国家税务总局公告［2010］24号文件）规定：全国总工会决定从2010年7月1日起，启用财政部统一印制并套印财政部票据监制章的《工会经费收入专用收据》，同时废止《工会经费拨缴款专用收据》。自2010年7月1日起，企业拨缴的职工工会经费，不超过工资薪金总额2%的部分，凭工会组织开具的《工会经费收入专用收据》在税前扣除。

《国家税务总局关于税务机关代收工会经费企业所得税税前扣除凭据问题的公告》（国家税务总局公告2011年第30号）：自2010年1月1日起，在委托税务机关代收工会经费的地区，企业拨缴的工会经费，也可凭合法、有效的工会经费代收凭据依法在税前扣除。

（三）职工教育经费

（1）除国务院财政、税务主管部门另有规定外，企业发生的职工教育经费支出，不超过工资薪金总额2.5%的部分，准予税前扣除；超过部分，准予在以后纳税年度结转扣除。

（2）以前年度职工教育经费余额，2008年及以后年度新发生的职工教育经费应先从其余额中冲减。仍有余额的，留在以后年度继续使用。

（3）集成电路设计企业和符合条件软件企业的职工培训费用，应单独进行核算并按实际发生额在计算应纳税所得额时扣除。

（4）财税［2010］65号文件规定：经认定的技术先进型服务企业发生的职工教育经费支出，不超过工资薪金总额8%的部分，准予在计算应纳税所得额时扣除；超过部分，准予在以后纳税年度结转扣除。

（四）业务招待费

《企业所得税实施条例》规定：企业发生的与生产经营活动有关的业务招待费支出，按照发生额的60%扣除，但最高不得超过当年销售（营业）收入的5‰。

业务招待费的开支范围包括：

（1）业务招待费是指企业在生产经营活动中发生的与交际应酬有关的费用和对外馈赠的礼品等交际应酬费用，如餐饮、娱乐、烟、酒、茶、咖啡、食品、保健品等。用于对外赠送的带有本单位标志的自产产品或专门定做的礼品，应作为业务宣传费用。若无任何标志的赠送礼品，属于捐赠支出。

（2）业务招待费属于交际应酬性质，不得计入相关资产的成本，按照《企业会计准则》的规定，统一在“管理费用”科目核算。

（3）销售（营业）收入是指销售或营业收入，一般包括主营业务收入、其他业务收入和视同销售收入，但不包括营业外收入、投资收益。

（4）企业在筹建期间，发生的与筹办活动有关的业务招待费支出，可按实际发生额的60%计入企业筹办费，并按有关规定在税前扣除。

（5）企业在清算期间发生的业务招待费，不受比例限制，在计算清算所得时全额扣除。

（6）房地产开发企业预售房地产取得的“预收账款”已经按照税收法规的规定预交了营业税及附加、土地增值税、企业所得税等税费，因此，房地产开发企业通过正式签订《房地产销售合同》或《房地产预售合同》所取得的预收收入，可作为广告和业务宣传费、业务招待费的计算基数。

（五）住房公积金

根据国家规定按工资总额一定比例为本企业职工缴纳的住房公积金允许税前扣除。

《财政部　国家税务总局关于基本养老保险费、基本医疗保险费、失业保险费、住房公积金有关个人所得税政策的通知》（财税［2006］10 号文件）规定：根据《住房公积金管理条例》《建设部　财政部　中国人民银行关于住房公积金管理若干具体问题的指导意见》（建金管［2005］5 号文件）等规定精神，单位和个人分别在不超过职工本人上一年度月平均工资 12% 的幅度内，实际缴存的住房公积金允许在个人应纳税所得额中扣除。单位和职工个人缴存住房公积金的月平均工资不得超过职工工作地所在设区城市上一年度职工月平均工资的 3 倍，具体标准按照各地有关规定执行。

单位和个人超过上述规定比例和标准缴付的住房公积金，应将超过部分并入个人当期的工资、薪金收入，计征个人所得税。

个人实际领取原提存的基本养老保险金、基本医疗保险金、失业保险金和住房公积金时，免征个人所得税。

（六）公益性捐赠支出

《企业所得税法》第九条规定：企业发生的公益性捐赠支出，在年度利润总额 12% 以内的部分，准予在计算应纳税所得额时扣除。年度利润总额是指企业依照国家统一的会计制度的规定计算的年度会计利润。

为贯彻落实《企业所得税法》及其实施条例，财政部、国家税务总局于 2009 年 12 月 8 日对企业和个人通过依照《社会团体登记管理条例》的规定不需进行社团登记的人民团体以及经国务院批准免予登记的社会团体（以下统称群众团体）的公益性捐赠所得税税前扣除有关问题，以《关于通过公益性群众团体的公益性捐赠税前扣除有关问题的通知》（财税［2009］124 号文件，以下简称《捐赠通知》）作出以下具体规定：

（1）企业通过公益性群众团体用于公益事业的捐赠支出，在年度利润总额 12% 以内的部分，准予在计算应纳税所得额时扣除。年度利润总额是指企业依照国家统一会计制度的规定计算的大于零的数额。

（2）《捐赠通知》所称的“公益事业”，是指《中华人民共和国公益事业捐赠法》规定的下列事项：

1）救助灾害、救济贫困、扶助残疾人等困难的社会群体和个人的活动。

2）教育、科学、文化、卫生、体育事业。

3）环境保护、社会公共设施建设。

4）促进社会发展和进步的其他社会公共和福利事业。

公益性群众团体在接受捐赠时，应按照行政管理级次分别使用由财政部或省、自治区、直辖市财政部门印制的公益性捐赠票据或者《非税收入一般缴款书》收据联，并加盖本单位的印章；对个人索取捐赠票据的，应予以开具。《捐赠通知》从2008年1月1日起执行。通知发布前已经取得和未取得公益性捐赠税前扣除资格的群众团体，均应按通知规定提出申请。

三、税法给予优惠的费用项目——研究开发费用

《企业所得税法》第三十条第（一）项规定：开发新技术、新产品、新工艺发生的研究开发费用可以在计算应纳税所得额时加计扣除。实施条例规定，研究开发费用的加计扣除，是指企业为开发新技术、新产品、新工艺发生的研究开发费用，未形成无形资产计入当期损益的，在按照规定据实扣除的基础上，按照研究开发费用的50%加计扣除；形成无形资产的，按照无形资产成本的150%摊销。

实施条例这样规定是考虑了税法与企业会计准则的衔接。《企业会计准则第6号——无形资产》规定：企业内部研究开发项目的支出，应当区分研究阶段支出与开发阶段支出。

研究是指为获取并理解新的科学或技术知识而进行的独创性的、有计划的调查；开发是指在进行商业性生产或使用前，将研究成果或其他知识应用于某项计划或设计，以生产出新的或具有实质性改进的材料、装置、产品等。企业内部研究开发项目研究阶段的支出，应当于发生时计入当期损益。

按照无形资产准则的规定，企业研究阶段的支出全部费用化，计入当期损益；开发阶段的支出符合条件的才能资本化，不符合资本化条件的计入当期损益。只有同时满足无形资产准则第九条规定的各项条件的，才能确认为无形资产，否则计入当期损益。如果确实无法区分研究阶段的支出和开发阶段的支出，应将其所发生的研发支出全部费用化，计入当期损益。

企业自行开发无形资产发生的研发支出，未满足资本化条件的，借记“研发支出——费用化支出”科目，满足资本化条件的，借记“研发支出——资本化支出”科目，贷记“原材料”、“银行存款”、“应付职工薪酬”等科目。

研究开发项目达到预定用途形成无形资产的，应按“研发支出——资本化支出”科目的余额，借记“无形资产”科目，贷记“研发支出——资本化支出”科目。

《国家税务总局关于企业研究开发费用税前扣除管理办法》（国税发［2008］116号文件）规定：研发费用的加计扣除，企业根据财务会计核算和研发项目的实际情况，对发生的研发费用进行收益化或资本化处理的，可按下述规定计算加计扣除：

（1）研发费用计入当期损益未形成无形资产的，允许再按其当年研发费用实际发生额的50%，直接抵扣当年的应纳税所得额。

（2）研发费用形成无形资产的，按照该无形资产成本的150%在税前摊销。除法律另有规定外，摊销年限不得低于10年。

财税［2013］70号规定，企业从事研发活动发生的下列费用支出，可纳入税前加计扣除的研究开发费用范围：企业依照国务院有关主管部门或者省级人民政府规定的范围和标准为在职直接从事研发活动人员缴纳的基本养老保险费、基本医疗保险费、失业保险费、工伤保险费、生育保险费和住房公积金。专门用于研发活动的仪器、设备的运行维护、调整、检验、维修等费用。不构成固定资产的样品、样机及一般测试手段购置费。新药研制的临床试验费。研发成果的鉴定费用。

第十六节　财务费用税前扣除的财税操作技巧

一、借款费用的税前扣除

1. 借款费用的范围

借款费用是纳税人由于经营活动的需要而承担的、与借入资金相关的利息费用，包括：

（1）长期、短期借款的利息。

（2）与债券相关的折价或溢价的摊销。

（3）安排借款时发生的辅助费用的摊销。

（4）与借入资金有关，作为利息费用调整额的外币借款产生的差额。

2. 借款费用的税前扣除的规定

（1）企业在生产经营活动中发生的、合理的不需要资本化的借款费用，准予扣除。《企业所得税实施条例》规定：企业为购置、建造固定资产、无形资产和经过12个月以上的建造才能达到预定可销售状态的存货发生借款的，在有关资产购置、建造期间发生的合理的借款费用，应当作为资本化支出计入有关资产的成本，并按照实施条例有关规定扣除。

税法把可以资本化的借款费用按借款用途分为三类：固定资产、无形资产、经过12个月的建造才可完成的存货，包括房地产开发产品。这样的规定是为了与企业会计准则协调一致。

《企业会计准则第17号——借款费用》规定：企业发生的借款费用可直接归属于符合资本化条件的资产的购建或者生产的，应当予以资本化，计入相关资产成本；其他借款费用，应当在发生时根据其发生额确认为费用，计入当期损益。

符合资本化条件的资产是指需要经过相当长时间的购建或者生产活动才能达到预定可使用或者可销售状态的固定资产、无形资产、投资性房地产和存货等资产。

对于购建固定资产、无形资产而发生的借款费用加以资本化，会计核算历来如此，新税法的变化是为建造生产周期超过12个月的存货发生的借款费用加以资本化。什么是需要经过相当长时间的购建或生产才能达到可销售状态的存货？包括企业受托加工制造持续时间超过12个月的大型机械设备、船舶、飞机，以及从事建筑、安装、装配工程业务或者提供其他劳务等。根据收入和成本配比的原则，建造存货的成本只有当存货销售实现时才应当结转销售成本，为建造存货发生的借款费用也是存货成本的组成部分，将其资本化是顺理成章的事情，只有按照准则规定核算才符合将制造费用对象化。

财政部《企业产品成本核算制度（试行）》（财会［2013］17号）将房地产开发产品的成本项目规定为七个，符合资本化条件的借款费用列入“开发成本”。

（2）企业在生产经营活动中发生的下列利息支出，准予扣除：

非金融企业向金融企业借款的利息支出、金融企业的各项存款利息支出和同业拆借的利息支出、企业经批准发行债券的利息支出。非金融企业向金融企业借款，包括向农村信用社、信托公司和财务公司的借款，其利息支出准予全额扣除。

金融是现代经济的核心，金融市场（包括资本市场）的健康、可持续发展离不开金融工具的广泛运用和金融业务的不断创新。近年来，随着我国金融工具交易和金融产品创新快速发展，出现了许多既具有传统业务特征，同时有别于传统业务的创新业务。尤其是信托公司，开展此类投资业务甚多。鉴于混合性投资业务作为企业一项创新投资业务，已被许多企业大量运用。因此，迫切需要研究、制定相关税收政策为之配套。

《国家税务总局关于企业混合性投资业务企业所得税处理问题的公告》（国家税务总局公告2013年第41号，以下简称第41号公告）规定：

（1）企业混合性投资业务，是指兼具权益和债权双重特性的投资业务。同时符合下列条件的混合性投资业务，按本公告进行企业所得税处理：

1）被投资企业接受投资后，需要按投资合同或协议约定的利率定期支付利息（或定期支付保底利息、固定利润、固定股息，下同）。

2）有明确的投资期限或特定的投资条件，并在投资期满或者满足特定投资条件后，被投资企业需要赎回投资或偿还本金。

3）投资企业对被投资企业净资产不拥有所有权。

4）投资企业不具有选举权和被选举权。

5）投资企业不参与被投资企业日常生产经营活动。

（2）符合上述规定的混合性投资业务，按下列规定进行企业所得税处理：

1）对于被投资企业支付的利息，投资企业应于被投资企业应付利息的日期，确认收入的实现并计入当期应纳税所得额；被投资企业应于应付利息的日期，确认利息支出，并按税法和《国家税务总局关于企业所得税若干问题的公告》（2011年第34号）第一条的规定，进行税前扣除。

2）对于被投资企业赎回的投资，投资双方应于赎回时将赎价与投资成本之间的差额确认为债务重组损益，分别计入当期应纳税所得额。第41号公告自2013年9月1日起执行。

［例18-40］ 2013年9月，A房地产开发公司拟在某地开发一个总投资10亿元的项目，公司账面仅有存款3亿元，解决开发资金成为难点。为此，A房地产开发公司首先用3亿元资金设立项目子公司B公司，然后与信托公司协商，制定《信托方案》，准备采用“股本+借款”模式，由信托公司向投资者募集7亿元的资金，以增资扩股的方式投入B公司。信托方案规定，该笔信托投资B公司每年12月20日前需定期支付保底利息，年利率为6%；2年后，B公司用8亿元的资金将信托公司名下的7亿元股权溢价回购，B公司作减资处理。信托方案还规定：信托公司对B公司净资产不具有要求权，信托公司不具有选举权和被选举权，也不参与B公司的生产经营决策。请问，该信托方案执行中如何进行财税处理？

［案例分析］

（1）B公司的会计处理：

1）接受A公司投资

借：银行存款　30 000万

　贷：实收资本——A公司　30 000万

2）信托公司向投资者募集7亿元的资金，以增资扩股的方式投入B公司

借：银行存款　70 000万

　贷：实收资本——信托公司　70 000万

3）第一年年末支付利息。《房地产开发业务企业所得税处理办法》（国税发［2009］31号）第二十一条规定，企业为建造开发产品借入资金而发生的符合税收规定的借款费用，可按《企业会计准则》的规定进行归集和分配，其中属于财务费用性质的借款费用，可直接在税前扣除。《企业会计准则第17号——借款费用》规定，企业发生的借款费用，可直接归属于符合资本化条件的资产，应当予以资本化，计入相关资产成本。符合资本化条件的资产，是指需要经过相当长时间的购建或者生产活动才能达到预定可使用或者可销售状态的固定资产、投资性房地产和存货等资产。

借：开发成本——借款费用　4 200万

　贷：银行存款　4 200万

4）第二年年末支付利息，根据税法、准则规定应予资本化。

借：开发成本——借款费用　4 200万

　贷：银行存款　4 200万

5）二年后，B公司用80 000万元回购股权。

借：实收资本——信托公司　70 000万

　　营业外支出——债务重组损失　10 000万

　贷：银行存款　80 000万

（2）信托公司的会计处理。

1）投资时

借：长期股权投资——B公司　　70 000万

　贷：银行存款　　70 000万

2）第一年、第二年收息

借：银行存款　　4 200万

　贷：利息收入　　4 200万

3）收回股本

借：银行存款　　80 000万

　贷：长期股权投资——B公司　　70 000万

　　　营业外收入　　10 000万

3）非金融企业向非金融企业借款的利息支出，不超过按照金融企业同期同类贷款利率计算的数额的部分可以扣除。这里讲的金融企业同期同类贷款利率包括浮动利率部分，也可以扣除。

《国家税务总局关于企业所得税若干问题的公告》（国家税务总局公告2011年第34号）规定："鉴于目前我国对金融企业利率要求的具体情况，企业在按照合同要求首次支付利息并进行税前扣除时，应提供'金融企业的同期同类贷款利率情况说明'，以证明其利息支出的合理性。'金融企业的同期同类贷款利率情况说明'中，应包括在签订该借款合同当时，本省任何一家金融企业提供同期同类贷款利率情况。该金融企业应为经政府有关部门批准成立的可以从事贷款业务的企业，包括银行、财务公司、信托公司等金融机构。'同期同类贷款利率'是指在贷款期限、贷款金额、贷款担保以及企业信誉等条件基本相同下，金融企业提供贷款的利率。既可以是金融企业公布的同期同类平均利率，也可以是金融企业对某些企业提供的实际贷款利率"。

[例18-41]　2013年9月20日，M公司为解决临时资金短缺，向当地小额贷款公司借款100万元，合同规定年利率21%，借款期限90天。12月20日，小额贷款公司计息清单通知，应付利息5 250元。请问，小额贷款公司的利息可否全额扣除？

[案例分析]

《中国银行业监督管理委员会、中国人民银行关于小额贷款公司试点的指导意见》（银监发［2008］23号）规定：

1. 小额贷款公司的性质

小额贷款公司是由自然人、企业法人与其他社会组织投资设立，不吸收公众存款，经营小额贷款业务的有限责任公司或股份有限公司。

小额贷款公司是企业法人，有独立的法人财产，享有法人财产权，以全部财产对其债务承担民事责任。

小额贷款公司应执行国家金融方针和政策，在法律、法规规定的范围内开展业务，自主经营、自负盈亏、自我约束、自担风险，其合法的经营活动受法律保护，不受任何单位和个人的干涉。

2. 小额贷款公司的资金来源

小额贷款公司的主要资金来源为：

（1）股东缴纳的资本金。

（2）捐赠资金。

（3）来自不超过两个银行业金融机构的融入资金。在法律、法规规定的范围内，小额贷款公司从银行业金融机构获得融入资金的余额，不得超过资本净额的50%。

3. 小额贷款公司的资金运用

（1）小额贷款公司在坚持为农民、农业和农村经济发展服务的原则下自主选择贷款对象。

（2）应坚持“小额、分散”的原则，鼓励小额贷款公司面向农户和微型企业提供信贷服务，着力扩大客户数量和服务覆盖面。同一借款人的贷款余额不得超过小额贷款公司资本净额的5%。

（3）小额贷款公司按照市场化原则进行经营，贷款利率上限放开，但不得超过司法部门规定的上限，下限为人民银行公布的贷款基准利率的0.9倍，具体浮动幅度按照市场原则自主确定。

《最高人民法院关于人民法院审理借贷案件的若干意见》（1991年7月2日最高人民法院审判委员会第502次会议讨论通过）规定：第6条，民间借贷的利率可以适当高于银行的利率，各地人民法院可根据本地区的实际情况具体掌握，但最高不得超过银行同类贷款利率的四倍（包含利率本数）。超出此限度的，超出部分的利息不予保护。

借贷双方对有无约定利率发生争议，又不能证明的，可参照银行同类贷款利率计息。借贷双方对约定的利率发生争议，又不能证明的，可参照本意见第6条规定计息。

根据上述规定，小额贷款公司的利率不超过银行同类同期贷款利率的四倍可以扣除。

（三）防止资本弱化的规定

资本弱化是指关联方为了达到少纳税或者不纳税的目的，采用贷款方式代替募股方式进行的投资或者融资。主要结果是增加利息的所得税税前扣除，同时减少股息的所得税，从而取得税收上的好处，使得企业资本中债务资本所占比例过高的现象。

《企业所得税法》规定：企业从其关联方接受的债权性投资与权益性投资的比例超过规定标准而发生的利息支出，不得在计算应纳税所得额时扣除。

所称“债权性投资”，是指企业直接或者间接从关联方获得的、需要偿还本金和支付利息或者需要以其他具有支付利息性质的方式予以补偿的融资。企业间接从关联方获得的债权性投资，包括：

（1）关联方通过无关联第三方提供的债权性投资。

（2）无关联第三方提供的、由关联方担保且负有连带责任的债权性投资。

（3）其他间接从关联方获得的具有负债实质的债权性投资。

所称“权益性投资”，是指企业接受的不需要偿还本金和支付利息，投资人对企业净资产拥有所有权的投资。

企业从其关联方接受的债权性投资与权益性投资的比例规定标准，由国务院财政、税务主管部门另行规定。

《财政部　国家税务总局关于企业关联方利息支出税前扣除标准有关税收政策问题的通知》（财税［2008］121号文件，以下简称《通知》）规定：

（1）在计算应纳税所得额时，企业实际支付给关联方的利息支出，不超过规定比例和税法及其实施条例有关规定计算的部分准予扣除，超过的部分不得在发生当期和以后年度扣除。

企业实际支付给关联方的利息支出，符合《通知》第二条规定外，其接受关联方债权性投资与其权益性投资比例为：

金融企业为5∶1；其他企业为2∶1。

（2）企业如果能够按照税法及其实施条例的有关规定提供相关资料，并证明相关交易活动符合独立交易原则的，或者该企业的实际税负不高于境内关联方的，其实际支付给境内关联方的利息支出，在计算应纳税所得额时准予扣除。

（3）企业同时从事金融业务和非金融业务，其实际支付给关联方的利息支出，应按照合理方法分开计算；没有按照合理方法分开计算的，一律按本通知第一条有关其他企业的比例计算准予税前扣除的利息支出。

（4）企业自关联方取得的不符合规定的利息收入应按照有关规定缴纳企业所得税。

（四）企业向自然人借款的利息支出的税前扣除问题

（1）企业向股东或其他与企业有关联关系的自然人借款的利息支出，应根据《企业所得税法》第四十六条及财税［2008］121号文件规定的条件，计算企业所得税扣除额。

（2）企业向除上条规定以外的内部职工或其他人员借款的利息支出外，其借款情况同时符合以下条件的，其利息支出在不超过按照金融企业同期同类贷款利率计算的数额的部分，准予扣除：

1）企业与个人之间的借贷是真实、合法、有效的，并且不具有非法集资目的或其他违反法律、法规的行为。

2）企业与个人之间签订了借款合同。

需要注意的是，企业向自然人借款税前扣除还应当符合以下条件：第一，必须取得支付利息的发票；第二，向自然人支付利息时必须代扣代缴个人所得税；第三，超过金融机构同期同类贷款利率支付的利息不得税前扣除。

（五）因投资未到位而发生的利息支出不得扣除

税务稽查中经常发现，有的企业投资者未按照投资协议交足资本金；还有的投资者在投资之后，把资金抽走，造成企业营运资金不足，只能依靠借款维持生产经营。这种因投资者故意行为而发生的利息支出实质上是与取得收入无关的其他支出，根据税法规定不应当扣除。

《国家税务总局关于企业投资者投资未到位而发生的利息支出企业所得税前扣除问题的批复》（国税函［2009］312号文件）规定：关于企业由于投资者投资未到位而发生的利息支出的扣除问题，根据《中华人民共和国企业所得税法实施条例》第二十七条的规定，凡企业投资者在规定期限内未缴足其应缴资本额的，该企业对外借款所发生的利息，相当于投资者实缴资本额与在规定期限内应缴资本额的差额应计付的利息，其不属于企业合理的支出，应由企业投资者负担，不得在计算企业应纳税所得额时扣除。

具体计算不得扣除的利息，应以企业一个年度内每一账面实收资本与借款余额保持不变的期间作为一个计算期，每一计算期内不得扣除的借款利息按该期间借款利息发生额乘以该期间企业未缴足的注册资本占借款总额的比例计算，公式为：

企业每一计算期不得扣除的借款利息 = 该期间借款利息额 × 该期间未缴足注册资本额 ÷ 该期间借款额

企业一个年度内不得扣除的借款利息总额为该年度内每一计算期不得扣除的借款利息额之和。

［例18-42］　甲房地产公司于2012年成立，注册资本500万元。公司成立时注入资金200万元；2013年4月1日又注入资金100万元；10月1日又注入资金80万元。截至2013年12月31日，与注册资本500万元还相差120万元没有到位。为了适应业务需要，2013年1月1日，甲公司向银行借款600万元，借款期限12个月，年利率8%，按季支付利息，在企业所得税汇算清缴时，甲公司应如何进行纳税调整？

［案例分析］

（1）2013年1月1日至3月31日不得扣除的利息。

$$600 \times 8\% \times 3 \div 12 \times (500 - 200) \div 600 = 6\ （万元）$$

（2）2013年4月1日至9月30日不得扣除的利息。

$$600 \times 8\% \times 6 \div 12 \times (500 - 200 - 100) \div 600 = 8\ （万元）$$

（3）2013年10月1日至12月31日不得扣除的利息。

$$600 \times 8\% \times 3 \div 12 \times (500 - 200 - 100 - 80) \div 600 = 2.4\ （万元）$$

（4）2013年甲公司不得扣除的借款利息。

$$6 + 8 + 2.4 = 16.4\ （万元）$$

（六）关于统借统还的规定

金融企业为了防范信贷风险，存在对中小企业贷款歧视的现象，为了解决借款问题，有些大企业旗下的中小企业采取由企业集团的母公司统一借款，然后拨给各成员企业使用，这种情况，在金融机构称其为上贷下拨，税务机关称为统借统还。不管什么叫法，最终并没有改变金融企业信贷资金的性质，在税收上应当予以支持。

《国家税务总局关于贷款业务征收营业税问题的通知》（国税发［2002］13号文件）规定：

企业集团委托企业集团所属财务公司代理统借统还业务，是指企业集团从金融机构取得统借统还贷款后，由集团所属财务公司与企业集团或集团内下属企业签订统借统还贷款合同并分拨借款，按支付给金融机构的借款利率向企业集团或集团内下属企业收取用于归还金融企业借款的利息，再转付给企业集团，由企业集团统一归还金融企业的业务。

统借统还业务有两个问题需要解决，其一是母公司向子公司收取利息是否征收营业税；其二是子公司向母公司借款支付利息的税前扣除是否受债权性投资与权益性投资比例的限制。

关于第一个问题，《财政部 国家税务总局关于非金融机构统借统还业务征收营业税问题的通知》（财税［2000］007号文件）规定：

（1）为缓解中小企业融资难的问题，对企业主管部门或企业集团中的核心企业等单位（以下简称统借方）向金融机构借款后，将所借资金分拨给下属单位（包括独立核算单位和非独立核算单位），并按支付给金融机构的贷款利率水平向下属单位收取用于归还金融机构的利息不征收营业税。

（2）统借方将资金分拨给下属单位，不得按高于支付给金融机构的贷款利率水平向下属单位收取利息，否则，将视为具有从事贷款业务的性质，应对其向下属单位收取的利息全额征收营业税。本通知从2000年1月1日起执行。

关于第二个问题，《国家税务总局关于中国农业生产资料集团公司所属企业借款利息税前扣除问题的通知》（国税函［2002］837号文件）规定：集团公司统一向金融机构借款，所属企业申请使用，只是资金管理方式的变化，不影响所属企业使用的银行信贷资金的性质，不属于关联企业之间的借款，因此，对集团公司所属企业从集团公司取得使用的金融机构借款支付的利息，不受《企业所得税税前扣除的办法》第三十六条“纳税人从关联方取得的借款金额超过其注册资本50%的，超过部分的利息支出，不得在税前扣除”的限制，凡集团公司能够出具从金融机构取得贷款的证明文件，其所属企业使用集团公司转贷的金融机构借款支付的利息，不高于金融机构同类同期贷款利率水平的部分，允许在税前全额扣除。

母公司向成员企业收取的利息，成员企业向母公司支付的利息，其税前扣除都涉及税收凭证问题。解决的方法：一种方法是由母公司开具利息收入营业税发票给各成员企业，根据财税［2000］007号文件的规定，不征收营业税；另一种方法是按照《会计基础工作规范》（财会字［1996］19 号文件）第三章第五十一条的规定，由母公司将银行的计息清单复制，根据各成员企业贷款占用情况把利息分配给各成员企业，编制“原始凭证分割单”，各成员企业凭此扣除支付的利息。

《房地产开发经营业务企业所得税处理办法》（国税发［2009］31 号）将统借统还进一步扩大，允许企业集团中的成员企业统一向金融企业借款在集团内调剂使用。文件第二十一条规定：“企业集团或其成员企业统一向金融机构借款分摊集团内部其他成员企业使用的，借入方凡能出具从金融机构取得借款的证明文件，可以在使用借款的企业间合理的分摊利息费用，使用借款的企业分摊的合理利息准予在税前扣除。”由于国家加大了对房地产开发企业的调控力度，紧缩对房地产开发企业贷款，所以，对于统借统还资金应当按照金融企业借款合同规定的用途使用，而不得将其他用途的贷款挪用于房地产开发。

（七）关于对外投资借款利息扣除的规定

《企业所得税法》第十四条规定：企业对外投资期间，投资资产的成本在计算应纳税所得额时不得扣除。

企业对外投资的形式可以是货币性资产，也可以是非货币性资产，非货币性资产包括固定资产、无形资产、生物资产、存货等，这些资产已经脱离了投资企业，其价值的转移应当在被投资企业实现，因此投资企业不得税前扣除。但是，如果投资方以拆借的资金对外投资，借款利息也属于投资资产的成本，从理论上讲不得扣除是说得通的，但是，在实际操作中却无法执行。

［例 18-43］　甲企业于 2009 年 7 月 1 日从银行借入长期借款 1 000 万元向乙企业投资，年利率 8%，9 月 30 日收到银行计息清单通知，应付利息 20 万元，应怎样作账务处理？

［案例分析］

（1）2009 年 7 月 1 日借入资金 1 000 万元，用于对乙企业投资。

借：银行存款	10 000 000	
贷：长期借款		10 000 000
借：长期股权投资	10 000 000	
贷：银行存款		10 000 000

（2）2009 年 9 月 30 日收到银行计息清单，并已通过存款账户支付。按照历史成本原则，无法再增加长期股权投资的成本，只能计入当期损益。

借：财务费用	200 000	
贷：银行存款		200 000

对于因对外投资借入资金发生的借款利息是计入投资成本还是计入当期损益，税法过去曾经作过不同的规定，但是，无论什么样的规定，不具有可操作性的规定就等于没有规定。

《企业所得税税前扣除办法》第三十七条规定：纳税人为对外投资而借入的资金发生

的借款费用，应计入有关投资的成本，不得作为纳税人的经营性费用在税前扣除。由于无法执行，《国家税务总局关于执行〈企业会计制度〉需要明确的有关所得税问题的通知》（国税发［2003］45号文件）规定：纳税人为对外投资而借入的资金发生的借款费用，可以直接扣除，不需要资本化计入有关投资的成本。

二、利息收入

（一）国债利息收入

国债利息收入为免税收入，不征收企业所得税。企业所得税汇算清缴时，将其填在《企业所得税年度纳税申报表》表A107010《免税减税收入及加计扣除优惠明细表》第2列的“国债利息收入”中，作纳税调减处理。

（二）存款利息收入

企业在金融企业存款利息收入，不征收营业税，而是计入收入总额，征收企业所得税；纳税人购买除国库券以外的各种债券等有价证券的利息收入，也不征收营业税，而是计入收入总额，征收企业所得税。

（三）企业间借贷的利息收入

企业之间资金借贷的利息收入，贷款人应给借款人开具利息收入的发票，按金融企业适用税率缴纳营业税，并计入收入总额交纳企业所得税。

（四）企业间统借统还利息收入

财税［2000］007号文件规定：企业主管部门或企业集团中的核心企业等单位（以下简称统借方）向金融机构借款后，将所借资金分拨给下属单位（包括独立核算单位和非独立核算单位）使用，并按支付给金融机构的贷款利率水平向下属单位收取用于归还金融机构的利息，不征收营业税。

（五）购买国库券取得收入的规定

从2001年7月1日起，我国在全国银行间的债券市场、上海证券交易所、深圳证券交易所逐步试行国债净价交易。实行净价交易后，国债的结算价格将由两部分组成，一部分是国债价格（可清晰反映出投资者的资本利得），另一部分是应计国债利息（可真实反映投资者的国债利息收入）。

《财政部 国家税务总局关于实行国债净价后有关国债利息免征企业所得税问题的通知》（财税［2002］48号文件）规定，自试行国债净价交易之日起，纳税人在付息日或买入国债后持有到期时取得的利息收入，免征企业所得税；在付息日或持有国债到期之前交易取得的利息收入，按其成交后交割单列明的应计利息额免征企业所得税。纳税人在申报国债利息收入免税事宜时，应向主管税务机关提供国债净价交易成交后的交割单。未试行国债净价交易的，仍按现行有关政策规定执行。

按照财税［2002］48号文件的要求，企业在付息日或持有国债到期之前交易取得的国债价格差额属于资本利得，应征收企业所得税。

（六）购买证券投资基金取得收入的规定

为了促进证券市场的健康发展，规范证券投资基金交易行为，1998 年财政部、国家税务总局对封闭式证券投资基金（以下简称基金）的税收问题下发了《财政部　国家税务总局关于证券投资基金税收问题的通知》（财税字［1998］055 号文件），自 1998 年 3 月 1 日起，按以下规定执行：

1. 关于营业税的问题

（1）以发行基金方式募集资金不属于营业税的征税范围，不征收营业税。

（2）基金管理人运用基金买卖股票、债券的差价收入，在 2000 年年底以前发生的暂免征收营业税。

（3）金融机构（包括银行和非银行金融机构）买卖基金的差价收入征收营业税；个人和非金融机构买卖基金单位的差价收入不征收营业税。

2. 关于印花税的问题

（1）基金管理人运用基金买卖股票按照 4‰的税率征收印花税。

（2）对投资者（包括个人和企业，下同）买卖基金的收入，在 1999 年年底前发生的暂不征收印花税。

3. 关于所得税的问题

（1）对基金从证券市场中取得的收入，包括买卖股票、债券的差价收入，股票的股息、红利收入，债券的利息收入及其他收入，暂不征收企业所得税。

（2）对个人投资者买卖基金单位获得的差价收入，在对个人买卖股票的差价收入未恢复征收个人所得税以前，暂不征收个人所得税；对企业投资者买卖基金单位获得的差价收入，应并入企业的应纳税所得额，征收企业所得税。

（3）对投资者从基金分配中获得的股票的股息，红利收入以及企业债券的利息收入，由上市公司和发行债券的企业在向基金派发股息、红利、利息时代扣代缴 20% 的个人所得税，基金公司向个人投资者分配股息、红利、利息时，不再代扣代缴个人所得税。

（4）对投资者从基金分配中获得的国债利息、储蓄存款利息以及买卖股票价差收入，在国债利息收入、个人储蓄存款利息收入以及个人买卖股票差价收入未恢复征收所得税以前，暂不征收所得税。

（5）对个人投资者从基金分配中获得的企业债券差价收入，应按税法规定对个人投资者征收个人所得税，税款由基金公司在分配时依法代扣代缴；对企业投资者从基金分配中获得的债券差价收入，暂不征收企业所得税。

4. 对基金管理人、基金托管人从事基金管理活动取得的收入依照税法的规定征收营业税、企业所得税以及其他相关税收

《财政部　国家税务总局关于开放式证券投资基金有关税收问题的通知》（财税［2002］128 号文件）规定：对基金取得的股票的股息、红利收入、债券的利息收入、储蓄存款利息收入，由上市公司、发行债券的企业和银行在向基金公司支付上述收入时代扣代缴20%的个人所得税；对投资者（包括个人和机构投资者）从基金分配中取得的收入，暂不征收个人所得税和企业所得税。

《财政部 国家税务总局关于企业所得税若干优惠政策的通知》（财税［2008］1号文件）规定：

（1）对证券投资基金从证券市场中取得的收入，包括买卖股票、债券的差价收入，股权的股息、红利收入，债券的利息收入及其他收入，暂不征收企业所得税。

（2）对投资者从证券投资基金分配中取得的收入，暂不征收企业所得税。

（3）对证券投资基金管理人运用基金买卖股票、债券的差价收入，暂不征收企业所得税。

（七）企业取得的地方政府债券利息收入免税

《财政部 国家税务总局关于地方政府债券利息所得免征所得税问题的通知》（财税［2011］76号）规定，对企业和个人取得的2009年、2010年和2011年发行的地方政府债券利息所得，免征企业所得税和个人所得税。地方政府债券是指经国务院批准，以省、自治区、直辖市和计划单列市政府为发行和偿还主体的债券。

《财政部 国家税务总局关于地方政府债券利息免征所得税问题的通知》（财税［2013］5号）规定，对企业和个人取得的2012年及以后年度发行的地方政府债券利息收入，免征企业所得税和个人所得税。地方政府债券是指经国务院批准同意，以省、自治区、直辖市、计划单列市政府为发行和偿还主体的债券。

（八）企业取得的中国铁路建设债券利息收入减半征收企业所得税

《财政部 国家税务总局关于铁路建设债券利息收入企业所得税政策的通知》（财税［2011］99号）规定，对企业持有2011~2013年发行的中国铁路建设债券取得的利息收入，减半征收企业所得税。中国铁路建设债券是指经国家发展改革委核准，以铁道部为发行和偿还主体的债券。

《财政部 国家税务总局关于2014、2015年铁路建设债券利息收入企业所得税政策的通知》（财税［2014］2号）规定，对企业持有2014年和2015年发行的中国铁路建设债券取得的利息收入，减半征收企业所得税。中国铁路建设债券是指经国家发展改革委核准，以中国铁路总公司为发行和偿还主体的债券。

三、汇兑损益

《会计法》第十二条规定：会计核算依人民币为记账本位币。业务收支以人民币以外的货币为主的单位，可以选定一种货币作为记账本位币，但是编报的财务会计报告应当折算为人民币。

《企业会计准则第19号——外币折算》规定：企业对于发生的外币交易，应当将外币金额折算为记账本位币金额。外币交易应当在初始确认时，采用交易发生日的即期汇率将外币金额折算为记账本位币金额；也可以采用按照系统合理的方法确定的、与交易发生日即期汇率近似的汇率折算。

企业在资产负债表日，应当按照下列规定对外币货币性项目和外币非货币性项目进行处理：

（1）外币货币性项目，采用资产负债表日即期汇率折算。因资产负债表日即期汇率与初始确认时或者前一资产负债表日即期汇率不同而产生的汇兑差额，计入当期损益。

（2）以历史成本计量的外币非货币性项目，仍采用交易发生日的即期汇率折算，不改变其记账本位币金额。

《企业所得税法》与《企业会计准则》趋同，将汇兑收益与汇兑损失计入当期损益分别在不同条款中作出规定。

《企业所得税实施条例》第二十二条规定，其他收入，包括企业资产溢余收入、逾期未退包装物押金收入、确实无法偿付的应付款项、已作坏账损失处理后又收回的应收款项、债务重组收入、补贴收入、违约金收入、汇兑收益等，均计入当期应纳税所得额。

《企业所得税实施条例》第三十九条规定，企业在货币交易中，以及纳税年度终了时将人民币以外的货币性资产、负债按照期末即期人民币汇率中间价折算为人民币时产生的汇兑损失，除已经计入有关资产成本以及与向所有者进行利润分配相关的部分外，准予扣除。

近几年，财税界一直在讨论的是企业按照会计准则计算的汇兑损益是否计入当期应纳税所得额。起因是《国家税务总局关于做好2007年度企业所得税汇算清缴工作的补充通知》（国税函［2008］264号）曾经规定："企业外币货币性项目因汇率变动导致的计入当期损益的汇率差额部分，相当于公允价值变动，按照《财政部　国家税务总局关于执行〈企业会计准则〉有关企业所得税政策问题的通知》（财税［2007］80号）第三条规定执行，在未实际处置或结算时不计入当期应纳税所得额。在实际处置或结算时，处置或结算取得的价款扣除其历史成本后的差额，计入处置或结算期间的应纳税所得额。"

但是，作为国税函［2008］264号法律依据的《财政部　国家税务总局关于执行〈企业会计准则〉有关企业所得税政策问题的通知》（财税［2007］80号）已被《财政部关于公布废止和失效的财政规章和规范性文件目录（第十一批）的决定》（财政部令2011年第62号）明确废止。依据上述规定，企业外币货币性项目因汇率变动导致的计入当期损益的汇率差额部分，相当于公允价值变动，不再按照财税［2007］80号）第三条规定执行。

根据《企业所得税法》及其实施条例的规定，外币货币性资产、负债按照期末即期人民币汇率折算为人民币时产生的汇兑收益作为其他收入并入收入总额计税，形成的汇兑损失也准予税前扣除。

［例18-44］ 国内甲公司以人民币为记账本位币，属于增值税一般纳税人。2013年7月1日，从国外购入A材料50吨，每吨价格为1 000美元，货款总额50 000美元，当日美元对人民币的中间价为6.1805；按照规定计算应缴纳的进口关税为人民币39 000元，支付的进口增值税为人民币59 164元。进口关税及增值税已由银行存款支付，截止到资产负债表日货款尚未支付。2013年12月31日美元对人民币的中间价为6.096 9。请计算该公司年末汇兑损益。

［案例分析］

(1) 根据会计法和企业会计准则规定，企业发生外币交易应当在初始确认时，采用交易发生日的即期汇率将外币金额折算为人民币。2013年7月1日相关会计处理如下：

A材料完税价＝50 000×6.180 5＋39 000＝348 025（元）

进口关税39 000元和海关代征的增值税59 164元以银行存款支付

借：原材料 348 025

　　应交税费——应交增值税（进项税额） 59 164

　贷：应付账款——（美元50 000） 309 025

　　　银行存款 98 164

(2) 2013年12月31日美元兑人民币的中间价为6.096 9。对该笔交易产生的外币货币性项目“应付账款”应采用资产负债表日的即期汇率折算：50 000×6.0969＝304 845元，与交易日折算的人民币309 025元的差额为－4 180元，应当计当期损益，同时，调整外币货币性负债项目的记账本位币。

借：应付账款 4 180

　贷：财务费用——汇兑损益 4 180

原材料348 025元属于以历史成本计量的外币非货币性项目，不改变其记账本位币金额。

企业会计处理已经将汇兑收益计入当期损益，符合《企业所得税法》将汇兑损益计入当期应纳税所得额的规定，不需要进行纳税调整。

(3)《会计法》规定，我国企业的会计核算以人民币为记账本位币，业务收支以人民币以外的货币为主的企业，可以选定其中一种货币为记账本位币，但是编报的财务会计报告应当折算为人民币。在境外设立的中国企业向国内报送的财务会计报告，应当折算为人民币。

外币交易业务所涉及的外币债权债务账户，由于发生和结算采用不同的汇率进行折算，会产生差额，对于这种差额是否要确认当期损益，还是调整原来业务的相应账户，在会计处理上存在两种方法，即单项交易观和两项交易观。两项交易观把外币交易的发生和结算作为两项相互独立的交易处理，该交易在结算时由于汇率变动而产生的折合成记账本位币的差额，不应调整原来的成本或收入，而应作为当期损益的一个明细账户或单独设立“汇兑损益”账户进行反映。在这种观点下，对于已实现汇兑损益计入当期损益。

对于未实现的汇兑损益又有两种处理方法：一种是当期确认法，另一种是递延确认法。当期确认法是将未实现的汇兑损益计入当期损益。

我国会计制度规定，企业在核算外币业务损益时，采用两项交易观，对汇兑损益的处理采用当期确认法，具体操作程序是：

（1）账户设置。企业在核算外币业务时，应当设置相应的外币账户，包括外币现金（含存款）、以外币结算的债权（如应收票据、应收账款、预付账款等）和债务（如短期借款、应付票据、应付账款、预收账款、应付工资、长期借款等），应当与非外币的各该相同账户分别设置，并分别核算。外币账户采用复币式账簿记载。

（2）汇率的使用：外币交易应当在初始确认时，采用交易发生日的即期汇率将外币金额折算为记账本位币金额；也可以采用按照系统合理的方法确定的、与交易发生日即期汇率近似的汇率折算。

（3）期末汇兑损益的处理：

《企业会计准则》规定：企业在资产负债表日，应当按照下列规定对外币货币性项目和外币非货币性项目进行处理。

1）外币货币性项目，采用资产负债表日即期汇率折算。因资产负债表日即期汇率与初始确认时或者前一资产负债表日即期汇率不同而产生的汇兑差额，计入当期损益。

2）以历史成本计量的外币非货币性项目，仍采用交易发生日的即期汇率折算，不改变其记账本位币金额。

货币性项目，是指企业持有的货币资金和将以固定或可确定的金额收取的资产或者偿付的负债。

非货币性项目，是指货币性项目以外的项目。

根据外币折算准则的规定，企业按照期末即期汇率折合的记账本位币金额与账面记账本位币金额之间的差额，作为汇兑损益，应当作如下处理：

（1）正常经营期间的，计入当期损益。

（2）属于筹建期间的，计入长期待摊费用。

（3）属于与购建固定资产、无形资产和经过12个月以上的建造才能达到预定可销售状态的存货等有关的借款产生的汇兑损益，按照借款费用资本化的原则进行处理。

由于汇率变动而发生的汇兑损益，会计核算应按照上述办法计入汇率变动当期的损益。

企业所得税法实施条例将汇兑收益与汇兑损失计入当期损益分别在不同条款中作出规定。

《企业所得税实施条例》第二十二条规定：其他收入，包括企业资产溢余收入、逾期未退包装物押金收入、确实无法偿付的应付款项、已作坏账损失处理后又收回的应收款项、债务重组收入、补贴收入、违约金收入、汇兑收益等。

第三十九条规定：企业在货币交易以及纳税年度终了时将人民币以外的货币性

资产、负债按照期末即期人民币汇率中间价折算为人民币时产生的汇兑损失，除已经计入有关资产成本以及与向所有者进行利润分配相关的部分外，准予税前扣除。

《会计法》第十二条规定：会计核算以人民币为记账本位币。业务收支以人民币以外的货币为主的单位，可以选定一种货币作为记账本位币，但是编报的财务会计报告应当折算为人民币。

《企业会计准则第19号——外币折算》规定：企业对于发生的外币交易，应当将外币金额折算为记账本位币金额。外币交易应当在初始确认时，采用交易发生日的即期汇率将外币金额折算为记账本位币金额；也可以采用按照系统合理的方法确定的、与交易发生日即期汇率近似的汇率折算。

企业在资产负债表日，应当按照下列规定对外币货币性项目和外币非货币性项目进行处理：

（1）外币货币性项目，采用资产负债表日即期汇率折算。因资产负债表日即期汇率与初始确认时或者前一资产负债表日即期汇率不同而产生的汇兑差额，计入当期损益。

税法规定：企业外币货币性项目因汇率变动导致的计入当期损益的汇率差额部分，相当于公允价值变动，在未实际处置或结算时不计入当期应纳税所得额。在实际处置或结算时，处置或结算取得的价款扣除其历史成本后的差额，计入处置或结算期间的应纳税所得额（国税函［2008］264号文件）。这也形成税法与会计制度的差异，应当进行纳税调整。

（2）以历史成本计量的外币非货币性项目，仍采用交易发生日的即期汇率折算，不改变其记账本位币金额。

［例18-45］ 国内甲公司的记账本位币为人民币，属于增值税一般纳税人。2008年12月5日，从国外购入A材料50吨，每吨价格为1 000美元，共计50 000美元，当日的即期汇率为1美元=6.8元人民币，按照规定计算应缴纳的进口关税为人民币39 000元，支付的进口增值税为人民币64 430元，货款尚未支付，进口关税及增值税已由银行存款支付。

［案例分析］

（1）根据会计法和企业会计准则规定，企业发生的外币交易，应当折算为人民币记账。2008年12月5日的相关会计处理如下：

A材料完税价=50 000美元×6.8+39 000=379 000（元）

进口关税39 000元和海关代征的增值税64 430元以银行存款支付：

借：原材料　379 000

　应交税费——应交增值税（进项税额）　64 430

　贷：应付账款——（美元50 000）　340 000

　　银行存款　103 430

（2）假设2007年12月31日的即期汇率（中间价）为1美元=6.4元人民币。

对该笔交易产生的外币货币性项目“应付账款”应采用资产负债表日的即期汇率折算：50 000 美元×6.4＝320 000（元），与交易日折算的人民币 340 000 元的差额 20 000元，应当计入损益，同时，调整外币货币性负债项目为记账本位币。

借：应付账款　　20 000

　贷：财务费用——汇兑损益　　20 000

原材料 379 000 元属于以历史成本计量的外币非货币性项目，不改变其记账本位币金额。

（3）但是，根据国税函［2008］264 号文件的规定：企业外币货币性项目，因汇率变动导致的计入当期损益的汇率差额部分，相当于公允价值变动，在未实际处置或结算时不计入当期应纳税所得额。这是一项递延纳税的规定。《国家税务总局关于企业所得税若干税务事项衔接问题的通知》（国税函［2009］98 号文件）规定：企业按原税法规定已作递延所得确认的项目，其余额可在原规定的递延期间的剩余期间内继续均匀地计入各纳税期间的应纳税所得额。

所以，在汇算清缴时，对于 20 000 元的汇兑收益应当作纳税调减处理。汇算清缴时，将汇兑损益 20 000 元通过《企业所得税年度纳税申报表》附表七《以公允价值计量资产纳税调整表》第 8 行“其他以公允价值计量的金融负债”进行纳税调整处理，并登记《纳税调整台账》。

（期末账载金额 320 000－期初账载金额 340 000）－（期末计税基础 340 000－期初计税基础 340 000）＝－20 000（元）

填入第 5 列“纳税调整额”，作纳税调减处理。调减的 20 000 元，在未来实际结算时，会形成应纳税所得额和应纳所得税额，属于应纳税暂时性差异，20 000×25%＝5 000（元）确认为“递延所得税负债”。

借：应交税费——应交所得税　　5 000

　贷：递延所得税负债　　5 000

在实际结算时，再将汇兑损益 20 000 元作纳税调增处理，计入结算期间的应纳税所得额，作相反的会计分录。

《会计法》规定，我国企业的会计核算以人民币为记账本位币，业务收支以人民币以外的货币为主的企业，可以选定其中一种货币为记账本位币，但是编报的财务会计报告应当折算为人民币。在境外设立的中国企业向国内报送的财务会计报告，应当折算为人民币。

外币交易业务所涉及的外币债权债务账户，由于发生和结算采用不同的汇率进行折算，会产生差额，对于这种差额是否要确认为当期损益，还是调整原来业务的相应账户，在会计处理上存在两种方法，即单项交易观和两项交易观。两项交易观把外币交易的发生和结算作为两项相互独立的交易处理，该交易在结算时由于汇率变动而产生的折合成记账本位币的差额，不应调整原来的成本或收入，而应作为当期损益的一个明细账户或单独设立“汇兑损益”账户进行反映。在这种观点下，对于已实现汇兑损益计入当期损益。

对于未实现的汇兑损益又有两种处理方法：一种是当期确认法，另一种是递延确认法。当期确认法是将未实现的汇兑损益计入当期损益。

我国会计制度规定，企业在核算外币业务损益时，采用两项交易观，对汇兑损益的处理采用当期确认法，具体操作程序是：

（1）账户设置：企业在核算外币业务时，应当设置相应的外币账户，包括外币现金（含存款）、以外币结算的债权（如应收票据、应收账款、预付账款等）和债务（如短期借款、应付票据、应付账款、预收账款、应付工资、长期借款等），应当与非外币的各该相同账户分别设置，并分别核算。外币账户采用复式账簿记载。

（2）汇率的使用：外币交易应当在初始确认时，采用交易发生日的即期汇率将外币金额折算为记账本位币金额；也可以采用按照系统合理的方法确定的、与交易发生日即期汇率近似的汇率折算。

（3）期末汇兑损益的处理：

《企业会计准则》规定：企业在资产负债表日，应当按照下列规定对外币货币性项目和外币非货币性项目进行处理：

1）外币货币性项目，采用资产负债表日即期汇率折算。因资产负债表日即期汇率与初始确认时或者前一资产负债表日即期汇率不同而产生的汇兑差额，计入当期损益。

2）以历史成本计量的外币非货币性项目，仍采用交易发生日的即期汇率折算，不改变其记账本位币金额。

货币性项目是指企业持有的货币资金和将以固定或可确定的金额收取的资产或者偿付的负债。非货币性项目是指货币性项目以外的项目。

根据外币折算准则的规定，企业按照期末即期汇率折合的记账本位币金额与账面记账本位币金额之间的差额，作为汇兑损益，应当做以下处理：

（1）正常经营期间的，计入当期损益。

（2）属于筹建期间的，计入长期待摊费用。

（3）属于与购建固定资产、无形资产和经过12个月以上的建造才能达到预定可销售状态的存货等有关的借款产生的汇兑损益，按照借款费用资本化的原则进行处理。

由于汇率变动而发生的汇兑损益，会计核算应按照上述办法计入汇率变动当期的损益。对于汇率变动而产生的损益，纳税实务应当根据国税函［2008］264号文件的规定，进行纳税调整，不计入当期应纳税所得额。

第十七节 企业所得税的汇算清缴

为加强企业所得税征收管理，进一步规范企业所得税汇算清缴工作，在总结近年来内、外资企业所得税汇算清缴工作经验的基础上，国家税务局根据《中华人民共和国企业所得税法》及其实施条例的规定，重新制定了《企业所得税汇算清缴管理办法》（以下简称《管理办法》）。

一、企业所得税汇算清缴的概念

企业所得税汇算清缴是指纳税人自纳税年度终了之日起5个月内或实际经营终止之日起60日内，依照税收法律、法规、规章及其他有关企业所得税的规定，自行计算本纳税年度应纳税所得额和应纳所得税额，根据月度或季度预缴企业所得税的数额，确定该纳税年度应补或者应退的税额，并填写企业所得税年度纳税申报表，向主管税务机关办理企业所得税年度纳税申报，并提供税务机关要求提供的有关资料，结清全年企业所得税税款的行为。

二、企业所得税汇算清缴的范围

凡在纳税年度内从事生产、经营（包括试生产、试经营），或在纳税年度中间终止经营活动的纳税人，无论是否在减税、免税期间，也无论盈利或亏损，均应按照企业所得税法及其实施条例和本办法的有关规定进行企业所得税汇算清缴。包括查账征收所得税的企业和核定征收中定率征收所得税的企业。

实行核定定额征收企业所得税的纳税人，不进行汇算清缴。

三、企业所得税汇算清缴的时间

纳税人应当自纳税年度终了之日起5个月内，进行汇算清缴，结清应缴应退企业所得税税款。

纳税人在年度中间发生解散、破产、撤销等终止生产经营的情形，需进行企业所得税清算的，应在清算前报告主管税务机关，并自实际经营终止之日起60日内进行汇算清缴，结清应缴应退企业所得税款；纳税人有其他情形依法终止纳税义务的，应当自停止生产、经营之日起60日内，向主管税务机关办理当期企业所得税汇算清缴。

纳税人12月份或者第四季度的企业所得税预缴纳税申报，应在纳税年度终了后15日内完成，预缴申报后进行当年企业所得税汇算清缴。

四、汇算清缴报送的资料

纳税人办理企业所得税年度纳税申报时，应如实填写和报送下列有关资料：

（1）企业所得税年度纳税申报表及其附表。

（2）财务报表。

（3）备案事项相关资料。

（4）总机构及分支机构基本情况、分支机构征税方式、分支机构的预缴税情况。

（5）委托中介机构代理纳税申报的，应出具双方签订的代理合同，并附送中介机构出具的包括纳税调整的项目、原因、依据、计算过程、调整金额等内容的报告。

（6）涉及关联方业务往来的，同时报送《中华人民共和国企业年度关联业务往来报告表》。

（7）主管税务机关要求报送的其他有关资料。

纳税人采用电子方式办理企业所得税年度纳税申报的，应按照有关规定保存有关资料或附报纸质纳税申报资料。

五、纳税人的责任

（1）纳税人应当按照企业所得税法及其实施条例和企业所得税的有关规定，正确计算应纳税所得额和应纳所得税额，如实、正确地填写企业所得税年度纳税申报表及其附表，完整、及时地报送相关资料，并对纳税申报的真实性、准确性和完整性负法律责任。

（2）纳税人需要报经税务机关审批、审核或备案的事项，应按有关程序、时限和要求报送材料等的规定，在办理企业所得税年度纳税申报前及时办理。

（3）纳税人未按规定期限进行汇算清缴，或者未报送《管理办法》规定的资料的，按照税收征管法及其实施细则的有关规定处理。

六、纳税人的权利

（1）延期申报权：纳税人因不可抗力因素，不能在汇算清缴期内办理企业所得税年度纳税申报或备齐企业所得税年度纳税申报资料的，应按照税收征管法及其实施细则的规定，申请办理延期纳税申报。

《征管法实施细则》第三十七条规定：纳税人、扣缴义务人按照规定的期限办理纳税申报或者报送代扣代缴、代收代缴税款报告表确有困难，需要延期的，应当在规定的期限内向税务机关提出书面延期申请，经税务机关核准，在核准的期限内办理。纳税人、扣缴义务人因不可抗力因素，不能按期办理纳税申报或者报送代扣代缴、代收代缴税款报告表的，可以延期办理；但是，应当在不可抗力情形消除后立即向税务机关报告。税务机关应当查明事实，予以核准。

（2）纠错重报权：纳税人在汇算清缴期内发现当年企业所得税申报有误的，可在汇算清缴期内重新办理企业所得税年度纳税申报。

（3）结清税款权：纳税人在纳税年度内预缴企业所得税税款少于应缴企业所得税税款的，应在汇算清缴期内结清应补缴的企业所得税税款；预缴税款超过应纳税款的，主管税务机关应及时按有关规定办理退税，或者经纳税人同意后抵缴其下一年度应缴企业所得税税款。

（4）延期缴款权：纳税人因有特殊困难，不能在汇算清缴期内补缴企业所得税款的，应按照税收征管法及其实施细则的有关规定，办理申请延期缴纳税款手续。

《征管法》及其实施细则规定，纳税人因有特殊困难，不能按期缴纳税款的，经省、自治区、直辖市国家税务局、地方税务局批准，可以延期缴纳税款，但是最长不得超过3个月。

所称“特殊困难”是指：第一，因不可抗力因素，导致纳税人发生较大损失，正常生产经营活动受到较大影响的；第二，当期货币资金在扣除应付职工工资、社会保险费后，不足以缴纳税款的。

七、汇总纳税企业所得税的汇算清缴

（1）总机构和具有主体生产经营职能的二级分支机构，就地分摊缴纳企业所得税。

《管理办法》曾经规定，跨地区经营的汇总纳税企业由总机构进行所得税的汇算清缴，分支机构不进行汇算清缴。《跨地区经营汇总纳税企业所得税征收管理办法》（国家税务总局公告2012年第57号，以下简称57号公告）本着既要尽量提高二级分支机构所在地税务机关就地监管的积极性，又要坚持法人所得税制的原则，规定二级分支机构根据总机构计算的应缴应退的税款，就地申报补退税。

二级分支机构，是指汇总纳税企业依法设立并领取非法人营业执照（登记证书），且总机构对其财务、业务、人员等直接进行统一核算和管理的分支机构。

1）二级分支机构按照总机构计算的总、分支机构的企业所得税应缴、应退税款，就地办理补退税。

57号公告规定，汇总纳税企业应当自年度终了之日起5个月内，由总机构汇总计算企业年度应纳所得税额，扣除总机构和各分支机构已预缴的税款，计算出应缴、应退税款，按照57号公告规定的税款分摊方法计算总机构和分支机构的企业所得税应缴、应退税款，分别由总机构和分支机构就地办理税款缴库或退库。

2）二级分支机构的资产损失需向所在地主管税务机关申报。

57号公告规定，总机构及二级分支机构发生的资产损失，除应按专项申报和清单申报的有关规定各自向所在地主管税务机关申报外，二级分支机构还应同时上报总机构。

3）二级分支机构主管税务机关可以对所辖二级分支机构实施税务检查。

57号公告规定，总机构所在地主管税务机关应加强对汇总纳税企业申报缴纳企业所得税的管理，可以对企业自行实施税务检查，也可以与二级分支机构所在地主管税务机关联合实施税务检查。二级分支机构所在地主管税务机关应配合总机构所在地主管税务机关对其主管二级分支机构实施税务检查，也可以自行对该二级分支机构实施税务检查。

（2）经批准实行合并缴纳企业所得税的企业集团，由集团母公司（以下简称汇缴企业）在汇算清缴期内，向汇缴企业所在地主管税务机关报送汇缴企业及各个成员企业合并计算填写的企业所得税年度纳税申报表，以及《管理办法》规定的有关资料及各个成员企业的企业所得税年度纳税申报表，统一办理汇缴企业及其成员企业的企业所得税汇算清缴。

汇缴企业应根据汇算清缴的期限要求，自行确定其成员企业向汇缴企业报送管理办法规定的有关资料的期限。成员企业向汇缴企业报送的上述资料，应经成员企业所在地的主管税务机关审核。

八、汇算清缴中税务机关的职责

（一）服务职能

各级税务机关应在汇算清缴开始之前和汇算清缴期间，主动为纳税人提供税收服务。

（1）采用多种形式进行宣传，帮助纳税人了解企业所得税政策、征管制度和办税程序。

（2）积极开展纳税辅导，帮助纳税人知晓汇算清缴范围、时间要求、报送资料及其他应注意的事项。

（3）必要时组织纳税培训，帮助纳税人进行企业所得税自核自缴。

（4）主管税务机关应及时向纳税人发放汇算清缴的表、证、单、书。

（二）审查清算职能

（1）主管税务机关受理纳税人企业所得税年度纳税申报表及有关资料时，如发现企业未按规定报齐有关资料或填报项目不完整的，应及时告知企业在汇算清缴期内补齐补正。

（2）主管税务机关受理纳税人年度纳税申报后，应对纳税人年度纳税申报表的逻辑性和有关资料的完整性、准确性进行审核。审核重点主要包括：

1）纳税人企业所得税年度纳税申报表及其附表与企业财务报表有关项目的数字是否相符，各项目之间的逻辑关系是否对应，计算是否正确。

2）纳税人是否按规定弥补以前年度亏损额和结转以后年度待弥补的亏损额。

3）纳税人是否符合税收优惠条件，税收优惠的确认和申请是否符合规定程序。

4）纳税人税前扣除的财产损失是否真实、是否符合有关规定程序。跨地区经营汇总缴纳企业所得税的纳税人，其分支机构税前扣除的财产损失是否由分支机构所在地主管税务机关出具证明。

5）纳税人有无预缴企业所得税的完税凭证，完税凭证上填列的预缴数额是否真实。跨地区经营汇总缴纳企业所得税的纳税人及其所属分支机构预缴的税款是否与《中华人民共和国企业所得税汇总纳税分支机构分配表》中分配的数额一致。

6）纳税人企业所得税和其他各税种之间的数据是否相符、逻辑关系是否吻合。

（3）主管税务机关应结合纳税人企业所得税预缴情况及日常征管情况，对纳税人报送的企业所得税年度纳税申报表及其附表和其他有关资料进行初步审核后，按规定程序及时办理企业所得税补、退税或抵缴其下一年度应纳所得税款等事项。

在《管理办法》中不再强调企业所得税的汇算清缴必须经过中介机构的审计鉴证。

附 录

企业所得税年度纳税申报表

附表1（A100000） **中华人民共和国企业所得税年度纳税申报表**（A类）

行次	类别	项 目	金 额
1	利润总额计算	一、营业收入（填写A101010\101020\103000）	
2		减：营业成本（填写A102010\102020\103000）	
3		营业税金及附加	
4		销售费用（填写A104000）	
5		管理费用（填写A104000）	
6		财务费用（填写A104000）	
7		资产减值损失	
8		加：公允价值变动收益	
9		投资收益	
10		二、营业利润（1-2-3-4-5-6-7+8+9）	
11		加：营业外收入（填写A101010\101020\103000）	
12		减：营业外支出（填写A102010\102020\103000）	
13		三、利润总额（10+11-12）	
14	应纳税所得额计算	减：境外所得（填写A108010）	
15		加：纳税调整增加额（填写A105000）	
16		减：纳税调整减少额（填写A105000）	
17		减：免税、减计收入及加计扣除（填写A107010）	
18		加：境外应税所得抵减境内亏损（填写A108000）	
19		四、纳税调整后所得（13-14+15-16-17+18）	
20		减：所得减免（填写A107020）	
21		减：抵扣应纳税所得额（填写A107030）	
22		减：弥补以前年度亏损（填写A106000）	
23		五、应纳税所得额（19-20-21-22）	

（续）

行次	类别	项　　目	金　　额
24		税率（25%）	
25		六、应纳所得税额（23×24）	
26		减：减免所得税额（填写A107040）	
27		减：抵免所得税额（填写A107050）	
28		七、应纳税额（25－26－27）	
29		加：境外所得应纳所得税额（填写A108000）	
30		减：境外所得抵免所得税额（填写A108000）	
31	应纳税额计算	八、实际应纳所得税额（28＋29－30）	
32		减：本年累计实际已预缴的所得税额	
33		九、本年应补（退）所得税额（31－32）	
34		其中：总机构分摊本年应补（退）所得税额（填写A109000）	
35		财政集中分配本年应补（退）所得税额（填写A109000）	
36		总机构主体生产经营部门分摊本年应补（退）所得税额（填写A109000）	
37	附列资料	以前年度多缴的所得税额在本年抵减额	
38		以前年度应缴未缴在本年入库所得税额	

附表2（A105000）　纳税调整项目明细表

行次	项　　目	账载金额	税收金额	调增金额	调减金额
		1	2	3	4
1	一、收入类调整项目（2＋3＋4＋5＋6＋7＋8＋10＋11）	*	*		
2	（一）视同销售收入（填写A105010）	*			*
3	（二）未按权责发生制原则确认的收入（填写A105020）				
4	（三）投资收益（填写A105030）				
5	（四）按权益法核算长期股权投资对初始投资成本调整确认收益	*	*	*	
6	（五）交易性金融资产初始投资调整	*	*		*
7	（六）公允价值变动净损益		*		
8	（七）不征税收入	*	*		
9	其中：专项用途财政性资金（填写A105040）	*	*		
10	（八）销售折扣、折让和退回				

（续）

行次	项　目	账载金额	税收金额	调增金额	调减金额
		1	2	3	4
11	（九）其他				
12	二、扣除类调整项目（13+14+15+16+17+18+19+20+21+22+23+24+26+27+28+29）	*	*		
13	（一）视同销售成本（填写A105010）	*		*	
14	（二）职工薪酬（填写A105050）				
15	（三）业务招待费支出				*
16	（四）广告费和业务宣传费支出（填写A105060）	*	*		
17	（五）捐赠支出（填写A105070）				*
18	（六）利息支出				
19	（七）罚金、罚款和被没收财物的损失		*		*
20	（八）税收滞纳金、加收利息		*		*
21	（九）赞助支出		*		*
22	（十）与未实现融资收益相关在当期确认的财务费用				
23	（十一）佣金和手续费支出				*
24	（十二）不征税收入用于支出所形成的费用	*	*		*
25	其中：专项用途财政性资金用于支出所形成的费用（填写A105040）	*	*		*
26	（十三）跨期扣除项目				
27	（十四）与取得收入无关的支出		*		*
28	（十五）境外所得分摊的共同支出	*	*		*
29	（十六）其他				
30	三、资产类调整项目（31+32+33+34）	*	*		
31	（一）资产折旧、摊销（填写A105080）				
32	（二）资产减值准备金		*		
33	（三）资产损失（填写A105090）				
34	（四）其他				
35	四、特殊事项调整项目（36+37+38+39+40）	*	*		
36	（一）企业重组（填写A105100）				
37	（二）政策性搬迁（填写A105110）	*	*		
38	（三）特殊行业准备金（填写A105120）				
39	（四）房地产开发企业特定业务计算的纳税调整额（填写A105010）	*			

（续）

行次	项　　目	账载金额	税收金额	调增金额	调减金额
		1	2	3	4
40	（五）其他	*	*		
41	五、特别纳税调整应税所得	*	*		
42	六、其他	*	*		
43	合计（1 +12 +30 +35 +41 +42）	*	*		

关于书籍

1. 您购买的图书书名：____________________ ISBN：______________
2. 您是通过何种渠道了解到本书的？

   □报刊杂志 □电视台电台 □书店 □别人推荐 □其他_________
3. 您对本书的评价

   内容 □好 □一般 □较差

   编排 □易于阅读 □一般 □不好阅读

   封面 □好 □一般 □较差
4. 您在何处购买的本书

   □书店 □网络 □机场 □超市 □其他___________
5. 您所关注的图书领域是：

   □投资理财 □人力资源 □销售/营销 □财务会计

   □管理学与实务 □其他______
6. 您愿意以何种方式获得我们相关图书的信息？

   □电子邮件 □传真 □书目 □试读本
7. 如果您希望我们发送新书信息给您公司的负责人，请注明所推荐人的：

   姓名____________ 职务____________ 电话_______________

   地址______________________________ 邮件_______________

感谢合作！请确认我们的联系方式

联系人：董琛

地址：北京市西城区百万庄大街22号机械工业出版社经管分社

邮编：100037

电话：010-88379081

传真：010-68311604

电子邮箱：cmpdong@163.com

登记表电子版下载请登录：

http://www.golden-book.com/clubcard.asp 或 http://www.golden-book.com

敬请惠赐名片，谢谢！

机工经管读者俱乐部反馈卡

完整填写本反馈卡将可以参加幸运抽奖

每月我们将会抽出10位幸运读者，免费赠送当月新书一本

加入俱乐部，将会收到我们定期发送的新书信息

获奖名单将公布在 http://www.Golden-book.com 及 http://www.cmpbook.com 上

个人资料

姓名：________　性别：☐男　☐女　年龄：________

E-mail：________　联系电话：________

传真：________　手机：________

就职单位及部门：________________　职务：________

通讯地址：________________　邮政编码：________

单位情况

单位类型：

☐国有企业　☐私营企业　☐政府机构　☐股份制企业

☐外资企业（含合资）　☐集体所有制企业

☐其他（请写出）________

单位所属行业：

☐食品/饮料/酿酒　☐批发/零售/餐饮　☐旅游/娱乐/饭店

☐政府机构　☐制造业　☐公用事业

☐金融/证券/保险　☐农业　☐多元化企业

☐信息/互联网服务　☐房地产/建筑业　☐咨询业

☐电子/通讯/邮电　☐其他（请写出）________

单位规模：

☐500人以下　☐500—1000人　☐1000—2000人　☐2000人以上